정치경제학

정치경제학

개정판 1쇄 인쇄 1996년 10월 20일
개정판 3쇄 발행 2023년 5월 25일

저 자 리콜라이 짜골로프외
역 자 도서출판 새길편집부
교 정 이 동 영
제 작 에이치씨 프랜드
디자인 EG 기획
인 쇄 LIVE PLANNING
제 본 동신제책(주)
발행처 도서출판 **새길아카데미** 판매처 **중원문화**
주 소 서울특별시 마포구 서강로 11길 24
(서울시 마포구 서강로 11길24)
주문처 02-325-5534 FAX 02-324-6799

정치경제학

리콜라이 짜골로프외 지음/새길편집부 옮김

(Nikolay Tsagolov, 1904~1985)

2023

도서출판 중원문화

Political Economics

by

Николай Александрович Цаголов

3rd printing 2023 by JUNGWONMUNHWA Publishing Co.

■ 역자 서문

1990년대초에 소련 및 동구의 일련의 사회주의 나라들에서 체제 변혁과 자본주의 체제로의 후퇴가 일어났다. 이것은 1917년 러시아 사회주의혁명이 야기한 세계사적 대변혁의 성과를 무로 돌리는 것일 뿐만 아니라, 맑스주의 과학 자체의 문제점을 전면적으로 드러내는 계기가 되었다.

이전의 진보진영의 일각을 이루던 사회주의 세계체제는 급속하게 붕괴되었고, 그 이론적 기반이었던 맑스주의 특히 유물변증법과 과학적 사회주의론 또한 전면적인 '위기'에 처하게 되었다. 자본주의체제의 일방적 승리의 분위기가 지금은 전세계를 뒤덮고 있다.

하지만 자본주의에 내재해 있는 모순, 자본가계급과 노동자계급의 대립·투쟁은 완화되기보다는 더욱 더 격화되고 있다. 이는 자본주의적 착취가 강화되고 있음을 드러내는 것이다. 이에 따라 맑스주의 정치경제학은 아직까지도 노동자계급과 진보진영에 유력한 이론적 무기로서의 역할을 수행하고 있다. 물론 그 날을 더 버려야 하겠지만.

이 책은 N. A. 짜골로프의 『정치경제학 교과서』(N. A. Zagolow, red., *Kurs polititscheskoi ekonomii*, Isdatelstwo, Ekonomika, Moskwa, 1973~74)를 번역한 것이다. 대본은 독역판(Heinrich Langer, Ingrid Stolte, Gunter Wermusch 번역, Gunter Poggel, Dieter Reichelt, Wihelm Reichert, Horst Richter, Wilhelm Schmidt

편집, Verlag Marxistische Blatter GmbH, Frankfurt/Main 및 Verlag Die Wirtschft, Berlin, 1975)을 사용했다.

1988~90년에 '한국 사회성격/변혁 논쟁'의 과정에서 이 책은 처음에는 전5권으로 편집하여 번역하였다. 그러나 이번에는 당시의 논쟁과 관련된 보론 부분은 삭제하고, 자본주의적 생산양식 부분을 중심으로 전2권으로 완전히 재편집하였다.

2000년 7월
편집부

정치경제학/ 차례

Ⅰ. 정치경제학의 대상과 방법

정치경제학은 사회과학에 속한다. 사회과학은 사회, 즉 인간들 사이의 다양한 관계 전체를 문제삼는다. 다시 말해 경제, 정치, 법, 문화, 교육제도, 의료, 예술, 종교 등에서 인간들의 물질적·정신적 활동과 더불어 발생하는 사회적 관계들을 문제삼는다. 모든 사회과학은 일정한 사회적 관계들을 그 속에 내재하는 운동의 특수한 합법칙성, 즉 그 기능과 발전의 특수한 합법칙성을 통해 탐구한다. 정치경제학의 대상은 경제적 관계이다.

경제적 관계는 무엇보다도 인간의 생활에 필요한 재화의 생산에서 발생하는 관계이다. 따라서 경제적 관계는 생산관계이며, 결국 정치경제학은 생산관계에 관한 과학이다. 모든 사회적 관계 중에서 생산관계는 특수한 규정적인 역할을 수행한다. 생산관계는 모든 사회적 관계의 기초이자 토대이다. 또한 인간들 사이의 법적·정치적 및 기타의 관계도 역시 궁극적으로는 생산관계에 따라 형성된다.

자연은 인간의 욕구를 충족시키기 위해 필요한 것 모두를 완성된 형태로 제공하지는 않는다. 그래서 인간은 끊임없이 자연의 대상들에 대해 작용을 가해야 하며, 자연의 대상들을 욕구를 충족시킬 수 있는 형태의 생산물, 즉 재화로 전화시켜야 한다. 다시 말해 인간은 자연과 관계를 맺어야 한다. 생산은 언제나 자연에 대한 인간의 관계이다.

인간은 이러한 재화를 로빈슨 크루소 같이 따로따로 고립되어 홀로 생산하지 않는다. 인간은 특정한 사회 내부에서 자연에 작용을 가하며, 인간들 사이에 일정한 관계를 맺는다. 정치경제학은 바로 이러한 관계를 탐구한다.

생산관계가 무엇이며, 그것은 어떠한 요소들로부터 형성되는지에 대해 더욱 명확하게 이해하기 위해 우선 노동과정부터 살펴보기로 하자.

1. 노동과정

인간은 노동과정에서 자연에 능동적으로 작용을 가하며, 자연을 자신의 목적에 봉사하도록 만든다. 노동과정은 언제나 세 가지의 단순한 계기들,

즉 **노동** 자체, **노동수단** 및 **노동대상**을 포괄한다.

노동

생산과정에서 소비되는 노동은 인간이 자연소재들을 자신의 욕구에 맞도록 변형시키는 활동이다. 노동을 하면서 인간은 **노동력**을 사용한다. 노동력은 인간이 노동할 수 있는 **능력**을 말한다. 다시 말해 노동력은 인간이 잠재적으로 지니고 있으면서 자기 마음대로 이용할 수 있고 생산과정에서 운동시킬 수 있는 육체적·정신적 능력 전체를 의미한다. 따라서 노동은 생산을 하기 위해 인간의 육체와 신경 및 정신의 힘을 소모하는 것이다.

겉으로 보기에는 인간의 노동이 개미나 꿀벌, 새와 같은 여러 동물의 '노동'과 비슷한 것처럼 보일 수도 있다. 그러나 인간의 활동과 동물의 습관표현 사이에는 본질적이고 근본적인 차이가 있다. 동물의 '노동'은 그것의 본능과 결부되어 있지만, 인간의 노동은 **사고 속에서 미리 규정되는 합목적적 활동**이다. 인간은 노동을 시작하기 전에 일정한 목표를 세우고, 사고 속에서 자기 행위의 계획을 입안하며, 두뇌의 도움을 빌려 자신의 기관들, 즉 손과 발의 운동을 통제하고 미리 의도했던 성과와 자신의 노동 결과를 관념상에서 비교한다. 인간의 노동이 지닌 이러한 속성은 인간만이 가지고 있는 특징이다. "아무리 서툰 건축가라도 가장 우수한 꿀벌보다 애초부터 우수한 점은, 건축가는 밀랍으로 집을 짓기 전에 미리 그것을 자신의 머리 속에서 짓고 있다는 데 있다."[1)]

노동이 지닌 더욱 결정적인 특징의 하나는 **인간이 생산물을 만들기 위해 노동도구를 만들고 사용한다**는 점이다. 맑스는 이 점을 부각시키기 위해 인간은 '도구를 만드는 동물'이라는 벤자민 프랭클린의 표현을 사용했다. 물론 자신의 행위를 위해 자연의 대상들을 사용하는 몇몇 동물들이 있다. 코끼리는 부채질을 하기 위해 나뭇가지를 꺾는다. 원숭이는 자기의 적을 물리치기 위해 막대기나 나뭇가지를 이용한다. 그러나 노동수단을 **만들어내는** 동물은 없다. 본질적으로 중요한 것은, 우연히 자연대상을 도구로 사용하는 원초적인 형태들이 있다고 하더라도 그것이 동물들의 발전에 아무런 의미도 주지 못한다는 데 있다. 그에 반해 인간이 사용하는 노동수단의 발전은 사회진보의 결정적 힘이 된다. 낮은 것에서 높은 것으로의 동물세계의 진화는 전적으로 기본 법칙들, 즉 자연법칙들에 의해 지배되지만, 인간사회에서는 사회적 힘이 작용한다. 인간사회에서 결정적 요인은 궁극적으로 기술적 진보, 즉 노동수단의 발전이다. 이 점에 대해 맑스는 다음과 같이 확인했다. "무엇이 만들어졌는가가 아니라, 어떻게 어떠한 **노동수단을 통해** 만들어졌는가 하는 것이 경제적 시대들을 구별짓는다."[2)]

노동수단

노동수단은 인간이 자연에 작용을 가할 때 이용하는 하나의 대상 혹은 대상들의 복합체이다. 이 대상들의 물리적·화학적·생물학적 속성은 인간에게 필요한 생산물들을 만들어내는 데 이용된다.

노동수단에는 여러 가지 종류가 있다. 그 중에서 기계적 노동수단, 즉 본래적 의미에서의 **노동도구**인 도구와 기계가 결정적인 지위를 차지한다. 이러한 종류의 노동수단을 맑스는 비유적으로 **생산의 뼈대와 근육체계**라고 표현했다. 인간이 어느 정도까지 기본적 자연력을 지배하며, 얼마만큼 자연력을 물질적 재화의 생산을 위해 이용하는가 하는 것은 노동도구의 효율성과 작용능력에 의해 가장 분명하게 규정되고 특징지어진다. 노동도구의 발전은 기술적 진보의 가장 결정적 지표이며, 따라서 노동력 자체 그리고 더 나아가 사회가 이용할 수 있는 생산능력 발전의 척도가 된다. 각각의 역사적 시대를 생산의 발전단계상에서 구분짓는 주요 특징은 무엇보다도 **노동도구가 얼마나 발전했는가** 하는 것이다.

맑스가 **생산의 혈관체계**라 불렀던 노동수단들 역시 커다란 의미를 지니고 있다. 관(파이프), 통, 바구니, 항아리 등이 그런 것이다. 화학의 발전과 함께 야금술이나 원자공업은 이런 노동수단의 의미를 더욱 중요하게 했다.

산업용 건물, 철도, 자동차용이나 기타 용도의 도로, 운하 등도 노동수단에 속한다. 또한 **토지도 노동수단**으로서 이용된다. 노동수단의 역할을 하는 토지는 무엇보다도 노동이 수행되는 장소로서, 예를 들면 농업에서 다양한 재배 작물을 경작할 때 그 자연적 속성이 이용되는 토지가 여기에 해당된다. 이 경우에 토지는 인간이 이용하는 자연력으로서 기능한다.

생산에 이용되는 그밖의 자연력, 예를 들어 증기, 전기에너지, 화학반응, 핵 에너지반응 등도 노동수단에 속한다. 현대의 생산은 이러한 자연력을 광범위하게 이용하고 있으며, 미래에는 그 사용범위가 더욱 넓어질 것이다. 비록 이러한 힘의 사용이 인간의 노동에 의해 만들어진 다른 노동수단의 발전에 의존하고 있다고 하더라도, 바로 이러한 힘의 사용 정도에서 사회의 기술적 힘, 즉 인간의 자연 지배는 아마도 가장 분명하게 확인될 것이다.

노동대상

노동대상은 가공되는 소재들 혹은 사물들을 일컫는다. 여기에는 두 가지 종류가 있다. 한 종류는, 노동을 통해 일차적으로 자연에서 획득되어 생산물로 전화하는 대상들로, 예를 들어 갱이나 광산에서 채굴되는 석탄이나 광물, 강이나 바다 등에서 잡히는 물고기 등이다. 다른 한 종류는, 이미 일정하게 가공된 노동대상들이다. 이러한 종류의 노동대상들은 **원료** 혹은 **원재료** 등으로 불린다 예를 들면 제련에 이용되는 철광이나 석탄, 기계제작에 사용되는 금속, 방직에 들어가는 실 등이 그것이다.

인간은 노동과정에서 자신의 합목적적인 활동을 통해 자신과 자연 사이의 신진대사를 규제하고 통제한다. 인간은 자신이 소유하게 된 자연소재에 자신의 생존에 적합한 형태를 부여한다. 생산물은 노동의 성과이다. 그러나 그러한 생산물을 만들어내는 데는 인간이 이용한 자연도 일정한 몫의 역할을 한다. 특히 이러한 사실은 노동생산물이 언제나 자연소재를 함유하고 있다는 데서 잘 드러난다. 그밖에도 인간은 노동생산물을 생산할 때 언제나 자연력에 의존한다. 따라서 단지 노동뿐만 아니라 자연 역시 생산물의 원천이다.

원료는 종종 완성된 생산물에 대해 **근본소재**로서 이용된다. 예를 들어 빵을 만들 때의 밀가루라든가, 기계류의 제작에 이용되는 금속 등이 그런 것에 속한다. 물론 원료는 **보조재료**로서도 사용될 수 있다. 예를 들어 증기기관에 이용되는 석탄이나 기름, 제철에 이용되는 코크스, 연료, 조명수단 등이 그런 것에 속한다.

생산수단과 노동

인간과 자연 사이의 신진대사에서 노동수단과 노동대상은 함께 생산수단을 구성하며, 이때의 노동은 생산적 노동이 된다. 생산수단이 없는 노동과정은 생각할 수 없다. 그러나 인간의 노동이 없다면 생산수단은 죽은 것이 되고, 아무 것도 만들어낼 수 없다. 노동은 생산수단에 생명을 불어넣는 요소이며, 생산수단으로 하여금 인간이 세운 목적을 현실적인 것으로 만들게 해주는 요소이다.

인간은 노동을 통해 자연에 영향을 미치고 자연을 변화시키며, 동시에 자기 자신, 즉 자신의 육체적·정신적 능력도 변화시킨다. 엥겔스는 다음과 같이 강조한다. "노동은 부(富)의 원천이다. 그러나 노동은 이것보다 훨씬 더 많은 의미를 갖고 있다. 노동은 모든 인간 생활의 제일의 근본조건이다. 그리고 더 나아가 바로 그런 정도의 의미에서 우리는 어떤 의미에서는 다음과 같이 말해야만 한다. 즉 노동이 인간 자신을 만들었다고."[3)]

우선 노동은 인간의 손을 발달시켰다. 손은 노동기관일 뿐만 아니라 노동의 산물이기도 하다. 인간의 손은 노동을 통해서만 위대한 화가, 조각가, 음악가들의 불멸의 창조물을 이 세상에 제공할 수 있을 정도로 완벽할 수 있었다. 인간은 자신의 손을 노동에 이용하기 위해 자유롭게 만드는 과정에서 똑바로 서서 걷는 것을 익혀야만 했다. 노동을 공동으로 수행하는 과정에서 분절언어가 생성되고 발전되었다. 노동의 경험과 기술이 점차 축적됨에 따라 인간이 노동할 수 있는 지평도 점차 넓어졌다. 노동과 분절언어는 인간의 두뇌가 발전하고 인간의 사유가 생성되는 데 결정적인 영향을 미쳤다.

노동은 어떤 의미에서는 인간 자신뿐만 아니라 사회도 만들었다. 노동도구를 공동으로 제작하고 그것을 공동으로 이용하면서 인간은 원시적인 무리생활에서 사회적인 공동생활로 진보하게 되었다.

물질적 생산의 노동, 즉 자연소재를 대상적인 생산물로 전화시킴으로써 재화를 생산하거나 저장하고 포장하며 생산물을 소비장소로 운반할 때의 노동과, 생산적이지 않은 노동, 특히 이른바 **비생산적 영역**에서의 노동은 구분된다. 특히 **교육제도**, **보건제도**, **문화** 등이 해당되는 이러한 영역에서의 노동은 그 결과가 생산물의 형태를 취하지 않고 활동 그 자체에 용해된다는 데 그 특수성이 있다(예를 들면 교사, 의사, 예술가 등의 노동이 그에 속한다). 그러한 노동의 효용은 그 효용이 생성되는 순간에 곧바로 인간에 의해 소비되며, 그 활동이 자연소재에 대해서가 아니라 직접적으로 인간에 대해 단순히 일한다는 것 그 자체의 형태를 취하고 있다. 정치나 법제도 등과 같은 상부구조 영역들에서의 활동도 비생산적 노동이다.

물론 비생산적 영역도 물질적인 수단을 사용한다. 학교의 시설, 의료 기계 및 임상실험용 재료, 운동기구 등이 그런 것이다. 그런 것들은 결코 본래적인 의미에서의 노동수단이 아니다. 왜냐하면 그런 것들은 자연소재를 전화시키는 데 사용되지 않기 때문이다. 비생산적 영역의 근본적인 특징의 하나는 이 영역에서 사용되는 물질적인 수단들이 이 영역에서 만들어지지 않는다는 데 있다. 이러한 수단들은 생산에서 만들어진다.

물질적 생산에서의 노동과는 달리 비생산적 노동은 어떠한 노동대상도 사용하지 않는다. 노동과정은 생산과정의 주요 내용을 이룬다. 그러나 노동생산물의 물리적·화학적·생리학적 속성을 변화시키기 위해 다소 오랜 자연적 경과의 작용을 기다려야 하는 경우에 생산과정은 노동과정을 넘어서 계속된다(목재를 건조하거나, 밀이 충분히 익도록 기다리거나, 포도주를 숙성시킬 경우 등).

2. 생산, 교환, 분배, 소비

생산관계를 일반적으로 규정할 때, 정치경제학은 단지 생산과정 자체에서의 인간들 사이의 관계만을 문제삼지 않는다. 생산물은 생산과정을 떠나게 되면 교환을 지나 분배를 거쳐 소비로 끝나는 복잡한 길을 걷게 된다. 농민경영의 자연경제에서 생산물의 분배는 매우 단순하다. 일부는 다음 해에 토지를 경작하거나 가축을 키우기 위해 종자나 사료의 형태로 남겨지며, 또 다른 일부는 농민 자신의 가족의 개인적 소비에 사용된다. 만약 이 가족이 폐쇄적인 경제를 경영한다면, 이 가족은 다른 가족과 어떠한 생산관계도 맺지 않으며 그 가족 자신이 생산한 것에 만족한다. 그러나 일반적으로는, 그리고 특히 오늘날의 관계에서 생산자들은 자신들이 만들어낸 생산물을 자신들 스스로 사용하지는 않으며(전적으로 그런 것은 아니지만) 자신들이 그 생산에 직접 참가하지 않은 다양한 종류의 생산물을 소비한다.

사회적 생산에서는 분업이 존재한다. 분업에서 근로자들 혹은 근로자 집단이나 수많은 경영부문으로 이루어진 전체 생산영역은 하나의 특정한 생산물 혹은 다수의 생산물을 만들어내기 위해, 아니면 예를 들어 부분 가공 등과 같은 일정한 작업을 위해 전문화된다. 따라서 사회적 생산은 공동으로 물질적 재화를 생산해내는 인간들 사이의 행위의 교환이다. 이런 의미에서 맑스는 다음과 같이 쓰고 있다. "그들은 (인간들은) 다만 그들이 일정한 방식으로 함께 일하고 그들의 활동을 서로 교환함으로써만 생산한다."[4] 그러므로 생산관계는 단지 본래의 생산의 관계들만이 아니라, 교환관계 및 분배관계도 포괄한다. 이제 우리는 우선 이러한 통일의 출발점과 종결점으로 간주되는 생산과 소비라는 두 극에 대해 살펴보기로 하자.

생산과 소비

생산은 소비에 의해 제약된다. 다시 말해 생산은 단지 생산의 결과를 통해서만 충족될 수 있는 욕구의 존재에 의해 제약된다. 욕구에는 물질적인 것과 정신적인 것이 있다. 욕구는 (예를 들어 물질적 욕구를 충족시키기 위해 빵을 만들거나 정신적 욕구를 충족시키기 위해 음반을 제작하는 경우처럼) 물질적 재화를 생산하는 다양한 인간의 활동이나 혹은 환자를 간호하고 강의를 하는 경우처럼 비생산적인 영역에서의 인간의 활동, 혹은 여타의 다른 활동형태 등과 같은 다양한 인간의 활동을 통해 충족된다. 욕구가 아무리 다양하다 할지라도 그 욕구가 생산을 필요로 하고 생산된 생산물의 소비를 통해 충족될 수 있는 것인 한, 우리는 욕구를 다음과 같이 두 가지 그룹으로 구분할 수 있다.

(a) 생산적 욕구, 즉 생산수단에 대한 욕구.

(b) 비생산적 욕구, 즉 개인적 소비대상에 대한 욕구나 교육제도 및 보건제도를 위한 수단, 문화를 위한 수단, 그리고 상부구조 기관들에서 필요한

수단들에 대한 욕구.

욕구가 이렇게 구분됨에 따라 우리는 소비도 생산적 소비와 비생산적 소비로 구분할 수 있다. 비생산적 소비에는 개인적 소비도 포함된다.

개인적 소비는 음식물, 옷, 신발, 주택 등을 인간 자신이 사용하는 것이다. 개인적 소비는 생산 외부에서 행해진다. 그것은 모든 생산의 본래의 목적이다. 생산적 소비는 생산과정 자체에서 일어난다. 여기서는 생산수단—노동수단 및 노동대상—이 소비되고 또 노동자의 육체적·정신적 에너지의 지출이라는 형태로 노동력이 소비된다. 생산적 소비의 결과로서는 하나의 생산물이 생성되지만 개인적 소비에서는 그 생산물이 사용된다.

소비가 이렇게 두 가지 형태로 구분됨에 따라 생산도 사회적 기준에서 볼 때 생산수단의 생산(I부문)과 소비재 생산(II부문)으로 나누어진다. I부문에서 생산된 생산물(생산수단)은 I부문(예를 들어 기계공장에서 기계 제작 자체를 위해 만들어지는 공작기계)에서도 사용되고 II부문(예를 들어 기성복을 제조하는 공장에서 이용되는 공작기계나 원료)에서도 사용된다. 이에 반해 II부문에서 생산된 생산물은 개인적 소비를 포함한 비생산적 소비에만 사용된다. 생산수단의 생산은, 생산수단이 없이는 어떠한 소비재도 만들 수 없다는 점에서, 소비재 생산을 위해서도 반드시 필요하다.

생산과 소비 사이에는 인간사회의 모든 발전계제에 공통으로 나타나는 다양한 의존성이 있다. 생산은 소비에 대해 언제나 규정적이고 일차적인 역할을 수행한다. 그렇기 때문에 정치경제학에서는 생산의 선차성을 이야기한다. 이것은 무엇보다도 우선 생산된 재화 없이는 어떠한 소비도 있을 수 없다는 기본적인 사실에서 확인된다. 어떤 대상이 소비되기 이전에 먼저 그 대상이 생산되어 있어야만 한다. 그밖에도 생산은 생산이 만들어낸 일정한 결과에 대한 수요, 맑스의 표현을 빌리면, 소비에 대한 자극을 야기한다. 물론 인간의 욕구는 언제나 의식적으로 인식되고 개별적인 생활의 조건과 개개인의 문화적 발전 정도 등의 주관적 요소에 의해 각인되는 것이지만, 그 욕구는 궁극적으로 그때그때의 생산의 발전 정도에 따라 규정되는 객관적 토대를 갖고 있다. 그래서 예를 들어 냉장고, 세탁기, TV, 트랜지스터 등과 같은 대중소비재에 대한 수요나 혹은 현대적 시설을 갖춘 주택이나 합성섬유로 만든 옷 등과 같은 것에 대한 수요는, 그것들에 대한 생산이 이루어지고 나서야 비로소 생겨날 수 있다. 생산이 소비를 유도하며 궁극적으로는 생산이 소비의 크기와 양을 규정짓는다. 생산의 역사적 진보와 함께 인간의 욕구도 증가한다. 이것은 인간사회의 객관적 법칙이다.

그러나 소비는 결코 생산의 발전에 따른 수동적인 결과는 아니다. 소비가 생산에 능동적으로 반작용하기도 한다. 만약 어떤 대상이 더 이상 사용되지 않는다면, 그때 그 대상은 더 이상 어떤 욕구를 충족시킬 수 있는 효용성 있는 생산물이기를 그만둘 것이고, 따라서 그 대상의 생산은 중지될 것이다. 어떤 생산물이 일정한 조건에서 수요를 넘어설 정도로 많이 생산된다면 그때 그 생산물의 생산은 감소될 것이고, 반대로 공급이 불충분하다면 그 생산은 증가될 것이다. 또한 생산에 대한 소비의 영향은 소비가 이전에 이미 충족된 욕구를 끊임없이 재생산하고, 그 수요가 계속 존속할 수 있도록 일정한 생산물 생산의 연속성을 자극한다는 점에서도 잘 드러난다. 마지막으로, 오래되고 관습적인 수요의 충족이 하나의 질적인 변화, 즉 새로운 욕구의 생성을 야기할 수도 있다. 따라서 소비는 새로운 생산물의 생산을 자극한다.

사회적 노동

개별 노동자의 노동은 이러저러한 방식으로 사회적 노동 전체의 한 부분을 이룬다. 노동자들은 서로 노동에 의해 규정되는 일정한 관계를 맺는다. 비록 겉으로 보기에는 완전히 폐쇄적이고 사회로부터 분기된 과정으로 보이는 노동이 행해지는 곳에서도, 좀더 엄밀하게 고찰해보면 생산자들 사이의 연관과 의존성이 인식된다.

사회적 생산은 협업과 분업의 형태로 진행된다.

협업

협업은 다수의 사람들이 계획적으로 그리고 공동으로 동일한 노동과정에 참가하거나, 아니면 서로 구분되지만 연관되어 있는 노동과정에 참가할 때의 노동의 한 형태이다.

협업은 매우 오래된 노동의 형태이다. 협업은 공동으로 수렵을 하고 물고기를 잡던 원시사회의 구성원들에게도 이미 알려져 있었다. 노예제시대의 거대한 유적들 — 피라미드, 거대한 건축물, 관개체계, 도로 — 은 수천 명 노예의 공동작업의 결과이다. 봉건시대에도 지주경영에서 수많은 농노들이 공동으로 노동을 했다.

협업은 기계제 생산의 토대 위에서, 따라서 자본주의와 특히 사회주의에서 그 최고의 발전계제에 도달한다. 공장과 작업장에서의 노동은 협업적 형태를 기초로 하고 있다.

분업

생산에서 인간의 공동활동의 또 다른 형태로는 분업이 있다. 원래 분업은 성인과 아동, 남자와 여자 사이의 노동의무의 자연적인 분화에서 발생했고, 후에 사회적 분업이 발생했다. 사회적 분업은 작업을 일정한 하나의 생산물이나 한 생산물의 개별 부분의 가공, 혹은 노동의 특정한 한 과정의 완성으로 전문화하는 데서 이루어진다.

오늘날에는 두 가지 형태의 사회적 분업이 있다. 하나는 사회 내 분업이고 다른 하나는 공장내 분업이다. 사회 내 분업은 사회적 생산을 구성하는 다수의 크고 작은 분야의 체계로 이루어져 있다. 채굴업, 제조업, 농업, 운수업 등이 그런 분야이다. 모든 분야는 다시 다수의 더욱 작은 분야로 나누어진다. 공장내에서는 가공공정이나 노동 장소에 따라, 혹은 노동자와 엔지니어-기술종사자 사이에서 분업이 이루어진다.

사회적 분업에서는 생산자들 사이의 노동 연관이 협업에서처럼 분명하게 표현되지 않는다. 특정한 사회적 관계 하에서는 — 사적 소유의 존재 하에서는 — 이러한 연관이 생산자들 자신에게는 은폐되어 있다. 그러나 노동의 전문화는 생산자들 사이의 활동의 교환과 같은 연관을 전제로 하고 있다.

활동의 교환

생산과정에서의 활동의 교환은 사회적 분업의 체계 속에서 활동하고 서로 생산자와 소비자로서 관계를 맺는 근로자들, 혹은 근로자 집단, 공장들 사이의 공동작업을 의미한다. A유형의 생산활동의 결과 — 생산물의 형태로든 아니면 단순히 일한다는 것 자체의 형태로든 — 가 B유형의 생산활동을 하는 사람들 혹은 공장들에 의해 개인적으로 혹은 생산적으로 소비되고, 반면에 A유형의 활동영역이 다시 B유형의 결과를 개인적으로 혹은 생산적으로 소비할 때 활동의 교환이 일어난다. 여기에서 이러한 교환이 어떠한 형태로 일어나는지는 중요하지 않다. 본질적인 것은 생산과 소비가 그와 같이 서로 제약되어 있다는 사실 자체일 뿐이다.

개개의 공장내에서는 일차적으로 활동의 교환이 이루어지는 것이 아니라, 서로 직접적인 접촉을 통해 생산물의 제작에 관여하고 있는 노동자와 엔지니어-기술종사자의 다양한 활동방식의 상호 연속이 이루어진다.

이에 반해 사회적 수준에서는 활동의 교환이 주로 노동생산물의 교환이라는 형태로 이루어진다. 그래서 기계제작 공장에서는 야금업의 생산물인 금속을 사용하고, 대신 야금업에 대해 기계장비를 제공한다. 이와는 달리 생산수단을 생산하는 공장과 소비재를 생산하는 공장 사이의 활동의 교환은 I부문의 생산물들이 II부문으로 유입되고 개인적 소비대상의 형태로 된 생산물들이 생산수단 대신에 I부문으로 유입되는 방식으로 이루어진다.

활동의 교환은 생산과 비생산적 영역 사이에서도 이루어진다. 생산과 비생산적 영역의 근로대중은 노동생산물과 교육 및 보건제도, 문화 등에서의 활동을 서로 교환한다. 일정한 조건 하에서는 생산물의 교환이 상품교환의 형태를 취하게 된다. 여기서는 개별 생산의 자립화로부터 서로 생겨나며 상품의 판매와 구매를 전제로 하는 특수한 형태의 교환이 문제된다(상품교환은 뒤에서 한층 상세히 고찰될 것이다).

분배

분배는 광범위한 현상영역들을 포괄한다. 그러나 정치경제학에서 분배를 이야기할 때는 보통 생산된 생산물의 분배를 염두에 둔다. 생산물이 누구에 의해 전유되는가, 생산물은 궁극적으로 누구에게 속하는가, 어떠한 부분이 생산적으로 소비되며 또 어떠한 부분이 개인적으로 소비되는가 하는 문제들이 모든 사회체제에서 생산물 분배의 내용을 이룬다.

생산물의 분배는 **생산에 능동적으로 작용한다.** 분배는 예를 들어 일정한 분야의 우선적인 발전을 보증하며 다른 분야의 발전을 제한하기도 하고, 생산물의 생산적 소비에 대한 몫을 증가시키고 개인적 소비에 대한 몫을 감소시킴으로써 생산적 소비와 개인적 소비 사이의 관계를 변화시키기도 한다.

개인적 소비대상을 사회성원에게 분배하는 것은 근로대중의 노동에 대한 태도를 광범위하게 규정하며, 사람들로 하여금 자신들의 노동의 결과에 다소 관심을 갖게 한다. 물론 분배가 노동에 대한 관심을 떨어뜨릴 수도 있다. 그러나 생산물의 분배는 생산으로부터 독립적인 것이 아니고, 분배의 자립성은 상대적이며 일정한 한계 내에서만 존재한다.

생산과 분배

맑스는 생산물의 분배를 생산의 '이면'(裏面)이라고 표현했다. 분배는 생산에 의해 규정되며, 생산에 의존한다. 이러한 의존성은 여러 측면에서 고찰될 수 있다. 무엇보다도 우선 생산에 대한 분배의 의존성은 단지 이미 생산되어 있는 것만이 분배될 수 있다는 단순한 사실에서 표현된다. 그러나 생산물의 분배는, 생산 자체의 구성요소이면서 생산의 내용을 규정하는 또 다른 분배형태에도 의존한다.

맑스는, 생산물의 분배를 생산과 나란히 존재하며 생산과 무관한 자립적인 영역이라고 간주하는 부르주아 정치경제학의 시도에 대답하면서 다음과 같이 썼다. "생산물의 분배이기 이전에 분배는 (1) 생산도구의 분배이며, (2) ……다양한 종류의 생산에 대한 사회성원의 분배이다. ……생산물의 분배는 분명히 생산과정 자체에 포함되어 생산의 편제를 규정하는 이러한 분배의 결과일 뿐이다."[5)]

생산수단 및 인간들을 다양한 종류의 생산적 활동과 다양한 생산분야로 분배하는 것은 분업의 일정한 형태와 상응한다. 이것은 사회에 생산의 전문화와 사회적 노동의 분화가 존재한다는 사실을 표현한다. 또한 이러한 분배는 사회적 생산물의 구조를 제약하며, 산출된 생산물의 다양성에 대한 토대가 된다. 어떤 유용한 사물들이 어떠한 종류로, 얼마나 많이 만들어지는가 하는 것이 생산물의 분배에 매우 중요하다는 것은 너무도 분명한 사실이다.

그러나 생산수단 및 인간들을 생산분야로 분배하는 것이 생산의 결과가 사회의 성원에게 어떠한 방식으로 분배되는지, 즉 누구에게 어떠한 원리에 따라 얼마만큼의 소비재가 분배되는지를 규정하지는 않는다. 이에 대해서는 마찬가지로 생산 자체에 고유한 분배의 또 다른 형태가 결정적 역할을 한다. 다시 말해 생산수단을 인간들, 즉 사회집단들 및 계급들에게 분배하는 것이 바로 그것이다. 또한 이러한 분배형태는 생산수단의 소유로 표현된다. 그리고 생산수단의 소유형태는 생산된 생산물에 대한 소유를 규정하며, 개개인, 사회적 그룹과 계급들에게 그것을 분배하는 종류와 방식 형태와 방법을 규정한다.

소유의 경제적 내용은 생산관계의 총체 속에서 명백히 드러나는데, 그 중에서도 노동력이 생산관계와 결합되는 방식(사회적 형태)이 결정적 관계로서 나타난다.

생산, 교환, 분배 및 소비의 통일

생산, 교환, 분배 및 소비 사이에는 아주 밀접한 연관이 존재한다. 생산, 교환, 분배 및 소비를 서로 독립적이고 병렬적이며 서로 무관하게 존립하는 영역들로 보는 것은 잘못이다. 첫째로 교환과 분배는 생산의 부분적인 요소들이며 본질적인 특징이다. 둘째로 교환, 분배, 소비는 또한 그것들이 생산의 한계를 넘어서고자 할 때 직접적 생산에 의해 제약된다. 결국 생산, 교환, 분배, 소비는 하나의 통일적인 전체의 부분들을 이루며, 다만 여기서 생산이 규정적 역할을 수행하고 나머지를 제약하는 계기로서 나타난다.

연속적인 과정으로서의 생산이라는 관점에서 고찰해보면 생산, 교환, 분배, 소비의 통일은 더욱 분명하게 드러난다. 생산을 끊임없이 반복되는 과정으로서 고찰할 경우, 우리는 생산을 재생산이라고 표현한다.

재생산이라는 관점에서 보면, 개인적 소비는 생산의 불가분의 계기이며, 또한 생산이 개인적 소비를 그 자체에 포괄함으로써 생산은 그 내용을 확장한다. 개인적 소비는 생산 자체의 가장 중요한 요소, 즉 노동력의 '생산'이다. 인간은 자신의 물질적·문화적 욕구를 충족시키면서 자신이 이미 사용해버린 힘을 회복하며 또한 발전시킨다. 당연히 개인적 소비는 어떤 결과물을 생산한다는 의미에서 생산의 또 다른 종류이다. 물론 이 두 종류의 생산은 서로 엄밀하게 구별되어야만 한다. 왜냐하면 만약 그렇지 않을 경우에 생산과 개인적 소비는 사회적 부를 증가시키는 조건들로서 서로 동등한 의미를 갖게 될 것이며, 개인적 소비의 기능이 생산적 기능으로 환원되어버릴 것이기 때문이다. 따라서 생산과 개인적 소비의 차이는 원칙적인 의미를 가지며 항상 고려되어야만 한다.

그러나 생산이 지속적으로 갱신될 수 있게 하기 위해서는 모든 생산요소, 생산수단 및 노동력도 끊임없이 존재하지 않으면 안된다. 바로 이러한 의미에서 재화의 생산과 개인적 소비는 하나의 통일적인 전체의 계기들인 것이다. 그리고 이러한 전체를 '본래적인 생산' 혹은 '직접적 생산'과 구분하기 위해 우리는 그것을 '넓은 의미의 생산'이라고 한다.

넓은 의미의 생산은 생산과 개인적 소비의 유기적 통일이며 따라서 생산, 교환, 분배, 소비의 통일인데, 이러한 통일에서 나머지를 규정하는 계기는 바로 직접적 생산이다.

연속적인 재생산과정으로서의 생산이 교환, 분배 및 개인적 소비를 완전히 포함한다는 사실에서, 생산관계는 단지 생산 자체의 관계들만이 아니라 교환, 분배, 소비를 토대로 발생하는 인간들 사이의 모든 관계의 총체를 포괄한다는 결론이 도출된다.

개인적 소비는 그것이 물질적 재화의 생산에 의해 만족되고, 그럼으로써 노동력을 재생산하는 한에서만 재생산의 한 계기가 된다. 물론 비생산적인 영역도 노동력의 재생산에 일정한 몫의 역할을 한다. 그러나 비생산적인 영역에서는 어떠한 생산관계도 형성되지 않는다. 다만 우리는 여기서 비생산적인 종류의 경제적 관계를 찾을 수는 있다.

3. 생산양식

이미 언급한 대로 생산에서는 자연에 대한 인간의 관계와 인간들 사이의 관계라는 두 종류의 관계가 구별되어야 한다. 이 두 종류의 관계 사이에는 밀접한 연관과 지속적인 상호작용이 존재한다. 여기서 규정적인 역할을 수행하는 것은 자연에 대한 인간의 관계, 즉 **생산력**이다.

생산력

이미 우리가 살펴본 대로 자연에 대한 인간의 관계는 노동력과 생산수단 사이의 상호작용의 과정으로서, 자연소재를 인간의 욕구를 충족시킬 수 있는 생산물로 전화시키는 과정이다. 이렇게 자연소재를 생산물로 전화시키는 데 필요한 **노동력**과 **물질적-소재적 요소들**이 **사회적 생산력**을 구성한다. 사회적 생산력은, 인간사회가 그때그때의 발전상태에서 자연에 대해 갖는 관계를 표현하며, 자연에 대한 인간의 지배력의 정도, 즉 자연법칙을 물질적 재화의 생산에 이용할 수 있는 정도를 표현한다.

생산력 중에서 가장 중요한 것은 인간, 즉 근로대중이다. 왜냐하면 인간은 노동을 통해 사회에 필요한 재화를 만들어내며, 자연을 복종시켜 자연이 인간에게 봉사하도록 만들기 때문이다. 레닌은 다음과 같이 썼다. "전 인류의 가장 일차적인 생산력은 노동자, 즉 근로대중이다."[6)]

인간을 생산력으로 표현할 때, 그것은 인간의 일정한 노동숙련도나 기술적 지식 및 그밖의 생산 경험 등을 가리키는 말이다. 생산이 발전함에 따라 생산의 숙련도는 더욱 더 완전해지며, 새로운 직업이 생겨나고 지식과 생산 경험도 축적된다. 생산력의 소재적 요소들 중에서는 노동도구가 가장 중요한 의미를 갖는다. 즉 노동도구가 결정적 역할을 수행하는 것이다. 노동도구는 노동력 발전의 척도이다.

이미 오래 전부터 인간은 **자연적** 생산력 — 자연적으로 주어진 토지의 수확성, 물의 에너지 등 — 을 이용해왔다. 그러나 오늘날에는 이러한 힘들이 이전과는 비교도 안될 정도로 광범위하고 매우 엄청난 규모로 이용되고 있다. 화학의 발전에는 무궁무진한 가능성이 놓여 있다. 전자공학, 초음파,

반도체기술은 생산에 광대한 지평을 열어주고 있다. 원자력의 산업적 이용은 생산 가능성이 엄청나게 성장할 것을 예견하게 해준다. 이러한 힘들의 실제적 이용은 과학의 폭발적인 발전과 불가분의 관계에 있다.

과학적 인식을 생산에 광범위하게 이용하는 문제는 기계제 대생산과 함께 비로소 발생했다. 맑스의 상징적 표현에 따르면, 기계 자체는 물질화된 지식이다. 오늘날 진행되고 있는 과학기술혁명으로 인해, 과학과 생산의 결합은 사회적 생산력 성장에 결정적인 요인이 되었다. 과학은 점점 더 그 자체가 직접적인 생산력이 되고 있다.

노동생산성

사회적 생산력의 발전 정도는 **노동생산성**으로 표현된다. **노동생산성은 일정한 노동단위**(시간, 일, 월, 년 등) **동안 생산되는 생산량에 따라 측정된다.** 일정한 단위시간 내에 만들어지는 생산물이 많을수록 그만큼 더 노동생산성도 커진다. 노동생산성은 다음의 요인들에 의해 직접적으로 영향받는다.

(a) 기술, 노동수단의 발전 정도. 노동수단이 완전할수록 그만큼 한 단위 시간 내에 더 많은 생산물을 만들어낼 수 있다. 수공업적 생산에서 기계제 대생산으로 이행함에 따라 노동생산성도 수십 배, 아니 수백 배 이상 고양되었다.

(b) 근로대중의 숙련도와 능력 및 노동의 강도.

(c) 노동조직, 공동노동에서의 노동력 배치, 협업과 분업의 상태.

(d) 과학의 발전상태 및 과학의 기술적 이용의 정도.

(e) 자연적 조건. 동일한 크기의 노동지출과 동일한 수준의 기술을 전제로 한다면, 토지의 수확성이 다름에 따라 그 수확량도 다를 수밖에 없다. 채굴업의 경우, 노동생산성은 광상(鑛床)의 깊이와 종류, 그리고 광물이 산출되는 정도에 의존한다.

생산관계

생산관계는 물질적 재화의 생산, 교환, 분배 및 소비의 과정에서 형성되는

인간들 사이의 관계이다.

생산관계들의 총체는 질적으로 상이한 두 측면, 즉 기술적 측면과 경제적 측면으로 구별되어야 한다. 기술적 측면과 경제적 측면은 분업이나 협업에서도 찾을 수 있고 활동의 교환이나 분배에서도 찾을 수 있다.

그러나 일반적으로는 생산관계를 그 두 측면의 한 측면, 즉 경제적 측면에서만 언급한다. 앞으로 우리도 생산관계라는 개념을 이와 같이 좁은 의미에서만, 즉 경제적 관계라는 의미에서만 사용할 것이다.

정치경제학은 경제적 관계만을 탐구한다. 이에 반해 기술적 관계는 생산력과 밀접하게 결합되어 있고 생산력의 필수적 요소를 이루는 만큼 그것은 정치경제학의 대상에 속하지 않는다.

기술적 관계는 생산테크놀로지 및 노동조직과 직접적으로 연관되어 있다. 예를 들어 대기업에서는 기술적인 생산구조에 상응하여 사람들을 일정한 노동장소와 생산부문에 배치한다. 이들의 생산활동에 대한 전체적인 관리는 엔지니어-기술종사자나 상급 관리자들에게 맡겨져 있다. 생산과정에서 이 모든 사람은 생산과정 자체에 의해 지배되는 일정한 지휘 체계 속에 있게 된다.

생산관계 혹은 경제적 관계는 그 모든 영역들에서 생산관계가 생산수단 및 노동생산물의 전유형태와 방식, 즉 생산수단 및 노동생산물의 소유와 결합되어 있다는 사실에서 드러난다. 전유의 형태와 방식은 사회의 다양한 발전계제마다 그 고유한 특성을 갖는다. 이때 소유권과 소유의 경제적 내용은 다르다. 소유권은 개별 나라들에서 동산 및 부동산에 대한 처분권, 점유권, 사용권을 확정해놓은 법률에 의해 규정된다. 이에 반해 소유의 경제적 내용은 특정한 사회·역사적 유형의 경제적 관계로서의 생산관계의 총체의 내적 연관을 표현해주며, 그리고 이러한 의미에서 그 경제적 기초를 표현해준다.

사적 소유가 지배적이며 상호 적대적으로 대립하는 계급들이 존재하는 사회에서, 경제적 관계는 무엇보다도 생산수단을 소유하고 있는 몇몇 소수의 인간에 의한 인간의 착취로 특징지어진다. 이것은 노예제, 봉건제, 자본주의사회의 경제적 관계에 해당된다. 이에 반해 사회적 소유가 지배적인 사회에서는 인간에 의한 인간의 착취가 존재하지 않는다. 여기서는 인간들 사이의 우호적인 공동노동과 상호협조가 지배적이다. 이것은 사회주의적 생산관계에 해당된다.

생산력 발전의 사회적 형식으로서의 생산관계

생산력과 생산관계의 일정한 통일을 고려할 때, 생산은 **생산양식**으로 불린다. 생산력과 생산관계 사이에는 확고한 내적 연관이 있다. 생산력은 자연에 대한 인간의 관계로서 생산양식의 내용을 이루며, 생산관계는 생산양식의 사회적 형식을 이룬다. 사회적 형식인 생산관계 외부에서는 어떠한 생산력 발전도 있을 수 있다.

역사에는 다섯 가지의 생산양식이 존재한다. 즉 원시공동체, 노예소유제, 봉건사회, 자본주의적 생산양식, 공산주의적 생산양식(여기에는 공산주의적 생산양식의 제1국면인 사회주의도 포함된다)이 그것이다. 이들 각각은 생산력의 일정한 발전수준과 주어진 생산관계 체계를 통해 특징지어진다. 그리고 각각의 생산양식은 생산수단 및 생산된 생산물의 일정한 소유형태를 지니고 있으며, 또한 계급사회에서는 각각의 소유형태에 상응하는 **계급구조**를 지니고 있다.

우리가 앞에서 내렸던 생산적 노동의 정의는 생산의 요소인 노동을 사회적 관계와 무관하게 규정한 것이었다. 만약 우리가 생산적 노동이라는 개념을 사회적 관계, 즉 생산적 노동이 이루어지는 사회적 형식이라는 관점에서 고찰한다면, 거기서 우리는 또 다른 더욱 엄밀한 정의를 얻을 수 있다. 모든 생산양식에는 그것에 고유한 생산적 노동의 특수한 사회적 형식이 있다.

인간은 이러저러한 생산관계 혹은 소유형태를 자유롭게 선택할 수는 없다. 한 소유형태에서 다른 소유형태로의 이행, 그리고 그에 따른 생산관계의 한 유형에서 다른 유형으로의 이행은 인간의 소망에 따라 자의적으로 진행되는 것이 아니라 사회발전의 객관적인 법칙들에 따라 실현된다. 역사상 생산관계의 유형들이 교체되는 일련의 과정은 우연적인 것이 아니다. 그 과정은 사회적 생산력의 객관적인 발전과정에 의해 지배되어왔다.

생산력의 성격과 생산관계의 일치 법칙

생산력의 일정한 역사적 발전계제는 또한 일정한 유형의 생산관계를 필요로 한다. 이것은 맑스에 의해 발견된 객관적인 법칙이다. 생산관계가 생산력의 성격에 조응할 때, 생산관계는 생산력 발전을 촉진하고 발전시킨다. 생산력은 일정한 단계에 이르면 생산관계를 넘어서 발전하게 되고, 그때에는 생산관계가 생산력의 족쇄가 된다. 즉 생산력과 생산관계가 충돌하게 되는 것이다. 인간에 의한 인간의 착취를 기초로 하는 사회에서 이러한 충돌은 계급투쟁의 격화로 나타난다. 여기에서 이러한 충돌은, 낡은 생산관계가 철폐되고 그것이 생산력 발전에 여지를 제공하는 새로운 생산관계로 대체되는 사회 혁명의 물질적 토대로서 작용한다. 그래서 사회주의혁명은 자본주의적 소유와 낡은 자본주의적 생산관계를 철폐하고 사회주의의 사회적 소유에 기초를 제공한다. 이러한 혁명은 생산력의 성격과 생산관계가 일치한다는 법칙의 작용이 표현된 것이다.

4. 경제법칙

경제법칙은 생산관계의 발전법칙이다. 모든 법칙들과 마찬가지로 경제법칙도 두 현상 사이의 연관을 표현하는데, 여기서 한 현상의 존재는 언제나 다른 현상을 야기하는 것으로 나타난다. 따라서 경제법칙은 현상들 사이의 객관적·필연적·내적·본질적이고 반복되는 연관을 표현한다.

정치경제학이 탐구하는 각각의 생산관계 체계는 그 체계에만 고유하게 존재하는 법칙에 따라 발전한다. 각각의 관계 체계는 경제법칙의 일정한 체계와 상응한다. 한 생산관계 체계가 다른 체계에 의해 대체된다면, 마찬가지로 경제법칙 체계도 변한다.

한 생산관계 체계에서만 나타나는 경제법칙을 특수경제법칙이라 한다. 이러한 법칙도 또한 정치경제학의 직접적인 대상이다. 특수경제법칙 중에서 이른바 기본경제법칙은 특별한 지위를 차지한다. 그것은 그때그때의 생산양식의 목표와 그 목표에 도달하기 위한 수단을 나타내며, 해당되는 생산의 주요 동기와 생산의 본질적 특징을 드러내준다. 경제법칙은 인간의 의지 및 의식과는 무관하게 작용하는 객관적인 것이다.

특수경제법칙들은 모두가 동시에 생성하고 발전하지는 않으며, 일정한 계기 속에서 그 법칙들이 내적 연관을 표현하고 있는 관계들의 생성과 발전에 따라 성립하고 발전한다. 각각의 생산관계 체계는 하나의 발전과정 속에서 다양화되고 새로운 관계를 야기하기 때문에, 이 체계의 다양한 발전단계에서 새로운 현상의 내적 연관을 표현하는 새로운 법칙들이 발생하는 것은 가능해지고 또 필연적으로 된다. 자유경쟁단계의 자본주의가 독점자본주의로 전화함에 따라 일련의 새로운 현상과 관계들이 나타나게 되고 그에 따라 새로운 현상들 사이의 필연적인 연관을 표현하는 새로운 법칙들도 발생한다. 경제법칙들이 모두 동시에 출현하며, 또 사회주의적 생산관계 체계가 발전하고 완성될 때 어떠한 새로운 법칙들도 발생할 수 없다고 보는 것은 잘못이다. 여기서도 새로운 법칙들이 생성되는 과정은 불가피하다. 왜냐하면 생산력 발전에서의 진보는, 생산관계가 완성되고 특정한 형태들이 부정되며 그것에 대해 다른 새로운 형태들이 발생하는 것을 필요로 하기 때문이다.

경제법칙들은 그것들을 만들어낸 생산관계와 마찬가지로 역사적으로 변화한다. 관계들의 한 형태가 사멸하자마자 그 관계들과 결합되어 있던 경제법칙들도 함께 사멸한다. 그래서 가치법칙은 단지 상품생산과 상품관계가 존재하는 곳에서만 생성하고 작용한다. 상품생산과 상품관계가 사멸하면 가치법칙도 마찬가지로 사멸한다.

특수경제법칙들 이외에 모든 사회구성체에 공통적인 일반법칙들도 존재한다. 예를 들어 사회의 생산력 성격과 생산관계의 일치법칙, 노동생산성의 증가법칙, 인간 욕구의 증가법칙 등이 그러하다. 정치경제학은 생산관계의 구체적 체계들을 분석하면서 이러한 법칙들을 탐구한다.

5. 과학으로서의 정치경제학의 규정

맑스주의 정치경제학은 역사적으로 변화하는 생산관계 체계를 탐구한다. 맑스주의 정치경제학은 다양한 역사적 발전계제에서 물질적 재화의 생산, 분배, 교환 및 소비를 지배하는 경제법칙들을 해명한다.

정치경제학의 대상은 기술적·테크놀로지적 과정으로서의 생산이 아니라 사회적 생산관계이다. 이에 대해 레닌은 다음과 같이 확정지었다. "정치경제학은 결코 '생산'을 상대하는 것이 아니라 생산에서의 인간의 사회적 관계, 즉 생산의 사회적 구조를 문제 삼는다."[7] "그것의 대상은 흔히 이야기되는 '물질적 가치의 생산'(이것은 테크놀로지의 대상이다)이 아니라, 생산에서의 인간의 사회적 관계이다."[8]

생산관계 체계

각각의 사회에서 생산관계는 관계들의 일정한 체계를 이룬다. 각각의 체계는 요소들의 복합으로 구성된 어떤 완결된 것으로 나타나는데, 이때 각각의 요소들은 특수한 기능적 역할을 수행하며 각 요소들의 동시적 작용으로 전체의 운동과 발전이 진행된다. 그러나 생산관계 체계와 일반적인 기계적 체계 사이에는 근본적인 질적 차이가 있다.

기계적 체계의 한 예로서 우리는 보통의 시계 하나를 연상할 수 있다. 시계의 메커니즘은 각각의 요소가 자신의 기능적 역할을 충족시키는, 함께 작용하는 요소들의 체계를 이룬다. 그러나 첫째, 이 체계에서는 모든 요소가 동시에 존재하며 어떠한 요소들도 다른 요소들로부터 산출되지 않는다. 둘째, 함께 작용하는 요소들의 수는 엄밀하게 규정되어 있으며 전체 메커니즘을 파괴하지 않고서는 그 수를 늘릴 수 없다.

하지만 생산관계 체계는 한 요소가 다른 요소를 산출하며 이 다른 요소가 다시 제3의 요소를 산출하는 식으로 언제나 발전 속에서 존재하는 하나의 체계이다. 이 체계의 요소들의 수는 한정되어 있지 않다. 발전과정에서는 이전의 요소와 함께 그들의 기능적 역할에 본질적 영향을 미치는 새로운 요소들이 부단히 출현한다. 그래서 맑스 시대에는 자본주의적 생산관계 체계 속에 독점자본이나 금융자본 혹은 국가독점자본주의 등은 아직 존재하지 않았다. 그러나 이러한 요소들은 선행하는 관계 체계로부터 불가피하게 발전한다. 그리고 이러한 요소들이 생성된 이후에 이러한 요소들은 모두 자본주의적 생산관계의 여타의, 이전에 성립했던 체계의 요소들에 본질적인 영향을 미친다.

생산관계 체계는 그것의 구조, 요소들의 연관과 질서를 끊임없이 변화시키는 운동하는 체계이며, 발생적으로 자기 발전하는 체계이다. 이에 대한 분석은 특수한 탐구방법, 즉 앞으로 상세히 살펴보게 될 추상적인 것에서 구체적인 것으로의 상승방법을 필요로 한다. 여기서는 인공두뇌학(사이버네틱스)에서 이용되는 소위 체계-구조방법으로는 불충분하다. 왜냐하면 그 방법은 발전 속에 존재하는 생산관계 체계가 지닌 전체 변증법을 파악할 수 없기 때문이다. 물론 그 방법은 일정한 목적을 위해서는 유용할 수 있다.

생산관계 체계의 각각 요소는 소유의 이러저러한 측면들을 특징짓는다. 어떤 한 요소는 소유의 고유한 본질을 드러내지만, 또 다른 요소는 소유의 한층 덜 근본적인 현상형태 혹은 단지 표면적인 현상형태의 윤곽만을 드러낼 뿐이다. 모든 관계들의 총체는 그 규정의 전체의 다양성 속에서, 그리고 본질과 그 필연적 현상형태의 통일 속에서, 소유의 경제적 내용을 특징짓는다. 따라서 소유는 정치경제학 이론의 전체 영역에서 탐구되는 것이며, 결코 하나의 일정한 장이나 절에서 탐구될 수 없다.

인간사회의 역사에는 원시공동체, 노예소유제, 봉건제, 자본주의 및 사회주의라는 서로 합법칙적으로 교체되는 다섯 가지의 생산관계 체계들이 있다. 이들 각각의 체계는 모두 자신의 고유한 구조를 가지며 고유한, 각 체계에만 내재하는 특수한 법칙들에 따라 발전한다. 정치경제학은 이들 각각의 체계를 하나하나 탐구할 뿐만 아니라, 관계의 한 체계가 다른 체계로 혁명적으로 이행하는 과정의 합법칙성도 탐구한다. 정치경제학의 대상은 통일적인, 즉 서로 교체되는 생산관계 체계 및 그에 조응하는 소유형태이다.

광의의 정치경제학과 협의의 정치경제학

정치경제학은 애초에 자본주의사회에서의 생산, 분배, 교환 및 소비의 법칙들에 관한 과학으로서 성립했다. 엥겔스는 이러한 과학을 좁은 의미에서의 정치경제학이라고 불렀다. 엥겔스가 정치경제학을 넓은 의미에서 생산관계에 관한 과학이라고 정의했을 때, 그는 정치경제학을 "다양한 인간 사회가 생산하고 교환하며, 언제나 그에 따라 생산물의 분배가 이루어지는 조건 및 형태에 관한 과학"[9]이라고 규정했다.

광의의 정치경제학의 토대를 마련했던 맑스주의 과학은 그 요소들을 끊임없이 더욱 발전·완성시키고 있다.

정치경제학의 대상에 대한 부르주아적 정의 비판

정치경제학이라는 표현은 몽크레티앵(A. Montchretien)이라는 프랑스의 경제학자가 1615년에 출판한 『정치경제학 논고』에서 처음으로 사용되었다. 그 말은 그리스어인 'polis'(도시, 국가), 'oikos'(집, 가계) 그리고 'nomos'(법칙)가 합쳐서 된 말이다. 대충 '국가경제의 법칙' 정도로 번역할 수 있다. 정치경제학이라는 과학은, 그 경계와 대상의 내용이 정확하게 규정되기도 전에 그 이름을 가지고 있었다.

중상주의자들은 정치경제학의 대상을 교환의 법칙들로 환원시켜버렸다. 중농주의자들에 이르러 생산영역에 대한 분석으로 옮겨졌는데, 그들에게 정치경제학은 이제 더 이상 교환에 관한 과학만이 아니라 생산에 관한 과학이기도 했다. 스미스는 정치경제학을 부에 관한 과학으로 정의하고, 생산만이 아니라 상업도 그 속에 포함시켰다. 리카도는 정치경제학의 주요 대상을 사회의 부가 다양한 계급들에게 분배될 때 따르는 법칙이라고 보았다. 물론 그는 분배를 근본적으로 생산과 대립되는 측면으로 보았으며, 또한 교환과 불가분의 연관에 있는 것으로 보았다. 이후에 소비도 또한 정치경제학의 대상에 포함되었다. 이런 방식으로 점점 정치경제학의 대상은 생산, 분배, 교환 및 소비에 관한 과학이라는 일반적인 경계가 규정된 것이다.

부르주아 정치경제학은 그 진보적인 발전계제에서 정치경제학이라는 과학의 경계를 규정했을 뿐만 아니라 생산, 분배, 교환 및 소비 사이의 일련의 내적인 연관도 밝힐 수 있었다. 그러나 이 시기에도 부르주아적 지평의 한계는 간과될 수 없다. 그 한계는 부르주아적 생산법칙을 모든 생산의 일반적인 법칙, 즉 가장 '합리적'이고 '자연적'이며 영원한 법칙으로 나타내려는 시도 속에서 표현되는 비역사적 탐구방법이라는 점이다. 부르주아 정치경제학은 정치경제학의 대상— 역사적으로 교체되는 생산관계 체계— 에 대한 물음을 제기할 수 없었다. 왜냐하면 부르주아 정치경제학은 아직 변증법적 유물론의 방법과 경제적 사회구성체 및 그 교체의 합법칙성에 대한 이론으로까지는 나아갈 수 없었기 때문이다. 경제적 관계가 역사적으로 일시적인 성격을 갖는다는 사실을 인정하는 것은, 부르주아 정치경제학자들로 하여금 부르주아적 체계도 일시적인 것일 뿐이라는 결론으로 나아가게 하는 것을 의미한다. 이러한 결론은 부르주아지의 계급이해와 모순된다. 그들의 계급이해는 부르주아적 체계의 항구화에 있는 것이지, 그것을 다른 것으로 대체하는 데 있는 것이 아니다.

속류 부르주아 정치경제학은 점차로 그 선행자들의 과학적 인식과 멀어지기 시작했다. 이러한 사실은 특히 세이와 같은 유형의 속류 정치경제학자들이 생산, 분배, 교환 및 소비의 내적인 연관을 파괴하려는 시도를 보이고 있다는 점에서 잘 표현되어 있다. 이러한 시도에서는 생산, 분배, 교환, 소비가 모두 자립적인 영역으로 나타나고, 그 모두는 각각의 고유한 법칙에 따라 발전하는 것으로 이해된다.

이후에 역사학파의 대변자들은 정치경제학의 대상 자체를 바꾸려 했다. 이 학파의 대표자의 한 사람인 로셔(W. Roscher)는 정치경제학을 '국민경제'에 대한 과학으로 규정하고, 국민경제의 다양한 역사적 형태들을 서술하는 것이 정치경제학의 목표이며, 기술과 테크놀로지 그리고 다양한 민족경제의 영역들도 정치경제학의 대상에 포함된다고 보았다. 생산관계 체계에 대한 근본문제는 부차적이고 사소한 것으로 되었으며, 표면적인 현상들과 무의미한 사실들의 기술에 의해 은폐되었다.

이러한 방향으로 좀더 철저하게 나아간 예로, 우리는 오스트리아의 경제학자 뵘 - 바베르크(Böhm - Bawerk)와 이른바 한계효용론의 대변자들을 들 수 있다. 그들에게 정치경제학의 대상은 생산과정에서의 인간들 사이의 관계가 아니라, 사물에 대한 인간의 관계나 이러한 사물들의 유용성에 대한 주관적인 평가이다. 그들은 정치경제학의 본래의 대상을 제거해버렸다.

오늘날 부르주아 과학에서는 정치경제학이라는 용어를 포기하고 그것을 애매한 경제학(국민경제론)이라는 개념으로 대체하려는 경향이 대세가 되었다. 미국의 경제학자 사뮤엘슨이 '경제학'이라는 제목으로 쓴 어떤 교과서는 지금까지 8판이나 출판되었다. 이 교과서는 대학 및 전문대학 학생용으로 대부분의 자본주의 나라들에서 채택되고 있다. 이 교과서에는 '국민경제론이란 무엇인가'라는 제목이 붙은 장이 있다. 사뮤엘슨은 오늘날의 부르주아 과학에서 가장 광범위하게 퍼져 있는 경제학의 대상에 대한 다섯 가지의 정의를 열거한 후 다음과 같이 결론짓고 있다. "분야를 명백히 한정하여 서술하는 것은 거의 불가능하다."[10] 동시에 그는 이들 정의 하나하나가 그 자체로서 올바른 것이며, 학생들이 임의로 그 수를 늘릴 수 있는 것처럼 언급하고 있다.[11] 여기서 사뮤엘슨이 열거했던 정의들 중 몇 가지를 살펴보자.

> 국민경제론은 화폐를 매개로 혹은 화폐 없이 인간들 사이의 교환과정을 순환하는 대상에 대한 인간의 태도를 다룬다. 국민경제론은 인간이 자신의 생계수단을 만들고 소비하는 것과 같은 일상생활에서의 인간의 모든 행동을 다룬다. 국민경제론은 인류가 어떻게 자신의 소비능력 및 생산능력을 조직하는가를 탐구한다. 국민경제론은 경제적인 복지상태에 대한 연구를 취급한다.[12]

이러한 정의가 정치경제학을 교환에 관한 과학으로 보는 중상주의적 견해와 정치경제학을 부에 관한 과학으로 보는 스미스적인 견해, 그리고 경제과학은 사업가의 일상적인 사업활동에 대한 처방을 제공한다는 오늘날의 일반적인 견해 등을 포괄하고 있다는 사실을 인식하는 것은 어렵지 않다. 그와 같은 잡다한 정의를 열거하는 것만으로는 참된 지식을 추구하는 독자를 결코 만족시킬 수 없다는 사실을 사뮤엘슨 스스로가 잘 알고 있기 때문에, 이제 그는 정치경제학의 대상에 대한 자기 나름의 정의를 제시하려고 시도한다. 그는 이렇게 말한다. "국민경제론은 개개인 혹은 사회가 생활 속에서 항상 부족하고 대안적인 목적을 위해 사용 가능한 생산수단 — 화폐를 사용하든지 않든지 간에 — 을 재화의 생산에 끌어들이고자 할 때 지침으로 삼는 견해를 취급하고 검토하며, 또한 생산의 결과를 개개인 혹은 사회집단의 현재 혹은 미래의 소비를 어떻게 배분할 것인가를 취급하고 검토한다."[13]

여기서는 결정적으로 중요한 내용, 즉 생산, 분배, 교환 및 소비의 과정에서의 인간들 사이의 관계가 빠져 있다. 여기에서는 '불충분한 혹은 언제나 단지 제한적으로 존재하는 생산재화'의 문제가 전면에 나서며, 따라서 사회적 관계가 아니라 사물들의 운동이 중심 문제가 되고 있다. 이것은 부르주아 정치경제학의 최고의 대표자들이 이전에 제시했던 것과 같은 정치경제학의 대상에 대한 정의를 거의 완전히 포기한 것이다. 사뮤엘슨은 이와 같은 방식으로 경제생활의 근본 문제를 회피하고 사물들 사이의 관계와 그것에 대한 주관적 판단의 영역으로 독자들을 이끌고 있는 것이다.

부르주아 정치경제학은 오늘날 심각한 위기에 직면했으며, 그래서 그들은 이전의 이론 창고를 다시금 뒤지고 있다.

6. 정치경제학의 계급적 성격

정치경제학의 대상은 다양한 계급들 및 사회집단들의 근본적인 물질적 이해관계와 결합되어 있는 인간들 사이의 관계 영역이다. 개별적인 계급들 및 집단들의 물질적 상태는 사회체제에 따라 다양하다. 어떤 계급은 착취당하고, 어떤 계급은 부의 부당한 몫을 전유하여 번영하며 또 다른 어떤 계급은 불안정한 중간 위치를 차지한다. 그런 점에서 다양한 계급들 및 사회집단들이 동일한 사회질서의 본성을 평가할 때 서로 다른 견해를 주장할 수밖에 없다는 것은 너무도 자명하다.

자본주의 사회에서 번영하고 있는 부르주아지는 자본주의를 가장 합리적이고 영원한 생산형태라고 평가한다. 왜냐하면 자본주의는 부르주아지에게 최선의 삶의 조건들을 제공하기 때문이다. 이에 반해 착취당하는 임노동자는 자본주의 체제가 철저하게 비인간적이라고 평가한다. 임노동자는 다른 생산관계 체계로의 이행에 관심을 갖는다.

계급사회에서는 어떠한 통일적인 견해도 존재할 수 없다. 마찬가지로 어떠한 통일적인 정치경제학도 존재할 수 없다. 부르주아 이데올로그들은, 사회현상들의 모든 영역을 부르주아지의 입장과 그들의 이해관계에 따라 평가한 그들 자신의 부르주아 정치경제학을 만들어낸다. 쁘띠부르주아 이데올로그들은 쁘띠부르주아지의 고유한 이해를 표현하는 정치경제학을 창시한다. 그리고 프롤레타리아트는 자신들의 이해를 대변하는 노동자계급의 정치경제학을 창조한다. 계급사회에서 정치경제학은 불가피하게 **계급적 성격**을 띨 수밖에 없으며, 이러저러한 계급의 이해에 봉사한다. 정치경제학이 과학성에 대해 어떠한 요구를 갖고 있는가, 정치경제학이 여러 과정의 본질에 나타나 깊이 침투해 들어가는가 하는 것은, 어떠한 계급의 입장에서 이러한 분석이 이루어지는가, 탐구자가 누구의 눈으로 세계를 바라보는가 하는 데 달려 있다.

부르주아 정치경제학은 17세기에 시작되어 18세기말과 19세기초에 그 최고의 전성기에 도달했다. 부르주아 정치경제학의 최고의 대표자들, 예를 들어 프랑스의 케네나 튀르고 같은 중농주의자들, 페티, 스미스, 리카도 등과 같은 영국의 정치경제학자들은, 아직 부르주아지가 진보적인 계급이었고 봉건제와 투쟁하면서 '기생자'인 지주들에 대해 스스로를 '창조자'의 범주에 귀속시킬 수 있었던 시대의 부르주아지의 이해를 대변하고 있다. 그 시대에는 부르주아지와 프롤레타리아트 사이에서 부르주아 질서의 모순들이 분명하게 드러나지 않았고, 주요 문제가 봉건제와 그 잔재에 대한 투쟁 속에 놓여 있었다. 부르주아 이데올로그들은 실제로 봉건제를 대체하는 부르주아 질서가 모든 사회 성원의 이해에 합치하는 사회적 생산의 진보적이고 합리적인 형태라고 믿고 있었다. 이러한 조건에서 부르주아 이데올로그들은 부르주아 사회의 내적인 구조와 그 경제법칙들을 밝혀내는 것에 아직 두려움을 느끼지 않고 있었으며, 그 결과 그들은 맑스주의의 고전 사상가들이 평가했던 것과 같은 중요한 과학적 업적들을 제출할 수 있었다. 레닌은 부르주아 고전 정치경제학의 영국학파들에서 맑스주의의 정신적 원천을 보았다.

부르주아 질서의 내적인 모순들이 격화되고 19세기 초반 이래 프롤레타리아트의 혁명적 무장봉기가 시작되면서, 부르주아 질서의 '이상'과 '합리성'의 신화, 그리고 부르주아 질서가 모든 사회 성원의 이해와 조화된다는 신화는 엄청난 타격을 받았고 이 질서의 착취적 성격이 폭로되었다. 이러한 상황 속에서 부르주아지는 편견 없는 과학적 탐구에 대한 모든 이해를 상실하게 되었다. 과학적인 부르주아 정치경제학에 조종이 울린 것이다.

그 대신에 세이, 바스티아(Bastiat), 매컬럭(McCulloch), 뵘 - 바베르크 등으로 대표되는 속류 부르주아 정치경제학이 들어섰다. 이제 과학적인 진리는 중요하지 않게 되었으며, 대신에 자본주의에 대한 변호와 찬미가 무엇보다도 중요한 문제가 되었다. 부르주아 정치경제학자들은 내적인 연관들을 분석하는 대신에 표면적인 현상들을 기술하기 시작했으며, 현상들의 본질 대신에 외적인 가상을 보여주기 시작했다.

계급투쟁이 더욱 첨예화됨에 따라 부르주아 정치경제학은 더욱 더 속류화되었다. 이러한 사정은 현대의 국가독점자본주의 상황 속에서 특히 분명하게 드러나고 있다. 19세기 초반에는 또한 쁘띠부르주아 정치경제학도 발생했다. 그것의 가장 유명한 대표자로는 스위스의 경제학자 시스몽디와 프랑스의 경제학자 프루동을 들 수 있다. 이 이론가들은 부르주아지와 프롤레타리아트의 중간 위치에 끼어 있는 쁘띠부르주아지의 이해를 대변했다. 그들은 자본주의에 대해 심도 있는 비판을 가하기는 했지만, 자본주의적 대생산에서 소상품생산으로 되돌아가자는 반동적인 제안이, 만일 그렇지 않았다면 긍정적일 수도 있는 그들의 프로그램 속에 포함되어 있었다. 그들은 소상품생산이, 자본주의가 그로부터 필연적으로 출현하게 되는 기반이라는 사실을 이해하지 못했다.

19세기의 40년대에서 60년대에 이르기까지 맑스와 엥겔스는 프롤레타리아 정치경제학을 창시했고, 그것은 이후 레닌에 의해 계승되었다. 노동자계급의 근본이해를 대변하는 이 정치경제학은 유일하게 참된 과학적인 이론이 되었다. 노동자계급의 이해는 사회적 진보에 대한 이해 그리고 역사발전의 객관적 경향과 일치한다. 노동자계급은 사회주의적 원칙에 따르는 새로운 세계질서에 대한 역사적 사명에 관심을 갖고 있다. 그러나 이러한 사명을 충족시키기 위해서는 객관적 현실의 발전법칙을 인식해야만 한다. 왜냐하면 세계는 오직 그 법칙들이 인식되었을 때만 변화될 수 있기 때문이다.

7. 정치경제학 방법의 근본특징

다른 모든 과학들과 마찬가지로 정치경제학은 실제적인 사실을 문제삼는다. 사실은 과학적 분석의 재료이다. 동시에 그것은 또한 과학적 결론의 성과를 확인하고 반박하는 객관적인 시금석이다. 그러나 사실만으로는 아무 것도 설명하지 못한다. 과학적인 분석의 과제는 사실들을 기록하고 수집하는 데 있는 것이 아니라, 현상들의 본질을 탐구하고 현상들의 내적인 연관을 파악하며 현상들의 생성과 발전의 법칙들을 인식하는 데 있다. 이러한 토대 위에서만 인간은 생활을 단지 관찰할 뿐만 아니라, 또한 그것을 인간의 이해에 맞게 변화시킬 수 있는 올바른 결론을 도출할 수 있다.

자연에서와 마찬가지로 사회생활에서도 본질과 현상은 일치하지 않는다. 맑스는 이렇게 썼다. "만약 사물의 현상형태와 본질이 직접적으로 일치한다면, 모든 과학은 불필요하게 될 것이다."[14)]

오늘날에는 초등학생조차도 지구가 태양의 주위를 돌지, 그 역이 아니라는 사실을 알고 있다. 그러나 현상적으로는 태양이 지구의 주위를 회전하는 것처럼 보인다. 과학적인 사유가 이러한 현상의 외적인 형식의 배후에서 그 현상의 실제적인 본질을 발견하고, 왜 그 현상이 그렇게만 존재하고 다른 식으로는 존재하지 않는가를 해명할 수 있기까지는 오랜 시간이 필요했다.

생산관계의 영역에서도 본질과 현상은 일치하지 않는다. 탐구되어야만 하는 현상의 본질에 침투하기 위해서는 올바른 **탐구방법**을 사용하는 것이 필요하다. 이전 세대의 과학이 산출한 핵심적인 인식들에 기초하여 맑스주의의 고전 사상가들은 자연과 사회의 현상들을 분석하기 위해 근본적으로 새로운 방법을 만들어내고 또 그것을 실천적으로 적용했다. 그것은 다름 아닌 **변증법적 유물론**이다. 그것의 토대 위에서 세계사적 의의를 갖는 과학적 인식이 발생한 것이다.

분석과 종합

자연에서와 마찬가지로 사회에서도 탐구대상은 여러 특징, 속성, 본질적인 특징 등의 복합체로서 제시된다. 하나의 대상을 올바르게 파악하기 위해서는 우선 그것을 근본요소들로 분해해야 하며, 각각의 요소를 상세하게 탐구하여 그것들이 통일적인 전체 내에서 수행하는 역할과 의미를 밝혀내야만 한다. 분석은 바로 이렇게 탐구대상을 그것의 개별 요소들로 분해(분류)하고 이들 각각의 요소들을 전체의 필수적인 구성부분의 하나로서 탐구하는 것이다.

그러나 탐구과정은 단지 분석에만 한정되는 것이 아니다. 각 요소의 본질이 인식되고, 해당되는 전체의 내부에서 그것들이 수행하는 역할과 의미가 밝혀진 다음에는, 이러한 요소들을 그것들의 역할과 규정에 맞게 다시 결합해야만 한다. 종합은 바로 이렇게 분석된 요소들을 하나의 통일적인, 내적으로 결합되어 있는 전체로 다시 통합하는 것이다. 분석과 종합은 객관적 현실에 대한 통일적인 인식과정에서 나타나는 두 가지의 서로 분리될 수 없는 측면들이다. 분석과 종합은 상호 보완하며, 그것들을 통일적으로 파악할 때만 성과 있는 결과들이 산출될 수 있다.

정치경제학이 탐구하는 각각의 생산관계 체계는 다양한 관계들의 하나의 복합적인 전체, 하나의 통일체를 이루며, 여기에서 각각의 관계는 전체 체계 속에서 특수한 역할을 수행한다.

물리학자나 화학자는 어떤 현상에서 탐구하고자 하는 부분을 실험적인 방법을 통해 나머지 다른 부분들로부터 분리시켜 그 부분을 그것의 순수한 형태 속에서 탐구할 수 있다. 그러나 정치경제학에서는 이러한 방법이 사용될 수 없다. 생산관계를 탐구하는 경우에 분석과 종합은 연구대상에 대한 사고상의 분리로서 단지 탐구자의 두뇌 속에서만 수행될 수 있을 뿐이다. 바로 여기서 과학적 추상이 현실 인식의 도구로서 의의를 지니게 된다. 맑스는 이렇게 썼다. "갖가지 경제형태에 대한 분석에서는 ……현미경이나 화학적 시약을 사용할 수 없다. 추상력이 이것들을 대신해야만 한다."[15)]

과학적 추상—과학적 추상의 유물론적 성격과 생산관계에 대한 인식과정에서의 역할

추상은 문자 그대로는 일반화를 의미한다. 일상적으로 추상적인 것은 보통 실제적인 현실로부터 떨어져 있는 어떤 것, 단지 사고와 상상 속에서만 존재하는 것이고, 구체적인 것은 현실적으로 존재하는 것이라고 이해되고 있다. 이러한 생각은 추상적인 것과 구체적인 것에 대한 과학적 이해와는 거의 관계가 없다.

각각의 구체적인 전체는 서로 중첩되는 다양한 측면들의 통일로서 나타난다. 예를 들어 구체적인 전체로서의 자본주의는 생산관계의 다양한 측면들의 총체이다. 자본주의에 대해 구체적인 지식을 획득한다는 것은 자본주의를 전면적으로 탐구하여 자본주의적 생산관계 체계의 모든 요소들 사이의 내적 연관을 밝힌다는 것을 의미한다. 그러나 자본주의에 대한 과학적 분석에서 자본주의의 모든 측면들, 이 복잡한 체계의 모든 구성요소들을 동시에 탐구할 수 없다는 것은 분명하다. 우선 한 측면을 분석하고, 다음에는 다른 측면을, 또 그 다음에는 또 다른 측면을 분석해야만 한다. 단지 우리는 언제나 단계적 접근을 통해서만 자본주의에 대해 더욱 근원적이고 더욱 구체적인 지식을 획득할 수 있다. 우리가 관계의 이러저러한 측면을 탐구하고 그때 거기서 그 측면들을 관계의 전체 체계로부터 분리해낼 때, 우리는 그 측면들을 나머지의 모든 측면들로부터 추상화하고 '분리하는' 것이다.

모든 과학적 추상은 구체적인 것의 하나의 특정한 측면을 사유 속에서 재생산해낸다. 바로 이 사실로부터 추상적인 것은 구체적인 것보다 빈곤하다는 점이 명백해진다. 왜냐하면 추상적인 것은 현실의 한 측면만을 반영하지, 현실의 본질적인 특징 및 속성 전체를 반영하지는 않기 때문이다. 그렇다고 해서 추상이 현실로부터 멀어진다는 것을 의미하지는 않는다. 과학적 추상은 결코 우리의 상상의 산물이 아니며 실제로 존재하는 관계 및 연관을 의식 속에 반영한 것이다. 바로 여기에 과학적 추상의 유물론적 성격이 있다. 만약 우리가 추상을 할 때 현실과 유리된다면, 그때 우리는 스콜라주의에 빠져 주위의 현실에 대한 인식을 방해하는 비과학적 추상만을 얻을 수밖에 없다.

과학적 추상은 현실을 더욱 근본적으로 이해할 수 있게 하고, 탐구되는 현상에서 주요한 것, 본질적인 것을 분리할 수 있게 하며, 탐구되는 현상에 대한 이해를 방해하는 부차적이고 복잡한 관계들을 무시할 수 있게 한다.

추상의 제1단계는 탐구대상을 그것의 내적으로 연관되는 측면들에 따라 분석적으로 분할하는 것에서 시작한다. 우선 우리는 현상들의 표면에서 인식 가능한 것을 규정하고 거기에서 외적인 현상들의 배후에 있는 본질을 탐구한다. 이 과정은 현상들의 표면으로부터 관찰자의 눈에는 은폐되어 있는 내적인 과정들로 운동하는 과정이다. 본질이 규명된 다음에는 반대 방향의 운동, 즉 본질에서 현상으로 나아가는 운동이 시작된다. 이때 본질을 인식한다는 것은, 왜 이 본질이 바로 이 현상형태를 취하며 다른 어떤 현상형태들은 취하지 않는가를 이해한다는 것을 의미한다.

하나의 추상적인 정의에서 그 다음의 추상적인 정의로 이행하면서 우리는 언제나 대상에 대한 더욱 구체적인 지식을 획득한다. 하나의 대상에 대한 추상적인 정의의 총체가 그 대상에 대한 구체적인 지식을 제공한다.

이러저러한 생산관계 혹은 생산관계의 여러 측면들을 표현하는 과학적 추상은 이제 경제적 범주들이 된다. 그래서 예를 들어 자본주의의 정치경제학은 상품, 가치, 화폐, 자본, 잉여가치, 임금, 이윤, 이자, 지대 등과 같은 경제적 범주들로써 탐구를 수행한다. 이러한 각각의 범주들은 자본주의적 생산관계의 하나의 특정한 측면을 표현한다. 경제적 범주들은 그것들의 통일 속에서 생산관계의 전체 체계를 규정한다. 각각의 생산관계 체계들은 하나의 경제적 범주들의 체계와 상응한다. 그래서 자본주의의 특징들과 속성들을 표현하는 경제적 범주들은 봉건제나 사회주의를 나타내는 범주들과 근본적으로 구별된다.

과학적 추상의 변증법적 성격

일반적으로 부르주아 정치경제학의 대변자들처럼, 추상적인 것에서 구체적인 것으로 상승하는 것을 단순히 경제적 범주들을 부각시키거나 그것들을 열거하면서 임의로 배열하는 것으로 이해해서는 안된다. 변증법적 방법은 경제적 범주들에서 표현되는 생산관계의 다양한 측면들을 어떤 자립적인 것으로 보지 않고 상호 연관되어 있는 것으로 보는 데서 출발한다. 경제적 범주들은 하나의 내적 연관 속에 있다. 따라서 우리는 경제적 범주들에서 표현된 경제적 현상들을 탐구하고, 하나의 범주에서 다른 범주로의 일련의 이행을 확정지을 때, 경제적 범주들을 그때그때의 통일적인 전체로 결합시켜주는 내적 연관으로부터 출발해야만 한다.

그렇다면 경제적 범주들의 체계를 규정하는 이 내적 연관을 어떻게 인식할 것인가?

첫째, 변증법적 유물론은 자연과 사회의 현상들과 관계들을 최종적으로 주어지는 것이나 영원하고 불변적인 것으로 보지 않고, 발전하고 변화하는 것으로 보는 데서 출발한다. 역사적인 고찰방식, 발전의 원리는 우리 주위의 현실을 탐구하는 데 필요한 변증법적인 접근의 핵심 법칙에 속한다. 이것을 정치경제학에 적용하면, 그것은 곧 우리가 경제적 범주들을 고정되고 불변하며 영원한 것으로 보지 않고 그것들을 변화하고 발전하는 범주들로 고찰해야만 한다는 것을 의미한다. 그때그때의 경제적 범주들에서 표현되는 경제적 현상들은 어떻게, 왜 그리고 어떠한 원인으로 발생하게 되는지, 어디에 그 현상들의 발전이 있는지, 그 현상들은 어떻게 그리고 왜 소멸하게 되는지 등을 엄밀하게 해명해야만 한다.

둘째, 변증법적 유물론은 자연과 사회에서 발전이 단순한 것에서 복잡한 것으로, 낮은 것에서 높은 것으로 이루어진다는 사실에서 출발한다. 하나의 복잡한 관계는 그것에 선행하는 단순한 관계가 발전한 결과로서만 비로소 성립할 수 있다.

이것을 정치경제학에 적용하면, 그것은 생산관계들의 총체로부터 우선 다른 모든 관계들보다 먼저 생겨나 다른 모든 복잡한 관계의 성립에 출발토대로서 사용될 수 있는 가장 단순한 관계를 분리해낸다는 것을 의미한다. 맑스는 이와 같은 가장 단순한 관계를 경제적 세포라고 표현했다. 각각의 관계 체계는, 전체 관계가 그것에서 발전되는 그 체계 각각의 특수한 세포들을 갖는다. 하나의 관계 체계가 세포들로부터 발전할 때, 그 체계는 이 세포들을 해체시켜버리지 않고 그것들을 그 체계에 고유한 존립의 필수조건으로 끊임없이 재생산한다. 자본주의에서는 상품이 가장 단순한 관계이다. 맑스는 자본주의적 생산관계 체계를 탐구할 때, 상품의 본질을 탐구하는 데서 출발한다. 레닌은 이에 대해 다음과 같이 썼다. "맑스는 『자본론』에서 우선 부르주아 (상품)사회의 가장 단순하고, 가장 익숙하며, 가장 근본적이고, 가장 많이, 가장 일상적으로, 수천 수백 번 관찰되는 관계, 즉 상품교환을 분석한다. 분석은 이러한 가장 단순한 현상에서 (부르주아 사회의 이러한 '세포' 속에서) 근대 사회의 모든 모순(혹은 모든 모순의 맹아)을 폭로한다. 그 다음의 서술은 이러한 모순들과 사회의 발전(성장 및 운동)을 처음부터 끝까지 그 개별적인 부분들의 시그마 속에서 (즉 총체로서) 보여준다."[16)]

레닌은 생산관계 분석에 대한 이러한 방법을 단지 자본주의에만 적용할 수 있는 것으로 보지 않고, 모든 생산양식에 대해 적용할 수 있는 것으로 보았다. 그는 위의 인용문에 이어서 다음과 같이 확인했다. "이러한 방법은 또한 변증법 일반의 서술(및 탐구)방법임에 틀림없다(왜냐하면 맑스에게서 부르주아 사회의 변증법은 단지 변증법의 특수한 한 경우에 불과하기 때문이다)."[17)] 경제적 범주는 추상적인 것에서 구체적인 것으로 상승하면서, 가장 단순한 경제적 관계에서 더 복잡한 경제적 관계로 이행하는 과정을 표현하는 배열 속에 놓이게 된다.

셋째, 변증법적 유물론은 단순한 것에서 복잡한 것으로의 이행을 야기하고 생산관계를 복잡하게 만드는 **발전의 추동력**을, 이러저러한 현상에 내재하는 **모순**인 대립물의 **통일**과 **투쟁**에서 찾는 데서 출발한다.

그때그때의 가장 단순한 관계에 내재하는 모순이 발견됨으로써, 왜 이러한 모순은 해당되는 관계의 틀 속에서는 해소될 수 없는지, 그리고 왜 다른 더 복잡한 관계로의 이행이 필연적으로 일어나는지가 밝혀진다. 복잡한 관계는 선행하는 단순한 관계에 내재하는 모순들을 해소하기 위한 수단으로서 생성된다. 하나의 경제적 범주에서 임의의 어떤 다른 관계가 성립하는 것이 아니라, 선행하는 단순한 관계에 내재하는 모순들의 **해소형태**로 사용될 수 있는 그러한 관계만이 성립한다. 물론 복잡한 관계는 모순을 해소하는 데 이용되기는 하지만, 그 모순을 청산하지는 못하며 단지 그 모순의 계속적인 발전을 위한 형태를 제공할 뿐이다. 복잡한 관계도 다시 하나의 새로운 대립물들의 통일, 즉 내부에 모순을 간직한 관계가 되어 일정한 단계에 이르면 하나의 새로운, 더욱 복잡한 관계로의 이행을 요구하게 된다.

단순한 것에서 복잡한 것으로의 이행은 하나의 새로운 **질**로의 이행이다. 동시에 복잡한, 질적으로 새로운 관계는 또한 선행하는 단순한 관계가 가졌던 특징들도 포함한다. 마찬가지로 각각의 다음 단계의 범주는 선행하는 범주를 부정한다. 그러나 그때 그 선행하는 범주의 근본특징은 유지된 채 그러한 부정이 일어난다. 각각의 다음 단계의 경제적 범주는 선행하는 것과는 다른 어떤 새로운 것, 동시에 또한 근원적이고 원초적인 관계의 기초에 놓여 있는 것의 계속적인 발전을 나타낸다.

하나의 생산양식에 속하는 경제적 관계들은 결코 다양한 요소들의 무질서한 집적이 아니라 그 요소들이 서로 내적으로 결합되어 있는 통일로서 나타난다. 즉 하나의 관계가 그 다음의 관계를 산출하고, 이 다음의 관계가 또 다른 관계를 산출하는 식으로 존재한다. 모든 관계들은 서로 발생적으로 결합되어 있다. 즉 모든 관계가 공통의 유래를 갖고 있다. 하나의 범주는 다른 범주의 귀결·결과이고 그것은 다시 그 자체가 또 다른 것의 생성을 위한 원인·출발점·토대가 된다. 여기서 우리는 추상적인 것에서 구체적인 것으로의 상승에 대한 변증법적 파악에서는 경제적 범주들이 그것들의 생성과 발전의 현실적인 과정을 반영하는, 정확하게 규정된 순서에 따라 배열된다는 사실을 확인할 수 있다.

맑스가 자본주의적 생산관계 체계를 분석하면서 사용한 추상적인 것에서 구체적인 것으로의 상승 방법은 그때그때의 관계 체계의 발전이 무엇으로부터 시작하는가, 이러한 체계의 모순들은 어떠한 종류의 것인가, 이러한 모순들은 해당되는 체계들 내부에서 어느 정도까지 해소 가능한가, 또 어떠한 이유로 그 체계 내에서는 모순들의 완전한 해소가 불가능한가, 그리고 왜 이러한 생산관계 체계에서 다른 진보적인 체계로의 혁명적 이행, 즉 낮은 체계에서 높은 체계로의 혁명적 이행이 필연적인가를 인식할 수 있게 해준다.

맑스는 자본주의에 내재하는 모순들에 대한 분석으로부터 자본주의의 몰락과 그것의 사회주의적 생산양식으로의 혁명적 이행이 불가피하다는 매우 중요한 결론을 이끌어낼 수 있었다.

논리적인 것과 역사적인 것

생산관계에 대한 논리적(이론적) 분석은, 추상적인 것에서 구체적인 것으로의 상승 방법의 도움으로 실제적인 역사적 발전과정을 반영한다. 하나의 관계 체계에 대한 이론적 분석은 그 역사가 시작하는 곳에서 시작된다. 그러나 논리적 반영은 결코 역사적인 과정의 정확한 모사가 아니다. 이러저러한 나라들의 구체적·역사적 조건하에서는 해당되는 관계 체계에 필요하지도 않고 본질적으로 필연적이지도 않은 관계들이 생성되고 발전할 수 있다. 비록 그러한 관계들이 존재한다고 하더라도 해당되는 관계 체계를 경제이론 속에서 논리적으로 재생산할 때 그러한 관계들까지 고려할 수는 없다. 역사가는 이러저러한 나라들에서 그리고 이러저러한 시점에서 현실적으로 드러나는 사실들 및 사건들을 기술하고 확인해야만 한다. 그러나 정치경제학자는 경제적 사실들에서 본질적으로 필연적이고 합법칙적이며 단지 해당되는 생산관계 체계에서만 산출될 수 있는 그러한 사실들만을 선택한다. 또한 역사는 이론 속에서의 논리적 재생산과정에서 어느 정도까지는 모든 우연적인 것, 비본질적인 것이 배제된 채 반영된다. 역사는 단지 그것의 본질적이고 결정적이며 객관적으로 필연적인 핵심고리에서만 반영된다. 역사는 이론 속에서는 단순한 것에서 복잡한 것으로, 낮은 것에서 높은 것으로의 사회의 전진적 운동으로서 나타난다. 이러한 운동에서 나타날 수 있는 모든 우연적이고 지그재그로 진행되는 것은 이론적인 탐구에는 반영되지 않는다.

실험, 수학적 분석방법 및 과학적 추상

경제적 현실에서는 어떠한 생산관계도 순수한 형태로는 존재하지 않으며, 생산관계는 그때그때의 생산양식에 대한 생산관계의 전체계와 결합되어 있고 그것의 영향을 받는다. 그럼에도 불구하고 경제이론의 주요 과제는, 각각의 생산관계의 본질과 그것의 외적인 현상형태를 다른 관계들로부터 분리시켜 순수한 형태 속에서 인식하는 데 있다. 그렇게 할 때만, 해당되는 생산관계로부터 어떠한 현상들이 결과되며 다른 생산관계로부터는 어떤 현상들이 산출되는지를 확인할 수 있다.

이미 언급한 대로 이러한 목적은 어떤 측면들을 다른 측면들로부터 분리시키는 추상의 도움으로 달성될 수 있다. 그러나 이로부터 생산관계 분석에서 실험은 어떠한 역할도 수행하지 않는다는 결론이 나오는 것은 아니다. 사회적 소유가 지배하는 사회주의적 생산양식에서는 경제적인 영역에서의 실험이 매우 본질적인 역할을 수행한다.

이러저러한 경제정책을 준비하면서 사회는 그것의 효율성을 우선은 개별 공장이나 혹은 집단의 공장그룹들에서 시험해보고, 그 다음으로 이러한 시도의 결과에 대한 분석에 따라 비로소 그 계획을 전체 국민경제로 확장하는 것이 합리적인 것인지를 결정한다.

경제적 실험은 과학적 추상을 대체할 수도 없고 또 대체해서도 안된다. 과학적 추상은 과학적인 견지에서 유일하게 올바른 방법이며, 그것은 어떠한 실험도 불가능할 때뿐만 아니라 그 실험이 아주 광범위하게 실행될 때도 여전히 필요한 것이다. 실험은 과학적 추상의 도움으로 획득된 이론적 원칙의 올바름과 계획한 정책의 효율성을 시험하는 데 필요하다.

광범위하게 사회화된 생산, 특히 사회주의에서는 수학과 전자공학적 정보처리의 도입이, 경제적 현상들의 영역에서의 합법칙적이고 양적인 연관을 전면적으로 분석하기 위한 본질적인 수단으로 기능한다. 수학은 양적인 연관과 의존성을 확인하는 데 매우 중요한 보조수단의 역할을 수행하는데, 그것은 정치경제학의 계속적인 발전에서 본질적인 요인의 하나가 되고 있다.

주

1) Marx/Engels, *Werke*, Bd.23, Dietz Verlag, Berlin 1962, S.193(김영민 역, 『자본』 I - 1, 이론과 실천, 1987, p.214 참조).
2) *Ebenda*, 5. 194/195(강조는 인용자).
3) Marx/Engels, *Werke*, Bd. 20, Dietz Verlag, Berlin 1962, S.444.
4) Marx/Engels, *Werke*, Bd.6, Dietz Verlag, Berlin 1962, S.407.
5) Marx/Engels, *Werke*, Bd.13, Dietz Verlag, Berlin 1962, S.628(김호균 역, 『정치경제학 비판을 위하여』, 중원문화, 1988, p.217 참조).
6) Lenin, *Werke*, Bd.29, Dietz Verlag, Berlin 1961. S.352.
7) Lenin, *Werke*, Bd.3, Dietz Verlag, Berlin 1956, S.51.
8) Lenin, *Werke*, Bd.2, Dietz Verlag, Berlin 1961, S.198.
9) Marx/Engels, *Werke*, Bd.20, Dietz Verlag, Berlin 1971, S.139.
10) P. A. Samuelson, *Volkswirtschaflslehre*, Bd.1, Bund - Verlag, Köln 1970. S.22.
11) *Ebenda* 참조.
12) *Ebenda* 참조.
13) *Ebenda* 참조.
14) Marx/Engels, *Werke*, Bd.25, Dietz Verlag, Berlin 1964, S.825.
15) Marx/Engels, *Werke*, Bd.23, Dietz Verlag, Berlin 1962, S.12.

16) Lenin, *Werke*, Bd.38, Dietz Verlag, Berlin 1964, S.340.

17) *Ebenda* 참조.

II. 원시공동체 생산양식

제1장 인간 사회의 형성과 원시공동체의 근본특징

최근의 과학 지식은 인류가 100만 년 이상 존속해왔다는 것을 말해주고 있다.[1] 원시공동체 생산양식은 최초의 사회적 생산양식, 즉 인간 사회의 원시적 형태였다. 원시공동체 생산양식은 인간의 발생과 더불어 시작되어 기원전 5,000~4,000년까지 존속했다. 원시공동체 생산양식의 본질적 징표와 특수성은, 노동도구가 원시적이었고, 인간의 노동이 집단적 성격을 띠고 있었으며, 소유는 공동체적 소유의 형태를 취했고, 자연이 생산의 방식과 형태에 결정적인 영향을 미쳤다는 데 있다. 생산물은 공평하게 분배되었고, 사회의 사회적 분화는 아직 존재하지 않았다.

맑스주의와 오늘날의 과학이 제공해주는 연구성과로부터 출발하여 소비에트 과학자들은 원시공동체의 발전단계를 표시하기 위해 다음과 같은 시기구분을 제안하였다.

(1) 원시집단 혹은 전(前)씨족질서.

(2) 씨족질서 혹은 씨족공동체. 이는 다시 모권시대(모권적 씨족질서 혹은 모권적 씨족공동체)와 가부장권시대(가부장제적 씨족질서 혹은 가부장제적 씨족공동체)로 나누어진다.

(3) 촌락공동체(마르크공동체).

1. 인간 사회의 발생과 형성에서 노동의 역할

인간의 발생은 지구상의 생명체 발전에서 결정적인 전환점이었다. 그와 함께 인간 사회 또한 발생하여 발전하였고, 객관적 법칙에 따라 진행되는 사회경제적 발전의 역사를 시작하였다. 엥겔스는 이렇게 서술하였다. "인간과 더불어 우리는 역사 속에 발을 들여놓게 되었다. 동물에게도 그 발생에서 점차적 발전을 거쳐 오늘날의 상태에 이르기까지 자신의 역사가 있다. 하지만 이 역사는 그것들을 위해서 만들어지며, 비록 그것들이 거기에 참여한다 할지라도, 그것은 그것들도 모르게 발생한다. 그에 반해 인간은 좁은 의미에서의 동물로부터 벗어날수록 더욱 더 자신의 역사를 의식적으로 만들게 되고, 역사상에서 예측할 수 없는 작용들, 통제되지 않는 힘들의 영향력은 더욱 더 축소되며, 역사적 결과는 더욱 더 정확하게 미리 설정한 목표에 조응하게 된다."[2)]

동물계로부터 인간의 분리는 자연의 발전에서 하나의 질적 도약이었다. 그러한 질적 도약을 이루는 데는 생물학적 진화만으로는 충분하지 않다. 사회적인 의미에서 인간이 출현하기 위해서는, 이 현상을 위한 어떤 새로운 조건, 새로운 결정적 요인들이 필요하였다. 생물학적 전제들은 동물로부터, 동물적 상태로부터 인간적·사회적 상태로 이행하기 위한 발판이었다. 하지만 이것은 저절로 되는 것이 아니라 오직 노동을 통해서 이루어질 수 있었다.

노동은 인간의 발생에, 그리고 인간 사회의 발생과 발전에 결정적인 역할을 하였다. 자신이 만들어낸 도구를 이용한 노동을 통해 비로소 인간은 동물계에서 벗어나 질적으로 새로운 사회적 상태를 확립할 수 있었다. 노동은 오직 인간만이 할 수 있는 것이다. 엥겔스는 덧붙여 서술하였다. "정치경제학자들은 노동이 모든 부의 원천이라고 말한다. 노동이 이러한 일을 할 수 있는 것은, 그것에 재료를 제공해주고 그것에 의해 부로 전화되는 자연과 더불어서이다. 그러나 노동이 지니는 의미는 그 정도를 훨씬 넘어서는 것이다. 노동은 어떤 의미에서는 그것이 인간 자신을 만들어냈다고도 할 수 있을 정도로, 모든 인간 생활의 첫번째 근본조건이 되는 것이다."[3)]

노동은 노동도구의 제작과 더불어 시작된다. 자연에서 직접 채취한 대상들을 우연적으로 활용하는 것으로부터 더 높은 효과를 노리기 위해 이 대상들에 약간의 원시적인 가공을 가해 노동도구를 제작하는 데로 이행하는 것은 살아 있는 자연의 발전에서, 동물계로부터 인간의 분리, 유인원의 인간으로의 전화를 의미하는 하나의 질적 도약이다.

노동도구의 제작은 언제나 사전에 설정된 목표와 그것의 달성을 위한 행동의 논리적 순서를 전제한다. 따라서 노동도구 제작으로의 이행은 곧 인간의 노동이 진정으로 인식된 목적의식적인 활동으로, 즉 특수한 인간적 활동으로 되었음을 의미하는 것이었다.

노동의 발전 및 완성과 더불어 인간, 그리고 그렇게 하여 발생한 사회의 주요 생산력 또한 완성되었다. 고고학과 인류학의 연구성과도 이 점을 입증해주고 있다. 그것에 따르면 전(前)인간 — 전(前)찐안트로푸스, 피테칸트로프, 진안트로프와 하이델베르크의 프로탄트로푸스 — 으로부터 원시인 — 네안데르탈인 — 으로, 나아가 오늘날 인간의 직접적 모체인 네안트로프로의 이행은 원시공동체 시기에 이루어진다고 한다. 과학에 의해 호모사피엔스라고 규정되는 크로마뇽인은 네안트로프스에 속한다.

2. 원시공동체의 생산력과 생산관계

원시공동체의 생산력

원시공동체의 생산력 전체를 특징짓기 위해서는, 우선 그것이 극히 미약하게 발전하였고 노동도구가 원시적이었다는 점을 지적해야만 한다. 최초의 노동도구는 뾰족하게 만든 막대기와 조야하게 깨서 만든 쐐기 모양의 뾰족한 돌이었다. 수십만 년 동안 주로 돌로 된 노동도구의 제작과 사용이 생산의 고유한 본질적 특징이었다. 돌로 된 노동도구를 사용하던 시기를 과학에서는 석기시대로 규정한다. 석기를 제작하는 수준에 따라 석기시대는 크게 세 가지의 역사적 시기로 나누어진다. 구석기시대 혹은 팔레올리티쿰, 중석기시대 혹은 메졸리티쿰, 그리고 신석기시대 혹은 네올리티쿰이 그것이다. 오랜 시간이 지난 후에야 비로소 인간은 노동도구를 금속으로 제작하는 법을 배웠다. 처음에는 구리로, 그 다음에는 청동 — 구리와 아연의 합금 — 으로, 마지막에는 철로. 이에 따라 노동도구가 구리로 만들어져 석기와 함께 사용되던 시기를 과학에서는 동기시대라고, 그리고 청동제 노동도구가 제작되어 사용되던 시기를 청동기시대라고 부른다. 철제 노동도구의 제작으로의 이행과 더불어 소위 철기시대가 시작되었다.

원시시대 인간이 수행하던 생산의 최초의 근본형태는 식량의 단순한 채집, 공동 수렵과 어로였다. 원시인의 가장 위대한 업적 중의 하나는 불을 지피는 법을 발견한 것이었다. 중석기시대에 이루어진 활과 화살의 발명은 원시공동체의 생산력 발전에 새로운 시대를 열어주었다. 그것과 더불어 수렵은 보다 안정적인 생존의 토대가 되었다. 그후 수렵이 점점 더 완성됨에 따라 인간들은 단지 동물을 죽이기만 하는 것이 아니라 그것들을 포획해서 길들이기 시작하게 된다.

신석기시대로의 이행은 원시공동체에서 하나의 진정한 혁명이었다. 한층 더 개선된 노동도구는 먹을 수 있는 식물의 단순한 채집으로부터 몇 가지 작물의 경작으로 이행할 수 있게 해주었다. 농경이 발생하였다. 오늘날까지 알려진 작물 중에서 밀, 쌀, 호밀, 옥수수, 양파, 양배추, 아마와 면화가 가장 오래된 것이다. 동물을 길들이기 시작하면서 가축 사육이 발전하게 된다. 동물을 길들이게 됨으로써 원시적인 밭갈이로부터 가축의 힘을 이용한 쟁기 경작으로 이행할 수 있게 되었다.

노동도구의 개선을 통해, 그리고 원시공동체의 생산력의 확대 발전과 더불어 자연의 산물을 주로 완성된 형태로 전유하는 수렵 및 채집경제로부터 노동을 통해 자연대상의 형태를 변형시켜 소비에 필요한 생산물 자체를 만들어내는 가축 사육과 농경경제로의 이행이 완수되었다. 인간들은 점차 생산의 경험과 숙련을 획득하게 되었고 그것을 개선시켰으며, 새로운 노동방법을 발견하여 그들의 노동능력을 향상시킨다. 이 모든 것이 원시공동체적 생산의 발전에 지대한 역할을 하였다.

원시공동체 인간들의 집단노동. 단순협업. 자연적 분업

원시적 노동도구를 가진 인간은 홀로 필요한 생존수단을 만들어내기만 하면 되는 그러한 상황에 있지 않았다. 인간들은 살아남기 위해서 집단을 이루어 야생동물의 습격에 공동으로 대처하고 생존수단을 공동으로 만들어내야만 했다. 원시인들의 노동은 처음부터 사회적·집단적 노동이었다. 원시인들의 최초의 노동조직은 **단순협업**, 즉 다소 많은 수의 일꾼들이 하나의 동일한 작업과정에, 혹은 상이하지만 상호 결합된 노동과정에 공동으로 참여하는 형태였다.

개별적인 힘들의 단순한 결합만으로도 그것을 이루는 각각의 힘들의 단순한 총합 이상의 생산력이 만들어진다. 맑스는 이렇게 서술하였다. "이 원시적 유형의 협동적 혹은 집단적 생산은 정확하게 말하면 생산수단의 사회화의 결과가 아니라 고립된 각각의 개인들의 나약함의 결과였다."[4)]

원시인들의 노동은, 처음에는 수렵과 어로를 할 때의 상호 협력에 국한되어 있었던 이 원시 생산자집단 성원들의 단순한 공동노동으로부터, 아직 성(性)과 나이에 의해 규정된 그리하여 자연에 의해 규정된 형태로 표현되었던 최초의 노동분업으로 발전해갔다.

원시공동체의 생산관계

원시공동체의 생산력의 상태와 방식에 조응하여, 그리고 내용과 형식상 공동적·집단적 성격을 띠고 있었던 원시인들의 노동에 조응하여, 집단적인 원시공동체적 생산관계가 발생하고 발전하게 된다. 노동의 집단적 형태는 또한 산출된 생산물 전유의 집단적 형태를 만들어냈다. 모두가 공동으로 노동했기 때문에 모든 생산수단과 획득된 재화 역시 집단적 소유가 되어 집단의 재량에 따라 사용되었다.

생활에 필요한 생산물을 만들어내기 위하여 원시인들을 공동의 집단적 노동 속에 결집시켰던 원시적 집단은 원시공동체였다. 원시공동체적 생산관계는 생산과정 속에서 원시공동체의 성원들이 생산수단과 소비수단을 공동으로, 집단적으로 전유하는 관계로서 형성되었다. 생산과정 속에서 결합되고 동일한 처지에 놓여 있으며, 그렇기 때문에 집단적 노동자로서의 역할을 하는 원시공동체의 성원들은 나름대로의 이익을 위해 그들 모두에게 속하는 생산수단과 결합하였던 것이다.

이러한 결합이 노동하는 자와 생산수단의 유기적 통일을 만들어냈다. 맑스주의의 창시자들은 원시공동체에서의 생산수단 소유의 특징에 대해 언급하는 가운데, 그것이 원래 동산(動産)이었다고 지적하였다. 동시에 이 동산의 소유는 토지의 소유를 전제한다고 확언하였다. 맑스는 그것을 본원적

소유라 불렀다.[5)]

본원적인 생산수단에 대한 원시인들의 공동소유 혹은 집단소유가 사회적 소유관계 — 이는 물론 아직 집단소유에 제한되어 있었다 — 로서의 원시공동체적 생산관계의 내용을 특징짓는다. 원시공동체적 생산관계의 특징은 원시인 상호간의 평등한 지위, 생산에서의 사회경제적으로 동등한 지위, 집단적·사회적 소유였던 생산수단의 공동전유와 공동사용이었다.

3. 노동과정에서 인간관계의 최초 형태로서 원시집단

노동과정 속에서 인간 관계의 최초의, 아직 미확립된 사회경제적 관계의 형태는 원시집단 혹은 소위 전(前)씨족질서였다. 노동 속에서 원시인들간의 관계의 최초의 형태였던 원시집단과, 노동수단의 개선과 더불어 서서히 완성되어갔던 원시인들의 노동은 서로 상대편의 발전을 촉진시켰다. 원시집단은 대개 특정한 지역 내에 거주하는 비교적 작은 무리의 인간들로 구성되어 있었다.

인류 발전의 이 단계에서는 양성(兩性)간의 관계, 즉 인간의 재생산을 위한 조건이 사회적 관계에 커다란 영향력을 행사하고 있었다. 인간들간의 결합과 그들간의 관계에 미치는 생물학적 요인과 성적 유대의 영향이 원시공동체적 질서의 전기간에 걸쳐 지대한 의미를 가지고 있었다. 특히 인간이 동물의 영역에서 완전히 벗어나지 못했을 때 이것은 매우 강력하게 작용하였다.

원시집단은 어떠한 사회적 혹은 직업적 차이도 알지 못했던 동질적인 집단이었다. 양성간의 관계는 아직 규제되고 있지 않았고, 노동은 원시적 협동으로 이루어졌다. 노동도구는 필요에 따라 그때그때 제작되었다.

생산도구 발전의 상태와 방식이라는 측면에서 볼 때 원시집단 혹은 전씨족질서의 시기는 구석기시대에 조응한다. 생산력 발전 및 증가하는 생산과 더불어, 사회적 유대의 이 최초의 형태는 점차 자신의 수명을 다하고 해체되기 시작한다. 원시집단 혹은 전씨족질서의 시기는, 엥겔스의 표현에 따르면, 인류의 유년기였다.

4. 씨족질서와 그 경제적 토대

원시공동체적 관계의 발전된 형태로서의 씨족질서. 모권과 가부장권

생산력의 발전은 원시집단에 비해 더 안정되고 발달된 성숙한 생산집단, 즉 경제 수행의 연속성, 노동 경험과 숙련성의 풍부화와 확장을 보장할 수 있는 그러한 생산집단의 등장을 조건짓고 또 요구하였다. 그리하여 씨족 또는 씨족공동체가 발생하였다. 씨족질서 속에서 씨족은 사회의 기본단위를 이룬다. 씨족은 서로 혈연관계를 맺고 있는 일군의 인간들이 결합한 것이다. 몇 개의 씨족이 합하여 부족을 이루었다.

씨족질서의 첫번째 발전단계에서는 여성이 원시공동체의 생활 내부에서 지배적 위치를 차지하고 있었는데, 그것은 이 시기 인간들의 물질적 생활의 특성으로부터 비롯된 현상이었다. 여성은 먹을 것을 주워 모아 조리를 하고 공동경제를 이끌어 나갔으며, 공동체의 비축물을 관리하면서 대개의 경우에는 맹아형태의 원시적인 농경과 목축에도 참여하고 있었다. 여성은 씨족공동체를 관장했으며, 공동체 성원들의 혈연관계 역시 모계에 따라 이루어졌다. 이것이 바로 모권 또는 모권적 씨족이다. 원시집단으로부터 모권적 씨족으로의 이행은 특정한 조건하에서 원시집단이 자매집단으로 분리되고, 이로부터 점차 모권적 씨족이 발생하는 과정 속에서 이루어졌다.

씨족질서는 구석기시대로부터 신석기시대로의 이행기 동안에 발생하였다. 최초 형태의 씨족질서인 모권은 기원전 4만년 경에 형성되었다. 모권시대는 씨족질서의 전성기였다. 생산력이 더욱 더 발전함에 따라, 남성이 담당하던 목축(방목)과 이미 상당히 발달해 있었던 농경이 공동체의 생활에서 결정적인 역할을 하게 되자 모권적 씨족은 가부장제적 씨족 또는 가부장권에 자신의 자리를 물려주게 된다.

이제 남성이 씨족공동체 내부에서 지배적 위치를 차지하게 되었고, 혈연적 유대는 부계를 따르게 되었다. 가부장권과 더불어 원시공동체의 해체가 시작되었다. 커다란 모권적 씨족은 보다 작은 가부장제적 개별 가족들로 해체되었다. 하지만 이 개별 가족들은 여전히 그 규모가 상당히 큰 것이었다.

몇몇 아시아 나라의 농업공동체들은 경제적 발전의 몇 가지 특수성을 보여준다. 이 특수성은, 토지에 필요한 치수시설의 건설과 유지가 농업의 발전에 결정적인 역할을 한 데서 비롯된 것이었다. 이와 같이 공동체의 성원들은 치수사업에 자신들의 힘을 집중시켰다. 아시아 공동체들의 안정성은, 공동체 성원들 사이에 상당히 발달한 노동분업이 존재함으로써 이 공동체들이 하나의 완결된 경제단위가 된 것에 의해 유지되었다.

씨족공동체 노동의 사회적인 성격

원시인들의 집단노동과 생산수단의 집단적 공동소유는 원시공동체의 경제적 이해 역시 공동적이고 통일적인 성격을 띠게끔 조건지었다. 누가, 언제, 어떤 일을 할 것인가는 집단이 결정했다. 여기에서는 아무도 자기 자신의 판단과 희망에 따라 행동하지 않았다. 개인은 집단의 의지에 종속되었다. 그 때문에 개별 인간들의 노동은 항상 사회적 노동의 유기적 요소였고, 이미 노동과정 자체 속에서 항상 직접적으로 사회적인 노동이었다. 장로회의가 물질적 생산의 다양한 영역에서 노동의 분배를 규제했다.

이러한 방식으로 원시공동체는 노동과 생산수단을 필요한 순간에 그때그때마다 특히 중요한 영역에 집중시킬 수 있었다. 개인적 차원의 분업이 존재하지 않았기 때문에 노동력은 집단의 요구에 따라 자유롭게 한 가지 일에서 다른 일로, 예컨대 수렵에서 농경 혹은 고기잡이로 이전할 수 있었다.

필요생산물의 산출과 분배

원시공동체적 생산 속에서 노동은 그다지 생산적이지 못했으므로, 그것은 절대적으로 생활에 필요한 생산량 이상의 잉여분을 만들어내지는 못하였다. 따라서 모든 노동은 필요노동이었다. 필요노동의 산물은 필요생산물이며, 이는 생활의 유지를 위해 공동체 성원들에게 직접 분배되었다. 필요생산물은 공동체 내부에서 전량 소비되었다. 생산이 절대적으로 생활에 필요한 생산량 이상을, 말하자면 잉여생산물을 산출할 수 있게 되기까지는 수천 년의 시간이 경과해야만 했다. 그리고 이는 인간이 인간을 착취하기 위한 물질적 전제가 아직 존재하지 않았음을 의미하는 것이다.

낮은 생산력 발전상태, 생산수단과 생산물의 공동체적 소유가 원시사회에서의 분배의 특수한 성격 역시 규정하였다. 여기에서는 소위 산출된 필요생산물의 균등한 분배가 지배적이었다. 원시사회에서 그것은 유일하게 가능한 분배형태였다. 생산력의 발전이 낮은 상태에서는 생산량이 겨우 배고픔을 진정시키는 데도 미치지 못하였다. 생산력의 진보와 더불어, 그리고 어느 정도의 잉여가 고정적으로 형성되었을 때 비로소, 노동 속에서 두각을 나타낸 특별히 힘이 센 공동체 성원들이 격려의 의미로 나머지 성원들보다 많은 생산량을 차지하게 되었다. 하지만 그럼에도 불구하고 균등한 분배의 지배적 위치는 여전히 유지되었다. 균등한 분배는 원시공동체의 객관적인 경제법칙이었다.

원시공동체적 생산의 자연적 형태

원시공동체적 생산을 특징짓는 본질적인 징표는, 집단적 노동에 의해 생산되어 직접 공동체 성원들에게 분배된 모든 것이 공동체 내부에서 자연적 형태로 소비되었다는 데 있었다. 원시공동체의 경제는 그 때문에 자기만족적인 자연적 성격을 띠고 있었다.

모든 공동체는 자신들이 직접 획득한 것만을 가지고 살았고, 생산물은 직접적인 소비를 위하여 생산되었다. 공동체는 다소 동질적이며 폐쇄된 채로 살아가는 고립된 경제단위였다. 원시공동체 성원들의 노동의 특징은, 그것이 나이와 성에 따른 자연적 분업의 형태를 띤 자연적 노동이었다는 데 있었다.

원시공동체의 기본경제법칙. 경제의 기본모순

생산력 발전의 낮은 상태에 의해 조건지어진 원시인들의 생활방식의 특수성은, 개별 인간의 생존조건이 그의 동료 인간들의 그것과 결합되어 있다는 데 있었다. 자연에 대한 투쟁 속에서 개별 인간은 무력하다. 그는 오직 공동체 속에서만, 그리고 오직 그것을 통해서만 생존할 수 있었다. 따라서 원시공동체적 생산의 목적은 단순히 인간의 욕구를 충족시키는 데 있는 것이 아니라 공동체 전체의 생존조건을 보장하는 데 있었다.

이 목적을 달성하기 위한 수단이 바로 집단노동, 공동소유, 균등한 분배였다. 공동체적 노동을 통해 원시공동체와 그 속의 각 성원들의 생존과 생활능력을 보장하는 것이 원시사회에서 기본경제법칙을 이룬다. 원시사회에는 아직 계급분화가 존재하지 않았다. 모든 공동체 속에서 모든 성원들은 생산수단에 대해 평등한 관계를 맺고 있었으며, 그 때문에 생산의 결과에 대해서도 평등한 관계를 맺고 있었다. 원시공동체의 사회경제적 평등은 사회적 적대를 배제시켰다.

그러나 사회적 적대의 결여가 곧 원시사회의 경제적 발전에 아무런 모순도 존재하지 않았음을 의미하는 것은 아니다. 집단노동과 집단적 공동소유가 지배하고 있었기 때문에, 성과 연령에 따른 분업이 공동체 성원들간에 하등의 적대도 발생시키지 않았다 할지라도 그것은 공동체 내부에 특정한 불화가 일어나도록 조건지었다.

원시공동체적 생산에서는 공동체 전체의 일반적인 경제적 이해와 각 성원의 개별적 이해 사이의 모순이 발생하고 발전한다. 이 모순이 원시사회 경제의 기본모순이었다. 공동체 성원들의 노동이 객관적으로 조건지어진 공동체적·집단적 노동인 한, 그리고 분업이 그 자연적 형태를 벗어나지 않고 생산수단에 대한 보편적·집단적 소유가 지배하는 한, 이 모순은 적대로까지 발전하지는 않았다.

이것이 바로 가장 일반적인 특징에서 바라본, 원시사회의 경제질서와 그것의 발전이 지닌 본질이자 특수성이다. 하지만 우리는 이 질서가 원시적인 사회경제적 평등을 가지고 있다 해서 그것을 이상화하여 인류의 '황금기'로 간주해서는 안된다. 이에 대해 레닌은 이렇게 언급했다. "원시인은 생존의 어려움, 자연과의 투쟁의 어려움에 의해 그 모습이 짓눌려 있었다."[6]

5. 원시공동체 생산양식의 붕괴

사회적 생산력의 성장과 그것의 발전과정 속에서 금속제 도구의 사용으로 특징지어지는 단계는 농경, 수렵, 어로, 목축 등 원시사회 경제의 모든 영역에 걸쳐 노동생산성의 비약적 상승을 가져다줬다. 생산력의 발전과 함께 인간은 자신의 노동으로 직접적으로 삶을 유지하는 데 필요한 것 이상의 생산물을 산출해내기 시작했다. 즉 인간이 필요생산물을 초과하는 일정량의 잉여를 산출하게 되었던 것이다. 그리하여 사회의 경제적 발전에서 완전히 새로운 현상이 발생하게 된다. 잉여생산물이 그것이다. 그리고 이 **잉여생산물**을 산출하는 노동은 **잉여노동**으로 나타나게 된다. 노동시간은 필요노동과 잉여노동으로 나누어지기 시작한다.

생산의 발전에 새로운 단계를 열어준 잉여생산물의 발생은 사회의 경제적 진보 전체에 강력한 영향을 미쳤다. 잉여생산물은 인간노동의 계속적 성장과 완성을 위한 자루이자, 공동체 전체의 욕구의 충족과 원시공동체적 생산의 확장을 위한 보다 안정적인 근원이 되었다. 동시에 타인이 직접생산자들의 생산물을 전유할 가능성, 즉 인간에 의한 인간 착취의 가능성이 발생하였다.

사회적 분업과 상품교환의 발생과 발전

사회적 생산력의 진보와 더불어 노동은 점점 더 전문화된다. 예전에는 자연적 형태를 띠고 있었던 인간들간의 분업은 원시공동체, 집단과 종족의 한계를 벗어나게 되고 사회적 분업이 등장한다.

원시공동체적 생산의 발전에서 농경 이외에도 목축이 점점 더 큰 의미를 획득하게 되었다. 목축을 위한 조건이 잘 갖추어진 곳에서는 목축이 노동의 주요 형태가 되었다. 종종 특히 스텝지대에서 부족들은 농경을 버리고 전적으로 목축에 매달렸다. 그리하여 목축은 농경으로부터 분리되어 점차 자립적인 경제영역이 된다. 원시공동체 부족들 전체에서 목축을 하는 부족이 분리되면서 제1차 사회적 분업이 완수되었다. 사회적 분업이 발생하고 이러저러한 생산물의 잉여분의 형태로 잉여생산물이 산출됨에 따라 공동체 내부에서는 씨족공동체 및 부족들 사이의 생산물 교환의 가능성과 필연성이 발생한다.

금속을 이용하여 노동도구, 무기, 그릇, 장신구 등을 제작하는 것이 보편화되고 또 그 기술이 향상됨에 따라, 그리고 수동식 베틀이 발명됨에 따라

노동의 전문화는 더욱 더 진전되고 그 생산력도 상승하게 되었다. 공동체 속에서는 점차 수공업에 종사하는 사람들이 분화되게 되었다. 그들의 생산물은 점점 더 빈번히 교환의 대상이 되었다. 수공업의 형성은 **제2차 사회적 분업**을 발생시켰다.

농업으로부터 수공업이 분리되면서 생산물의 생산은 교환을 위해 이루어진다. 그때까지는 단지 산발적으로만 이루어지던 교환이 점차 정규적인 성격을 띠게 된다. 생산자의 개인적 소비가 아니라 교환을 위해 만들어지는 노동생산물을 우리는 '상품'이라고 부른다. 노동생산물의 교환은 상품교환의 형태를 띠게 된다. 처음에는 이 교환이 개별 인간들 사이에서가 아니라, 하나의 공동체가 다른 공동체와, 하나의 부족이 다른 부족과 접촉하게 되면서, 공동체들간에 발생하였다.

교환을 위해 생산된 생산물들간의 양적 관계는 대부분의 경우에 아직 우연적인 성격의 것이었다. 점차 인간들은 상품을 그 가치에 따라, 즉 그것을 산출하는 데 투입된 노동량에 따라 교환하기 시작한다. 상품교환이 한층 더 발달함에 따라 다른 모든 것이 그것으로 자신의 가치를 표현하게 되는, 그리하여 일반적 등가물이자 교환의 매개자가 되는 특수한 상품, 즉 화폐가 발생한다. 원시사회를 해체시킨 결정적 요인이었던 상품-화폐관계는 이렇게 발생하고 발전한다.

사적 소유와 불평등점유의 발생

노동이 점점 더 생산적으로 되고 개별 공동체 성원들이 집단에 의지하지 않고 자신의 힘만으로 자신들이 필요로 하는 생산물들을 산출할 가능성을 획득하게 되자, 점차 노동이 개인화되는 경향이 발생하였다. 원시적 생산관계의 집단성은 더 이상의 생산력 발전에 장애가 되었다. 왜냐하면 그것은 개별 인간들의 창의성을 제약했기 때문이다.

원시공동체의 가능성을 씨족공동체 혹은 부족의 한계 내로 제한했던 원시공동체적 집단성의 고유한 한계는 인간의 창의성에 질곡이 되었을 뿐만 아니라 인간들간의 경제적 결합을 확대하고 생산자들간의 협동을 확산시키는 것 역시 방해하였다. 원시인들의 공동체적·집단적 노동이 집단적 소유를 전제하였다면, 이제 발생하여 발전하기 시작한 생산자들의 개인적 노동은 생산수단에 대한 사적 소유를 요구하였다. 생산력과 생산관계 사이의 갈등은 이러한 방식으로 무르익어 갔다. 상품교환은 사적 소유관계의 발생과 발전에 커다란 의미를 갖는 것이었다. 상품교환이 아직 씨족공동체와 부족들 사이에서 이루어지던 초기에는, 그것이 주로 공동체의 장로들이나 부족장들의 교환 행위로 나타났다.

이와 같이 생산의 개인화와 상품교환의 발전을 토대로, 씨족들 사이에서 뿐만 아니라 씨족 내부에서도 생산수단의 사적 소유와 더불어 불평등한 점유관계가 등장하고 빈자와 부자의 분화가 발생하였다. 씨족공동체 속에서 장로와 군사지휘관, 승려의 위치를 차지하고 있었던 사람들은 점차 자신의 권력을 개인적 치부에 이용하기 시작했다.

씨족공동체의 붕괴

생산의 발전 및 그 성격의 변화와 더불어 대(大)씨족공동체 — 가부장제적 대가족 — 내부에 점차 새로운 사회의 세포가 형성되기 시작한다. 개별 가족, 즉 부모와 자식으로 구성된 비교적 작은 규모의 가족이 그것이다. 개별 가족들의 성원에 의해 산출된 생산물은 더 이상 공유재산이 아니며, 더 이상 씨족공동체 내부에서 분배되지도 않는다. 그리하여 그것은 개별 가족의 사적 소유가 된다. 후에는 토지까지도 개별 가족의 소유로 넘어간다. 씨족공동체는 붕괴되고, 개별 가족이 사회의 경제적 기본 세포가 된다.

촌락공동체 혹은 마르크공동체

붕괴하는 씨족공동체는 촌락공동체 혹은 마르크공동체에 그 자리를 넘겨주었다. 농경민족의 경우에 그것은 농업적 촌락공동체로, 그리고 유목민족의 경우에 그것은 지페(Sippe, 씨족)로 발전하였다. 촌락공동체 혹은 마르크공동체의 형성은 씨족공동체의 해체와 궁극적 붕괴 및 원시공동체로부터 노예소유제로의 이행을 의미하는 것이었다.

촌락공동체 혹은 마르크공동체의 특징은 집단적 소유와 사적 소유의 결합에서 비롯되는 이중적 성격이었다. 혈연으로 묶인 씨족적 유대가 붕괴하고, 그 자리에 지역적·근린적 결합이 등장하였다. 예전에는 여러 씨족에 속해 있었던 가족들이 공통의 부락을 이루어 서로 섞여 살게 되었다. 사회의 새로운 경제적 기본 세포인 개별 가족들은 자기 자신의 집과 자기 자신의 경제를 가지고 있었다. 하지만 토지에 대한 집단적 공동소유는 여전히 일정 기간 유지되었다. 예컨대 경작지 자체는 개별 가족들에 의해 단지 일시적으로 이용될 수 있었다. 모든 개별 가족들은 촌락공동체로부터 노동력 혹은 가족 성원의 수에 따라 사용할 토지를 불하받아, 이것을 자신들의 힘으로 경작하였다.

촌락공동체가 더 발전하게 되면, 처음에는 토지가, 다음에는 경작지가 개별 가족의 소유로 넘어가게 된다. 다른 한편, 토지의 다른 부분들 — 벌목지, 초원, 목초지 및 그밖의 토지들 — 은 그후로도 여전히 오랫동안 공동체적으로 활용되었다. 후에는 이 공동체소유의 토지들마저도 점차 개별 가족의 소유로, 그리하여 사적 소유로 되었다.

토지에 대한 집단적 공동소유는 점차 축소되었다. 이 과정은 무계급사회의 해체와 계급사회 형성의 경제적 기초가 되었다. 공동체적 관계의 발전 및 이후에 일어난 그것의 해체, 그리고 무계급 원시사회로부터 계급사회로의 이행에서, 토지에 대한 사적 소유가 매우 서서히 발전했던 몇몇 아시아, 아프리카, 아메리카 민족들의 경우에는 특수성이 존재하고 있다. 또한 그 경제적 발전이 아직 그다지 높지 않은 생산수준에 있으면서 험한 기후와 희박한 인구에 의해 커다란 영향을 받았던 동부·중부·북부 유럽의 몇몇 민족들의 경우에도 씨족 및 부족 관계로부터 촌락공동체로 이행하는 데 어느 정도의 고유성이 존재하고 있었다.

원시공동체적 관계 대신에 들어서게 되는 새로운 사회경제적 관계, 즉 계급관계가 어떤 식으로 그리고 어떤 형태로 형성되기 시작하는가 하는 것은, 다양한 민족들에게서 나타나는 촌락공동체의 존재형태 및 발전에서의 차이, 그리고 이 공동체가 해체되는 과정의 특수성에 의존한다.

"외부로부터 들어오는 모든 해로운 영향들을 제외한다 하더라도, 공동체는 자체 내에 자기를 파괴하는 요소들을 내포하고 있다. 토지에 대한 사적 소유는 이미 정원이 딸린 집의 형태로 그 속에 교묘하게 숨어 들어가 있다.

그것은 공동체의 토지에 대한 공격을 개시할 수 있는 보루로 전화할 수 있는 것이다. 원시적 사회구성체의 최후 국면으로서의 농업공동체는 동시에 2차적 사회구성체, 즉 공동소유에 기초한 사회로부터 사적 소유에 기초한 사회로의 이행국면이다"[7]라고 맑스는 서술하고 있다.

인간에 의한 인간의 착취와 계급분화의 발생

원시공동체적 관계의 해체와 더불어 인간에 의한 인간 착취의 최초 형태가 등장하였다. 생산력의 증대를 기초로 발생한 잉여생산물은, 생산수단의 소유자에 의해 전유되는 잉여생산물의 생산에 더 많은 인력을 투입하려는 지향성과 또 그러한 가능성을 발생시켰다.

자신의 소유를 박탈당한 채 생산수단을 가진 자들의 소유물로 전락한 사람들에게 가해지는 공공연하게 폭력적인 노동 강제, 즉 노예제가 발생하였다. 노예제의 첫번째 원천은 부족들간의 충돌 및 전쟁이었다. 여기에서 포로로 잡힌 자들이 노예가 되었다. 인간이 자신의 노동으로 자신의 생활에 필요한 더 많은 생산물을 산출해낼 수 있는 관계 하에서는, 예전처럼 포로를 죽이는 것이 아니라 그들을 노예로 만들어 일을 시키는 것이 더 합당한 것이 되었다.

노예제의 단초는 가부장권 시대로까지 거슬러 올라갈 수 있다. 이 시기의 노예제를 흔히 가부장제적 노예제라 부른다. 노예들의 노동은 아직 그다지 많은 잉여생산물을 산출하지 못하고 단지 그 소유자만을 생산으로부터 해방시킬 수 있을 정도였기 때문에, 자유인과 그 가족의 노동이 여전히 생산의 기초를 이루고 있었으며, 반면에 노예들의 노동은 단지 보조적 역할만을 하고 있을 뿐이었다. 하지만 이 시대에도 이미 노예들의 노동은 그 소유자의 치부 수단이었다. 후에 노예제는 하나의 포괄적인 생산관계의 체계로 발전한다. 그것은 이미 낡은 질서의 태내에서 탄생한 새로운 사회경제적 질서의 존재근거가 된다.

노예노동의 활용은 불평등을 한층 심화시키는 데 영향을 미친다. 노예노동이 행해지는 경제는 금방 부유해졌다. 소유의 불평등이 심화됨에 따라 포로뿐만 아니라 몰락하여 채무를 지게 된 부족 성원들까지도 부유한 자들에 의해 노예가 되었다. 그리하여 자유인과 노예, 노예소유주와 노예로 사회의 제1차 계급분화가 이루어졌다. 인간에 의한 인간의 착취가 발생한 이래로 사회주의가 창출될 때까지 인류 사회의 역사는 계급투쟁의 역사였다.

원시공동체적 생산양식의 잔재들

원시공동체적 생산양식이 해체되어 몰락한 이후로도 그것의 잔재와 유물들은 이러저러한 정도로, 그리고 이러저러한 형태로 많은 민족들에게 여전히 오랫동안 살아남았고, 또 아직도 살아남아 있다. 그리하여 러시아의 여러 지역에는 사회주의혁명이 발발할 때까지 촌락공동체(혹은 마르크공동체)와 심지어는 씨족 및 부족 관계의 잔재까지도 존재하고 있었다. 그러한 지역에는 삼림, 초원, 스텝 방목지가 존재하고 있으며 많은 곳에서는 공동소유의 농경지도 발견된다.

가부장제적, 심지어는 모권적 씨족 및 부족 관계의 잔재들이 아시아와 아프리카, 오스트레일리아와 오세아니아의 몇몇 민족들, 그리고 라틴아메리카 중부지방의 몇몇 인디언 부족들에게서 오늘날까지도 생생하게 남아 있다. 예컨대 아마존 강, 오리노코 강, 파라나 강 연안, 안데스 산맥, 퀘이고 섬, 그리고 그밖의 지방의 경우가 그러하다. 씨족 및 부족 관계와 촌락공동체의 잔재가 알래스카, 캐나다, 그린랜드의 몇몇 인디언 부족과 에스키모 부족에게 남아 있다. 여기에서 한 가지 부연해야 할 것은, 이 민족들과, 미국의 관청에서 지정해준 보호구역에 살고 있는 인디언들이 공동체 형태를 대개 억압에 저항하고 부족의 단결을 통해 자신들의 권리를 지키는 데 이용하고 있다는 점이다.

모권의 잔재를 우리는 인도의 몇몇 지역에서도 찾아볼 수 있다. 여기에는 오늘날까지도 모권적 형태의 대가족제도인 타르바덴(Tarvaden)이라는 것이 있는데, 그것은 통상 어머니, 그 자녀(아들과 딸)와 손자(딸의 자녀, 그들의 형제와 자매, 그리고 자매 계열의 후손들)로 이루어져 있다. 동남아시아와 남아시아의 여러 지방, 아라비아반도, 서아시아와 북아프리카의 사막지방과 반(半)사막 지방에도 아직 씨족 및 부족 관계, 촌락공동체와 유목지페(Nomadensippe)의 잔재가 남아 있다. 모권적 및 가부장제적 관계의 잔재는 뉴기니아의 여러 부족들 — 이들의 생활에 관해서는 당시 위대한 러시아 학자이자 세계여행가였던 N. N. 미클루호 마클라이가 상세하게 관찰한 바 있다 — 과 내륙 오스트레일리아와 그밖의 지방에 사는 부족들에게 광범위하게 퍼져 있다. 1960년대말에 이르러서야 비로소 아직 석기시대적 관계하에 살고 있는 뉴기니아 부족들이 발견되었다.

오늘날까지도 제국주의에 식민지로 종속되어 있는 나라에서는, 식민지배자들이 부족들간의 반목을 부추겨 예속된 민중들의 단결을 방해하기 위하여 씨족 및 부족 관계의 잔재를 온존시키려고 한다. 아직도 수많은 발전도상국, 즉 식민지배로부터 해방되어 자체적인 발전의 길로 접어든 나라들에는 원시공동체적 생산양식의 잔재가 매우 강하게 남아 있다. 이 나라들에서는 자본주의 이전의 생산양식 일반, 특히 원시공동체적 생산양식에 특징적인 자연적 생산이 광범위하게 분포되어 있다.

몇몇 발전도상국, 예컨대 아프리카 적도지방의 여러 나라에서 우리는 아직까지도 씨족 및 부족 관계의 광범위한 잔재를 찾아볼 수 있다. 그리하여 탄자니아에는 오늘날 130여 개의 상이한 부족들이 살고 있다. 그 속에는 탄자니아뿐만 아니라 이웃하고 있는 케냐의 사바나 지역에까지 유랑하면서 목축경제로 살아가고 있는 유목부족인 마사이족도 포함되어 있다. 중앙아프리카와 서아프리카의 몇몇 나라에서는 여러 지역에 걸쳐 아직 씨족공동체가 유지되고 있으며, 그밖의 지역에는 촌락공동체가 광범위하게 분포되어 있다. 수많은 아프리카 국가에서는 오늘날까지도 가족 혹은 부족의 소속이 사회생활 및 경제생활에 커다란 영향력을 행사하고 있다.

발전도상국에는 원시공동체 생산양식의 잔재가 상당히 많이 남아 있기 때문에, 수많은 부분으로 이루어진 이 나라들의 사회경제적 구조 속에서 공동체경제가 아직까지도 중요한 위치를 차지하고 있다. 식민지의 사슬로부터 해방되어 독립과 진보의 길로 접어든 민족들뿐만 아니라 아직 제국주의에 의한 식민지적·반식민지적 억압 속에 살면서 자신들의 해방을 위해 싸우고 있는 민족들에게도 원시공동체적 관계의 잔재를 극복하는 것은 커다란 현실적 과제이다.

주

1) 동아프리카(탄자니아)에서의 최근(50대말에서 60년대초)의 고고학적 발굴은 최초의 원인(猿人)이 자바의 피테칸트로푸스(약 80만 년 전에 살았던)가 아니라, 동아프리카에서 약 175만 년 전에 살았던 전(前)진잔트로푸스, 즉 '호모 하빌리스'였음을 증명했다.
2) Marx/Engels, *Werke*, Bd.20, Dietz Ver1ag. Berlin 1971, S.323.
3) *Ebenda*, S.444.
4) Marx/Engels, *Werke*, Bd.17, Dietz Verlag, Berlin 1969, S.388f.
5) Marx, *Grundrisse der Kritik der Politischen Ökonomie*, Dietz Verlag, Berlin 1953, S.375f. 참조.
6) Lenin, *Werke*, Bd.5, Dietz Verlag, Berlin 1959, S.105.
7) Marx/Engels, *Werke*, Bd.19, Dietz Verlag, Berlin 1969, S.404.

III. 노예소유제 생산양식

제2장 노예소유제 생산양식의 근본특징

노예소유제 생산양식은 원시공동체적 생산양식을 해체시켰다. 그것은 인류의 역사에서 인간에 의한 인간의 착취에 기반한 최초의 생산양식이었다. 이 최초의 착취형태는, 생산수단의 소유자인 노예주의 소유물이 되어 노예주를 위해 잉여가치를 생산해야만 했던 생산자, 즉 노예들의 공공연한 강제 노동에 기초하고 있었다. 노예제사회는 역사상 최초의 계급사회였다. 노예제사회의 발생과 함께 인류의 역사는 계급의 역사 — 한 계급이 발생하여 발전하고 다른 계급은 해체되어 몰락하는 식의 — 이자, 화해할 수 없는 계급투쟁의 역사가 되었다.

노예제는, 물론 다소 발전형태상의 차이는 있지만, 거의 모든 민족에 존재하고 있었다. 노예소유제 생산양식은 기원전 4,000~3,000년에 발생하여 아시아, 유럽, 아프리카의 그 당시로는 가장 발달된 나라에서 3~5세기까지 존재하였다. 노예소유제 생산양식은 고대 그리스에서, 그리고 그후로는 로마에서 가장 번성하였다. 5세기 서로마제국의 멸망은 노예제에 기초한 생산양식의 몰락을 의미하는 것이었다.

노예제사회의 생산양식이 몰락한 이후에도 노예제 관계의 잔재는 여러 나라에서 여전히 잔존해 있었다. 그것들은 플랜테이션 노예제와 가부장적 노예제 관계의 잔재라는 형태로 아시아, 아프리카, 라틴아메리카, 오세아니아의 몇몇 지방에서 오늘날까지도 발견된다.

1. 노예소유제 생산양식의 발생

엥겔스는 노예소유제 생산양식으로의 이행의 필연성에 관해 다음과 같이 서술하고 있다. "당시의 상황 속에서 노예제의 도입은 커다란 진보였다. 그것은 인류가 동물로부터 출발했다는 것을, 따라서 야만적인 상태로부터 벗어나기 위해 야만적인, 거의 짐승과 같은 수단을 필요로 했다는 사실을 의미하는 것이다."[1)]

노예제 관계의 발생과정은 각 나라마다 상이한 방식으로 진행되었다. 동시에 노예소유제 생산양식으로의 이행을 준비한 경제적 기본조건 중에는 모든 나라와 민족에 공통적인 것들도 존재하고 있었다. 그 조건이란 다음과 같은 것들이다. 즉 잉여생산물의 생산이 가능할 정도로의 사회적 생산력의 발달, 개별 경제와 생산수단에 대한 사적 소유의 발생, 불균등한 소유관계의 발달, 대규모 경제를 소유하고 추가적인 노동력을 필요로 하는 부자와 부유한 상류층의 형성 등이다. 이러한 조건들은 이미 원시사회가 해체되는 동안에 형성되기 시작하였다.

노예소유제 생산양식 하에서 노예주와 그 가족들의 노동은 그것이 가부장적 노예제에서 가지고 있었던 의미를 상실한다. 노예주와 그의 가족은 노동과정에 참여하는 데에서 완전히 해방되고, 생산은 전적으로 노예들에 의해 수행된다. 노예주는 노예들에 대한 착취, 그들의 노동 결과의 전유를 통해 생활한다. 새로 발생한 노예소유주계급에게서 화폐, 가축, 노동도구, 노예노동력의 형태로 여러 가지 재산에 대한 일종의 원시적 축적이 이루어졌다.

엥겔스는 이에 관해 이렇게 서술하고 있다. "따라서 노예제가 가능하기 위해서는 우선 생산이 일정한 계제에 도달해야 하고 분배에서 일정한 정도의 불균등이 개재되어야만 한다. 그리고 노예노동이 사회 전체의 지배적인 생산양식이 되려면, 생산과 상업 및 부의 축적이 훨씬 더 높은 수준에 도달할 필요가 있다. ……노예 사역을 위한 인간의 속박은, 그것이 어떤 형태이든간에 속박시키는 자가 자기 뜻대로 처분할 수 있는 노동수단 — 오직 이것을 통해서만 속박당하는 자를 부릴 수 있다 — 을, 그리고 노예제의 경우에는 거기에 덧붙여 노예들의 생명을 부지시킬 수 있는 생활수단을 소유하는 것을 전제로 한다."[2)]

재산의 전유와 집중을 위한 가장 주요한 수단은 약탈적인 정복전쟁으로, 이는 일종의 경제활동이 되어 포로와 물질적 가치를 가져다주었다. 상품-화폐관계의 발전은 노예제에 기초한 생산양식의 확립에 중요한 역할을 하였다. 이것의 증대와 함께 노예화의 또 다른 형태인 채무노예가 발생하였다. 인간에 의한 인간의 착취는 점점 더 잔인한 형태를 띠어갔다. 노예들은 죽음, 즉 신체적 절멸의 위험 속에서 노동을 강요당했다. 노예경영의 규모와 노동력의 수는 점점 증가하였다. 그리하여 노예경영은 지배적인 경제적 지위에 도달하였다. 노예노동의 사용에 기초한 새로운 경제형태는 한층 높은 노동생산성에 힘입어 낡은 형태들과의 투쟁에서 승리자가 되었다.

사회가 계급들로 분화되어가면서, 그 계급들 사이에 새로운 사회경제적 관계가 형성되기 시작한다. 원시사회에 전형적이었던 공동노동과 상호협력의 관계는 억압자와 피억압자간의 적대적 관계, 치열하고 화해할 수 없는 계급투쟁의 관계에 의해 해체된다. 노예주의 경제적 이해를 집약된 방식으로 표현하는 정치라는 것이 발생한다. 피착취자의 저항을 억제하고 노예주의 이해를 보호하는 폭력기구, 즉 노예제국가가 등장한다.

대략 기원전 8~6세기에 중앙아시아에서는 노예제국가, 코레즘이 등장하였다. 기원전 5세기에는 케르치 해협 연안에 보스포란 왕국이 성립한다. 그후 크리미아 반도와 흑해 연안의 스텝 지역에는 스키타이 왕국이 존재하고 있었는데, 비록 노예제관계가 완전한 형태로 발달해 있지는 않았지만, 이 나라 역시 노예제국가였다.

2. 노예제사회의 생산력과 생산관계

생산력

노예제사회의 주요 생산부문은 농경, 목축 및 수공업이었다. 이 부문들은 이미 원시사회에서 발생하여 노예소유제 하에서 어느 정도 새로운 발전계제에 도달하였다. 이러한 점진적인 진보의 과정에서 노동도구의 개선 및 새로운 노동도구의 등장이 결정적인 역할을 했다. 하지만 이러한 발전 및 완성은 매우 서서히 이루어졌다.

노예소유제의 전시대에 걸쳐 주요한 농기구는 수레바퀴가 없는 쟁기, 써레, 곡괭이, 쇠스랑, 낫과 같은 것이었다. 토지는 거의 원시적인 방법으로 경작되었다. 생산기술에서의 괄목할 만한 진보는 주로 시장을 위한 생산이 행해졌던 분야, 예컨대 대장간일과 도기(陶器)수공업, 직조업과 제분업에서 이루어졌다. 여기에서는 풀무, 녹로, 베틀, 맷돌과 같은 새로운 혁신품이 등장하게 된다.

수공업과 농업에서 점점 더 심화되는 분업 및 전문화는 노예제사회의 생산력 발전에 상당한 의미를 지니는 것이었다. 철, 금, 은의 채굴과 같은 몇 가지 새로운 부문이 등장하였다. 제사(制絲)는 직조로부터 분리되었다. 그리고 의복, 장신구, 무기의 제작도 독립된 부문이 되었다. 농업에서도 새로운 부문이 등장하였다. 원예, 포도재배, 아마재배, 기름채취용 작물의 재배 등이 그것이다. 수공업 생산에서의 괄목할 만한 성장과 어느 정도의 기술적 진보에도 불구하고, 노예제사회에서는 여전히 농업이 가장 중요한 생산 부문이었다.

수많은 지식영역 — 수학, 천문학, 건축 및 축성술, 철학 등 — 이 노예제국가에서 번성하였다. 고대 세계로부터 우리의 손에 전해진 수많은 예술유물, 문학·조각·건축 작품들은 인간의 독창성의 위대한, 때로는 필적할 수 없는 창조물로서 문화의 보고 속에 영원히 자신의 자리를 차지하고 있다. 이러한 고대 문명의 물질적 기초를 이룬 것은 수많은 세대에 걸친 노예들의 매일의 노동이었다.

노예소유제 생산양식에서 주요한 생산력은 노예노동의 단순협업이었다. 대규모 노예경영의 가장 발전된 형태는 농업에서는 라티푼디움이었고, 수공업에서는 에르가스테리움이었다. 이러한 경제에서는, 특히 라티푼디움에서는 대규모의 노예노동이 행해졌다.

노예들에 대한 대량 착취는 비로소, 노예주의 욕구와 바램을 충족시킬 수 있고 노예주가 더 이상 일할 필요가 없게 될 정도로 많은 잉여생산물을 산출해냈다. 이와 더불어 사회 발전의 요구가 충족되었다.

3. 노예제사회의 생산관계

노예제에서 착취의 형태. 생산수단 및 노예에 대한 노예주의 소유

노예소유제 생산양식은 노예주가 일체의 물질적 생산조건(토지, 노동도구, 노동수단)뿐만 아니라 생산자 자신, 즉 노예를 소유하는 데 기초하고 있었다. 산출된 모든 생산물은 노예주의 소유였다. 전체 생산물 중에서 노예들은 근근히 목숨을 부지하기에도 모자라는, 단지 일부분만을 받을 뿐이었다. 노예의 노동력은 신속하게 마모되었다.

노예는 인간이 아니라 사물로 간주되었다. '울부짖는' 도구나 생명이 없는 노동도구와는 달리, 고대 로마에서 사람들은 노예를 '말하는' 도구라고 불렀다. 노예들은 자신의 노동의 산물에 전혀 무관심했다. 그들은 노동에 힘쓰거나 자신의 노동생산성을 높일 아무런 도덕적 동기도 가지고 있지 않았다. 단지 사람들이 강요하기 때문에 일을 할 따름이었다.

노예제는 생산수단과 노동력의 특수한 결합방식으로 특징지어진다. 즉 직접적인 강제노동이 그것이다. 노예제는 역사상 최초이자 가장 잔인한 착취형태였다.

노예제에 기초한 생산과 나란히, 자유농과 수공업자들의 생산도 여전히 존재하고 있었는데, 이는 노예소유제 초기에 사회적 생산에서 중요한 역할을 담당했다. 하지만 노예소유제 생산양식의 확대발전과 더불어 수공업적·농민적 소생산은 위축되고 몰락하게 되었다. 자유농과 수공업자는 채무노예로 전락하거나 혹은 도시에서 거지떼가 되어 고대의 룸펜프롤레타리아트가 되었다. 잉여생산물을 확대하려는 노예주들의 노력은 가장 잔인하고 가장 야만적인 착취방법을 낳았다.

단순협업으로서의 노예노동의 경제적 기초와 내용

노예주가 생산수단 및 직접생산자로서의 노예를 소유하는 데 기초한 지배 및 억압 관계는 노동을 단순협업의 형태로 조직화할 가능성을 낳았다.

생산자로부터 노동에 대한 일체의 물질적 자극요인을 박탈하고 직접적인 노동 강제를 요구한 노예소유제 생산관계는 사회경제적인 면에서 노예노동의 단순협업이라는 매우 단순한, 그러나 그 시대로서는 가장 손쉽고 자연스러웠던 대규모 집단노동의 조직형태가 등장하도록 조건지었다.

처음에 노동도구는 그다지 발달하지 못했기 때문에 개별 노예들의 노동만으로는 보다 많은 생산물을 만들어낼 수 없었으며, 그 때문에 집단적인 노예노동이 필요했다. 잉여생산물은 오직 끊임없이 증가하는 노예주의 욕구를 충족시키는 데 충분한 정도로만 산출할 수 있었다.

노예에 대한 강력한 노동 강제는 수많은 감독관을 먹여 살릴 필요를 낳았다. 이것은 또한 수많은 노예들이 함께 노동하는 경우에만 유지될 수 있는 것이었다. 로마 노예주의 대규모 라티푼디움에서는 수천 명의 노예가 농경에 종사하고 있었다. 노예들의 협동노동은 건축공사에도 대규모로 이용되었다. 노예노동의 단순협업은 모든 영역에서 생산이 증대하게 해주었다. 바빌로니아, 이집트. 그리고 그밖의 나라의 관개시설은 그 당시로서는 최고의 완성도를 지닌 건축물이었다.

단순협업은 노예제사회와 원시공동체로부터 물려받은 것에 불과했다. 그러나 비록 극히 낮은 경제적 발전상태 위에서나마 평등하고 착취로부터 자유로운 인간들을 포괄하고 있었던 원시공동체적 협업과는 달리, 노예제의 협업은 착취당하고 자신의 노동의 산물에 무관심한 생산자들을 결합시킨 것이었다. 이것이 또한 노예제에서의 협업의 모순성을 규정지었다.

노예제사회에서 생산의 자연적 형태

노예제에 기초한 생산은 자연적 성격을 띠고 있었다. 노예제에 기초한 생산의 자연적 성격은 다음과 같은 계기들에 의해 조건지어졌다. 첫째, 사회적 생산력의 불충분한 발전상태와 비교적 미발달한 사회적 분업. 둘째, 다른 모든 생산분야에 대한 농경의 우위(비록 이것이 노예제에서는 어느 정도 진보적인 역할을 했지만). 셋째, 생산물이 판매를 위해서가 아니라 자체 내의 소비를 위해서 산출되었던 모든 노예경영의 자기만족적 성격. 넷째, 생산자에 대한 경제외적 노동 강제와 그 때문에 자연적 성격을 띠고 있었던 노동력 — 이는 결코 상품이 아니었다 — 의 전유형태. 이따금씩 이루어지곤 했던 노예매매는 현존하는 노동력을 재분배하는 수단이었다.

노예경영의 자연적 성격을 보여주는 가장 중요한 특수성 중의 하나는 잉여생산물의 압도적인 부분이 비생산적으로 사용된다는 데 있었다. 예컨대 그것은 지배자와 부유한 노예주의 사치스런 대저택을 짓고 호화스런 사원을 건립하고, 노예제 국가와 개별 장군들의 승리를 축하하기 위한 축제를 벌이며, 다양한 종류의 연극과 공연을 준비하는 데 사용되었다.

노예제사회의 기본경제법칙

노예제에서 노예의 강제노동에 의해 산출된 잉여생산물은 주로 착취자의 개인적 욕구를 만족시키는 데 사용되었다. 노예노동의 낮은 생산성 수준 때문에 노예 한 명의 노동에서 나온 잉여생산물은 그다지 큰 것이 아니었다. 그럼에도 불구하고 몇몇 노예제 국가 및 그 지배자들의 재산과 사원 및 개별 노예주들의 재산은 대규모에 달해 있었다. 이에 대한 설명은 국가와 개별 노예주들이 엄청난 수의 노예를 거느리고 있었다는 데에서 찾아야 할 것이다.

노예제에 기초한 생산의 발전과 더불어 지배계급의 기생적 소비도 늘어갔다. 이는 다시 노예에 대한 한층 강화된 착취를 낳았다. 노예 착취로부터 가능한 최대한의 결과물을 뽑아내려고 하는 가운데, 노예주들은 잉여생산물뿐만 아니라, 극히 잔인한 착취방법과 노예의 생존조건의 악화를 통해 필요생산물의 일부까지도 전유하였다. 잉여생산물과 필요생산물의 일부가 그처럼 야만적인 방법으로 노예들로부터 수탈되자, 노예들이 대규모로 절멸되는 결과가 초래되었다.

노예 착취를 끊임없이 강화시킨 추동력 중의 하나는 상품-화폐관계의 확장과 발전이었다. 왜냐하면 상품교환은 노예주의 욕구를 확장시키고 한층 세련되고 값비싼 물건들을 그들의 생활필수품으로 만들었기 때문이다. 다른 모든 계급사회에서와 마찬가지로 노예제 생산의 목표는 착취자인 노예주들의 이해에 따라 설정되었다. 왜냐하면 그들이 생산수단뿐만 아니라 생산자까지도 소유했기 때문이었다.

노예제에 기초한 생산양식의 근본특징과 특수성에 대한 분석에서 출발하여, 노예제사회의 기본경제법칙을 다음과 같이 정식화할 수 있다.

노예제사회의 기본경제법칙은 노예주의 소유물인 직접생산자, 즉 노예에 대한 직접적인 물리적 노동 강제를 통한, 노예주의 기생적 소비를 위한 잉여생산물 생산의 객관적인 필연성과 가능성에 그 본질이 있었다.

노예제사회의 경제적 모순들

노예주와 노예의 경제적 이해 사이의 모순으로 표현된, 노예제에 기초한 생산양식의 해결 불가능한 모순은 생산자인 노예와 생산수단의 강제적 결합에 있었다. 이것이 노예제에 기초한 생산양식의 경제적 기본모순이었다.

한편으로 노예는 생산수단으로부터 분리되어 있었고, 결코 자신의 노동력의 소유자가 되지 못했다. 다른 한편 그는 생산수단과 마찬가지로 노예주의 소유물이었고, 그 때문에 생산수단과 강제적인 방식으로 결합되어 있었다. 노예주는 노예노동의 생산물 전체를 전유했기 때문에, 노예들은 자신의 노동에 아무런 관심도 없었다. 이 때문에 그들의 노동은 또한 지극히 비생산적이었다. 노예제사회의 전형적 특징은 생산자인 노예와 잔인한 착취도구였던 노동도구 사이의 적대감이다. 강제노동의 고역에서 벗어나고자 하는 희망에서, 노예들은 종종 생산도구를 일부러 못 쓰게 만들었다. 이 때문에 노예경영에서는 대개 매우 조야하고 망가뜨리기 힘든 노동도구들이 사용되었다. 직접생산자인 노예와 생산수단의 결합방식 속에 존재하는, 노예제사회에 내재된 모순의 특수한 현상형태는 노예노동의 협업의 모순적 성격이었다.

노예제에 기초한 생산양식의 기본모순의 현상형태 중의 하나는 육체노동과 정신노동의 대립이었다. 이 대립은 노예제에서 최초로 발생하여 그후에 뒤따르는 모든 계급사회의 특징이 되었다. 노예제사회에서 육체노동은 노예들의 몫이었고, 그에 반해 정신노동은 노예주의 특권이었다. 여기에서 정신노동의 대표자인 노예주들은 육체노동의 대표자인 노예들을 가차없이 착취하였다. 육체노동과 정신노동의 대립은 바로 여기에서 구체적으로 드러나는데, 이 대립에는 계급성이 뚜렷이 각인되어 있었다.

정신노동과 육체노동의 분리 가능성은 노예노동이 노예주들에게 잉여생산물을 제공해주어 그들로 하여금 육체노동에서 해방될 수 있게 해준 데서 비롯된 것이었다. 노예제 관계가 발전할수록 노예주를 위해 일하는 노예의 수가 증가하고 그들에 대한 착취도 강화되었다. 육체노동은 점차 자유민들에게는 수치스런 일이 되었다. 국정(國政), 과학, 철학, 문학, 예술은 노예주들의 전유물이었다.

고대 세계에서 과학, 예술, 문학의 발흥은 정신노동과 육체노동의 분리와 밀접하게 결합되어 있었다. 그러므로 그것은 또한 인류의 이 발전계제에서는 어느 정도 진보적인 의미를 갖는 것이기도 하였다. 노예제 하에서는 도시와 농촌의 분리 역시 적대적 성격을 띠고 있었다. 노예제사회에서 그것은 도시와 농촌의 대립으로 현상하였다.

도시는 원시공동체가 붕괴되던 시기에 사회적 분업의 발전을 통해 발생하였다. 한편으로 도시와 농촌의 분리는 긍정적인 역할을 하였다. 왜냐하면 그것이 사회적 노동의 전문화와 그것의 생산성을 촉진시켰기 때문이다. 다른 한편 그것은 부정적인 결과를 낳았다. 왜냐하면 그로써 촌락에 대한 도시의 더 강화된 지배적·착취적 지위가 촌락의 영락화, 촌락 노동력의 고갈, 농업생산의 몰락을 낳았기 때문이다. 농업이 물질적 생산의 가장 중요한 분야였던 관계 하에서, 그것의 몰락은 사회적 생산 전체의 상태에 매우 부정적인 영향을 미칠 수밖에 없었다.

노예제사회의 특수성은 노예노동의 착취에 기반한 **대규모 노예경영과 자유생산자들 — 농민과 수공업자들 — 의 경영이라는 두 가지 경제유형의 모순적 병존**에 있었다. 시간이 흐름에 따라 노예제에 기초한 대경영의 소유자와 자기 자신의 노동에 기초한 소경영의 소유자들 사이의 모순이 점차 심화되고 격화되었다.

노예제 국가의 군대는 자유민들, 주로 농민과 수공업자들에 의해 충원되었다. 그 자유로운 소생산자들은 또한 노예제 국가의 군사력의 지주였다. 그러나 값싼 노예노동의 착취에 기반한 대규모 생산과의 경쟁과 점점 증가하는 조세부담은 소생산자들을 몰락시켰고, 그들은 노예가 되거나 아니면 룸펜프롤레타리아트가 되었다. 이 과정은 노예소유제가 존속할 수 있는 기초를 침식하였다.

노예제에 기초한 생산양식에서의 재생산

노예제에 기초한 생산의 특징은 생산의 증대가 극히 서서히 이루어진다는 데 있었다. 물론 노예제시대의 생산은 역사상의 다른 시기들과 마찬가지로 정체하지 않았다. 그리하여 생산력과 생산관계가 발전하고, 인구가 증가하였으며 인간들의 욕구 역시 증대하였다. 이와 더불어 생산도 증대하였다. 그러나 이와 같은 생산의 증대는 매우 서서히 이루어졌기 때문에 그 시대에는 몇 세대가 지난 후에야 겨우 알아차릴 수 있을 정도였다.

이처럼 생산의 증대가 서서히 이루어진 주요 원인은 노예주들이 노예들에 의해 생산된 생산물을 기생적으로 소비한 데 있었다. 생산의 확대발전에는 잉여생산물이 아예 사용되지 않거나 아니면 극히 미소한 일부분만 투입되었다. 그리하여 생산의 확장을 위한 물질적 기초가 결여되어 있었다.

노예소유제에서 나라 전체의 사회적 생산물은 노예경영과, 자유생산자이자 소소유자인 농민과 수공업자의 경영에서 산출된 생산물의 총합으로 구성되었다. 그것은 이미 생산수단과 소비재로 분화되어 있었다. 하지만 생산수단의 생산은 충분히 발달하지 못한 사회적 분업의 결과, 아직 소비재생산과 뚜렷하게 구분되어 있지 않았다. 종종 양자는 동일한, 그 성격상 완결된 자연경제 안에서 생산되었다. 이는 부유한 노예소유주의 대경영에서도, 그리고 소소유자인 농민과 수공업자의 경영에서도 마찬가지였다.

노예소유제의 생산관계, 즉 노예들과 생산수단 및 노예를 소유한 노예주들의 관계는 끊임없이 재생산되었다. 노예제에서는 직접생산자인 노예들을 재생산하는 것이 매우 중요한 역할을 하였다. 왜냐하면 노예제에서는 기술의 발달이 정체되어 있어서 새로운 노예들이 생산에 투입될 때에만 생산이 근본적으로 확장, 아니 유지될 수 있었기 때문이다. 노예집단은 노예제 국가 자체 내에서 끊임없이 충원될 수 없었다. 노예들을 새로 획득하는 주요 원천은 전쟁 및 노예무역과 해적질이었다.

그리하여 노예제에서 직접적인 생산력으로서의 노예의 재생산은 경제외적 폭력의 사용과 유기적으로 결합되어 있었다. 이것이 노예제사회의 재생산과정의 특징이다.

4. 노예제사회에서 상품 - 화폐관계

상품-화폐관계의 발전

비록 노예제생산이 일반적으로 자연적인 성격을 띠고 있었다고 할지라도, 점증하는 사회적 분업과 더불어 어느 정도의 상품생산 및 교환도 찾아볼 수 있었다. 이것의 기원은 원시공동체가 붕괴되던 시대로까지 거슬러 올라갈 수 있다.

그리하여 아테네에는 전문적으로 시장을 위해 생산하는 마전공장, 양탄자제작소, 그리고 부자들의 값비싼 옷감과 의상 및 대중소비자들 — 가난한 자와 노예들 — 의 값싼 옷을 제작하는 작업장들이 존재하고 있었다. 로마와 이탈리아의 여러 도시에는 보석세공소, 대장간, 빵 굽는 곳(대개 제분소와 결합되어 있는)과 그밖의 수공업제작소들이 널리 퍼져 있었다. 고대 인도에서는 수공업경영에서 옷감과 면직물, 가죽제품, 질그릇과 구리그릇, 그리고 향료 등이 제작되었다. 고대 중국에서는 다양한 농기구의 제작 직물 특히 그 유명한 중국산 비단의 제작 및 그밖의 다른 수공업제품의 생산이 높은 수준에 도달해 있었다.

노예제시대의 상품관계의 발전에서 농업생산의 점증하는 전문화와 고도화가 중요한 역할을 하였다. 소소유자들(농민과 수공업자들)뿐만 아니라 노예주들까지도 교환을 위한 생산물의 산출에 종사하였다. 노예주들은 노예노동에 의해 산출된 잉여생산물을 전유하여 그 중의 일부를 판매하였다. 노예제생산의 발전과 더불어 잉여생산물이 증대하고, 그와 더불어 팔기 위한 생산물의 양도 증가하였다. 규칙적인 형태의 거래, 즉 교역이 행해지는 장소인 시장이 발생하였다. 한 도시, 한 지방 혹은 한 나라의 상품생산자들을 포괄하는 국지무역과 나란히 국제무역이 형성되었다. 이집트, 중국, 바빌로니아, 그리스, 로마 등과 같은 수많은 노예제 국가들이 광범위한 국제무역을 수행하였다.

생산과 무역의 증대를 통해 화폐유통이 발전하고 금속화폐가 등장했다.

상업자본과 고리대자본

시간이 지남에 따라 사람들은 화폐를 단순히 일반적 등가와 교환수단으로만 사용하는 데서 벗어나기 시작했다. 여러 가지 방식으로 그것은 벌써 타인의 노동의 산물을 전유하는 수단이 되었다. 그렇게 사용된 화폐는 자본이 되었다. 자본의 최초의 형태는 **상업자본과 고리대자본**이었다.

상업자본가들(상인들)은 상품교환에서 매개자로 기능하였다. 상인계급의 형성은 **제3차 사회적 분업**이었다. 상인들은 상품을 사서 그것을 되팔았다. 그런 과정에서 그들은 가격차를 이용하였고, 이윤의 형태로 노예노동의 잉여생산물과 소상품생산자, 즉 농민과 수공업자들에 의해 산출된 생산물의 일부(종종 상당한 부분)를 전유하기 위해, 때로는 상품의 구매자와 판매자에게 바가지를 씌우고 그들을 기만하기도 하였다.

고리대금업자들은 자신의 자본을 대부금(혹은 대여된 생산수단과 소비재)으로 대여해주었는데, 이는 이자와 함께, 즉 원래의 금액에 덧붙여지는 추가 금액과 함께 갚아야 하는 것이었다. 상업자본과 마찬가지로 고리대자본 역시 노예노동의 잉여생산물의 일부(노예주가 대부를 받을 경우)와 소생산자들의 생산물의 일부(농민 혹은 수공업자가 대부를 받았을 경우)를 전유할 가능성을 제공해주었다.

상품생산 및 상품유통과 거기에서 나온 화폐, 그리고 상업자본 및 고리대자본은 본질적으로 자연적 성격을 띠고 있었던 노예제생산을 매개해주었다. 상품생산은 자연적 생산을 보충해주었으며, 거기에 종속된 제한된 종류의 것이었다. 동시에 상품-화폐관계는 자연경제 및 노예소유제 생산양식 고유의 본질과 모순되는 것이었다. 이를 통해 노예제 내부의 모순들은 더 복잡해지고 더 격화되었다.

5. 고대 동양과 고전고대(Antike) 노예제의 특수성들

역사학에서는 노예제를 두 가지 근본방향으로 구분한다. 초기 노예제라고도 불리는 고대 동양의 노예제사회와 후기 노예제라 불리는 고전고대의 노예제사회가 그것이다. 이집트, 바빌로니아, 페르시아, 인도와 중국의 노예제 국가들은 고대 동양의 노예제사회에 속한다. 고전고대적 형태의 노예제는 그리스의 대부분의 도시국가들(그 중에서도 아테네가 가장 발달해 있었다), 소위 헬레니즘 국가라 불린 여러 지역들, 그리고 로마에서 지배적이었다.

고대 동양의 노예제

고대 동양의 노예제사회의 특징은 (특히 최초의 발전계제에서는), 토지와 생산수단 및 노예에 대한 노예주의 소유가 사유의 형태가 아닌 집단적 소유의 형태로 존재한다는 데 있었다. 그것은 공동소유, 사원소유, 국가소유의 형태를 띠고 있었다. 이 나라들에서 노예제는 그다지 발달하지 못하였다. 그것은 대개 가부장제적 노예제와 유사했다.

그러므로 고대 동양의 노예제사회의 생산관계는 반(半)노예제·반가부장제적 관계로 규정할 수 있다. 노예노동이 사회적 생산에 참여하는 몫은 자유생산자들의 노동보다 크지 않았다. 다른 생산부문을 압도하고 있었던 (특히 초기에는) 농업생산의 기본단위는 가부장제적 관계의 잔재를 상당히 많이 가지고 있었던 촌락공동체 혹은 마르크공동체였다. 노예경영은 뚜렷이 자연적 성격을 띠고 있었다. 상품관계는 아직 형성기에 있었고 서서히 발전하였다. 상업은 대개 원시성을 벗지 못하고 있었다.

고대 동양의 노예제사회의 특수한 징표는 노예뿐만 아니라 촌락공동체와 마르크공동체의 성원인 자유로운 신분의 주민들까지도 중앙 권력기관인 국가의 끊임없는 착취의 대상이었다는 데 있었다. 대개 농민과 노예들의 처지에는 아무런 차이도 없었다. 그들은 군주와 그를 둘러싸고 있는 노예귀족계급에 종속되어 있었으며 모든 가능한 종류의 조세와 공납의 의무를 지고 있었다. 맑스는 이러한 상태를 총체적 노예제라고 부른 바 있다.

고대 동양의 노예제사회의 특수성은 계급의 양극분해가 매우 완만한 속도로 수행되었다는 데 있었다. 이러한 노예제사회가 지배하고 있었던 여러 나라에는 오랫동안 뚜렷한 계급분화가 존재하지 않았다. 모든 역사 시기에 걸쳐 계급관계는 촌락공동체 혹은 마르크공동체의 관계, 그리고 가부장제적 관계의 잔재들과 결합되어 있었다. 황제로 대표되는 고대 동양의 국가는 토지소유자로서 소위 지대, 즉 농업에서 직접생산자들 — 노예 혹은 자유농들 — 에 의해 산출된 잉여생산물을 그 원천으로 하는 수입을 전유하였다. 노예제 국가인 로마에서도 종종 국가소유의 토지에서 지대를 수취하였다. 노예제사회에서 지대는, 노예주가 토지의 소유자가 되지 못하고 국유지에서 자신의 경영을 수행하는 경우, 혹은 자유농이 국유지를 경작하는 경우에 적용되었다. 이때 노예제국가는 노예에 의해 산출된 잉여생산물의 일부를 나라에 바치는 노예주들이나 혹은 국유지에서 경작을 하는 자유농들로부터 지대를 수취하였다.

고전고대 노예제

고전고대 노예제사회는 사적 소유관계가 상당히 높게 발전되어 있었다는 점에서 고대 동양의 그것과 구별된다. 고전고대 사회에서는 노예 및 토지를 포함한 생산수단의 사적 소유가 집단적 형태의 노예주 소유를 압도하고 있었다. 두번째 차이점은 노예노동이 사회적 생산체계 속에서 자유생산자들의 노동을 압도했다는 데 있다. 여기에서 노예노동은 사회 존속의 기초가 되고 있었다. 고전고대 노예제생산은 고대 동양의 노예제 소유에 비해 상품관계, 화폐유통, 상업 등이 훨씬 더 발전되어 있었고 사회적 생산의 발전속도도 훨씬 더 빨랐다. 하지만 전체적으로 보아 생산의 자연적 성격은 여전히 보전되어 있었다.

고전고대의 여러 나라에는 노예제관계가 고도로 발전되어 있었다. 여기에서는 사회의 계급구조가 훨씬 더 뚜렷하게 나타나고 있었다.

고대 동양 및 고전고대 노예제사회 발전의 특수성에 관해, 맑스는 이 특수성들이란 원시사회의 발전 및 해체과정에서 여러 민족들에게서 나타나는 특수성에 의해 조건지어진 것이라고 확언하였다. 고대 동양과 고전고대 사이에 노예제에 기초한 관계의 차이가 아무리 클지라도, 그 본질상 양자 모두 노예제 관계, 즉 노예주의 집단적 혹은 사적 소유였던 직접생산자인 노예들에 대한 착취의 관계였다.

6. 모순의 격화와 노예제에 기초한 생산양식의 위기

자유농과 수공업자의 몰락은 노예제국가의 경제력·정치력·군사력을 크게 침식하였다. 정복전쟁은 발전된 노예제 국가에게 점점 방어전쟁으로 전화해갔다. 과거의 승리 대신에 이제는 패배가 잇따랐다. 그리하여 값싼 노예를 끊임없이 보충하기 위한 원천도 점점 고갈되기 시작했다.

대규모 노예경영으로의 새로운 값싼 노예들의 공급이 줄어듦에 따라, 노예제에 기초한 생산양식의 기본모순인, 노예노동의 단순협업이 지닌 모순적 성격이 점점 더 뚜렷하게 나타나기 시작한다. 노예노동의 단순협업의 토대가 점차 협소해짐에 따라 마침내 단순협업은 자신의 장점을 상실해버렸고, 이러한 노예노동의 조직형태에 기초한 대규모 경영에서 산출되는 잉여생산물 역시 줄어들게 되었다. 협업이 제공해주는 장점의 상실과 더불어 생산 결과에 전적으로 무관심하고 일체의 물질적·도덕적 자극요인을 결여한 노예들의 노동은 더 이상 효과적이지 않고 더 이상 사회 존속의 기초를 제공하는 노동에 걸맞지 않게 된다.

노예제에서 생산자, 즉 노예와 생산수단의 전형적인 결합은 그 속에 내재된 모순성 때문에 마침내 막바지에 이르게 된다. 그것은 더 이상 사회적 진보에 도움이 될 수 없었다. 그것은 육체노동과 정신노동, 도시와 농촌 사이의 대립을 심화시키고 그것을 극단으로까지 몰고 갔다.

날로 첨예해지는 노예제사회의 경제적 모순들은 마침내 노예제에 기초한 생산양식의 위기 및 그것의 해체로 나아가게 되었다. 노예제와 결부된 사회적 생산의 발전형태는 그 생명을 다한 채 더 이상의 생산의 진보에 장애가 되었다. 그 시대에 발명된 수많은 생산도구들(예컨대 더 힘차고 더 깊이 밭갈이를 할 수 있어 예전보다 더 효과적으로 토지를 개간할 수 있게 해준 거대한 쟁기, 하사식[下射式] 수차를 가진 물방아간과 같은)이 노예제 시대에는 널리 보급될 수 없었다. 그리하여 노예제사회의 생산력과 생산관계 사이의 모순이 무르익어갔다.

노예제에 기초한 생산관계가 사회의 주요 생산력 — 직접생산자, 즉 노예들 — 의 처지를 변화시킬 수 있는 새로운 생산관계로 해체되는 것은 역사적 필연이었다. 직접생산자와 생산수단의 결합방식이 변화하지 않고서는, 사회적 생산의 확대발전은 더 이상 가능하지 않았다. 직접생산자는 노동도구의 보다 효과적인 사용과 개선에 관심을 기울여야만 했다.

엥겔스는 노예제에 기초한 생산양식이 몰락하던 시기의 상황에 대해 다음과 같이 서술하였다. "노예제는 더 이상 유지될 수 없었다. 그래서 그것은 사멸하였다. 그러나 사멸하는 노예제는 자유인들의 생산적 노동에 대한 경멸이라는 형태로 자신의 독침을 남겨놓았다. 여기에 로마 세계가 봉착한 빠져나갈 수 없는 막다른 골목이 있었다. 노예제는 경제적으로 불가능했고, 자유인의 노동은 도덕적으로 멸시당했다. 전자는 더 이상, 그리고 후자는 아직 사회적 생산의 근본형태가 될 수 없었다. 여기에서 유일하게 남은 길은 완전한 혁명뿐이었다."[3)]

7. 노예제에 기초한 생산양식의 몰락

노예제에 기초한 생산의 무르익어 가는 위기에 직면하여, 수많은 노예들의 협업에 기초한 대경영이 점차 수익성이 떨어지는 경영으로 전락하게 되자, 이 대경영이 분할되는 경향이 발생하였다. 여러 노예들을 거느린 대토지소유자는 자신의 영토를 작은 토지(분할지)로 분할하여 그것을 **콜론들**에게 소작지로 분여하기 시작했다. **콜로나트**가 발생한 것이다(1~2세기 경). 콜론이 된 것은 무엇보다도 자유농들이었다. 그들은 소작지를 토대로 생활을 영위하였고 처음에는 여전히 인격적으로 자유로운 상태였다. 그러나 콜론들이 지주에게 다년간 빚을 짐으로써 혹은 노예주와 노예제 국가의 폭력행사를 통해 한때 자유로웠던 이 인간들은 토지에 긴박되기에 이르렀다. 후에 콜로나트 제도는 콜론들이 분할지와 함께 판매될 수 있도록 보완되었다. 콜론들은 완전한 의미에서의 노예는 아니었지만, 그렇다고 해서 완전히 자유롭지도 못하였다.

동시에 노예의 상당 부분도 역시 콜론이 되었다. 노예들이 노동에 관심을 갖게 하기 위하여 노예주들은 그들 중에서 특히 뛰어난 몇몇을 해방시켜주기 시작했다. 이것은 나머지 노예들이 감독관의 채찍에 의해서만이 아니라 또한 자유에 대한 희망에서 더 열심히 일하도록 고무하기 위한 것이었다. 노예들 중 특정 부분은 노예주들로부터 소토지를 분여받았다. 그 때문에 그들에게는 자기 자신의 경영을 이끌어나갈 가능성이 주어졌다. 그들에게는 소위 **페쿨리움**, 즉 특정량의 농기구 혹은 그밖의 물품들이 주어졌다. 이들 경영의 수입 중의 일부는 노예주에게로 돌아갔다. 점차 노예주로부터 토지를 분여받고 자신의 경영을 수행하는 노예들의 처지는 예전의 자유농들이었던 콜론들의 처지에 근접해갔다.

그리하여 모순의 격화와 노예제에 기초한 생산양식의 해체에 직면하여 지주에게 예속된 새로운 생산자계급, 즉 콜론계급이 발생하였다. 그들은 중세 농노의 선구였다.

새로운 경제형태로의 이행과 더불어 로마제국의 여러 지방에서는, 대규모로 노예노동이 착취되었던 라티푼디움 대신에 소위 **살투스**라는 것이 등장했는데, 이는 광대한 장원으로서 차지인(관리인)들에게 넘겨졌다. 차지인들은 살투스를 소토지로 분할하여 콜론들에게 소작을 주었다.

계급투쟁의 첨예화. 노예봉기, 노예제의 몰락

경제적 모순의 격화는 사회적 대립, 즉 계급모순의 첨예화 및 계급투쟁의 격화로 이어졌다. 특히 격렬했던 것은 노예와 노예주들 사이의 계급투쟁이었다. 노예들은 그들의 주인으로부터 도망을 치고 태업을 하고 노동도구를 파괴하였다. 노예주에 대한 노예들의 투쟁의 가장 중요한 형태는 무장봉기였다.

가장 커다란 의의를 지닌 것은 시칠리아에서 일어난 두 차례의 봉기(기원전 137~132년과 104~100년), 소아시아에서의 아리스토니코의 봉기(기원전 133~129년), 보스포루스에서의 사우마코의 봉기(기원전 108~107년), 이탈리아에서 일어난 스팔타쿠스의 봉기(기원전 73~71년), 그리고 중국의 헤난·지후안·산뚱에서 일어난 노예와 빈농들의 봉기(기원전 22~13년)였다.

비록 노예봉기는 패배로 끝났지만 커다란 의미를 갖는 것이었다. 왜냐하면 그것들은 노예제의 지주를 뒤흔들고 새로운, 그리고 훨씬 더 진보적인 사회경제적 질서로의 이행을 촉진시켰기 때문이다.

소소유자들(농민과 수공업자들)과 대지주, 즉 부유한 노예주들 사이의 계급투쟁도 대규모로 진행되었다. 로마제국의 말기에는 로마의 여러 지방에서 노예뿐만 아니라 콜론, 자유농, 수공업자들까지도 참여하는 강력한 봉기가 발생하였다. 이러한 민중봉기는 종종 게르만족, 갈리아족, 슬라브족, 그밖의 다른 부족들이 로마제국의 영토로 막강한 무력침공을 감행하던 시기와 동일한 시기에 발생하였다. 이 모든 것이 결국 로마의 노예제 국가의 붕괴와 노예제 질서의 몰락을 가져왔다.

476년에 피착취 대중들(특히 노예들)의 봉기로 깊숙이까지 동요되고 약화된 서로마제국은 마침내 소위 야만족들의 공격을 받아 붕괴하였다. 과거 로마제국의 영토였던 곳에서 새로이 발생한 국가들과, 아직 상당 기간 더 존속되는 동로마제국(비잔틴)은 이미 노예제를 해체시킨 새로운 봉건적 관계를 그 경제적 기초로 하고 있었다.

노예제관계의 잔재

노예제에 기초한 생산양식은 이미 오래 전에 역사의 무대에서 사라져버렸다. 그러나 노예제관계의 잔재들은 그 이후의 역사 시기에도 여러 나라에서 다소 뚜렷한 형태로 여전히 오랫동안 존속되었다. 그것들은 봉건제뿐만 아니라 자본주의에서까지도 발견된다. 자본주의에서, 특히 자본의 원시적 축적기에 노예제는 이러저러한 형태로 부활하였다. 자본주의 세계시장에 담배, 사탕수수, 카카오와 그밖의 농업생산물 등을 제공해주었던, 서인도제도 및 라틴아메리카의 여타 지역에서 행해진 플랜테이션 경영은, 17세기부터 19세기에 이르기까지 흑인노예들에 대한 착취에 기반하고 있었다. 18세기와 19세기에 미국 남부의 면화 플랜테이션농장에서는 흑인노예들이 대규모로 강제 노동을 수행하고 있었다. 거기에 자극제가 된 것은 면화재배의 엄청난 확대를 요구했던 자본주의적 면화산업이었다. 노예노동을 이용한 플랜테이션경영과 노예무역은 영국, 네덜란드, 스페인, 포르투갈, 프랑스 등의 식민지에서 19세기 후반에 이를 때까지도 널리 유포되어 있었다. 자본주의적 생산양식이 탄생하고 생성되던 시기에 발생한 플렌테이션 노예제는 후에 생산력의 발전을 저지하기 시작하면서 점차 그 의미를 상실하게 되었다.

하지만 노예제가 형식적으로 폐지되고 노예무역이 금지된 이후로도 아시아, 아프리카, 라틴아메리카의 식민지 및 예속국가에서는 노예제의 잔재가 여전히 존속되어왔다. 그것은 오늘날까지도 존재하고 있다. 미국에서는 노예제가 1861~64년 남북전쟁 이후에 폐지되었다. 하지만 그것의 잔재는 어느 정도 남부의 여러 주에 오늘날까지도 남아 있다.

제2차 세계대전 중에 독일 파시즘은 유럽과 후에는 전세계의 모든 나라와 민족을 정복하고 예속시켜 노예제와 유사한 관계를 만들어내려는 의도를 드러낸 바 있다. 독일 파시스트들에게 일시적으로 점령당한 지역에서는 강력한 노예제관계가 수립되었고 수많은 사람들이 노예가 되어 히틀러의 독일로 끌려갔다.

UN의 결정에 의거하여 노예무역은 1948년 공식적으로 금지되었다. 플랜테이션 노예제와 가부장제적 노예제관계의 잔재는 제국주의 세력들에게 식민지 혹은 반식민지로 예속되어 있는 몇몇 나라에 오늘날까지도 존재한다. 노예제와 비슷한 상태, 아프리카인들에 대한 폭력적인 노동 강제는 제국주의적 인종주의 국가인 남아프리카공화국에 널리 퍼져 있었다. 남아프리카의 인종주의자들은 남아프리카공화국 영내에 사는 반투족, 호텐토트족, 부시맨을 노예화했을 뿐만 아니라, 자신들의 지배력을 불법적으로 병합된 나미비아(서남아프리카)의 영토에 사는 주민들에게까지 확대하려고 했다. 영국 식민주의 후예들도 로디지아에서 이와 유사한 상태를 만들어내려 하고 있다. 이는 식민지 지배자들에게 예속된 짐바브웨의 아프리카인민들의 영역에까지 미치고 있다.

노예제의 뚜렷한 잔재로는 예컨대 채무노역을 들 수 있는데, 이는 대토지소유자, 즉 지주에 대한 농민과 농업노동자들의 노예와 비슷한 예속체계이다. 채무노역은 오늘날에도 아시아, 아프리카와 라틴아메리카의 여러 나라 및 미국 남부 여러 주에서 찾아볼 수 있다. 채무노예와 동등한 생산자들의 예속을 우리는 오늘날 미국의 과일연합상사(United Fruit Company)의 여러 기업들에서 찾아볼 수 있다. 그들은 라틴아메리카 여러 나라들의 주민과 자원을 착취하고 있다.

노예제에 기초한 착취의 잔재에 대한 단호한 투쟁은 독립적인 발전의 길로 접어든 민족들의 가장 중요한 과제에 속한다.

노예제에 기초한 생산양식의 역사적 위치. 노예제사회에 관한 부르주아적 견해에 대한 비판

노예제에 기초한 생산양식은 인류 사회의 합법칙적 발전단계 중의 하나였다. 그것이 인류의 정신적·물질적 문화의 역사에서 차지하는 위치는 다음과 같은 엥겔스의 말 속에 명확하게 표현되어 있다. "노예제가 비로소 농경과 산업 사이의 노동 분화를 가능하게 만들었고, 그와 함께 고대세계의 번영을 ……노예제 없이는 그리스의 국가도 그리스의 예술도 과학도 존재할 수 없었다. 노예제가 없었다면 로마제국도 존재할 수 없었을 것이다. 그리고 그리스와 로마제국의 토대 없이는 현대 유럽도 존재할 수 없었을 것이다."[4)]

노예제에 기초한 생산양식은 자신의 수명을 다하고 자기 자신에 내재된 모순의 격화로 몰락하였다. 생산력의 성격과 생산관계의 일치라는 법칙의 작용에 따라 그것은 훨씬 더 진보적인 봉건사회의 생산양식에 의해 해체되었다.

오늘날 부르주아 정치경제학에서 우리는 종종 노예제에 기초한 생산양식이 인류 사회발전의 필연적 단계가 아니었다는 견해와 맞부딪치게 된다. 그러한 주장에 의해 생산력의 발전에 따라 필연화되는 경제적 사회구성체 교체의 불가피성에 관한 맑스주의 이론에 의혹이 제기된다.

몇몇 부르주아 역사가들과 경제학자들은 독일의 역사가 마이어를 따라 고대의 역사를 현대화한다. 자본주의의 영속성을 입증하려 하는 가운데, 그들은 고대 그리스와 로마에서 자본주의를 찾는다. 그들은 노예제에 기초한 생산양식의 특수성을 무시하고 마치 고대 사회에 이미 자본주의적 생산관계가 존재했던 것처럼 묘사한다.

다른 부르주아 학자들은 노예제사회에서의 경제적 모순과 계급대립을 부정하려고 한다. 그들이 이러한 관점을 취하는 것은, 착취사회에서의 계급투쟁의 객관적 제약성과, 억압과 폭력과 착취에 대항하는 피착취 근로대중들의 투쟁의 불가피성 및 그 필연성을 은폐하려는 시도로 설명될 수 있을 것이다.

맑스주의 사회과학은 노예소유제에 관한 부르주아 이론들의 이러한, 그리고 그밖의 다른 그릇된 명제들의 허구성을 폭로하고, 역사적 사실에 대한 심오한 분석에서 출발하여 노예제에 기초한 생산양식의 본질, 거기에 고유한 경제적 모순 및 계급대립, 노예제사회에서의 착취의 특수성을 해명하며 이 생산양식을 그것의 운동, 발생, 발전 및 해체 속에서 탐구한다. 맑스주의 과학은 노예제에 기초한 생산양식의 객관적 필연성과 제약성 및 인류의 역사에서 그것이 차지하는 위치를 입증해냈다.

주

1) Marx/Engels, *Werke*, Bd.20, Dietz Verlag. Berlin 1971, S.168.

2) *Ebenda*, S.149/150.

3) Marx/Engels, *Werke*, Bd.21, Dietz Verlag, Berlin 1962, S.145.

4) Marx/Engels, *Werke*, Bd.20, Dietz Verlag, Berlin 1962, S.167/168.

Ⅳ. 봉건사회의 생산양식

제3장 봉건제의 발생

봉건적 생산양식의 경제적 기초는 지배자인 봉건영주계급에 의한 토지의 소유와, 봉건영주에게 인격적으로 종속되어 있고 그의 땅에 긴박되어 있는 직접생산자인 농민에 대한 착취이다. 봉건제는 노예소유제를 해체시켰다. 그러나 어디에서나 그랬던 것은 아니다. 역사발전의 특수성 때문에 노예제 생산양식이 존재하지 않은 나라에서는, 봉건제가 원시공동체를 해체시켰다.

각 나라에서 봉건적 관계가 생성되는 과정에서 드러난 모든 차이점과 그때마다의 특수성에도 불구하고 이 과정의 경제적 주요 내용은 어디에서나 동일하였으며, 내적으로 서로 결합된 두 가지의 계기를 그 본질로 하고 있었다. 즉 봉건적 대토지소유의 형성과, 직접생산자가 토지소유자에게 종속된 농노로 전화하는 것이 그것이다.

봉건시대 토지소유의 가장 발전되고 가장 전형적인 형태는 소위 페오덴(봉토라는 뜻의 고대 게르만의 개념)이었다. 이 때문에 이 특수한 형태의 토지소유에 기초한 사회경제적 질서는 후에 봉건제라는 명칭을 획득하게 된다. 봉건제는 대체로 두 가지 경로를 통하여, 즉 노예소유제의 붕괴를 기초로 하거나 혹은 원시공동체의 붕괴를 기초로 하여 발생하였다.

첫번째 경우에 봉건제는 몰락하는 노예제사회의 태내에서 발생하고 전개되며, 두번째 경우에는 공동체적 관계가 봉건제로 이행하게 되는데, 이때 발달된 노예제사회가 지배하는 시기를 건너뛰게 된다.

1. 발달된 고대 노예제의 붕괴라는 조건하에서 봉건제의 발생

사회 발전의 객관적 경로라는 관점에서 볼 때, 내적 모순의 첨예화에 의해 붕괴된 발달된 고대 노예제로부터 봉건제로의 이행은 논리적인 도정이다. 5세기에 노예소유제에 대항하여 봉기했던 노예, 콜론, 농민과 수공업자의 공격을 받고, 또한 게르만족과 슬라브족의 침략을 받아 붕괴한 로마 노예제 제국의 눈물로부터 소위 야만적 왕국이 발생하였다. 로마의 가장 부유한 지방 중의 하나였던 갈리아 지방에서 발생한 프랑크 왕국은 커다란 의미를 갖고 있다.

8세기부터 11세기에 걸쳐 새로운 봉건적 생산양식의 생성과정이 본격적으로 전개되었는데, 프랑크 왕국에서 가장 전형적이고 고전적인 형태로 나타났다. 자신들의 권력을 강화하기 위하여 프랑크와 그밖의 나라의 군주들은 정복한 땅을 자신의 가신들에게 처음에는 완전한 (양도할 수 있는) 소유지(Allod)로, 후에는 소위 **은대지**의 형태로, 즉 신하의 의무(전쟁 의무)를 수행한 대가로 살아 있는 동안 지급되는 토지소유의 형태로 양도해주었다. 은대지의 형태로 토지를 지급하는 것은 왕국의 군사조직을 강화시켰다. 왜냐하면 은대지는 세습되지 않는 것이어서, 그것의 소유자는 군주의 군사작전에 참여하지 않을 수 없었기 때문이다. 후에 은대지는 점차 세습되는 토지소유, 즉 소위 **봉토**(Lehen)로 전화하게 된다.

봉토제에 기초한 소유관계는 9세기에 형성되었다. 봉토제(본래적 의미의 봉건제)와 함께 프랑크 자유농들의 농노로의 전화가 이루어졌다. 로마의 콜론과 마찬가지로 프랑크의 자유농들 역시 곧바로 완전한 의미의 부역농(Fronbauer)이 되지는 않았다. 하지만 로마의 콜론이 부역농의 원형이고 처음부터 토지소유자에게 예속되어 있었다면, 바로 씨족질서로부터 평등한 인권을 가지고 등장한 프랑크 농민들은 아직 자기 자신의 주인이었다. 그리하여 그가 예속되어 그의 처지가 콜론의 땅에 긴박되어 있던 옛날의 노예와 다를 바 없게 될 때까지는 아직 많은 시간이 경과해야만 했다. 엥겔스는 "프랑크의 자유농은 로마의 콜론과 새로운 예농(Horige) 사이에 서 있었다"[1]고 서술하였다.

자유농들은 여러 가지 방식으로 농노제(Leibeigenschaft)에 편입되었다. 한편으로 봉건영주는 농민들을 자기에게 복종시키고 그들을 직접적인 폭력행사를 통해 예농으로 만들었다. 다른 한편으로 농민들은 빈번한 전쟁, 귀족의 횡포, 그들의 경제를 황폐화시킨 관헌에 의한 수많은 납세, 흉작 및 그밖의 원인으로 인하여 끊임없이 대토지소유자의 '도움과 보호'를 청할 수밖에 없었으며, 대토지소유자들은 이러한 방식으로 그들의 주인(영주)이 되었다. 이 모든 것의 결과로 서유럽에서는 봉건적 생산양식이 형성되었다.

바빌로니아, 인도, 중국과 고대 동양의 몇몇 나라에서도 이 과정은 고대 노예제가 지배하던 곳과 같은 방식으로 진행되었다. 그러나 여기에서 이 과정은 서서히 진행되었으며 어느 정도 특수성을 갖고 있었다. 이 나라들의 특징은, 치수체계가 결정적인 의미를 지니고, 공동체가 끈질기게 존속되며, 국가의 우두머리, 즉 황제의 소유라는 형태로 국가적 토지소유가 지배적이었다는 데 있다. 노예소유제에서와 마찬가지로 여기에서도 국가는 전제정치의 형태를 띠고 있었다. 그리고 고대 동양에서 전제국가는 직접생산자들을 농노제로 편입시키는 과정에서 발생한 촌락공동체의 저항을 진압하는 데 주도적인 역할을 하였다.

2. 씨족공동체의 붕괴를 기초로 한 봉건제의 발생

노예제에 기초한 생산양식을 거치지 않은 봉건제로의 이행

많은 민족들이 노예소유제를 거치지 않고 원시공동체 생산양식으로부터 직접 봉건제로 이행하였다. 러시아, 폴란드, 체코, 불가리아, 세르비아, 헝가리, 리투아니아, 에스토니아와 독일의 몇몇 지역, 스칸디나비아 나라들, 그리고 영국과 아일랜드가 바로 이러한 발전과정을 겪었다. 봉건제 생산양식의 발생방식에서의 이와 같은 특수성은 슬라브족의 역사에서 가장 뚜렷하게 나타난다.

위에서 언급한 동유럽 및 북유럽 나라에서는 노예제가 그다지 발전하지 못한 가부장적 형태로 존재했으며, 지배적인 생산형태로까지 되지는 못했다. 여기에서는 사적 소유와 계급이, 서유럽 나라에서는 이미 고대 노예제가 붕괴하고 봉건적 생산양식의 발생이 거의 완결된 시기에 이르러서야 비로소 형성되었다.

하지만 왜 이 나라들은 자신의 발전과정 속에서 노예제에 기초한 생산양식을 건너뛰게 되었는가? 이 나라들이 특수한 역사적 도정을 밟게 된 원인은 그들의 생산력 발전의 특수성, 그들의 물질적 생활의 특수한 조건에 놓여 있었다.

슬라브족과 게르만족이 살고 있었던, 기후가 험한 지역의 비교적 어려운 생활조건은 어느 정도 사회의 발전을 저해하였다. 생산을 제고하고 잉여생산물을 획득하기 위하여 당시 여기에서는 지중해 연안 나라들과 고대 동양의 나라들보다 더 완성된 노동수단과, 그곳들과는 다른 생산활동의 조직형태 및 인간을 노동하도록 자극하기 위한 색다른 방법이 필요했다.

궁극적으로 원시공동체의 태내에서 발생한 슬라브족과 게르만족의 새로운 생산력은 노예제사회 대신에 봉건사회의 형태를 띤 계급관계로의 이행을 필연화하고 또 그것을 가능하게 해주었다. 8세기와 9세기에 동유럽과 북유럽의 부족들에게서 씨족관계가 붕괴되고 계급질서의 요소들이 형성되기 시작했을 때, 서유럽에서 고대 노예제는 자신의 수명을 다한 채 붕괴했다. 이제 노예제에 기초한 생산양식은 더 이상 존재하지 않게 되고, 그 자리에 봉건제가 들어서게 되었다. 더욱이 동유럽 및 북유럽 나라에서는 노예제 관계가 관철될 수 없었다. 왜냐하면 다른 나라에서 노예를 구할 가능성이 매우 적었기 때문이다.

몇몇 나라에서의 농노제 도입의 특수성

공동체가 매우 안정되어 있었기 때문에 슬라브인들의 촌락공동체는 공동체의 자유농들을 강제로 예속시켜 그들로 하여금 봉건귀족을 위한 노동을 하게끔 강제하려는 봉건귀족의 시도에 매우 오랫동안 저항할 수 있었다. 공동체의 힘에 의거하여 농민들은 끈질기게 농노제에 대항했다. 이것은 슬라브 민족뿐만 아니라 북유럽에서도 마찬가지였다. 자유로운 공동체의 존속을 위한 투쟁에서 농민들은 봉기했고(그러한 봉기가 키예프 러시아와 폴란드에서 발생했다), 사람이 살지 않는 변경(러시아의 경우라면 예컨대 드네프르 강과 돈 강 연안, 볼가 스텝 지역 및 볼가 강 동쪽의 삼림지대)으로 도주했다.

러시아에서 봉건적 토지소유의 시원적 형태는 어느 정도 서유럽의 알로드에 상응하는 세습지(Erbgut)였다. 15세기와 16세기 러시아 중앙국가의 형성 시기에 영주들과 후에는 짜르들까지도 자신들의 종사와 가신들에게, 그들이 전쟁의무와 그밖의 의무를 수행한다는 조건하에 토지 및 그 속에서 일하는 농민들까지 지급해주었다. 인간은 '토지에 긴박'되었다. 그리고 이로부터 봉건적 토지소유형태로서의 '영지'가 발생하였다.

이 영지는 서유럽의 은대지나 그후에 발생한 봉토와 어느 정도 유사했다. 동시에 봉건적 토지소유의 형성과 더불어 농민들 역시 농노제에 편입되어 봉건귀족에게 예속되었다. 서유럽에 비해 러시아에서는 농민이 농노제에 편입되기까지 상당한 시간이 경과하였다. 16세기 후반에 이르러서야 비로소 짜르의 칙명에 의해 농민들에게 토지소유자를 바꾸는 것이 금지되었다. 이와 함께 농민의 농노로의 전화가 완성되었다.

제4장 봉건사회의 경제질서

1. 봉건사회의 생산력과 생산관계

봉건적 생산양식이 관철될 수 있었던 것은 그것이 선행한 생산양식의 태내에서 축적되어온 모순들의 특수한 해결형태였기 때문이다. 특정한 역사적 시기에 봉건적 생산관계는 생산력의 성장에 유리하게 작용하였다. 전반적으로 보아 매우 느린 속도로나마 사회적 노동생산성은 증가하였고, 사회적 분업은 심화되었다. 봉건사회의 생산력 발전은 모든 경제부문에서 찾아볼 수 있다.

이는 무엇보다도 광업, 야금업, 금속가공업 및 동력부문에서의 기술적 진보에서 찾아볼 수 있다. 특히 철의 용해와 가공에서의 개선이 매우 큰 의미를 갖고 있었다. 최초의 용광로가 등장했고, 철광석으로부터 강철을 추출해내는 방법이 발명되었다. 광업에서는 새로운 기계들(양수기, 승강기 등)이 사용되었다. 그것들은 갱내 작업에서 상당히 깊은 곳에 있는 광물들을 채굴할 수 있게 해주었다. 풍력기계와 낙수를 이용한 수차의 개선이 이루어졌다. 그것들은 곧 널리 이용되었다. 간단한 금속가공기계, 물레와 서적인쇄가 발명되었다(15세기).

조선업에서도 상당한 변화가 일어났다. 나침반의 발명과 해도(海圖)제작술은 항해술에서의 변혁을 초래하였다. 이와 더불어 위대한 지리적 발견의 시대가 열리기 위한 기초가 마련되었다.

생산력의 일반적인 성장은 농업에서도 마찬가지였다. 철제 쟁기와 철로 만든 그밖의 노동도구들이 비교적 널리 보급되었다. 생산력의 성장은 사회의 경제발전 전반에 커다란 영향력을 행사했다. 농경에서는 삼포식 경작이 널리 보급되었다. 또한 채소재배, 건초용 풀밭재배, 포도재배, 포도압착업 등 농업의 새로운 분야들 역시 한층 더 발전하였다.

농업생산의 발전 및 완성과 더불어 노예소유제가 몰락하는 동안 위축되었던 수공업 역시 전개되기 시작한다. 수공업의 성장과, 생산도구의 개선을 기초로 한 그것의 점증하는 전문화의 결과, 과거에 이미 노예소유제 형성기에 존재하고 있었으나 그것의 몰락과 함께 사라져버린, 농업으로부터 수공업의 분리가 새롭게 등장하게 되었다.

농업으로부터 수공업의 분리는 사회적 분업에서, 봉건시대의 사회적 생산력의 발전에서 결정적인 계기였다. 봉건시대의 노동도구는 예전보다 더 완전하고 전문화되어 있었기 때문에 생산자들, 즉 농민과 수공업자들의 개인적 노동 역시 더욱 더 숙련되고 효율적으로 되었다. 봉건제는 아직 수공업적 노동으로 특징지어지고 있었으며, 역사적으로 볼 때 그 생산력은 아직 그다지 발전한 것이 아니었다. 봉건제의 몰락과 더불어 수공업적 노동의 지배는 근본적으로 종지부를 찍게 된다.

이와 같이 봉건제의 사회적 생산력은 어느 정도의 진보를 이루었으나, 그럼에도 불구하고 그것의 일반적 수준은 여전히 비교적 낮은 상태에 머물렀다.

봉건적 생산관계

봉건제에서는 수공업에 비해 농업생산이 우위를 차지하고 있었기 때문에 주요 생산수단, 즉 토지에 대한 소유가 결정적인 의미를 갖고 있었다. 맑스는 "사실상 대토지소유가 중세 봉건사회의 기초였다"[2]고 서술했다. 이와 같이 봉건적 생산양식에서 결정적인 관계는 토지소유관계였다. 그것이 봉건적 생산양식의 기초를 이루는 생산관계이다. 봉건적 토지소유관계는 토지에 대한 대토지소유자, 즉 봉건영주의 독점으로 특징지어진다.

봉건영주의 소유였던 토지의 대부분은 농민들이 사용하도록 분여되었던 많은 수의 분할지로 구성되어 있었다. 그들은 이 땅에서 자신들의 개별 경제를 꾸려나갈 수 있었다. 분할지의 지급을 통한 농민들의 토지 이용은 봉건적 생산양식이 지배하는 곳에서의 토지소유의 본질적 특징이다. 토지가 봉건영주의 소유였기 때문에 농민은 언제든지 그로부터 축출될 수 있었다. 하지만 봉건제의 전형적인 특징은 농민들을 토지에 긴박시키려는 경향이었다. 분할지의 이용권은 대개의 경우 세습되었다. 따라서 봉건사회에서 직접생산자는 소유자가 아니라 단지 토지의 점유자였다. 그는 단지 그것을 이용하고 경작하기만 했다.

영주들의 영토 내에는 수많은 촌락들뿐만 아니라 또한 수많은 도시들이 있었다. 이 때문에 농민들뿐만 아니라 도시 수공업자들 역시 봉건영주의 착취대상이었다. 봉건적 소유는 봉건영주가 특정한 영역 내에서 그 안에 거주하는 사람들에게 절대적 권력을 행사하는 것을 의미했다. 봉건적 토지 소유관계는 인격적 의존관계와 불가분하게 결합되어 있었다.

인격적 의존관계는 봉건제의 사회경제적 질서 전반에 관철되어 있었다. 맑스는 이렇게 서술하였다. "여기에서 우리는 독립적인 인간 대신에 모든 사람 — 농노와 지주, 가신과 영주, 평신도와 승려 — 이 의존적임을 발견하게 된다. 인격적 의존성이 바로 물질적 생산의 사회적 관계와 그 위에 세워진 생활영역을 특징짓고 있다."[3)]

토지소유자에 대한 농민들의 인격적 의존의 가장 널리 보급되고 가장 완성된 형태는 소위 농노제 혹은 예농제였다. 봉건영주(토지소유자)에 대한 농민들의 인격적 의존관계는 착취당하는 직접생산자와 봉건적 착취자들 사이의 적대적 관계로 현상했다. 그러나 이 관계는 이미 노예제와는 다른 성격을 가지고 있었다. 농노는 영주의 완전한 소유물이 아니었다. 그는 자신의 시간의 일부를 자신의 토지에서 자신과 자기 가족을 위해 노동하는 데 사용할 수 있었다. 농민은 생산수단, 즉 농기구와 연장, 부리거나 기타의 용도로 사용되는 가축을 소유하고 있었다. 도시 수공업자들 역시 생산수단을 개인적 소유의 형태로 갖고 있었다. 농민뿐만 아니라 수공업자도 자기 자신의 집과 자기 자신의 작업장을 갖고 있었다. 종종 우물, 도로, 나아가 방목지와 같은 몇몇 생산수단들까지도 아직까지 유지되고 있던 촌락공동체의 소유였다.

직접생산자와 생산수단의 결합의 방식 및 방법은 봉건제하에서 어느 정도 이중성을 띠고 있었다. 직접생산자인 농민은 한편으로는 자기 자신의 소경영을 가지고 있었으며, 여기에서 행해지는 노동에 관심을 기울이고 있었다. 다른 한편 봉건영주를 위해 행해지는 그의 노동은 강요된 것이자 착취였다. 직접생산자에게 봉건영주를 위한 노동을 강요하기 위한 경제외적 강제의 토대 및 조건은 봉건영주에 의한 토지의 독점이었다. 이러한 경제외적 강제가 생산과정 속에서 봉건적 소유를 실현시키는 수단이었다.

직접생산자와 생산수단 사이의 노예제와는 다른 새로운 결합방식을 통하여 직접생산자의 노동에 대한 태도가 변화하고, 노동에 대한 특정한 자극요인이 발생하였다. 여기에서 노예제에서 전형적으로 나타났던 직접생산자와 노동수단 사이의 적대는 극복되었다. 봉건제에서는 노동수단이 직접생산자에게 속했기 때문에, 그는 자신의 의존적·예속적 처지에도 불구하고 그것들의 보존과 개량에 신경을 썼다. 이 모든 것이 봉건사회의 생산력 증대를 위한 일정한 가능성을 창출해냈던 것이다.

2. 생산과 지대의 형태 및 봉건제에서의 착취

봉건사회에서 생산은 부역경영과 소작경영이라는 두 가지 기본적 형태로 수행되었다. 두 가지 형태는 다음과 같은 점에서 공통성을 가지고 있었다.

(a) 직접생산자가 봉건영주(토지소유자)에게 인격적으로 종속되어 있었다.
(b) 봉건영주가 경작되는 토지 전체의 소유자로 간주되었다.
(c) 직접생산자로서 농민은 토지를 이용하였고, 그 위에서 그는 자신의 개별 경제를 꾸려나갔다.
(d) 농업생산 전체가 농민들의 노동 및 그들의 노동도구(산 도구와 죽은 도구)로 이루어졌다.
(e) 농민들은 경제외적 강제에 의해 잉여노동을 하여, 영주를 위한 잉여생산물을 만들어냈다.

농민들은 자신의 경제를 수행하는 데 필요한 생산수단의 소유자였기 때문에, 봉건영주는 오직 경제외적 강제에 의해서만 그들이 자신을 위해 일하도록 설득할 수가, 말하자면 그들을 착취할 수가 있었다. 경제외적 강제는 인격적 예속체계의 현상형태였다. "만약 영주가 농민들의 인격에 직접적인 강제력을 행사하지 않았다면, 그는 토지와 자신의 경제를 가진 사람들을 자신을 위해 일하도록 강제할 수 없었을 것이다."[4]

농민의 분할지는 그 자신과 그의 가족의 존재근거였다. 전쟁이 노동력 창출의 주요 원천이었던 노예제에서와는 달리, 개별 농민경제는 다소간 안정된 노동력 재생산을 보장해주었다. 노예제에서와 마찬가지로 봉건제에서도 직접생산자에 대한 경제외적 노동 강제가 행해졌다. 하지만 봉건사회와 노예제사회 사이에는 매우 본질적인 차이가 존재하고 있었다. 자기 자신의 경제와 생산수단을 갖지 못했던 노예와는 달리, 봉건시대의 농민은 분할지를, 즉 자기 자신의 경제를 가지고 있었다. 그뿐 아니라 농민은 자신의 경제 속에서 농업 생산도구를 재생산했다.

부역경영

부역경영 속에서 봉건영지의 전체 토지는 두 부분으로 나누어진다.

그 하나는 영주의 토지로, 여기에서는 농업생산물이 농민의 노동과 그의 노동도구에 의해 산출되어 전량 봉건영주에 의해 전유되었다. 이처럼 농민은 영주의 토지에서 잉여노동을 수행하여 잉여생산물을 산출해냈다.

다른 부분, 즉 농민의 토지는 분할지라 불렸다. 여기에서 농민은 자기 자신을 위해 노동하였고 필요생산물, 즉 농민 자신과 자기 가족의 생존을 위해, 그리고 마모된 산 도구와 죽은 도구의 재생산을 위해 필요한 생산물을 산출해냈다.

소작경영

소작경영에서 모든 토지는 농민들에게 분할되었다. 전체 농업생산이 소작농의 경제 속에서 수행되었다. 농민들은 거기에서 산출된 생산물 중의 일부를 봉건영주에게 소작료로 납부하였으며, 여타의 부분은 노동력을 재생산하고 가족을 부양하며, 그의 산 도구와 죽은 도구를 재생산하는 데 사용하기 위해 남겨두었다.

부역경영과 소작경영에서의 필요노동과 잉여노동

부역경영에서 필요생산물과 잉여생산물은 시간적으로·공간적으로 분리되어 있었다. 필요노동은 농민의 분할지에서, 잉여노동은 영주의 토지에서 수행되었다. 일주일의 일부를 농민은 자신의 토지에서 노동을 하고, 나머지 기간 동안에는 영주의 토지에서 노동했다. 소작경영에서 농민은 전체 노동을, 말하자면 필요노동과 잉여노동 모두를 자기 자신의 경제 속에서 수행하였다.

부역경영에서 영주는 잉여노동을 그 자연적 형태로, 즉 특정한 수의 부역일(日)로 수취한다. 그에 반해 소작제의 경우, 잉여노동은 그 자연적 형태로가 아니라 생산물의 형태로 지불되었다. 이 때문에 여기서는 필요생산물과 잉여생산물 사이의 차이가 매우 뚜렷하게 드러난다. 농민이 영주에게 소작료로 납부하는 것은 잉여생산물이요, 반면에 그의 경제에 남겨지는 부분은 필요생산물이었다. 여기에서 필요생산물과 잉여생산물의 차이는 구체적으로 눈에 보이는 것이다. 부역경영에서 필요노동과 잉여노동의 차이 역시 구체적으로 눈에 보이는 것이었다. 왜냐하면 이미 언급한 바 있듯이 양자는 공간적으로·시간적으로 서로 분리되어 있었기 때문이다.

부역제의 잉여노동은 노예노동과 거의 다를 바 없는 것이었다. 영주는 부역노동의 산물 전체를 전유하였고, 생산자(농민)는 이 노동의 결과에 대해서는 조금도 관심이 없었으며, 영주의 토지에서의 노동은 대개 나태하게 수행되었다. 이 때문에 영주는 자신의 부역농들을 곧 소작농으로 만들게 된다.

시간이 흐름에 따라 현물형태의 소작료는 차차 화폐지대와 결합되거나 혹은 완전히 금납제로 대체되기에 이른다. 그리하여 농민은 잉여생산물을 생산할 뿐만 아니라 또한 그것을 화폐로 바꾸어야만 했다. 수많은 봉건 장원에서는 혼합된 형태의 제도가 실시되고 있었다. 부역과 더불어 농민들은 소작료 납부까지 수행해야만 했다. 이때 어느 장원에서는 부역이, 그리고 다른 곳에서는 소작료가 우세할 수 있었다. 농업노동 이외에도 영주는 농민들에게 도로가설노동, 운수노역과 그밖의 노역들을 강요했다.

봉건사회의 생산과 경제외적 노동 강제

봉건사회에서 착취의 경제적 기초는 이러저러한 형태의 경제외적 강제를 요구하는 인격적 예속과 결합된 봉건적 토지소유였다. 토지소유가 없었다면 봉건영주는 결코 농민들을 착취할 수 없었을 것이다. 그는 농민들이 노동할 땅을 소유하고 있어야만 했다. 이러한 의미에서 봉건적 토지소유는 봉건적 생산양식의 토대였다. 하지만 농민들을 착취하는 데 토지소유권만으로는 아직 충분하지 않았다. 봉건적 생산양식의 경제는 인격적 예속관계 없이는, 그리고 그것과 결부된 경제외적 강제의 가능성 없이는 봉건사회의 경제적 관계가 이루어질 수 없는 방식으로 조직되어 있었다.

경제외적 강제는 다른 생산양식에서도 가능하다.[5] 하지만 그것은 노예제와 봉건사회에서 착취자, 즉 생산수단 소유자들 각각의 구체적인 경영에 필수적·강제적 전제조건이었다. 때문에 예속관계는 인격적 성격을 띠고 있었던 것이다. 모든 농민은 특정 영주의 농노였다.

그러나 경제외적 강제의 필요성이 봉건적 생산양식의 유일한 조건임을 의미하지는 않는다. 경제외적 강제가 없었다면 아마 온전한 봉건적 관계는 불가능했을 것이다. 하지만 경제외적 강제만으로는 아직 봉건적 관계의 실현에 충분하지 않다. 여기에는 봉건적 토지소유관계가 필요했다.

봉건제에서 토지는 주요 생산수단이었으므로 토지소유관계는 봉건적 생산양식의 규정적인 관계였다. 봉건적 토지소유의 경제적 실현은 직접적 생산과정이 농민들에 의해 담지될 것을 요구하였는데, 이 농민들은 어느 경우에나 토지를 경영의 대상으로서 가지고 있어야만 했다. 앞에서 살펴본 바와 같이 부역경영에서는 봉건 장원의 토지 일부가, 그리고 소작제에서는 전체 토지가 농민적 경영의 대상이었다.

봉건지대의 형태

토지소유관계로부터 봉건적 생산양식의 근본관계가 나온다. 이 때문에 봉건적 생산관계의 내용은 봉건적 토지소유의 경제적 실현형태인 봉건지대로 표현된다. 부역경영에서는 잉여노동이 농노에 대한 노동 강제를 통해 수취되었다. 여기에서 영주는 잉여노동을 노동지대의 형태로 전유하였다.

소작제에서 영주는 잉여노동을 잉여생산물의 형태로 전유하였다. 이러한 형태의 봉건지대를 생산물지대라고 부른다. 맑스는 이렇게 서술하였다. "생산물지대는 직접생산자의 보다 높은 문화수준, 그리하여 그의 노동과 사회의 보다 높은 발전계제를 토대로 하고 있다. 그리고 그것은 다음과 같은 점에서 선행 형태와 구별된다. 말하자면 잉여노동이 더 이상 그 자연적 형태로, 그리하여 지주 혹은 그 대리인의 감시와 강제 속에서 수행되는 것이 아니라 직접생산자가 직접적인 강제 대신에 관계의 강제를 통해, 그리고 채찍 대신에 법적 규정을 통해 자기 자신의 책임하에 그것을 수행해야만 한다는 점이다."[6]

노동지대와 마찬가지로 생산물지대 역시 자연경제를, 말하자면 농경과 농촌공업, 즉 농촌 가내공업과의 결합을 전제로 한다. 소작료가 화폐형태로 지급되면서, 봉건영주는 이미 잉여노동을 더 이상 노동 혹은 노동생산물의 형태로서가 아니라 화폐형태로 전유하게 되었다. 화폐지대로의 이행은 점차 진전되고 있던 노동분업의 결과였는데, 이는 교환의 발전과 사회 속에서의 상품-화폐관계의 점진적 확장을 낳게 된다.

고대 동양에서의 지대관계의 특수성

고대 동양의 많은 나라들은 봉건지대 형태의 발전과 봉건영주에 대한 직접생산자의 예속형태의 발전에서 어느 정도 특수성을 보여주고 있다. 고대 동양에서는, 봉건국가가 토지와 관개시설의 주요한 소유자였기 때문에 오랫동안 대규모 영주경제가 발생하지 않았다. 여기에서는 부역이 아니라 국가 관리들을 통해 농민들로부터 거두어들인 생산물지대, 심지어는 화폐지대가 봉건지대의 지배적 형태였다. 그렇게 거두어들인 부의 상당 부분을 국가는 (현물형태 혹은 화폐형태로) 일종의 급료로서 관리들에게 지급해주었다.

봉건사회에서 생산의 현물형태

생산과정이 행해지는 봉건 장원에서는 경제생활이 외부로부터 고립되어 있었다. 봉건영주와 농민의 개인적 소비 및 생산적 소비는 대개 각각의 장원에서 직접생산자들의 노동이 만들어낸 것에 의해 충당되었다.

봉건제의 특징은 주요 생산부문인 농업과 가내공업의 결합이었다. 가내공업은 당시 영주와 농민들의 경제에 필요한 대부분의 수공업 생산물을 제공해주었다. 단지 여러 가지 이유로 자체 생산할 수 없었던 몇몇 생산물들, 예컨대 몇 가지 금속제품, 장신구, 소금과 같은 것들만은 대개 이동상인들에 의해 공급되었다. 그러므로 봉건 장원은 하나의 폐쇄된 자급자족적 경제를 운영하고 있었다. 봉건경제 속에서 직접생산자가 산출해낸 산물들은 주로 영주와 농노들에 의해 봉건 장원 내부에서 현물형태로 소비되었다.

잉여생산물은 봉건제 몰락기에 전개되는 화폐지대와 더불어 상품의 형태를 띠게 되었다. 필요생산물은 화폐지대가 등장한 이후로도 여전히 그리고 노동지대 및 생산물지대의 관계 하에서는 더욱 더 현물형태를 띠고 있었다. 그것은 상품으로 되지 않았다. 하지만 이것은 커다란 의미를 갖는 것이었다. 왜냐하면 필요생산물이 산출된 생산물의 상당 부분을 차지하고 있었기 때문이다.

봉건사회의 모든 발전단계에서 농민들에게 의무로 부과되었던 다양한 부역들 역시 자연적 성격을 띠고 있었다. 따라서 봉건사회에서의 생산의 특수성은 그것이 현물형태를 띠고 있었다는 데서 찾을 수 있다.

봉건제의 기본경제법칙

봉건사회에서 생산의 목적은 직접적으로 봉건영주의 소비를 위해 쓰여지는, 그리고 봉건지대라는 특수한 사회경제적 형태를 띤 잉여생산물을 산출하는 것이었다. 봉건제의 기본경제법칙의 본질은 봉건영주들이 자신들의 욕구를 위해 자신에게 예속된 농민들의 강제노동을 통해 창출된 잉여생산물을 봉건지대의 형태로 전유하는 데 있다.

봉건제의 모순들

서로 교체되는 다수의 봉건적 생산형태 및 착취형태들을 거친 봉건사회의 모든 발전단계들은 수많은 모순에 의해 특징지어진다. 봉건적 대토지소유는 봉건영주들에게 인격적으로 예속된 직접생산자들의 개별적 소소유 — 이것은 이들의 예속적 소생산의 토대를 이룬다 — 에 대립하고 있었다. 봉건적 대경영과 농민의 토지 이용 사이에, 봉건영주를 위해 노동해야만 하는 경제외적 강제와 농민이 자신의 노동을 가지고 자신의 경제를 운영할 수 있는 가능성 사이에, 그리고 경제외적 강제의 수행자로서의 토지소유자 계급, 즉 봉건영주계급과 그들에게 인격적으로 예속된 농민계급 사이에 대립이 존재하고 있었다. 봉건제의 모순들은 이중성으로부터, 즉 직접생산자와 생산수단의 모순적 결합방식으로부터 비롯된 것이다.

봉건사회에서의 재생산

봉건제에서 생산은 단지 점진적으로만 증가하였다. 단순재생산, 즉 생산과정의 단순한 반복이 전형적이었을 뿐, 생산의 규모는 오랫동안 그다지 확장되지 않았다. 생산의 추동력은 봉건영주들의 기생적 소비를 위한 잉여생산물의 산출이었다. 봉건영주들은 농민들로부터 거두어들인 생산물을 생산의 확장을 위해 거의 투입하지 않았다. 설혹 장원 경영 속에 확대재생산이 있었다고 할지라도, 그것은 단지 잉여생산물의 생산이 증대되는 데 그쳤다.

결정적인 계기는 농민경영에서의 재생산이었다. 농민은 자신의 노동을 가지고 봉건영주(잉여생산물)와 자기 자신(필요생산물)의 개인적 욕구를 충족시키기 위한 생산물뿐만 아니라, 농민경영에서의 생산과정의 수행을 위한 조건들 역시 재생산해냈다.

농민은 생산의 연속성을 보장하기 위해 필요한 노동 — 노동도구의 수리, 마모된 연장의 보수, 종자보관 창고의 설치 — 도 수행해야만 했다. 맑스는 이렇게 서술하고 있다. "여기에서 부역농의 생산물은 ……그의 생존 이외에도 그의 노동조건을 보전하기에 충분(해야만 한다)."[7]

모든 생산의 확대의 원천은 잉여생산물이다. 이 때문에 확대재생산은 오직 잉여생산물의 일부가 때때로 생산의 확대와 개선에 투여되는 곳에서만 발생할 수 있었다. 이러한 일은 단지 우연적으로만 발생했으며, 무엇보다도 영주가 오랫동안 관습적으로 고정된 납부량을 넘어서는 농민적 경영에서의 상승된 노동생산성의 모든 결과물을 전유하지 않을 때 발생했다.

3. 봉건사회의 도시

봉건적 관계는 촌락뿐만 아니라 도시까지도 지배하고 있었다. 도시에서는 주로 수공업자와 상인이 살았다. 도시 주민의 가장 큰 부분을 이루고 있던 수공업자들은 주로 자신들의 영주로부터 도시로 도망치거나 혹은 영주의 뜻에 따라 도시로 이주하게 된 예전의 농노들로 충원되었다.

예전의 농노들이 토지 긴박의 사슬로부터 해방되어 도시에서 수공업자가 된 후, 그들은 여기에서 새롭게 예속되었다. 봉건영주들은 자신들의 토지소유권을 이용하여, 도시에서도 인격적 예속의 체계를 만들어냈고, 도시 거주자들에게 매우 다양한 종류의 공납을 부과하였다.

쭌프트 질서

도시에서는 쭌프트(Zunft)라는 형태의 특수한 봉건적 수공업 조직형태가 형성되었다. 쭌프트는 각 도시에 사는 특정 분야의 수공업자들간의 결합을 가리키는 말이다. 쭌프트 장인 — 자기 작업장의 소유자 — 은 완전한 자격을 갖춘 쭌프트 성원으로 간주되었다. 쭌프트 장인의 작업장에는 그 이외에도 다수의 직인과 도제들이 일하고 있었다. 중세 쭌프트의 특징은 엄격하게 규제된 제작조건 및 판매조건(원료와 제품의 질, 생산량, 노동시간과 작업장에서의 노동규율 등의 고정화)이었다. 이것에 의해 쭌프트는 모든 생산물의 산출에서의 독점을 확보하였으며, 수공업자들간의 일체의 경쟁은 엄격히 금지되었다.

도제와 직인들은 쭌프트 장인들에게 착취를 당하였다. 장인 역시 작업장에서 함께 일했기 때문에 직인과 도제에 대한 그의 우월한 지위는 생산수단의 사적 소유뿐만 아니라 장인 서열에도 그 기초를 두고 있었다. 장인은 도제를 교육시켰다. 그러나 도제가 자신의 노동을 통해 그에게 수입을 안겨 주었음에도 불구하고, 장인은 도제에게 봉급을 주지 않았다. 직인은 이미 수업을 마친 수공업자였으며 장인으로부터 봉급을 받았다.

상인길드

도시는 국내상업뿐만 아니라 외국무역까지도 담당하였던 상인계급의 중심지였다. 상업자본은 봉건제에서 매우 중요한 역할을 수행했다. 생산은 매우 고립·분산적이고 시장은 대개 멀리 떨어져 있었기 때문에, 소상품생산자들은 종종 자신의 상품을 직접 판매할 수 없었다. 그리하여 상인들이 매개자의 역할을 넘겨받았으며, 그런 가운데 직접생산자가 생산한 생산물의 상당 부분을 전유하였다. 봉건영주들에게 그들은 사치품, 무기, 포도주, 향료 등을 판매하였는데, 이것들 중 일부는 국산이고 일부는 외국산이었다. 이처럼 상인들이 상품을 높은 가격으로 재판매하여 얻은 이윤에는 봉건지대의 일부가 포함되어 있었다.

중세 봉건국가의 약점, 즉 상인과 그의 재산을 보호하지 못하는 무능력은 상인들로 하여금 길드로의 결합을 통해 자기 스스로를 보호하지 않을 수 없게 했다. 길드는 외부 상인들의 경쟁에 대항하여 투쟁했으며, 자와 저울을 감시하고 판매가격을 규정하였다.

여러 도시의 길드들은 여러 지역에서 상품판매의 특권을 둘러싸고 서로 투쟁했다. 예컨대 12～15세기에 파리와 루엥의 상인들은 세느 강 유역에서의 상업특권을 둘러싸고 치열한 싸움을 한 바 있다. 길드로의 상인들의 결집은 자본의 급속한 축적에 기여하였다. 왜냐하면 그것은 상업에 보다 유리한 전제를 제공해주었기 때문이다.

점증하는 화폐수단의 축적과 더불어 상업자본의 역할이 변하게 되었다. 상인들이 처음에는 단지 교환의 우연한 매개자에 불과했다면, 이제는 자신들의 상품을 여러 상인에게 판매하는, 생산자 집단이 형성되기 시작한다. 종종 상인들은 상업과 고리대금업을 결합시켰으며, 그런 가운데 수공업자와 농민들에게 대부를 해주었고, 이를 통해 그들을 더욱 더 자신들에게 종속시켰다. 상인들에 의한 거액의 축적은 그들에게 경제적 힘을 획득하게 했으며, 그것은 도시에서 상인들의 우위의 기초가 됐다. 동시에 상인들은 점차 봉건영주에 대항하고 봉건적 예속으로부터 해방을 추구하는 세력의 하나가 되었다.

도시와 농촌의 대립

봉건제에서는 정치적으로 농촌이 도시를 지배하고 있었다. 이는 도시가 봉건영주의 소유물이기 때문이었다. 도시인들은 봉건영주들에게 특정의 공납을 바쳐야만 했다. 봉건영주는 도시 거주자들에게 최고의 재판관이었으며, 심지어 도시를 팔거나 상속시키거나 저당잡힐 권리까지 가지고 있었다. 그럼에도 불구하고 도시의 발전은 농촌의 발전보다 훨씬 더 급속하게 이루어졌다.

수공업생산의 증대와 고리대금업자와 상인들에 의한 거대한 재산축적은 마침내 도시가 농촌을 경제적으로 지배할 전제조건을 창출해냈다. 맑스는 이에 대해 이렇게 확언하였다. "중세에 봉건제가 이탈리아처럼 예외적인 도시의 발전에 의해 분쇄되지 않은 모든 곳에서 농촌이 도시를 정치적으로 착취하였다면, 도시는 모든 곳에서 그리고 예외 없이 독점가격, 관세제도, 쭌프트제도, 직접적인 상인적 사기와 고리대금업을 통해 농촌을 경제적으로 착취하였다."[8)]

봉건적 지배는 수공업과 상업의 발전을 제지하였다. 이 때문에 도시들은 끊임없이 자신들의 해방을 위해 봉건영주들과 치열한 투쟁을 하며 저항하였다. 그리하여 그들은 마침내 정치적 독립과 자치권, 화폐주조권과 조세부담으로부터의 해방을 쟁취하였다. 상인과 고리대금업자와 부유한 수공업장인들 손에는 상당량의 화폐가 집중되어 있었기 때문에, 종종 도시는 돈을 내고서 봉건영주들로부터 해방될 수 있었다. 그러나 대부분의 도시들은 무기를 가지고 자신들의 독립을 쟁취해야만 했다.

4. 봉건적 생산양식에서의 상품 - 화폐관계

생산력 증대 및 사회적 분업의 심화와 더불어 특정한 한계 내에서나마 상품생산과 상품유통이 발전하였다. 하지만 봉건제의 자연경제 속에서 상품생산은 단지 부차적인 역할을 하고 있었을 뿐이며, 봉건경제의 한낱 부분적인 영역을 이루고 있을 뿐이었다. 그것은 봉건적 생산에 봉사하고 있었으며, 특히 봉건제 초기에는 보조기능을 담당하였다.

한편으로는 농민과 영주, 다른 한편으로는 도시 수공업 사이의 상거래가 확장됨에 따라 국내시장이 형성되었다. 상업의 도움으로 농업과 수공업 사이의 경제적 관계가 발생하고 확립되었다.

봉건제 하에서 상업자본은 봉건영주들이 전유한 잉여생산물과 외국에서 들여온 사치품의 교환을 매개하였다. 그밖에도 그것은 농민과 수공업자 사이의 교환의 매개자이기도 하였다. 상인들의 상업이윤은 부등가교환으로부터 나온 것이었다. 그들은 상품을 가치 이하의 가격으로 구입하여 가치 이상의 가격에 판매하였다. 상업이윤의 원천은 결국 직접생산자들 — 농민과 수공업자 — 이 생산해낸 잉여생산물이었으며, 종종 거기에는 필요생산물의 일부까지도 포함되어 있었다.

외국무역의 확대와 함께 상품생산 및 상품교환의 전개가 강화되었다. 외국무역은 이미 노예제사회에서 비교적 폭넓게 발전하고 있었으나, 노예제로부터 봉건제로 이행하는 동안에는 어느 정도 약화되었다. 증대하는 생산과 상품-화폐관계의 확장은 그것을 새롭게 꽃피웠다.

외국무역은 주로 유럽 제국과 고대 동양 사이의 무역이었다. 9세기까지는 아랍과 비잔틴제국의 상인들이 특히 활발한 중개 역할을 담당하였다. 그들은 사치품을 유럽에 들여오고, 그것으로 금속, 양모, 아마포, 곡물 등을 동양으로 구입해갔다. 9세기 이후로는 유럽의 상인들이 외국무역에서 점점 더 커다란 역할을 하기 시작한다. 베네치아, 제노바와 그밖의 몇몇 도시들은 거대한 상업 중심지가 되었다. 유럽의 상인들이 동양으로 여행하는 일이 빈번해졌다.

국내상업 및 외국무역의 증가와 함께 화폐유통이 발달하고 화폐유통량이 증가했으며, 화폐주조술이 완성되어갔다. 엄청난 발전에도 불구하고 중세 상업은 아직 한계가 있는 것이었다. 자연경제, 소국가형태, 열악한 도로사정, 교통수단의 불완전함, 통일된 도량형 및 화폐제도의 결여, 상인들에 대한 봉건영주들의 빈번한 약탈 등은 그것이 더 이상 발전하는 것을 저지했다.

봉건사회에서의 상품 - 화폐관계의 확장과 더불어 **고리대자본**이 발전하였다. 고리대금업자들은 봉건귀족 및 수공업자와 농민들에게도 대부를 해주었다. 고리대이자의 원천은 상업이윤과 마찬가지로 농민과 수공업자들이 산출한 잉여생산물과, 필요생산물의 일부였다.

상품 - 화폐관계가 확장되는 것과 함께, 봉건 장원 역시 점점 더 시장에 편입되었다. 사치품과 도시 수공업산물을 구입하기 위하여, 봉건영주들은 더 많은 화폐를 필요로 하였다. 그리하여 그들에게는 농민들의 부역과 현물형태의 공납으로부터 금납제로 이행하는 것이 더 유리하게 되었다. 이와 함께 농민경제 역시 시장에 편입되기에 이른다.

제5장 봉건제의 붕괴

상품관계의 확대와 자연경제의 붕괴

생산규모와 제작기술에 대한 엄격한 규제와 쭌프트 독점을 행사하던 쭌프트제 형태의 봉건적 수공업조직은 생산기술에서 현저하고 계속적인 진보와 생산의 확장을 가로막았다. 토지에서의 분할지 소경영과 영주에게 부속된 토지에서의 강제적 윤작은 높은 노동생산성과 경영의 확대를 방해했다. 동시에 자급자족의 자연경제는 국내시장의 수용능력에 한계를 부여하고 상품교환을 저지했다. 봉건적인 인격적 예속관계는 도시로의 노동력 유입을 어렵게 했기 때문에 상품생산이 확대될 수 없었다. 수공업자와 농민들은 경제외적 강제를 통해 봉건적 생산체계 속에 속박되었다. 엄청난 금액을 모은 사람들(상인, 고리대금업자, 부유한 수공업자)마저도 농촌이나 도시의 어느 곳에서도 재생산을 수행할 수 없었다. 왜냐하면 자유로운 노동력이 충분하게 존재하지 않았기 때문이다. 이러한 관계 하에서 봉건제 특유의 노동력과 생산수단 결합의 방식 및 방법은 점점 더 생산력의 전개를 저지하기 시작했다.

생산의 발전은 불가피하게 봉건제에 내재된 모순들을 격화시켰다. 예컨대 봉건영주의 경영과 농민 및 수공업자의 소경영간의 모순, 정신노동과 육체노동간의 모순, 도시와 농촌간의 모순, 봉건제 고유의 자연경제와 점증하는 상품생산으로의 이행간의 모순이 그것이다.

한편으로는 전문화된 생산자들간의 협업이라는 형태로 노동 및 생산의 대규모 조직형태를 요구하는, 그리고 노동력과 생산수단의 새로운 결합방식을 요구하는 새로운 생산력과, 토지소유자, 즉 봉건영주에 대한 생산자들의 인격적 예속에 기초한 낡은 생산관계 사이에 해결 불가능한 모순이 발생하여 점점 더 격화되기에 이른다.

생산력과 생산관계 사이의 충돌이 무르익어, 근원적인 사회경제적 변혁을 위한, 새로운 생산관계에 의한 봉건적 생산관계의 해체를 위한, 보다 진보적인 새로운 생산양식으로의 이행을 위한 객관적 전제가 발생한다. 그리하여 봉건적 생산관계의 철폐, 증대하는 생산력의 수준과 성격에 조응하는 새로운 관계에 의한 그것의 해체가 사회적 필연이 되었다. 이 새로운 관계가 바로 **자본주의적 생산관계**로서, 이것은 인격적 예속을 토대로 한 직접생산자에 대한 경제외적 노동 강제가 경제적 강제에 의해, 즉 생산에서 임노동의 사용에 의해 해체될 것을 전제로 하는 것이었다.

상품생산자들간의 소유에 따른 사회적 분화

사회적 분업의 심화와 상품-화폐관계의 확대와 더불어 상품생산자들간의 소유에 따른 사회적 분화가 강화되었다. 상품생산자들간의 점증하는 시장관계는 격렬한 경쟁을 낳았고, 이는 다시 도시와 농촌에서 부자와 빈자로의 분화를 더욱 더 심화시켰다.

농민계급의 분화는 화폐지대로의 이행과 더불어 엄청나게 촉진되었다. 사회적 생산의 발전을 가져온 새로운 조건과 요인들은, 봉건시대의 한계가 극복되고 도시에서 쭌프트 질서가 붕괴하며 도시와 농촌에서 생산자들—농민과 수공업자—사이에 사회적 분화가 일어나도록 작용했다.

이러한 방식으로 직접생산자들과 생산수단간의 새로운 결합방식의 등장을 위한 조건이 객관적으로 형성되었다. 생산에서 점점 더 대규모의 형태를 취하는 임노동의 사용은, 직접생산자와 생산수단 사이의 새로운 결합방식의 등장을 의미하는 것이었다. 생산자 자신의 생산수단과 그 자신의 노동에 기초한 단순상품생산은 새로운 자본주의적 상품생산 형태가 발생할 전제조건을 창출하였으며, 점차 이 새로운 형태로 이행해갔다.

봉건제의 태내에서 자본주의적 상품생산 형태의 발생. 자본의 본원적 축적

봉건제의 태내에서 발생한 자본주의적 생산은 수많은 상품생산자들의 협업에 기초한 대규모 생산이라는 점에서 상품생산의 이전 형태들과 구분된다. 자본주의적 생산양식의 발생 및 발전에서 상업자본과 고리대자본은 지대한 역할을 수행했다. 그것들은 생산에서 자연적 형태들을 파괴하고 철폐하는 데, 시장이 보다 강력한 영향력을 행사하는 데, 생산자들간의 사회적 분화에, 소수의 수중으로의 생산수단의 집적에, 그리고 새로운 착취형태의 형성에 기여했다.

상업자본(상인자본)의 발전은 자본주의의 생성과 발전을 위한 역사적 전제조건에 속하는 것이었다. 상업자본은 종종 산업에 투자되었고, 그때 상인은 산업자본가가 되었다. 고리대금업자들도 역시 자신의 돈을 투자하여 종종 산업자본가 혹은 은행가가 되었다. 그러나 상업자본도, 고리대자본도 그것만으로는 생산관계에서의 근본적인 변혁을 수행할 수 없었다. 그것들은 단지 자본주의적 생산형태를 위한 조건들이 발생하는 데 도움을 주었을 뿐이다.

임노동의 단순협업에 기초한 작업장과 상인들의 매뉴팩처가 자본주의적 대생산의 최초의 맹아형태였다. 유럽에서 그것들은 14세기와 15세기에, 처음에는 이탈리아 도시국가에서, 그리고 후에는 네덜란드, 영국, 프랑스와 그밖의 나라에서 발생했다.

자본주의적 생산양식을 유지할 수 있기 위해서는, 첫째, 생산자대중이 아무런 생산수단도 갖지 못한 인격적으로 자유로운 프롤레타리아트로 전화하는 것, 둘째, 화폐재산과 생산수단이 소수의 손에 집중되는 것이 필요했다. 이러한 조건들의 발생이 이른바 자본의 **본원적 축적**의 본질이다. 자본의 본원적 축적은 자본주의적 생산양식 발생의 전사(前史)이자 직접적인 출발점이었다.

맑스는 자본의 본원적 축적의 본질을 이렇게 특징지었다. "자본관계는 노동자와 노동의 실현조건들에 대한 소유 사이의 분리를 전제한다. ……그러므로 자본관계를 창출하는 과정은 노동자를 자신의 노동조건의 소유로부터 분리하는 과정, 즉 한편으로는 사회적 생활수단 및 생산수단을 자본으로 전화시키고 다른 한편으로는 직접생산자를 임노동자로 전화시키는 과정이다. 그러므로 이른바 본원적 축적이라는 것은 생산자와 생산수단간의 역사적 분리과정이다."[9)]

자본주의의 발생에서 폭력의 역할

부르주아 역사학자와 정치경제학자들은 자본주의의 발생사를 매우 목가적으로 묘사한다. 그들의 주장에 따르면, 부의 축적은 이미 초기 고대에서부터 발생했으며 일부 사람들의 노동에 대한 사랑과 절약, 다른 사람들의 안락과 낭비의 소산이라고 한다. 하지만 사실상 자본주의적 생산관계는 사회발전의 객관적 법칙에 따라 발생하여 지배적인 관계로 발전한 것이었다. 여기에서 자본의 본원적 축적은 직접적이며 공공연한 폭력을 통해 손쉽게 촉진되었다.

자본의 본원적 축적의 고전적인 실례는, 자본주의적 생산이 다른 나라들보다 일찍 높은 발전계제에 도달하였던 영국에서 16~17세기에 진행된 극적인 사건들이었다. 여기에서는 자본가계급으로 전화한 토지귀족들이 농민들을 그들의 토지로부터 폭력적으로 축출했다. 동시에 농민들은 바로 그것에 의해 농노제로부터 해방되었다. 자신의 토지를 박탈당한 농민들은 그로 인하여 자기 자신의 경제를 운영할 가능성을 상실하였고 자본가들에게 고용되도록 강요되었다. 그와 동시에 자본주의적 임대차 경영, 즉 농촌에서 자본주의가 발생했다. 토지로부터 생산자들의 축출, 그들에 대한 수탈이 자본의 본원적 축적 전체의 토대였다. 맑스는 이렇게 서술했다. "그들에 대한 이러한 수탈의 역사는 인류의 연대기에 피와 불의 글씨로 기록되어 있다."[10)]

상승하려 애쓰는 부르주아지는 프롤레타리아트를 자본주의적 공장내에서의 노동 속으로 몰아넣고, 강제를 통해 새로운 규율을 만들어내며, 이것을 통해 생산자들을 자본주의적 임금노예제에 복종시켰다. 부랑인과 노상강도 단속법의 도움으로 국가권력은 오갈 데 없는 사람들을 자본주의적 공장에서 노동하도록 강제하였다.

그밖에도 폭력의 사용은 소수의 수중으로 부의 축적(화폐와 생산수단)을 추진하기 위한 중요한 수단이었다. 수많은 공장들이 상인과 고리대금업자들의 수중에 축적되어 있던 수단들로 세워졌다. 그러나 부의 축적의 다른 방법들 역시 중요한 몫을 담당했다. 예컨대 식민지에 대한 폭력 행사와 약탈, 노예매매를 포함한 식민지무역, 상업전쟁, 공채와 조세 및 보호주의적 관세정책 등이 그것이다.

봉건제로부터 자본주의로의 이행이 유럽의 다른 여러 나라들보다 늦게 시작된 러시아에서는 생산수단으로부터 직접생산자의 강압적인 분리가 농노제의 폐지와 더불어 비로소 시작되었다. 여기에서는 지주들이 토지의 2/3를, 그 가운데에서도 가장 훌륭한 경작지를 차지했다. 레닌은 1861년의 농업개혁에 대해 다음과 같이 서술했다. "그것은 농업에서 발생한 자본주의의 최초의 대규모 폭력 행사이다. 그것은 지주들에 의해 수행된, 자본주의를 위한 '토지의 정리작업'이다."[11]

소생산자에 대한 강탈적·폭력적 파괴와 식민지 주민들에 대한 무자비한 약탈은 자본주의적 생산양식의 지배를 위한 조건의 창출을 가속화시켰다.

봉건사회에서의 계급투쟁과 부르주아 혁명

봉건제의 붕괴는 객관적인 경제적 발전법칙의 작용을 토대로 한 불가피한 역사적 과정이었다. 자본의 본원적 축적을 위한 수단으로서 폭력의 광범한 사용은 이 과정을 촉진시켰다. 봉건제의 견고한 지반은 첨예화되는 계급투쟁의 타격과 억압자에 대항하는 농민들의 대중봉기의 영향을 받아 점점 흔들리게 되었다.

14세기에는 영국에서 와트 타일러의 지도하에 농민봉기가 일어났으며, 프랑스에서도 농민들의 반란(쟈크리)이 일어났다. 15세기에는 얀 후스가 이끄는 보헤미아 농민전쟁의 불길이 타올랐다. 독일에서는 16세기에 토마스 뮌쩌의 지도하에 강력한 농민운동이 발생하였다. 러시아에서 농노제는 볼로트니코프(15세기). 스텐카 라친(17세기), 예멜리얀 푸가초프(18세기) 등이 이끄는 거대한 농민봉기의 원인이었다.

농민반란은 부르주아 혁명의 도화선이었다. 농민과 수공업자들은 부르주아 혁명에서 투쟁의 주력이었다. 하지만 그들의 투쟁과 승리의 성과는 국가권력을 찬탈한 부르주아지에게로 넘어갔다. 최초의 부르주아 혁명은 네덜란드(16세기)와 영국(17세기)에서 일어났다. 1789년에 시작된 프랑스혁명은 유럽에서 봉건제의 타도와 시민계급의 승리에 커다란 의미를 갖는 것이었다. 후에 부르주아 혁명운동은 다른 나라들에까지 확산되었다. 부르주아 혁명은 봉건제의 사회경제적 질서의 붕괴를 완성하고 부르주아적 관계의 발전을 촉진시켰다.

자본주의 나라와 개발도상국에서의 봉건제의 잔재

봉건제가 붕괴한 이후로 많은 나라에서는 몇 세기가 흘렀다. 하지만 그 잔재는 오늘날의 자본주의세계에까지 잔존해왔다. 그리하여 이탈리아에서는 자본주의의 고도한 발전수준에도 불구하고 대지주가 전토지의 10% 이상(300만ha)을 차지하고 있다. 여기에는 토지소유자가 수확물의 일부를 지대로 요구하는 분익소작제도가 널리 퍼져 있다. 근본적으로 이것은 봉건적 관계의 잔재에 다름 아니다. 특히 봉건적인 라티푼디움이 오늘날까지도 이탈리아 중부와 남부 및 시칠리아와 사르디니아에 많이 존재하고 있다.

봉건제의 잔재는, 예컨대 스페인, 포르투갈, 그리스 등 유럽의 여타 자본주의 나라들에서도 발견된다. 또한 아시아, 아프리카, 라틴아메리카의 식민지 종속국에서는 농민들이 이중의 멍에, 즉 봉건제와 제국주의의 멍에를 지고 있다. 여기에는 아직까지도 부역노동, 분익소작, 다양한 형태의 강제노동이 존재하고 있다. 식민주의의 멍에로부터 해방된 일련의 발전도상국에도 아직 봉건제의 잔재가 남아 있다. 대토지소유의 형태를 띤 봉건적 관계와 전(前)자본주의적 지대의 잔재들이 인도, 파키스탄, 터키, 이란, 몇몇 아라비아 나라 및 아시아, 아프리카와 라틴아메리카의 여타 나라에서 상당부분 유지되어왔다.

제국주의 국가의 독점체들은 자신들의 치부를 위해 일련의 발전도상국의 낙후된 경제구조를 활용한다. 봉건적 경제형태의 잔재는 발전도상국 민족들의 진보를 저해하고, 진정한 자유, 민족갱생, 경제적 자립을 위한 그들의 투쟁을 방해한다.

부르주아 봉건제이론 비판

부르주아 정치경제학은 봉건사회를 인류 역사에서 하나의 우연적인 에피소드로 간주한다. 부르주아 정치경제학은 봉건사회를, 그들의 견해로 볼 때 인류 사회의 유일하며 진정으로 자연스런 상태인 자본주의에 대립시킨다. 맑스는 이렇게 서술했다. "그리하여 사회적 생산조직의 전(前)부르주아적 형태는 그들에 의해 마치 교부들이 기독교 이전의 종교를 다루는 것과 똑같은 방식으로 다루어진다."[12)]

자본주의적 관계의 영원성을 입증하려는 시도는 부르주아 정치경제학을 다른 극단으로 몰고 간다. 부르주아 정치경제학은 자본주의와 그 이전에 발생한 생산형태를 동일시하고, 봉건제에 자본주의적 내용을 꾸며서 덮어씌우려고, 즉 봉건제에서 자기 자신의 사회경제적 내용을 뽑아내려고 한다. 다양한 부르주아 정치경제학자와 역사학자는 봉건제의 사회경제적 내용을 규명함이 없이 단지 그것에 대한 정치학적·법학적 정의를 내리는 데 스스로를 국한시키고 있다. 예를 들어 프랑스의 부르주아 역사학자인 기조(Guizot)는 봉건제의 주요 특징을 다음과 같이 세 가지로 보았다. 공권력과 토지소유의 결합, 완전한 소유의 제한된 소유로의 교체, 군주로부터 영주에 이르기까지의 가신의 위계서열이 그것이다. 기조는 토지소유를 전적으로 법률적 관점에서 토지에 대한 소유자의 관계로 고찰하였다. 또 다른 프랑스 학자 피스텔 드 꿀랑즈는 봉건제의 구별징표를 제한된 토지소유에서, 군주 대신에 영주에 대한 인간들의 종속에서, 그리고 영주들간의 위계에서 보았다. 러시아 역사학자 페트루셰프스키는 봉건제를 신분서열의 체계로 정의하였다.

그밖에도 오늘날의 수많은 다른 역사학자와 정치경제학자들 역시 봉건제를 그와 유사한 방식으로 정의한다. 그들은 봉건제의 범주를 단순히 정치학적·법학적 관점에서만 고찰하였다. 자본주의의 영원성에 대한 요구로부터 출발하여, 그들은 봉건제를 미성숙되고 발전되지 않은 자본주의적 경제형태의 시대로, 일종의 '초보적 자본주의'의 시대로 규정한다.

자신들의 관념론적 역사관에 입각하여, 부르주아 이데올로그들은 봉건제에서의 계급투쟁을 부정하고, 사회진보의 결정적인 힘인 인민대중의 역할을 무시하며, 역사에서 몇몇 인물들의 의미를 과대평가하고, 봉건제를 사회 위에 서서 소위 '사회적 평화'를 보장했던 기관으로 특징짓는다. 이런 식의 견해는 봉건적 생산양식의 발생 및 발전에 대한 과학적 분석과는 아무런 관계도 없는 것이다.

맑스주의 사회과학은 봉건제에 관한 부르주아적 견해의 무근거성을 입증해주고, 봉건적 생산양식의 내용과 근본적 징표를 발견해내며, 인간 사회의 발전사 속에서 그것이 차지하는 위치와 역할을 규정하며, 혁명적·사회경제적 변혁을 통해 봉건제의 잔재를 극복하는 길을 제시해준다.

주

1) Marx/Engels, *Werke*, Bd.21. Dietz Verlag, Berlin 1962. S.149.
2) Marx/Engels, *Werke*, Bd.6. Dietz Verlag, Berlin 1959. S.244.
3) Marx/Engels, *Werke*, Bd.23. Dietz Verlag, Berlin 1962. S.91.
4) Lenin, *Werke*, Bd.3. Dietz Verlag, Berlin 1956. S.187.
5) 자본가들은 노동일의 연장을 국가의 도움으로 기계적 대생산으로의 이행 이전에 획득했다.
6) Marx/Engels, *Werke*, Bd.25. Dietz Verlag, Berlin 1964, S.803.
7) Marx/Engels, *Werke*, Bd.25. Dietz Verlag, Berlin 1964, S.798.
8) *Ebenda*, S.809.
9) Marx/Engels, *Werke*, Bd.23. Dietz Verlag, Berlin 1962, S.742.
10) *Ebenda*, S.743.
11) Marx/Engels, *Werke*, Bd.13. Dietz Verlag, Berlin 1963, S.274.
12) Marx/Engels, *Werke*, Bd.23. Dietz Verlag, Berlin 1962, S.96.

V. 자본주의적 생산양식

제1부 자본주의적 생산관계들의 체계

제1편 자본주의적 생산양식의 일반적 기초

(자본주의 일반)

제1분편 상품과 화폐

들어가는 말

자본주의적 생산양식은 선행한 구성체들에 비해 복잡한 생산관계의 체계이다. 무엇 때문에 우리는 자본주의의 분석을 상품 연구로부터 시작해야 하는가?

우선, 우리가 무엇으로부터 자본주의 분석을 시작해야 하느냐 하는 원칙상의 문제가 제기된다. 첫눈에 대답은 자명한 것처럼 보인다. 즉 우리는 지배적이고 규정적인 관계에 대한 분석으로부터 시작해야 한다. 따라서 오늘날의 자본주의에서 독점자본이 지배적인 역할을 수행하고 있기 때문에, 우리는 분석을 바로 독점에 대한 연구로부터 시작해야 할 것이다. 그러나 이러한 방법은 옳지 않다. 독점은 자본주의의 하나의 특정한 발전단계에서 나타난 복잡한 관계이다. 독점이 나타내는 개념을 얻기 위해서는, 먼저 독점에 선행한 더 단순한 관계들이 분석되어야 하며, 그것 없이는 독점의 발생과 발전이 설명될 수 없다. 과학적 논리는 단순한 것에서부터 복잡한 것으로 나아갈 것을 요구하며 그 반대는 아니다.

맑스의 시대와 마찬가지로 오늘날에도 상품관계는 모든 부르주아 사회관계의 보편적 형태이다. 이것은 자본주의사회의 모든 발전단계에서 자본주의사회의 모든 인간관계는 상품관계의 형태를 띤다는 점을 의미한다. 그러나 상품관계가 관계들의 보편적 형태임에도 불구하고, 그것은 또한 개별적이고 독립적인 관계로 나타난다.

상품관계의 특수성은, 그것이 다른 모든 관계의 기초라는 점이다. 이 점은 다음과 같은 것을 의미한다. 즉 상품관계는 (a) 자본주의적 생산양식의 모든 기본특징과 기본모순을 맹아적 형태로 지닌다. (b) 상품관계로부터 자본주의적 생산관계의 다양한 총체가 특정한 조건하에서 특정한 순서로 발전한다.

상품관계는, 거기서부터 다른 모든 복잡한 관계가 기인하고 발전하는, 출발을 위한 토대로서 역할한다. 상품관계는 자본주의적 생산양식의 생성과 발전의 논리적이고도 역사적인 실제적 출발점이다. 자본주의에 관한 이론은 자본주의의 역사가 도입되는 곳에서부터 시작된다. 자본주의는 계속해서 끊임없이 노동생산물의 상품형태를 재생산한다. 이 점은, 자본주의의 일반적 관계이자 기초인 상품관계가 끊임없는 재생산의 결과임과 동시에 자본주의적 생산양식 발전 자체의 연속적 현상임을 의미한다.

여기에 열거된 특징들은 노동생산물의 상품형태를 발전과정 속에서 재생산되는 출발점으로, 기초로, 일반적인 관계로 만든다. 노동생산물의 상품형태는 이미 자본주의보다 오래 전에 원시사회가 붕괴하는 가운데에서 나타났으며, 노예제사회와 봉건사회에서도 존재했다. 하지만 그때의 상품형태는 단지 '경제적 세포'로서, 출발형태로서 존재했는데, 그 이유는 첫째, 생산의 자연적 형태가 지배적이었기 때문에 상품생산이 제한되었다는 것, 둘째, 전자본주의적 생산양식은 그 내적 구조 때문에 노동생산물의 상품화를 요구하지 않았다는 것이다. 따라서 상품형태는 상품생산이 존재하느냐 하지 않느냐에 상관없이 존재할 수 있었다. 그리고 셋째, 노동생산물의 상품형태는 전자본주의적 사회구성체에서 그 구성체의 생산양식을 공고화하는 것이 아니라 해체시키는 일종의 '이질적 실체'였다는 것이다. 자본주의에 와서야 비로소 상품은, 그것이 없으면 자본주의의 생성과 존재가 원칙적으로 불가능한 '경제의 기본세포', 이 체계의 필수적 요소가 된다.

상품생산의 일반적 기초

"상품생산이란, 생산물이, 개별화되고 고립된 생산자들에 의해 생산되고, 각 생산자가 어떤 하나의 생산물의 생산으로 전문화되며, 그 결과 사회적 욕구의 충족을 위해서는 시장에서의 생산물의 판매와 구매(그 결과 상품이 된다)가 불가피한, 그러한 사회적 생산조직으로 이해할 수 있다."[1]

이 정의 속에서 상품생산의 기초, 본질 그리고 주요 특징이 파악된다. 즉 사회적 분업, 생산자들의 고립화, 노동생산물의 상품으로의 전화, 시장에서의 생산자들간의 결합이 그것이다. 사회적 분업이라는 조건에서 생산자들의 고립화는 결정적인 의미를 가지는데, 지금 우리가 보게 될 것처럼, 이러한 기초 위에서 사적 노동과 사회적 노동간의 모순, 경쟁, 무정부성, 자연발생성, 발전의 불균등성 등과 같은 상품생산의 특징이 발전되기 때문이다. 레닌은 간결한 정의 속에서, 상품생산을 "시장을 통해 서로 결합되는 고립된 생산자들의 생산"[2]으로 특징지었다.

각 생산자는 독립적인 생산자가 된다. 그는 그의 경제적 결정에서 자율적이고 독립적이다. 그는 자신의 판단에 따라 사회적 분업의 어떤 영역에 자신의 노동을 투입할지, 어떤 생산물을 생산할지를 결정하며, 마찬가지로 그가 누구와 어떤 규모, 어떤 조건으로 교환관계에 들어갈지를 결정한다. 아무도 그를 생산이나 교환의 이러저러한 조건으로 강제할 권리를 갖고 있지 않다. 국가는 개인의 경제적 활동에 개입하지 않는다. 각자는 자기 책임하에 행동하고 단지 시장 발전에 의해서만 이끌려진다. 부문들간에는 노동력의 자유로운 이동이 있다. 아무도 이러저러한 노동에 평생 속박될 수는 없다.

형식적·법적으로 고찰해보건대, 우리는 이러한 개인들의 활동 형태를 오늘날의 부르주아 사회에서 발견한다. 모든 자본주의 나라에서는, 그 창설을 위하여 국가나 다른 사회적 기관의 특별한 승인이 필요하지 않은 수많은 기업이 매년 생겨난다. 반면 매년 수백만 개의 기업이 생산자 자신의 재량에 따라 문을 닫는데, 그것이 전체 사회적 생산의 발전에 어떻게 영향을 미칠 것이냐는 그들에게는 절대적으로 관심 밖이다. 사회적 분업의 전체 구조는 부문에서 부문으로의 매일매일의 노동력의 흐름에 의해 자연발생적으로 형성된다. 그러므로 여기에서 개략된 활동의 방식은, 사회적 경제의 특수한 조직으로서의 상품생산을 기초짓는 생산자들의 고립 또는 노동의 사적 형태라고 불린다.

단순상품생산과 자본주의적 상품생산

우리는 단순상품생산과 보다 복잡한 형태, 즉 자본주의적 상품생산을 구별한다.

단순상품생산의 특징은 고립된 생산자가 자신의 노동으로 생산하며, 다른 어떤 사람도 착취하지 않는다는 점이다. 단순상품생산의 하나의 역사적 형태는 수공업자와 농민의 소상품생산인데, 이것은 자본주의 이전에 발생했고, 또한 발전된 자본주의사회에서도 하나의 경제부문을 이루고 있다.

자본주의적 상품생산의 특징은, 타인노동의 착취라는 토대 위에서 대생산을 조직하는, 자본주의적 기업의 고립된 생산자가 나타난다는 점이다. 또 이 형태는 종(種)과 아종(亞種)으로 나누어진다. 개별적인 자본주의적 생산과 나란히 또한 자본주의적 생산의 집단적 형태가 있다. 가령 오늘날에는, 그 소유자가 개별 자본가가 아닌 자본가들의 집단인, 소위 주식회사가 널리 퍼져 있다.

단순상품생산과 자본주의적 상품생산은 서로 구별되지만, 구별되는 만큼의 공동의 기초 또한 가지고 있다. 즉 사회적 분업이라는 토대 위에서의 생산자들의 고립, 상품생산, 시장에서의 생산자들간의 결합이 그것이다. 그런 까닭에 단순상품생산에 대한 분석은 자본주의에 선행한 소상품생산에만 국한될 수 없다. 그것은 동시에 발전된 자본주의의 현실적 생산관계에 대한 분석이다. 상품생산의 일반법칙들은 자본주의에서 더욱 실현되는데, 그러는 가운데 자연히 일련의 — 때로는 매우 본질적인 — 변화를 겪게 된다. 그러나 상품생산의 주요하고 근본적인 합법칙성을 지양하는 그러한 변화는 아니다.

제6장 상품

1. 상품의 두 가지 특성. 사용가치와 가치

교환을 위해 생산되는 **노동생산물**은 상품이라고 불린다. 상품을 교환과정에서 나타나는 형태 속에서 고찰하면, 그것은 두 가지 특성을 나타낸다. 한편으로 상품은 특정한 인간의 욕구를 만족시킬 수 있는 유용한 대상이다. 이러한 특성을 **사용가치**라고 부른다. 다른 한편으로, 상품은, 그것이 특정한 비율로 다른 상품과 교환될 수 있는 자격을 갖는다. 상품의 이러한 특성을 **교환가치**라고 부른다.

상품의 사용가치

사용가치로서 상품은 두 종류의 욕구를 만족시킨다. 유용한 대상으로서의 한 종류는, 예를 들어 작업기계, 공구, 원료 등과 같이 **생산적 욕구**를 충족시킨다. 두번째 종류는 물질적이고 정신적인 개인의 욕구를 충족시킨다. 옷, 식품, 신발, 가구 같은 여러 가지는 물질적 욕구를 만족시키고, 신문, 라디오, TV 등은 정신적 욕구를 만족시킨다.

각각의 사회에서 사용가치는 부의 소재적 내용을 이룬다. 사용가치의 계속적인 생산 없이 인간은 존재할 수 없다. 다양한 사용가치가 자연에 의해 완성된 형태로 제공되는데, 따라서 그것은 인간 노동의 생산물이 아니다 (가령 공기나 물). 그러나 사용가치의 대부분은 노동의 산물이다.

상품이 되기 위해서는, 노동생산물이 직접생산자의 욕구가 아니라 사회의 다른 성원의 욕구를 충족시켜야 하며, 상품은 사회적 사용가치를 체현해야 한다. 그러나 모든 사회적 사용가치가 상품은 아니다. 농노가 빵을 생산하고 그것을 영주에게 공물로 바쳤을 때 그는 사용가치를 자신을 위해서가 아니라 타인을 위해서 생산했으며, 따라서 사회적 사용가치를 생산하였다. 그러나 이러한 사용가치는 상품이 아닌데, 왜냐하면 타인은 그것을 무상으로 가지기 때문이다. 노동생산물은, 그것이 무상으로 넘겨지는 것이 아니라 특정한 비율로 어떤 다른 것과 다른 사용가치와 교환될 때 상품이 된다. 다시 말해, 노동생산물은 사회적 사용가치 이외에 또한 교환가치를 가져야 한다.

상품생산의 조건하에서 사용가치는 하나의 특별한 사회적 특성, 즉 교환가치의 소재적 담지자가 된다. 이것이 상품의 사용가치를 상품으로 기능하지 않는 대상의 사용가치로부터 구별짓는, 상품의 사용가치의 특수한 징표이다.

상품의 교환가치

교환가치는 첫눈에, 다양한 사용가치가 서로 교환되는 양적 상호관계(비율)로서 나타난다. 예를 들어 한 켤레의 장화가 한 벌의 외투와 교환된다면, 이것은 한 켤레 장화의 교환가치가 한 벌의 외투와 같다는 것을 의미한다. 상품이 상호 교환되는 비율이 항상 같은 것이 아니다. 그 비율은 변하며, 따라서 어떤 상품의 교환가치는, 순수하게 외면적으로만 파악해보면, 아무런 안정된 내적 기초도 가지지 않은, 우연한 어떤 것으로 나타난다.

외면적 현상에만 묶여 있는 많은 부르주아 경제학자는, 교환가치가 오로지 수요-공급관계의 변동에 의해서만 결정되며, 어떤 안정적 무게중심도 갖고 있지 않다고 주장한다. 일단 어떤 특정한 시점에서, 필요로 하는 만큼의 장화와 외투가 생산되어 수요와 공급이 일치한다고 가정해보자. 그러면 이러한 상황에서 장화와 외투간에 성립되는 교환가치는 어떻게 설명되는가? 그리고 수요와 공급의 변동에도 불구하고 1m의 면직물보다 1m의 모직물이나 비단이, 그리고 1kg의 철보다 1kg의 은이 더 많은 곡물이나 버터 혹은 임의의 다른 상품과 교환될 수 있다는, 이 자명한 사실은 어떻게 설명되는가? 이런 뚜렷한 의문에 대해 수요-공급이론은 어떤 만족스런 대답도 주지 못한다.

비교할 수 없는 욕구들을 충족시켜주는 매우 상이한 물리적·화학적 특성을 지닌 다른 종류의 상품들이 동등화되고 비교되는 일이 도대체 어떻게 가능할까? 담배와 못, 석유와 밀이 특정한 비율로 상호 교환된다면, 이것은 그것들의 교환가치가 그것들의 소재적인 차이에도 불구하고 가지고 있는, 어떤 공통적인 것을 표현한다는 것을 의미한다. 다른 종류의 상품의 동등화는 명백히 그것들이 이미 교환 이전에 객관적으로 같다는 것을 전제한다. 이 점에 대해서는 위대한 그리스의 사상가 아리스토텔레스가 이미 언급했었다. 즉 "교환은 동등성 없이는 존재할 수 없고, 동등성은 같은 표준으로 잴 수 있는 것 없이는 존재할 수 없다."

그러나 대체 무엇이 상이한 상품을 비교할 수 있게 만들고, 무엇이 상품의 교환가치의 기초로 되는 것일까?

상품 가치와 가치 실체

모든 상품이 지니고 있으며 그것들을 비교 가능하게 하는, 공통적인 것은 **노동**이다. 모든 상품은 **노동생산물**이다. 상품생산자가 한 상품을 다른 상품과 동등화할 때, 그는 실제로 이 상품들에 체현된 노동을 서로 동등화하는 것이다. 그는 일반적으로 그것을 의식하지 못하지만, 그렇게 한다. 상품 속에 대상화되어 있는 노동은, 한 상품이 다른 상품과 교환되는 비율을 기초짓는 그 상품의 **가치**이다. 그런 까닭에 한 켤레의 장화는 교환에서 한 벌의 외투와 동등한데, 왜냐하면 양자의 상품에 동일한 양의 노동이 지출되었기 때문이다. 가치는 교환가치와 밀접하게 연관되어 있지만, 그것과 동일하지는 않다. 가치가 상품의 내적 본성인 반면, 상품의 교환가치는 가치의 외적 **현상형태**이다. 상품 속에 체현된 상품생산자의 노동은, 간접적인 방식으로, 즉 상품의 상호 교환에서 나타난다.

노동만이 가치를 창조할 수 있다. 한 상품이 그 어떤 자연적 특성을 가지고 있다 하더라도, 상품은 단지 그 속에 인간의 노동이 체현되어 있기 때문에 가치를 지닌다. 맑스의 말에 따르면, 상품 가치는 자연소재를 티끌만큼도 포함하고 있지 않다. 상품 속에 체현된 노동이 가치의 실체(내용)이다. 따라서 어떤 상품의 가치 크기는 그 상품의 생산에 필요한 노동량에 따라 결정된다. 노동의 척도, 따라서 가치의 척도는 노동시간이다. 노동시간은 다시 시간, 일 등과 같은 특정한 시간단위로 그 척도를 갖는다.

2. 개별적 필요노동과 사회적 필요노동

사회적 표준생산조건

한 켤레의 장화는 한 벌의 외투와 교환되는데, 왜냐하면 양자는 그것들의 생산에 동일한 양의 노동시간을 필요로 하기 때문이다. 그러나 제화공(또는 재봉사)은 장화의 생산을 위하여(또는 외투의 생산을 위하여) 다른 사람보다 더 많은 노동을 소비한다. 이때 노동 지출의 크기 차이는 매우 두드러질 수 있는데, 왜냐하면 특정한 상품의 생산자는 상이한 노동도구를 사용하며, 상이한 재능과 숙련을 가지고 있으며, 상이한 강도로 노동하기 때문이다. 상품의 생산을 위하여 개별 상품생산자가 행하는 노동을 개별 노동이라고 부른다.

개별 노동의 척도는 개별 노동시간이며, 그것이 개별 상품 가치의 크기를 규정한다. 그러나 상품의 교환가치는 그것의 개별적 가치에 의해서가 아니라 그것의 사회적 가치에 의해서 결정된다. 그러므로 가치에 대한 이후의 서술에서는 몇몇 특별한 경우를 제외하고는 그것은 항상 사회적 가치를 의미한다.

한 상품의 가치 크기는 개별적 필요노동량이 아니라 사회적 필요노동량에 의해, 즉 그때그때의 사회적 평균 노동숙련도 및 노동강도로 어떤 상품을 생산하는 데 요구되는 노동시간에 의해 규정된다. 사회적 필요노동시간의 양을 결정하는 사회적 표준생산조건은, 그때그때의 상품의 대부분이 생산되는 조건이다.

같은 모양의 외투를 같은 재료로 만드는 세 그룹의 생산자들이 있다고 가정해보자. 다른 그룹들보다 기술적으로 더 나은 첫번째 그룹은, 한 벌의 외투를 만드는 데 16시간이 든다고 가정하자. 외투 한 벌의 생산을 위해서 두번째 그룹은 18시간을, 기술적으로 가장 열악한 세번째 그룹은 가장 긴 20시간을 소비한다고 하자. 더 나아가 첫 번째가 100벌, 두번째가 1,000벌, 세번째가 100벌의 외투를 시장에 내놓는다고 가정하자. 대부분의, 즉 1,000벌의 외투가 생산되는 생산조건이 평균적, 즉 사회적 표준생산조건이다. 두번째 그룹이 한 벌의 외투를 만들기 위하여 소모하는 18시간에 달하는 개별적 노동시간이 이 예에서 사회적 필요노동시간이다.

생산조건에서 일어나는 변화들 때문에 사회적 필요노동시간은 항상 같을 수 없다. 사회적 필요노동시간의 변화와 더불어 또한 가치가 변화한다. 지난 해에 18시간의 노동시간을 들여 한 벌의 외투를 만들었다고 가정해보자. 그때 이후로 상황이 변해 지금은 외투의 대부분이 16시간의 노동시간에 한 벌씩 만들어진다고 하자. 지난해에 만들어진 외투 한 벌의 가치 크기는, 이제 더 이상 18시간이 아니라 **현재의** 표준생산조건에서 외투 한 벌당 필요한 16시간의 노동시간에 의해 결정된다. 이것은 한 상품의 가치 크기가 엄격하게 말하면 그것의 생산조건이 아니라 **재생산조건**에 의해, 따라서 그때그때 한 상품의 **새로운** 표본의 생산에 요구되는 사회적 필요노동에 의해 결정됨을 의미한다.

노동생산성과 가치 크기

사회적 필요노동시간의 변화와 그것에 의한 상품 가치의 변화는, 노동생산성 변화의 결과이다. 한 상품의 가치 크기는 노동생산성에 반비례한다. 노동생산성이 증가할 때 상품 단위의 가치 크기는 감소하며, 그 역도 마찬가지이다. 노동생산성은 어떤 노동시간 단위(시간, 일 등) 내에 생산된 생산물의 양이다.

사회적 표준생산조건하에서 10시간의 노동일 동안에 5개의 상품단위가 생산된다고 가정하자. 이렇게 되면, 각 단위에는 10÷5=2시간의 사회적 필요노동시간이 체현된다. 여기서 한 상품단위의 가치는 2시간과 같게 된다. 더 나아가 어떤 특정 상품의 대부분을 생산하는 회사의 노동생산성이, 향상된 생산도구나 생산과정의 도입을 통하여 2배로 상승했다고 가정해보자.

그렇게 되면 10시간의 노동일에 5개가 아니라 10개의 상품단위가 생산된다. 이제 각 상품단위는, 더 이상 2노동시간이 아니라 단지 1노동시간을 가지게 된다. 각 상품의 가치는 반으로 감소한다. 10시간의 노동일에 창조된 가치의 총합은 같은 것으로 남게 된다. 그러나 그 가치는 이제 더 큰 상품량으로 나뉘어지고, 따라서 상품단위의 가치는 감소한다.

노동생산성은 생산에 향상된 기술의 도입, 제조술의 발전, 노동조직의 개선, 노동자의 전문지식과 숙련도의 증대 및 더 큰 수익성을 가진 토지와 부광의 이용과 같은 여러 가지 원인에 의해 증대될 수 있다.

3. 상품에 체현된 노동의 이중성

무엇인가를 생산하기 위해, 인간은 예로부터 노동을 지출해야 했다. 그러나 노동이 항상 물(物)에 대해 가치라는 특성을 부여했던 것은 아니다. 그래서 자연경제라는 전자본주의적 형태를 띤 노동생산물은, 사용가치를 가졌음에도 불구하고 교환으로 나아가지 못했고, 따라서 가치를 가진 상품으로 나타나지 못했다.

가치를 창조하는 노동의 특성은, 자연적으로 주어지는 것이 아니라 사회적인 특성이다. 그러한 노동의 특성은 생산관계의 어떤 특정한 유형으로부터 생겨나며, 역사적으로 보아 일시적인 성격을 지닌다. 즉 그러한 특성은 특정한 사회적 생산조건하에서 생겨나서, 이러한 조건들이 존재하기를 그치자마자 사라진다.

구체적 노동

각각의 상품생산자는 질적으로 특정한 노동을 한다. 대장장이의 노동은 옹기장이, 재봉사, 직조공, 농부 등의 노동과 질적으로 다르다. 상이한 노동은 그 목적, 사용된 도구, 과정 그리고 마침내는 그 결과물과 관련해서 구별된다. 각각의 사용가치에는 질적으로 특정한 노동이 체현되어 있다. 즉 구두에는 제화공의 노동이, 외투에는 재봉사의 노동이 체현되어 있다. 특정한 형태로 소비되며, 모든 다른 노동으로부터 질적으로 구별되는 노동을 구체적 노동이라고 부른다. 사용가치의 형성자로서의 노동은 항상 구체적 노동이다.

상품경제에서 구체적 노동은 독특한 징표를 나타낸다. 사적 소유의 기초 위에서 경제활동을 하는 독립된 상품생산자의 노동으로서의 구체적 노동은 직접적으로 사적 노동의 형태로 나타난다. 그러나 개별 상품생산자는 그들의 의지와는 상관없이 사회적 분업의 체계를 매개로 상호 결합된다.

각 생산자는 상품을, 자신이 아니라 타인을 위해 생산한다. 전문화로 인해 한 상품생산자는 다른 상품생산자들의 생산물을 필요로 한다. 다른 상품생산자들과의 교환 없이 그는 생산할 수 없으며 생존수단도 얻을 수 없다. 따라서 사회적 분업을 고려할 때, 개별 상품생산자의 노동이 단지 사적인 것일 수만은 없다. 상품생산자의 노동의 사회적 그리고 사적 성격간에는 깊은 모순이 존재하며, 그것이 단순상품생산의 기본모순이다.

상품생산자의 구체적 노동은 직접적으로 사적 노동으로 나타난다. 이 노동의 사회적 성격은 단지 간접적으로 나타난다. 그리고 이러한 사회적 성격은 상품생산자 노동의 사회적 성격이 나타나는 객관적 과정 속에서, 즉 그의 노동생산물의 가치형성과정 속에서 개별 상품생산자의 구체적 노동의 질적 특수성들로부터 추상된다.

추상적 노동

대장장이와 제과공이 그들의 노동을 상이한 구체적 형태로 지출함에도 불구하고, 그들은 동일한 생리학적 기초를 가진다. 즉 근육, 신경, 정신력 등의 생산적 지출, 다시 말해 생리학적 의미에서의 노동력의 지출이다. 상이한 상품의, 질적으로 다양한 구체적 노동의 생산물의 매일매일 수없이 반복되는 동등화는, 특수한 속성을 갖지 않는 추상적 인간노동이 교환가치를 근거짓는 가치의 실체라는 것을 보여준다.

상품에 체현된 노동의 이중성에 대해서 지금까지 서술한 것을 맑스의 말로 요약해보자. "모든 노동은 한편으로 생리학적 의미의 인간노동력의 지출이며, 이러한 동등한 인간노동 혹은 추상적 인간노동이라는 특성 속에서 상품 가치를 형성한다. 다른 한편으로 모든 노동은 특정한 합목적적인 형태의 인간노동력의 지출이며, 구체적 유용노동이라는 특성 속에서 사용가치를 만들어낸다."[3)]

다양한 인간노동의 생리학적 공통성은 존재해왔고 앞으로도 항상 존재할 것이다. 그러나 그러한 인간노동의 생리학적 공통성은, 인간이 그의 노동으로 사용가치뿐만 아니라 가치를 생산하는 곳에서, 따라서 노동생산물이 교환을 매개로, 즉 다양한 가치를 갖는 상품의 동등화를 매개로 생산영역에서 소비영역으로 넘어가는 그곳에서만 비로소 경제학적 범주인 추상적 노동이 된다. 상품생산이 없으면 가치도 없고, 가치가 없는 곳에는 추상적 노동도 없다. 그러므로 추상적 노동은 상품생산의 특수한 범주이며, 특정한 생산관계를 표현한다.

상품생산을 위해 소비된 노동에 의해 상품의 가치 크기가 규정된다는 확정은, 이미 부르주아 고전 정치경제학의 대표자들인 페티(1623~87), 스미스(1723~90), 리카도(1772~1823)로부터 시작되었다. 특히 그 확정은 스미스에 의해 상세하고 철저하게 발전되었다. 그러나 그들은 가치를 형성하는 특성을 모든 노동의 영원하고 자연적인 특성으로 보았다. 그들은 왜 노동이 노동생산물의 가치로 표현되며, 어떤 노동이 그렇게 되는가는 한 번도 묻지 않았다. 그들은 가치형태의 역사적 성격을 보지 못했다. 이 점은, 그들이 부르주아 정치경제학의 대표자로서, 생산물이 상품으로 산출되고 가치를 지니는 자본주의적 생산형태를 영원하며 인간 본성에 절대적으로 상응하는 생산양식으로 보았다는 것으로부터 설명된다.

맑스는 처음으로 상품 속에 체현된 노동의 이중성을, 상품생산에 고유한 노동의 사적 성격과 사회적 성격간의 모순의 표현으로서 폭로하였다. 이렇게 해서 노동가치론은 자본주의 생산양식의 복잡한 경제현상의 본질을 간파하게 해주는, 새롭고 참된 과학적인 토대 위에 세워졌다.

단순 노동과 복잡 노동

다양한 구체적 노동들은 또한 노동의 복잡성의 정도에 따라서도 구별된다. 많은 구체적 노동은 어떤 전문적 훈련을 전제하지만, 반면 나머지 구체적 노동은 그렇지 않으며, 그때그때의 역사 시대에 표준적인 일반적 지식과 평균적인 문화적 교양수준을 지닌 노동 가능한 모든 사회 성원에 의해 행해질 수 있다. 한 상품은 가장 복잡한 노동의 산물일 수 있지만, 그것의 가치는 상품을 단순 노동의 산물과 동등화시키고, 그 결과 그 가치 자체에는 단순 노동의 일정량만이 체현된다.

일상적 실천은, 상품생산의 관계에서 늘 복잡 노동이 단순 노동으로 환원된다는 것을 보여준다. 그때 상대적으로 복잡한 노동은, 상품 가치 속에서는 배가된 단순 노동으로 나타나고, 따라서 복잡 노동의 적은 양이 단순 노동의 많은 양과 같아진다.

4. 가치형태 또는 교환가치

상품의 내적 모순

상품 속에서의 가치와 사용가치의 결합은 두 개의 서로 대립적인 특성간의 결합이다. 사용가치로서 모든 상품은 상이하며 양적으로 비교할 수 없다. 그러나 가치로서 상품은 질적으로 동등화되며, 그 때문에 양적으로 서로 측정될 수 있다. 동시에 이 대립적 특성들은 서로를 전제한다. 즉 상품으로 기능할 수 있기 위해서 한 대상은 가치와 사용가치를 동시에 가져야만 한다. 따라서 상품은 대립물의 통일이다.

상품의 사용가치와 가치간의 모순은 상품생산자 노동의 이중성, 그 모순적 성격의 표현이다. 상품을 생산하기 위해서 이러한 노동은 경제적으로·질적으로 구체적인 노동임과 동시에 질적인 특수성으로부터 자유로운 추상적 단순 노동으로서 기능해야 한다.

상품생산자 노동의 구체적인 노동과 추상적인 노동으로의 경제적 분열은, 단순상품생산의 기본모순에서 기인한다. 즉 사회적 분업체계 속에서 서로 결합되며 동시에 사적 소유에 의해 서로 고립되는, 상품생산자 노동의 사적 성격과 사회적 성격간의 모순으로, 그 모순으로부터 결과되는 그들의 사적 노동들간의 직접적인 사회적 조정의 실패에서 기인한다.

이제 여기서 기술된 상품의 모순이 교환과정에서 어떻게 나타나는가를 연구해보자. 한 상품이 다른 상품과의 교환관계에 들어가지 않는 한, 그 상품의 가치는 은폐된 채로 남는다. 상품의 가치를 표현할 수 있고 그것을 측량할 수 있는 유일한 가능성은 교환과정에서의 상품의 동등화이다. 가치표현의 이러한 형태는 교환가치 또는 가치형태로 불린다.

단순한 또는 우연적 가치형태

다소 발전된 상품경제에서는 가치의 화폐형태가 특징적인데, 이것을 상품 가치의 화폐적 표현이라고 부른다. 그러나 가치의 화폐형태는 교환과 가치형태의 오랜 역사적 발전의 결과이다.

가치형태의 분석은, 역사가 시작된 곳에서부터 시작해야 한다. 가치형태의 가장 오래된 것을, 맑스는 **단순한 또는 우연적 가치형태**라고 불렀다. 그것은, 교환이 겨우 발생과정에 있었고 개별 노동생산물은 단지 조건에 따라서만 상품으로 변했던, 그러한 역사적 발전단계에 상응한다. 매우 적은 상품들만 있었고, 한 종류의 상품은 아직 다른 여러 가지 상품과 대립하기보다는 보통 한 상품과만 대립했다. 그러므로 단순한 또는 우연적 가치형태란 한 상품의 다른 한 상품 속에서만의 가치표현이다. 그 형태는 'x량의 상품 A=y량의 상품 B'(혹은 x량의 상품 A의 값어치는 y량의 상품 B이다)라는 등식으로 표현할 수 있다. 예를 들면, 1개의 손도끼=20kg의 곡물이란 등식이 그것이다.

단순한 가치형태는 첫눈에 알 수 있을 정도로 단순한 것은 아니다. 단순한 가치형태 속에 가치의 각각의 형태, 또한 가장 발전된 형태인 화폐형태의 본질이 숨어 있다. 단순한 가치형태는 이미 **양극**을 전제한다. 한 극에는 자신의 가치표현을 추구하는 상품이 있고, 다른 한 극에는 그 상품에 가치표현의 재료로서 봉사하는 상품이 있다. 첫번째 상품은 **상대적 가치형태**에 속하며, 자신의 가치를 두번째 상품과의 관계를 통해 표현한다. 두번째 상품은 등가형태를 체현하며, 첫번째 상품의 가치표현을 위한 매개로서 기능한다.

첫번째 상품은 능동적 역할을, 두번째 상품은 **수동적** 역할을 한다. 가치

표현의 양극 — 상대적 형태와 등가형태 — 은 서로를 전제한다. 다른 한편으로 양자는 서로를 배제한다. 즉 동일한 상품이 한 교환관계에서 동시에 상대적 가치형태이고 등가형태일 수는 없다. 그러므로 가치표현의 양극은 **대립물의 통일**을 이룬다.

이제 상대적 가치형태의 특수성을 더 자세히 살펴보자. 우리는 무엇보다도 그것의 질적 측면을 주목한다. 1개의 손도끼=20kg의 곡물이라는 등식의 분석에서 양적 측면을 도외시할 때, 손도끼=곡물이라는 등식이 나온다. 그러나 이 양자의 물은 특정한 물리·화학적 특성들의 총체로서 결코 동질화되지 않는다. 오직 양자가 동일한 경제적(사회적) 내용, 즉 서로 고립된 상품생산자들의 추상적 노동을 가질 때만이 양자는 비교할 수 있다.

그러나 1개의 손도끼=20kg의 곡물이라는 등식 속에는, 도끼와 곡물이 추상적 노동을 가지고 있다는 것만 표현되는 것이 아니라, 1개의 손도끼에 20kg의 곡물에서와 같은 동일한 양의 노동이 체현되어 있다는 것도 표현된다. 이제 양적 측면을 살펴보자.

다양한 상품의 동등화에 의한 가치표현의 특수한 성격은, 상품의 가치운동이 상품이 다른 한 상품과 교환되는 비율로부터 괴리될 수 있는 가능성을 포함한다. 1개의 손도끼=20kg의 곡물이라는 등식 또는 1개의 손도끼의 값어치는 20kg의 곡물이라는 것은, 20kg의 곡물 생산에는 1개의 손도끼 생산과 마찬가지 양의 노동이 필요하다는 것을 전제한다.

그러나 손도끼나 곡물 생산에 필요한 노동시간은 변화한다. 당연히 손도끼와 곡물간의 교환비율은 손도끼의 가치 변동에 의해서뿐만 아니라 곡물의 가치 변동에 의해서도 변화될 수 있다. 20kg의 곡물 생산을 위한 노동량이 반으로 줄어든 반면, 1개의 손도끼 생산을 위한 노동량은 (따라서 손도끼의 가치가) 변하지 않았다고 가정해보자. 그때 1개의 손도끼의 가치는 더 이상 20kg의 곡물이 아니라 40kg의 곡물로 표현된다. 이 점에 대한 일반 공식이 있다. 즉 상품들간의 교환비율의 변동은, 상대적 가치형태 속에 있는 상품의 가치 변동에만 함수적으로 의존하는 것이 아니라, 또한 등가형태를 나타내는 상품의 가치 변동에도 의존한다.

이제 **등가형태**로 넘어가보자. 다른 한 상품에 대해서 등가를 나타내는 상품은, 이러한 기능과 더불어 몇몇 본질적인 특성을 가지고 있다.

다른 모든 상품과 마찬가지로 등가 역할을 하는 상품도, 그 물리·화학적 특성들에 의해 규정되는 사용가치를 가지고 있다. 그러나 그 상품이 등가물인 한(그리고 그때에만), 그것의 규정은 인간에게 사용가치로 기능하는 것에 있지 않다. 그 상품의 특수한 모습인 그것의 사용가치는, 순수한 사회적 실체, 즉 다른 상품의 가치가 반영되는 거울로서 기능한다. 이 점은 첫째, 등가 역할을 하는 상품의 사용가치는 그것의 대립물인 가치의 현상형태라는 것을 의미한다. 둘째, 등가 역할을 하는 상품의 생산을 위해 소비된 구체적 노동은, 그것의 대립물인 상대적 가치형태 역할을 하는 상품의 생산을 위해 소비된 추상적 노동의 현상형태가 된다는 것을 의미한다. 셋째, 등가 역할을 하는 상품을 생산하는 생산자들의 사적 노동은, 그것의 직접적 대립물인 직접적으로 사회적인 노동으로 나타난다는 것을 의미한다.

전체적 또는 전개된 가치형태

교환은 그 발전과 더불어 다소간 규칙적인 모습을 띠며, 단순한 (또는 우연적인) 가치형태는 **전체적 또는 전개된 가치형태**로 교체된다. 이러한 가치형태에서는 그 가치가 표현되어야 하는 상품에 대하여, 더 이상 단 하나가 아니라 많은 상품이 등가물로서 대립하게 된다. 이러한 교환의 발전단계에서는 더 이상 하나가 아닌 수많은 노동생산물이 교환대상이 된다. 전체적 또는 전개된 가치형태는 다음과 같이 설명된다. x량의 상품A=y량의 상품B, 또는 z량의 상품C, 또는 g량의 상품D, 또는 n량의 상품E 등.

전체적 (또는 전개된) 가치형태에서 우리는 아직 상품 대 상품이라는 직접적 교환을 다룬다. 이러한 교환은 일정한 한계에 부딪힌다. 예를 들어 손도끼의 소유자가 곡물을 필요로 한다면, 그는, 곡물 소유자가 손도끼를 필요로 할 때만 어려움 없이 곡물을 얻을 수 있다. 그러나 곡물 소유자가 손도끼가 아니라 아마포를 필요로 한다면, 곡물 대 손도끼라는 교환에는 큰 어려움이 발생한다. 교환이 더 한층 발전되고 교환과정으로 훨씬 더 많은 생산자들이 유입됨으로써 이러한 어려움은 점점 더 증가된다.

그러면 **직접적** 교환에 놓여 있던 좁은 한계는 어떻게 극복되었을까? 그 한계는 교환 자체의 발전과 더불어 자연발생적인 방식으로 제거되었다.

일반적 가치형태

시간이 흐름에 따라 많은 상품으로부터 특별히 열망되는 하나의 상품이 분리되었다. 몇몇 지역에서 그것은 가축이었고, 다른 지역에서는 빵(곡물)이었으며, 또 다른 지역에서는 모피였다. 생산물을 이런 특정한, 매우 열망되는 상품과 교환한 각 상품생산자는 그 상품으로 임의의 사용가치를 가진 임의의 다른 상품을 얻을 수 있었다. 그때 전개된 가치형태의 자리에 일반적 가치형태가 들어선다. 일반적 가치형태는 다음과 같이 설명할 수 있다.

x량의 상품 A=
y량의 상품 B=
z량의 상품 C=
q량의 상품 D=
등
} n량의 상품 E

여기서 상품 E는 **일반적 등가물**의 기능을 가짐으로써 모든 나머지 상품의 가치를 표현하는 소재가 된다. 이로써 모든 상품은 통일적인 가치표현 형태를 갖는다. 지출된 추상적인 사회적 노동, 즉 가치로서의 모든 상품의 내적 통일성은 그것의 통일적인 외적 **표현형태**를 발견한다.

이제 모든 상품은 그들의 가치를 동일한 사용가치로 표현한다. 그 상품들이 가지고 있는 동일한 추상적 노동은 동일한 구체적 노동의 산물로 자신을 표현하며, 그 상품들이 체현하는 사회적 노동은 동일한 사적 노동의 산물로 자신을 표현한다. 그때그때의 역사적 발전단계에서, 또한 개별 나라와 지방에서 다양한 상품이 일반적 등가물의 기능을 수행한다. 가축, 모피, 드물게는 조개, 차, 소금 등이 있다. 시간이 지남에 따라 일반적 등가물의 기능은 한 상품에 고착되고 이 상품의 사회적 독점이 된다. 모든 나머지 등가물은 점차 배제된다. 일반적 가치형태는 가치의 화폐형태로 전화한다.

가치의 화폐형태, 화폐의 본질

가치의 화폐형태는 오직 모든 상품이 하나의 특수한 상품에 대립한다는 점에 의해 일반적 형태와 구별된다. 그런데 그 특수한 상품은 확고하고 영속적으로 일반적 등가물의 기능을 독점한다. 이 특수한 상품은 화폐상품 또는 간단하게 화폐로 불린다. 이미 귀금속 이전에 다양한 민족들에서 상이한 상품들이 화폐 기능을 수행했다. 가축과 모피가 가장 널리 유포된 화폐상품이었다.

그러나 기원전 수백 년 이전에 이미 고대 그리스와 로마제국에서는, 앞서 화폐 기능을 했던 모든 나머지 상품이 최종적으로 확실히 귀금속에 의해 대체되었다. 오랫동안 많은 나라에서 금과 은이라는 두 귀금속이 화폐 기능을 수행했다. 그러나 19세기 후반에는 금이 화폐 기능을 독점하였다.

귀금속은 특별한 방식으로 일반적 등가물이라는 사회적 기능을 수행할 자격을 갖게 되는 자연적 특성을 가지고 있다. 이런 특성에는 다음의 것이 있다.

(a) 등질성 : 같은 무게의 두 개의 금조각이나 은조각은 서로 아무런 차이가 없다. 이 특성은 특별히 중요하다. 주지하다시피 가치 실체는 질적으로 동등화된 균등하고 추상적인 노동이다. 그러므로 상품 가치의 표현을 위해서는 그 표본이 질적으로 동등하고, 다만 양적으로 무게에 있어서만 차이가 나는 그러한 상품이 가장 일찍 취해졌다.

(b) 가분성 : 모피나 가축과는 달리, 귀금속은 손실 없이 가치 부분들로 분해할 수 있는데, 이 점은 매우 상이한 가치를 지닌 상품들간의 교환을 매개해야 하는 화폐상품에는 특히 중요하다.

(c) 편리성 : 쉽게 운반할 수 있는 매우 적은 중량의 은(특히 금)도 큰 가치를 구현하며, 따라서 상대적으로 싼 상품의 많은 양의 유통을 매개할 수 있다.

(d) 견고성 : 귀금속은 잘 손상되지 않으며, 따라서 가치가 줄지 않는다.

금의 (그리고 은의) 자연적 특성으로부터 우리는 왜 이 상품이 일반적 등가물의 기능을 다른 상품보다 더 잘 담당할 수 있는지를 알게 된다.

그러나 주지하다시피 화폐의 발생은, 물의 자연적 특성이 아니라 특정한 사회적 생산조건에 의해 일어났다. 예전에 금은 아주 일상적인 상품이었다. 그러나 그후에 금은 자연발생적으로 전체 상품세계로부터 떨어져 나와 화폐로 전화했으며, 자신의 상품 본성을 유지하고 있다. 모든 상품과 마찬가지로 금은 그 생산(채굴)조건의 변화와 더불어 그 양이 크거나 작게 변하는, 추상적 사회적 노동을 체현한다. 따라서 금은 단지 그 자체가 가치를 갖기 때문에 다른 모든 상품의 가치를 표현할 수 있다.

그러나 금은 화폐로서 일상적 상품이 아니다. 이 기능 속에서 금은 항상 모든 상품의 가치 등가물이다. 이 점은 금의 상품형태와 금의 사용가치가 직접적으로 모든 다른 상품의 가치 체현을 표현하며, 금의 생산을 위해 소비된 구체적 노동이 직접적으로 추상적 일반적인 인간노동의 체현을 나타내며, 그것의 생산에 소비된 사적 노동이 직접적으로 사회적 노동의 체현을 나타낸다는 것을 의미한다.

화폐상품이라는 특수하고 발탁된 위치는, 화폐상품이 그것의 고유한 물리적·화학적 특성으로부터 생겨난 사용가치 이외에, 그것의 사회적 기능에서 기인하는 하나의 부가적인 사용가치를 가진다는 것 속에서 또한 표현된다. 금은 그것의 자연적 특성에 의하여 장신구, 의치 등의 생산을 위한 재료로서 역할한다. 그러나 화폐로서 금은 그 이상의 사용가치, 즉 모든 상품과 교환할 수 있으며, 따라서 그 소유자에게 각종의 욕구를 만족시킬 수 있는 기능을 갖는다.

각각 하나의 특수한 사용가치를 갖고 있는 나머지 상품들과는 반대로, 화폐상품은 일반적 사용가치를 갖는다. 상품세계의 상품과 화폐로의 분리는 상품 속에 포함된 모순들의 완성된 외적 현상형태이다. 이러한 모순들은 따라서 하나의 새로운 존재형태를 취한다. 즉 상품과 화폐간의 대립이라는 형태이다. 화폐와의 교환 이후에야 비로소 상품은 직접적 사적 노동의 생산물로서 사회적 인정을 받는다. 이러한 상품의 화폐로의 전화라는 곤란한 과정 속에서야 비로소 상품에 체현된 노동은 양적·질적으로 사회적 노동의 일부로서 측정되고 산출된다.

"타인의 소비를 위한 개별 생산자의 특정한 생산물은, 그것이 화폐형태를 취한 후에야, 즉 그것이 그것의 질뿐만 아니라 양에 따른 사회적 통제를 거친 후에야 비로소 소비자에게 도달할 수 있으며, 다른 사회적 생산물에 대한 생산자들의 요구를 충족시킬 수 있다. 그러나 이러한 통제는 생산자들의 배후에서 시장의 변동을 매개로 달성된다."[4)]

5. 가치법칙과 상품생산의 발전에서 그 역할

상품이 교환되는 비율은, 상품의 생산에 필요한 추상적 노동에 의해 최종적으로 결정된다. 가치법칙이라고 불리는 이 법칙은, 노동생산물이 상품으로 나타나는 모든 곳에서 실현된다. 단순상품생산에서 이 법칙은, 이러한 경제형태의 본질적인 생산관계를 표현하고 그 관계의 발전을 규정하는 기본경제법칙이다.

상품생산의 다양한 부문에 대한 노동 분배의 자연발생적 조정자로서의 가치법칙

모든 사회에서 노동과 생산수단을 사회적 욕구에 의해 정해지는 특정한 비율로 다양한 생산부문에 분배하는 것은 불가피하다. 이러한 분배는 사적 소유에 기초한 상품경제에서 자연발생적으로 일어난다. 여기에서 이 분배는 가치를 중심으로 한 가격의 항상적 변동의 결과이다. 가치와 가격간의 괴리는 마치 사회적 총노동의 분배에서 나타나는 불균형을 가리키는 바로미터와 같다. 한 부문에 떨어진 사회적 총노동의 몫이 불균형적으로 작아서 그 부문의 생산물에 대한 수요가 충족될 수 없을 때, 이 생산물의 가격은 가치를 넘어서게 된다. 반대로 한 부문에 너무나 많은 사회적 노동이 떨어져 공급이 그 상품에 대한 수요를 넘어설 때, 가격은 가치 이하로 낮아진다. 그러나 날씨를 가리키지만 날씨에 영향을 줄 수 없는 보통의 바로미터와는 달리, 가치를 둘러싼 가격의 변동은 사회적 노동 분배의 불균형성을 나타내줄 뿐만 아니라 그 불균형성을 제거하는 경향 또한 자연발생적으로 야기한다.

어떤 특정한 시점의 시장에서 상품 A에 대한 수요가 너무 높고 상품 B에 대한 수요는 너무 낮다고 가정해보자. 상품 A의 가격은 가치를 넘어서고 상품 B의 가격은 가치에 못 미친다. 따라서 상품 B의 생산자들은 그들의 노동 지출을 보상받을 수 없는 반면에, 상품 A의 생산자들은 그들의 노동 지출의 대가로 받은 상품들에서 사회적 노동의 추가적인 과잉 부분을 차지한다. 이러한 관계에서 노동은 이익이 없는 부문으로부터 이익이 있는 부문으로 흘러 들어가게 된다. 상품 A의 생산자와 생산량의 수치는 올라가는 반면, 상품 B의 생산에서는 점점 더 반대의 과정이 진행된다. 상품 A와 B의 수요와 공급간의 관계는 점차로 변하며, 가격들은 반대 방향으로 움직이기 시작한다.

상품생산의 각 부문에서 때로는 수요에 대한 공급의 과잉이, 때로는 공급의 부족이 나타난다. 왜냐하면 다양한 생산부문들간의 노동의 분배 및 재분배는 여기서 의식적으로 기도되는 것이 아니며, 수요와 공급의 일치는 단지 우연적이고 일시적인 순간이기 때문이다. 오히려 수요와 공급의 불일치가 항상적이다. 가치법칙의 작용 방식에 고유한 균형성의 경향은 오직 항상적인 불균형성 위에서 관철된다.

상품생산자들의 분화의 기초로서의 가치법칙

주지하다시피 한 상품의 사회적 가치는 그 상품의 개별적 가치와는 달리 개별적 필요노동이 아니라 사회적 필요노동에 의해 규정된다. 이러한 개별적 가치와 사회적인 가치간의 차이는 상이한 생산자들을 불가피하게 불평등한 처지로 옮겨놓는다. 상품생산을 위한 노동 지출이 사회적 필요노동보다 적은 생산자들은, 그들의 상품을 단일한 사회적 가치로 판매함으로써 특히 유리해진다. 가령 한 상품생산자가 한 벌의 외투를 생산해내는 데 12 노동시간을 지출했다면 — 사회적으로 필요한 지출이 18시간일 때 — 그는 외투의 판매를 통해 그의 12노동시간의 대가로, 다른 상품에 체현되어 있는 18노동시간을 되돌려 받는다. 이러한 상황이 오랜 시간 지속되면 그 생산자는 부유해지고, 그의 생산도구를 향상시킬 그리고 해당 상품의 다른 대부분의 생산자들에 대한 그의 경영상의 우위를 더욱 더 확대시킬 가능성을 가지게 된다.

반면에 개별적 노동 지출이 사회적 필요노동보다 많은 상품생산자들의 경우가 있다. 그들의 생산물을 사회적 가치로 판매하게 됨에 따라 그들 노동의 특정 부분은 경제적으로 무가치화된다. 즉 개별적으로 필요한 노동 지출과 사회적으로 필요한 노동 지출간의 차이는 보상되지 않는다. 이러한 상황이 계속되면 생산자는 원료 구입과 생산도구를 위한 지출을 제한해야

하고 경제적 파산을 맞게 된다. 문제의 생산물의 가격이 그것의 사회적 가치 이하로 떨어질 때까지 이 과정은 점점 더 심화되고 가속화된다. 그것의 논리적 결과는 파산이며, 자신의 경영에서 지출된 노동으로는 살아갈 수 없게 된다.

개별적 노동 지출이 사회적 필요노동과 일치하는 상품생산자들의 처지는 동요성으로 특징지어지는데, 왜냐하면 그들의 생산물 생산을 위해 필요한 노동시간 자체가 변하기 때문이다. 기술 향상을 통해 노동시간은 시간이 갈수록 줄어들며, 따라서 이로 인한 모든 결과로 말미암아 이러한 중간 그룹들에서 각 상품생산자는 항상 개별적 노동 지출이 사회적 필요노동 지출보다 더 큰 생산자의 처지에 놓이게 될 위협 아래 살게 된다. 따라서 개별적 노동과 사회적 필요노동 사이의 모순은 불가피하게 상품생산자들의 분화를 낳는다. 일부의 상품생산자는 부유해지고 생산을 확대하는 반면, 다른 부분은 빈곤해지고 파산한다.

자본주의적 관계의 발생

특정한 역사적 조건하에서 가치법칙의 작용에 의해 생겨난 상품생산자들의 분화는 자본주의적 생산관계를 발생시킨다. 상품생산자들의 부유한 상층으로부터 하나의 새로운 계급, 즉 부르주아 계급이 형성되기 시작하고, 반면 가난하게 된 상품생산자들로부터 프롤레타리아트가 발생한다.

부유한 상품생산자들은 어떤 방식으로 자본가가 되는 것일까? 이러한 과정의 전형적 단계는 다음과 같다. 즉 먼저 경영의 소유자는 단지 그의 가족과 함께 생산한다. 그 상품생산자는 부유해지고 생산을 확대하고 추가적인 노동력을 필요로 하게 된다. 한동안 그 소유자는 그의 임노동자와 함께 직접 생산에 참여한다. 경영의 추가적인 확장과 노동자 수의 증가와 더불어, 소유자와 그의 가족의 노동은 완전히 임노동으로부터 분리되고, 이전의 단순상품생산은 자본주의적 생산이 된다.

또한 가난해진 상품생산자들이 어떠한 생산수단도 소유하지 못하는 프롤레타리아트로 전화하는 것은 보통 더 많은 단계를 통과한다. 즉 자신의 경영으로부터의 수입은 더 이상 생계를 위해서 넉넉하지 않다. 그래서 추가적인 소득 가능성을 추구하게 된다. 그래서 자신의 경영에서의 노동 이외에 외부의 경영에 자신이 고용될 필요가 생긴다. 그럼으로써 자신의 경영은 점점 더 붕괴에 빠져든다. 그리하여 더 이상 자신의 경영이 아닌 외부 경영에서의 노동으로부터의 벌이가 생계의 근원이 된다. 결국 자신의 경영은 소홀하게 되고(또는 빚을 갚기 위해 경매에 부쳐지고), 이전에는 자립적이었던 상품생산자는 더 이상 어떠한 생산수단도 소유하지 못한, 자신의 노동력의 판매로 살아가는 프롤레타리아트로 전화한다.

레닌은 단순상품생산 관계의 자본 - 임노동관계로의 자연발생적 전환을, 개혁 이후 시기의 짜르 러시아에서의 농업과 쿠스타리 경영의 발전이라는 예에서 철저하게 증명하였다. 상품생산과 가치법칙의 본성에 대한 맑스주의의 이론과 광범한 사실 자료에 대한 분석으로부터 출발하면서, 레닌은 다음과 같이 확정한다. "그러나 소생산은, 끊임없이 매일 매시 자연발생적으로, 그리고 대량으로 자본주의와 부르주아지를 만들어낸다."[5)]

상품경제에서의 가치법칙과 생산력의 발전

개별적 필요노동과 사회적 필요노동간의 모순은 상품경제의 생산력 발전의 추진력이다. 그 모순은 상품생산자들로 하여금 기술과 테크놀로지의 향상을 통해 노동생산성을 제고하도록 강제한다.

한 상품생산자가 그의 개별적 노동 지출을 사회적으로 필요한 수준 이하로 끌어내릴 수 있다면, 그는 추가적인 소득을 올릴 뿐만 아니라 또한 경쟁의 중요한 도구를 손에 넣게 되는 것이다. 이러한 추가 소득의 일정 부분을 포기함으로써 그는 그의 상품을 낮은 가격으로 판매할 수 있고, 경쟁자로부터 구매자를 멀어지게 하며 경쟁자를 시장으로부터 쫓아낼 수 있다.

유리한 위치에 있는 상품생산자들이 나머지 상품생산자들을 압박하는 격심한 경쟁은, 모든 상품생산자로 하여금 비슷한 기술적 향상을 꾀하도록 강제한다. 기술 향상을 이루지 못하는 상품생산자는 배제되고 파산한다. 처음에 소수의 기업그룹들에만 도입됐던 기술갱신의 확장은, 결국 해당 상품의 생산에 사회적으로 필요한 노동량의 감소를 가져오며 그 상품의 가치와 가격은 하락한다. 거기서 다시 더 나은 생산수단과 방법의 도입이라는 충동이 발생한다. 자연경제에서는 옛날의 '조상격의' 생산도구와 방법들 그리고 숙련도가 수백 수천 년 동안 유지될 수 있었지만, 상품생산에서는 그러한 정체가 불가능하다. 여기서 생산력의 발전과 노동생산성의 향상은 생산관계들 자체의 성격에 의해 결정된다. 사회적 생산의 이러한 조직형태에서 생산력은 폐쇄된 자연경제에서보다 본질적으로 더 빨리 발전한다.

그러나 부르주아·쁘띠부르주아 경제학자들이 하듯이, 그러한 이유로 자연발생적 가치법칙을 이상화하는 것은 잘못일 것이다. 당연히 가치법칙은 생산력 발전을 자극한다. 그러나 가치법칙은 근본적인 모순들 속에서 실현된다. 사회적 생산력의 발전에서 진보는, 수많은 소상품생산자의 빈곤화와 파산을 대가로 지불한다. 사회적 생산은, 무정부적으로 그리고 객관적으로 필요한 균형의 항상적인 훼손 하에서 자연발생적으로 전진한다. 한 상품은 필요 이상으로 생산되는 반면, 다른 상품은 부족하고, 어떤 부문에서는 과잉생산이 있는 반면에, 다른 부문에는 과소생산이 있다.

가치법칙의 작용은 사회적 노동의 상당량의 낭비를 낳는다. 각 상품생산자는 그의 상품생산을 위하여 더 적은 노동을 지출하는 데 관심을 갖는다. 이러한 의미에서 가치법칙은 노동 절약을 요구한다. 그럼에도 불구하고 이미 고찰했듯이, 상품경제에서는 상품생산자들의 노동이 항상 사회적 노동의 필수적인 구성요소인 것은 아니다. 그것은 오늘은 아직 필요하지만, 내일은 이미 수요의 변동에 따라 더 이상 필요하지 않을 수도 있다. 때로는 개별 상품생산자의 생산물뿐만 아니라 전체 생산부문이 사회적 욕구의 충족에 불필요해진다. 이러한 부문들에서 지출되는 거대한 양의 노동이 무용한 것으로 증명된다.

단순상품생산자들의 계급적 입장

상품생산과 가치법칙에 대한 분석으로부터, 자신의 생산수단과 자신의 노동으로 상품을 생산하는 단순상품생산자들과 소소유자들의 계급적 입장을 알 수 있다. 사적 소유자로서 소생산자들은 부유해지려고, 부르주아지가 되려고 노력한다. 반면 그들은 부지런한 사람들이고 스스로 다른 사람들을 착취하지는 않는다. 그들은 경쟁에 의해 상당 부분 경제적 난국에 빠지고 파산한다. 격심한 계급 분화 속에서 부유해진 상품생산자들은 부르주아지에게 충성하는 반면, 파산한, 프롤레타리아화한 층들은 노동자계급 편에 선다. 중간층들은 동요하고 주저하는 입장을 취한다.

대부분의 단순상품생산자는 농민들이다. 따라서 민족적 독립을 위하여, 봉건제와 그 잔재에 대항하여 투쟁하는 나라들에서, 농민과의 동맹은 노동운동의 가장 현실적인 문제에 속한다. 농민은 다른 진보적 세력들과 함께 부르주아 민주주의적 개혁을 지지할 수 있다. 그러나 자본주의에 대항하는 그리고 사회주의를 위한 투쟁에서 농민의 부유한 상층은 부르주아지에게 충성한다. 그러므로 사회주의혁명을 위한 투쟁에서는, 모든 농민이 아니라 빈궁화와 파산에 처해 있으며 그들의 처지가 프롤레타리아트의 위치에 가까운 그러한 농민들 — 그들이 대다수이다 — 만이 프롤레타리아트와 동맹하게 된다.

6. 상품의 물신성과 그 비밀

인간에 대한 물의 지배

상품경제 속에서는 필연적으로 하나의 특수한 현상이 일어난다. 즉 인간에 대한 물의 지배가 그것이다. 모든 상품생산자는 자신의 경험을 통해 그의 운명이 물, 즉 그 자신이 생산한 상품이 시장에서 취하는 태도에 달려 있다는 점을 매일같이 확인한다. 그 상품의 가격이 올라가면 그는 부유해지고, 가격이 내려가면 그는 손해를 보거나 파산한다. 가격 변동은 상품생산자로 하여금 상품의 생산과 판매에 유리한 조건을 찾기 위해 이러저러한 부문을 떠나서 다른 부문으로 옮기도록, 새로운 직업을 얻도록 그리고 스스로 거주지를 옮기도록 강제한다. 시장에서 상품이 취하는 태도는 모든 상품생산자로 하여금 그들의 모든 행동을 시장 발전에 적응시키도록 강제하는 객관적 힘이다. 따라서 인간은 그의 노동생산물의 주인이 아니며 오히려 상품이 된 노동생산물에 그 창조자가 종속된다.

전자본주의적 구성체들에서는 이런 현상은 없었다. 봉건사회에서도 노동생산물이 생산되었지만, 여기서 그것은 인간을 지배하고 인간 생활의 모든 측면을 규정하는 어떤 힘이 아니었다. 농노의 행복과 일의 종류는 그가 생산한 생산물에 달려 있는 것이 아니라 농노의 봉건영주에 대한 관계에 달려 있었다. 토지 독점과 경제외적 강제라는 토대 위에서 봉건영주는, 그가 원하는 행위만을 하도록 농민들을 강제하였다. 스스로 또는 그의 관리인을 통해 봉건영주는, 농민이 어떤 임무를 어떤 시간 동안 완수해야 하는지, 자신을 위해서는 얼마 동안을 그리고 영주를 위해서는 얼마 동안을 일해야 하는지를 결정하였다. 영주는 농민에게 남겨지는 생산물의 몫과 그들의 거주지를 결정하였다. 그러므로 봉건사회에서는 농민이 영위하는 삶의 모든 측면이, 물에 의존하는 것이 아니라 그와 영주간에 존재하는 인격적 관계에 의존하였다. 여기에서는 물들이 아니라 사람들이 관계 속에서 직접 대립하고 있었다.

반면에 각각의 상품생산자가 고립되어 자율적으로 자신의 계산과 책임으로 경영하는 상품경제에서는 아무도 다른 사람의 행동을 명령할, 그의 일의 종류와 그의 생활수준을 결정할 권리를 갖고 있지 않다. 이러한 기능은 물, 즉 상품의 책임이다. 각 상품생산자는 그들의 활동에서 오직 하나의 '권위', 즉 시장에만 복종한다. 그러나 시장은 특징적인 가격 변동이 있는 상품유통의 영역이요 경쟁의 영역이다. 상품생산자는 직접적으로 인간에 의존하는 것이 아니라 물, 즉 상품에 의존한다. 그러므로 인간들이 단지 서로에 대해서뿐만 아니라 또한 물에 대해 관계를 맺고 있는 특수한 상황이 발생한다. 교환 속에서는 다시 물들이 서로 관계를 맺는다. 그리하여 거기서는 물들이 어느 정도 자립적으로 행동하는 주체, 즉 '인격'이 되는, 관계의 이중화가 발생한다. 물들은 서로 관계를 맺을 뿐만 아니라 인간들에 대해서도 관계를 맺는다. 인간들간의 관계는 물들간의 관계에 의해 매개된다.

생명이 없는 사물, 즉 물이 사회적 관계 속에서 자립적 주체, 즉 '인격'이 되며 인간적·사회적 기능을 수행하고, 인간들에 대해 관계를 맺고 인간들의 행위를 규정하는, 물의 이러한 특별한 역할을 맑스는 '물의 인격화'라고 불렀다.

물의 인격화는 다시 이른바 인격의 물화라는 발전을 낳는다. 왜냐하면 물은 상품경제 속에서 '인격', 즉 어떤 특정한 사회적 힘을 가진 자립적으로 행동하는 개체가 되며, 물의 소유자는 물에 대한 처분권과 더불어 그 개체가 대표하는 힘도 가지기 때문이다. 물의 소유자는 사회적 힘의 소유자가 된다. 물은 인간이 사회 속에서 차지하는 지위를 결정한다. 그리하여 자본가의 가치는, 그의 자본이 얼마나 많은가에 따라 결정된다. 자본의 증대에 따라 그의 권력도 상승한다.

'물의 인격화'와 '인격의 물화'는 동일한 사실, 즉 '인간에 대한 물의 지배'를 표현하는 양극이다. 물의 인격화는, 물이 생명 없는 사물로부터 인간들간의 관계를 조정하는 데 중요한 역할을 하는 특별한 사회적 힘을 가진 자립적 주체가 된다는 것을 의미한다. 인간의 물화는, 인간이 일종의 물의 부속물, 즉 물의 의지의 집행자가 된다는 것을 의미한다. 인간은 사회관계의 자립적 주체로부터 물의 의지의 수동적 집행자가 된다. 그리하여 현실은 거꾸로 된 것으로 나타난다. 즉 물은 인간의 위치를, 인간은 물의 위치를 차지한다. 인간이 물을 지배하는 대신에, 물이 인간을 지배한다.

맑스는 상품경제 속에 객관적으로 주어진 이러한 특수한 현상, 즉 인간에 대한 물의 지배 그리고 그와 결합된 물의 인격화와 인간의 물화를 **상품의 물신성**이라고 불렀다. 맑스는 다음과 같이 썼다.

"하나의 유사한 예를 찾기 위해서는 종교적 세계의 몽롱한 경지로 들어가야만 한다. 거기에서는 인간 두뇌의 산물이 스스로의 생명을 가진 것으로, 서로 그리고 사람들과의 관계 속에 있는 자립적인 것으로 보인다. 마찬가지로 상품세계에서는 인간의 손의 생산물이 그러하다. 이것을 나는 물신성이라고 부르는데, 그것은 노동생산물이 상품으로 생산되자마자 그것에 달라붙는, 그리고 그 때문에 상품생산과 떨어질 수 없는 것이다."[6)]

인간의 의지와는 독립적으로 존재하는, 인간에 대한 물의 지배라는 객관적 사실은, 인간의 의식 속에서의 반영을 통해 소위 상품의 물신성의 주관적 현상형태로 전화한다.

상품의 물신성의 주관적 현상형태

주관적 물신성의 가장 단순하고 가장 원시적인 최초의 형태는, 어떤 주물(呪物)이 숭배되듯이 물에게 특별하고 초자연적인 힘을 돌리고 물을 신으로 높이는 일이다. 통상의 상품생산자는 그의 운명이 시장에서의 그의 상품의 태도에 달려 있는 것처럼 생각한다. 그러나 그는 왜 동일한 물이 오늘은 그를 부유하게 만들고, 내일은 그에게 손해를 입히는지를 이해하지 못한다. 그는 무엇이 가격 변동을 일으키는지를 모른다. 그는 그것이 신의 뜻이라고 믿는다. 왜냐하면 그는 이러한 현상들의 실제적 원인을 파악하지 못하고 그것을 초자연적 힘의 작용으로 설명하기 때문이다.

주관적 물신성의 이러한 형태는 통상의 상품생산자들에게서만이 아니라, 그들의 이데올로그들 — 부르주아·쁘띠부르주아 경제학자들 — 에게서도 발견된다. 그래서 19세기의 부르주아 경제학자인 몰리나리(Molinari)는, 가치법칙이란 신이 인간의 관계들을 통제하고 무질서하게 발전하는 사적 소유의 세계에 질서를 부여하기 위해 내려보낸 한 법칙이라고 주장했다.

그리하여 주관적 물신성의 이러한 형태가 유포되지만, 그것은 지배적인·규정적인 형태는 아니다. 대부분의 부르주아 경제학자는 물에다가 형식적으로는 조금도 초자연적인 특성을 부여하지 않았다. 몇몇은 직접, 물은 전혀 초자연적인 기능이 아니라 사회적 기능을 수행한다고 지적한다. 그러나 그때 이들은, 사회적 특성이 물에 본래적으로 달라붙어 있으며 영원한 성격을 지닌다고 주장한다. 물의 사회적 특성은 생산관계의 특성에서 그 근원이 찾아지는 것이 아니라, 자연적이고 본질적인 특성에서 찾아진다. 상이한 사회적 특성들을 갖춘 물은 또한 상이한 사회적 기능을 수행할 것이다. 그래서 금은 그 본성에 따라 화폐가 되라는 사명이 주어질 것이다. 생산수단은 본래 토지가 지대를 낳는 것처럼 이윤을 낳는 기능을 가지게 될 것이다. 이렇게 물의 사회적 특성을 그것의 자연적·원초적 특성으로부터 찾는 것 속에, 오늘날에도 여전히 부르주아 정치경제학에서 지배적인 상품의 물신성의 주관적 형태의 본질이 있다.

상품의 물신성의 주관적 형태는 오직 객관적 현실에 대한 과학적 인식에 의해서만 타파될 수 있다. 맑스에 의해 상품의 물신성의 비밀이 폭로됨으로써 모든 물은 그 본성상 일정한 사회적 특성을 나타내거나 초자연적 힘에 의해 지배된다는, 잘못되고 피상적인 이해가 분명히 드러났다. 상품의 물신성의 객관적 형태 — 인간에 대한 물의 지배 그리고 그와 결합된 '물의 인격화'와 '인격의 물화' — 는 그것의 기초인 상품생산 자체가 제거되지 않는 한, 제거할 수 없다.

상품의 물신성의 비밀

인간은 늘 생산해왔고, 앞으로도 그래야만 할 것이다. 이것은 인간 사회의 영원한 필연성이다. 그러나 물이 인간을 늘 지배하지는 않았다. 물의 자연적·본래적 특성은 그 자체로서는, 그것에 인간을 지배하는 특수한 사회적 힘과 권력을 주는 아무 것도 가지고 있지 않다. 물은 오직 그것이 상품이 될 때에만, 따라서 완전히 특정한 생산관계 속에서 그것이 생산될 때에만 이 권력을 가진다. "노동생산물이 상품형태를 취하자마자 생겨나는, 노동생산물의 수수께끼 같은 성격은 어디로부터 발생하는 것일까? 그것은 명백히 상품형태 그 자체로부터이다"[7]라고 맑스는 쓰고 있다.

그러므로 물의 지배에 관련된 비밀을 해결할 열쇠는 노동생산물의 상품형태 속에서 찾아야 한다. 상품은 사용가치와 가치의 통일을 체현한다. 사용가치로서 상품은 수수께끼 같은 것은 전혀 가지고 있지 않다. 인간은 자연소재를 변형시키고, 그들의 욕망을 충족시키기 위해 필요한 유용한 특성을 그것에 부여한다. 사용가치의 생산은 인간의 지배하에 있으며, 따라서 인간은 물을 지배한다. 인간에 대한 물의 지배에 관련된 비밀은 사용가치가 아니라, 상품의 가치에서 찾아야 한다. "가치는 ……모든 노동생산물을 사회적 불가사의로 전화시킨다."[8]

우리가 보았듯이, 가치는 물에 체현된 사회적 관계이다. 가치의 실체, 크기, 형태는 사회적 과정의 기초 위에서 상품생산자도 모르게 발전한다. 이러한 발전은 개별 상품생산자의 통제에 복종하지 않는다. 그 발전은 각 상품생산자에게, 그들을 지배하는 자연발생적이고 맹목적인 힘으로서 강제된다. 분업체계의 재편성, 부문에서 부문으로의 노동력의 이동 등은 수요와 공급관계를 변화시키고 또 그것을 매개로 상품가격을 변화시킨다.

이런 사회적 과정은 반드시, 동일한 물이 사회적 관계의 어떤 결합에서는 이만큼, 다른 결합에서는 그보다 더 많거나 혹은 더 적은 비용이 드는 결과를 낳는다. 상품생산자들간의 관계의 변화는, 상품의 가치와 가격에서 그에 상응하는 변화를 불러일으킨다. 동일한 과정이, 과거에는 아직 수요가 있었고 좋은 가격으로 판매되던 한 대상이, 균형의 변동에 따라 그리고 사회적 분업체계의 재편성에 따라 지금은 더 이상 요구되지 않고 무용하며, 그 대상의 생산을 위해 소모된 노동이 헛되이 소비되는 결과를 낳을 수 있다. 가치는 실체, 크기 및 형태의 통일로서, 개별 생산자의 의지나 소망과는 무관하게 형성된다. 가치는 생산자들을 지배하며 그들의 행동을 조종하는 사회적 힘으로 작용한다. 가치는 초자연적 힘이 아니라 사회적 힘이다. 그러나 이 힘은 개별 생산자의 통제 아래 있지 않는데, 이 힘은 상품생산의 모든 참가자간의 자연발생적 상호작용과 관계의 결과이기 때문이다.

상품의 물신성의 비밀을 폭로한다는 것은 가치의 본성을, 대상 속에 체현되고 대상의 특성으로 나타나는 특수한 사회적 관계로서 인식한다는 것을 의미한다. 가치는 물의 자연적 특성이 아니라 사회적 특성이다. 그러나 그때 가치의 사회적 특성은 가치의 자연적 특성과 착종되고, 그 결과 사회적 특성이 사회적 관계의 특성으로부터가 아니라 자연적 특성으로부터 생겨나는 기만적인 인상이 발생한다.

가치의 본성, 실체, 크기 및 형태를 이해한다는 것은, 상품의 물신성의 본성을 이해하는 것이다. 그러나 가치의 본성은 오직 우리가 가치를 형성하는 노동의 특수한 성격을 분석하고, 노동이 상품을 생산하는 특수한 생산관계들을 해명할 때에만 인식할 수 있다. 이것으로부터 상품의 물신성의 깊은 비밀은 사회적 노동의 특성 속에서 찾아야 한다는 결론이 나온다.

상품의 물신성을 야기하는 사회적 노동의 특징과 특성은 어디에 있는 것일까? 이 특성은, 사회적 노동이 각자가 자신의 판단에 따라 행동하는, 서로 고립된 사적 생산자들의 노동의 총체로 구성된다는 데 있다. 노동과정의 이러한 구조는 불가피하게 자연발생성, 무정부성, 발전의 불균형성 속에 드러나는 사적 노동과 사회적 노동간의 모순을 잉태한다. 노동생산물의 상품으로의 전화, 상품에 의한 특수한 사회적 기능의 수행 — 가치법칙에 의한 사회적 생산과정의 조절 — 은 사회적 노동과 사적 노동 사이의 상품생산의 기본모순이 해결되며, 서로 고립된 상품생산자들의 자연발생적으로 발전하는 질서 속에서 이러저러한 균형성이 성립되는 형태를 의미한다.

따라서 그 내적 연관은 다음과 같다. 즉 사회적 노동의 특수한 성격과 그것에 전형적인 사적 노동과 사회적 노동간의 모순이 노동생산물의 상품으로의 전화를 요구하며, 물의 특수한 특성인 가치를 발생시킨다. 상품가치는 가격 메커니즘을 매개로 직접 생산자인 인간들에 대해 규정적인 영향력을 행사한다.

상품생산자는 사회적 관계와 가치간의 연관을 보지 못한다. 그는 물이 자신을 지배한다고 믿는다. 그러나 실제로 그는 물과 그것의 가치를 매개로 하여 생산관계의 체계에 의해서 지배된다. 맑스의 위대한 공헌 중의 하나는, 그가 물의 관계 배후에서 인간의 관계를 드러냈다는 것, 그리고 왜 인간의 관계가 상품경제 속에서 물적인 또는 '물화된 관계'로 나타나는가를 밝히고 그와 더불어 상품의 물신성의 비밀을 드러냈다는 것에 있다.

7. 부르주아 및 쁘띠부르주아 가치론 비판

가격의 기초를 이루는 것은 무엇인가라는 문제는, 소상품생산자이든 대기업가이든, 부르주아 사회의 모든 상품생산자, 즉 자본가들에게는 생명처럼 중요한 의미를 지니는데, 어쨌든 그들의 소득 정도와 복지는 본질적으로 가격 변동에 달려 있다. 그래서 부르주아적 및 쁘띠부르주아 경제학자들은 이 문제에 대단한 주의를 기울여왔다.

이러한 문제들의 해명에서는 다음과 같은 주요 경향들이 두드러진다.

(1) 수요-공급이론.

(2) 효용이론.

(3) 노동가치론.

(4) 생산비용론.

(5) '3생산요소'론. .

(6) 한계효용이론.

(7) 수요 - 공급이론, 한계효용이론, 생산비용론 및 기타의 이론들을 상호 결합시키려는 절충론.

자본주의사회의 모순이 아직 뚜렷하지 않았던 때인, 부르주아 정치경제학의 최초의 발전단계에서 부르주아 경제학자들은 가격법칙에 대한 그들의 연구에서 점차 표면으로부터 현상의 본질로, 수요 - 공급이론과 효용이론으로부터 노동가치론으로 나아갔다. 부르주아 정치경제학의 학문적 성과의 절정은 이 분야의 대가들인 페티, 스미스, 리카도에 의해 발전된 노동가치론이었다.

부르주아 사회의 모순이 첨예해지고 프롤레타리아트의 혁명적 투쟁과 사회주의 사상이 발전함에 따라 대립적인 과정이 시작되었다. 즉 부르주아 정치경제학은 더 이상 자본주의 경제의 본질로 들어가려고 애쓰지 않았고, 의식적으로 현상의 표면에 머물렀다. 리카도의 노동가치론으로부터, 부르주아 사회를 임노동에 대한 착취로 고발하며, 부르주아 사회의 '완전성'과 '이성'에 대한 회의를 일깨우는 몇몇 결론이 주어졌다. 이러한 상황은 부르주아 정치경제학을 노동가치론으로부터 점차 멀어지게 만들었다. 맑스의 경제이론 출현 이후에는, 맑스주의 노동가치론과 그것에 근거한 잉여가치론에 대한 '반박'이 부르주아 정치경제학의 이데올로기적인 주요 과제가 되었다.

수요-공급이론

우리가 가격 형성과정을 분석할 때 부르주아 사회의 현상의 표면에만 머문다면, 우리는 먼저, 상품가격이 수요와 공급간의 관계에 의존한다는 사실과 만날 것이다. 수요가 공급보다 크면 가격이 올라갈 것이고, 공급이 수요보다 크면 가격이 내려갈 것이다.

이러한 사실에서 출발하여 몇몇 부르주아 경제학자는 이미 18세기에 소위 수요-공급법칙을 세웠는데, 그것의 본질은 다음과 같이 요약된다. 즉 가격은 그때그때의 상품의 수요에 직접 비례하고, 상품의 양에 반비례한다. 또한 이 이론의 몇몇 대변자는, 상품가격이 구매자의 수에 직접 비례하고 판매자의 수에 반비례한다고 생각한다. 수요-공급이론의 신봉자들은 가격과 가치간의 차이를 인식하지 못했고 양자를 동일시했다.

19세기 영국의 경제학자인 베일리(S. Bailey)는, 실제로는 단지 교환가치와 가격만 있고, 상품에는 어떤 종류의 내적 가치도 없다고 주장했다. 한 상품은 주어진 수요와 공급의 관계에서 그것에 대해 화폐나 다른 상품으로 치러지는 바로 그만큼의 값어치를 지닌다. 동일한 상품은 그것이 어떤 상품과 어떤 비율로 교환되느냐에 따라 여러 가지 '가치'를 가지게 된다.

20세기초 러시아에서 부르주아 변호론자인 스트루베(P. Struve)가 이러한 견해를 가졌었다. 그는, 가치는 '환상'이며 실제로는 단지 가격만이 존재한다고 설명했다. 가격 변동은 오직 수요-공급관계에만 의존한다. 이미 경제학의 초기 단계에 수요 - 공급이론은 부르주아 경제학자들 자체에 의해 비판되었다. 수요 - 공급이론의 주요 결점은, 수요와 공급이 일치할 때 어떻게 가격이 성립하며, 이러한 일치성에서 1kg의 고기에 대하여 4kg이나 1kg의 설탕이 아니라 2kg의 설탕을 제공하는가라는 핵심적인 물음에 대해 어떤 답도 제시하지 못한다는 것이다. 또한 가격이 수요 - 공급관계에 달려있다 해도, 이 관계는 다시금 가격 수준에 따른다는 것을 보여준다. 가격이 하락하면 해당 상품의 수요는 상승하고 가격이 상승하면 해당 상품의 수요는 하락한다. 또한 공급량도 가격 수준에 의존한다. 즉 한 상품의 가격이 상승하면, 그 상품의 생산이 자극되고 그 결과 공급이 늘어나며, 가격이 하락하면 그 반대의 현상이 나타난다. 이렇게 하여 순환이 계속된다. 즉 가격은 수요와 공급에 의존하며, 수요와 공급은 다시 가격에 의존한다. 이러한 순환 논증으로부터 빠져 나올 수 없다는 점이, 부르주아 질서의 공공연한 변호론자에 속하는 많은 부르주아 경제학자로 하여금, 수요 - 공급이론을 배척하도록 했다. 그래서 오스트리아의 경제학자인 뵘 - 바베르크는 '수요 - 공급법칙'에 대해 "우리는 국민경제학이 존재한 이래로 그 법칙을 가지고 있기는 하지만, 마찬가지로 오랫동안 우리는 그 법칙의 충분함을 발견하지 못했다"[9]라고 썼다.

가격의 기초로서의 가치를 부인하려는 시도는 현상의 표면에서는 인식할 수 없는, 경제적 발전의 고유한 법칙에 대한 분석을 반대하는 것이다. 레닌은 스트루베의 가치로부터의 가격의 '독립' 개념과 수요 - 공급이론 일반에 대해 비판하면서, 자신의 저작 『거듭되는 사회주의의 분쇄』에 다음과 같이 썼다. "가격은, 가치법칙이 현상하는 형태이다. 가치는 가격법칙이다. 즉 가격이라는 현상의 보편화된 표현형태이다. 여기서 '독립'에 대해 말한다는 것은 단지 과학에 대한 조롱일 뿐이다."[10]

효용이론의 최초의 변형들

상품가격의 발생을 수요-공급이론으로 설명할 수 없게 되자, 부르주아 경제학자들은 가격의 어떤 객관적 기초, 즉 모든 수요와 공급의 변동에서 가격이 접근하는 중심을 추구하게 되었다. 그들은 이 객관적 기초를 상품 자체의 특성에서 발견할 수 있다고 믿었다. 주지하다시피 상품은 한편으로는 이러저러한 인간의 욕구를 충족시키는 유용한 대상을 의미하며, 다른 한편으로는 그것의 생산에 특정량의 노동이 요구되는 그러한 생산물을 의미한다. 어떤 부르주아 경제학자들은 가격의 객관적 기초를 물의 유용성에서 찾기 시작했고, 다른 부르주아 경제학자들은 물의 생산에 지출된 노동량에서 찾기 시작했다. 전자의 입장의 발전으로부터 효용이론의 최초의 변형들이 발생했고, 후자의 입장의 발전으로부터 노동가치론이 나왔다.

꽁디약(F. B. de Condillac)과 갈리아니(F. Galiani)라는 두 18세기 경제학자는, 물의 가치가 그 유용성에 의해 결정된다는 견해를 대표했다. 이 이론의 신봉자들은 소위 욕구의 등급을 정했다. 그들은 충족되지 않으면 죽을 수밖에 없는 욕구(음식물에 대한 욕구)를 가장 중요한 욕구로 보았다. 두번째 등급은, 충족되지 않으면 건강에 해로운 욕구이며, 세번째 등급은 충족되지 않으면 일시적 궁핍을 가져오는 욕구 등이었다.

이 이론에 따르면, 음식물은 가장 큰 유용성을 가지기 때문에 가장 큰 가치를 가지며, 가장 작은 가치는 다이아몬드, 루비 등과 같은 사치품이 가지고 있는 가치인 것이다. 그러나 실제는, 예를 들면 빵 같은 음식물이 일상적인 교환 활동에서 사치품보다 낮은 가격을 갖는다는 점을 보여준다. 효용이론은 일반적으로 인정되는 사실에 명백히 모순되기 때문에, 결국 부르주아 경제학 자체에 의해 배척되었다. 효용이론은 방법론적 관점에서도 지지되기 어려운데, 그것은 생산이 아니라 소비를 기초로 하기 때문이다. 이 이론은, 상품의 사용가치들은 질적으로 상이하며 서로 비교 측정될 수 없다는 명백한 사실을 무시했다. 예를 들면, 아무도, 바이올린이 쥐덫보다 얼마나 더 유용한가를 정확히 확정할 수는 없다. 물의 유용성은, 상품들을 비교할 수 있게 하고, 가격운동의 법칙을 결정하는 공동의 성질이 아니다.

부르주아 정치경제학의 고전가들인 페티, 스미스, 리카도의 노동가치론

부르주아 정치경제학의 고전가들인 페티, 스미스, 리카도는 다른 길을 선택했다. 그들은 상품의 가치를 상품생산에 소비된 노동에서 찾는 노동가치론을 창조하였다. 한 상품의 생산이 더 많은 노동을 필요로 하면 할수록 상품의 가치는 올라가며, 그 역도 성립한다. 상품 가치가 변하면 가격도 변한다. 이러한 이론가(특히 리카도)들의 저작에서 노동생산성의 증대와 가치 크기의 연관이 지적되었다. 우리는 또한 리카도에서, 가치 형성에서 복잡한 노동이 단순한 노동으로 환원되며, 복잡한 노동의 생산물의 가치가 단순한 노동의 생산물의 가치보다 크다는 생각이 각인되어 있음을 발견한다. 리카도는 자본주의의 모든 경제적 범주에 대한 분석에서 일관되게 노동가치 원칙을 고수하였다. 가치론의 과학적 성과와 관련된 리카도의 공헌을 인정하면서 맑스는 다음과 같이 썼다.

"그러나 마침내 리카도가 그들 사이에 등장했고 과학에게 외쳤다. '멈춰!' 라고. 부르주아 체제의 생리학의 기초, 즉 출발점은 노동시간에 의한 가치의 결정이다. 리카도는 거기에서 출발하며, 과학이 지금까지의 구습을 벗어 던지도록 그리고 과학에 의해 발전되고 설명된 나머지 범주들이 얼마나 그 출발점에 일치되는가 또는 모순되는가 하는 물음에 답하도록 강제한다. …… 따라서 이 점이 과학에 대한 리카도의 위대한 역사적 의의이다."[11)]

그러나 리카도의 노동가치론은 몇몇 본질적인 결함을 가지고 있으며, 맑스는 경제학에 대한 유물변증법의 적용을 통하여 이것을 극복하였다. 이러한 결함은 다음과 같다.

첫째, 리카도는 그의 선행자인 스미스, 페티처럼 상품형태가 노동생산물의 영원한 형태라는 것에서 출발했다. 따라서 가치는 그에게 영원한 범주처럼 보였다. 그러나 맑스는, 노동생산물은 사회의 특정한 발전단계 그리고 특정한 생산관계들 속에서만 비로소 상품이 된다는 점을 증명하였다. 무엇을 생산하려면 언제나 노동이 지출되어야 했으며 지출되어야 하겠지만, 노동이 생산물에 항상 가치 속성을 부여해주는 것은 아니다.

둘째, 리카도에게서는 어떤 순수한 양적인 고찰방식이 특징적이다. 그에게는 오직 가치량만이 문제였다. 그는 가치와 가치를 창조하는 노동에 대한 질적 분석에는 관심을 두지 않았다. 그러나 맑스는, 사용가치를 창조하는 노동은 가치를 창조하는 노동과는 동일시될 수 없다는 것, 그리고 상품은 구체적인 노동과 추상적인 노동간의 모순으로 설명되며, 그 모순은 다시 상품생산자들의 사적 노동과 사회적 노동간의 모순을 발생시킨다는 점을 증명했다. 상품 속에 내재된 노동의 이중성에 관한 맑스의 이론은 리카도의 가치론의 결함을 극복할 수 있었다.

셋째, 리카도는 가치와 그것의 필연적 현상형태인 교환가치 사이의 내적 연관을 보지 못했으며, 그와 더불어 가치와 화폐 사이의 연관 또한 보지 못했다. 그것은 그에게는 하나의 외적 연관에 불과했다. 또한 리카도는, 왜 가치가 노동시간으로 표현되는 것이 아니라 항상 교환가치와 화폐를 통해 나타나야 하는지를 설명하지 못했다.

리카도 이론의 이러한 한계성은, 노동의 이중성 — 사적 노동과 사회적 노동, 구체적 노동과 추상적 노동, 사용가치와 가치간의 모순 — 에 관한 맑스주의 이론의 기초 위에서 비로소 극복될 수 있었다.

리카도의 노동가치론에서의 사회주의적 결론

리카도의 노동가치론은, 자본주의가 노동자계급의 착취임을 확인하는 결론으로 이끌어졌어야 했다. 리카도는 부르주아적 계급입장 때문에 이러한 결론을 스스로 끌어내지는 못했다. 그것은 영국의 사회주의자이자 리카도 이론의 옹호자인 톰슨(Thompson), 호지스킨(Hodgskin), 그레이(Gray) 및 브레이(Bray)에 의해서 이루어졌다. 만약 그들이 판단하듯이 오직 노동만이 가치의 근원이라면 노동의 산물은 그것을 창조한 사람, 즉 직접생산자인 노동자에게 귀속되어야 한다. 그러나 부르주아 사회는 다른 모습을 보여준다. 노동자의 손으로 창조된 가치는 노동자와 생산에 참여하지 않은 자본가 사이에서 나누어진다. 자본가계급은 사실상 타인 노동의 산물을 전유함으로써 살아간다.

브레이는 다음과 같이 썼다. "그러므로 이러한 과정은 자본가와 소유자가, 노동자의 1주일간의 노동으로부터 얻어낸 부의 일부만을 노동자에게 그 대가로 준다는 것, 즉 그들이 어떤 일부에 대해서는 아무 것도 노동자에게 주지 않는다는 것을 증명한다. 노동자와 자본가간의 협정이란 한갖 희극이다. 즉 실제로 그 협정은 수많은 경우에 비록 합법적이지만 철면피한 도둑질에 불과한데, 자본가와 소유자는 이 도둑질에 의해 생산계급에 대한 권력을 획득하고 생산계급으로부터 모든 생존수단을 남김없이 빨아 먹어 버린다."[12]

그러한 질서는 불공평하며, 따라서 그것은 전체 노동생산물이 노동하는 자에게 귀속되는, 어떤 다른, 어떤 사회주의적인 질서에 의해 대체되어야 한다는 것이다. 그리하여 사람들은 리카도의 가치론을, 자본주의에 대해 비판을 가하고 사회주의적 이상을 선전하기 위하여 이용했다. 그러나 이 이론 역시, 쁘띠부르주아적 사회주의의 의미에서 부르주아적 질서를 개혁하고자 하는 구상에 기초를 제공했다. 특히 이러한 경향은 19세기 프랑스의 쁘띠부르주아 경제학자인 프루동의 저작에 각인되었다.

프루동의 '구성된' 가치론

프루동은, 상품 가치가 그것의 생산을 위해 지출된 노동에 의해 규정된다는 리카도의 확정에 찬성했지만, 이러한 원리가 부르주아 사회에서는 결코 실현되지 않는다고 설명했다. 실제로 가격은 가치보다 높거나 낮지, 결코 가치와 동일하지는 않다는 것이다. 그의 견해에 따르면, 가치를 노동시간에 의해 규정하는 일은, 훗날의 사회주의 사회에서나 비로소 가능하게 된다.

프루동은 그의 쁘띠부르주아 사회주의 모델에서, 사회적 분업의 토대 위에서 고립된 사적 생산·교환·경쟁과 같은 상품생산의 고유한 기초를 버리지 않고 있지만, 거기서 화폐는 사라지고 노동수령증(Arbeitsquittung)이나 시간어음(Stundenbon)이 화폐를 대신한다. 그의 견해에 따르면, 화폐는 교환을 복잡하게 하며, 다른 사람들의 희생으로 살아가는 착취자를 낳는다는 것이다. 화폐의 폐지와 더불어 공평성의 원리가 실현되는데, 각자는 그 원리에 따라 노동하며 그에 의해 생산된 상품의 교환에서 소비된 노동의 완전한 등가물을 얻는다. 프루동은 가치법칙을 가장 공평하고 이성적인 법칙으로 파악했는데, 그 법칙이 다가올 사회주의 사회를 정초해야 한다고 생각했다.

프루동은, 영국의 경제학자인 그레이와 브레이를 따라서 상품 가치가 노동에 의해 규정된다는 것은 주지의 사실이기 때문에, 가치를 화폐로 표현할 필요가 없다고 판단했다. 따라서 화폐를 폐지하고 상품 가치를 직접 노동시간으로 표현하는 것이 더 낫다는 것이다. 사람들이 무엇에 의해 가치가 규정되는지를 몰랐을 때 그들은 가치를 간접적으로, 즉 화폐나 다른 상품으로만 측정할 수 있었다. 그러나 지금은 과학이 가치의 본성을 폭로했기 때문에 화폐의 지위도 포기되어야 하며, 그에 따라 경제적 실천도 변형되어야 한다고 생각했던 것이다.

이러한 목적으로 직접 노동시간으로 측정되어야 하는 이른바 구성된 가치(konstituierter Wert)라는 관념이 생겨났다. 부르주아 사회에서의 화폐와 같이 각각의 상품은 각각의 상품으로 교환될 수 있어야 한다. 사회는 얼마나 많은 노동이 이러저러한 상품에 포함되어 있는지를 측정해야 하고, 상품생산자들에게 그에 상응하는 노동수령증을 발행해주어야 하며, 그들은 그 수령증을 같은 양의 노동이 포함된 다른 상품들과 바꿀 수 있다. 이제 비로소 상품생산자는 그의 상품을 더 이상 화폐로 교환할 필요가 없다(항상 쉽지는 않을 테지만). 그의 상품은 그 속에 체현된 상품생산자들의 노동량에 따라 각 상품과 교환될 수 있는 특성을 가질 것이다.

이러한 중심 사상에 상응하여 영국과 프랑스에서는 소위 '공평한 교환'을 하는 은행과 시장이 설립되었다. 이러한 은행은 얼마 지나지 않아 파산했고, 그것은 쁘띠부르주아 경제학자들의 이론적 출발점의 무근거성을 증명하였다. 리카도의 노동가치론을 전술한 결함에서 해방시키기 위해 그것을 더욱 발전시키는 대신에, 프루동과 그의 무리는 일보 후퇴하여 이 결함을 더욱 심화시켰으며, 실제로는 버틸 수 없는 결론으로 그것을 끌고 갔다.

리카도는 가치와 가치를 창조하는 노동에 대한 어떠한 질적 분석도 제시하지 않았다. 리카도는 가치와 화폐간의 내적 연관을 드러내지 못했다. 따라서 가치는 직접 노동시간으로 표현되어야 하며 화폐는 불필요하다는 궤변이 등장할 수 있었다.

쁘띠부르주아 경제학자들은 가치 실체에 대한 소박한 개념으로부터 출발했다. 그들의 견해에 따르면, 각각의 상품생산자는 각각의 임의의 노동으로 가치를 창조한다. 그들은, 각 상품생산자가 노동을 지니고 있고 더불어 가치 또한 가지고 있기 때문에 유용한 대상을 생산한다고 생각했다. 그들은 사회적 추상적 노동이 아니라 사적 구체적 노동을 가치 실체로 파악했다. 이것이 그들의 첫째 오류였다.

맑스는 상품생산자의 사적 노동이 항상 가치를 창조하는 것은 아니라고 설득력 있게 지적했다. 그때그때의 사적 상품생산자의 노동 지출이 동시에 사회적 총노동의 필요한 구성 요소이고, 사회적 분업체계에서 필수적인 부분이며, 사회에서 요구되는 사용가치를 필요한 양만큼 창조할 때에만 가치는 창조된다. 만약 이러한 노동이 사회적 총노동의 객관적으로 필요한 구성부분이 아니라면, 이 노동은 어떠한 가치도 창조하지 않는다. 실제로 이 점은, 이러한 노동의 산물은 교환과정에 편입되지 않으며 그 산물의 가치와 사용가치가 시장에서 인정되지 않는다는 것에서 드러난다. 그럼에도 불구하고 쁘띠부르주아 경제학자들은, 모든 상품생산자의 노동이 언제나 사회적 분업과 사회적 욕구의 어떠한 구조에서도 가치를 창조한다는 데에서 출발했다. 그들은 상품생산에 고유한 사적 노동과 사회적 노동간의 깊은 모순을 인식하지 못했다.

수요와 공급이 일치할 때 (또한 주어진 균형관계 속에서) 상품이 그 가치대로 판매된다는 원칙으로부터, 프루동은 "상품이 바로 그 가치대로 판매된다면 이미 그것을 통해 수요와 공급의 일치, 즉 균형성은 사회 속에서 보증되는 것이다"라는 독특한 결론을 끌어내었다. 이렇게 하여 인과관계는 전도된다. 맑스는『철학의 빈곤』에서 프루동의 이러한 생각에 대해 다음과 같이 역설적으로 확언했다. "날씨가 좋으면 많은 사람이 산보하는 것을 보게 된다고 모두에게 말하는 대신에, 프루동 씨는 좋은 날씨를 보증하기 위해 주변 사람들에게 산보를 하도록 권한다."[13)]

가치 개념의 결함은 실제로 다음의 결과들을 야기했다. 사적 상품생산자들은 보통 정상적인 시장에다 내놓을 수 없는 (따라서 화폐로 교환할 수 없는) 상품들을 '공평한 교환은행'으로 가져갔다. 그 은행은 이 상품들을 받아들이고 그것들의 '가치'를 그것들의 노동량에 맞게 평가해야 했다. 얼마 후에 그 은행에는 정상적 시장에서는 전혀 유통되지 않던 상품들로 차고 넘치게 되었다. 그것은 결국 은행을 파산으로 이끌었다. 그레이(그리고 프루동)에 대한 한 비판에서 맑스는 이 쁘띠부르주아 공상가들의 근본 오류를 드러내고 있다. "그 문제(왜 모든 상품은 그것의 가치를 화폐로 측정하느냐 하는 문제)를 해결하는 대신에, 그는 상품들이 사회적 노동의 산물로서 직접 서로 관계를 맺을 수 있다고 상상한다. 하지만, 그 상품들은 현재의 그들의 모습대로만 서로 관계를 맺을 수 있다. 상품은 사적 교환과정에서 양도됨으로써 일반적 사회적 노동으로 입증되어야 하는 개별화되고 독립적인 사적 노동의 직접적 산물이다. 또 상품생산에 기초한 노동은 개별 노동의 전면적 양도에 의해 비로소 사회적 노동이 된다."[14)]

쁘띠부르주아 경제학자들은 첫째, 교환가치와 화폐가 가치의 유일한 현상형태라는 것을 이해하지 못했다. 둘째, 그들은 가치를 둘러싼 가격 변동이 가치법칙에 대한 어떠한 위반도 아니며, 가치법칙을 실현시키는 유일한 가능성이라는 점을 알지 못했다. 이러한 오류는 19세기 후반에 독일의 쁘띠부르주아 경제학파인 듀링에 의해 다시 범해졌는데, 엥겔스는 『반듀링론』에서 그를 철저히 비판하여 굴복시켰다.

리카도 학파의 붕괴. 생산비용론에 의한 노동가치론의 대체

리카도의 노동가치론이 반자본주의적, 사회주의적 귀결을 위한 자양분으로 역할했기 때문에, 리카도의 제자로 자임하는 부르주아 변호론자들은, 이 이론으로부터 벗어나야 한다고 생각했다. 부르주아 사회가 노동자계급을 착취한다는 비난으로부터 부르주아 사회를 방어하기 위해 그들은 노동가치론을 생산비용론으로 대체하였다. 토렌스(Torrens), J. 밀, 매컬럭 그리고 나중에 J. S. 밀 등은 물론 리카도의 제자요 옹호자라고 자처하기는 했지만, 실제로 그들은 그의 이론을 속류화했을 뿐이다. 그들은 리카도가 그의 저작에서 생산비용이라는 개념을 사용하면서 그 개념에 더욱 포괄적인 내용을 부여했다는 사실을 이용하면서 생산비용이라는 개념에 상품생산에서 소모된 노동뿐만 아니라 다른 요인들도 포함시켰다.

J. 밀은, 산 노동뿐만 아니라 죽은 노동도 가치를 창조한다고 주장했다. 매컬럭은 더욱 더 리카도의 가치론을 속류화시켰다. 그는, 가치는 인간 노동의 산물일 뿐만 아니라 수레 끄는 짐승, 기계, 자연력의 '노동'의 산물이

기도 하다고 주장했다. J. S. 밀에게 생산비용이란 범주는 어떤 다른 내용을 갖는다. 그는 그 범주를 상품생산을 위한 자본가의 화폐 지출로 파악했다. 그러나 이렇게 상품가격의 기초를 생산 자체를 위한 화폐 지출로 환원시키는 것은 쁘띠부르주아 경제학자들에게 호응을 얻지 못했다. 상품생산을 위한 자본가의 화폐 지출의 크기가 현존하는 가격 수준에 의해 규정된다는 명백한 사실로부터 출발할 때 하나의 순환논증이 발생한다. 즉 어떤 상품의 가격은 다른 상품들의 가격에 따른다. 결국 어떤 미지의 것이 다른 미지의 것에 의해 규정된다.

'3생산요소'론

생산비용론에 직접적으로 근접해 있는 것이 '3생산요소'라는 속류적 이론이다. 3생산요소론의 기원은 프랑스의 속류 경제학자인 세이이다. 오늘날 이 이론은 거의 모든 부르주아 정치경제학 교과서에서 재차 발견된다. 이 이론의 본질은 다음과 같다. 가치 형성에는 3가지 요소, 즉 노동, 자본, 토지가 관여한다. 각각의 이 요소는 그에 상응하는 가치부분을 창조하고, 이것은 각각의 계급에 의해 전유된다. 노동은 임금을 낳고 자본은 자본가의 이윤을 낳으며 토지는 지주의 지대를 낳는다. 그래서 부르주아 사회에서는 아무도 착취당하지 않는다는 것이 성립된다. 각자는 각각의 생산요소에 상응하는 그의 몫을 가진다.

미국 경제학자인 켈소(L. 0. Kelso)는 젊은 시절에 이 이론을 다소 수정된 형태로 재생시켰다. 1957년 3월, 잡지 『미국 법조협회 저널』에 실린 맑스주의의 노동가치론 비판을 위한 한 논설에서, 켈소는 노동뿐만 아니라 자본 — 그가 이해한 바로는 기계와 노동수단 — 도 가치 형성에 관여한다고 주장했다. 그의 견해에 따르면, "노동가치론은 원시시대에는 다소 적합했지만, 이미 전(前)산업적 경제에서는 별로 적합한 것이 못 된다. 인간의 노동과 협력할 수 있는 능력 또는 적어도 그러한 능력 형성의 기능을 가지는 노동도구나 기계의 생산을 위해 인간이 그의 이성을 사용하기 시작하자마자, 하나의 근본적 변화 ……모든 경제적 가치는 이제 더 이상 오직 노동이 아니라 노동과 자본에 의해 창조된다고 하는 그러한 변화가 일어났다."

이러한 주장의 의미는 명백하다. 그 주창자는 자본가와 자본소유자가 전유하는 이윤의 정당성을 입증하려고 노력했다. 켈소 자신이 이 점에 대해 공공연하게 쓰고 있다. "노동가치론은 결코 단지 학문적 관심에 관련된 것이 아니다. 노동이 모든 생산과정에서 창조되는 가치의 유일한 원천이라면, 노동은 전체 생산과정에서 형성된 가치를 요구할 도덕적 권리를 가질 것이다. 이때 자본소유자에게는 단지 그의 자본 반환을 요구할 도덕적 권리만 남을 것이다." 그러나 자본도 또한 가치 형성에 관여하기 때문에, 자본가는 생산에 사용되는 기계의 증가하는 수에 따라서, 생산된 부의 점점 더 큰 양을 이윤의 형태로 전유할 '도덕적 권리'를 갖는다.

'3생산요소'론의 근본 결함은, 이 이론이 사용가치 형성을 가치 형성과 혼동한 데 있다. 사용가치의 산출에는 노동뿐만 아니라 자연과 기계가 관여한다. 맑스는, 노동은 부의 아버지요 토지는 부의 어머니라고 주장했던 한 부르주아 경제학자의 말을 인정하면서 이 점을 분명히 지적하였다. 그러나 토지와 기계는 가치 형성과는 아무런 관계가 없다. 노동만이 가치를 창조한다. 생산수단 자체는 그 어떤 새로운 가치도 창조하지 않으며, 생산수단의 가치는 그것의 도움으로 생산된 상품에 이전된다. 자본가가 이윤으로서 전유하는 새로운 가치부분은, 그것의 유래를 따지자면 노동의 결과이다. 노동은 유일한 가치 형성자이지만 결코 유일한 사용가치의 원천은 아니다. 새로운 기계와 수확성이 높은 토지의 이용과 더불어 노동생산성은 향상되고 더 큰 사용가치가 창조될 수 있다. 그러나 가치의 총합은 소모되는 노동량을 증대시키지 않으면 증가하지 않는다. 보다 많이 생산된 각 상품단위는 보다 적은 노동을 함유하며, 그 결과 상품단위의 가치는 떨어진다. 생산된 사용가치들의 더 큰 양이 가치합의 증대와 동일시될 수 없다.

사용가치와 가치의 혼동은, 현대의 부르주아 정치경제학자들에게는 그들로서는 '납득하기 어려운' 노동가치론을 비판하기 위한, 매우 널리 유포된 수단이다.

한계효용이론

맑스의 『자본론』의 출현은, 엥겔스의 표현을 빌리자면 부르주아지에게

던져진 "가장 무서운 폭탄"이었다. 맑스는 리카도의 노동가치론이 지닌 과학적 요소를 더욱 발전시켰고, 그 이론의 부르주아적 한계를 극복했으며, 그가 수정한 노동가치론에 의하여 부르주아 사회의 전체 해부학과 생리학을 밝혀내었다. 그는 임노동에 대한 자본주의적 착취의 숨겨진 메커니즘을 상세히 규명했으며 사회주의적 생산양식으로의 혁명적 이행의 필연성을 증명했다. 자본주의에 대한 맑스주의 정치경제학의 출발을 위한 토대는 노동가치론이다.

수요-공급이론, 효용이론, 생산비용론, '3생산요소'론 등의 모든 부르주아 가치론은, 『자본론』에서 철저하게 비판되었다. 맑스의 반박할 수 없는 비판은, 지금까지의 모든 속류 정치경제학적 논증의 병기고를 때려부쉈다. 그리하여 부르주아 변호론자들은 하나의 어려운 문제에 직면하게 되었다. 즉 지금까지의 모든 이론보다도 더 견고하고 더 과학적이며 동시에 부르주아 질서에 대한 비판을 격퇴할 수 있는, 그러한 어떤 새로운 이론을 맑스의 가치론에 대립시켜야 한다는 것이었다.

1870~80년대에 제본스(W. St. Jevons), 왈라스(L. Walras), 멩거(K. Menger), 그리고 특히 오스트리아의 국민경제학자인 뵘-바베르크에 의해 발전된 한계효용이론이 이러한 목적에 바쳐졌다. 뵘-바베르크에 의해 가장 포괄적으로 발전된 한계효용이론의 주요 논지는 다음과 같은 내용을 가진다.

그는 우선 물의 이용과 물의 '가치'를 구별하고, 모든 물이 가치를 가지는 것은 아니라고 확정한다. 유용한 물의 수량이 무한하다면, 그것들은 그 어떤 가치도 가지지 않으며, 그 비축량이 한정된 유용물만이 가치를 지닌다는 것이다. 뵘-바베르크는 그의 이론의 초석인 주관적 가치라는 개념을 만들어냈다. 그는 그 범주의 내용을 다음과 같이 설명한다. "이미 자주 언명된 바와 같이, 가치는 객관적인, 즉 재화에 고유한 특성이 전혀 아니다. 마찬가지로 가치는 주관적인, 즉 다만 인간 내부에서만 일어나는 현상도 아니다. 가치는 객체와 주체간의 독특한 관계이다."[15]

맑스에게서 가치란, 물적 외피에 감추어진 인간들간의 특수한 생산관계로 나타난다. 뵘-바베르크에게서 가치는 인간들간의 관계가 아니라 인간과 물의 관계이다. 인간은 물을, 그것이 인간에게 어떤 유용성을 가져다주느냐에 따라 평가한다. "가치는 한 재화나 재화의 복합체가 어떤 주체의 복지를 위해 갖는 의미이다"[16]라고 뵘 - 바베르크는 썼다.

가령 어떤 사람이 그의 생산적인 그리고 개인적인 욕구의 충족을 위해 10리터의 물이 필요한데 50리터의 물을 갖고 있다면, 그때 40리터의 잉여분은 전혀 가치를 갖지 못한다. 그러나 그가 단지 10리터의 물만을 갖고 있다면, 그때 각 리터의 물은 하나의 가치를 가질 것이며, 그때에 단 1리터의 물만 모자라도 문제의 욕구를 충족시킬 수 없을 것이다.

뵘 - 바베르크에 따르면, 재화의 가치는, 이러저러한 물이 인간에게 가져다주는 효용성의 크기에 의해 규정된다. "효용성의 크기는 현실적으로 그리고 항상 재화 가치의 크기이다."[17] 그러나 그때 또한 효용성의 크기뿐만 아니라 재화의 한계가치 또한 문제가 된다. "한 재화의 가치는 그것의 한계효용의 크기에 따라 규정된다."[18]

그러나 가치 크기를 결정한다는 이 한계효용은 어떻게 나타나는가? 한계효용은 최대효용 혹은 평균효용이 아니라 "최소의 효용인데, 이것 혹은 이와 동일한 것을 만들어내기 위해서 구체적 경제상태에서 합리적 방식이 이용될 수 있었다."[19]

뵘 - 바베르크는 이것을 다음의 예에서 증명한다. 원시림 속에 사는 어떤 은자(隱者)가 그의 밭에서 5자루의 곡식을 수확했다고 가정해보자. 그는 다음 수확까지 이것을 가지고 살림을 해야 한다. 굶어죽지 않기 위해 그는 곡식 한 자루가 필요하다. 그 한 자루가 최대의 가치를 갖는다. 그 크기를 10이라고 하자. 두번째 자루는 그 사람이 건강과 체력을 유지하는 데 필요하다. 두번째 자루의 효용은 8이다. 세번째 자루는 가축을 기르기 위한 것이다. 세번째 자루는 6이다. 네번째 자루는 술을 빚는 데 필요하며, 그것의 효용은 4이다. 마지막 다섯번째 자루로 은자는 한 쌍의 앵무새를 기르려 하며, "그들의 재잘거림에 그는 시름을 잊는다." 다섯번째 자루의 효용은 1이다. 다섯번째 자루의 효용은 전술한 조건들 가운데에서 가장 낮은 한계효용을 이루는데, 이것이 곡식의 가치를 규정한다. 은자가 단 세 자루의 곡식만을 가지고 있다면 상황은 또 달라진다. 그때 한계효용은 가축을 기르는 데 쓰이기로 되어 있는 세번째 자루에 있으며, 곡물의 가치 크기는 1에서 6으로 상승한다. 만약 은자가 단 한 자루를 갖고 있다면 그것의 한계효용은 10과 같다. 이런 식으로 물의 수량과 그 물로 충족되는 욕구의 중요성에 의해, 물에 대한 주관적 평가는 변한다.

판매자와 구매자가 만날 때 그들은 그때그때의 물에 이미 규정된 주관적 가치평가를 부여한다. 이러한 상이한 가치평가가 서로 만나기 때문에, 경쟁과 수요-공급관계의 영향 아래서 그때그때 상품의 시장가격이 형성된다. "당연히 가격을, 시장에서 서로 만나는 상품과 가격재화(Preisgut)에 대한 주관적 가치평가의 합성력(Resultante)이라고 부를 수 있다." 그리고 그는 다른 곳에서 쓰기를, "가격은 처음부터 끝까지 주관적 가치평가의 산물이다"[20] 라고 했다.

한계효용론을 과학적으로 평가하기 전에, 이러한 이론이 객관적 현실의 실제 과정을 반영하는가, 하지 않는가라는 물음에 먼저 답해보자. 잉여로 존재하는 물은, 한정된 수량으로 주어진 물보다 낮게 평가된다. 사막에서 목이 타고 있는 사람은 한 잔의 물에 모든 것을 다 내어줄 것이다. 그러나 시내의 수력을 이용하는 물방앗간 집 주인은 아무런 대가를 요구하지 않고 그 시내에서 1통의 물을 퍼가는 것을 허락한다. 이러한 주관적 가치평가는 물론 분명히 존재한다. 만약 주부가 쓸 돈이 거의 없다면, 그녀는 그녀와 가족이 때때로 절실히 필요로 하는 물건조차도 팔려고 할 것이며, 그녀가 충분히 갖고 있는 물건을 구매하기 위해 돈을 허비하지는 않을 것이다. 실제로 시장에서는 상이한 욕구를 갖고 있고 이러저러한 물에 주관적으로 상이한 의미를 부여하는 구매자와 판매자가 만난다.

어쨌든 단지 표면적 현상만을 설명하는, 이러한 분명한 사실은 사람들의 수요와 지출 구조에 대한 분석을 위해 일정한 의미를 가질 수 있다. 그러나 한계효용이론이 상품생산의 고유한 과정에까지 나아가지 못한다는 것 또한 분명하다. 한계효용이론은 기껏해야 가치와 가격간의 괴리에서 나타나는 일정한 경향들을 설명할 수 있을 뿐이다. 그러나 그것은 가격의 현실적 무게중심을 규명하는 데는 완전히 부적절하다.

이 이론의 첫번째 방법론적 결함은, 그것이 생산에서가 아니라 소비에서 출발한다는 것이다. 그러나 맑스는, 소비구조가 생산구조에 의해 규정된다는 것을 확실히 증명하였다. 소비영역에서의 변화는 생산영역 내부의 변화에 의해 야기된다. 소비법칙은 생산법칙에서 도출되는(그 역은 아니다) 부차적 성질의 것이다. 그에 반해서 뵘 - 바베르크의 이론은 소비의 우위에 근거해 있다. 이 이론은 인간을 물질적 재화의 생산자로 보는 것이 아니라 단지 소비자로 본다. 이 이론은 노동의 의미, 즉 사회의 경제생활의 주역인 생산의 의미를 무시한다.

이 이론의 두번째 방법론적 결함은, 그것이 인간의 소망과 의지와는 무관한 객관적인 과정에 대한 분석을 인간의 주관적·심리적 가치평가에 대한 분석으로 대체한다는 것이다. 당연히 인간은 물의 의미를 그것의 수량과 효용에 의해 평가할 수 있다. 그러나 이러한 수량 자체는 생산의 상황, 생산의 생산력 수준, 상이한 생산분야로의 노동의 분배에 의해 규정된다. 생산구조에서의 모든 변화는 또한 상품의 수량과 품목에서의 변화를 가져오고, 그리하여 인간의 주관적-심리적 가치평가에 영향을 미친다.

셋째로, 뵘 - 바베르크는 그의 가치분석에서 사회 밖에 살고 있는 어떤 인간의 주관적 가치평가로부터 출발한다. 여기서 그러한 인간이란 사회와 어떠한 연관도 갖고 있지 않으며 오직 물에 대한 그의 관계라는 측면에서만 파악되는 인간이다. 이때 이러한 로빈슨 크루소는 생산자가 아니라 단지 소비자로 나타난다. 이와 더불어 가치를 특수한, 역사적으로 발생하는 인간들간의 생산관계로서 파악할 모든 가능성은 사라진다. 한계효용이론에서 가치는 영원한 범주로 나타나고, 또한 가치는 여기서 인간들간의 물적으로 맺어진 관계가 아니라 물에 대한 인간의 관계에 의해 조건지어진다.

뵘 - 바베르크는 분석의 출발점에서 상품경제의 특수한 조건들을 도외시했다. 그러나 이러한 조건들에 대한 분석은 그의 생각의 전체 사슬을 처음부터 의문에 부칠 것이다. 주지하는 바와 같이 상품생산자는 자신을 위해서가 아니라 타인을 위해서, 즉 판매를 위해서 생산한다. 그가 생산하는 대상은 그에게는 아무런 효용도 갖지 않으며, 그는 그 대상을 필요로 하지 않는다. 특히 이것은 대규모 기계제 생산 속에서 명백해진다. 자본가는 그가 개인적으로 필요로 하지 않는 생산물을 대량으로 산출하며, 뵘 - 바베르크의 입장에서 보면 이러한 생산물의 주관적 가치는 자본가에게는 제로와 같다. 그러나 자본가는 이러한 생산물을 가지고 거대한 이윤을 얻는다.

한계효용이론은 상품생산의 운동법칙을 설명해낼 능력이 없다. 그래서 엥겔스는 한계효용이론을 '무한한 무용성'의 이론이라고 불렀다. 그리고 만약 한계효용이론이 부르주아 경제서적에서 널리 유포되어 있다면, 이것은 한계효용이론이 맑스주의와 사회주의 이론에 대한 투쟁이라는 부르주아지의 사회적 명령의 이행을 소명으로 삼고 있다는 것을 의미한다.

한계효용이론은 19세기말과 20세기초에 가장 널리 유포되었다. 이 시기에 사회민주주의의 몇몇 대변자들조차 맑스주의의 노동가치론과 뵘 - 바베르크의 한계효용이론의 통합을 외쳤다. 수정주의자인 베른슈타인은, 뵘 - 바베르크가 가치분석에서 노동을 제외한 것이 이론적으로 정당하며 근거가 있다고 생각했다. 멘셰비키인 마슬로프도 소비 문제에 대한 분석에서 맑스의 가치론이 뵘 - 바베르크의 이론으로 보충되어야 한다는 견해를 피력했다. 러시아의 부르주아 경제학자인 투간 - 바라노프스키(Tugan - Baranowski)는, 맑스의 이론과 뵘-바베르크의 이론을 서로 결합시키려고 노력했다. 레닌과 플레하노프가 이러한 절충주의에 대해 단호한 투쟁을 했다.

주지하다시피 수정주의자들은, 맑스가 그의 가치론에서 사용가치를 완전히 도외시했으며 그것의 의미를 과소 평가했고, 그것을 '정치경제학으로부터 내쫓았고', 그것을 단지 '상품학'의 기술적 측면에 제한시켰다고 주장했다. 그러나 맑스는 한계효용이론의 한 대변자인 아돌프 바그너의 정치경제학 교과서에 대한 자신의 주석에서, 사용가치가 자신의 이론에서 '중요한 역할'을 한다는 것을 스스로 지적했다. 맑스는 사회적 사용가치인 물만이 가치를 가질 수 있다고 명백하게 확정했다. 소비의 대상이 아닌 물은 가치의 담지자일 수 없으며, 물의 생산을 위해 지출된 노동이 어떤 가치도 만들지 않는다면 그것은 헛되이 지출된 노동이다. 맑스는 물의 사회적 효용은 상이한 생산부문으로의 노동의 분배의 균형성 정도에 따라 변한다고 명료하게 지적했다. 그러므로 맑스는 결코 사용가치를 '정치경제학으로부터 내쫓지' 않았다. 그러나 또한 맑스는 사용가치와 가치를, 물의 효용과 가치실체를 동일시하지 않았다. 맑스의 가치론에서는 생산 문제뿐만 아니라 소비 문제도 매우 명백하게 다루어지고 있으며, 맑스의 이론을 한계효용이론과 결합시킬 필요성에 관한 수정주의자들의 생각은, 맑스의 노동가치론의 기초에 대한 오해 혹은 의식적인 왜곡을 드러내줄 뿐이다.

현대 부르주아 정치경제학에서의 상이한 가치론의 절충적 결합

현대 부르주아 정치경제학은 어떤 통일적이고 일원적인 가치론도 갖고 있지 않다. 현대 부르주아 정치경제학이 공표한 가치론은 상이한 이론들, 즉 수요-공급이론, 생산비용론, 그리고 한계효용이론의 결합이다. 오직 노동가치론만이 이미 언급된 계급적 동기를 추구하는 아무런 편견도 갖고 있지 않다.

이러한 절충주의의 창시자들 중에 영국의 경제학자인 마샬(A. Marshall)이 있다. 그는 가격운동에서 '장'·'단'기간을 구분해야 한다고 주장했다. '단'기간에서는 가격운동이 수요-공급관계에 의해 규정되고, '장'기간에서는 생산비용에 의해서 규정된다. 마샬은 노동가치론의 결정적인 적대자이다. 마샬은 "공장에서 방적되는 실의 가치는 기계의 마모분을 공제한다면 노동자들의 수고의 산물이라는 것은 옳지 않다. 실의 가치는 노동자들의 노동, 기업가와 그에게 고용된 지배인들의 노동, 그리고 소비된 자본의 노동의 산물이다"[21]라고 썼다. 이 말에서 마샬은, 그가 가치는 노동에 의해서뿐만 아니라 다른 생산요소들에 의해서도 형성된다는 속류적 명제를 변호하고 있음을 명백히 보여준다.

현대의 상이한 가치론의 절충주의적 결합의 명확한 예들 중에, 미국 경제학자인 사뮤엘슨(P. Samuelson)이 미국 대학용의 경제학 교과서에서 설명하고 있는 개념이 있다.

우선, 상품, 가치 그리고 화폐를 포함하는 모든 범주에 대한 분석에서, 명백하게 각인된 비역사적 취급이 눈에 띈다. 사뮤엘슨은 독자들로 하여금 상품이 인간 사회의 발생과 동시에 나타났으며 노동생산물의 영원한 형태를 표현한다고 믿게끔 하려 한다. "원시 경제에서도 인간은 스스로 각자가 모든 것을 평균적으로 행하는 대신에, 분업을 행하는 것이 더 합목적적이라는 것을 안다. 뚱뚱한 사람은 고기를 잡고, 날렵한 사람은 사냥을 하고, 재치있는 사람은 마술을 부리는 것이 더 합목적적이다."[22] 그의 견해에 따르면, 노동생산물의 상품으로의 전화를 위한 필수적인 조건인 분업은 "사람들간의 능력의 차이로부터"[23] 발생한다. 그러므로 분업은 인간 본성의 영원한 특성에 그 근원이 있다. 이러한 사고방식에서 생산력 발전, 노동도구의 분화 그리고 사회적 분업의 생성의 객관적이고 합법칙적인 과정을 추적하려는 시도는 전혀 찾아볼 수 없다. 모든 것은 아주 간단하다. 즉 인간은 생겨났다. 인간은 상이한 소질과 능력을 갖고 있으며 분업과 상품교환을 도입하기로 합의했다. 노동생산물의 상품형태의 출현은 생산력과 생산관계의 객관적이고 지리한 발전과정으로서가 아니라 인간들간의 의식적인 합의의 산물로서 나타난다. 이런 생각은 다음과 같은 사뮤엘슨의 진술에서 가장 명확히 나타난다. 즉 "그러므로 우리는 각자가 어떤 다른 것과의 교환을 위해서는 어떤 것을 포기하는 것이 서로에게 유익하다는 것을 발견한 최초의 두 원인(猿人)에게 커다란 감사를 드려야만 한다."[24)]

여기서 문제에 대한 과학적 분석이 전혀 없다는 것을 쉽게 확인할 수 있다. 우리는 단지 두 원인이 '갑자기' 분업과 교환의 이익을 알게 됐고, 이것이 상품과 상품생산의 역사의 시작이라는 근거 없는 생각을 발견할 뿐이다. 인간이 상품교환을 알지 못한 채 원시사회에서 수십만 년 동안 노동해왔으며, 상품교환이라는 생각은 갑자기 생겨난 것이 아니라 인간사회의 특정한 발전단계에서 특정하고 객관적이며 사회적인 생산조건하에서 비로소 생겨났다는, 아주 자명한 사실들이 완전히 무시된다. 인간들의 주체적 행동양식은 객관적 요소들에 의해 규정되며, 사뮤엘슨이 소위 정치경제학의 주관주의 학파의 수많은 추종자를 따라 주장하려는 바와 같이, 그 반대는 아니다.

또한 사뮤엘슨은 피상적으로 가치 문제에 접근한다. 상이한 상품들이 그것들을 상호 비교할 수 있게 만드는 공통적인 어떤 것을 가질 때에만, 상호 교환될 수 있다는 그의 확정은 사실 옳다. 그러나 그가 이것으로부터 끌어낸 결론은 완전히 빗나갔다. 그의 견해에 따르면, 상품은 단지 화폐가 존재하기 때문에 비교할 수 있다. 그래서 그는 다음과 같이 쓴다. "최초의 학교수업에서 우리는 사과와 오렌지를 합한다거나 다른 차원의 이질적인 덩어리를 한꺼번에 모은다거나 해서는 안된다는 것을 배운다. 그러나 국민경제에서 모든 가치를 동일한 척도로 잴 수 있게 만드는 것은 화폐가격의 기능이다. ……미학적으로는 빵과 꽃을 동일한 척도로 측정할 수 없지만, 경제적 관점에서는 화폐가 그것들을 비교 가능한 것으로 환원시킨다."[25)]

근본적으로 사뮤엘슨은 가치 문제를 비껴간다. 즉 그는, 상품 자체는 어떤 가치도 가지고 있지 않으며, 따라서 비교할 수 없다고 생각한다. 상품은 화폐를 통해 비로소 비교된다. 사뮤엘슨은 그의 전체 교과서에서 가치 개념을 피해가려고 노력하며, 가치 개념 대신에 가격, 가치판단(Wertigkeit), 효용과 같은 개념들을 가지고 서술한다. 그는 가치의 객관적 기초를 탐구하려 하지 않고 오히려 그 문제에 관하여 상품의 객관적 가치가 존재하는 것이 아니라 오직 물의 한계효용에 따른 물에 대한 주관적 판단만이 존재한다고 선언하려고 한다.

사뮤엘슨에 따르면, 상품의 시장가격은 수요와 공급, 한계효용, 생산비용과 같은 요소들의 영향 아래서 형성된다. 계속해서 그는 다음과 같이 나아간다. 즉 시장에서 그때그때의 수요와 공급간의 특정한 관계가 형성되며, 이 관계가 가격수준을 규정한다. 수요량은 다시 물의 한계효용에 의해 규정되며, 반면 공급량은 생산비용에 의해 규정된다. 마샬처럼 사뮤엘슨도 생산비용을 노동 지출뿐 아니라 자본 지출, 자본가가 그의 재산의 소비를 포기함으로써 짊어지는 '희생'과 위험으로 이해한다.

물론 가격 변동은 다양한 요소들로부터 초래될 수 있다. 그러나 가격이 그것을 둘러싸고 진동하는 하나의 중심이 있다. 이 중심은, 맑스가 지적한 바와 같이, 상품 속에 포함된 추상적·사회적 필요노동량에 의해 규정되는 가치다. 가격은 가치보다 높을 수도 낮을 수도 있지만, 그것의 운동은 최종적으로 가치에 의해 규정된다. 우리가 가격 운동을 오랫동안 추적해본다면, 가치와 가격간의 이러한 내적 연관이 분명하게 드러난다. 가치와 가격간의 일시적인 괴리는 조정되며, 가치가 근거짓는 평균 시장가격이 형성된다.

사회적 노동의 생산성의 변화는 가치 크기를 변화시킨다. 이것은 다시 평균 시장가격의 변화를 일으키고, 평균 시장가격은 항상 가치로 접근한다. 부르주아 정치경제학은 이러한 내적 연관의 분석을 두려워하며, 단지 다양한 표면적이고 외적인 연관의 기술에만 스스로를 제한시킨다. 이에 대한 명백한 예가 사뮤엘슨의 교과서이다.

제7장 화폐

일반적 등가물로서의 화폐의 본질은, 상품교환에서 상품생산자들간에 발생하는 관계를 매개하는 화폐의 기능 속에서 드러난다.

1. 가치척도

화폐로 표현된 상품의 가치가 상품가격이다. 모든 상품의 금과의 동등화 — 이것은 가격 속에서 모습을 드러낸다 — 는, 상품들의 가치를 질적으로 동등화시키며 상품들의 직접적인 양적 비교를 가능하게 한다.

표면적으로는 상품들이 화폐에 의해서만 비교될 수 있는 것처럼 보인다. 그러나 그렇지 않다. 가치로서의 모든 상품은 오직 대상화된 인간 노동을 구현하며, 그럼으로써 스스로 비교될 수 있기 때문에, 상품의 가치가 어떤 특정한 상품 속에서 측정되는 것이다. 비록 화폐가 다른 상품들에게 가격의 형태를 부여한다 할지라도, 화폐 자체는 어떠한 가격도 가지고 있지 않다. 즉 화폐는 자신의 가치를 자기 자신을 통해서가 아니라 자신의 사용가치를 통해서 표현할 수 있다. 만약 금이 화폐형태를 취한다면 금의 가치는 다른 상품의 사용가치로 표현된다. 금은 매우 다양한 상품과 교환되기 때문에 금의 상대적 가치는 이러한 모든 상품 속에서 무한히 많은 표현을 갖는다.

다른 모든 상품의 가치와 마찬가지로 금의 가치도 그것의 생산을 위해 지출된 노동에 의해 결정된다. 금 채굴을 위해 필요한 노동은 생산력의 발전과 더불어 줄어들기 때문에, 금의 가치는 불변적인 크기일 수 없고 하락한다. 따라서 어떠한 불변적 가치척도도 존재할 수 없다.

상품가격과 화폐 가치

상품가격은, 첫째 상품의 고유한 가치에, 둘째 금의 가치에 의존한다. 금의 가치가 일정하다면 상품가격은 상품의 고유한 가치에 직접 비례하여 변한다. 어떤 상품의 가치가 상승하면 상품의 가격이 상승하고, 그 상품의 가치가 하락하면 가격도 하락한다. 상품 가치가 동일하게 남아 있고 금의 가치가 변하면, 상품가격은 금의 가치에 반비례하여 변한다. 즉 금의 가치가 상승하면 상품가격이 떨어지고, 금의 가치가 떨어지면 상품가격이 상승한다.

역사는 금 생산의 저렴화가 '가격혁명', 즉 모든 상품가격의 현저한 상승을 야기했던 수많은 예를 보여준다. 17세기초와 18세기 전반기에 브라질에서 풍부한 금광의 발견과 그것의 상대적으로 유리한 채굴 가능성이 금의 가치의 급강하를 초래했고, 그것은 다시 유럽에서 모든 상품가격의 급상승을 결과했다.

상품 가치와 금의 가치가 동시에 변화할 때, 가격은 다양한 방향으로 변할 수 있다. 한편으로 상품 가치가, 다른 한편으로 금의 가치가 얼마나 변하느냐에 따라서, 가격은 오르거나 내릴 수 있다. 화폐의 가치척도 기능의 중요한 특수성은, 화폐가 사고 속에 존재하는 관념적 화폐로서 이 기능을 수행한다는 점이다. 따라서 금의 도움에 의한 상품 가치의 측정은, 상품이 화폐와 교환되기 전에 상품가격의 확정을 낳는다. 금이 실제로 존재하지 않는다 하더라도 상품 가치는 화폐로 표현될 수 있다. 그러나 가치척도 기능이 단지 사고 속에 존재하는 화폐에 의해 수행된다 하더라도, 상품가격은 현실의 화폐 재료의 가치에 직접 의존한다. 가령 가치척도로 역할하는 것이 금인가 은인가 혹은 동인가에 따라서 한 상품의 가치는 완전히 상이한 가격(또는 완전히 상이한 중량)으로 표현된다.

가격에서 문제가 되는 것은 단순히 한 상품의 가치 크기가 아니라, 화폐와의 교환관계 속에서 화폐로 표현된 그 상품의 가치 크기이다. 이것은 가격이 본래의 가치 크기와는 달리, 상품의 생산조건뿐만 아니라 교환조건도 표현한다는 것을 의미한다. 따라서 가격과 가치 크기의 불일치 가능성은 이미 가격 안에 포함되어 있다. 가치와 가격의 일치는 실로 이례적인 것이다. 상품가격은 가치를 중심으로 수요와 공급간의 관계에 따라 진동한다. 그러한 가격 운동은 자연발생적·무정부적으로 발전하는 상품생산에서 불가피하다.

가격의 도량기준

화폐의 가치척도 기능으로부터 다양한 상품가격을 측정하기 위한 기초로서 역할하는 특정한 화폐 단위를 고정시켜야 할 필요성이 발생한다. 이러한 화폐 단위는 일반적 등가물로 기능하는 금속의 일정한 중량으로 표현된다. 화폐 단위의 중량은 나라마다 매우 상이하다. 그래서 러시아에서는 1897년의 화폐개혁을 통하여 1루블의 금 함유량이 금 0.774g으로 확정되었다. 미국에서는 달러가 가격의 도량기준인데, 그것은 오늘날 금 0.737g을 함유한다.

도량기준으로부터 가치 단위의 그때그때의 부분 크기가 유래한다. 금·은·동은 중량의 형태로 그것들이 화폐로 전화되기 이전에 이미 그러한 도량기준을 갖고 있었다. 최초의 주화가 주조됐을 때, 가격의 도량기준은 아직 중량의 도량기준과 일치했었다. 그러므로 파운드 스털링(영국의 화폐 단위)은 원래 영국 파운드 은과 일치했다. 후에 국가에 의한 주화 무게의 감소와 가치척도로서의 보다 저급한 금속이 귀금속으로, 가령 동으로부터 은으로, 은으로부터 금으로 이행함과 더불어 가격의 도량기준은 도처에서 중량의 도량기준으로부터 분리되었다. 그때 그 이전의 명칭은 더 비싼 금속의 작은 중량으로 옮아간다. 은 대신에 금이 가치척도가 됨으로써 파운드 스털링이라는 명칭은 금의 더 적은 중량 단위로 이전된다.

가격의 도량기준은 법에 의해 확정되고 변화하지만, 금 속에 표현된 실제의 가격은 국가가 아니라 자발적으로 작용하는 가치법칙에 의해 규정된다. 가치척도로서 화폐는 추상적인 사회적 노동을 체현하며, 가격의 도량기준으로서 화폐는 고정된 금속이다. 가치척도로서 화폐는 일정한 금량으로 모든 상품의 가치를 표현한다. 가격의 도량기준으로서 화폐는 이런 금량을 계량한다. 그러므로 우리는 가치척도와 가격의 도량기준을 구분해야 한다.

타인의 소비를 위한 상품생산자의 특정한 생산물이 소비자들에게 도달되고 생산자가 다른 생산물들을 구매할 가능성을 갖기 위해서는 그 생산자의 생산물이 현실적 화폐로 전화되어야 한다. 다른 한편으로 화폐는, 그것이 교환과정에서 현실적 화폐로 유통된다는 바로 그 이유에서만 관념적 가치척도로 기능할 수 있다. 따라서 화폐의 가치척도 기능은, 화폐가 유통수단의 기능을 수행하는 현실적 교환과정과 불가분하게 결합되어 있다.

2. 유통수단

직접적 상품교환과 상품유통

원래 상품교환은 W－W라는 정식대로 상품 대 상품의 직접적 교환의 형태를 가졌었다. 화폐의 출현과 더불어 교환의 형태가 바뀌었다. 이제는 생산자가 우선 상품을 팔아 화폐로 바꾸고, 그후에 그 화폐로 그가 필요로 하는 상품을 사기 때문에 교환과정은 W－G－W라는 정식대로 수행된다. 이때 W－G는 상품의 판매이고, G－W는 화폐로 상품을 구매하는 것이다. 여기에서 화폐는 교환의 매개자 역할을 한다. 상품교환은 상품유통의 형태를 띠고 화폐는 유통수단의 기능을 수행한다.

직접적 상품교환과 상품유통은 그것들의 형태에서뿐만 아니라 그것들의 본질에서도 차이가 난다. 직접적 교환에서 양 상대방은 동일한 위치에 있다. 각 상품소유자는 그의 상품을 어떤 다른 상품과 교환하기 때문에 거의 동시에 판매자이자 구매자이다. 여기에서 구매와 판매는 동시에 일어나며 구매자와 판매자는 아직 독립적인 경제적 개념이 아니다.

반면, 화폐가 상품교환에서 매개자 역할을 하는 상품유통에서는 다르게 나타난다 여기서 각 상품은 두 가지 전형 또는 전화를 겪는다. 최초의 전형은 W－G 행위이다. 상품은 화폐와의 교환으로 판매되고 그 가치는 상품형태로부터 화폐형태로 전화한다. 두번째 전형은 G－W 행위, 즉 화폐형태로부터 상품형태로의 가치의 전화이다. 화폐의 상품으로의 전화 이후에 상품유통은 끝나고 상품들은 유통영역으로부터 소비영역으로 넘어간다. 따라서 이러한 교환형태의 고유한 특수성은 구매와 판매가 서로 분리되고 자립화되며, 구매와 판매가 더 이상 시간적·공간적으로 일치하지 않는다는 데 있다. 이러한 교환형태는 상품생산자로 하여금 오늘 그의 상품을 팔고, 일주일이나 한 달 후에야 구매할 수 있도록 해준다. 그는 어떤 시장에서는 판매할 수 있고 다른 시장에서는 구매할 수 있다. 구매자와 판매자는 상품유통에서 자립화된다. 상품생산자는 그때그때 구매자일 수도 판매자일 수도 있지만 동시에 양자일 수는 없다.

상품유통에서는 가치운동과 사용가치운동간의 차이가 명백히 드러난다. 상품생산자는 상품의 사용가치로부터 분리되지만 일정한 화폐 액수의 형태로 상품의 가치를 보유한다. 이제 그는 그가 원하면 언제 어디서나 소비할 수 있는, 가치의 독립적 형태로서의 화폐를 소유한다. G－W 행위는 W－G 행위 뒤에 반드시 따라올 필요는 없는데, 이것은 판매자가 구매를 포기하고 어떤 제3의 생산자가 그의 상품을 판매하지 않을 수 있다는 것을 뜻한다. 상품유통의 한 지점에서 판매와 구매가 분리되면 다른 지점에서도 그것들은 서로 분리된다. 이리하여 직접 상품교환의 상품유통으로의 전화에 의하여 공황, 즉 과잉생산의 가능성이 발생한다. 자신의 가치를 실현한 후에 유통영역으로부터 빠져 나오는 상품과는 달리, 화폐는 거기에 남아 있으며 상품교환을 매개한다. 상품운동이 일차적이고 규정적인 것이라면, 화폐운동은 상품운동에서 파생되며 상품운동에 의존한다.

유통수단의 기능이 화폐표장으로 이전될 가능성

원래 금은 유통수단의 기능을 무게에 따라 인정되는 금괴의 형태로 수행했다. 금을 교환할 때마다 무게를 달지 않아도 되기 위해 처음에는 몇몇 상인이, 나중에는 국가가 작은 금괴에 특정한 표준형태를 부여했고 그것을 주화로 만들었다. 그래서 금화와 은화는 주화의 형태를 취했다. 주화 유통은 금괴가 무게에 따라 인정되는 반면, 주화는 액면 가치에 따라 인정된다는 점에서 금괴 유통과 구별된다. 유통과정에서 금 주화는 점차 마모되고 그 무게가 줄어든다. 그러나 시장에서 금 주화는 계속 원래의 액면 가치대로 유통된다. 즉 금 주화는 더 이상 완전한 가치의 주화가 아니게 된다. 금

주화 안에 포함된 금량이 줄어든다 하더라도 금 주화의 구매력은 변화가 없다(이 현상에 관해서는 이후에 더 자세히 논하여진다). 화폐유통 자체는 따라서 주화의 명목적 내용과 실제적 내용을 분리시킨다. 마모된 주화의 정상적 유통에서 자극을 받아 중세의 정권들은 의식적으로 주화에 불순물을 섞었고 화폐의 액면가치를 변동시키지 않고 화폐 재료 함유량과 주화 무게를 감소시켰으며, 그들은 그렇게 국고를 보충했다. 보조 주화의 금속 함유량은 이미 오래 전부터 국가에 의해 자의적으로 고정되었다. 보조 주화는 금 주화보다 더 빨리 유통과정에서 마모되며, 그것의 구매력은 그 무게나 그것의 재료가 되는 금속의 가치와는 완전히 무관해진다.

금과 은의 유통에서 가치 이하의 주화가 완전한 가치의 화폐를 대표할 수 있었기 때문에, 실제 화폐(금과 은으로 만든)의 대용물로서 지폐가 발행될 수 있다는 생각이 등장했다. 이런 종류의 최초의 시도는 이미 12세기에 (중국에서) 취해졌다. 러시아에서는 최초의 지폐가 1769년에 나타났다.

지폐는 전혀 가치를 가지고 있지 않다(아주 경미해서 무시될 수 있는 종이의 가치를 도외시한다면). 그러나 종이로 된 1루블은 금으로 된 1루블과 같은 구매력을 가질 수 있으며 금 루블과 나란히 유통될 수 있다.

화폐상품이 화폐표장, 즉 가치상징(가치 이하의 주화와 지폐)에 의해 대체될 수 있는 가능성은, 유통수단으로서의 화폐 기능의 성격으로부터 발생한다. 이러한 기능 속에서 화폐는 단지 상품교환의 일시적 매개자로서 나타난다. 중요한 것은 화폐표장이 사회에 의해 인정된다는 것이다. 지폐는 그것을 법률적으로 강제 통용시키는 국가에 의해 발행되므로 오직 그때그때의 국가의 한계 속에서만 통용된다.

대립물의 통일로서의 가치척도와 유통수단

가치척도와 유통수단으로서 화폐는 불가분의 통일을 이룬다. 한 기능은 다른 기능을 전제한다. 화폐가 실제적 교환수단으로 기능하지 않는다면 화폐는 그의 가치척도 기능을 수행할 수 없을 것이다. 그러나 화폐가 모든 상품의 일반적으로 승인된 가치척도가 아니라면 화폐는 유통수단일 수 없을 것이다.

다른 한편, 가치척도와 유통수단이라는 기능의 통일 속에 그 모순이 분명히 나타난다. 첫째로 가치척도로서의 화폐는 관념적 계산 화폐인 반면에, 유통수단으로서의 화폐는 상품생산자들이 그것으로 상호 지불하는 현실적 화폐이다. 둘째로 가치척도 기능은 항상 화폐상품(금)에 의해 수행되어야 하는 반면, 유통수단의 기능에서는 현실적 화폐(금)가 그 어떤 고유한 가치도 갖지 않는 화폐표장, 즉 가치상징에 의해 대표될 수 있다.

그러나 화폐의 모든 기능형태의 배후에는 실제의 상품 내용이 있다. 즉 첫째로, 화폐의 가치에 대한 인간들의 관념적 표상에는 화폐 재료(금)의 현실적 생산조건이 근거되어 있으며, 화폐의 가치는 금의 가치변동에 따라 변한다. 둘째로, 명목적 가치표장은 단지 그것이 유통수단 기능 속에서 금을 대표하고 따라서 그것의 명목적 가치가 유통에 필요한 금의 가치에 의존하기 때문에 유통수단으로 기능할 수 있다. 따라서 상품의 일반적 등가물로서의 화폐의 본질은 이 두 가지 기능 속에서 상이한 방식으로만 나타나게 된다.

맑스는 이 처음 두 가지 기능에 대한 분석에 근거하여 위에 상술된 정의를 다음과 같이 구체화하였다. "가치척도로서 기능하고, 그 자신이나 또는 대리물을 통하여 유통수단으로서 기능하는 상품이 화폐이다."[26] 이 정의는 이 범주의 본질을 가장 포괄적으로 표현하는데, 왜냐하면 이 정의는 화폐가 단지 하나의 상품, 즉 단순한 상품이 아니라 현실적이고 물질적 실체를 가진 상품과 그것의 대립물, 즉 가치표장의 통일이라는, 화폐의 모순을 실제적 삶 속에서 명확히 드러내주기 때문이다. 여기서 특징지어진 화폐의 두 가지 기능으로부터 나머지 모든 기능이 생겨난다.

3. 화폐축장(축적수단)

한 상품생산자가 그의 상품을 판매하고 받은 돈으로 어떤 다른 물건을 사지 않는다면, 화폐는 유통영역으로부터 빠져 나와 축장되게 된다. 화폐의 축장과 일정 기간 동안의 유통으로부터의 화폐의 퇴장은 이미 생산과정에 의해 조건지어진다. 상품생산자가 그의 생산물을 소량 판매하면서도 노동도구를 구입해야 한다면, 그는 구매 행위 없이 먼저 오랫동안 판매만 해야 하고 화폐를 모아야 한다. 또한 가구, 의복 등과 같은 고가의 소비재를 구입할 수 있으려면 이전에 화폐축장이 되어야 한다. 따라서 모든 상품생산자는 어느 정도는 화폐축장자들이다. 이 축장기능은 실제적 화폐, 즉 실제의 금에 의해 수행된다. 실제로 상품생산자들은 금뿐만이 아니라 금속 또는 종이로 된 화폐표장을 저장한다. 그러나 이러한 축장형태의 허구성은, 화폐표장이 금에 비해 감가될 때 명백히 드러난다. 참된 축장의 기능은 오직 금만이 수행할 수 있다.

주화화폐와 더불어 금이나 은으로 된, 하지만 직접 화폐로 기능하지 않는 사치품이 화폐축장 기능을 한다. 그래서 화폐로 기능하지 않는 금이나 은 시장이 점점 더 확장된다. 이러한 축장의 미적 형태의 발전과 더불어 사회적 전복의 시기에 공개되는 화폐 공급의 숨겨진 원천이 발생한다. 예를 들어 러시아혁명 후에 자본주의 국가로 이민한 러시아 귀족들은 금·은 장신구 형태로 축적된 그들의 축장을 화폐로 바꾸었다. 생산 및 상품유통의 팽창과 더불어 축장형태로 존재하는 화폐의 일부가 시장으로 다시 유입되고 유통수단의 기능을 수행하기 시작한다. 반대로 상품생산과 유통이 줄어들면, 유통영역에서의 화폐 잉여분은 축장화폐로 전화된다. 따라서 완전한 가치의 금속화폐의 유통에서는 항상 상품가격의 실현에 필요한 만큼의 화폐가 시장에 있기 마련이다. 반대로 금으로 교환될 수 없는 화폐표장(지폐)의 유통에서는 축장이 유통 속에 존재하는 화폐량의 자발적인 조정자가 결코 아니다(제7장 '6. 화폐유통의 법칙'을 참조).

4. 지불수단

상품유통의 발전과 더불어 일상적인 구매 및 판매행위와 나란히 상품거래의 하나의 특수한 형태가 발생한다. 즉 사전 상품판매가 없는 구매가 그것이다. 그것은 상품생산의 발전에서의 새로운 일보 — 상품생산자들간의 밀접하고 영속적이며 빈번히 반복되는 관계 — 를 의미한다. 상품에 대한 지불이 연기(유예)된다면 자신의 상품을 사전에 판매하지 않고서도, 따라서 화폐를 소유하지 않고서도 상품생산자는 그때그때 필요한 상품(가령 원자재나 노동도구)을 구매할 수 있다. 이리하여 신용에 기반한 상품판매가 발생한다. 이러한 거래에서 한 상품생산자는 **채권자**가 되고 다른 한 상품생산자는 채무자가 된다. **채무자**가 상품을 수취할 때 그는 채권자에게 일종의 채무증서(보통 어음 형태)를 준다. 그 채무증서에 대하여 채무자는 신용으로 수취한 상품의 가치를 특정 기간 내에 지불할 의무를 진다. 이 기간이 다 되면 채무자는 채권자에게 수취한 상품의 가치를 화폐로 지불하고 그로부터 채무증서(어음)를 되돌려 받는다. 여기에서 화폐는 **지불수단의** 기능을 수행한다. 또한 상품유통 밖에서도 화폐는 빈번히 지불수단으로서 기능한다. 그것은 임금을 지불하고 매우 다양한 금융상의 채무(차입금, 조세, 차지료)를 변제할 경우이다. 요컨대 화폐는, 그것이 상품교환의 일시적인 매개자로서만 나타나는 것이 아니라 그것이 점유 변경의 형태로 자립적인 운동을 수행하는 모든 곳에서 지불수단으로 기능한다.

화폐의 지불수단 기능은 지금까지 다루었던 기능들과 구별됨과 동시에, 그것들과 밀접한 연관을 맺고 있다. 화폐가 가치척도, 유통수단 및 축장화폐로서 기능할 때만 화폐는 지불수단으로 사용될 수 있다. 화폐가 이러한 기능들을 수행하지 않는다면, 화폐는 결코 누구에 의해서도 지불수단으로 승인될 수 없다. 그러나 화폐의 지불수단 기능은 그 특수성을 보여준다. 화폐가 유통수단으로 기능하는 곳에서는, 상품은 시장에서 우선 가치로서 실현되며 그 이후에야 비로소 소비영역으로 들어갈 수 있다. 신용으로 상품을 양도할 때에는 실제 상품의 사용가치만이 생산자로부터 소비자에게로 넘어간다. 그러나 상품의 가치는 단지 채권 속에서 관념적으로만 표현된다. 특정 기간이 지난 후에야 채무자는 채권자에게 신용으로 수취한 상품의 가치를 화폐로 지불한다. 여기서 상품의 사용가치와 가치의 분리가 분명히 드러난다.

신용화폐

화폐의 지불수단 기능과 관련하여 소위 **신용화폐**가 발생·발전한다. 상품을 신용으로 판매하고 구매자로부터 채무증서, 즉 어음을 받은 상품생산자는, 그 어음으로 그가 제3의 상품생산자로부터 구입하는 상품에 대한 대가를 지불할 수 있다. 이때 그 어음은 그 제3자를 위한 양도각서를 포함하고 있는데, 그 제3자는 그럼으로써 어음소유자가 되고 동일한 방식으로 어떤 상품의 구입을 위해 제4의 생산자에게 지불할 수 있다. 어음에다 양도각서를 기입하는 사람은 그의 지불을 보증하므로 더 많은 각서 기입을 가질수록 어음은 더 신용할 수 있고 더 잘 유통될 수 있다. 그리하여 신용수단으로서의 어음은 어떤 특정한, 신용을 통해 발생하는 화폐형태, 즉 신용화폐나 상업화폐의 형태를 취한다.

어음 유통의 토대 위에서 신용화폐의 더 발전되고 완성된 형태가 발생·발전한다. 즉 은행권이 그것이다. 은행권은 현금에 대한 요구에 대해 상환되는 은행의 지불 약속이다. 은행권은 사적 상업어음을 대신하여 유통과정에 들어온다. 이런 형태의 신용화폐는 더욱 많이 유포되었고 어음 유통은 점점 더 오늘날 지배적인 형태의 화폐표장인 은행권에 의해 밀려났다.

지불수단으로서의 화폐 기능에 의한 공황 가능성의 발전

상품생산의 전개와 더불어 상품생산자들간의 신용관계가 확대되고 강화된다. 각 상품생산자는 동시에 채권자이자 채무자일 수 있다. 그는 필요한 상품을 신용으로 수취할 수 있고, 그 자신의 상품을 신용으로 판매할 수 있다. 각 상품생산자는 채무증서의 체계를 통해 다양한 다른 상품생산자들과 결합된다. 그러나 이러한 사슬의 어느 한 고리에서 채무가 제때에 변제되지 않으면 이것은 즉시 서로 결합된 상품생산자들의 상태에 효과를 나타내고, 채무증서의 무더기의 부지불, 즉 파산이 결과된다. 생산과정이 중지되고 공황이 나타난다. 그러나 신용관계로부터 발생하는 이 공황의 가능성이 현실로 되려면, 그것은 자본주의의 발전과 더불어 발생하는 수많은 그 이상의 조건들을 필요로 한다.

5. 세계화폐

국민적 한계를 넘어선 상품생산의 발전과 상품교환의 확대는, 화폐의 새로운 기능의 발생을 위한 물질적 전제였다. 맑스의 말을 빌리자면, 세계시장에서 화폐는 그것의 국민적 의상을 벗고 오로지 귀금속의 금괴형태(중량)로 환원된다. 이전에 이 나라에서는 금이 저 나라에서는 은이 화폐 기능을 했을 때, 세계시장에서는 금과 은이라는 이중의 가치척도가 존재했다. 오늘날 가치척도 기능은 모든 곳에서 오로지 금에 의해서만 수행된다.

세계시장 유통에서 화폐는 무엇보다도 일반적인 지불 및 구매수단으로 기능하는데, 이때 지불수단 기능이 우세하다. 이것은 세계무역이, 상품이 신용으로 판매되거나 화폐가 상품의 지불을 위해 선불되는 거대 무역이라는 점으로부터 설명된다. 그밖에 화폐는 세계시장에서 부의 사회적 물질화로서 기능하는데, 왜냐하면 부가 일반적 등가물, 즉 금의 형태로 한 나라에서 다른 나라로 자유롭게 돌아다닐 수 있기 때문이다.

각 나라는 국제 결제를 위해 일정한 금 저장을 필요로 한다. 따라서 금 축장은 세계화폐의 준비금이다. 금 축장은, 축장이 국내 유통의 자연발생적 조절자가 되지 못하는 지폐유통에서도 준비금 역할을 한다.

6. 화폐유통의 법칙

유통영역으로 들어오는 상품을 유통영역에서 빼내려면 그때그때 일정한 화폐량이 필요하다. 우선, 완전한 가치의 주화만이 배타적으로 기능한다고 할 경우에 유통 속에 존재하는 화폐량을 규제하는 법칙을 살펴보자.

유통에 필요한 화폐량은 무엇보다도 시장에서 유통되는 상품의 가격 총액에 의존한다. 가격 총액이 커질수록 화폐는 그 이외의 조건이 동일한 경우에 더 많이 필요하며, 그 역 또한 성립한다.

유통 속에 존재하는 화폐량에 영향을 미치는 두번째로 중요한 요소는 화폐(혹은 주화)의 유통속도이다. 동일한 주화가 유통과정 속에서 더 많은 상품 거래를 매개할 수 있다. 주화가 빨리 유통되면 될수록 유통영역에서 필요한 주화의 양은 줄어든다. 예를 들면, 1달러가 다섯 번 유통될 때 10만 달러 총액의 상품의 실현을 위해서는 100,000÷5=20,000개의 1달러짜리 주화가 필요하다.

그밖에 유통 속에 존재하는 화폐량은 신용의 크기에 의존한다. 신용에 의한 상품판매의 경우에 판매 당시에는 현금이 필요하지 않다. 반면 상품생산자들간에는 언제나 이전에 완료된 신용거래에서 기인하는 결제가 발생하는데, 그것은 일정한 화폐량을 필요로 한다. 끝으로 다양한 채무증서들은 현금 없이 상호 결제로 변제된다.

그러므로 유통에 필요한 화폐량은 상품의 가격 총액, 화폐의 유통속도, 신용판매의 규모, 상호 결제되는 지불 총액 및 만기 지불 총액에 의존한다. 유통에 필요한 화폐량을 지배하는 법칙은, 다음과 같은 정식으로 표현된다.

일정 기간 내의 유통에 필요한 화폐 총액은,

$$\frac{\text{실현되어야 할 상품가격 총액}^{27)}+\text{만기지불 총액}-\text{상호 결제되는 지불총액}}{\text{평균 화폐유통 수}}$$

따라서 완전한 가치의 화폐(금)의 유통 법칙은 다음과 같이 정식화될 수 있다. 현금으로 실현되어야 할 상품 및 만기 지불(상호 결제되는 지불을 빼고)의 주어진 가치 총액이 일정하고, 동일 명칭의 화폐 단위의 평균 회전수가 일정하다면, 유통되는 화폐나 화폐 재료의 총액은 그것의 고유한 가치에 의존한다. 예를 들어 노동생산성의 증대 때문에 금의 가치가 떨어진다면, 동일한 상품량의 실현을 매개하기 위해서는, 그에 상응하는 더 많은 금량이 필요한데, 왜냐하면 상품가격이 올라가기 때문이다.[28)]

지폐유통의 법칙

유통에 필요한 금화만큼의 지폐가 유통에 투여된다면, 지폐는 금화와 똑같이 기능하고 동일한 구매력을 갖는다. 그러나 필요한 금화보다 더 많은 지폐가 유통영역에 투여된다면 상황은 달라지는데, 왜냐하면 지폐는 어떤 내적 가치도 없으므로 금화와는 달리, 축장될 수 없기 때문이다. 유통에 필요한 것보다 더 많이 발행될 때에도 지폐는 여전히 유통과정 속에 남아 있게 된다.

어떤 주어진 기간 동안에 상품가격의 실현을 위해 금 1억 달러가 필요하다고 가정해보자. 그런데 2억 달러의 지폐가 유통에 투여된다면, 2억 달러의 지폐는 단지 금 1억 달러를 구현할 뿐이다. 지폐 1달러는 단지 금 1달러 가치의 절반만을 표현하며, 그 결과 지폐의 구매력은 떨어진다. 그러므로 금 주화에 대한 유통 필요량이 일정할 경우에 지폐의 가치는 지폐의 양에 의존한다. 따라서 지폐가 대표하는 금에 대한 지폐의 관계로부터 지폐유통의 특수한 법칙이 발생한다. "그리고 이 법칙은 간단히 다음과 같다. 즉 지폐의 발행은 지폐에 의해 상징적으로 표현된 금(혹은 은)이 현실적으로 유통되어야 하는 양으로 제한되어야 한다는 것이다."[29)]

국가가 유통에 필요한 것보다 더 많은 지폐를 유통에 투여함으로써 이 법칙을 어긴다면 지폐의 가치는 떨어지는데, 이것은 지폐로 표현되는 상품가격의 일반적 등귀로 나타난다. 지폐가치의 하락은 모든 상품생산자의 물질적 상태에 견디기 어려운 결과를 초래하고, 생산자들의 상호관계를 악화시키며, 화폐에 대한 신뢰를 침식시키고 경제상황의 불안정성을 야기한다.

7. 부르주아 그리고 수정주의 화폐이론 비판

금속주의 그리고 명목주의 화폐이론

화폐의 본질과 기능에 대하여 부르주아 정치경제학 내에는 두 가지 경향이 형성되었다. 금속주의 화폐이론과 명목주의 화폐이론이다. 명목주의 경향의 지지자들은, 화폐가 단지 가치표장, 즉 허구적 계산단위일 뿐이라고 주장했다. 명목주의의 근본적 결함은 화폐의 상품성을 부정한다는 점이다. 결국 명목주의의 대표자들은, 관념적이고 사고 속에 존재하는 화폐라는 모습으로 화폐가 가치척도로서 사용되는 것, 그리고 완전한 가치의 화폐가 유통수단 및 지불수단이라는 기능 속에서 가치표장으로 대체될 수 있는 가능성은, 하나의 특수한 상품으로서의 화폐의 본질, 즉 일반적 등가물의 표현이라는 점을 파악하지 못하고 있다.

명목주의적 견해는 고대 로마와 중세 법학자들에게로 소급되는데, 그들은 이런 방식으로 지배층에 의해 자행되는 주화 주조를 정당화시키려고 노력했다. 명목주의의 대표자들은, 주화의 금속 성분이 주화의 가치를 결정하는 데 큰 영향을 미치지 못하는 것이며, 지배자는 그의 인장에 의해 그리고 화폐단위의 명목가치의 확정에 의해 주화들에 각 가치를 부여할 수 있다고 주장했다.

주화 주조는 무역의 발전을 방해했으며, 따라서 상인자본의 이데올로그인 중상주의자들이 명목주의자들과는 반대로 화폐의 본성에 대한 '금속주의적' 견해를 제시하고 옹호했던 것은 아주 당연했다. 중상주의자들은 경제교역이 확실하고 안정된 화폐인 완전한 가치의 주화를 필요로 한다는 것을 증명하려고 애썼고, 이것은 또한 발흥하고 있는 자본주의적 생산양식의 요구에 상응했다. 금속주의의 대표자들(스태포드[Stafford], 문[Mun], 노스[North])은 부를 화폐와, 그리고 화폐를 귀금속과 동일시했으며, 명목화폐의 발행에 반대했다. 그들은 화폐의 특수한 사회적 역할을 인식하지 못했으며, 화폐의 본질을 귀금속의 자연적 특성에서 찾았다. 그들은 실제 금이 화폐의 본성이지만 화폐가 금의 본성은 아니라는 것, 가치표장이 유통수단 및 지불수단으로서의 화폐 기능의 특성에 의해 비로소 존재할 수 있다는 것을 이해하지 못했다.

고대와 중세의 명목주의가 주화 위조, 즉 법에 의해 완전한 가치의 주화의 구매력을 가지면서도 실제로는 더 낮은 가치를 갖는 주화의 주조를 정당화했다면, 유럽과 미국에서 지폐 출현 그리고 국가지출의 자금조달을 위한 지폐의 활용과 더불어 나타난 명목주의 이론의 교의는, 지폐 발행을 변호하는 데 기여했다.

20세기의 부르주아 경제학자인 크납(Knapp)은 『국가적 화폐이론』에서 명목주의 화폐이론의 포괄적인 설명을 제시했다. 그의 생각에 따르면, 화폐는 "법질서의 피조물이고" 법적으로 확정된 지불수단이다.

제1절에서 제5절까지에 포함된 화폐의 기능과 본질에 대한 분석은 금속주의 및 명목주의 화폐이론의 방법론적 오류를 보여준다. 즉 화폐의 상이한 기능을 화폐의 본질로부터 연역하는 대신에, 그 이론은 화폐의 본질을

개별 기능들로부터 연역하여 화폐의 본질에 대한 매우 대립적이며 피상적이고 그릇된 설명을 제시한다. 시간이 흐름에 따라 점점 더 지폐와 신용화폐가 유통에 투여되자 명목주의자들의 입장은 강화되었고 금속주의자들의 입장은 약화되었다. 명목주의자들은 자본주의 화폐체계의 이러한 발전을 그들의 이론이 '정당하다'는 증거라고 자칭한다. 그러나 가격의 항상적 등귀와 만성적 지폐가치의 하락은 그 역을 증명한다. 따라서 금속주의자들의 견해는, 그들이 (특히 프랑스에서) 세계경제에서의 중요한 역할을 금에 부여해야 한다고 주장할 때 또 지폐로 표시한 금 가격을 올릴 필요가 있다는 테제를 옹호하며 세계화폐로서 그리고 자본주의 세계의 '지배 통화'로서 기능하려는 미국 달러의 요구에 반대할 때, 하나의 객관적 토대와 기초를 갖는다.

화폐수량설

금속주의 및 명목주의 화폐이론은 주로 화폐의 본질과 그 유래에 대한 문제를 대상으로 한다. 또 다른 하나의 문제는 상대적 가치의 변화와 화폐의 구매력을 근거짓는 원인에 대한 해명이다. 여기서 소위 수량설은 부르주아 경제학자들의 커다란 공감을 얻는다. 이 이론의 근본 테제는, 실질화폐와 명목화폐의 가치가 그것들의 양에 의해 결정된다는 것이다. 화폐수량설은 17·18세기의 위대한 경제학자이자 철학자인 로크, 몽테스키외, 흄에 의해 그리고 19세기에는 리카도에 의해 발전되었다.

흄은 두 가지 요인을 대조한다. 16세기의 새로운 금광 발견 동안의 유럽의 금량 증가와 상품가격의 동시적 증가가 그 두 가지 요인이다. 그는 이 대조로부터 상품가격과 그에 따른 화폐의 구매력이 유통 속에 존재하는 금량에 의해 결정된다는 결론을 끌어내었다. 흄은 이 두 사실간의 연관을 다음과 같이 설명하였다. 즉 새로운 금광의 발견은 금의 생산을 위한 노동의 소비를 감소시킬 수 있게 했다. 금의 내적 가치는 떨어졌다. 그에 따라 상품가격은 상승했다. 상품가격 총액의 상승은 유통 속에 존재하는 금량을 증가하게 했다. 그러나 흄의 설명에 따르면, 화폐의 구매력 감소는 유통영역에서 생긴 화폐 과잉의 결과이다. 그러나 우리는 이미 금 화폐 유통에서는 유통영역이 필요로 하는 것 이상의 화폐가 결코 유통되지 않는다는 것을 확인했다. 그러므로 화폐 과잉의 가능성은 전적으로 지폐 유통에서 주어지지, 결코 금속 화폐 유통에서 주어지지는 않는다. 수량설의 옹호자들은 지폐 유통 법칙을 금 유통 법칙과 혼동하며, 지폐에만 고유한 합법칙성을 금 유통에 적용시킨다.

수량설의 옹호자들은 실제로 상품은 가격 없이, 금은 내적 가치 없이 유통과정으로 들어오며, 시장에서 금량과 상품량간의 이러저러한 관계가 상품가격과 금 구매력을 비로소 결정한다는 전제로부터 출발한다. 그러나 이것은 완전히 무의미한 가설이다. 상품은 가격 없이 유통 속으로 들어올 수 없다. 상품은 교환 이전에 그 가치를 표현하는 가격을 이미 갖고 있으며, 금도 가치를 갖고 있다. 교환과정에서는 단지 가치를 중심으로 진동하는 상품의 가격이 실현될 뿐이며, 금의 실제적 가치는 나머지 상품과의 관계 속에서 나타날 뿐이다.

리카도는 화폐도 상품이며, 그것이 화폐의 생산에 소비된 노동량에 의해 결정되는 고유한 사회적 가치를 갖고 있다는 올바른 견해를 갖고 있었다. 그러나 리카도는 화폐가 하나의 특수한 상품이라는 것을 파악하지 못했다. 그는 화폐의 상대적 가치와 각 상품의 상대적 가치는 마찬가지로 수요와 공급의 영향하에서 달라진다고 믿었다. 그러나 화폐는 특수한 일반적 상품으로서, 수요의 대상도 공급의 대상도 아니다. 리카도는 금속화폐 유통이란 조건하에서 유통과정에 화폐 과잉이 형성될 수 있으며 그리하여 화폐의 축장은 무시될 수 있다고 주장한다. 그는 지폐 유통 법칙을 금속화폐 유통에까지 확대시켰다.

20세기에 부르주아 경제학자인 피셔(I. Fisher), 카셀(Cassel), 케인즈 등은 화폐수량설의 논거를 위한 새로운 변형들을 세우려고 노력하였다. 피셔는 그의 『화폐의 구매력』에서 화폐수량설의 올바름을 이론적으로·통계학적으로 증명하려고 노력한다. 이러한 목적에서 그는 MV=PQ라는 교환의 등식을 제시한다. 여기서 M은 현금량, V는 현금량의 유통속도, P는 상품가격의 평균수준, Q는 판매된 상품량이다. 상품판매의 실제 규모를 하나의 요소, 즉 실현되는 상품가격의 총액 속에서 파악하는 맑스와는 달리, 피셔는 '상품가격의 평균 수준'(P)과 '상품량'(Q)이라는 두 가지 요소, 즉 상품의 양적 크기[30]를 제시한다. 그러나 정치경제학적 관점에서 전술한 두 요소로의 가격 총액의 분리가 가능할까? 유통에는 상품이 없이는 가격도 있을 수 없고 상품가격 총액이 없는 상품 수량도 있을 수 없으므로, 그것은 사실과 맞지 않는다.

'평균가격 수준'의 경제적 내용은 무엇인가? 트랙터, 오이, 숙녀화, 터번 등과 같은 상이한 상품들 덩어리의 평균가격 수준인가? 당연히 상품가격의 평균 수준은 수리적으로 결정되겠지만, 그것은 경제적 의미에서는 불합리하다. 피셔는 수리적 방식으로 화폐가치와 공식을 끌어내고 P=MV/Q를 유지시키기 위해, 매우 왜곡된 경제학적 개념을 구성하였다. 이리하여 피셔에 따라 화폐가치를 화폐수단량(그 유통회수를 곱한)에 대한 실현된 상품량의 비율로 표현하는, 유명한 '상품가격의 평균수준'이 생겨난다.

흄과 리카도 역시 피셔와 마찬가지로, '상품 혼합물'은 어떠한 가격도 가지지 않는 상품의 자의적인 퇴적물이 되고, 가치 없는 화폐더미와 교환되며 이러한 방식으로 유통에서 상품가격과 화폐가치가 태어난다고 주장한다. 피셔에 따르면, 상품생산 및 상품생산에 소비된 사회적 노동, 즉 실제적 상품가치는, 시장에서의 가격 형성, 평균가격 수준의 운동과 아무런 관련이 없다.

부르주아 이데올로그들에 의한 화폐수량설과 명목설의 옹호에는 계급적 성격이 뚜렷하다. 그것은 노동자들에 대한 추가적 착취와 지배계급의 부유화를 낳는, 많은 부르주아 국가의 인플레이션 정책을 정당화시키는 데 기여한다. 점점 더 많은 지폐의 발행은 가격의 일반적 등귀를 낳고 화폐의 가치를 떨어뜨린다. 이것은 무엇보다도 노동자계급의 처지에 영향을 미치는데, 왜냐하면 인플레이션 기간 동안 임금상승이 계속된다 해도, 보통 노동자들이 필요로 하는 상품의 가격 등귀에는 미치지 못하기 때문이다.

힐퍼딩의 수정주의 화폐이론

독일이 사회민주주의 이론가인 힐퍼딩은 그의 『금융자본론』에서 맑스의 화폐이론에 대한 공개적인 수정을 기도했다. 힐퍼딩은 지폐를 실질화폐인 금으로부터 분리하고, 지폐가 금 가치로부터 완전히 독립적으로 존재할 수 있으며, 상품가치를 직접 반영한다고 주장했다. 따라서 여기서 우리는 이 이론을 명목주의적 화폐이론의 한 변형과 관계시켜야 한다.

힐퍼딩은, 화폐유통에서 생산관계의 '탈물신화'가 발생한다고(왜냐하면 지폐는 금과 달리 어떤 물도 아니고 사회적 관계의 순수한 명목적 표장이기 때문에) 주장함으로써 많은 속류 경제학자들보다 더 나아갔다. 그것은, 부르주아 국가가 화폐량과 상품가격의 운동을 조절하고 따라서 유통영역을 통하여 사회적 생산을 조절함으로써, 이러한 관계를 의식적으로 그때그때 조절한다고 주장하는 데서 표현된다.

그러나 현실에서 지폐 유통은 사적 소유에 기인한 무정부적 상품생산의 본성을 조금도 변화시킬 수 없으며, 그것은 오히려 그 모든 모순을 만들어 낸다. 이 점은 힐퍼딩의『금융자본론』출판(1909) 이후 10년도 안되는 기간의 자본주의 역사에서 증명된 바이다.

오늘날 영국의 노동당원들 그리고 프랑스의 법사회주의자 등에 의해 생겨난 모든 사이비 사회주의 이론은, 여기서 설명된 부르주아적 속류 이론이 제시한 것 이상으로 넘어가지 못한다.

주

1) Lenin, *Werke*, Bd.1, Dietz Verlag, Berlin 1961, S.84.
2) *Ebenda*, S.420.
3) Marx/Engels, *Werke*, Bd.23, Dietz Verlag, Berlin 1962, S.61.
4) Lenin, *Werke*, Bd.1, Dietz Verlag, Berlin 1961, S.420/421.
5) Lenin, *Wertk*, Bd.31, Dietz Verlag, Berlin 1959, S.8.
6) Marx/Engels, *Werke*, Bd.23, Dietz Verlag, Berlin 1962, S.86/87.
7) *Ebenda*, S.86.
8) *Ebenda*, S.88.
9)_E. v. Böhm-Bawerk,_*Grundzüge der Theorie des Wirtschaftlichen Guterwerts*, London 1932, Reprintet from *Jahrbücher Fur Naionalökonomie und Statistik*, Neue Folge, Bd.13, 1886, S.81.
10) Lenin, *Werke*, Bd.25, Dietz Yerlag, Berlin 1961, S.196.
11) Marx/Engels, *Werke*, Bd.26.2, Dietz Verlag, Berlin 1967, S.163.

12) J. F. Bray, *Labour's Wrongs and Labour's Remedy : or The Age of Might and The Age of Right*, London 1931, S.19/50(영어판).
13) Marx/Engels, *Werke*, Bd.4, Dietz Verlag, Berlin 1959, S.90.
14) Marx/Engels, *Werke*, Bd.13, Dietz Verlag, Berlin 1961, S.67.
15) E. v. Böhm-Bawerk, *Grundndzüge der Theorie des Wirtschaftlichen Guterwerts*, London 1932, Reprintet from *Jahrbücher Fur Naionalo??konomie und Statistik*, Neue Folge, Bd.13, 1886, S.13.
16) *Ebenda*.
17) *Ebenda*, S.20.
18) *Ebenda*, S.29.
19) *Ebenda*.
20) *Ebenda*, S.109.
21) A. Marshall, *Principles of Economiecs*, London 1907, S.587(영어판).
22) P. A. Samuelson, *Volkswirtschaftslehre*, Bd.1, Bund-Verlag, Köln 1970, S.80.
23) *Ebenda*.
24) *Ebenda*, S.82.
25) *Ebenda*, S.66.
26) Marx/Engels, *Werke*, Bd.23, Dietz Verlag, Berlin 1962, S.143.
27) 여기에는 신용으로 판매된 것을 제외한, 현금으로 실현되는 상품들이 속한다.
28) 맑스는 그의 저서『정치경제학 비판을 위하여』에서 이 정식을 제시하고 있다.『자본론』제1권에서 그는 이 정식의 네 요소에다가 다섯번째 요소를 첨가한다. "동일한 화폐가 때로는 유통수단으로, 때로는 지불수단으로 기능하는 유통회수는 뺀다." 이 다섯번째 요소의 첨가는, 맑스가『자본론』에서, 지불수단의 수량을 '도매업'의 영역(은행권)에서 그리고 유통수단의 수량을 '소매업'의 영역(주화)에서 분리해 다루었다는 데서 설명된다. 그럼으로써 그는 당시 영국의 화폐유통의 실제적 조건에 대응했다. 또한 그는 이 시대에 '소매업'에서 은행권의 특정한 일부가, 다른 한편 '도매업'에서 주화의 일부가 기능한다는 것도 참작했으며, 이러한 교차되는 유통의 총액은 그 정식으로부터 빼버렸다. 그러나 후에 은행권은 작은 액면가치로 발행되기 시작했으며, 그 결과 은행권이 중·소매업에 스며들었다. 그러므로 현재는 화폐수량이 은행권(지불수단)과 주화(유통수단)로 분리될 더 이상의 근거가 없으며,『정치경제학 비판을 위하여』의 더 단순한 정식이 오늘날의

화폐유통에 완전히 일치한다.

29) Marx/Engels, *Werke*, Bd.23, Dietz Verlag, Berlin 1962, S.141.

30) 피셔는 신용화폐를 은행의 지불수단 형태에 포함시킴으로써 이 정식을 더욱 발전시킨다. 그는 은행의 당좌계정에서의 대체화폐(Giralgeld)를 화폐수량에 첨가시키며 이 화폐수단을 그것의 유통회수에 곱한다.

제2분편 자본과 잉여가치

상품생산과 상품유통의 특정한 발전단계에서 화폐는 이미 알려진 기능들 이외에 하나의 새로운 역할을 담당한다. 즉 화폐는 자본의 현상형태가 된다. 화폐의 이러한 특수한 역할에 대한 연구를 통해 우리는 특수한 경제적 현상의 영역으로 들어가는데, 그 현상은 단순히 상품생산에 관련되는 것이 아니라 자본주의적 상품생산에 관련된다. 상품생산자의 개인적 노동에 근거를 두는 단순상품생산과는 달리, 자본주의적 상품생산은 타인의 노동의 착취에 근거를 둔다. 단순상품생산으로부터 자본주의적 상품생산으로의 이행은 직접생산자들의 노동력이 상품으로 전화하는 것과 불가분하게 결합되어 있는데, 그것은 생산수단의 소유자인 자본가에 의해 구매되어 그 사용가치가 소비되는 상품이다. 여기에 상품 - 화폐관계의 자본주의적 내용의 근본적 특수성, 즉 상품생산의 자본주의적 형태의 원칙적 특수성이 있다. 레닌의 정의에 따르면, 자본주의란 노동력이 상품이 되는 그러한 발전단계에서의 상품생산이다. 노동력의 상품으로의 전화는 새로운 경제적 관계들을 발생시키는데, 그 경제적 관계들은 사회적 생산에서의 자본의 지배로, 그리고 자본가에 의해 전유되는 잉여가치의 생산으로 특징지어진다.

제8장 화폐의 자본으로의 전화

1. 자본의 일반적 정식

자본의 일반적 특징

역사적으로 자본은 먼저 노예제 시대의 상인과 고리대금업자의 화폐재산 형태로 나타났다. 그러나 이미 이 시원적 형태에서조차 자본 형성은, 화폐를 유통에서 빼내어 그것을 금고나 저금통에 보관하는 축장자에 의한 단순한 화폐 축적과는 달랐다. 화폐 축적이 자본인 것은 아니다. 모든 화폐는 이윤의 획득에 쓰일 때, 즉 자기 증식할 때만 자본이 된다.

가치의 자기 증식(그리고 그것의 화폐로의 체현) 개념은 가치의 증가라는 개념과 다르다. 예를 들어 상품생산자가 원료를 가공할 때 원료에 자신의 노동을 소비함으로써 새로운 가치를 부가하고, 완성된 상품을 실현할 때 그가 원료 구입에 소비한 것보다 더 많은 화폐 총액을 획득한다면, 그때 수공업자의 화폐는 가치 증가에도 불구하고 자본으로 전화되지 않는다.

오직 화폐소유자가 자신의 노동을 통하여 새로운 가치의 창조에 참여하지 않고 화폐 총액의 증대에 성공할 때만, 그것은 가치의 자기 증식과 관련된다.

그러나 어떻게 그것이 가능할까? 그것을 이해하기 위해서는 화폐로서의 화폐와 자본으로서의 화폐가 완전히 상이한 운동(유통)형태에 의해 서로 구별된다는 것이 일차적으로 고려되어야 한다.

우리는 이미 단순상품생산자들의 관계를 표현하는 단순상품유통의 정식을 알고 있다. W－G－W라는 정식, 즉 구매를 위한 판매가 문제다. 여기서 화폐는 한 사용가치와 다른 사용가치와의 교환에서 매개자 역할만 한다.

화폐를 자본으로 전화시키는 운동은 원칙적으로 다른 정식, 즉 판매를 위한 구매인 G—W—G라는 정식에 의해 표현된다. 여기서 화폐는 출발점이자 도착점이고, 반면 상품은 매개자 역할을 한다. 그러나 첫번째 G와 두번째 G가 크기에서 동일하다면 G—W—G의 운동은 무의미할 것이다. 유통의 본질은 G의 G'로의 전화, 즉 G+ΔG에 있으므로 자본의 실제 정식은 G—W—G' 모양을 취한다. 이때 G'는 증대된 화폐를 표시한다. "자신의 운동 속에서 이 후자의 유통을 나타내는 화폐는, 자본으로 전화하여 자본이 되며, 이미 그 규정상 자본이다"[1]라고 맑스는 썼다.

G—W—G'라는 정식(그리고 그것으로부터 생겨난 자기 증식하는 가치로서의 자본의 정의)은, 그것이 언제 존재하고 어떤 영역에서 기능하든 모든 종류의 자본에 해당된다. 바로 그 때문에 맑스는 그것을 자본의 일반적 정식이라고 불렀다.

G—W—G'와 W—G—W 사이의 차이

이제 정식 G—W—G'에 따른 유통을 정식 W—G—W에 따른 단순상품유통과 비교해보자. 첫눈에 그것들간의 차이는 순수한 형식적 성질의 것이다. 그것들 각각은 두 개의 교환행위 — 상품의 판매와 구매 — 를 포함한다. 단지 이 행위의 순서만 다르다. 그러나 순서의 차이는 본질적 차이의 결과이다. W—G—W와 G—W—G'는 그것들의 내용과 이러한 각각의 정식들 배후에 숨겨진 목적에 따라 상호 대립적이다.

W—G—W 순환을 근거짓는 최종 목표와 운동의 동기는, 상품소유자가 필요로 하는 사용가치의 전유이다. G—W—G' 순환에 관해서는, 그 순환은 오로지 화폐증식에 대한 관심 속에서 수행된다. G—W—G' 운동의 의미는 투하된 가치가 증가분과 함께, 즉 원래 투하된 총액을 넘어서는 초과분과 함께 순환으로부터 되돌아온다는 데 있다. 그럼으로써 자본은 자본으로서 기능하기를 멈추지 않으며, G—W—G' 순환은 항상 반복되고 항상 새로이 수행될 수밖에 없다.

단순상품소유자와는 달리, G—W—G'순환을 수행하는 화폐소유자는 위력적인 치부욕에 압도되어, '화폐로 더 많은 화폐를 만드는' 데 몰두한다. 이러한 치부욕은 축장자의 그것과 마찬가지로 그 본성상 무한하다. G－W－G' 순환의 객관적 내용 — 가치의 끊임없는 증대 — 은 자본가의 의식 속에 주관적인 목표로서 반영된다. 이것이 자본가로서의 그의 행위의 유일한 추진동기이며, 이런 의미에서 자본가는 의지와 의식을 지닌 의인화된 자본이다.

그러나 이윤의 원천은 어디에 있을까? 새로운 화폐를 산출하고 황금달걀을 낳는 초자연적 힘을 행사하는 것은 화폐가 아니다.

2. 자본의 일반적 정식의 모순

정식 G－W－G'은 상품유통의 두 행위 — 구매와 판매 — 를 포함한다. 따라서 당연히 다음과 같은 질문이 발생한다. 구매와 판매과정 자체에서 이득이 발생하는 것이 아닐까?

자본주의 시대의 최초의 경제학자들 — 소위 중상주의자들 — 이 바로 이러한 결론에 도달하였다. 자본의 유력한 맹아 영역은 상업이었다. 상업자본은 거대한 이익을 가져왔다. 그것에 주목한 중상주의자들은 상업, 즉 유통을 이윤이 발생하는 유일한 영역으로 간주했다. 이러한 그들의 관념은 현상의 외관에 근거한 것이었다.

상품유통에서 가치증식이 발생한다는 생각은, 앞에서 말한 상품생산 및 상품유통 법칙과 모순된다. 상품의 가치는 상품생산에 지출되는 노동에 의하여 창조된다. 교환에서 그 가치는 단지 그 형태만을 변경한다(그 가치는 상품형태에서 화폐형태로 변하고 그 반대로도 변한다). 그리하여 우리가 본 바와 같이 G－W－G' 운동의 결과로 가치증식이 발생한다. 이로부터 자본의 정식과 가치법칙 사이에는 어떤 직접적 모순이 존재한다는 결론이 나온다. 따라서 가치증식 그리고 화폐의 자본으로의 전화는, 판매자가 그의 상품을 그 가치 이상으로 판매한다는 가정에 의해서도, 구매자가 이 상품을 그 가치 이하로 구매한다는 가정에 의해서도 설명될 수 없다.

의심할 나위 없이 개별 자본가는 바가지 또는 수요 공급 변동의 효과적 이용을 통해서 그들의 상품을 가치 이상으로 판매하거나 타인의 상품을 가치 이하로 구매하는 데 성공할 때, 다른 자본가들의 희생 위에서 치부할 수 있다. 그러나 그것으로 자본가계급 전체가 지닌 가치의 총액은 증가되지 않는다. 한 자본가가 얻는 것을 다른 자본가는 잃는다. 상품을 판매하는 전체 자본가계급의 이윤의 형태로의 가치증식의 항상적 형성은, 그로부터 설득력 있게 설명될 수 없다. "한 나라의 자본가계급 전체가 스스로에게 바가지를 씌울 수는 없다."[2]

따라서 우리는 다음과 같은 결론에 도달한다. "등가물이 교환될 경우에는 아무런 잉여가치도 발생하지 않으며, 비등가물이 교환될 경우에도 잉여가치는 발생하지 않는다. 유통이나 상품교환은 어떤 가치도 창조하지 않는다."[3]

그러므로 투자된 가치의 자기 증식 원천은, 가치가 창조되는 영역, 즉 생산영역에서 찾아져야 한다. 이제부터 G—W—G' 순환의 첫단계인 구매 단계를 해명하고 그것의 물질적 내용을 드러낼 것이다. 그것은 분명히 생산과정에서의 이용을 위해 예정된 그러한 상품의 구매이다.

그것은 어떤 종류의 상품일까? 생산과정을 시작할 수 있기 위해서는 생산수단을 구매하는 것이 필수적이다(기계, 공구, 원료, 보조재료 또한 생산공간 등을 빌려야 한다). 따라서 G—W 정식의 배후에는 G—Pm 정식이 숨어 있으며, 이것은 화폐가 생산의 소재적 요소로 전화하는 것을 의미한다. 그러나 G—W 행위에서 지불되는 이러한 요소의 가치는, 그 어떤 새로운 상품생산에서의 이러한 요소의 이용과정에서 증가되지 않는다. 왜냐하면 오직 산 노동만이 가치를 창조하기 때문이다. 새로운 부가적인 가치는 오로지 새로운 부가적인 노동의 소비에 의해서만, 생산의 이 소재적 요소에 부가될 수 있다.

자본으로서 기능해야 할 화폐의 소유자가 G—W 행위에서 어떤 **특수한** 상품의 소유자들과 관계를 맺는다는 점을 주목할 때만, 잉여가치 형성의 비밀을 드러낼 수 있다. 그런데 그 상품의 사용가치는 새로운 가치, 즉 그 상품 자체의 가치 이상의 가치를 생산과정에서 창조하는 기능이다. 그 특수한 상품은 **임노동자의 노동력**이다.

자본의 일반적 정식의 분석에서 맑스는 이 정식이 하나의 내적 모순을 포함하고 있다고 썼다. 즉 잉여가치는 유통으로부터 발생할 수 없으며 또 유통의 매개 없이 발생할 수도 없다. 잉여가치가 유통으로부터 발생할 수 없다는 것은 앞에서 더욱 상세히 다뤘다. 이제는, 그것 없이는 잉여가치가 생산영역에서 발생할 수 없는 필수적인 전제를 더 상세하게 탐구하는 것이 문제이다. 이러한 전제는 유통영역에서 창조된다. 그것은 특수한 상품 — 노동력 — 의 구매, G－Ak를 뜻한다.

3. 노동력 상품

노동력의 상품으로의 전화를 위한 조건들

맑스는 다음과 같이 쓰고 있다. "우리는 노동력이나 노동능력을, 어떤 사람의 육체와 살아 있는 인격 속에 존재하며 그가 어떤 종류의 사용가치를 생산할 때마다 활용하는 육체적·정신적 능력의 총체라고 이해한다."[4] 노동력은 노동하는 자의 능력이며, 가령 제직, 제복, 석탄 채굴, 화물 운송, 금속가공, 기계 정비, 조선 등을 수행하는 이러저러한 합목적적인 노동이다.

노동력은 행위 속에서 어떤 특정한 결과물 — 생산물 — 로써 완성되는 노동으로서 나타난다. 상품생산이라는 조건하에서 노동은 이중의 성격을 가지고 있다. 구체적 노동으로서 그것은 사용가치를 창조하고, 추상적 노동으로서 그것은 가치를 창조한다.

노동력은 특정한 사회적 조건하에서만 상품이 된다. 예를 들어, 노예는 그의 노동력을 팔 수 없었다. 그는 스스로 그의 노동력과 함께 노예소유자에게 속했다. 또한 농노도 그렇게 할 수 없었는데, 왜냐하면 그는 봉건영주로부터 인격적으로 독립적이지 않았기 때문이다. 그의 노동능력을 팔기 위해서는, 노동하는 자가 자유롭게 그것을 처분할 수 있는 가능성을 가져야 한다. 그러나 아직 그것만으로는 부족하다. 만약 노동자가 그와 그의 가족을 부양할 수 있는 자신의 경제를 소유한다면 그의 노동력을 다른 사람에게 제공하지 않을 것이다. 오직 그 어떤 생산수단도, 따라서 필수적인 생존수단도 갖지 않은 사람만이 그의 노동력을 생산수단의 소유자에게 판매하고 그럼으로써 임노동자가 되도록 강제된다.

노동력의 상품으로의 전화는 자본주의 시대의 개시를 의미한다. 맑스는 다음과 같이 말했다. "자본주의 시대를 특징짓는 것은 노동력이 노동자 자신에게는 그에게 속한 상품의 형태를 취한다는 것, 따라서 그의 노동이 임노동의 형태를 취한다는 것이다. 다른 한편 비로소 이 순간부터 노동생산물의 상품형태는 일반화된다."[5)]

노동력과 같은 특수한 상품이 시장에 출현한 것은, 상품 - 화폐관계 속에 질적으로 새로운 계기를 불러들였다. 시장에는 이제 자본가 — 생산수단의 소유자 — 와, 어떤 생산수단도 소유하고 있지 않지만 노동할 수 있는 능력을 가진 임노동자가 상품소유자(판매자와 구매자)의 속성을 띠고서 나타난다. 상품교환의 모든 원칙에 따라서 그들은 하나의 계약을 맺는다. 즉 자본가는 노동력을 일정 기간 동안(하루, 한 주, 한 달) 이용할 수 있는 권리를 소유하고, 노동자에게는 교환에서 그의 특수한 상품에 대한 화폐가 지불된다.

어떤 목적으로 자본가는 노동자를 고용하며, 또 어떤 목적으로 자본가는 노동자의 노동력을 구매할까? 자본가에게 노동력 상품의 사용가치, 유용성은 어디에 있을까? 이런 물음에 답하기 위해서 우리는 우선 이런 특별한 상품의 가치가 무엇에 의하여 규정되는지를 명확히 해야 할 것이다.

노동력의 가치

노동력, 또는 노동하는 기능은 살아 있는 인간유기체의 특성이다. 인간의 존재는 노동력 상품의 존재를 위한 필수적 전제이다. 따라서 노동력의 가치는, 노동자의 삶을 위해, 그의 노동력 재생산을 위해 필수적인 **생존수단의 가치**로 환원된다. 이러한 생존수단은 노동자의 정상적 삶의 행위, 즉 다양한 생리적, 역사적 그리고 윤리적 요인들에 의해 규정되는 그의 소위 필수적 욕구의 충족을 보증해주어야 한다.

노동자의 자연적 욕구, 즉 생존수단, 의복, 연료, 주거공간에 대한 그의 욕구는 상당한 정도로 해당 나라의 자연조건에 달려 있다. 따라서 가령 스웨덴이나 이탈리아 노동자들의 생존수단, 의복, 주거공간에 대한 필수적 욕구는 핀란드 노동자의 욕구와 본질적으로 다르다. 노동자의 욕구도 모든 인간의 욕구와 마찬가지로 변한다는 점에 주목할 필요가 있다. 생산력의 발전과 더불어 욕구도 발전하며 확대된다.

또한 노동자의 욕구의 크기는 그의 노동강도(긴장도)와 노동일의 길이에 달려 있다. 노동강도가 높고 노동일이 길수록, 노동자의 힘은 더 많이 소모되고 그의 생존과 그의 정상적 노동기능을 유지하기 위해 필요한 물질적 재화와, 무엇보다도 생존수단의 양은 더 커진다.

노동자의 가족은 노동시장에 늙은 노동자의 자리를 대신하는 젊은 세대를 공급한다. 노동시장의 이러한 보충은 화폐의 자본으로의 지속적인 전화를 위한 필수적 전제이다. 따라서 노동자의 필수적인 욕구 전체에는 그의 가족 부양도 포함되게 되는데, 그에 상응하여 노동력의 가치가 커진다.

노동자의 필수적 욕구는 그 나라의 문화적 수준과 밀접한 연관이 있다. 오늘날의 가장 발전된 자본주의 나라들의 노동자는 신문, 라디오, TV, 영화 등을 필요로 한다. 마찬가지로 이러한 문화적 욕구의 충족과 결부된 비용도 노동력의 가치에 들어간다.

노동자 욕구의 크기와 성격은 또한 상당 정도 해당 나라의 발전의 역사적 특수성에 의존한다. 그래서 영국 노동자의 욕구는 해외시장에 대한 영국의 오래 계속된 독점적 지위와 식민 권력으로서의 그 지위라는 조건하에서 형성되어왔다. 다른 한편 제국주의자들에 의한 식민지 민족들의 약탈적 착취는 식민지 노동자계급의 비참한 생활수준을 '정상적' 생활수준으로 만들었다.

노동자의 필수적 생존수단의 가치 자체는 그 생존수단의 생산에 사회적으로 필요한 노동의 지출에 의해 규정된다. 또한 이 가치는 노동력의 가치이다. 필수적 생존수단의 가치의 하락과 함께 노동력의 가치가 줄어들며, 그 역도 성립한다.

노동력 가치의 최저 또는 최소 한도는, 그것의 소비가 없으면 노동자가 그의 존재와 정상적인 노동기능을 유지할 수 없는, 물리적으로 불가결한 생존수단의 가치이다.

몇몇 현대의 수정주의자들은, 상품으로서의 노동력이라는 맑스의 이론을 반박하려는 노력으로, 맑스가 노동력의 가치를 노동자의 생존수단의 물리적 최저한도로 정의했다고 주장한다. 이에 대해서 얼마 전에 저명한 노동 이론가인 스트래치(J. Strachey)는 그의 저서 『현대 자본주의』에서 그렇게 썼다. 그러나 맑스는 전혀 그와 같은 것을 말하지 않았다. 맑스는 그 반대로 항상 노동력의 가치가 결코 노동자가 필요로 하는 생존수단의 물리적 최저한도로 하락하지 않는다고 반복해서 강조했다. 그러나 노동자가 실제로 받는 노동력의 가격에 대하여 말하자면, 그것은 스트래치의 주장과는 반대로 그 물리적 최저한도로, 심지어 그 아래로까지 떨어질 수 있다. 맑스는 다음과 같이 말했다. "노동력의 가격이 그 최저한도로 떨어진다면, 그 가격은 노동력의 가치 이하로 떨어지는 것이다. 왜냐하면 노동력은 그 경우에는 오직 쇠잔된 형태로만 유지되고 발전될 수 있기 때문이다."[6]

노동력 상품은 일반적으로 그것의 가치 이하로 지불된다. 그러나 자본주의적 생산의 합법칙성을 이해하기 위해서, 이 연구단계에서는 노동력이 자본가에 의해 그 가치대로 지불된다고 가정할 것이다.

노동력의 사용가치

자본가는 노동자를 고용하고 그의 노동력을 상품으로 구매하는데, 그것은 노동력을 사용가치로 이용하고 사용하기 위해서이다. 노동력의 소비는, 그 과정에서 임노동자가 상품과 새로운 가치를 창조하는 노동 자체이다. 자본가는 구매자로서 생산에서 노동력을 소비하는데, 그것은 지불된 노동력보다 더 많은 가치를 획득하기 위해서이다.

노동능력으로서의 노동력은 노동 자체와 엄격히 구별되어야 한다. 맑스는 다음과 같이 말하고 있다. "노동능력이 노동과 다른 것은 소화능력이 소화와 다른 것과 마찬가지이다."[7] 상품은 노동력, 즉 노동능력이다. 가치를 창출하는 산 노동은 상품으로서의 노동력의 실제적 소비과정이다.

자본가에 의해 구매된 그의 노동력의 소비에 의하여, 노동자는 그의 노동력 가치 이상의 새로운 가치를 창조할 수 있다. 노동자의 노동에 의하여 창조된 가치와 노동력의 가치는 그 크기들이 서로 다르다. 노동자의 노동에 의해 그의 노동력 가치 이상으로 창조되는 가치의 잉여분은 잉여가치를 형성한다.

잉여가치를 창조하는 특성은 노동력 상품의 특수한 사용가치이다. 자본주의적 상품생산자의 이윤의 배후에는 임노동자의 노동에 의해 창조된 잉여가치 이외의 다른 어떤 것도 숨어 있지 않다. 이렇게 하여 자본의 일반적 정식의 모순은 '해결'된다. 시장에서, 즉 유통영역에서, G－W 행위에서 자본가는 노동력을 그 가치대로 구매한다. 생산과정에서 노동자는 노동력 가치의 등가물을, 잉여가치를 가산하여 창조한다. 이어서 노동자에 의해 생산된 잉여가치를 포함한 상품을 판매하는 자본가는 더 큰 화폐 총액 G'를 얻는다(이 문제에 대해서는 다음 장에서 더 상세히 다룰 것이다).

부르주아 정치경제학의 대가들인 맑스의 선행자들은 노동 개념과 노동력 개념을 혼동하였다. 그들은 노동이 구매와 판매의 대상이라는 잘못된 견해를 주장했다. 그러므로 부르주아 정치경제학의 대가들은 이윤의 원천을 결정적으로 드러내지 못했다. 이윤이 노동자의 노동에 대한 '공제'를 의미한다는 스미스의 옳은 테제는 노동가치론의 법칙과 일치할 수 없었다. 노동자가 노동을 판매하고 화폐의 형태로, 그가 생산과정에서 소비한 것과 정확히 같은 크기의 노동을 체현하는 등가물을 얻는다는 생각은, 이윤이 노동자의 노동에 대한 '공제'를 의미한다는 견해와 완전히 모순된다. 노동과 노동력 개념을 명확히 구분한 맑스는, 그의 선행자들이 부딪혔던 가장 주요한 장애물의 하나인 잉여가치의 비밀을 폭로하는 일을 해결했다.

제9장 잉여가치의 생산

1. 자본주의적 생산과정의 이중성

자본가가 필요한 생산수단과 노동력을 구매한 후에, 그의 기업에서 생산과정이 시작된다. 그때 노동자는 자본가의 소유인 상품을 생산한다. 그것은 가령 방직기일 수 있다.

방직기 1대를 만들기 위해 여러 가지 재료들(노동대상들)이 230달러의 가치만큼 사용된다고 가정해보자. 이 방직기의 제작을 위해 사용되는 금속, 목재, 염료 및 기타 노동대상들에는 이전에 그것들의 생산을 위해 지출된 사회적으로 필요한 추상적 노동이 체현되어 있다. 방직기를 생산할 때 노동자는 새로운 생산물, 즉 새로운 사용가치를 창조한다. 노동자는 노동대상들을 완제품으로, 새롭게 창조된 생산물 — 방직기 — 로 전화시킴으로써 동시에 새로운 가치를 생산한다. 따라서 가치 창조는 이러한 가치가 소비된 생산수단의 가치에 부가되는 한 과정이다.

이제 40명의 노동자가 1대의 방직기를 5시간 걸려서 생산한다고 가정해보자. 또한 이 40명의 노동자의 하루의 가치가 200달러이며 각 노동자는 매시간당 1달러의 가치를 창조한다고 가정해보자. 결국 그 노동자들은 5시간에 200달러의 새로운 가치를 창조하며, 그것을 230달러 어치의 소비된 노동대상의 가치에 부가시킨다.[8] 그러나 이 결과는 자본가에게 불만인데, 왜냐하면 노동력도 마찬가지로 200달러의 가치를 가지고 있기 때문이다. 어쨌든 방직기의 생산에 430달러를 지출한 자본가는, 마찬가지로 그 가치가 430달러인 1대의 방직기를 얻을 것이다.

이제 그러한 결과로써 화폐가 자본으로 전화되었다고, 또 자본가가 투하된 가치를 증대시키려는 목적을 달성했다고 말할 수 있을까? 당연히 아니다. 그러나 어떤 방식으로 이런 목적이 달성될 수 있는지를 아는 것은 이미 어렵지 않다. 새로운 가치는 노동에 의해 창조된다. 자본가에 의해 지불된 노동력의 하루의 가치(한 노동자가 필요로 하는 생존수단인 하루의 양식의 가치)가 5시간(또는 환전하여 5달러의 화폐)에 달한다는 사실은, 결코 그 노동자가 하루에 5시간만 일할 수 있다는 것을 의미하지 않는다. 만약 자본가가 그의 40명의 노동자들에게 5시간이 아니라 10시간 일할 것을 강제한다면, 그들은 200달러가 아니라 400달러에 달하는 새로운 가치를 창조할 것이다. 그럼으로써 그들은 10시간 일하고 모두 한 개의 방직기가 아니라 두 개의 방직기를 생산하며, 또한 추가적인 양의 노동대상도 필요하게 된다. 주어진 조건에서 자본가는 추가된 노동대상을 230달러의 가치로 구입해야 한다. 이 경우에 그의 지출 총액은 660달러이지만, 생산된 방직기의 총가치는 860달러이다. 여기서 가치형성과정은 이미 가치증식과정이 되었다. 지출된 660달러 대신에 자본가는 860달러를 얻었다. 여기에 사태의 본질이 있다.

자본주의적 경영에서 노동일은 **필요노동시간**과 **잉여노동시간**으로 이루어져 있다. 그에 따라 노동자의 노동은 필요노동과 잉여노동으로 구성된다. 필요노동시간 동안에 임노동자는 그의 노동력 가치와 동등한 가치를 창조한다. 반면 잉여노동시간 동안에 그는, 그에 대한 등가물 없이 무상으로 자본가에 의해 전유되는 잉여가치를 창조한다.

노동력의 소비가 가치의 원천이며, 노동력 가치에 상응하는 가치의 창조에 필요한 시간량을 초과하는 노동력의 사용이 잉여가치의 원천을 이룬다.

상품교환 법칙을 위반하지 않고 자본가는 노동력과 생산수단을 그것들의 가치대로 구입하는데, 말하자면 그는 이러한 상품의 소유자들에게 그 가치와 동등한 화폐 총액을 지불하는 것이다. 생산과정의 종결 이후에 자본가는 상품시장에 새로이 나타난다. 이제는 구매자로서가 아니라 판매자로서이다. 그가 방직기를 마찬가지로 등가교환 법칙에 따라 판매한 후에 그는 그가 지출한 가치를 초과하는 200달러를 획득하는데, 그것은 화폐형태로 체현된 잉여가치를 표현한다. 그러므로 잉여가치 생성의 비밀은, 가치의 형성이 노동력 가치의 등가물이 재생산되는 지점을 넘어서까지 나아간다는 데 있다. 이 지점을 넘어선 후에 생산물의 가치 형성은 가치증식과정이 된다. “노동과정과 가치형성과정의 통일로서 생산과정은 상품생산과정이다. 그리고 노동과정과 가치증식과정의 통일로서 생산과정은 자본주의적 생산과정, 즉 상품생산의 자본주의적 형태이다.”[9]

2. 자본주의적 생산의 기본경제법칙

레닌은 잉여가치학설을 맑스의 경제이론의 초석이며, 맑스가 자본주의 정치경제학 영역에서 이룩한 가장 중요한 발견이라고 불렀다.

노예제사회와 봉건제에서는 물질적 재화의 직접생산자에 대한 착취가 착취자를 위한 노동의 공공연한 강제라는 성격을 띠었다. 이러한 생산양식의 이데올로기적 옹호자 중 어떤 사람도, 노예소유자계급(또는 봉건영주계급)이 타인의 노동의 희생으로 산다는 것을 부인하지 않는다. 노예제와 봉건제에 대한 이데올로기적 옹호자들은 당시 노예제와 봉건제 질서의 방어를 위한 가장 교활한 논증을 추구했으며, 이 질서가 신에 의해 창조되었고 인간의 본성에 일치한다는 것을 증명하려고 전력을 다했다. 그러나 지배계급과 그 하수인들이 타인의 노동의 열매로 살아간다는 사실은 의심될 수도 부인될 수도 없었다. 그 사실은 완전히 명백했으며 어떤 것으로도 감출 수 없었다.

자본주의적 형태의 착취에 와서는 문제가 완전히 달라진다. 이 착취는 상품-화폐관계의 조밀한 그물망에 의해 감춰지는데, 그 그물망 속에 자본주의사회의 생산관계가 감춰진다. 현상의 외피를 보면, 임노동자는 그와 노동력 시장에서 마주서는 자본가와 정확히 같은 권리를 가진 자유로운 상품소유자인 것처럼, 어떠한 인격적 종속관계도 없는 것처럼, 등가물의 자유의지적 교환만 있는 것처럼 보인다.

기만적인 현상 뒤에, 등가물의 교환 뒤에 최종적으로 지불되지 않는 노동이 숨겨져 있다는 사실을 폭로하는 것, 심지어 그 사실이 자본주의적 생산의 내용과 목적이라는 것을 지적하는 것, 모든 개별적인 것 속에서 자본주의적 착취의 숨겨진 메커니즘을 연구하는 것, 형식적인 법률적 평등의 배후에 있는 뿌리깊은 경제적 불평등을 폭로하는 것, 이 모든 것은 경제과학에서의 결정적인 변혁을 의미했다. 이러한 변혁은 노동자계급 전체의 혁명적 이론과 실천의 발전에서 특별히 거대한 역할을 수행했다.

『자본론』의 초판 서문에서 맑스는 다음과 같이 쓰고 있다. "현대 사회의 경제적 운동법칙을 밝히는 것이 이 저작의 최종 목표이다."[10] 이 법칙은 잉여가치법칙이다. 이 법칙을 통해 자본주의적 착취의 본질, 자본주의적 생산의 목적, 프롤레타리아트와 부르주아지간의 생활상의 이해의 대립성과 비화해성이 드러난다. 맑스는 다음과 같이 썼다. "잉여가치의 생산 또는 축재가 이러한 생산양식의 절대적 법칙이다."[11] 잉여가치는 단지 자본가와 임노동자간의 경제적 관계의 영역만은 아니다. 잉여가치 분배의 지반 위에서 부르주아지의 상이한 집단들, 즉 공업가, 상업가, 은행가들간의 또한 자본가계급과 지주계급 사이의 특정한 관계가 생겨난다. 앞으로 보겠지만, 잉여가치의 추구가 자본주의의 생산력 발전의 주요 역할을 수행한다. 잉여가치의 추구는 또한 자본주의사회에서 생산관계의 발전 방향도 결정한다. 이 모든 것은, 잉여가치법칙이 자본주의의 기본경제법칙이라는 것을 의미한다.

자본주의에서의 착취의 특수한 형태

인간에 의한 인간의 착취에 근거하는 상이한 경제적 사회구성체들을 구별짓는 주요 특징에 대한 탐구는 결국, 직접생산자의 잉여노동이 어떤 형태로 강탈되는가, 그 잉여노동이 누구에게 유익하며 어떤 유형과 방식으로 일어나는가 하는 문제의 연구로 귀결된다. 맑스는 다음과 같이 강조했다. "이러한 잉여가치가 직접생산자에게서, 노동자에게서 강탈되는 그 형태만이 경제적 사회구성체들을 구별짓는다."[12]

직접생산자의 잉여노동이 체현되어 있는 잉여생산물의 생산 및 전유양식은 해당 사회에 지배적인 생산관계의 역사적 특수성을 표현한다. 자본주의에서 그 역사적 특수성은 잉여가치에 의해 표현된다. 또한 잉여가치 속에서 자본주의적 착취와 노예제, 봉건제의 착취간의 차이가 표현된다.

잉여생산물과 잉여가치는 동일하지 않다. 그것들은 무엇보다도 사용가치와 가치로서 구별된다. 잉여생산물은 구체적 노동에 의해, 잉여가치는 추상적 노동에 의해 창조된다. 모든 적대적 사회구성체에서 잉여생산물은 착취자에 의해 전유된다. 그러나 이 일이 일어나는 형태들은 서로 다르다. 그 형태들은 각 생산양식마다 특수하다. 자본주의에서 임노동자에 의해 창조된 잉여생산물은 잉여가치의 형태로 자본가에 의해 전유된다.

잉여가치는 가치 일반과 같이 특정한 상품 속에 대상화된다. 잉여가치는 물질적 생산물에, 사용가치에 체현된다. 잉여가치를 대표하는 상품생산물 부분은 자본주의적 기업에서 창출된 잉여생산물이기도 하다. 잉여가치의 담지자로서의 잉여생산물은 자본주의 경제의 하나의 특수한 범주이다.

잉여가치를 전유하는 자본가는, 그와 더불어 잉여생산물을 전유한다. 처음에 잉여생산물은 자본가의 기업에서 생산된 상품생산물의 부분으로서 자본가의 손에 들어온다. 상품판매 후에 잉여가치는 화폐형태를 취하며, 잉여생산물은 특정한 사용가치로서 구매자의 손으로 넘어간다. 반면 잉여가치를 대표하는 화폐는 항상 새롭게 상품으로, 실로 임의의 상품으로 전화된다. 화폐는 상품경제에서 물질적 재화의 전유를 위한 수단이다. 화폐 덕분에 잉여가치는 항상 새롭게 생산물의 현물형태를 취할 수 있다. 그것은 잉여생산물일 것이다. 그러므로 우리는 잉여가치를 자본가계급에 의한 잉여생산물 전유의 특수한 형태로 생각할 수 있다.

상품시장에서 실현되는 잉여생산물은 가치를 지닌다. 그러나 오직 자본주의 경제에서만 잉여생산물의 가치는 잉여가치이다. 노예소유자와 봉건영주가 시장에서 판매하는 잉여생산물 부분의 가치 자체는 어떤 잉여가치도 아니다. 또한 비록 독립 소상품생산자들 — 수공업자와 농민 — 이 노동을 통해서 그들에 의해 소비된 생존수단의 가치를 상회하는 가치를 창조할 수 있다 해도, 그들은 결코 잉여가치를 창조하지 않는다. 봉건제의 붕괴시기에 농노들은 영주에게 화폐지대를 지불했다. 이것을 위하여 농노들은 잉여생산물을 생산해야 했으며 그것을 시장에서 판매해야 했다. 그러나 봉건적 화폐지대도 잉여가치는 아니었다.

잉여생산물의 가치와 비교할 때 잉여가치의 특성은 무엇이며, 언제 그것은 착취자에게 유리하게 양도되는가?

봉건영주도, 노예소유자도 가치를 더 크게 되돌려 받으려고 그것을 생산에 투자하지는 않았다. 노예소유자도, 봉건영주도 더 증대된 가치를 얻기 위해서 노동하는 사람들(노예, 농노)에게 그의 노동력의 투입에 대해 지불하지는 않았다. 오직 자본가만이 이 일을 수행한다. 봉건영주와 농노 사이의 관계에는 어떤 상품거래도 존재하지 않았던 데 반해, 자본가와 임노동자간의 관계는 언제나 상품-화폐형태를 띤다. 자본가는 노동력을 구매하고, 다시 말해서 특정량의 가치를 유통에 투여하고 이 특수한 상품의 투입을 통해, 투하된 가치를 일정한 증가분과 함께 되돌려 받는다. 이 증가분이 고유한 의미에서의 잉여가치이다.

잉여가치법칙 속에서, 자본주의적 생산양식을 다른 생산양식들과 구별짓는 자본주의적 생산양식의 가장 중요한 근본특징이 표현된다. 동시에 잉여가치법칙은 복잡한 자본주의 경제 전체의 운동과 기능의 중요한 조정자이다. 잉여가치법칙의 작용에 의하여 생산력 발전의 성격과 자본주의적 생산관계의 발전방향이 규정된다. 잉여가치법칙은 자본주의적 생산양식의 발생·발전·붕괴의 법칙이고, 사회적 생산조직의 특정한 역사적 형태인 자본주의적 생산양식의 운동법칙이다.

맑스가 그의 이름으로 과학의 역사에 들여온 수많은 위대한 발견 중에서 엥겔스는 아주 정당하게 두 가지를 특별히 강조했다. 즉 유물론적 역사관과 잉여가치론이다.

맑스의 잉여가치론과 부르주아 경제학자들에 대한 비판

맑스가 잉여가치의 비밀을 밝혀낸 후에, 자본주의의 이데올로기적 옹호자인 부르주아 경제학자들은, 어떤 희생을 치르더라도 잉여가치학설을 '반박하고' 부르주아 사회의 모든 계급의 '이익의 조화'를 증명하는 것을 과제로 삼았다. 그들은 잉여가치론이 틀림없이, 자본과 임노동간의 계급모순은 화해 불가능하다는 결론을 낳을 것이라고 파악하였다.

맑스가 잉여가치라고 부른 생산물 가치 부분의 존재는 이미 그의 시대에 앞서 오래 전에 확인되었다. 이미 스미스는, 이윤은 노동자의 노동에 대한 '공제'를 의미한다고 말했다. 리카도는 이러한 스미스의 결론에 근거하여, 노동자가 그의 노동의 대가로 얻는 임금과 이윤간의 대립을 확인했다. 그럼에도 불구하고 맑스의 잉여가치론은, 엥겔스의 말에 따르면 청천벽력과 같은 것이었다.

그러면 맑스가 말한 새로운 것이란 무엇인가? 그것을 이해하기 위해서는 다음의 것들이 고찰되어야 한다. 일상적인 현상들 속에서 잉여가치는 보이지 않는다. 첫째로 잉여가치는 이윤의 형태로 나타난다. 둘째로 이윤은 자본가의 상이한 집단에 분배된다. 공업가는 산업이윤을 얻고, 상인은 상업이윤을 얻으며, 공업가와 상인에게 신용대부를 해주는 자본가는 이자를 얻고, 토지소유자는 토지 임차인인 자본가가 지불하는 지대를 얻는다. 이러한 모든 소득은 그것의 특수성을 갖고 있다. 그것들간에 존재하는 공통성은, 그것들 모두가 잉여가치의 형태이자 부분이라는 것이며, 그 잉여가치의 원천은 노동자의 부불노동이라는 것이다. 잉여가치법칙을 밝혀내기 위해서는, 자신의 노동으로부터 결과되지 않은 소득의 모든 형태가 하나의 분모로 묶여져야 하고, 또한 잉여가치와 그것의 형태인 이윤간의 차이가 지적되어야 하며, 우리가 고찰했던 바와 같이 노동과 노동력간의 차이가 과학적으로 확정되어야 한다. 맑스가 처음으로 그것을 그의 경제이론에서 성취했다. 그리고 그것은 전체 자본주의적 생산양식의 이해를 위한 열쇠가 되었고, 전체 정치경제학에서 실제적인 변혁을 불러일으켰다.

잉여가치에 대한 맑스의 학설은, 부르주아 정치경제학자들이 스미스와 리카도를 추종하여 발전시켰던 변호론적 이윤론의 완전한 무근거성을 폭로하는 데 성공했다.

맑스의 잉여가치론에 대해, 당시 부르주아 경제학자들이 대립시킨 많은 '개념들'은 본질적으로 프랑스의 경제학자인 세이(1767~1832)가 공식화한 것 같은 속류적 소득이론의 근대화된 변형이었다.

'자본과 토지의 생산성'에 관한 이론 또는 '3생산요소'에 관한 이론을 정초한 세이는, 노동뿐만 아니라 자본과 토지도 소득 형성에 관여한다고 주장했다. 노동자의 노동이 임금에 상응하는 상품 가치의 일부만을 창조하는 반면, 이윤은 자본(세이는 이것을 생산수단과 동일시했다)에 의해, 지대는 토지에 의해 창조된다는 것이 세이의 생각이었다. 세이는 이러한 '삼위일체론적 정식'을 통해 자본가가 어떠한 노동자도 착취하지 않는다는 것을 증명하려고 했다. 노동자는 표면상 자신이 창조하는 모든 것을 소유한다. 이것으로부터 노동자와 자본가의 이익의 조화가 생겨난다.

이 '삼위일체론적 정식'은 영국의 부르주아 경제학자인 제임스 밀과 매컬럭에 의해서도 주장되었다. 그들은 노동 개념을 '확장'함으로써 그것을 불합리하게 만들었다. 그들은 노동 개념에 노동자의 노동 지출뿐만 아니라 기계의 '노동', 농업의 수익작물과 동물 등의 생물학적 성장까지 끌어들였다. 그들은 이윤을 생산도구가 수행한 '노동'에 대해 지불되는 임금의 특수한 형태로 파악하였다. 그들은 지대를 '자연의 노동'의 생산물로 간주했다.

자본과 토지의 생산성에 관한 이론이, 사용가치의 생산과 가치 및 잉여가치의 생산을 명백히 혼동한 데서 기인한다는 것을 이해하기는 어렵지 않다. 생산수단은 사실상 새로운 사용가치의 창출에 참여하지만, 그것은 잉여가치가 그 일부인 어떤 새로운 가치도 창조하지 않으며 창조할 수 없다.

또한 영국의 경제학자인 시니어(N. Senior)의 이름과 결합되어 있으며 맑스에 의해 『자본론』에서 비판된 금욕론이, 현대의 부르주아 경제학자들(사뮤엘슨 등) 가운데서 커다란 인기를 누리고 있다. 이 이론에 따르면, 이윤은 자본가가 그의 화폐를 사적 소비의 대상으로 전화시키기를 포기하는 데 대한, 개인적 목적으로 소비하기를 포기하고 사회에 필요한 상품의 생산에 사용하는 데 대한 보수이다. 사치스런 생활을 통해 이전의 지배계급들을 이미 오래 전에 무색하게 만든 자본가계급의 금욕에 관한 이야기는, 수치심을 완전히 잊은 철면피의 이야기라는 것에 대해서는 이론의 여지가 없다. 그러나 자본가들의 이윤이 그들의 '금욕'에 대한 보수라고 일단 진지하게 가정해보자. 그렇다면 이 '보수'의 원천은 어디에 있는가? 이 당연한 물음에 대해 금욕론은 어떤 대답도 가지고 있지 않다. 금욕은 순수한 부정적 행위(특정한 행동의 포기)이므로 어떤 가치도, 어떤 가치증가분도 창조하지 못한다.

'3생산요소'라는 낡은 속류 이론을 '수정'하고 '심화'시키려는 시도들 중의 하나는 미국의 경제학자인 **클라크**(John Clark)의 이름과 결합되어 있다. **클라크**는 세이와 마찬가지로 노동뿐만 아니라 생산수단과 토지도 가치를 만들어낸다고 주장했다. 그는 그의 이론의 주요 과제를 각 요소가 창조하는 가치의 크기를 확정하는 것이라고 보았다. 이런 목적으로 그는 생산요소들의 수확체감에 관한 '학설'을 만들어냈다.

3. 자본의 본질

처음에 우리는 G-W-G' 정식으로부터 출발하면서 자본을 이윤 낳는 화폐로서, 자기 증식하는 가치로서 정의하였다. 이 정의는, 이전에 존재했고 오늘날에도 존재하는 모든 종류의 자본에 대해서도 타당하다. 따라서 이 정의는 너무 일반적이다.

G-W-G' 정식을 넘어서지 못한 중상주의자들은 자본을 그것의 화폐형태와 동일시하였다. 그들에게 자본은 화폐였고, 화폐는 자본이었다. 부르주아 정치경제학의 대가들은 그들의 분석을 유통영역에서 생산영역으로 옮겼다. 따라서 그들은 그들의 주의를 생산의 소재적 요인들에 집중했다. 그들은 노동력을 자본으로 여기지 않았는데, 왜냐하면 그들은 노동력을 노동과 혼동했기 때문이다. 반면에 그들은 생산수단을 자본이라 여겼다. 중농주의자들은 도구, 원료 그리고 생산의 다른 소재적 요인들을 직접 자본이라고 불렀다. 리카도 역시 이러한 관점에 서 있었다.

모든 착취사회에서 지배계급은, 노동하는 자들의 잉여노동시간을 마음대로 쓰기 위해 그들을 강제한다. 노예제사회와 봉건사회에서 착취자는 **경제외적 강제**에 의해서 잉여노동을 전유했다. 그러나 자본주의사회에서는 **경제적 강제**에 의해서 잉여노동이 전유된다. 이것은 생산수단이 특정한 인간집단의 소유물인 그러한 사회적 관계가 존재한다는 것, 그리고 다른 인간집단은 어떤 생산수단도 소유하지 못하며 그들의 노동력을 판매하고 생산수단의 소유자를 위해 잉여가치를 창조하도록 강제된다는 것을 의미한다. 생산수단 — 건물, 기계, 도구, 원료, 재료 등 — 은 그것이 임노동자의 착취를 위한 수단으로 나타날 때만 비로소 자본이 된다. 맑스는 다음과 같이 말한다. **"자본은 임노동을 전제하고 임노동은 자본을 전제한다. ……자본과 임노동은 동일한 관계의 양 측면이다."**[13] 자본은 어떤 사물이 아니라 역사적으로 특정한 경제적 사회구성체에 고유한 **생산관계**인데, 이것은 사물 속에 체현되어 있으며, 이 사물에 특수한 사회적 성격을 부여한다. 자본 속에서 자본가와 노동자간의 근본적 관계, 즉 임노동자에 대한 착취의 관계가 표현된다. 또한 자본은 임노동자 착취를 통해 잉여가치를 낳는 투하된 가치라고 할 수 있다. 자본에 대한 이러한 정의는 더 이상 자본의 '선행' 형태들에 적용될 수 없는데, 왜냐하면 그것들이 가져왔던 이윤은 임노동자의 부불노동의 결과가 아니었기 때문이다. 이러한 정의는 자본의 일반적 형태를 특징짓는 것이 아니라 자본주의적 생산양식에, 그리고 실로 자본주의적 생산양식에만 고유한 자본의 특수한 형태를 특징짓는다.

착취자의 이익을 표현하는 부르주아 경제학자들은, 자본을 과학적으로 정의할 수 없었다. 약간의 표현의 차이에도 불구하고 모든 부르주아 경제학자들은 자본 개념을 생산의 사회적 조건이 아니라 생산의 소재적 조건으로 환원시켰다. 그래서 예를 들어 고전적 부르주아 정치경제학의 대표자인 리카도는 자본을 다음과 같이 정의하고 있다. "자본은 노동이 결과물을 생산하는 데 필요한 사물들인 식량, 의복, 공구, 원료, 기계 등으로 구성되는, 생산에 소비된 국부의 일부이다."[14)]

부르주아 경제학자들은 자본을 모든 사회적 생산의 영원하고 자연적인 조건으로서 다룬다. 이런 관점에서는 미개인의 뾰족한 막대나 다듬은 돌도 마찬가지로 자본이다. 자본에 대한 이러한 개념은 속류 정치경제학에 의해 널리 이용된다. 이러한 개념은 속류 정치경제학으로 하여금 자본주의적 착취의 본질, 자본가와 임노동자간 관계의 참된 내용을 은폐하도록 돕는다.

4. 불변자본과 가변자본

생산과정에서 기능하는 자본은 두 부분으로 분류된다. 일부는 생산수단(생산 건물과 시설, 기계와 장비, 원료, 연료, 보조재료 등) 속에 체현되어 있다. 다른 부분은 노동력의 구매를 위한 지출을 이룬다. 자본의 이 두 부분은 가치증식과정과 잉여가치의 형성과정에서 완전히 상이한 역할을 수행한다.

생산수단의 가치는 단지 그것의 참여 하에 새롭게 창조된 사용가치로 이전될 뿐이다. 그 크기는 변하지 않는다. 생산수단은 그 어떤 새로운 가치도 창조하지 않는다. 그래서 맑스는 생산수단 속에 체현되어 있는 자본 부분을 자본의 불변적 부분 또는 불변자본이라고 불렀다.

그러나 노동력의 구매를 위해 지출된 자본의 다른 부분은 그 크기를 변화시키는데, 왜냐하면 노동력의 소비과정, 즉 노동과정 속에서 임노동자가 그의 노동력 구매에 지출된 가치 이상의 가치를 창조해내기 때문이다. 그래서 맑스는 자본의 이 부분을 자본의 가변적 부분 또는 가변자본이라고 불렀다.

노동과정 속에서 노동자는 새로운 가치를 창조할 뿐만 아니라 생산수단 속에 체현되어 있는 이전의 가치를 보존하기도 하는데, 이것은 그가 이전의 가치를 새로 창조되는 사용가치로 이전시키기 때문이다. 이전의 가치를 보존하는 산 노동의 이러한 기능은 생산과정의 불가피한 중단에서 특히 명백해지는 바와 같이 자본가들에게 큰 의미를 갖는다. 어떤 기업에서(가령 통조림 공장에서) 노동과정이 어떤 원인에 의해 장시간 중단된다고 가정해보자. 어떻게 되겠는가? 작업장에 방치된 원료는 부패하고 그것의 가치는 사용가치와 더불어 소멸된다. 기계는 녹슬기 시작하고 그것의 자연적 마모는 어떤 것에 의해서도 보상되지 않는다.

그러나 노동자는 어떻게 노동에 의해서 새로운 가치를 창조할 뿐만 아니라 소비된 생산수단의 가치를 새로운 생산물에 이전시키는 데 성공할까? 노동자가 이중으로 일하는 것은 아니다. 이러한 이중의 결과는 상품을 생산하는 노동의 이중성으로부터 설명된다. 노동자의 노동은 추상적 노동으로서도, 구체적 노동으로서도 동시에 수행된다. 이러한 노동력의 단순한 소모를 통해서, 노동자는 지출된 노동의 특수한 질이 아니라 양에 의존하는 새로운 가치를 창조한다. 그러나 이러한 노동력의 소모는 실제로 산출된 사용가치의 특수성에 의해 규정되는 특수하고 구체적인 형태로 이루어진다. 노동의 이러한 질적 측면의 경제적 결과는 사용가치의 창조이며, 동시에 그것과 더불어 불변자본 요소가 지닌 가치의 이전이다.

이전의 가치의 보존과 새로운 가치의 창조간의, 즉 통일적이고 불가분한 노동과정의 두 경제적 결과간의 차이는 노동생산성이 변할 때 드러난다. 당시의 표준적인 기술적 생산조건하에서 일하는 어떤 여자 제사공이, 오늘날 어떤 위대한 기술적 발명품의 도입으로 하루 8시간 동안 1년 전보다 2배의 실을 가공한다고 가정해보자. 여자 제사공이 그녀가 가공한 실에 부가시킨 새로운 가치의 크기에 대하여, 그것은 아무런 영향도 미치지 않는다. 즉 그 여자 제사공은 오늘날 8시간 동안 1년 전과 똑같이 8시간의 (또는 사회적 필요노동 1시간이 1달러로 표현된다고 가정하면) 또는 8달러의 새로운 가치를 창조한다. 하루에 이전되는 이전의 가치의 크기는 문제가 다르다. 여자 제사공의 구체적 노동은 전과 비교할 때 오늘날 하루에 2배의 실량의 가치를 획득(이전)한다.

어떤 생산수단의 가치는 단번에 이전되고 다른 생산수단의 가치는 서서히 새로운 생산물로 이전된다. 그러나 가치 이전의 양식과는 무관하게 모든 생산수단에 체현되어 있는 자본의 일부는 생산과정에서 그 어떤 가치 증가분도 낳지 않는 반면, 노동력의 구매에 지출되는 자본의 다른 부분은 가치증식하며 잉여가치를 낳는다.

맑스의 저작에서 불변자본은 라틴 문자 c (constantes Kapital이라는 단어에 따라)로, 가변자본은 v로, 잉여가치는 m으로 표시된다. 불변자본과 가변자본으로의 자본의 구분은 맑스의 선행자들에게는 알려지지 않았다. 그리고 이 구분은 전체 부르주아 속류 정치경제학에 의하여 부정되었다. 이것은 두 가지 원인에서 기인한다. 첫째로 상품의 가치형성과정에서의 생산수단과 노동력의 상이한 역할은, 오직 상품 속에 체현된 노동의 이중성에 관한 학설의 기초 위에서만 설명될 수 있다. 그러나 맑스가 최초로 이 학설을 창조했다. 이 학설 위에서 그는 불변자본과 가변자본의 차이를 확정할 수 있었다. 둘째로 부르주아 경제학자들은 그들의 계급적 입장에 의해 자본이 불변자본과 가변자본으로 구분된다는 객관적 사실의 인정에 반대할 수밖에 없는데, 왜냐하면 이러한 구분은 자본가와 임노동자간의 상호관계의 본질 — 노동자계급에 대한 착취 — 을 드러내기 때문이다.

5. 잉여가치율과 잉여가치량

따라서 문자 k로 표시되는 원래 투하된 자본은 불변자본과 가변자본의 총액과 같다. 즉 k=c+v이다. 그런데 생산과정에서 잉여가치가 창조된다. 이것으로부터 자본주의적으로 생산된 상품의 가치 구성이 c+v+m이라는 결론이 나오며, 그것은 해당 상품의 생산에 소모된 생산수단의 이전된 가치(c)와 전적으로 새로 지출되고 지불된(v), 그리고 지불되지 않은(m) 노동과 같은 양의 새로운 가치의 합이다.

잉여가치는 가변자본의 증식분이지 전체 자본의 증식분이 아니다. 따라서 착취도의 규정을 위해서는 잉여가치가 가변자본과 대비되어야 한다. 잉여가치와 가변자본간의 비율을 잉여가치율이라고 한다. 잉여가치율은 m' 라는 부호로 표시된다. 따라서 m'=m/v이다.

가변자본은 이미 알고 있는 바와 같이 필요노동시간 동안 필요노동에 의해서 재생산된다. 잉여가치는, 맑스의 비유적인 표현에 따르면 "자본가를 무로부터 뭔가를 만들어낼 수 있다는 강한 매력으로 유혹하며", 잉여노동시간 동안 잉여노동에 의해서 창조된다. 이로부터 가변자본에 대한 잉여가치의 비율은 필요노동에 대한 잉여노동의 비율과 같다는 결론이 나온다. 따라서 m'=m/v='잉여노동/필요노동'이다.

노동자의 착취도를 정확하게 표현하는 잉여가치율은 그 자체만으로 잉여가치의 절대적 크기, 즉 자본가가 획득하는 잉여가치량을 표현할 수 없다. 그러나 잉여가치율과 잉여가치량간에는 함수적 연관이 있다. m'=m/v로부터 m=m'×v가 결과된다. 어떤 노동자의 노동력의 하루 가치가 8달러이며 잉여가치율이 100%라면, 그 노동자가 날마다 창조하는 잉여가치량은 100×8/100=8달러이다. 일반적 정식은 다음과 같은 것을 말하고 있다. 즉 산출된 잉여가치량은 잉여가치율에 투하된 가변자본의 크기를 곱한 것과 같다.

레닌은 「러시아에서 노동자의 임금과 자본가의 이윤」(1912)이라는 글에서 혁명 전 러시아의 노동자 착취도를 다음과 같은 방식으로 계산했다. 공장과 기업에 대한 한 공식 조사자료에 따르면, 1908년 노동자의 임금은 5억 5,570만 루블에 달했고 자본가의 이윤은 5억 6,870만 루블에 달했다. 조사된 공장과 기업의 전체 노동자 수는 225만 4,000명에 달했다. 그해 노동자 1인당 평균임금은 246루블이었다. 동시에 각 노동자는 자본가에게 평균 252루블의 이윤을 갖다주었다. 이것으로부터 레닌은 다음과 같은 결론을 끌어내었다. 짜르 러시아에서 노동자는 하루의 더 적은 부분을 자신을 위해, 더 많은 부분을 자본가를 위해 노동했으며, 노동자에 대한 착취도는 100% 이상이었다.

비슷한 방식으로 바르가(E. S. Varga)는 수년 동안의 미국 공업에서의 잉여가치율을 계산했다. 1599년에 그것은 128%, 1929년에 158%, 1939년에

200%, 1950년에는 219% 그리고 1955년에 235%에 달했다. 한편 비고츠키(S. L. Wygodski)의 계산에 따르면, 1966년에 미국의 제조업에서 잉여가치율은 314%에 달했다. 독일경제연구소(동독)의 계산에 따르면, 1961년에 서독 공업에서의 잉여가치율은 320%에 달했다.

제10장 착취도 증대의 두 가지 방법

끊임없는 잉여가치 욕망은 자본가로 하여금 임노동자에 대한 착취를 증대시키도록 강제한다. 또한 자본주의적 경쟁조건이 그를 그렇게 하도록 부추긴다. 즉 더 많은 잉여가치를 얻을수록 자본의 규모를 증대시킬 가능성이 더 커지고, 자본의 규모가 더 커질수록 자본가의 위치는 더 안정화된다.

1. 절대적 잉여가치

자본가가 잉여가치를 증가시킬 수 있는 가장 단순한 방법은 노동일의 연장이다. 주지하다시피 임노동자의 노동일은 필요노동시간과 잉여노동시간으로 나누어진다. 노동일이 10시간에 달하며, 그것이 5시간의 필요노동 시간과 5시간의 잉여노동시간으로 되어 있다고 가정해보자. 도표로 설명하면 다음과 같다.

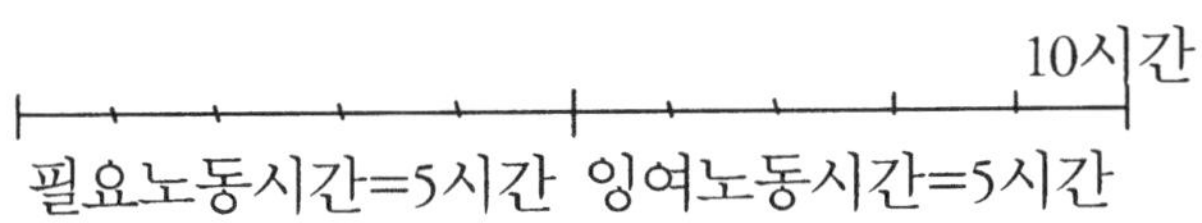

다시 필요노동시간은 변하지 않고 노동일이 2시간 연장된다고 가정해보자. 이 경우에 노동일은 다음과 같게 된다.

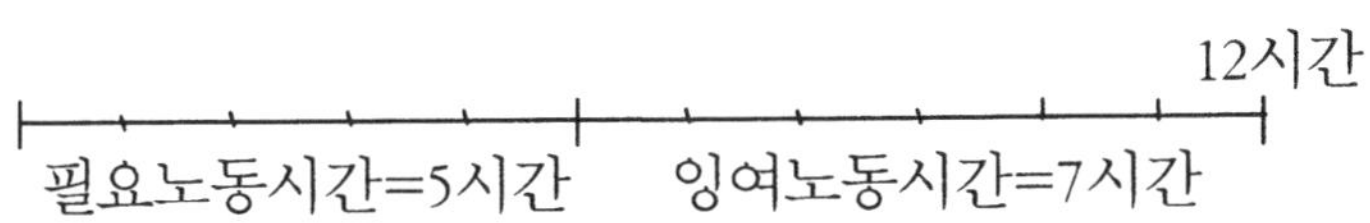

우리가 보는 바와 같이, 잉여노동시간과 그에 따른 잉여가치는 절대적으로 증가되었다. 또한 노동자의 착취도도 증가되었다. 앞에서 그것은 다음과 같은 비율로 표현되었다.

$$\frac{\text{5시간의 잉여노동시간}}{\text{5시간의 필요노동시간}} = 100\%$$

이제는 착취도가 다음과 같은 비율로 표현된다.

$$\frac{\text{7시간의 잉여노동시간}}{\text{5시간의 필요노동시간}} = 140\%$$

노동일의 연장에 의해 필요노동시간을 초과하여 창출되는 잉여가치를 맑스는 **절대적 잉여가치**라고 불렀다. 노동일의 연장에 의한 잉여가치율의 증대는 자본주의의 초기 발전단계에 지배적이었다. 아직까지 자본가들은 후에 생산력의 진보적 발전과 더불어 기계사용의 토대 위에서 발생한, 잉여가치율 증대를 위한 다른 수단을 갖고 있지 않았다. 기계제 생산이 승리할 때까지(그것은 먼저 18~19세기의 전환점에 영국에서 있었다) 절대적 잉여가치의 생산은 잉여가치 증가를 위한 주된 방법이었다.

노동일의 한계

노동일의 연장은 두 가지 한계에 부딪힌다. 첫번째는 그 연장의 물리적 한계이다. 즉 노동자는 수면과 휴식 그리고 다른 신체적 욕구의 충족을 필요로 하므로, 노동일은 24시간 계속될 수 없다. 노동일의 연장은 그밖에 사회적 한계에 부딪힌다. 즉 노동자는 문화적·사회적 욕구의 충족을 위한 일정한 시간을 필요로 하는데, 그 크기와 성격은 해당 나라의 일반적 문화 수준에 의해, 노동자계급의 의식 수준에 의해 그리고 그들의 계급투쟁 수준에 의해 결정된다.

잉여가치법칙과 가치법칙의 작용으로 인해 자본가는 노동일을 최대한 연장하려고 하는 반면, 노동자는 그것을 일정한 표준적인 길이로 한정하려고 한다. 노동일의 실제적 길이는 노동자계급과 자본가계급간의 역관계에 달려 있다. 그러나 어떠한 사정에서도 노동일이 필요노동시간과 같아질 수는 없다. 왜냐하면 그것은 잉여가치의 소멸을 의미하기 때문이다.

노동일 단축을 위한 노동자계급의 투쟁

노동자로부터 강탈되는 잉여가치의 증대를 향한 무한한 추구 속에서, 자본가들은 항상 노동일의 사회적·물리적 한계를 넘어서려고 노력한다. 자본주의적 생산양식의 초기 발전단계에서 임노동자들은 정해진 최소시간 이상 노동하도록 상당 정도 법에 의해 강제되었다. 역사적으로 노동일이 하루 18시간이나 그 이상에 달했다는 사실은 많이 알려져 있다. 순종하지 않는 노동자는 그 당시 영국에서 노동자들에 의해 공포의 집이라고 불리던 특별한 '노동수용소'에 몰아넣어졌다.

기계제 대공업의 발생과 발전은 임노동자들의 노동강도의 증대를 향한, 그리고 그들의 노동일의 연장을 향한 자본가들의 추구를 아주 현저하게 강화시켰다. 그와 동시에 노동일을 법적으로 연장할 필요가 없어졌다. 즉 기계에 의한 노동자의 구축과 소상품생산자들의 파산은 거대한 실업자군의 형성을 낳았고, 그 실업자군과 취업노동자들 사이의 경쟁은 자본가들로 하여금 국법의 도움 없이 노동일을 연장하는 것을 가능하게 했다.

그러나 노동자계급은 그들의 증대되는 조직성과 더불어, 집요한 투쟁을 통하여 노동일의 법적 제한을 얻어냈다. 노동일의 법적 제한을 위한 노동자계급의 조직화된 투쟁은 가장 먼저 영국에서 발전되었다. 1833년에 영국 노동자들은 하루의 노동시간을 어린이(13세 이하)의 경우에 8시간으로, 소년(13~18세)의 경우에 12시간으로 제한하는 공장법의 제정에 성공하였다. 1844년에 영국 노동자들은 부인들의 경우에 12시간으로, 어린이의 경우에 6.5시간으로 노동일을 제한하는 법의 제정에 성공하였다. 그러나 이러한 법은 여러 생산분야에 적용되지 않았고, 따라서 그러한 곳들에서 노동일은 전과 같이 12시간 이상에 달했다. 노동일 단축을 위한 영국 노동자계급의 투쟁이 확산될 결과, 1847년에 미성년자와 부인의 노동일을 10시간으로 제한한 법률이 발표되고, 1901년에는 모든 성인 노동자에게 1주일의 처음 5일에는 12노동시간, 토요일에는 5.5노동시간을 확정한 법령이 발표되었다.

1866년 미국의 볼티모어에서의 전국노동자회의와 제1인터내셔널 제네바대회에 의해서(제1인터내셔널의 의장과 개인적으로는 맑스의 제안으로) 8시간 노동일에 대한 요구가 공표된 이후에 모든 자본주의 나라에서 노동일의 제한을 위한 격렬한 투쟁이 분출하였다. 제1인터내셔널 제네바대회의 결의는 다음과 같이 말했다. "노동일의 제한과 노동일의 법적 한계로서의 8시간 노동의 승인은, 그것 없이는 노동자 상태의 개선과 그의 해방을 위한 모든 노력이 실패로 귀결될 수밖에 없는 전제이다." 이에 따라 8시간 노동일을 위한 투쟁은 국제적 성격을 띠게 되었고 세계 프롤레타리아트의 경제적·정치적 투쟁의 구성요소가 되었다.

짜르 러시아에서는 최초의 공장법이 19세기말에 나타났다. 페테르스부르그 노동자들의 스트라이크로 인해 1897년에 짜르 전제는 노동일을 11.5시간으로 제한하는 법을 공포할 수밖에 없었다. 레닌은 이 법을 짜르 통치하의 러시아 노동자들이 전취한 강요된 양보라고 불렀다.

20세기가 시작되면서 많은 자본주의 나라에서 10시간 노동일이 도입되었다. 1919년에 여러 자본주의 나라의 대표자들이 워싱턴에서 8시간 노동일을 국제적 차원에서 도입 — 1921년부터 시작되었지만 — 하자는 협정을 체결하였다. 이 협정은, 소비에트 러시아에서 8시간 노동일을 확정한 위대한 사회주의 10월혁명의 영향과 자본주의 나라들에서의 성장하는 혁명운동의 영향하에서 체결되었다. 물론 이것이 모든 자본주의 국가에서 인가된 것은 아니다. 그럼에도 불구하고 여러 나라에서 노동자계급의 압력하에 8시간 노동일이 도입되었다. 식민지 종속국에서는 노동일의 길이가 아직도 여전히 8시간을 훨씬 능가한다.

노동자들이 노동일의 단축을 달성한 나라들에서 자본가들은 노동강도의 증대와 노동력에 대한 그 가치 이하로의 지불에 달려들었고, 그럼으로써 결국 그들은 노동자들로부터 더 큰 잉여가치량을 강탈하는 데 성공했다. 자본주의적 기업에서의 노동강화는 매시간당 노동력의 강화된 지출, 즉 인간의 힘의 증대된 진출은 의미했는데, 그것은 노동일의 연장과 같은 의미를 갖는 것이었다. 노동력이 그 가치 이하로 지불될 때도 근본적으로 동일한 결과가 발생한다. 노동일의 직접적 연장, 노동강도의 증대, 노동력의 그 가치 이하로의 지불, 또한 시간외노동, 이 모든 것은 절대적 잉여가치의 생산방법들이다. 자본주의의 상이한 발전단계들에서 절대적 잉여가치 생산을 위한 이러한 방법들의 의미와 역할은 변해왔다. 자본주의 초기의 발전단계에서 노동일의 절대적 연장은 매우 큰 의미를 가졌었다. 자본주의의 현재 발전단계에서는 자본가들에 의해 노동강도의 증대에 훨씬 더 큰 의미가 부여된다.

(부르주아적 공식 통계자료에 의하면) 1968년에 발전된 자본주의 나라들에서 1주 노동시간의 실제적 길이는 다음과 같다. 국민경제의 평균으로서 미국의 주당 노동시간은 37.8시간, 일본은 44.5시간, 서독은 43.3시간, 프랑스는 46.0시간 그리고 영국은 46.4시간(성인 남자) 및 38.3시간(성인 여자)에 달했다. 그러나 우리는, 주요 자본주의 나라들에서 위에 열거된 1주 노동시간에 대한 대수지표가 많은 경우에 현실상황과 거리가 멀다는 것을 주목해야 한다. 부분적으로 '평균자료'의 조사에서, 노동주의 길이가 국민적 평균을 넘는 경제분야는 고려되지 않는다. 그래서 서독 노동주의 평균길이의 대수지표에서 상업과 운송업 피고용인의 노동주 길이는 참작되지 않았다. 영국에 관한 평균자료에서는 상업, 철도운송 및 채굴업의 노동주 길이가 '누락되었다'. 공업노동자의 노동주 길이는 1968년 미국에서 40.7시간, 캐나다에서 40.3시간, 일본에서 44.6시간, 서독에서 43.0시간, 프랑스에서 45.3시간, 영국에서는 45.8시간(성인 남자)과 38.2시간(성인 여자)에 달했다.

우리는 또한 부르주아 통계가 대개 전체 시간외노동을 포괄하지 않는다는 것을 보아야 한다. 그럼에도 불구하고 자본주의 나라들에서 시간외노동은 상당한 규모로 실행되고 있다. 실제로 노동자의 25~40%가 (분야와 상황 발전에 따라) 주당 8~10시간의 시간외노동에 종사하고 있다고 해도 과언이 아니다. 부르주아 통계는 노동주 평균길이의 계산에 부분실업자의 단축된 노동일을 포함하는데, 그럼으로써 노동주 평균길이의 대수지표는 낮게 나타난다. 1969년 7월 미국에서는 모든 노동자와 봉급생활자의 20%가 불완전취업 상태였는데, 그중에서도 5.4%가 최고 주당 14시간, 9.7%가 15~29시간 그리고 5.6%가 30~34시간이었다.

맑스, 엥겔스 그리고 레닌은 프롤레타리아 계급투쟁의 필수적 구성부분으로서의 노동일 단축을 위한 노동자계급의 투쟁에 큰 의미를 부여했다. 동시에 그들은, 노동일 단축 투쟁이 임노동자의 상태를 근본적으로 변화시킬 수 없는데, 그 이유는 그 투쟁 자체가 자본의 정치적·경제적 지배라는 조건하에서 수행되기 때문이라는 점을 지적하였다. 오직 노동자계급에 의한 정치권력의 획득과 생산수단에 대한 자본주의적 소유의 폐지만이 노동자계급과 나머지 근로인민층에게 사회적 해방을 보장하고 노동일의 끊임없는 단축을 위한, 그리고 인간의 개성의 전면적 발전을 위한 길을 자유롭게 열 수 있다.

2. 상대적 잉여가치

노동일의 연장은 절대적 한계를 갖는다. 노동일은 24시간이라는 자연적 한계를 결코 넘어설 수가 없다. 우리가 노동일 단축을 위한 노동자계급의 투쟁을 생각할 때, 잉여가치율의 증대는 상당히 좁은 한계에 부딪치게 된다는 인상을 받을 수 있다. 그러나 사실을 통해 알 수 있듯이, 우리 시대의 노동일이 자본주의의 이전 발전단계에서보다 훨씬 적은데도 불구하고 잉여가치율은 자본주의의 발전과 함께 증대된다.

자본가들은 노동일의 절대적 연장에 의해서뿐만 아니라 주어진 노동일 길이에서 필요노동시간을 단축시키고 그에 상응하여 잉여노동시간을 연장시킴으로써도 잉여가치율을 증대시킬 수 있다. 노동일이 10시간에 달하며, 그것이 5시간의 필요노동시간과 5시간의 잉여노동시간으로 나누어진다고 가정하자. 5시간의 필요노동시간 동안에 노동력의 가치가 재생산된다. 또한 노동력의 가치는 해당 시대와 해당 나라에서 노동자가 필요로 하는 생존수단의 가치와 같다. 생산력이 발전함에 따라 이 가치는 적어진다. 이제 전에는 5노동시간이 소비되었던 노동자의 매일매일의 생존수단의 생산에, 오늘날에는 단지 4시간의 노동이 소비된다고 가정해보자. 노동일이 필요노동시간과 잉여노동시간으로 구분되는 비율은 이 경우에 달라진다. 이제 10시간의 노동일은 4시간의 필요노동시간과 6시간의 잉여노동시간으로 나누어진다. m'가 전에는 (5÷5)×100=100%였지만, 지금은 (6÷4)×100=150%이다.

동일한 10시간 노동일에서 잉여노동시간, 잉여노동 및 그에 상응하는 잉여가치가 필요노동시간의 단축에 의해서 증대될 수 있다는 것을 알 수 있다. 그러나 5시간에서 4시간으로의 이러한 필요노동시간의 단축은 오직 노동자의 소비수단을 생산하는 분야, 그리고 이러한 소비수단의 생산에 사용되는 생산수단을 생산하는 분야의 노동생산성 증대를 통해서만 가능하다. 상대적 잉여가치의 기초는 노동생산성의 증대이다.

노동생산성 증대에 의한 필요노동시간의 단축 및 그에 상응하는 잉여노동시간의 연장에 따라 발생하는 잉여가치를 **상대적 잉여가치**라고 부른다.

3. 특별잉여가치

상대적 잉여가치의 하나의 특수한 형태가 **특별**잉여가치이다. 이것도 마찬가지로 반드시 노동생산성 증대와 결부되어 있지만, 노동력 가치의 저하와 결부된 것은 아니다. 이것은 노동력의 가치가 불변일 경우에도 개별 자본가에 의하여 얻어질 수 있다. 여기서는 다만 자신의 기업에서 생산된 상품의 개별 가치가 사회적 가치 이하여야 한다. 특별잉여가치의 생산은 사회적 가치와 개별 가치간의 이러한 차이에 근거를 둔다.

이것을 예를 들어 설명해보자. A라는 상품의 대부분을 생산하는 한 기업의 노동자가 8시간 노동일 동안에 상품 8단위를 생산한다고 가정해보자. 따라서 그 상품의 각 단위에는 1시간의 사회적 필요노동이 체현되어 있다. 또한 1시간의 사회적 필요노동이 1달러의 새로운 가치를 창출한다고 가정하면, 상품A 1단위의 사회적 가치는 1달러(소모된 생산수단으로부터 이전된, 이전의 가치는 여기서 도외시한다)이다. 특별히 우리는 이 기업의 노동자가 1노동시간 동안에 1시간에(또는 1달러에) 상응하는 사회적 가치를 창출한다는 것을 기억해두어야 한다. 여기서 개별 가치는 사회적 가치와 일치한다. 노동력의 하루 가치가 4달러라고 가정한다면, 여기서 노동력의 하루 가치의 등가물은 분명히 4시간 동안 노동자에 의해 창출될 것이다. 나머지 4시간은 잉여노동시간을 의미한다. 잉여가치율은 100%에 이른다.

이제 다시, 마찬가지로 상품A를 생산하는 어떤 개별 기업에서 큰 기술혁신이 발생하여, 그 결과 노동자가 그 기업에서 8시간 노동일 동안 상품 8단위(지금까지 사회적 가치의 크기를 규정해왔던 기업들에서처럼)가 아니라 그 2배, 즉 16단위를 생산한다고 가정하자. 그때 상품 각 단위의 사회적 가치는 우리의 조건하에서 1시간 또는 1달러에 상응하기 때문에, 한 노동자가 8시간 노동일 동안 창출한 그 상품 16단위의 사회적 가치는 16달러이다. 여기서 1시간 동안 노동자는 2시간 또는 2달러의 사회적 가치를 창출한다. 그의 노동력 하루 가치의 등가물을 창조하기 위해 노동자는 여기서 4시간이 아니라 2시간을 필요로 한다. 8시간 노동일의 나머지 부분, 즉 6시간은 잉여노동시간이다. 잉여가치율은 100%가 아니라 300%가 된다.

그러므로 우리는 특별잉여가치를, 개별 자본가가 사회적 가치에 비교하여 그들의 기업에서 생산된 상품의 개별 가치의 하락에 의하여 얻어내는 잉여가치 초과분이라고 이해한다. 특별잉여가치의 원천은 해당 분야의 평균 노동생산성 수준에 비교한 그 기업 노동자들의 더 높은 노동생산성이다. 평균 이상의 생산성을 갖는 노동은 경제적으로는 강화된 노동처럼 기능하며, 따라서 그것은 동일한 시간에 동종의 평균적 노동보다 더 많은 사회적 가치를 창출한다.

특별잉여가치에 대한 자본가들의 항상적인 추구는 결국 기술과 생산조직의 개선이 해당 분야의 모든 기업에 확장되는 것으로 귀결된다. 그것은 그 상품의 사회적 가치의 저하를 낳는다. 그렇기 때문에 개별 자본주의 기업에서의 특별잉여가치 형성은 일시적인 현상이라는 결론이 나온다. 그러나 해당 분야의 평균적 기업들에서 사용되는 것보다 더 나은 생산수단이나 방법이 이러저러한 기업에 도입될 때마다, 특별잉여가치의 획득을 위한 조건이 창출된다.

특별잉여가치 자체의 본성으로부터, 그의 기업에 특정한 기술혁신을 도입한 각 자본가는 직접적으로 그 혁신이 확산되지 못하도록 하는 데 관심을 갖게 된다. 따라서 자본가는 이 혁신에 특허를 부여하거나 비밀로 유지하고, 그럼으로써 비록 일정 기간 동안이지만 그것을 독점하려고 노력한다. 한편으로 특별잉여가치 추구에서 자본가들의 분산된 행위들은 기술의 발전과 자본주의사회의 생산력의 성장을 낳는 반면, 다른 한편으로 부를 향한 각 자본가들의 추구는 사업 비밀과 기술적·조직적 비밀을 발생시키는데, 그것에 의하여 생산력 발전은 저지된다. 그것은 자본주의에만 고유한 뿌리깊은 모순의 현상형태의 하나이다.

생산력의 발전은 하나의 진보적 현상이다. 그러나 자본주의적 조건하에서 그것은 항상 노동자에 대한 착취의 강화와 결합되어 있다. 자본가들은 새로운 기계와 생산의 더 나은 생산테크놀로지 및 생산조직을 도입하는데, 그것은 노동자의 노동을 편하게 하기 위해서가 아니라 잉여가치를 증대시키기 위해서, 즉 노동자가 그의 노동력 가치를 재생산하기 위해서 필요로 하는 노동일의 부분을 줄이고 노동자가 자본가를 위해서 무보수로 노동하는 노동일의 부분을 연장시키기 위해서이다.

제11장 자본주의적 단순협업과 매뉴팩처

상대적 잉여가치 생산의 기반인 노동생산성의 증대는 자본주의적 생산의 세 발전단계와 결합된다. 그것은 자본주의적 단순협업, 자본주의적 매뉴팩처 그리고 자본주의적 기계제 대생산이다.

1. 자본주의적 단순협업

상인, 고리대금업자 그리고 치부한 수공업장인에 의해서 설립된 최초의 자본주의적 기업들은 보통 초기의 수공업적인 작업장들이다. 그러나 거기서는 한 자본가의 명령 아래 임노동자들 — 이전의 수공업자들과 가내노동자들 — 이 일했다. 이것이 자본주의적 단순협업이었다.

협업. 자본주의적 생산의 필수적 전제

경제이론에서 협업은, 많은 사람이 계획에 따라 공동으로 동일한 노동과정, 혹은 다양하지만 상호 결합된 노동과정에 참가하는, 노동조직의 한 형태를 가리킨다.[15)]

단순협업은 협업의 낮은 형태이다. 거기에는 아직 그 어떤 다소 항상적인 노동자들간의 분업도 없다. 그들은 모두 동종의 노동을 행한다. 자본주의에서의 단순협업은 단순협업의 이전 형태들로부터 구별되는 사회경제적 특수성을 가지고 있다. 첫째, 그것은 자본가들에 의하여, 즉 자본소유자들에 의하여 잉여가치를 얻기 위해 조직된다. 둘째, 자본주의적 협업에는 노동력의 구매 또는 판매를 통해 생산과정으로 편입되는 임노동자들이 참가한다. 셋째, 공동의 협업적 노동은 한 자본가의 명령하에 있다. 넷째, 협업적 노동의 생산물은 완전히 자본가에게로, 즉 생산수단의 소유자에게로 귀속된다. 이 모든 것은 자본주의적 단순협업이 어떤 특정한, 그리고 실로 자본주의적인 생산관계라는 것을 의미한다. 따라서 그것은 단순협업의 특수한 역사적 형태로서 파악되어야 한다.

자본주의적 협업은 단순상품생산자들의 개별적 생산에 대한 대립으로서 생겨난다. 이것은 자본주의적 생산양식의 절대적 조건이다. 이것 없이 단순상품생산은 자본주의적 상품생산이 될 수 없다. 따라서 타인의 노동을 착취하며 완전히 타인의 노동의 열매로 살아가는 인간으로서의 자본가의 형성은, 직접적으로 그에게 고용된 임노동자의 수에 달려 있다. 기업에 많은 노동자의 투입, 그들의 수의 증대는 자본주의적 생산의 기능을 위한 필수적 전제, 즉 이 생산의 내적 합법칙성이다. 동일한 착취율 하에서, 자본가는 잉여가치량을 그에게 고용된 노동력 수의 증대에 의하여, 사용되는 가변자본의 확대에 의하여 증가시킨다.

노동자 수의 증가는 불가피하게 가변자본을 증대시킨다. 더 많은 노동자가 고용될수록, 더 많은 생산수단과 따라서 더 많은 불변자본이 필요하다. 따라서 많은 노동자의 협업에 근거하는 자본주의적 작업장이 성립되기 위해서는 몇몇 개인의 수중에 일정한 최소한의 자본의 존재가 절대적인 필수적 전제이다. 맑스는 다음과 같이 말하고 있다. "화폐 또는 상품의 소유자는 생산에 투하되는 최소액이 중세의 최대치를 훨씬 넘어설 때 비로소 현실적으로 자본가로 전화한다."[16]

이러한 최소의 자본은 여러 가지 방식으로 집중되었다. 수공업자와 단순상품생산자의 무리 중에서, 다른 사람들보다 더 직인과 도제 및 자신의 가족 성원을 착취함으로써, 또한 노동생산성의 향상을 허용하는 유리한 생산조건을 이용함으로써 부유해진 사람들이 자본가가 된다. 최초의 자본주의적 작업장의 조직화에서 큰 역할을 한 것은 분명 상인과 고리대금업자에 의해 축적된 화폐자본이었다.

협업의 장점

협업에 기초하여 생산을 조직했던 최초의 자본가들은 그것에 의해 소상품생산자들에 비해서 여러 가지 이익을 얻었다. 원시적이고 수공업적인 기술에서 개별 노동력들간의 차이(힘, 숙련도, 재능 등에 관한)는 항상 매우 컸다. 따라서 개별 상품생산자의 개인적 노동 지출은 단지 우연적으로만 사회적으로 필요한 지출과 일치할 수 있었다. 그러나 협업에서 노동자들간의 개인적 차이는 평준화된다. 그럼으로써 상품의 생산과 판매에서 자본가는 수공업자보다 우연적 요인들의 영향을 더 적게 받는다.

그러나 그것뿐만이 아니다. 협업의 주요 장점은, 그것이 개별화된 노동력의 생산능력의 단순한 합계를 넘어서는, 하나의 새로운 사회적 생산력을 창출한다는 것이다. 그것은 개별 노동으로는 수행할 수 없는 노동과정에 접근할 수 있는, 사람들의 집단적 힘이다. 20명의 사람은, 3명의 사람이 보람없이 하루종일 들려고 애쓸 커다란 들보를 쉽고 빠르게 들어올린다. 협업은 댐, 관계수로, 운하, 도로의 건설 같은 노동을 수행하도록 해준다.

또한 협업적 노동의 장점은 노동생산성의 향상과 그에 따른 상품단위의 저렴화에 있다. 이러한 방향에서 많은 사람의 공동노동에 의해 각 노동자의 노동활동을 향상시키는 경쟁심리도 작용한다. 또한 생산수단의 공동사용에 의해서 달성되는 생산수단의 절약은 상품의 가치 하락을 낳는다. 그래서 가령 20명의 노동자가 있는 한 작업장 건물이, 2명씩의 노동자가 10개 작업장 건물마다 있는 경우보다 싸다.

그러나 상품의 가치 하락이 어떤 결과를 낳는지 우리는 이미 알고 있다. 만약 노동생산성 향상이 노동자에게 필요한 소비재를 생산하는 부문에서 일어난다면, 그것은 노동력 가치의 저하를 초래하고 그럼으로써 자본가계급에게 상대적 잉여가치를 생산할 가능성을 제공할 것이다. 따라서 자본주의적 단순협업은, 그것이 자본주의적 생산의 초기에 절대적 잉여가치의 생산이 우세한 가운데 발생한다 하더라도, 동시에 또한 상대적 잉여가치 생산의 첫 발전계제이다.

공동노동에 의해 발생하는 추가적 생산력은 자본의 생산력으로서 나타나며, 자본가에 의해서 무상으로 이용된다.

단순협업은 자본주의적 생산의 발전에서의 어떤 특별한 역사적 시기도 아니다. 그것은 근본적으로 단지, 자본주의적 매뉴팩처에서 그 발전된 형태를 갖는 자본주의적 협업의 시작일 뿐이다. 이제 자본주의 생성기의 매뉴팩처의 역할을 연구해보기로 하자.

2. 자본주의적 매뉴팩처

매뉴팩처는 분업에 근거한 협업이다. 생산과정의 자본주의적 조직의 특징적 형태로서 매뉴팩처는 서유럽에서 16세기 중반부터 18세기말까지 지배적이었다. 그것은 자본주의 발전에서 소위 **매뉴팩처** 시기였다.

매뉴팩처의 이중적 근원

매뉴팩처는 두 가지 방식으로 발생했다.

한 방식은 다음과 같다. 동일한자본가의 지배 아래 있는 한 작업장에서 여러 가지 직업의 수공업자들이 결합되는데, 생산물은 최종적으로 완성될 때까지 차례로 그들의 손을 거쳐야 한다. 그래서 가령 마차 매뉴팩처가 발생한다. 이전에 마차는 수레목수, 철물공, 띠장이, 선반공, 장식장이, 유리장이, 칠장이 등과 같은 자립적 수공업자 다수의 노동생산물이었다. 자본가는 이 모든 수공업자의 노동을, 그들이 공동으로 노동을 행하는 하나의 작업장으로 결합시킨다. 점차로 이전의 독립수공업자들은 마차의 생산과 결합된 하나 또는 그 이상의 공정에 적응된다. 그리하여 띠장이는 마차의 띠에만 종사하고, 철물공은 오로지 마차 생산에 필요한 철물노동에만 전문화되고, 칠장이는 전적으로 마차 칠장이가 된다.

매뉴팩처 생성의 두번째 방식은 다음과 같다. 자본가가 한 전체 작업장에서 **동일한** 직업의 수공업자들을 그들간의 다음과 같은 분업과 결합시킨다는 것이다. 수공업자들이 핀 매뉴팩처로 결합되기 이전에, 그들 각각은 핀 생산을 위한 모든 작업을 수행했다. 매뉴팩처에서는 핀의 생산이 개별 노동자에 의해 수행되는 부분작업으로 나누어진다. 즉 한 사람은 철사를 뽑고, 다른 사람은 그것을 바로잡고, 셋째 사람은 그것을 자르고, 넷째 사람은 광을 내고 이런 식이다. 매뉴팩처적인 핀 생산에서 철사는 12명 이상의 손을 거쳐간다. 점차로 각 작업은 특정한 노동자에게 확고하게 주어진다. “상품은 여러 가지를 행하는 독립수공업자의 개인적 생산물로부터, 각자가 끊임없이 동일한 부분작업을 행하는 수공업자들의 결합체의 사회적 생산물로 전화한다.”[17)]

매뉴팩처 형성의 첫번째 방식에서와 마찬가지로 두번째 방식에서도 분업에 기초하여 노동자의 전문화가 발생한다. 수공업이 매뉴팩처의 기술적 기초로서 남아 있다 해도, 수공업자와 매뉴팩처 노동자간에는 기술적 관점에서 큰 차이가 존재한다. 독립수공업자가 홀로 생산물의 생산을 위한 전체 노동을 완전히 다 수행하는 데 반하여, 매뉴팩처 노동자는 생산물의 생산에서 그의 전생애에 걸쳐 하나의 개별 부분작업만 수행한다. 맑스의 표현에 따르면, 매뉴팩처에서는 이전의 수공업자가 부분노동자가 된다.

분업은 자본주의 발전의 매뉴팩처 시기에서 노동생산성 증대의 주요 원천이었다. 또한 매뉴팩처적 분업과정의 심화는 수공업적 노동도구들의 개량으로 귀결되었다. 수공업적 노동도구들은 점차로 부분노동자의 전문화된 작업에 적응되었고, 그것은 다시 노동도구들의 분화와 전문화를 낳았다. 맑스는『자본론』에서 매뉴팩처시기에 버밍검에서만 약 500종의 변형된 망치들이 생산되었는데, 그것들 각각이 하나의 특수한 생산과정에서 이용되었을 뿐 아니라 부분적으로는 그것들 전체가 동일한 과정의 개별 작업들에서 이용되었다고 쓰고 있다.

매뉴팩처의 기본형태

분업의 성격에 따라 매뉴팩처는 두 가지 기본형태로 구분된다. 즉 이종적 매뉴팩처[18)]와 유기적 매뉴팩처이다. 이종적 매뉴팩처에서 노동자들간의 분업은, 완제품으로 조립될 개별 부분들에 따라 진행된다(마차, 시계, 금고 등의 생산에서와 같이). 유기적 매뉴팩처에서 분업은 공정에 따라 진행된다(핀, 종이, 병 등의 생산에서와 같이).

매뉴팩처, 특히 유기적 매뉴팩처는 개별적인 수공업적 생산 자체와 비교할 때 중요한 노동생산성의 증대를 가져왔다. 그것은 무엇보다도 사회적 생산력을 발생시킨 협업적 노동 형태와 관련되어 있다. 그러나 단순협업에 대한 보충과정에서 매뉴팩처는 분업을 통한 노동생산성의 더욱 큰 증대를 보장했다. 첫째로, 노동자의 전문화는 동일한 작업의 수행에서 그들이 수행하는 데 필요한 시간의 단축에 기여했다. 둘째로, 한 작업의 다른 작업으로의 이행과 공구의 교환에 소비되는 시간이 단축되었다. 셋째로, 매뉴팩처에서 공구의 전문화가 발생했으며, 그로 인하여 공구의 효율성이 증대되었다.

자본주의적 가내노동

이전의 수공업자들을 직접적으로 한 작업장의 지붕 아래 결합시킴으로써 발생된 매뉴팩처 이외에도 공업에서 자본주의적 관계의 형성을 낳은 또 하나의 과정이 있었다. 그것은 자본주의적 가내노동이었다. 비록 이 과정이 동일한 사회경제적 결과를 가져왔고 전자와 불가분하게 결합되어 있다 해도, 자본주의적 가내노동은 중요한 특수성을 가지고 있었다. 자본주의적 가내노동의 형성에 대해서 레닌은 『러시아에서의 자본주의의 발전』에서 1861년 개혁 이후 러시아의 경제발전에 대한 자료에 근거하여 상세히 연구하고 이론적으로 해명했다.

자본주의적 가내노동은 매뉴팩처보다 먼저 발생했고 본질적으로 매뉴팩처의 준비단계에 속한다. 상업자본가는 가내노동을 위탁했을 뿐만 아니라, 또한 보통 임노동자들을 고용한 큰 작업장도 갖추었다. 이러한 작업장과 가내노동자들 사이에 특별한 종류의 분업이 발생하였다. 즉 작업장은 소생산자의 생산물을 '최종적으로' '완성하고' '정비하며', 가내노동에는 특정한 생산물 제조의 총과정에 속하는 특정한 부분공정의 수행을 위한 재료가 제공되는 식이었다. 상인의 거대한 작업장 내에서 분업이 발생한다. 자본주의적 가내노동의 체계에 의하여 보충되는 고전적인 집중화된 매뉴팩처가 발생하였다.

자본주의적 가내노동이 매뉴팩처보다 앞서 발생됐다 하더라도, 그것은 자본주의적 생산 발전의 매뉴팩처 단계에서 크게 확산되었다. 자본주의적 가내노동은 매뉴팩처의 절대적인 부속물이 된다. 그것은 우연이 아니다. 수공업적 노동이 지배하는 동안에는, 소생산에 앞서는 대생산의 장점이 아직 충분히 효력을 나타내지 못한다. 따라서 소생산은 계속해서 존재하며 유지된다. 거기에는 또한 노동과정을 부분작업들로 나눈 매뉴팩처 자체도 기여한다. 더욱 빈번히 매점자 역할을 수행하는 자본주의적 매뉴팩처 소유자는 대량으로 가내노동을 위탁한다. 레닌은 다음과 같이 썼다. "상업자본과 산업자본간의 가장 밀접하고 불가분한 결합은 매뉴팩처의 특징적인 특수성의 하나이다."[19] 대기업의 소유자들은 자신의 기업 노동자의 노동뿐만 아니라 다수의 가내노동자의 노동을, 그리고 사실상 또한 그들이 매점자로서 나타나게 되는 소생산자들 다수의 노동을 마음대로 처분한다.

상당히 큰 소수의 자본주의적 작업장들과 나란히 다수의 소기업이 존재했던 것은 자본주의의 매뉴팩처 단계에서 전형적이었다.

매뉴팩처의 자본주의적 성격

작업장 내의 분업 또는 매뉴팩처적 분업은 사회적 분업의 하나의 특수한 변형이다. 사회 내 분업이 주로 완제품이나 반제품 생산의 전문화를 전제하는 반면, 기업 내 분업은 개별 부분이나 공정에서의 생산의 전문화와 결합되었다. 매뉴팩처적 분업은 자본주의적 생산에 의해 야기되었다.

맑스의 선행자들, 특히 페티와 스미스는 사회 내 분업과 매뉴팩처내 분업을 정밀하게 연구하였고 이 문제에 관해 많은 귀중한 성과를 남겼다. 매뉴팩처 시기의 이론가이며 매뉴팩처에 대한 적극적인 선전가였던 스미스는 그의 유명한 저서 『국부론』에서 분업에 대해 상세히 연구하였다. 그러나 자본주의적 생산양식을 생산의 영원한 형태라고 생각했던 부르주아 정치경제학의 고전가들은 이 형태, 즉 자본주의적 생산관계에 대한 질적이고 사회경제적인 특징 규정에 거의 주의를 기울이지 않았고, 부르주아적 생산의 현상의 양적 측면에 더 관심을 가졌다. 그래서 그들은 생산관계에 대한 분석을 흔히 생산력에 대한, 즉 기술과 생산조직의 요소에 대한 분석으로 대체했다.

마찬가지로 그들은 분업을 노동생산성 증대 및 산출된 사용가치의 다양화를 위한 전제로서만 분석했다. 그래서 사회내 분업과 매뉴팩처내 분업 사이에는, 우리가 위에서 다룬 기술적 종류의 차이만이 확인되었다. 그래서 가령 스미스는 그것들간에 어떤 본질적인 차이도 두지 않았다. 그에게 전체 사회적 생산은 거대한 매뉴팩처로 나타났다.

매뉴팩처적 분업과 전체 자본주의사회의 분업 사이에는 본질적인 사회경제적 차이가 존재한다.

첫째, 전체 자본주의사회의 분업은 자본주의적 상품생산자들 — 그들의 상품은 그들에 의해 착취된 노동자들의 전체 노동을 담고 있다 — 간의 시장관계의 기초이다. 반면 매뉴팩처 내부에는 직접생산자들간의 어떤 시장관계도 없다. 개별 매뉴팩처 노동자는 자립적으로 상품을 생산하지 않는다. 상품은 다만 여러 부분노동자의 총생산물일 뿐이다.

둘째, 자본주의에서의 사회적 분업은 자연발생적이고 무정부적인 성격을 지닌다. 여기서는 자연발생적인 경제법칙이 작용하며, 통일적인 중앙집중적 지도는 없다. 그에 반해서 매뉴팩처적 분업은 개별 기업 내 또는 기업그룹 내 노동과정에서 자본가에 의한, 그의 불가침적 권위적인 힘에 의한 무조건적 개별 지도를 전제한다.

셋째, 자본주의에서 사회적 생산의 개별 부분간의 균형은 우연적으로, 항상적인 불균형에 의해 준비되는 일반적 경향으로서만 발생한다. 매뉴팩처내에서 생산메커니즘의 여러 고리들의 조정 및 공정과 노동장소에 따르는 분업은 균형이라는 '철의 법칙'에 종속된다. 이러한 균형은 자본가나 그에게 고용된 관리인에 의하여 의식적으로 산출된다.

매뉴팩처적 분업은 명백하게 각인된 자본주의적 성격을 지닌다. 매뉴팩처에 의해 획득되는 노동생산성의 증대는 노동력 가치의 저하를 가져온다. 동일한 결과로서 또한 부분노동자의 노동의 단순화와 그것으로부터 나오는 직업교육 비용의 절감이 있다. 따라서 매뉴팩처는 상대적 잉여가치 생산의 하나의 특수한 형태이다.

매뉴팩처적 생산의 발전과 더불어 노동에 대한 자본의 권력이 증대된다. 단지 하나의 특정한 공정만을 수행할 수 있을 뿐 그 수공업 전체를 지배할 수 없는 부분노동자는 더 이상 자본주의적 기업 밖에서 노동할 가능성을 갖지 못한다. 그는 단지 생산수단을 갖고 있지 않기 때문만이 아니라 또한 더 이상 자립적으로 완제품을 생산할 수 없기 때문에, 그의 노동력을 팔아야 한다. 매뉴팩처 노동자는 이제 단지 자본가의 작업장의 부속물로서만 기능한다. 매뉴팩처는 "생산적 충동과 재능의 세계를 억압하여 노동자의 부분적 기능만을 온실과 같이 요구함으로써 노동자를 기형적으로 불구화시킨다."[20]

자본주의적 매뉴팩처는 정신노동과 육체노동간의 대립을 현저하게 심화시킨다. 매뉴팩처적 분업은 물질적 생산의 지적인 측면을, 노동자들에 대하여 외적이고 그들을 지배하는 힘으로서 대립시킨다. 매일같이 이해력도 숙련도 요구하지 않는 좁게 한정된 동일한 작업만을 수행하는 부분노동자는 창조적 상상력과 노동에 대한 관심을 잃는다. 그에게는 오직 한결같은 육체노동만이 남아 있을 뿐이다.

특히 가내노동자의 상태는 심각했다. 이들과 자본가를 사이에, 노동자들을 추가적으로 착취하는 수많은 중개인이 끼어 든다. 자본주의적 가내노동은 엄청나게 긴 노동일, 비위생적인 노동조건, 그러한 노동조건을 어떤 규정을 통해서도 바로잡을 수 없는 절대적 불가능성, 생산에 여성과 아동들을 편입시키는 것, 중개인들에 대한 다양한 형태의 예속과 인격적 종속 등으로 특징지어진다. 맑스는 자본주의적인 매뉴팩처적 분업을 다음과 같이 특징지었다. "따라서 한편 그것은 역사적 진보와 사회의 경제적 형성과정의 필연적인 발전계기로서 나타나지만, 다른 한편 그것은 문명화되고 교활한 착취수단으로서 나타난다."[21]

매뉴팩처의 역사적 역할

자본주의적 생산의 형태로서 매뉴팩처는 생산력 발전과 사회적 노동의 생산성 증대에 기여했다. 매뉴팩처 시기에는 사회적 분업의 발전과 자본주의적 관계의 심화에 기초하여 국내시장이 확대된다. 도시와 농촌에서 자본주의적 기업가는 기존 기업의 확장과 새로운 기업의 설립을 위하여 생산수단에 대한 욕구를 가지게 되었다. 더 많은 노동자의 고용은 소비재에 대한 더 많은 수요와 결합되었다. 이 모든 것은 국내시장의 확대를 가져왔고 자본주의의 발전을 촉진시켰다.

그러나 자본주의적 생산의 형태로서 매뉴팩처는 사회적 생산을 그 전체 규모에서 포괄하고 그것을 변형시킬 수 없었는데, 왜냐하면 매뉴팩처의 기술적 토대는 소경영에서와 동일한 수공업적 노동도구로 남아 있었기 때문이다. 따라서 매뉴팩처는 소상품생산자들의 생산의 독특한 상부구조에 불과했다.

자본주의가 더욱 발전함에 따라 매뉴팩처는 불충분한 것으로 입증되었다. 비록 매뉴팩처가 숙련공과 비숙련공이라는 노동자의 구분을 발생시켰지만 후자의 수는 한정되어 있었는데, 왜냐하면 전자, 즉 이전의 수공업자의 중요성이 더 우세했기 때문이다. 수공업적 기술이 매뉴팩처의 기초로 남아 있었기 때문에 자본은 노동자를 완전히 굴복시킬 수 없었다. 그것은 특히 숙련노동자에게 해당하는데, 더구나 그들은 자본가를 떠나서 자립적인 생산자가 될 가능성을 갖고 있었다. 수공업적 생산의 토대 위에서 자본은 노동을 완전히 정복할 수 없었다. 이 모든 것은 잉여가치법칙의 작용을 제한했다. 상대적 잉여가치 생산의 특정 단계로서의 매뉴팩처는 점차 쇠퇴했다. "매뉴팩처 자신의 협소한 기술적 토대는 일정한 발전수준에서 매뉴팩처 자신에 의해 창출된 생산욕구들과 모순관계에 들어갔다."[22]

매뉴팩처시기에 자본주의적 생산은 이전의 생산양식들에 비해서 아직 결정적인 우월성을 획득하지 못했다. 따라서 매뉴팩처시기에 자본주의적 생산은 아직 사회적 생산의 지배적인 형태가 되지 못했다는 결론이 나온다. 매뉴팩처는 일종의 맹아기적 발전단계를 살아갔으며, 다만 봉건사회의 생산관계에서 하나의 경제형태에 불과했다.

매뉴팩처의 역사적 역할은 그것이 기계제 생산으로의 이행을 위한 전제를 창출했다는 데 있었다. 가장 단순한 공정들로의 생산과정의 세분화와 노동도구의 분화는 기계 사용을 위한 조건들을 준비했다. 그밖에 매뉴팩처는 개별 공정의 수행에서의 노동자의 전문화를 통하여 기계제 공업에 대해 노동자를 준비시켰다.

제12장 자본주의적 기계제 대생산

매뉴팩처적 분업은 생산의 물질적·기술적 토대에서의 심원한 변혁을 위한 — 기계에 의한 수공업적 노동의 대체를 위한, 매뉴팩처의 공장으로의 이행을 위한 — 전제였다. 기술에서의 변혁의 결과로 또한 생산관계에서의 변혁이 발생했다. 첫째로 자본가들과 임노동자들 사이의 관계는 그 충분한 발전에 도달했다. 둘째로 '자본주의적 관계가 폭넓게 발전되었다.' 그럼으로써 자본주의적 관계는 그 사회의 지배적인 관계가 되었다. 기계제 대생산 단계에서 경제적 관계의 특정한 체계로서의 자본주의적 생산양식의 형성은 그에 상응하는 물질적·기술적 토대와 더불어 완성되었다.

1. 기계의 발전

기계제 대생산으로의 이행은 노동도구에서의 근본적 변화와 더불어, 그리고 더욱이 기계의 발명 및 보급과 더불어 시작됐다.

그것의 발전된 형태 중에서 기계는 3개의 기본요소, 즉 원동기(모터), 전동(傳動)장치, 그리고 고유한 작업기 또는 실행장치로 구성되는 복잡화된 노동도구이다.

모터는 전체 기계를 가동시킨다. 모터는 자연력을 이용하며, 자연력의 에너지를 한 형태에서 원동력으로서 이용될 수 있는 다른 형태로 변화시킨다.

기계의 **작업부분** 또는 실행장치는, 이전에 수공업자들과 매뉴팩처 노동자들에 의해 사용되었고 나중에 그 형태를 변화시켰던, 가령 방적기의 방추 같은 수많은 공구의 결합체이다 그러나 이것은 이미 수공업적 노동도구가 아니며 역학적이고 기계적인 도구이다.

전동장치는 모터와 작업기 사이의 중간부분이며, .그것은 원동력을 작업기로 이전시킨다. 예를 들어 이러한 기능은, 피스톤의 왕복운동을 회전운동으로 바꾸는 다양한 종류의 회전축, 크랭크와 기타 굴대, 톱니바퀴 등이 수행한다. 전동장치의 도움으로 모터에 의해서 움직이는 기계의 작업부분은, 직접 노동대상에 작용하고 그것을 가공하며 그것을 소비에 적합한 사용가치로 변화시킨다.

그러면 기계는 수공업적 도구와 어떻게 구별되는가? 맑스 이전의 몇몇 부르주아 경제학자는 수공업적 노동도구와 기계 사이의 경계를, 수공업적 노동도구는 인간의 힘에 의해서, 기계는 자연력에 의해서 움직인다는 특징에 따라 끌어내려고 시도하였다. 그들은 예를 들어 말이 끄는 쟁기, 풍차 등을 기계라고 불렀다.

생산에서 자연적 운동원천과 원동기 자체의 이용만으로는 아직 수공업을 파괴시키지 못하며 또한 생산양식의 근본적 변혁도 낳지 못한다. 비록 기계가 원동기가 아니라 동물의 힘에 의해 움직인다 하더라도, 실제로 산업혁명을 위한 초석을 놓은 것이 기계였음은 주지의 사실이다. 그래서 예를 들어, 맑스의 표현대로 산업혁명의 시작을 포고한 와트의 방적기는, 당나귀에 의해서 움직였다. 노동과정을 개조하고 수공업적 노동을 몰아낸 기계 중에는, 가령 클라우센의 회전베틀 같은 노동자의 손으로 움직이는 것들도 있었다.

기계의 가장 중요한 특수성은 그것의 작업부분, 즉 실행장치에 있다. 그것은 우연이 아니다. 모터와 전동장치는 단지 작업기를 움직이는 역할만 한다. 그것들은 노동대상에 직접 작용하지 않으며, 노동대상의 형태를 바꾸지 않고, 노동대상을 생산물로 변화시키지 못한다. 이러한 기능들은 오직 작업기의 임무이다. 그러나 바로 이러한 기능은 사용가치, 즉 생산물을 산출하는 것이 그 과제인 노동과정 속에서 규정된다. 매 시간단위마다 생산되는 생산물 수와 노동생산성의 수준은 직접적으로 작업기의 성능에 달려있다.

손으로 작동하는 공구의 기계적 노동도구로의 전환은, 인간에 의해 조종되었던 기계를 작동시키는 노동도구의 수를 증대시킬 가능성을 창출한다. 이를테면 방직공은 단지 한 가닥의 실을 자을 수 있다. 맑스의 비유적 표현에 따르면, 두 가닥의 실을 동시에 자을 수 있는 방직공들은 머리가 둘인 사람처럼 드물다. 그러나 이미 최초의 방적기는 20개까지의 방추를 가졌었고 같은 가닥의 실을 동시에 자을 수 있었다. 그것은 기계가 다수의 노동도구를 통해서 동시작업의 차원에서 인간의 제한된 가능성을 극복한다는 것을 의미한다.

공구의 기계로의 전환은 자연에 대한 인간의 힘을 엄청나게 증대시킨다. 기계는 역사 속에 전례 없는 노동생산성의 증대를 위한 물질적 기초였다. 기계의 발명과 보급은 기술적 생산조건에서의 참된 혁명이 되었다.

결국 기계는 자본주의적 생산양식을 발현되게 함으로써 기술적 혁명뿐만 아니라 사회적 혁명도 낳았다. 기계와 수공업도구의 원칙적 차이를 확정하려 한다면, 이 혁명의 기초가 인간의 공구에서 장치의 공구로의 전환이었다는 것을 고려해야 한다.

수학자, 기계제조자 그리고 그들을 따르는 몇몇 부르주아 경제학자는, 기계와 공구간의 차이는 공구가 단순한 기계라면 기계는 조립된 공구라는 데 있다고 주장했다. 이 주장은 부분적인 진리를 담고 있다. 그러나 그것은 '역사적 요소'를 결여하고 있으며, 따라서 경제학적 관점에서 완전히 부적절하다. 맑스는 기계를, 그것의 발생이 초래한 사회적·역사적 성과의 관점에서 정의한다. 그가 말한 대로 자본주의를 성취한 공업적 변혁의 출발점은 작업기였다.

작업기의 발전, 즉 동시에 작업기에 의해서 사용되는 공구 수의 증가는 모터의 동력을 증대시킬 것을 요구했다. 자연력 — 물, 바람, 동물 — 의 직접적 이용은 그 제한된 가능성에 봉착했다. 와트의 두 배로 작용하는 증기기관이 문제를 해결했다. 증기기관은 단지 작업기의 발생과 관련하여 생산력의 발전에서 매우 큰 역할을 할 수 있었다. 석탄과 물을 사용하는 와트의 증기기관은 거대한 동력을 발전시켰고, 무엇보다도 그 어떤 장소에도 설치될 수 있었고 사람에 의해 조종될 수 있었다. 그것은 생산을 대도시에 집중시킬 수 있게 하였고 작업기의 그 이상의 발전을 자극하였다.

초기의 기계는 소수의 숙련된 수공업자와 몇몇 매뉴팩처 노동자, 기계제조자들에 의해 수공업적으로 생산되었다. 이러한 상황 속에서 기계를 생산할 가능성은 극심하게 제한되었다. 발전하는 대공업은 이런 방식으로 매뉴팩처적으로 운영되는 기계 제작의 협소한 토대와 모순에 빠져 들어갔다. 탈출구는 기계의 기계제 생산에서 발견되었다. 기계제작기업이 발생했다.

비로소 이제 자본주의적 공업은 결국 그에 상응하는 물질적·기술적 토대를 창출하였고, 우리가 이야기하듯이, 자신의 발로 섰다. 기계적 기술의 더 이상의 발전은 생산의 자동화와 결합되는데, 그것은 기계적 기술의 발전에서의 질적으로 새로운 계제이다.

자동기계는 무엇이며 그것은 무엇에 의하여 보통 기계와 구별되는가?

보통 기계의 조종은 두뇌의 노동뿐만 아니라 인간의 손의 항상적 관여를 전제로 한다. 자동기계는 그에 반해 기계적 노동도구의 조종으로부터 인간의 손과 두뇌를 해방시키며 그것들을 조종장치로 대체한다. 그럼으로써 생산의 발전과 노동생산성 증대에 대해 인간이라는 유기체의 자연적 속성이 설정하는 한계를 최종적으로 극복할 수 있게 된다. 생산의 자동화는 기계적 기술의 발전에서 새로운 시대를 연다. 보통 기계와 비교할 때 자동기계의 새로운 점은 조종기계 또는 자동조종장치가 생겨났다는 것이다. 자동기계는 3가지가 아니라 4가지 주요 구성요소로 구성된다. 즉 모터, 전동장치, 작업기 그리고 조종장치이다.

2. 자본주의적 공장. 자본주의에서 기계가 노동자 상태에 미친 영향

기계의 출현과 더불어 **공장**이 생겨난다. 공장은 동시적으로 그리고 공동으로 작업하는 기계들의 협업이다.[23] 만약 한 무리의 동종의 기계들, 가령 베틀들이 어떤 특정한 작업을 처음부터 끝까지 수행하면서 사용된다면, 기계들의 단순협업이 존재하는 것이다. 그러나 공장에 이종의 기계들이 설치되고 그것들이 서로를 보충한다면, 그리고 노동대상이 한 기계에서 다른 기계로, 예를 들어 방적기에서 베틀로 옮겨간다면, 여기서는 분업에 근거하는 기계체계가 존재한다. 그것은 이미 기계들에 의해 복잡화된 협업이다.

공장은 자본주의적 협업의 최고 형태이다. 그 속에서는 매뉴팩처와 자본주의적 단순협업에서와 같이, 임노동자들의 집단적 공동노동이 사용된다. 그러나 여기에서의 분업은 매뉴팩처내의 분업과 본질적으로 구별된다.

매뉴팩처에서는 분명히 부분노동자와 그의 수공업적 공구가 분업의 기초를 형성한다. 반대로 공장에서는 전혀 사정이 다르다. 맑스가 말하듯이 여기에서는 기계의 협업 또는 '죽은 메커니즘'이 생산의 뼈대를 형성한다. 이 메커니즘의 기관은 개별적 부분기계이며, 그것들간에 고유한 종류의 '분업'이 존재한다. 기계들의 협업은 노동자들과 독립해서 존재한다. 노동자들은 이 메커니즘에 마치 그것의 살아 있는 부속물처럼 병합된다. 매뉴팩처의 경우와 같이 노동자가 그에게 봉사하는 공구를 강제하는 것이 아니라 거꾸로 노동자가 기계에 봉사하고 그것의 운동을 따라간다. 기계가 노동자의 기능에 적응하는 것이 아니라 노동자가 기계의 기능에 적응해야 한다. 따라서 자본주의적 공장내에서의 임노동자의 노동의 내용은 매뉴팩처와 비교할 때 본질적으로 다르다. 노동과 자본간의 관계에 새로운 계기가 발생한다.

자본주의적 공장은 육체노동과 정신노동간의 대립을 심화시킨다. 노동자의 운명은 창조적 내용이 없는 황폐해가는 육체노동이다. 정신노동의 기능은 육체노동으로부터 분리되며, 생산과정 전체를 통제하는, 임노동을 하는 제한된 인간집단에 의해 수행된다. 그들은 기술적 지도와 감독의 기능을 행사하는 엔지니어와 기술자이다. 그들은 기술적 기능과 더불어 자본가의 이름하에, 자본가의 이해 속에서 임노동자 착취과정의 조직화에 참여하므로 고유한 공장노동자의 범주로 간주될 수 없다.

생산과정의 직접적 관리로부터 자유롭게 된 자본주의적 공장주는 그의 손 안에 노동에 대한 최고의 권력을 집중시킨다. "봉건시대에 전쟁과 재판에서의 최고사령이 토지소유의 속성이었던 것과 같이, 공업에서의 최고사령은 자본의 속성이다."[24] 기계에 봉사하는 것이 임노동자의 운명이 되었다. 노동자의 노동뿐만 아니라 전체 생활이, 그리고 그의 가족이 자본주의적 생산에 대한 종속으로 빠져들었다.

기계는 생산과정을 단순화하며, 그 결과 개별 노동자의 숙련도의 의의는 저하된다. 최고의 자리에 과학의 공학적 응용의 의미, 즉 생산에 봉사하는 엄청난 자연력의 조종이 들어선다. 또한 과학과 그 응용은 노동자에게 자본의 힘으로서 대립한다. 그것은 생산력 발전이 노동자의 이익 속에서 관철되는 것이 아니라 노동자의 이해에 직접 대립되는 방향으로 나아간다는 것을 의미한다.

기계제 생산은 노동자의 보다 적은 육체적 힘을 요구하며, 따라서 여성노동과 아동노동을 사용할 큰 가능성을 창출한다. 그럼으로써 자본주의적 착취의 한계는 확장된다. 그 영역 속으로 남녀노소에 관계없이 노동자의 모든 가족 성원이 빠져든다. 자본은 여성과 아동이라는 유기체의 특수성에 대하여 전혀 고려하지 않으며, 그들을 실로 빈번히 성인 남성노동자가 일하는 더욱 열악한 조건 속으로 집어넣는다. 자본주의 나라에서 기계제 생산으로의 이행은 따라서 아동 사망률의 증대와, 여성과 아동의 육체적·도덕적 불구화와 결합되었다.

노동자 가족 성원들의 생산에 대한 대대적 편입은 노동력 가치의 저하를 낳았는데, 왜냐하면 성인 남자의 노동력 가치가 모든 노동하는 가족 성원에게로 분배되기 시작했기 때문이다. 노동하는 모든 가족 성원의 노동력 가치는 당연히 가장의 노동력 가치보다 클 수 있다. 그러나 이 경우에도 자본가가 승리하는데, 왜냐하면 그는 더 많은 노동력을 처리할 수 있고 따라서 그는 그에 의해 전유되는 잉여가치의 규모를 증대시킬 가능성을 갖기 때문이다. 자본주의적 착취의 확대에 의한 노동력 가치의 하락은 또한 자본가들에 의한 노동자계급 착취도의 증대를 의미한다.

노동생산성 증대를 위한 수단인 기계는 자본주의적 조건하에서 노동자들의 항상적 경쟁자로 나타난다.

자본주의 나라들에서의 기계제 생산으로의 이행은 수공업자들의 대량 파산과 결합되었다. 가령 영국의 기계제적 직물 생산과 경쟁할 수 없었던 영국 직공과 인도 직공의 운명이 그것을 보여준다. 기계제 생산의 발전은 끊임없이 공장과 작업장으로부터 노동자를 구축한다. 산 노동의 기계에 의한 대체는 많은 노동자를 '과잉'으로 만들었고, 그들을 실업자로 만들었다. 그것은 한편 노동자로 하여금 그의 내일을 알지 못하게 만들었고, 다른 한편 노동에 대한 자본의 지배를 강화했다.

기계 그 자체는 인간에게 노동을 쉽게 하고 노동일을 단축할 큰 가능성을 제공한다. 하지만 자본주의적 조건하에서 기계는 잉여가치 생산을 위한 수단으로 나타나며, 따라서 노동생산성 증대를 위해 그것을 사용하게 하고 자본가에게 노동일 연장을 위한 새로운 동기를 갖게 한다. 이 동기의 본질은 무엇인가?

기계의 가치는 그것이 마모되는 만큼 점점 그것에 의해 창조되는 생산물로 이전된다. 자본가는 이 가치이전이 가능한 한 빨리 이루어지는데 관심을 가진다. 그는 자신이 사용하는 기계의 생산에서의 노동생산성이 증대되어 이 기계의 가치가 떨어지고, 따라서 생산되는 상품단위로 이전되는, 기계의 사회적으로 필요한 가치 크기가 줄어들 것을 항상 두려워한다. 모든 자본가는 다른 자본가들이 그들의 기업에, 노동생산성의 증대와 상품 가치의 하락을 보증할 더 좋은 기계를 도입할 것을 염려한다. 이러한 일이 발생하면, 기계의 완전한 가치가 생산물로 이전되기 전에 해당 기계를 바꾸는 것이 불가피하게 된다. 그리고 이것은 기계 속에 체현된 자본의 일부가 유실됨을 의미한다. 따라서 기계의 도입은 노동일을 연장하고 교대제를 도입하며 기계의 작업속도를 빠르게 하고자 하는 자본가의 이익을 강화한다.

다음과 같은 예를 가정해보자. 기계의 가치는 1만 달러에 달한다. 매년 기계는 생산물에 그 가치의 1/10을 이전한다. 그 자본가는 그 기계를 5년간 사용했다. 이 기간 동안에 그 기계는 생산물에 그 가치의 반, 즉 5천 달러를 이전했다. 기계제작기업이 같은 기계를 50% 싸게, 즉 5천 달러의 가치로 공급하기 시작했다고 가정해보자. 따라서 이전의 기계의 나머지 가치는 새로운 기계의 가치와 같다. 그러나 이전의 기계가 연간 1천 달러를 생산물로 이전시키는 데 반해, 새로운 기계는 연간 500달러만을 이전시킨다. 이것은 새로운 기계를 소유한 자본가가 그의 상품을 더 싸게 판매할 수 있게 만들며, 그럼으로써 이전의 기계를 소유한 자본가들에게 경쟁에서 타격을 가할 수 있다는 것을 의미한다. 따라서 자본가들은 기계를 가능한 한 빨리 소모시키려고 노력한다.

또는 1만 5천 달러 가치의 어떤 더 좋은 기계, 즉 5천 달러 더 비싼 기계가 만들어졌다고 가정하자. 그러나 그 새로운 기계는 더 큰 동력을 가지고 있다. 즉 그것의 도움으로 3배나 많은 생산물이 생산된다. 따라서 더 비싼 새로운 기계는 생산물의 각 단위에 이전의 기계보다 더 적은 가치를 이전시키며, 그것을 사용하면 더 유리하게 된다. 따라서 자본가는, 그의 경쟁자들이 그러한 새로운 기계를 갖기 전에 가능한 한 빨리 이전의 기계를 소모시키려고 한다.

3. 자본주의적 기계 사용의 한계

사회적 관점에서 볼 때, 만약 기계의 사용이 노동생산성을 향상시키고 상품의 단위당 비용을 하락시키며 노동을 쉽게 하고 노동조건을 개선한다면, 그것은 합목적적이다. 그러나 자본가들은 노동자의 노동조건에 관심을 갖지 않는다. 게다가 그는 항상 노동 보호에 관계된 최소한의 지출조차도 줄이려고 노력한다. 노동생산성의 향상과 상품의 단위당 비용의 하락에 관련하여 말하자면, 새로운 기술 도입의 합목적성은 자본주의에서 그것에만 의존하고 있지 않다. 기계의 사용은 자본주의에서 더 좁은 한계를 가진다.

상품의 가치는 노동자의 노동에 의해서 창조된다. 그러나 자본가는 노동자의 노동에 대해 지불하는 것이 아니라 그의 노동력에 대해 지불한다. 따라서 자본가에게 기계를 도입할 합목적성은 얼마나 많은 **총노동**이 기계에 의해 절약되는가에 달려 있는 것이 아니라, 기계가 **지불된 노동**에서 얼마나 많은 절약을 가져오는가에 달려 있다. 만약 기계의 비용이 그 기계의 투입에 의해서 절약될 수 있는 임금 총액을 상회한다면, 자본가는 그 기계를 구매하지 않을 것이며 노동자를 끌어들일 것이다.

예를 들어 설명해보자. 1노동시간의 가치표현이 1달러이며 해당 기계에 의해 대체된 노동력의 가치가 4만 달러에 달한다고 가정해보자. 기계 자체가 5만 달러라면, 그 기계는 자본가에게 이득이 되지 않으며 자본주의 사회에서 사용되지 않을 것이다. 그러나 얼마나 많은 산 노동을 이 기계가 전체적으로 절감할 수 있는가를 살펴보자. 잉여가치율이 100%에 달한다고 가정할 때, 해당 기계가 가져오는 4만 달러의 임금 절감은, 기계 자체가 (5만 달러인 데 반해, 사실상 8만 달러(40,000v+40,000m) 또는 8만 시간의 절감을 의미한다. 생산수단이 생산자 자신에게 속하는 사회에서는 그러한 기계의 사용이 유익한데, 왜냐하면 그것이 산 노동을 절약하기 때문이다.

노동력 가치가 상당히 높은 자본주의 나라들에서는 기계 사용을 위한 조건이 더 좋다. 그래서 19세기 중반에 영국에서 발명된 몇몇 기계가 미국에서 사용되었는데, 그것은 미국에서의 노동력 가치가 영국에서보다 높았기 때문이다. 또한 자본주의적 기계의 사용을 위한 조건은 동일한 자본주의 나라 내의 생산의 상이한 발전단계마다 다르다. 일반적으로, 노동력에 대한 수요와 임금이 올라가는 자본주의적 생산의 상승기에는 기계 사용을 위한 호조건이 창출된다. 반면 노동력의 과잉이 느껴지며 임금이 허락하는 자본주의적 생산의 퇴조기에는 기계 사용에 대한 심각한 장애가 발생한다.

4. 산업혁명

작업기의 발명과 도입은 산업혁명을 위한 초석을 놓았다. 산업혁명은 기계 사용에 근거하는 대규모 기계제작의 창출에 의해 완성되었다.

공업의 변혁

다른 나라들보다 먼저 자본주의적 기계제 대생산이 발전했고 자본주의가 승리한 최초의 나라는 영국이었다(18세기 후반과 19세기 초반에). 영국에서 기계제 대생산이 발전한 것은 여러 가지 원인에 기인한다. 첫째로, 여기서는 상대적으로 일찍 농노제가 폐지되었고, 통일적인 시장 형성을 방해하는 봉건적 분산성이 제거되었다. 둘째, 토지로부터의 농민들의 강제적 추방에 의하여, 발전하는 공업을 위한 자유로운 노동력이 존재하였다. 셋째, 영국에서 크게 발전된 무역에 의하여 — 무엇보다도 식민지 무역에 의하여 — 축적된, 대기업을 설립하고 값비싼 기계를 구매할 수 있는 거대한 자금이 존재하였다. 기계의 광범한 보급을 위해서는 무조건적으로 기계의 기계 제작, 즉 기계에 의한 기계의 생산이 필요했다.

19세기초에 최초의 기계적 해머, 프레스 그리고 금속가공기 — 회전기, 절단기 그리고 천공기 — 가 발생하였다. 새로운 기계의 생산은 기존 기계의 개량과 밀접하게 결합되었다. 상품생산의 끊임없는 증대는 작업기의 속도를 증대시킬 것을 필요로 했다. 그것은 기계의 목재부분을 금속부분으로 대체함으로써 가능했다. 그럼으로써 기계의 내구성과 수명이 증대되었다. 기계제작에서의 강철과 철의 증가되는 사용은 야금업의 발전을 낳았다. 증기기관의 보급과 야금업의 발전은 다시 연료산업, 특히 석탄산업의 발전을 자극하였다.

기계제 대공업의 발전은 운송 및 통신수단에서의 완전한 변혁을 일으켰다. 철도, 강 및 바다 증기선이 생겨났고 전신이 발전하였다. 처음에 영국에서 발생된 기계제 대생산은 또한 나라들로도 퍼져나가기 시작했다. 19세기 중반에는 산업혁명이 프랑스, 독일 그리고 서유럽의 다른 나라들에서, 또한 미국에서 수행되었다. 러시아에서는 공업의 변혁이 늦게 일어났다. 러시아에서 공업 발전이 지체된 원인은, 서유럽 나라들에서 보다 훨씬 오랫동안 존재했던 농노제였다. 러시아에서 기계제 대생산은 개별 부문에서는 1861년 개혁 훨씬 이전에 일어났었다. 면공업에서는 이미 1830~40년대에 기계제 생산이 발전하기 시작했다. 1861년 개혁 이후에는 다른 공업부문들에서도 급속한 발전이 시작되었다.

공업의 변혁은 기술적 생산조건들의 혁명으로 끝나지 않는다. 그것은 생산관계에서의 심각한 변혁과도 불가분하게 결합된다. 산업혁명은 봉건제에 대한 자본주의의 승리를 의미하며, 자본주의적 생산양식을 최종적으로 완성하였다. 공업의 변혁의 결과로 자본주의사회의 주요 계급 — 프롤레타리아트와 부르주아지 — 이 형성되었다.

자본주의적 공업화

사회적 생산의 전문화와 결합된 기계제 생산의 발전은 불가피하게 사회적 생산구조의 근본적 변화를 낳는다. 기계에 의한 기계제 생산의 발생과 더불어 비로소 완성된 것으로 파악될 수 있는 공업의 변혁은, 공업이 경제에서 지배적인 위치를 점하여 주도적인 역할을 수행하기 시작하는 것으로 귀결된다. 상당히 장기간에 걸친 이 과정은 **공업화**라고 불린다.

자본주의적 공업화는 보통 경공업분야, 즉 소비재를 생산하는 공업분야의 발전과 더불어 시작된다. 경공업의 발전은 중공업분야, 즉 생산수단을 산출하는 분야의 발전을 위해 필요한 조건들을 창출한다. 경공업분야의 발전은 생산수단에 대한 더 큰 수요를 낳는다. 점차로 중공업은 지배적인 위치를 차지하기 시작한다.

그래서 예를 들어 영국에서는 야금, 광산, 기계제작 산업이 그 발전속도를 볼 때 매우 빨리 면공업을 앞질렀다. 가령 1848~70년의 영국에서의 석탄채굴량은 2.3배, 무쇠생산량은 3배 증가한데 반해, 공업에 의한 면화 소모량은 60% 정도만 증가했다.

자본주의적 공업화는 도시와 공업중심지의 빠른 성장을 낳았다. 19세기 동안 유럽에서 10만 명 이상의 거주자 수를 가진 대도시의 수는 7배로 늘었다. 영국에서는 이미 18세기 중반에 인구의 반이 도시에 살았다. 다른 나라들에서는 농촌 인구가 더 많았다. 그러나 거기서도 점차로 도시 인구 부분이 증가했다. 그래서 독일에서 19세기말에는 도시 거주자 수가 농촌 인구를 앞질렀다.

자본주의에 내재하는 불균등법칙의 작용으로, 상이한 나라들의 공업화는 상이한 속도로 진행되었다. 영국, 독일, 프랑스 그리고 미국은 이미 19세기말에 중공업을 창출했고 공업 열강이 되었다. 그러나 러시아와 일본은 실제로는 이 시기에 비로소 공업화를 시작했다. 수많은 식민지 종속국들은 기계의 사용에 근거한 대공업을 전혀 가지지 못했다.

5. 현대의 과학기술혁명

기계제 대공업의 조건하에서 생산의 기술적 토대는 특히 급속하게 변혁된다. 맑스는 "현대 공업은 어떤 생산과정의 현존형태를 결코 최종적인 것으로 생각하거나 다루지 않는다. 따라서 이전의 모든 생산양식이 본질적으로 보수적이었던 데 반해, 현대 공업의 기술적 토대는 혁명적이다. 기계류, 화학적 과정 그리고 다른 방법들에 의해서 현대 공업은 생산의 기술적 기초와 더불어 노동자의 기능과 노동과정의 사회적 결합을 변혁한다"[27]고 말했다.

20세기의 후반부는 발전하는 **과학기술혁명**의 구성요소인 생산의 기술적 토대에서의 새롭고 혁명적인 변화의 시작으로 특징지어진다. 혁명적 변화는 동시에 생산력의 모든 요소에서도 수행된다. 불가피하게 노동력의 직업구조 및 숙련구조에서도 변화가 일어난다.

과학기술혁명은 경향적으로 세 가지 한계를 극복한다. 즉 (a) 자동화의 발전을 통해 인간의 시간당 활동능력의 한계를 극복하며, (b) 자연적 재료의 한계(중합체의 생산은 인간으로 하여금 예정된 특성을 가진 막대한 수의 새로운 재료를 자유롭게 쓸 수 있게 한다), (c) 에너지 자원의 한계(사실상 무한정한 핵에너지원의 이용)를 극복한다.

과학의 직접적 생산력으로의 전화

현대 과학기술혁명의 특히 전형적인 특수성은, 과학적 발견이 생산에서의 혁명적 변혁의 출발점이며 과학적 발견으로부터 그 실제적 이용까지의 도정이 현저하게 단축된다는 점이다. 오늘날의 과학은 지식의 영역일 뿐만 아니라, 또한 새로운 지식생산의 영역이기도 하다. 그것은 가장 복잡한 기술을 갖춘 연구실험자와 더불어 과학연구소, 과학 정보의 체계, 또한 과학자와 그 협력자의 거대한 집단을 포함한다. 과학적 연구활동은 산업생산의 척도를 포함한다. 과학영역은 더욱 더 물질적 생산에 테크놀로지적으로 응용되며, 그것의 기능적 일부가 된다. 과학의 원리 위에 세워진 생산은 점차로 참된 과학적 생산이 된다. 과학의 직접적 생산력으로의 전화과정은 생산력의 높은 발전수준에 의하여 합법칙적으로 발생한다.

새로운 기술, 새로운 재료, 새로운 공학, 즉 현대 생산의 완전히 새로운 분야들이 과학적 발견의 실제적 실현의 결과로서 발생한다. 현존하는 전통적 생산형태 및 원리들의 경험적 완성이 아니라 과학에 의해서 제공된 완전히 새로운 원리들의 도입이 생산의 현대적 진보의 가장 중요한 특수성이다. 과학의 역할 변화는, 사회의 전체 노동자 중에서 정신노동의 비율과 정신노동에 종사하는 근로인구 — 기술자, 엔지니어 그리고 과학자 — 의 비율이 증대된다는 데서 표현된다. 모든 발전된 나라들에서 이 범주의 근로자는 경제활동인구 중에서 가장 빨리 성장하는 부분이다. 가령 미국에서

이 부분은 경제활동인구의 전체 숫자의 성장보다 2배 빨리 성장하고 있다. 과학적 지식의 요소와 더불어 어떤 일반적·전문적 교양도 전제하지 않은 생산활동은 점점 더 낡은 것이 된다. 생산의 원동력은 근로인민과 그의 노동수단 속에 물질화된 과학적 지식의 힘이다.

현대 과학은 고도로 발전된 공업에서만 보증될 수 있는 실험적 토대를 근거로 한다. 과학적 연구작업을 위한 기계와 장비의 생산은 하나의 자립적인 산업분야가 되었다. 과학적 연구의 영역에는 점점 더 많은 전자계산기가 사용된다. 새로운 기술적 수단들에 힘입어 자연에 대한 과학적 연구의 영역은 전대미문의 정도로 확장되었다. 연구대상은 미시적 세계와 우주의 영역, 생물의 물리·화학적 구조 등이다. 인공두뇌학적 설비에서 처리과정은 인간의 두뇌에서 진행되는 과정을 모방한다.

부르주아 사회의 과학 발전의 전형적인 특수성은 그것이 군사적으로 수행된다는 점이다. 과학은 군사적 목적에 이용되며, 그 때문에 연구의 성과는 — 응용 연구뿐만 아니라 기초 연구도 — 비밀이 유지되고, 그럼으로써 과학적 진보는 저지된다.

현대 과학기술혁명의 주요 내용

생산력의 가장 가동적이고 혁명적인 요소는 생산력 발전에 규정적인 영향력을 행사하는 노동도구이다. 오늘날의 기술상의 변혁은 **자동화**와 결부되어 있다. 자동화는 통제 및 조종의 기능들이 기계로 이전된다는 데 있다.

자동화(과학기술적 진보의 다른 측면과 불가분하게 결합되며 여러 가지 점에서 그것에 의해 조건지어지는)의 기초 위에서, 생산의 소재적 요인과 인적 요인간에 원칙적으로 새로운 상호관계가 발생한다.

기계제 생산에서의 인간의 주요 기능이 기계의 작업을 보조하며 조종한다는 데 있다는 것은 앞에서도 계속 지적되어왔다. 기계제 생산으로의 이행은 전대미문의 노동생산성 향상과 결합되었다. 그러나 생산의 더 이상의 발전은 인간의 육체적·정신적 가능성에 의해 설정되는 한계와 불가피하게 부딪힌다. 그럼에도 불구하고 기계제 생산의 진보는 생산에 참여하며 생산을 관리하는 인간에게 더 큰 요구를 가한다.

패러미터의 증가와 더욱 복잡해진 작업기의 구조, 새로운 에너지원의 사용, 인간 유기체에게 극도로 위험한 온도·압력·속력을 사용하는 고강도의 공학적 과정들로의 이행, 이 모든 것은 생산과정의 관리에 근로자가 직접 참여하는 것을 부분적으로 불가능하게 만든다. 여러 경우에 이미 생산과정(가령 지하석탄가스 채굴, 심원한 깊이로부터의 석유 채취, 원자력공장의 운영, 우주 연구, 탄성고무의 경화 등)의 성격은 노동대상에 작용하는 기계와 인간의 접촉을 배제한다.

현대적 생산체계의 기능은 매우 복잡하기 때문에, 매우 광범위한 정보를 처리할 수 있는 기계의 사용 없이는 그러한 체계를 효과적으로 관리하는 것은 불가능하다. 따라서 자동화는 현대적인 물질적 생산의 절박한 요구이다. 과학기술혁명의 현단계에서는 무엇보다도 부분자동화 — 개별 기능의 자동화, 자동기계와 자동연결기계의 보급 — 가 특징적이다. 또한 인간의 직접적 참가 없이 생산의 주요 기능이 수행되는 생산부서 및 경영의 복합적 자동화의 예가 점점 더 많이 발생하고 있다.

부분자동화의 경우에 생산속도와 노동생산성의 성장은 아직 상당 정도 인간 유기체의 자연적 속성에서 연유하는 한계에 의존한다. 그것은 다음과 같은 점들에서 나타난다. 첫째, 인간은 자동적 설비로부터 들어오는 정보의 임의의 큰 양을 수용하고 가공할 수 없다. 둘째, 이러저러한 기술적 체계의 작용의 확실성은 아직까지는 상당 정도로 정보를 받아들이고 능동적 통제를 수행하는 조작력이라는 노동의 확실성에 의존한다.

인공두뇌학적 체계의 출현은 자동화가 더 높은 단계로 이행했음을 보여준다. 테크놀로지적 과정의 직접적 관리를 위한 인간의 많은 기능을 대행하는 인공두뇌학적 기계는 생산과 기술과 과학의 복잡한 과제들을 해결하도록 돕는다. 따라서 자동화의 발전과 더불어, 인간의 자연적 능력의 한계성에 의해 설정되는 한계들로부터 생산과정이 해방된다.

자동화의 덕분으로 생산의 기술적 토대는 질적으로 새로운 단계에 도달했으며, 그것의 계속적인 무제한적 개량이 가능해졌다. 자동화의 의미는 사회적 생산체계에서의 인간의 위치와 그의 노동의 성격이 근본적으로 변한다는 데 있다. 그러나 자동화가 아무리 고도한 수준에 도달했다 해도 생산은 여전히 인간활동의 영역이라는 점이 중요하게 지적되어야 한다. 또한 완전한 자동화의 조건하에서 생산과정은, "인간이 자연과의 물질대사를 자기 자신의 행위에 의해 매개하고 규제하고 조정하는"[26] 그러한 과정일 것이다.

자동화된 생산체계에서 인간의 생산행위의 주안점은 그의 특수한 본성의 장점 — 창조력, 지각의 면밀성, 임기응변하는 능력 — 을 실현하는 기능의 수행으로 옮겨간다. 자동화 영역으로의 최초의 걸음들 자체는 정신노동 지출의 비율이 증대되고, 육체노동 지출의 비율이 축소되는 결과를 낳는다.

노동자계급의 직업구조에서 두드러진 변화가 일어난다. 즉 조작역량 설비자와 정비노동자의 수가 증대하는 반면, 작업기계 노동자, 수송 및 창고 노동자의 비율은 축소된다. 직업의 경계는 넓어지며, 한 노동자에 의한 여러 기능(설비 및 정비 등)의 수행은 확대된다.

자동화 설비의 고도의 구조적 복잡성은 노동자들에게 더 풍부한 과학적 지식을 요구한다. 따라서 경험적 숙련이 아니라 특수한 이론적 교육이 숙련 향상을 위한 조건과 그 수준의 지표가 된다. 자동화의 발전과 더불어 노동자의 일반적 숙련도가 높아진다. 미국에서 1940~68년의 전체 노동자 수에서 숙련노동자의 비율은 27%에서 36%로 상승한 반면, 비숙련노동자의 비율은 25%에서 12~13%로 하락했다.

자동화의 발전은 사회의 주요 생산력의 개선을 위한 객관적 전제를 창출하며, 따라서 생산의 기술적 요소의 발전뿐만 아니라 인간 자신의 전면적 발전을 위한, 인간 노동의 성격의 근본적 변화를 위한 무한한 가능성을 창출한다.

생산의 에너지원에서의 변화

과학기술혁명을 위한 출발 토대는 전력화이다. 전기에너지의 공급도는 생산의 기술적 완성에서 도달한 단계를 표시하는 극히 중요한 지표이다. 복합적 기계화, 자동화 그리고 새로운 기술의 도입을 위해 소비되는 전기에너지 부분은 해마다 증대되고 있다. 에너지소비의 규모와 구조는 국민경제의 발전단계를 반영한다.

모든 발전된 자본주의 공업국(미국, 오스트리아, 영국, 벨기에, 이탈리아, 네덜란드 노르웨이, 서독, 스웨덴 등)에서 종전 이후에 노동생산성 성장속도에 비한 에너지공급의 우월한 성장속도가 특징적이다. 과학기술혁명은 에너지산업에서 전기에너지 사용의 양적 증대뿐만 아니라 그 사용 종류의 범위가 매우 확대된다는 데서도 표현된다.

또한 에너지산업에서의 변혁은 전기에너지 생산을 위한 근본적으로 새로운 원천의 발견에 있다. 전후 시기에 에너지산업의 영역에 새로운 혁명적 전망을 제공해주는 핵에너지의 이용이 시작되었다.

노동대상의 성격에서의 변화

현대 과학기술혁명의 전형적인 특수성의 하나는 노동대상에서의 변화이다. 화학화(Chemisierung)의 성과와 연관하여 노동대상은, 많은 경우에 천연자원의 속성을 능가하는 속성을 띠고 발전된다. 노동대상은 생산의 수동적 요소이기를 그친다. 새로운 노동대상의 사용은 노동생산성의 극히 중요한 성장요인이다.

화학공업 발전속도의 전대미문의 촉진은 현대 과학기술혁명의 하나의 특징적 성향이다. 화학공업은 점차 공업과 건축을 위한 재료의 주된 조달자의 하나가 되고 있다. 합성소재공업의 창출은 기술 발전의 새로운 시대를 열었다. 이미 오늘날 중합체의 세계적 생산은 비철금속 — 동, 알루미늄, 아연 — 의 생산규모를 능가했다.

초음파기술, 전자기술, 무선 위치탐지기술 그리고 로케트기술과 결합된 새로운 공업분야와 원자력산업의 발전은 온도 변화와 다른 소재의 작용에 견디는 새로운 합성소재 없이는 불가능하다. 화학의 발전은 진보적인 테크놀로지적 원리들을 보급시키는 데 기여한다. 합성섬유의 생산은 경공업에서의 혁명을 의미했으며, 소비재의 대량제작을 위한 길을 열었다. 화학화는 농업의 과학적 체계의 필수적 요소이며, 농업생산의 보다 확대된 집약화를 위한, 농업 유용작물의 병해와 싸우기 위한 전제이다.

핵발전소 건설과 그것에 의해 생산된 핵에너지 양에 관하여 말하자면, 60년대 중반에 영국이 자본주의 나라들의 정상에 섰다. 1965~71년의 시기에 기업의 핵발전소 용량은 미국에서 크게 성장했고 그럼으로써 미국이 선두로 올라섰다.

과학기술혁명과 동시에 자본주의적 경영과 기업의 조직구조 및 관리방법에서도 두드러진 변화가 일어난다. 생산관리의 영역에서도 컴퓨터와 결합된 관리방법이 더욱 포괄적으로 사용된다. 그 조직형태와 관리방법은 수학적 분석의 결과에 근거한다. 기업의 경영과 부서의 광대함, 그것들의 상호의존성 및 작업협조, 이 모든 것과 여타의 많은 과제가 컴퓨터의 도움으로 실행된다. 따라서 현대의 혁명적 변혁은 동시에 생산의 모든 소재적 요소들로 연장되며 이 요소들의 결합은 점점 더 밀접해진다. 이러한 상호관계는 현대 과학기술혁명의 작용영역을 인간활동의 여러 영역으로 확대시킨다. 그러나 과학기술혁명의 실현은 생산관계의 자본주의적 체계라는 조건하에서, 사회경제적 계급적대의 성장을 야기하는 뿌리깊은 모순과 결부되어 있다.

고용도에 미치는 과학기술혁명의 영향

과학기술혁명은 과잉노동력의 방출을 매우 절박한 사회 문제로 만든다. 새로운 분야와 기업에는 일정한 기간 동안 노동력이 편입되는 반면, 생산으로부터의 노동자의 방면은 항상적으로 일어나는 과정이 된다.

과학기술혁명의 영향하에서 노동력의 직업 및 숙련구조에서 일어나는 질적 변화에 대한 노동자의 적응이 자본주의적 조건 하에서는 매우 어렵게 진행되기 때문에 고용도의 문제가 심화된다.

노동자의 직업 및 숙련구조에서의 변화는 노동력의 방면 및 편입과정의 불일치에 의해 강화된다. 무엇보다도 그것들은 시간적으로 불일치한다. 한 분야에서 다른 분야로의 노동력의 이동은 항상적으로 증대되는 노동의 복잡성에 의하여 점점 더 어려워진다. 이전의 직업구조에서는 일자리를 찾기 어렵다는 점 혹은 새로운 직업구조를 터득해야 할 필요성이 장기적 실업의 추가적 원인이 된다. 또 이러한 과정의 지역적 불일치도 강화된다. 전체 공업분야를 붕괴로 이끄는 현대 기술의 발전은 거대한 지역을 만성적 실업의 중심지로 만든다.

실업과 동시에 자본주의 나라들에는 항상적으로 숙련된 요원이 부족하다. 그러나 어떤 숙련도를 얻거나 직업구조를 바꾸는 일은 노동자에게 매우 어렵다. 과학기술혁명의 영향하에서 일어나는 노동력의 직업 및 숙련 구조의 질적 변화에 대한 노동자의 적응의 어려움을 자본주의는 근로대중에게 전가한다.

최근 교육제도의 상당한 진보에도 불구하고 모든 자본주의 나라들에서 그 영역은 요구에 비해 상당히 지체되어 있다. 교육의 영역에서 계급적 불평등성이 나타난다. 교육의 상이한 형태와 방식은 빈번히 차별의 강화를 위해 이용된다. 따라서 과학기술혁명은 자본주의사회에서 노동력의 더 고도한 숙련에 대한 증대하는 요구와, 근로자가 숙련도를 얻는 데 겪는 불가능성 또는 현저한 어려움 사이의 모순을 낳는다.

과학기술혁명과 자본주의적 착취의 강화

과학기술혁명의 발전은 자본에 의한 노동착취의 현저한 강화, 즉 무엇보다도 착취영역의 확대를 낳는다. 강화된 자본주의적 착취는 복잡 노동의 사용영역의 확대에서 표현된다. 전체 노동자의 경계는 넓어진다. 전체 노동자 속에 포함되는 과학자, 기술자, 엔지니어의 노동은 자본주의적 착취의 대상이 된다. 복잡 노동력으로 나타나는 노동력은 더 높은 가치의 창조자가 된다(그것은 또한 사용가치의 더 큰 양으로, 따라서 생산물 단위가치의 축소로 표현될 수 있다). 노동의 복잡성의 전반적 증대는 잉여가치의 절대량뿐만 아니라 잉여가치율의 증대도 낳는다.

과학기술혁명은 인간을 괴롭고 힘겨운 노동으로부터 해방시키고 노동시간을 단축시키며 인격을 전면적으로 발전시키는 조건을 창출한다. 그러나 과학기술혁명이 제공하는 그 가능성의 실현은, 자본주의사회에서 노동의 어려움과 강도를 더욱 강화시키며, 노동으로부터 창조적 내용을 앗아가버린다.

고도로 기계화되고 자동화된 비싼 설비를 위해 투자된 자금을 가능한 한 빨리 회수하려는 자본의 노력은 24시간 동안 끊이지 않는 교대작업이 다양한 종류의 노동으로, 심지어 전자계산기술이 사용되는 정신노동의 영역으로까지 확대되는 결과를 낳는다.

증대하는 노동강도는 부르주아 사회에서 과학기술혁명의 실현의 가장 특징적인 현상이다. 현대의 특히 자동화된 생산에서 노동의 강화는 육체적 힘의 소모보다는 오히려 신경 및 정신적 에너지의 소모와 결합된다는 점이 중요하다. 항상적으로 긴장해야 하는 상태는 신경체계의 심각한 장애를 낳는다. 과도한 노동강화는 생산에서 재해의 현저한 양적 증가, 즉 신체적 질병과 심장 및 순환기 질환의 증가를 낳는다.

과학기술혁명의 발전과 더불어 자본주의의 모순은 점점 더 첨예화된다. 따라서 그 모순은 계급투쟁을 첨예화하는 한 요인이 된다.

과학기술혁명에 대한 부르주아적, 개량주의적 그리고 수정주의적 견해에 대한 비판

현대의 과학기술혁명은 부르주아 경제학 이론들의 새로운 변종들에 반영된다. 현대 부르주아 정치경제학에서는 경제현상 분석의 테크놀로지적 접근이 특징적이다.

다음과 같은 주장이 소위 테크놀로지론을 밑받침하고 있다. 즉 기술적 진보의 영향하에서 자본주의는 근본적으로 하나의 질적으로 새로운 상태 — '새로운 산업사회'(J. K. 갈브레이드), '인공두뇌학적-전자공학적 사회'(브레제진스키), '후기 산업사회'(D. 벨) — 로 '변형'된다는 것이다. 푸라스티에(Fourastie), 몬사로프(Monsarow), 드럭커(Drucker), 아인찌히(Einzig)로 구성된 테크놀로지학파의 이론가들은 기술의 가속적인 진보가 자본주의를 '인간화'하고 자본주의를 인민(Volk)의 질서로 변화시킬 것이라는 것을 증명하려고 노력한다.

또한 '제2차 산업혁명' 이론은 개량주의자들 — 라이터(W. Reiter), 슈미트(C. Schmid), 쉬테른베르크(F. Sternberg) 등 — 에 의해 대표되는데, 그들은 기술영역에서의 비약적인 변화를 자본주의 생산관계 영역에서의 변화와 의식적으로 혼동한다. 현대의 과학기술혁명은 오늘날의 개량주의자들에 의하여 자본주의의 사회주의로의 '성장·전화'라는 낡은 이론을 지지하기 위해 이용된다. 그러나 낡은 개량주의의 이상은 새로운 반향을 얻는다. 즉 자본주의는 부르주아적 소유의 평화적이고 고통 없는 제거에 의해서가 아니라, 직접적으로 사회주의에서의 기술적 진보의 도움으로 변화되어야 한다는 것이다. 프랑스 경제학자인 엘고찌(G. Elgozy)는 자동화에서 '혁명가 없는 혁명'을 보는데, 왜냐하면 그의 견해로 볼 때 자동화는 소비의 증대, 소득과 생활방식에서의 차이의 소멸, 그리고 사회적 갈등의 제거를 초래할 것이기 때문이다.

당연히 기술변혁은 오늘날의 자본주의사회에서 생산력 발전과 사회관계에 영향을 줄 것임에 틀림없다. 그러나 이러한 기술적 변화는 부르주아적 생산관계 내에서, 즉 이 관계의 영역 속에서 그것의 본질을 변화시키지 않은 채 수행된다. 과학기술혁명이 비록 자본주의에 내재하는 모순의 두드러진 첨예화를 촉진한다 하더라도, 자본주의를 자동적으로 제거할 수는 없다.

따라서 최신의 '테크놀로지'론들은 현대 자본주의에 대한 변호론의 한 형태이다. 그것들은 과학과 기술에서의 최신의 변화에 근거하지만 과학기술혁명의 속도와 결과들에 대한 사회경제적 조건의 결정적 영향을 무시한다. 한편으로는 자본주의에 내재하는 모순의 해결과 제거를 위한 한 형태로서의 기술적 진보가 설명되지만, 다른 한편으로는 과학기술 발전의 사회경제적 결과를 '새로운 기술'의 탓으로 돌리고, 새로운 기술로 하여금 사회적 생산의 자본주의적 체계의 모순에 대해서 책임지도록 하는 것이 추구된다.

최근 몇 해 동안 과학기술혁명에 대한 낙관적인 평가와 예측이 부르주아 경제학자들 사이에서 더욱 빈번히 비관적 평가로 전화되고 있는 점이 주목된다. 그래서 산업사회론의 옹호자인 아롱(R. Aron)은 『환멸의 진보』라는 특이한 제목의 그의 책에서, 자본주의사회에서의 과학기술혁명은 자본주의사회의 모순들 — 가난, 소득과 지적 발전수준의 불평등 — 을 제거하고 인간의 소외를 극복해낼 수 없었다고 지적한다.

몇몇 부르주아 과학자들은 기술혁명의 난점과 부정적 경향이 기술혁명 자체에 내재되어 있는 것이 아니라 기술적 수단의 이용에 관한 사회적 접근에 의하여 규정된다는 점을 파악하기 시작했다. 따라서 생산관계의 자본주의적 체계는 과학기술혁명의 무한정한 가능성 실현할 수 없다.

第13장 잉여가치법칙과 자본주의의 기본모순

단순협업, 매뉴팩처 그리고 기계제 대생산은 생산력 발전, 생산의 사회화 그리고 노동생산성 증대의 역사적 단계들이다. 동시에 그것들은 자본주의적 생산양식과 그것의 기본법칙 — 잉여가치법칙 — 의 발전과 관철의 단계들이다. 생산력의 발전과 더불어 상대적 잉여가치의 생산이 증대된다.

그러나 또한 절대적 잉여가치 생산의 방법도 사라지지 않는다. 잉여가치 생산의 두 방법은 하나의 통일체로 존재한다. 그 양자 속에 잉여가치법칙의 작용이 구체적으로 나타난다. 자본주의적 생산양식의 발전법칙인 잉여가치법칙은 자본주의의 적대적 모순들을 만들어내고, 자본주의의 몰락을 불가피하게 만든다.

1. 절대적 잉여가치 및 상대적 잉여가치의 통일과 차이

절대적 잉여가치와 상대적 잉여가치의 통일

잉여가치 생산의 필수적 전제는 노동생산성의 특정 수준이다. 노동생산성이 특정 수준에 도달함으로써 비로소 어떤 인간의 노동이 노동하지 않는 다른 인간의 존재를 위한 전제가 될 가능성이 발생한다. 이에 대해 맑스는 다음과 같이 썼다. "자본관계는 장구한 발전과정의 산물인 경제적 토대 위에서 .발생한다. 자본관계의 토대가 되는 현존하는 노동생산성은 자연의 선물이 아니라 수천 세기를 포괄하는 역사의 선물이다."[27]

그러나 노동생산성의 수준이 아무리 높은 정도에 도달한다 해도, 그것만으로는 잉여가치 발생의 원인이 될 수 없다. 그리고 실제로 우리가 노동생산성이 가장 높을 때에 노동일을 필요노동시간으로 한정한다면 잉여가치는 전혀 발생하지 않는다. 잉여가치를 생산하기 위해서는, 노동일이 필요노동시간 이상으로 연장되어야 한다. 그것은 잉여노동의 강제를 전제로 한다. 자본주의에서는 이 점에서 경제적 강제가 중요하다. 자본주의적 생산관계는 노동일을 노동자 자신의 생존 보장을 위해 필요한 시간 이상으로 연장시키고, 노동자를 착취하고 노동자로부터 잉여가치를 짜내는 것을 허용한다. 임노동자는 어떤 생산수단도 소유하지 못하며 자기 자신의 생존 유지를 위해 일하는 허가를, 맑스가 말한 대로, 자본가들을 위한 잉여노동을 통해서만 사들일 수 있다.

이러한 관점에서 볼 때, 절대적 잉여가치와 상대적 잉여가치 사이에는 어떠한 차이도 존재하지 않는다. 이 두 형태는 한편으로 노동생산성의 특정 수준을, 그리고 다른 한편으로 필요노동시간의 한계 이상으로 노동시간의 절대적 연장을 전제로 한다. 이러한 의미에서 절대적 잉여가치는 상대적인데, 왜냐하면 절대적 잉여가치는 필요노동시간을 노동일의 일부로 제한하는 노동생산성의 발전을 전제하기 때문이다. 동시에 상대적 잉여가치는 절대적인데, 왜냐하면 그것은 필요노동시간의 한계 이상으로 노동시간의 절대적 연장을 전제하기 때문이다.

절대적 잉여가치와 상대적 잉여가치의 차이

잉여가치의 이 두 형태간의 차이는, 잉여가치율의 제고, 즉 잉여가치를 높이기 위한 다양한 방법들이 언급될 때 드러난다. 임노동자에 대한 착취도의 제고가 한 경우에는 노동생산성이 불변일 때 노동일을 연장시킴으로써 이루어지며, 다른 한 경우에는 노동일의 길이가 불변일 때 노동생산성의 제고를 통해 이루어진다.

이와 같이 상이한 잉여가치 생산의 방법들은 노동자계급의 상태에도 서로 다른 영향을 미친다. 절대적 잉여가치의 생산은 직접 노동자의 상태를 악화시키는데, 왜냐하면 그것은 노동자들에게서 자유시간을 빼앗아가며 그들의 노동력에 대한 약탈을 추구하기 때문이다. 반면 상대적 잉여가치의 생산에서 노동자계급의 상태의 악화는 최종 결과로서만 나타난다. 즉 실업이 증가하며 따라서 노동력의 가격이 하락하는 식으로 나타난다.

절대적 잉여가치와 상대적 잉여가치간의 차이는 이 두 형태가 자본주의의 서로 다른 역사적 발전단계에서 우세하다는 점에서도 나타난다. 자본주의의 매뉴팩처 시기에는 절대적 잉여가치의 생산이 주된 방법이었다. 상대적 잉여가치의 생산은 산업혁명 이래로 지배적이다.

절대적 잉여가치의 생산은 상대적 잉여가치 생산의 일반적 기초이자 역사적인 출발점을 형성한다. 상대적 잉여가치의 생산은 절대적 잉여가치의 생산으로부터 발전한다. 상대적 잉여가치의 생산 자체는 절대적 잉여가치의 생산과 함께 성립하는 임노동자의 착취라는 기초에 근거한다.

절대적 및 상대적 잉여가치의 생산방법은 자본주의적 생산의 모든 발전단계에서 상호 밀접하게 결합되며 상호 작용한다. 단순협업과 매뉴팩처에서는 절대적 잉여가치의 생산방법들이 지배적이었다. 그러나 동시에 노동생산성을 제고시킨 단순협업과 매뉴팩처 자체는 상대적 잉여가치의 생산을 위한 방법들로 나타났다. 자본주의적 기계제 대생산은 본질적으로 상대적 잉여가치의 생산이다. 그러나 이 단계에서도 노동일의 직접적 연장에 의해 착취율을 높이는 특수한 방법으로서의 절대적 잉여가치의 생산은 여전히 사라지지 않았다. 기계제 대생산은 상대적 잉여가치의 생산이 그것으로부터 발전했고 그 위에 존재하는 그 존재의 기초가 되는 새로운 일반적 토대, 즉 절대적 잉여가치의 생산을 재생산하고 끊임없이 새롭게 만든다.

이는 이중의 양식으로 표현된다. 기계 보급의 최초 시기에 자본가들은 노동일을 16~18시간까지 연장하였다 이것은 자본주의에서 거의 노동일의 최고 길이였다. 노동일 단축의 큰 가능성을 제공하는 기계가 자본가의 손에서는 노동일을 최대로 연장하는 수단이었다는 사실은 역사적 역설로서 나타난다. 기계의 가치를 가능한 한 빨리 회수하려고 노력하는 가운데, 자본은 노동자에게 노동력의 과도한 지출을 강제하였다.

오랫동안의 투쟁의 결과로 노동자계급은 노동일 길이와 노동주 길이의 현저한 합법적 단축을 쟁취하였다. 그후에 자본은 상당 정도로 시간외노동 체계를 발전시켰다. 이 체계는 현대 자본주의의 전형적 현상이 되었다.

이미 앞에서 여러 나라들에서의 시간외노동에 대한 몇 가지의 자료가 언급되었다. 이탈리아에서는 시간외노동이 매우 널리 보급되었다. 그래서 나폴리의 제화공업에서는 3만 명의 노동자들이 하루 12~16시간을 일한다. 토리노의 모란도 공장에서는 노동자의 80%의 노동주가 55~60시간, 때로는 72시간까지 달한다. 코르닐라노의 야금 제작소에서는 노동일의 길이가 보통 10시간, 제노바의 안살도 조선소에서는 10~12시간에 달한다. 일본에서도 시간외노동은 일상적인 현상이며, 특히 조선업의 경우에는 노동자의 30%가 매일 9~10시간, 37%가 10~11시간 그리고 13%가 11시간 이상을 일한다.

노동 강화

잉여가치 생산방법으로서 노동을 강화할 때 절대적 잉여가치의 생산과 상대적 잉여가치의 생산은 결합된다.

먼저, 한 개별 기업에서 노동강도가 증대되고 사회적 표준수준이 제고되는 경우를 생각해보자.

동일한 기업에서의 특정 상품 생산이 노동시간의 응축에 의해서 2배가 높아졌다고 가정하자. 이 종류의 상품 각 단위의 사회적 가치는 그대로이다. 따라서 그 기업에서 창조되는 새로운 가치의 전체 크기는 2배가 된다. 노동자 수와 노동력의 가치가 불변인 채로 있기 때문에, 새로 창조된 가치 전체에서 노동력 가치가 차지하는 몫은 줄어든 반면, 잉여가치의 몫은 증대된다. 가령 이전에 새로운 가치의 절반이 가변자본을 재생산했다면, 이제는 새로 창조된 가치의 1/4만이 가변자본에게 떨어진다. 그러나 잉여가치량은 1.5배 제고된 반면, 전체 새로운 가치에서의 그 몫은 1/2에서 3/4으로 증대된다.

이 경우에 노동강도의 증대를 통해 자본가에게 이익이 되는 결과는 노동생산성의 향상에서와 같다. 이 점에서 노동 강화는 특별잉여가치 생산의 원천이 된다. 그러나 그 획득방법에 관해 보면, 노동 강화를 통해 발생하는 특별잉여가치는 상대적 잉여가치의 특수한 형태인 특별잉여가치와는 본질적으로 다르다.

주지하다시피, 개별 기업에서의 노동생산성 증대는 상품의 단위당 개별 가치가 하락하는 결과를 낳는다. 자본가—해당 기업의 소유자—는 개별 가치와 사회적 가치의 차이로부터 이득을 얻는다. 보다 생산적인 노동은—복잡 노동과 비슷한—매 시간단위마다 보다 많은 사회적 가치를 창출한다. 그러나 상품 매 단위마다의 개별적 노동지출은 불변인 채로 남는다.

우리의 예에서 매 시간단위마다 생산된 상품량의 증대는 매 시간단위마다의 노동지출의 증대에 의해 획득된다. 따라서 사실상 이 시간 동안 생산된 상품의 개별 가치도 증대된다. 그러므로 여기서 사실상 (물론 은폐되어) 노동일의 연장이 발생한다. 그러나 그것은 그렇게 발생한 특별잉여가치가 그것의 생산방법에 따르면 절대적 잉여가치라는 것을 의미한다.

지금까지는 개별 기업에서의 노동생산성 증대에 대해서 논의하였다. 그러나 노동생산성의 사회적 평균수준이 제고된다면, 그것은 또한 사회적 노동생산성이 제고됨을 의미한다. 사회적 노동생산성은 늘 그 구성부분으로서 노동강도의 일정 수준을 전제로 한다. 노동강도의 사회적 평균수준이 상승할 경우에 상품의 사회적 가치는 하락한다. 이 경우에 이전의 시간에 비한 노동시간의 응축도 발생한다. 그러나 그러한 일이 일반적이기 때문에, 사회적으로 표준적인 생산조건 자체가 변하면 그에 따라서 사회적 필요노동시간의 양도 변한다. 이러한 사회적 필요노동시간의 단축은 노동자의 소비재를 생산하는 부문에도 해당된다. 그 결과 이러한 상품들의 가치는 하락하고 따라서 노동력 가치도 하락한다. 이제 모든 자본가들은 동일한 노동일 크기에서 잉여노동시간을 연장할, 즉 상대적 잉여가치를 생산할 가능성을 가진다.

증대되는 노동강도는 자본주의적 기계제 생산에서, 특히 현대 자본주의적 기업에서 전형적인 현상이다. 과도한 노동강도의 결과, 조기에 노동능력을 상실한다. 노동의 강화는 산업재해의 증대를 낳는다. 미국에서는 매 3분마다 노동자 1명이 목숨을 잃거나 불구자가 되며, 매 11초마다 노동자 1명이 신체손상을 입는다. 서독에서는 매일 8,000건의 산업재해 — 그 중에서 16건은 치명상 — 가 일어난다. 노동의 과도한 강화는 노동력 — 사회의 주요 생산력 — 에 대한 직접적 이탈로 귀결된다. 여기서 자본의 반인간적 본질이 나타난다.

상세히 고찰해보면, 잉여가치 증대의 두 방식에 대해 노동의 자본에 대한 종속의 두 가지 상이한 형태 — 형식적 종속과 실질적 종속 — 가 대응한다. 맑스는 다음과 같이 쓰고 있다. "절대적 잉여가치의 생산이 노동의 자본 아래로의 형식적 포섭의 물질적 표현이라고 간주되듯이, 상대적 잉여가치의 생산은 노동의 자본 아래로의 실질적 포섭의 물질적 표현이라고 간주될 수 있다."[28)]

2. 노동의 자본에 대한 종속

우리가 앞에서 보았듯이, 법적으로 자유로운 노동자의 배후에는 경제적 부자유가 숨어 있고, 자본가들과 노동자들간의 관계는 경제적 강제의 관계이다. 이 강제는 강화되며 잉여가치생산이 발전되는 과정에서 새로운 형태, 변종과 특징을 얻는다. 잉여가치법칙은 노동을 자본에 종속시킨다.

노동의 자본에 대한 종속은 다음과 같이 나타난다. 첫째, 노동자는 생산수단으로부터 분리되며 따라서 생존수단을 소유하지 않는다. 노동자는, 자신의 수중에 생산수단을 집중시킨 자본가에게 경제적으로 완전히 종속된다. 둘째, 자본가의 모습으로 인격화한 자본은 생산과정 자체에서 노동을 지휘한다. 자본가는 시장에서 노동력을 소비하고 일정 시간 동안 소유할 권리를 얻는다. 그는 노동에 대한 완전한 통제를 행사하고, 노동자에게 노동시간 통제를 강제하며, 노동자가 강도 있게 노동하도록 감독한다. 셋째, 자본가는 생산수단과, 계약을 위배하지 않는 시간의 테두리 내에서 그에게 속한 노동력의 주인으로서 생산과정의 결과물 — 노동자가 생산한 상품 — 을 완전히 전유한다. 동시에 자본가는 잉여가치 속에 체화되는 노동자의 잉여노동을 전유한다.

노동의 자본에 대한 형식적 종속

역사적으로 자본은 우선, 봉건제에서 발견했던 상태로 노동을 종속시켰다. 즉 도시, 가내공업, 가내영업의 수공업적 노동과 농촌의 소농들의 농업

노동이 그것들이다. 노동의 물질적·기술적 기초는 불변인 채로 남았다. 즉 생산의 방식, 방법과 도구에 관한 한 자본에 종속된 노동과정은 소상품생산자들의 노동과정과 근원적으로 구별되지 않았다. 단지 생산조직의 사회적 형태만 달라졌다. 즉 이전의 자립적 농민과 독립수공업자는 자본가에 의해서 착취되는 임노동자가 되었다. 수공업적 노동과 수공업적 도구라는 토대 위에서 발생한 노동의 자본에 대한 종속을, 맑스는 형식적이라고 불렀다. 그러한 형식적 종속은 자본주의적 생산의 최초 발전단계에 특징적인 것이었다.

노동의 자본에의 형식적 종속은 자본주의적 생산관계의 다음과 같은 발전단계를 전제로 한다. 즉 자본주의가 기계의 이용을 통한 노동생산성 및 노동강도의 현저한 증가에 기초하여, 특수하고 자본주의에만 고유하며 선행의 구성체들에는 알려지지 않았던 직접생산자들에 대한 착취 강화의 방법들을 아직은 지니지 않은 단계이다. 노동의 자본에의 형식적 종속에서, 노동일의 단순한 연장은 노동자의 착취도 제고를 위한 주요 수단이다.

노동의 자본에의 형식적 종속이란 조건하에서, 일반적으로 말하면 노동자는 일정한 조건들 하에서 개별 생산자로서 그의 이전의 직업으로 되돌아갈 수 있었다. 노동자는 본질적으로 수공업적 도구를 사용하는 수공업자와 동일하였다. 분명히 매뉴팩처적 분업은 극도로 협소한 노동기능에 적응하는 부분노동자를 창조했다. 그러한 노동자가 생산물 산출을 위한 모든 공정을 처음부터 끝까지 수행하는 수공업자가 되기란 쉽지 않았다. 그러나 매뉴팩처에는 부분노동자 이외에도 자본가들을 떠나 자립적인 수공업을 수행할 수 있는 전문분야의 장인들을 포함하여 숙련노동자들의 중요한 집단이 남아 있었다.

자본주의적 경영은 소규모였으며, 손으로 하는 수공업적 노동에 기반을 두고 있었다. 따라서 독립수공업자는 오랫동안 동종의 상품시장에서의 경쟁을 견디어낼 수 있었다. 수공업자에 의해서 생산된 상품들의 개별 가치와 그리고 자본주의적 매뉴팩처에 의해서 생산된 상품들의 개별 가치간의 차이는 크지 않았다. 그밖에도 사회적 가치를 규제하는 상품의 대부분이 항상 자본주의적 기업에 의해 생산되는 것은 아니었다.

노동의 자본에의 형식적 종속은, 자본이 산업혁명까지 노동자의 가족 성원들 — 부인과 아동들 — 을 포괄적으로 생산에 끌어들이지 못했다는 데서도 표현됐다. 이것을 위해서는 생산작업은 단순화되어야 했으며, 신체적으로 커다란 힘이 없고 긴 직업교육을 필요로 하지 않는 노동자들을 끌어들이기 위한 기술적 가능성이 창조되어야 했다. 손으로 하는 수공업적 노동이 지배하는 한 그러한 조건들은 결여되어 있었던 것이다.

동시에 노동의 자본에의 형식적 종속은, 자본이 이미 생산과정을 점령했고 산업자본으로 전화했다는 것을 입증한다. 산업자본의 선행자들 — 상업자본과 고리대자본 — 은 오직 유통영역에서만 기능했다. 그것들은 수공업자와 농민을 시장과 신용관계의 영역에서 남김없이 약탈함으로써 착취했다. 그것들은 노동의 자본에 대한 종속의 일정한 이행형태였던 것이다. 봉건제 붕괴 시기라는 특정 조건에서 이러한 자본들은 매뉴팩처라는 조직에 의해서 산업자본으로 전화될 수 있었다.

노동의 자본에의 실질적 종속은 형식적 종속과는 달리 생산의 물질적·기술적 토대에서의, 그리고 무엇보다도 기술과 노동도구에서의 심원한 혁명적 변화를 전제로 한다. 노동에 대한 자본의 실질적 지배는, 자본주의적 생산양식의 지배가 생산의 특수한 역사적 형태로서 관철되었다는 것을 전제로 한다. 그것은 수공업적 노동의 붕괴를 낳았으며 자본주의적 노동의 사회화와 불가분하게 연관되었던 산업혁명의 결과로서 일어났다.

자본주의적 노동의 사회화

노동과 생산의 사회화는 생산력의 사회적 성격이 발전하는 과정이다. 그 발전과정은 대경영으로, 그리고 전면적 사회적 분업체계의 발전으로 노동자들을 결합시키는 데서 표현된다.

사회화의 결과로 말미암아 개별 생산과정은, 인간이 공동적 노력으로 자연에 작용하며 자연의 소재를 유용한 생산물로 바꾸는 사회적 생산과정이 된다. 노동이 사회화되는 과정의 한 가지 양상은 동일한 노동과정으로의, 또는 가령 개별 경영 — 한 작업장, 한 공장, 한 제작소 — 에서 일어나는 것처럼 상이하지만 상호 결합된 노동과정으로의 노동자들의 직접적 규합, 즉 단순협업과 복잡협업이다. 노동의 사회화과정의 또 다른 양상은 사회적 분업의 발전이다.

주지하는 바와 같이, 협업과 분업은 물질적 재화의 생산 자체만큼이나 오래된 노동의 사회화의 형태이다. 전자본주의적 구성체 내에서의 노동과 생산의 사회화의 이러한 형태들이 지니는 몇 가지 일반적 특징은 다음과 같다.

첫째, 노동생산성을 증대시키기 위한 수단으로서의 협업은 오직 노동도구의 미약한 발전의 결과로만 이용되었다. 그것은 기술의 낮은 발전단계의 합법칙적 결과였으며, 원초적인 자연력에 대한 인간 사회의 연약함을 표현했다.

둘째, 협업은 그 성격과 규정된 목적에 따라 개별 생산도구에 기초를 두고 있다. 본질적으로 동일한 도구가 농민의 개별 경제에서도, 노예의 협업을 이용하는 노예제에 근거한 라티푼디움에서도, 농노에 의해 공동노동으로 작업되는 장원에서의 농노의 경제에서도 사용되었다. 여기에서 그 시대 노동의 협업적 형태의 모순이 생겨난다. 즉 사회적 노동의 형태로서 그것은 개별 노동도구를 사용할 때 이용되었다. 따라서 협업은 그러한 구체적인 경우에서 상당히 불안정하였으며 그 한계는 좁았다. 봉건제에서 협업은 주로 농민 가족의 협업이었다.

셋째, 사회적 분업은 근본적으로 협업과의 연관 밖에서 주로 상품-화폐 관계의 토대로서 발전되었다. 자본주의 시기의 사회적 분업의 의미는, 그것이 노예제와 봉건제에 근거한 자연경제의 폐쇄성을 타파했고, 개별적이고 고립된 경영의 한계를 넘어서는 사회적 생산조건들을 위한 기초를 놓았으며, 사람들간의 경제적 관계의 지리적 한계를 확장시켰다는 데 있다. 따라서 사회적 분업은 노예제와 봉건제에 근거하는 생산의 자연형태에 대립하는 스스로 발전하는 생산의 상품형태와 불가분하게 결합되었다.

넷째, 사회적 분업은 여전히 지역적으로 제한되었다. 사회적 분업은 대부분 인접한 농촌과 도시의 한계를 극복하지 못했다. 주요 상품생산자들은 그들의 잉여생산물을 지역시장에 내다 파는 농민들과 수공업자들이었다. 이 분산된 소생산자들은 생산물을 보통 처음부터 끝까지 생산하였고 모든 필요한 공정을 수행하였다. 체계적인 대규모의 상품생산은 존재하지 않았다. 봉건사회의 전성기에 봉건영주들은 단지 경우에 따라서만 시장과 접촉하였다. 따라서 어떠한 협업도 사용하지 않았던(가족에서의 협업을 제외하면) 소생산자들은 본질적으로 사회적 분업체계에 구속되었다. 사회적 분업과 협업은 서로 충돌하지 않고 당분간 병존했으며 나란히 발전하였다. 중요한 것은 그것들이 본질적으로 상이한 경제적 관계의 담지자들이었다는 것이다.

자본주의적 생산은 시초부터 공동노동에 근거한 대생산의 착취로서 나타났다. 자본주의적 협업은 사회적 분업체계 내에 편입되었다. 그럼으로써 노동의 사회화과정은 하나의 새로운 질을 얻었다. 이제 자본가가 판매자로서 시장에 나타났으며, 직접적으로 사회화된 많은 노동자의 노동을 그의 인격 속에서 대표했다. 상품생산에 의해서 실현된 노동과 생산의 사회화과정은 하나의 새롭고 고양된 단계로 넘어갔다. 사회적 노동생산성이 제고되었고, 더 많은 상품이 시장에 나왔다.

그러나 그것이 전부는 아니다. 매뉴팩처적 분업은 사회의 분업에 본질적인 영향을 주었는데, 왜냐하면 매뉴팩처적 분업은 사회의 분업을 더 발전시켰으며 더욱 조직화했기 때문이다. 노동도구의 전문화는 이러한 도구를 생산하는 자립적 분야를 형성시켰다.

발전하는 세계시장과 식민지체제는 분업과정을 더 한층 촉진하였다.

매뉴팩처에서의 노동력과 생산수단의 집중에 의한 생산의 증대는, 상품생산의 기초가 되는 사적 소유의 성격을 근본적으로 바꾸어놓았다. 사적 소유는 소상품경제에서는 수공업자와 농민의 개인적 노동에 기초를 두고 있었던 반면에, 임노동자들의 단순협업에 기초하는 자본주의적 경영과 매뉴팩처에서는 타인의 노동의 착취에 의해 증대되는 사적 자본주의적 소유로 변화한다. 즉 그것은 자본주의적 생산관계를 발생시켰다. 자본주의적 생산관계는 그 자체가 노동의 고도의 사회화와 생산력의 성장을 촉진시키는 하나의 조건이다. 이 시기에 자본주의적 생산관계의 적극적 역할은 자본주의적 생산의 성립을 위해 극히 중요한 것이었다.

기술과 노동도구에서의 근본적 변화는 산업혁명까지는 발생하지 않았다. 그리고 이에 기초하여 매뉴팩처 시기의 자본주의적 생산은 단지 봉건사회의 경제에서의 하나의 경제형태에 머물렀다. 협업형태로의 노동의 사회화는 따라서 아직 노동수단 자체의 성격으로부터 생겨난 기술적 필연성이 아니었다. 그것은 다만 자본주의적 생산관계의 적극적 기능 덕분에 발생하여 발전하였다. 단순협업과 매뉴팩처는 자본가의 수중에서 상품생산을 증대시키고 생산물을 싸게 하는 수단이었고, 협업과 매뉴팩처에서 발생하는 추가적인 사회적 생산력에 의해 노동생산성을 증대시키는 수단이었다. 새로운 자본주의적 질서의 승리를 위한 기술적 전제는 매뉴팩처시기에 아직 존재하지 않았다. 매뉴팩처시기는 노동의 자본에 대한 형식적 종속의 시기였다.

그러나 기계의 발생 및 유포와 더불어 자본주의적 생산은, 개별 생산자들에 의한 사용을 배제하는 노동수단을 획득했다. 기계는 원리적으로 새로운 도구이다. 맑스는 "노동과정의 협업적 성격은 이제 ……노동수단 자체의 성질에 의해서 부과되는 기술적 필연성이 된다"[29]고 쓰고 있다.

또한 무엇보다도 이 안에 자본주의적 생산뿐만 아니라 생산 자체의 운명에 대한 기계의 혁명적 영향이 존재한다. 기계에 의한 협업이 발생하였다. 공장과 작업장 안에서는 노동자들간의 분업이 기계 자체의 기능에 완전히 의존한다. 이러한 분업의 노동수단에의 의존성은 매뉴팩처를 불가능하게 하였다. 심지어 기계는, 국가적 또는 후에는 국제적인 규모에서 생산의 사회적 성격(이 말의 완전한 의미에서의)의 발전을 위한 현실적 출발점이었다.

그러나 공장과 작업장으로의 다수의 인간의 집중은 그에 연이은 변화의 시작과 기초에 불과했다. 기계제 생산의 보급은 사회에서의 분업과 사회적 생산의 전문화를 상당한 정도로 촉진했다. 공업은 결국 농업으로부터 분리되었다. 공업 내에서나 농업 내에서나 자립적 생산부문의 수는 증대하였다.

생산물은 개인적 노동의 생산물로부터 사회적 노동의 생산물로 전화하였다. 수공업장인이 자신의 손으로 만들어낸 생산물의 유일한 창조자라고 말할 권리를 가지고 있었던 반면, 기계제 대생산에서는 아무도 그렇게 주장할 수 없다. 각 최종 생산물을 생산하는 기술적 과정은 많은 생산부문을 거치며 다양한 기업에서 수행되는 많은 연쇄적 가공단계들로 결합된다. 한 기업에서 노동이 중지되면 즉시 다른 기업에 영향을 미친다. 레닌은 자본주의에서의 노동의 사회화의 이러한 새로운 질을 특징짓고 수많은 분산된 생산과정이 하나의 사회적 생산과정으로 융합된다고 쓰고 있다.[30]

자본주의적 관계들은 '깊게' 그리고 '넓게' 성장하였다. 그것은 전체 사회에 대한 자본주의적 생산양식의 단일한 지배로 귀결되었다. 기계제 대생산은 임노동자들의 토지와의 결합, 그리고 매뉴팩처 노동자들이 아직 행사했던 자신의 경영권과의 결합을 분쇄하였다. 어떤 생산수단도 갖지 못하며 오로지 자신의 노동력의 판매에 의해서 살아가는 근대적 공장프롤레타리아트가 생겨났다.

자본주의의 승리는 농업도 포함되는 국민경제의 모든 영역으로 자본주의적 생산관계가 침투함을 의미하였다. 점차로 농업노동자와 빈농의 임노동이 사용되기 시작했다. 부유한 농민의 무리로부터 쿨락(옛 러시아의 부농－역자)이 발전했고 확고하게 자리를 잡았다. 토지소유자는 그의 토지를 자본주의적 농장주에게 임대하거나 스스로 점차 그의 경제를 임노동체제로 바꾸고 자본가가 된다.

따라서 노동의 자본주의적 사회화는 양면적 과정, 즉 생산력의 사회적 성격의 발전 및 이러한 토대 위에서의 자본주의적 생산관계들의 발전을 포괄하는 과정이다. 노동의 사회화 그리고 이런 토대 위에서 수행되는 노동생산성의 증대, 이것은 자본주의의 진보적 사명이다. 그러나 자본주의는 그 특수한 목적 — 잉여가치의 획득 — 을 추구함으로써 이 역사적 과제를 수행한다. 맑스는 다음과 같이 쓰고 있다. "자본주의적 생산양식이 노동과정의 사회적 과정으로의 전화를 위한 역사적 필연성이라면, 다른 한편 노동과정의 사회적 형태는 그것의 생산력 증대에 의하여 노동과정을 더욱 유리하게 착취하기 위해서 자본에 의해 사용된 방법이다."[31]

자본주의적 노동의 사회화의 결과는 노동의 자본에의 실질적 종속이었다.

노동의 자본에 대한 실질적 종속

노동의 자본에의 실질적 종속의 본질은 무엇보다도 기계가 협업적 노동과정을 기술적으로 필연적이게 한다는 데 있다. 기계체제는 보통 개별적이고 고립적인 노동자에 의해 사용되고 조작될 수 없다. 기계에 접근하기 위해서 노동자는 공장의 협업적 노동과정으로 편입되어야 한다. 그러나 자본을 상당한 크기로 지닌 사람만이 공장을 세우고 운영할 수 있다. 따라서 자본가에게 노동력을 판매하는 것은 노동자가 기계와 결합되기 위한 전제이다. 다른 방법은 존재하지 않는다.

노동의 협업적 형태는 기계제 생산의 토대 위에서 자본주의의 사회적 생산의 주요 형태가 된다. 그 형태는 독립수공업자 또는 가내노동자의 개인적 노동에 비해 노동생산성을 현저하게 증대시킬 수 있게 한다. 따라서 개별 생산자는 사회적으로 평균적인 상품생산의 조건을 규정하는 자본주의적 대기업과의 경쟁에서 살아남을 수 없다. 그는 파산을 면하려고 노력하며 프롤레타리아트가 된다. 파산한 소생산자들이 항상 그리고 대량으로 노동자계급을 보충한다. 거꾸로의 과정, 즉 임노동자의 독립소생산자로의 전화는 동일한 근거에서 매우 어렵다. 자본가의 명령 아래 노동의 사회화에 기초한 노동생산성 향상과 결합되는, 노동의 자본에의 실질적 종속의 요소들은 이미 자본주의의 초기 발전단계에 발생하였다. 이미 자본주의적 단순협업과 매뉴팩처는 상품시장에서의 소생산자들의 위치를 약화시켰다. 그러나 협업적 노동의 장점은 기계에 근거한 공업의 단계에서 비로소 완전히 실현되었다.

노동의 자본에의 실질적 종속은, 자본가에 의해 사용되는 기계가 그것에 의해 대체되는 노동자들을 생산과정으로부터 몰아냄으로써 강화된다. 이 노동자들은 실업자가 되며 더 이상 필요한 생존수단을 가질 수 없다. 실업은 기계에 기초를 두고 있는 자본주의적 생산의 결과이다. 실업은 자본가로 하여금 노동력을 그 가치 이하의 가격으로 구매하고 노동자에 대한 착취를 강화하며, 노동자들을 이간시키고 그들의 동지적 연대를 침식시키며, 그들간에 불건전한 경쟁을 산출할 수 있도록 허용한다. 맑스의 표현에 따르면, 자본은 생산의 발전을 위한 모든 수단을, 직접생산자들의 종속과 착취를 위한 수단으로 전화시킨다.

노동의 자본에의 실질적 종속의 가장 중요한 계기는 임노동자의 기계의 부속물로의 전화이다. 자본가는 기계를 잉여가치 증대의 수단으로 사용한다. 따라서 그는 기계의 기술적 특성을 그에게 유리한 방식으로 이용한다. 따라서 자본의 지배하에서 기계는 노동자를 기계의 부속물로, 즉 자본의 부속물로 변화시킨다. 그것은 다음에서 나타난다.

(a) 자본가는 기계를 가장 빠른 작업리듬에 고정시키고, 그럼으로써 노동자를 탈진시키는 극도로 강화된 노동에 처하게 할 가능성을 가지며 또

한 이용한다. 특히 자본가에게는 컨베이어 벨트가 유리하다. 손잡이만 조작하면 되며 그러면 컨베이어 벨트는 더 빨리 움직인다. 불만이 있는 사람은 노동을 중지할 수 있다. 묵시록의 괴물처럼 기계는 그 갈고리로 노동자들을 움켜쥐며 그들의 힘을 소진시킨다.

(b) 우리가 보아온 것처럼 기계는 노동일을 연장시킨다. 국가의 입법에 의해 노동일이 규제되었을 때, 자본가는 노동자를 더 강화된 노동과 시간외노동으로 강제하기 시작했다.

(c) 기계는 많은 경우에 노동자의 자격을 박탈하며 수공업장인에 비교할 때 노동기능을 단순화시키고 무엇보다도 이 기능을 기계의 작업에 순응시킨다. 노동자의 노동능력은 속박된다. 노동자는 한 자본가에서 다른 자본가에게로 옮겨갈 수는 있지만, 공장과 자본으로부터는 결코 풀려날 수 없다. 공장노동자는 이미 더 이상 독립소생산자가 될 수 없다. 그는 오랜 직업교육을 필요로 하는 수공업자의 숙련성을 더 이상 갖고 있지 않다.

노동의 자본에 대한 실질적 종속의 이러한 요소는 이미 매뉴팩처에서 확립되었다. 부분노동자는 어떤 완전한 자격을 갖춘 수공업자가 아닌데, 왜냐하면 그는 협소하게 전문화되었기 때문이다. 그러나 그 모든 것은 손으로 하는 수공업적 노동의 전문화였다. 기계는 임노동자와 수공업적 노동의 결합을 비로소 최종적으로 깨뜨렸으며, 노동을 자본에 최종적으로 종속시켰다.

결국 노동의 자본에 대한 실질적 종속은, 기계제 대생산이 자본주의적 공업을 사회적 생산의 지도적 부문으로 만든다는 점과 불가분하게 연관되어 있다. 대규모의 인간이 토지로부터 분리되었으며 공업도시로 집중되었다. 노동 가능한 인구의 대다수가 자본의 직접적 지배의 중심지에서 임노동자가 되었다. 자본은 또한 농업에도 침투했으며, 기계 사용과 임노동자의 착취에 근거한 자본주의적 농업을 창조하였다. 자본에 실질적으로 종속되는 임노동자의 군대는 다수의 농업프롤레타리아트에 의해 보충되었다.

이것들이 자본에의 노동의 형식적 종속과는 다른 노동에 대한 자본의 실질적 지배의 주요 특징들이다. 그러나 노동의 자본에의 형식적 종속은, 거기로부터 노동의 자본에의 실질적 종속이 역사적으로 발전하는 선행 형태인 것만은 아니다. 그것은 노동의 자본에의 실질적 종속의 기초이자 토대로서 항상 남아 있다. 맑스는 이렇게 쓰고 있다. "그것은 모든 자본주의적 생산과정의 일반적 형태이다. 그러나 그것은 동시에 발전된 특수한 자본주의적 생산양식과 병존하는 특수한 형태인데, 왜냐하면 후자는 전자를 포함하지만 전자가 반드시 후자를 포함하지는 않기 때문이다."[32]

노동의 자본에 대한 실질적 종속이 형식적 종속에 근거하고 있다는 점은 여러 가지 현상에서 나타난다. 노동의 자본에 대한 실질적 종속은, 그 자체가 실질적 종속의 형태로 간주될 수 없는 새로운 형태의 노동의 자본에 대한 종속을 재생산하고 항상 다시 새로이 발생시킨다. 이러한 형태들은 여러 가지 모습을 띤다. 가령 자본주의적 공장은, 비록 가내노동이 이전의 경제적 의미를 상실할지라도, 가내노동을 인수하며 가내노동의 그 이상의 확장을 낳는다. 맑스는 다음과 같이 확인하고 있다. "자본은 공장노동자들, 매뉴팩처 노동자들, 수공업자들을 대규모로 공간적으로 집중시켜 그들을 직접 지휘하는 이외에, 대도시와 농촌에 산재하는 가내노동자 대오를 보이지 않는 실에 의해 조종한다."[33] 자본은 거미처럼, 그들이 고유한 의미에서 전혀 임노동자가 아님에도 불구하고, 수공업자와 가내노동자를 다면적 종속성의 그물로 옭아맨다. 수공업자와 가내노동자는 빈번히 대자본가들의 다양한 명령을 수행하며, 그들로부터 원료를 얻어 그것에서 더 가공될 그들의 생산물을 끌어낸다. 자본주의적 상업가들과 은행가들은 농민을 포함한 소생산자들의 수족을 묶는다. 그들은 소생산자들을 상품의 판매자 및 구매자로서 착취하며, 또한 저당대부를 수취하여 높은 이자율을 지불할 의무를 지는 채무자로서 착취한다

3. 자본주의에서의 생산적 노동의 본질과 일반적 형태

자본주의에서의 생산적 노동의 특징을 규정하기 위해서 맑스는 다음과 같이 쓰고 있다. "생산적 노동은 자본주의적 생산과정에서 노동능력이 나타나는 전체 관계와 양식에 대한 간략한 표현이다. 그러나 다른 종류의 노동과의 차이가 매우 중요한데, 왜냐하면 생산적 노동은 바로 그 위에 전체 자본주의적 생산양식과 자본 자체가 근거하고 있는 노동의 형태규정을 표

현하고 있기 때문이다."[34)]

특유하게 자본주의적인 임노동이란, 수입으로서의 화폐와 교환되는 임노동과는 달리 자본으로서의 화폐와 교환된다는 것을 의미한다. 후자의 경우에는 노동자가 잉여가치를 획득하기 위해 생산을 조직하는 자본가에게 그의 노동능력을 판매하는 것이 중요하다. 전자의 경우에 노동력은 자본가의 개인적 욕구를 충족시켜주기 위해서 판매된다. 예를 들어 자본가는 재단사 한 사람을 고용하고, 그는 자본가에게 외투를 재봉해준다. 여기서 자본가는 부유해지기 위해서, 또한 가령 기성복 공장에서의 경우처럼 잉여가치 생산을 위해서 재단사의 노동을 이용하는 것이 아니다.

자본주의적 생산양식은 직접 자본으로서의 화폐와 교환되며, 따라서 자본을 생산하는 임노동에 근거한다. 이런 종류의 임노동이 자본주의사회에서의 생산적 노동이다. "가령 한 어릿광대가 한 자본가에게 고용되어 노동하고 ……자본가로부터 봉급의 형태로 얻는 것보다 더 많은 노동을 자본가에게 되돌려줄 때, 이에 따르면 그는 생산적 노동자이다. 반면 자본가의 집에 와서 그의 바지를 꿰매어주는 수선재단사는 자본가에게 순수한 사용가치를 창조해주는 비생산적 노동자이다."[35)]

직접 자본과 교환되는 임노동은, 물질적 생산 및 비물질적 생산에서 기능한다. 즉 자본의 일반적 정식 G－W－G'에 상응하여 자본의 증식이 발생하는 곳이라면 어디서나 기능한다. 따라서 직접 자본과 교환되는 임노동은 자본주의에서의 생산적 노동의 일반적 형태이다. 그러나 자본의 일반적 정식 G－W－G'가 자본증식의 원천에 대해 어떤 것도 알려주지 않는 것처럼, 생산적 노동의 일반적 형태도 어떤 노동이 잉여가치를 창조하는가라는 물음에 답하지 않는다. 문제는 자본과 직접적으로 교환되는 임노동의 형태로 물질적 생산의 경우처럼 잉여가치를 창조하는 노동뿐만 아니라, 유통과 비물질적 생산의 경우처럼 이미 창조된 잉여가치만을 획득하는 노동도 작용한다는 것이다.

따라서 자본주의에서 본질상의 생산적 노동과 형태상의 생산적 노동은 구별되어야 한다. 본질상의 생산적 노동은 자본주의에서 잉여가치를 창조하며 그럼으로써 자본을 증식시키는 노동이다. 이 노동은 자본주의적 생산관계의 재생산의 물질적 기초이다. 형태상의 생산적 노동은 직접 자본과 교환되며 자본의 가치를 증대시키는 모든 임노동이다. 이 노동도 자본주의적 생산관계를 재생산한다.

4. 자본주의의 기본모순. 부르주아 사회의 주요 계급들

자본주의의 기본모순은 **생산과정의 사회적 성격과 전유의 사적 자본주의적 형태간의 모순**이다. 자본주의의 기본모순의 원천은 단순상품생산에까지 소급된다. 사회적 노동과 사적 노동간의 모순은 또한 그것의 기초 위에서 생산과정의 사회적 성격과 사적 자본주의적 전유간의 모순이 발생하는 그러한 형태이다.

소상품생산자들의 노동은 사회적 분업체계 속으로 편입되었고, 따라서 사회적 성격을 지녔다. 그러나 상품은 개인적인 독립생산자들에 의해서, 종종 그 자신에 의해서 생산된 자신의 원료로부터, 개인적 생산의 특수한 도구에 의해 생산되었다. 생산은 동일한 생산자들에 의해서 전유되었다. 생산물에 대한 소유는 직접적으로 사적 노동인 **자신의 노동**에 근거했다.

자본주의적 대작업장 그리고 매뉴팩처의 발생과 더불어 노동의 사회화는 진전되었으며, 반면 개인적 노동에 근거하는 사적 소유는 사적 자본주의적 소유가 되었다. 비록 생산물이 더 이상 그의 노동이 아니라 오로지 타인의 노동에 의해서 생산된 것일지라도, 생산수단의 소유자는 더 나아가 생산물을 전유하였다. 기계제 생산은 노동과정을 참으로 사회적인 과정으로 변화시켰음에도 불구하고, 기계제 생산은 사적 자본주의적 전유의 영역 속에 감금된 채 남아 있었다. 생산과정의 사회적 성격과, 그것 내부에서 그리고 그것의 매개로 생산과정이 발전하는 생산과정의 자본주의적 형태와의 불일치는 더욱 현저하게 나타났다. **자본주의적 생산은 자기 자신 안에 그 자신의 붕괴 요인들을 발전시켰다.** 자본주의적 생산의 발전 원천 — 기본모순 — 은 점차 자본주의를 침식시키는 심원한 갈등의 원천이 되었다. 엥겔스는 다음과 같이 쓰고 있다. "**사회적 생산물은 개별 자본가들에 의해 전유된다.** 이것이, 그것 안에서 오늘날의 (즉 자본주의적) 사회가 운동하며 대공업이 공공연하게 폭로하는 모든 모순을 발생시키는 기본모순이다."[36)]

맑스 이전의 정치경제학은 농민과 수공업자들의 분산된 소생산에 대한 자본주의적 생산양식의 우월성을 강조했고, 자본주의적 생산에 의해 발생되는 모순들을 비판했다. 첫번째 경우에 그 경제학자들은 생산력 발전에서의 자본주의의 역할을 강조했고, 두번째 경우에 그들은 자본주의 발전의 모순적 성격과 자본주의적 생산관계의 부정적 경향을 드러내려고 노력했다. 부르주아 정치경제학 가운데 고전학파는 노동과 생산의 사회화에 대한 분석에서 현저하게 첫번째 길을 걸었다. 그것은 이해될 만하다. 자본주의 안에서 사회적 생산의 자연적 형태를 발견한 부르주아 정치경제학의 고전가들은 그들의 초점을 생산력에 집중시켰다. 스미스는 노동생산성 향상을 위한 분업의 의미와 분산된 소생산에 비교한 대생산의 우월성을 명백하게 지적했다. 분명히 스미스가 생산력의 발전 전망의 평가에서 항상 옳은 결론에 도달했던 것은 아니다. 맑스가 쓰고 있듯이, 자본주의 발전에서 매뉴팩처 시기를 일반화시켰던 스미스는 사회적 생산에서의 기계의 역할을 이해하지 못했다. 속류 정치경제학은 모든 방식을 동원해서 자본주의적 기계제 대생산을 찬양했다. 그러나 그 대변자들은, 자본주의적 기계제 대생산의 생성 및 발전과 더불어 극도로 첨예화되며 공황, 실업, 생산의 무정부성 등으로 표현되는 적대적 모순들 앞에서는 의식적으로 눈을 감았다.

쁘띠부르주아 경제학자들은 기계제 대생산과 그것에 의해 산출되는 모순들을 날카롭게 비판하였다. 그러나 그들은 자본주의의 진보적 역할을 보지 못했으며, 노동과 생산을 사회화한 자본주의가 그럼으로써 하나의 새로운 사회질서로의, 즉 사회주의로의 이행을 위한 조건을 준비한다는 것을 이해하지 못했다.

자본주의의 기본모순의 표현형태의 하나는 **개별 기업에서의 생산의 조직화와 사회에서의 생산의 무정부성 사이의 모순이다.** 자본주의적 생산양식은 무정부적인 사적 소유에 의해서 분산된 상품경제의 토대 위에서 발생하였다. 자본주의는 봉건적 속박과 중세의 자연경제적 폐쇄성에 충격을 가하고 파괴함으로써 이러한 무정부성을 강화했다. 그러나 자본주의는 대기업으로의 생산수단과 노동력의 집중에 의해서, 먼저 매뉴팩처 작업장 그리고 후에는 개별 자본가의 명령하의 공장에서의 노동의 직접적 사회화에 의해서 그것을 이루었다. 개별 자본가는 상호 독립적인 상품생산자들로서 시장에 나타나고, 여기서 자연발생성이 지배한다. 그러나 매뉴팩처내, 공장내에서는 자본가들의 무제한적 권위가 지배한다. 여기서는 모든 것이 자본가의 의지에 복종한다. 공장제 분업은 매뉴팩처적 분업과 비교할 때 더 고도한 형태이다.

공장내에서는 매뉴팩처내에서보다 훨씬 큰 정도로 전체 노동의 다양한 부문들간의 '철의' 균형이라는 법칙이 작용한다. 그것은 대생산의 테크놀로지 자체에 의해서 요청된다. 자본가는 이러한 균형을 의식적으로 산출하며 그것의 유지를 엄격하게 추구한다. 자본주의적 기업이 클수록 더 많은 생산수단과 노동력이 그 기업에 집중되고, 각각의 경우에 생산의 계획적 조직화의 경계는 더 넓어진다. 그러나 이 조직은 무정부적 경제의 일반적 배경 속에서 현실화된다. 사회적 생산의 무정부성은 자본주의적 상호 경쟁에 처한 대기업이 커지는 정도에 따라 첨예화된다.

그래서 사적 자본주의적 관계의 좁은 영역으로 강제로 끌어넣어지는 생산과정의 사회적 성격은 결국 극도로 모순적인 현상으로 변한다. 사적 관계로서 그것은, 그것이 그것 안에서 모든 의식적 조직과 통일된 중앙적 지도를 배제함으로써, 사회적 생산의 무정부적 질서에 완전히 상응한다. 자본주의적 관계로서 그것은 전체 노동자의 착취, 즉 협업적 노동과정에 대한 권위 있는 관리와 조종의 기능을 필요로 하는 협업에 근거한다. 그것은 근대적 생산력의 사회적 성격에 대한 특유한 '승인'이다. 그러나 자본주의적 생산관계의 토대 위에서 국민경제적 규모의 계획적 조직화는 불가능하다.

개별 기업에서의 생산의 계획적 조직화와 전체 사회에서의 생산의 무정부성 사이의 모순은, 사적 자본주의적 관계가 그 발생의 시초부터 역사적 과도성을 가졌다는 것, 사적 자본주의적 관계가 그의 역사적 사명을 다한 후에는 불가피하게 생산력 발전의 장애물이 된다는 것을 증명한다. 사적 자본주의적 관계는, 새롭고 사회주의적이며 계획적으로 발전하는 생산으로의 사회의 혁명적 이행을 위한 물질적 전제를 준비함으로써 스스로 부정된다.

생산력의 발전과 노동의 사회화의 극도로 강화된 성장은, 자본가들의 수중에 집적된 생산수단과 더 이상 그들의 노동력 이외에는 아무 것도 소유하지 못하는 생산자들간의 커다란 간격을 낳았다. 임노동은 모든 생산의 기초로 발전되었다. 노동자와 자본가는 부르주아 사회의 적대적으로 대립된 주요 계급이 된다. 자본주의의 기본모순은 무엇보다도 노동자계급과 자본가계급간의 — 노동과 자본간의 — **적대적 모순**으로 표현된다. 이것이 자본주의적 기본모순의 주요 현상형태이다.

자본가 또는 부르주아 **계급**은 부르주아 사회의 지배계급이다. 그것의 도움으로 노동자가 착취되는 생산수단이 그들에게 속한다. 또한 자본가계급에 부르주아 정부가 종속된다. 부르주아 국가는 본질적으로 자본가계급의 집행기관이며 부르주아의 정치적 독재기구이다. 현대 자본주의의 조건하에서 국가는 사실상 부르주아지의 가장 영향력 있는 상층, 즉 대독점체의 도구가 되었다.

노동자계급은 부르주아 사회의 주된 생산력이다. 노동자계급은 공장제생산과 결합하여 발생되었다. 자본주의 전체 역사의 경과 속에서 노동자들과 자본가들 사이에는 화해 불가능한 계급투쟁이 수행된다. 자본주의의 초기에 노동자들은 압제자에 대한 그들의 저항을 매우 원시적으로 표출했다. 그래서 18세기말과 19세기초에 영국에서는 러다이트운동(방직공 네다 러다[Neda Ludda]의 이름을 따름)이 발생하였다. 노동자들은 기계 속에서 그들의 불행과 결핍의 원인을 보았고 그들의 분노를 기계에 돌렸다. 그들의 표어는 기계의 물리적 파괴였다. 그러나 점차 노동자계급은 부르주아 사회에서의 그들의 위치를 자각했고, 러다이트운동의 협소함과 자본에 대한 미발전된 계급투쟁의 다른 형태들로부터 자유로워졌다. 생활 자체가 노동자계급을 그들의 적은 기계가 아니라 그것을 노동자의 착취에 이용하는 자본가라는 인식으로 인도하였다. 자본의 지배에 대항하여 노동자계급은 항상 혁명적 투쟁을 더욱 발전된 형태로 수행한다. 계급투쟁이 진행되는 가운데 노동자계급은 조직화되고, 노동조합과 정당을 창설하고, 자본주의에 대한 경제적·정치적 및 이론적 투쟁을 수행한다.

노동자계급은 고도로 발전된 현대적 생산력과 그것의 **사회적 성격**을 구현하는데, 그것은 전유의 사적 자본주의적 형태와 결합할 수 없으며 사회주의적이고 **전반적인 인민적 소유**로의 사회의 이행을 필요로 한다. 근로농민과 수공업자와 가내노동자에 이르기까지 부르주아 사회의 다른 모든 계급과는 달리, 노동자계급은 사적 소유로 이끌리지 않는다. 자본주의는 노동자들에게서 사유재산을 박탈해간다. 자본주의적 대기업에서의 공동노동은 단결과 프롤레타리아트의 계급의식의 발전을 촉진한다. 노동자계급은 맑스주의의 고전가들에 의해 힘들여 얻어진 과학적 사회주의의 이론을 그들 자신의 세계관으로 삼는다. 그러므로 노동자계급은, 그리고 노동자계급만이 근로농민들과 동맹하여 모든 근로인민의 선두에 서서 자본의 권력을 붕괴시키고 인류를 사회주의로 이끌 위치에 있다.

자본주의의 주요 생산관계 — 자본가와 노동자간의 관계 — 를 표현하는 잉여가치법칙은, 부르주아 사회 내에서 계급투쟁의 절대적인 첨예화로 귀결된다. 이 투쟁의 결과 자본주의적 질서는 혁명적으로 붕괴될 것이다.

주

1) Marx/Engels, *Werke*, Bd.23, Dietz Verlag, Berlin 1962, S.162.
2) *Ebenda*, S.177.
3) *Ebenda*, S.177/178.
4) *Ebenda*, S.181.
5) *Ebenda*, S.184(주41).
6) Marx/Engels, *Werke*, Bd.23, Dietz Verlag, Berlin 1962, S.187.
7) *Ebenda*.
8) 이전의 가치(거기에 노동자가 새 가치를 부가시키는)에 대해서 말한다면, 이 예에서 단지 소비된 노동대상의 가치만을 생각하며 노동수단(기계, 장비, 생산건물 등)의 가치는 도외시한다. 노동수단의 가치는 시간이 지나면서 그 마모(소모)의 정도에 따라 생산되는 생산물로 이전된다. 그럼으로써 사태의 본질을 전혀 변화시키지 않고 계산을 단순화한다.
9) Marx/Engels, *Werke*, Bd.23, Dietz Verlag, Berlin 1962, S.222.
10) *Ebenda*, S.15/16.
11) *Ebenda*, S.647.
12) *Ebenda*, S.231.
13) Marx/Engels, *Werke*, Bd.6, Dietz Verlag, Berlin 1959, S.410/411.
14) D. Ricardo, *Grundsätze der Politische Ökomomie*, Akademie - Verlag, Berlin 1959, S.79/80.
15) 광의의 협업에는 생산과정에서의 공동노동뿐 아니라 소생산자들과 노동자들의 여러 결합 일반 — 소비자협업, 공급협업, 신용협업 등 — 이 있을 수 있다. 이 장에서는 단지 생산과정에서의 공동노동이라는 의미에서만 협

업이 다루어진다.

16) Marx/Engels, *Werke*, Bd.23, Dietz Verlag, Berlin 1962, S.327.

17) *Ebenda*, S.357/358.

18) 이종적 — 이종의, 상이한 부분들로 구성되는.

19) Lenin, *Werke*, Bd.3, Dietz Verlag, Berlin 1956, S.449.

20) Marx/Engels, *Werke*, Bd.23, Dietz Verlag, Berlin 1962, S.381.

21) *Ebenda*, S.386.

22) *Ebenda*, S.397.

23) 경제학적 관점에서 공장(Fabrik)과 제작소(Werkn) 사이에는 아무런 차이가 없다.

24) Marx/Engels, *Werke*, Bd.23, Dietz Verlag, Berlin 1962, S.353.

25) Marx/Engels, *Werke*, Bd.23, Dietz Verlag, Berlin 1962, S.510/511.

26) *Ebenda*, S.192.

27) Marx/Engels, *Werke*, Bd.23, Dietz Verlag, Berlin 1962, S.535.

28) Marx/Engels, *Archiv*, Bd.Ⅱ(Ⅶ), Moskau 1933. S.100(러시아어판).

29) Marx/Engels, *Werke*, Bd.23, Dietz Verlag, Berlin 1962, S.407.

30) Lenin, *Werke*, Bd.1, Dietz Verlag, Berlin 1961, S.169/170 참조.

31) Marx/Engels, *Werke*, Bd.23, Dietz Verlag, Berlin 1962, S.354.

32) Marx/Engels, *Archiv*, Bd.Ⅱ(Ⅶ), Moskau 1933. S.90(러시아어판).

33) Marx/Engels, *Werke*, Bd.23, Dietz Verlag, Berlin 1962, S.485/486.

34) Marx/Engels, *Werke*, Bd.26. 1, Dietz Verlag, Berlin 1965, S.371/372.

35) *Ebenda*, S.127.

36) Engels, *Herrn Eugen Dührings Umwälzung der Wissenschaft(Anti-Dühring)*, Dietz Verlag, Berlin 1948, S.352.

제3분편 임금

프롤레타리아트와 자본가 사이의 관계는 현상의 표면에서는 그들의 참된 성격을 왜곡하는 형태로 나타난다. 자본가의 공장에서 노동하는 노동자는 공장금고로부터 일정한 시간에 해당하는 일정한 금액, 즉 임금을 얻는다. 임금형태는, 노동자의 노동이 완전하게 지불되는 것처럼 보이게 하며, 노동력의 구매 및 판매를 은폐한다.

제14장 임금의 본질과 형태

1. 임금. 노동력의 가치 및 가격의 전화된 형태

임의의 상품의 가치와 마찬가지로 노동력의 가치는 가격으로 나타난다. 그러나 다른 모든 상품과 구별되어 노동력의 가치와 가격은 실제 관계를 왜곡하는 변형된, 은폐된 형태로 나타난다. 이러한 왜곡은, 노동력의 가치와 가격이 노동의 가치와 가격으로 서술되는 점에 있다.

한 노동자가 자본가에게 8시간의 노동을 해주고 임금으로 8달러를 받았다고 가정해보자. 이러한 경우에 8달러는 노동의 가치 혹은 가격이지, 노동력의 가치나 가격은 아니라는 인상을 준다. 임금형태로 노동일의 지불된 부분이 전체 노동일의 가치 혹은 가격으로 나타남으로써 필요노동시간과 잉여노동시간으로의 노동일의 분할의 모든 흔적이 지워지게 된다. 노동자의 전체 노동은 지불된 것으로 나타난다. 여기에 자본주의적 착취형태의 특수성이 있다. 노동이 그 지불된 부분과 미지불된 부분으로 분할된다는 것을 지워버리는 임금형태는, 따라서 착취관계를 은폐한다. 노동력의 가치와 가격의 이러한 외적 현상형태는 여러 다른 상황과 관련을 맺고 있다.

임금은 노동자가 노동을 지출한 뒤에 노동자에게 지불된다. 그러므로 노동능력이 아니라 노동 자체가 지불되는 것처럼 보이게 된다. 노동력의 사용가치는 표면적으로는 직조공, 철강노동자, 방적공 등의 일정한 유용한 노동으로서 나타난다. 노동자의 노동에 의해서 새로운 가치 — 이것은 노동력의 가치 크기를 본질적으로 넘어선다 — 가 창출되었다는 사실은 과학적 분석을 통해서 비로소 확인될 수 있다.

노동력의 구매 및 판매에서 기본적인 노동조건들(노동일의 길이, 노동시간당 임금률 등)은 자본가(혹은 그의 대표자)와 노동자 사이에서 계약으로써 합의된다. 자본가에 의해서 전유되는 잉여가치의 크기는 노동자의 노동량과 노동자의 임금 크기에 달려 있다. 자본가를 위한 노동자의 노동이 더 많이 행해질수록 그리고 노동자의 임금이 낮아질수록, 잉여가치는 더 커진다. 이와 반대로 노동기간의 단축과 임금의 상승에 의해 잉여가치는 줄어든다. 이것은 노동력이 아니라 노동이 지불된 것이라는 환상을 더욱 더 강화한다.

그렇지만 구매되기 이전에 이미 존재했던 것만이 상품으로서 나타날 수 있다. 노동자는 단순한 이유에서 그의 노동을 상품으로서 판매할 수 없는데, 왜냐하면 생산수단을 갖고 있지 않은 경우에 그의 노동력을 판매하기 이전에는 그의 노동에 자립적 존재형태를 부여할 수 있는 어떠한 가능성도 가지고 있지 않기 때문이다.

앞에서 이미 설명한 바와 같이 시장에서 자본가에게는 현실적으로 노동이 아니라 노동자가 대립해 있다. 노동자는 자본가에게 그의 노동할 수 있는 능력, 즉 노동력을 상품으로서 판매한다. 노동과정이 시작되는 것과 더불어 노동은 이미 노동자가 아니라 자본가에게 속하며, 따라서 노동은 판매될 수 없다.

이와 동시에 노동자가 자본가에게 그의 노동을 상품으로서 판매한다는 억측은, 자본가의 화폐, 즉 대상화된 노동과 노동자의 산 노동 사이의 직접적 교환이 일어난다는 것을 의미한다. 노동자와 자본가 사이의 그러한 교환의 존재는 가치법칙의 폐기(여기에서 부등가교환이 일어난다고 가정한다면)이거나 혹은 자본주의적 생산 자체의 불가능성(여기에서 등가교환된다고 가정한다면)을 의미할 것이다.

노동의 '가치'와 '가격'

임금은 노동력의 가치와 가격의 현상형태이다. 그러나 임금은 현실적으로 존재하는 상품 — 노동력 — 의 가치와 가격이, 존재하지 않는 상품 — 노동 — 의 가치와 가격으로 서술되는 그러한 현상형태이다. 노동자는 단지 그에 의해서 창조된 가치의 일부분만을 임금의 형태로 받는다. 왜냐하면 그는 노동력의 가치와 가격의 재생산을 위해서 필요한 것보다 더 오랫동안 노동을 하기 때문이다.

노동가치와 노동가격이라는 개념은 허구적 표현이다. 이 개념은 그 속에 표현된 관계들의 본질을 왜곡한다. 왜냐하면 상품이 아닌 노동은 가치도 가격도 갖지 않기 때문이다. 그러나 이러한 허구적 표현은 자본주의 자체의 생산관계로부터, 본질과 일치하지 않고 이러한 본질을 왜곡하는 자본주의적 생산관계의 외적 현상의 특수한 형태들로부터 발생한다.

현상의 표면에서는 노동력의 가치와 가격은 다름 아닌 노동보수의 형태로서 나타날 수 있다. 그렇지만 그것은 자본가와 노동자 사이의 생산관계가 왜곡된 방식으로 표현되는 형태이며, 요술거울과 같이 실제 사물의 외관을 왜곡되게 반영하는 형태이다. 그렇기 때문에 이미 맑스가 언급한 바와 같이, "노동자와 자본가의 모든 법적 관념, 모든 자본주의적 생산양식의 신비화, 그것의 모든 자유의 환상, 속류 경제학의 모든 변호론적 속임수들"[1]이, 노동력의 가치와 가격이 임금의 형태로 전화하는 것에 근거하고 있다는 것은 우연이 아니다.

맑스의 선행자들은 임금의 본질을 발견할 능력이 없었다. 그들은 임금이 노동에 대한 지불이라는 데서부터 출발했다. 고전적 부르주아 정치경제학의 가장 잘 알려진 대표자인 스미스와 리카도(그리고 그들에 앞서서 중농주의자들)는 노동의 '가격'과 '가치'를 구분했다. 그들은 전자를 시간과 공간에 따라 동요하는 임금의 시세로서 이해했으며, 후자를, 노동의 시장가격이 그것을 둘러싸고 동요하는 중심으로 간주되는, '필요가격'(중농주의자) 혹은 '자연가격'(스미스와 리카도)으로서 이해했다. 다른 상품들과 마찬가지로 고전적 부르주아 정치경제학의 대표자들은 '노동의 가치'를 노동의 유지를 위한 비용에 의해 규정했다. 또한 이들은 실제로 그 비용을 노동의 정상적 재생산을 보증하는 임금으로 환원시켰다. 예컨대 리카도는 노동자 자신과 그의 가족의 생존을 안정적인 수준으로 유지할 수 있기 위해 필요한 가격을 노동의 '자연가격'으로 이해했다.

고전적 부르주아 정치경제학이 임금의 설명에서 과학적인 요소들을 포함하고 있는 반면에, 속류 정치경제학에게 임금형태는 발견된 먹이였다. 왜냐하면 그 먹이 안에는 노동과 자본 사이의 실제적 관계가 왜곡된 형태로 나타나기 때문이다. 속류 정치경제학의 최초의 대표자들(세이, 시니어,

바스티아 등등)과 마찬가지로, 또한 그들의 근대적 후계자들은 다음과 같은 동일한 변호론적 명제로부터 출발한다. 즉 임금은 형식적으로뿐만 아니라 본질적으로도 노동의 지불이라는 것이다. 임금에 대한 이러한 해석은 부르주아 경제학자들에 의해서 자본가에 의한 임금노동자의 착취를 부인하기 위해서 사용되었다.

2. 임금의 기본형태

임금의 기본형태는 시간급임금과 성과급임금이다.

시간급임금

시간급임금에서 노동자의 임금의 크기는 그가 일한 시간에 의존한다. 여기에서 측량단위는 노동의 '가격'으로 불리는 시간임금률이다. 그렇기 때문에 노동자의 임금 총액(일급, 주급, 월급)은 노동의 '가격'에 노동한 시간수를 곱한 것에 의해 정해진다. 노동의 '가격'은 노동력의 가치가 표현되는 특수한 형태일 뿐이다. 그것은 노동력의 하루 가치를 노동일의 시간수로 나눈 몫이다. 예를 들어 노동력의 평균적 하루 가치가 4달러이며 노동일의 평균 길이가 8시간이었다면, 노동의 '가격' 혹은 시간임금률은 50센트이다(400÷8).

시간급임금은 자본가들에 의해, 노동시간의 가격을 감소시킴으로써 노동자의 착취를 강화하기 위해 광범위하게 이용된다. 시간급임금은, 자본가에게 노동일의 연장을 통해서 착취도를 높일 수 있는 큰 가능성을 제공한다. 그리하여 공식적 통계보고에 의하면 법적으로 주당 40시간의 노동이 실시되는 미국에서 피고용자의 1/4 이상이 실제적으로 40시간 이상을 노동한다. 예컨대 1972년 5월 한 달 동안 노동자와 봉급생활자의 11.6%가 41~48시간을 노동했으며, 8.9%가 49~59시간을, 그리고 8.5%가 50시간 혹은 그 이상을 노동했다.

설령 시간외노동이 노동자에게 증대된 임금으로 지급된다고 할지라도 노동일의 연장으로 인해 노동력의 증대된 소모는 일반적으로 완전하게 보상되지 않는다. 왜냐하면 연장된 노동일의 마지막 시간에 행해지는 동일한 양의 노동은 노동자의 특히 큰 힘의 소모를 필요로 하기 때문이다. 그 때문에 노동자에 의해서 실제로 지출된 노동력의 가격은 낮아진다. 왜냐하면 시간외노동에 대한 임금 증가는 일반적으로 증대된 힘의 소모를 보상하지 않기 때문이다. 노동의 과도한 강화와 노동일의 과도한 연장에 의해 노동력의 직접적 파괴와 남용이 일어나는데, 이러한 경우에 노동자의 증대된 힘의 소모는 어떠한 임금 상승에 의해서도 보상될 수 없다.

자본가는 계속해서 노동자에 대해 시간급임금을 적용한다. 이러한 임금체계에서 노동일의 길이와 시간급임금의 크기는 애초부터 확정되지 않는다. 다만 노동시간의 가격만이 결정된다. 이것은, 자본가의 재량에 따라 단축된 노동일 혹은 불완전한 주당 노동시간 — 그에 상응하는 임금의 감소를 동반하는 — 을 확정할 수 있는 가능성을 제공한다.

현대 자본주의의 조건하에서 단축노동은 특히 강력하게 수행된다. 공식적 보고에 따르면, 미국에서는 1972년 6월 한 달 동안 대략 모든 봉급생활자와 노동자의 1/5이 불완전하게 고용되었으며, 그 가운데 5.1%는 주당 1～14시간, 10.4%는 15～29시간 그리고 5.7%는 30～34시간까지 고용되었다. 노동시간의 강제적인 단축은 자본가들에 의해 잉여가치율의 상승을 목표로 노동강도를 강화시키기 위하여 이용된다. 단축 노동에 의해 노동자는 더욱 긴장하여 노동하도록 쉽게 강제된다. 노동강도 증대의 결과물은 전적으로 자본가에 의해 전유된다.

그렇지만 시간급임금은 노동자에게는 노동의 생산성과 강도를 상승시키기 위한 어떠한 직접적인 자극도 제공하지 않는다. 그렇기 때문에 자본가들은 감독자의 막대기를 이야기하며, 대량해고로써 위협을 하며, 특별히 열심히 노동하는 자에게는 물질적 격려 등을 그때마다 해준다. 일정한 조건하에서 자본가에게는 성과급임금을 적용하는 것이 한층 더 유리하다.

성과급임금

성과급임금이라고 불리는 임금형태에서 노동자의 임금 총계는 그가 만들어낸 생산물의 양 혹은 그가 수행한 노동과정의 수에 달려 있다. 시간급 임금체계와는 달리, 이러한 임금형태에서 노동자에 의해서 지출된 노동은 노동시간의 양에 의해서 직접적으로 측정되지 않고, 오히려 노동자가 생산한 생산물의 양 혹은 그가 수행한 노동과정의 수에 의해서 측정된다. 성과급임금의 단위는 생산물의 개수당(그 때문에 이러한 체계는 성과급임금으로 지칭된다) 혹은 노동자에 의해서 수행된 노동과정당 자본가에 의해 정해진 액수이다. 성과임금률은 시간임금률이나 노동표준에 준해서 확정된다. 예컨대 일정한 자격을 갖춘 노동자의 시간임금률이 8시간에 이르는 1노동시간 동안 4달러에 해당하며, 1노동시간의 노동표준이 특정 제품 80단위에 해당한다면, 생산물 단위당 임금률은 5센트가 된다(400÷80).

시간급임금과 마찬가지로 성과급임금 역시 — 물론 은폐된 형태로 — 하루 임금은 노동력의 하루 가치 혹은 하루 가격과 같다는 등식에 근거한다. 시간급임금에서는 노동시간이 직접적인 척도이다. 성과급임금에서는 일정한 양의 노동시간이 체현된 생산물 단위가 외적 척도로 쓰인다. 따라서 성과급임금은 단지 시간급임금의 변형된 형태이다.

성과급임금체계는 시간급임금체계보다 노동자의 착취를 더욱 더 은폐한다. 이러한 임금형태에서는, 동일한 노동을 수행하는 노동자의 벌이는 그들의 개별적 결과에 따라 상이하다. 이러한 것에 의해서 임금은 노동의 지불이라는 잘못된 관념이 뿌리를 박게 된다. 그렇지만 사실상 자본주의적 조건하에서 성과급임금은 노동력의 가치와 가격의 전화된 형태로서의 임금의 성격을 변화시키지는 못한다. 성과급임금의 산정에서 드러나는 가격은 단지 새로운 가치의 한 부분에만 일치한다. 왜냐하면 새로운 가치의 다른 부분은 자본가에 의해서 잉여가치의 형태로 전유되기 때문이다.

노동생산성과 노동강도의 증대에 의해 시간할당량 혹은 성과할당량은 상승하고, 임금률은 그에 상응하여 하락한다. 예컨대 8시간 1노동일에서 한 노동자의 성과할당량이 80단위에서 100단위로 올라간다면, 1하루 임금률이 4달러일 경우에 성과임금률은 단위당 5센트에서 4센트로 하락한다. 이러한 경우에 성과급임금은 시간급임금의 변형된 형태에 지나지 않는다는 것이 분명해진다.

성과급임금체계에서는 노동자가 수행하는 노동의 양과 질에 대한 자본가의 통제가 용이하게 된다. 성과급임금에서는 각각의 모든 노동지출이 지불되는 것이 아니라 오히려 할당량 속에서 미리 정해진 노동지출이 지불될 뿐이다. 예컨대 특정한 개별 부분의 가공을 위해서 할당량에 따라서 60분의 노동시간이 정해지고, 그러나 노동자가 사실상 80분을 필요로 하게 된다면 이런 경우에 실제로 소모된 노동시간의 1/4이 일반적으로 지불되지 않은 것이다. 그로써 성과급임금은 노동의 강도를 높이도록 노동자를 강제한다. 이러한 방법은 노동자에 대한 착취를 강화하기 위해 자본가에 의해서 폭넓게 사용되었다. 시간할당량 혹은 성과할당량을 증가시키고 그에 상응하는 임금률을 하락시키면서 자본가들은 노동생산성과 노동강도의 한층 고양된 수준을 표준으로 확정하며, 이러한 수준에 도달하지 못한 노동자는 할당량을 채울 수 없게 된다.

자본주의적 성과급임금체계에서는 개별 노동자의 임금을 평균수준 이상으로 상승시키지만 동시에 이러한 평균수준 자체를 하락시키는 경향이 특징적이다. 확정된 시간할당량과 성과할당량은 가장 강도 높게 노동하는 노동자와 육체적으로 가장 힘 좋은 노동자에 의해서 짧은 시간 내에 과잉되게 충족된다. 그들의 벌이는 그것에 따라서 상승한다. 그렇지만 자본가는 새롭게 할당량을 높이며 이에 상응해서 임금률은 하락한다. 이와 관련해서 할당량을 초과 실현하는 노동자의 수는 줄어들고, 반면 그것을 채우지 못한 노동자의 수는 증가한다. 그 때문에 대부분의 노동자의 임금은 하락한다. 따라서 임금의 평균수준은 하락하는 경향을 보인다.

자본가의 입장에서 임금의 두 가지 기본형태는 각각 장점과 단점을 가진다. 성과급임금의 장점은 무엇보다도 그것이 노동의 강도를 높이도록 노동자 자신을 강제하며, 자본가들에게는 노동자의 감시를 한층 용이하게 하는 점에 있다. 이것에 의해서 성과급임금은 노동자계급의 착취를 강화하는 목적에 매우 폭넓게 부응한다. 할당량과 임금률을 재평가한 이후에 물론 자본가는 임금을 성과의 증가에 비례하여 지불해야만 한다. 성과급임금과 연관된 임금률의 잦은 재평가는 그렇기 때문에 불가피하게 노동자의 저항을 불러일으키며 자주 파업으로 귀결된다. 이러한 모든 것은 일정한 상황하에서는 자본가로 하여금 더욱 강하게 시간급임금을 적용하도록 유발한다.

자본가가 어떠한 임금형태에 우선권을 주는가는 구체적 조건들에 달려 있다. 현대 자본주의의 조건하에서는 더욱 더 시간급임금을 적용하려는 경향이 나타난다. 생산과정이 더욱 기계화·자동화된 결과 노동의 리듬은 점점 더 노동자 자신에 의존하지 않고, 기계와 도구(특히 컨베이어 벨트)의 미리 주어진 노동 속도에 의존한다. 이외에도 생산의 자동화에 의해서 노동생산물과 개별 노동자의 노동 사이의 직접적 결합은 거의 사라지게 된다. 이러한 조건하에서 성과급임금은 적절한 것이 못 된다. 예를 들어 미국에서는 공업노동자의 70%가 시간급임금을 받는다. 일반적으로 성과급임금 노동자의 비율은 생산의 기계화 수준이 상대적으로 높은 부문들에서 보다 작아진다.

고혈 임금체계

20세기에 자본주의 나라들에서 시간급임금과 성과급임금의 특수한 변형인 새로운 임금체계가 생겨났다. 이러한 체계의 독특한 특수성은 무자비한 노동 강화를 통해 노동자의 착취를 강화하기 위하여 고안된 방법의 적용이다. 이러한 임금체계는 **고혈 임금체계**라고 불린다.

자본주의적 실천이 만들어낸 최초의 고혈 임금체계와 작업조직 중의 하나는 **테일러 시스템**이다. 이 시스템은 시간측정이나 촬영에 의한 감시 등을 통해 노동과정에 있는 노동자의 모든 동작에 대한 연구와 불가분하게 연관되어 있다. 관찰을 위해 가장 힘있고 숙련된 노동자가 선택된다. 이런 노동자들이 다양한 동작을 수행하는 데 실제로 소비된 시간이 몇 초, 몇 분의 1초인가가 정해진다. 여기서 노동생산성을 제고시키기 위해 생산의 합리적 조직과 노동자의 불필요하고 부적절한 동작의 제거를 위한 조치가 취해진다. 이러한 연구의 결과로 모든 노동자에 대해 높은 시간할당량과 성과할당량이 정해진다. 동시에 두 개의 임금률이 다음과 같이 정해진다. 즉 할당량을 채우지 못한 사람들의 급여를 위한 낮은 임금률과 표준을 채우거나 초과한 노동자의 급여를 위한 높은 임금률이다.

낮은 임금률의 산정은 기준임금률의 일부로부터, 높은 임금률의 산정은 기준임금률의 100% 이상으로부터 출발한다. 낮은 임금률의 산정은 기준임금률의 80%를, 높은 임금률의 산정은 120%를 기초로 한다고 가정하자. 이런 경우에 표준의 90%를 채운 노동자의 임금은 기준임금률의 72%(0.80×90)에 달한다. 동일한 조건하에서 표준의 110%를 달성한 노동자는 132%(1.2×110)를 얻는다.

대부분의 노동자는 정해진 할당량을 채울 수 없거나 그 할당량을 엄청난 힘의 긴장, 즉 노동력의 남용을 통해서 채운다. 테일러 시스템을 레닌은 고혈을 짜내기 위한 '과학적' 체계라고 특징지었다.[2] 이 시스템은 공정의 분석 및 그 효율성을 증대시킬 방법의 확립(불필요한 동작의 제거, 합리적 노동방법의 채택)을 위한 과학적 방식을, 노동자 착취도의 강력한 상승을 위해 고안된 방식의 완성과 결합시켰다.

그후 자본주의적 실천은 고혈 임금체계의 새로운 **변형**을 만들어냈다. 정해진 할당량을 초과하여 달성된 업적에 대한 지불의 축소를 노리는 임금형태도 적용되었다. 여기서 적지 않은 체계에서는 불변 계수가, 또 다른 체계들에서는 확정된 할당량을 초과하여 달성된 업적에 대해 임금을 삭감하기 위한 점감적인 계수가 적용된다. 예컨대 **할시 시스템**에서 할당량의 초과달성에 대한 보수는 대개 기본임금률의 절반으로 정해진다. 예를 들어 1노동시간 할당량의 110%를 달성했을 때, 직접성과급 임금체계에서 노동자는 기준임금의 110%를 받지만, 할시 시스템에 의하면 단지 105%만을 지불받게 된다. **로완 시스템**에 의하면 할당량의 초과달성도의 상승과 함께 보수의 크기는 하락한다. 그러나 노동자는 그의 노동의 대가로 더 높은 임금을 얻기 위해 노동강도를 강화하도록 강요당한다. 자본주의 나라들에서 소위 **노동자의 이윤참가제도**가 일정 정도 확산되었다. 자본가는 자신의 이윤의 한 부분을 포기한다는 핑계로, 노동자들에게 미미한 금액을 상여금, 연금 등의 형태로 분배한다. 이렇게 함으로써 자본가는, 노동과 자본은 동일한 이해관계를 가진다는 인상을 불러일으키고자 노력한다. 노동자계급 상층의 타락의 형태를 나타내는 이윤참가제도는 노동자대중에게 감지될 수 있는 어떠한 이익도 가져오지 않았다. 이윤참가제도에 의해 지불이 행해진 전기간 동안 그것의 총액은, 이러한 체계를 적용한 기업의 임금기금의 약 2%에 불과했다.

제2차 세계대전 이후에 미국, 독일, 프랑스에서 소위 **분석적 직무평가**가 폭넓게 도입되기 시작했다. 이러한 체계에서는 다양한 종류의 노동에 대한 복잡한 득점평가를 통해 임금률을 정하는 특수한 방식이 특징적이다. 그러한 평가를 위해 해당 직무를 수행하는 사람에게 제기되는 요구들(체력, 정신적 능력, 노동경험 등) 및 공정의 수행에 연관된 부정적 계기들(건강침해, 노동재해의 가능성 등) 및 이러한 직무를 수행하는 자의 책임(재료와 장비의 고장 없는 유지) 등을 기초로 일정한 점수가 정해진다. 모든 종류의 직무에 대한 총점을 산출한 후에, 이러한 직무 종류들은 그룹별로 나누어진다. 그리하여 이러한 제도가 적용된 미국의 제철공업에는 32개의 직무그룹이 존재한다. 그리하여 각 그룹에 대해서 특별한 임금계수와 특별한 임금률이 적용된다.

정당한 보수를 지급하는 것처럼 보이는 분석적 직무평가는 자본주의적 조건하에서는 노동자들에게 적대적이다. 수많은 임금단계를 정함으로써 자본가는 노동자를 분열시키고 그들의 결집을 약하게 만들고자 한다. 이러한 제도는, 다른 임금체계의 경우에는 불가능하다고 볼 수 있는 임금을 하락시킬 가능성을 제공한다. 임금률이 노동자에 대해서가 아니라 직무 종류에 대해서 확정된 것이기 때문에, 노동자는 기술과 생산조직의 모든 변화에 따라 한층 낮은 임금률과 함께 덜 숙련된 노동에 배치될 수 있다. 실업의 증가라는 조건하에서 모든 노동자는 덜 숙련된 노동과 그에 상응해서 낮게 지불된 노동을 수행하도록 강요당한다.

임금의 기본형태들 — 직접성과급임금과 시간급임금 — 은 점점 더 고혈임금체계로 변형된다. 성과임금률의 산정을 포기하고 실제의 노동지출 시간을 정해진 할당시간에 대조함으로써 성과급임금을 정하는 것으로 이행하려는 경향이 확인되고 있다. 하나의 생산물의 산출을 위하여 30분의 할당시간이 확정되고, 그리고 매 시간당 임금률이 1달러에 해당한다고 가정해보자. 노동자가 8시간 동안 10개의 생산물을 산출한다면, 그의 임금은 8달러(실제로 소비된 시간에 따른 산정에서의 경우와 같이)가 아니라, 단지 5달러에 해당할 뿐이다. 왜냐하면 노동자는 10개의 생산물에 단지 5시간의 할당시간만을 소비하게끔 허락되었기 때문이다.

이러한 체계는 편리하다. 왜냐하면 이 체계는, 노동자가 예민하게 반응할 수 있는 임금률을 하락시키지 않고 할당량을 높일 가능성을 제공하기 때문이다. 이 체계는 급여조건의 실제적 악화를 은폐하기 때문에, 자본가에게 노동자의 착취를 강화할 수 있는 더욱 큰 가능성을 제공한다.

현대 자본주의적 실천에서는 시간급임금의 고혈 임금체계로의 전화로 나아가는 다양한 새로운 방식들이 생겨났다. 특정한 양적·질적 노동지표에 대한 시간급임금 노동자의 상여금제가 대대적으로 도입되었다. 경미한 상여금의 지불을 통해서 자본가는, 매우 긴장하여 노동하도록 노동자를 강요한다. 이러한 상여금제도는 컨베이어 벨트 시스템 속에서 일하는 시간급임금 노동자에 대해 많이 도입되었다. 전후에 자본주의 나라들의 공업에서 생산의 수익성 고양을 위한 다양한, 이른바 집단상여금제가 전반적으로 강력하게 적용되었다. 이러한 제도는 자본가의 이윤을 증가시킬 뿐만 아니라 또한 노동자에게 노동과 자본의 이해의 공통성을 속여서 믿게 하려는 목적을 갖고 있다. 따라서 오늘날 자본주의의 조건하에서는 임노동자의 강화된 착취를 위하여 노동할당량과 급여의 보다 교묘한 체계가 적용된다.

최근에 **계급협력**이라는 변호론적 관념이 소위 산업에서의 인간관계라는 이론의 형태로 유포되었다. 산업에서의 인간관계라는 표현법의 내용은 다음과 같은 데 있다. 즉 무엇보다도 잉여가치의 증대에 봉사하는 방향으로의 노동조건들의 개선을 위한 조치의 확대가 노동자와 자본가 사이의 관계의 인간화로서 서술되는 데 있다.

제15장 임금의 크기와 그 변화의 합법칙성

1. 명목임금과 실질임금

노동자가 자본가로부터 그의 노동력에 대해서 받는 금액은 명목임금을 형성한다.[3)] 노동자가 자신이 받는 화폐임금으로 구입할 수 있는 모든 생활수단의 전체로서 나타나는 임금은 실질임금이라고 불린다. 명목임금의 변화는 실질임금의 크기의 변화와 일치하지 않는다. 예컨대 임금 총액이 약 5% 상승하고 동시에 소비재의 가격이 약 10% 상승하면 명목임금의 상승에도 불구하고 실제적인 임금 크기는 하락한다. 노동자의 실질임금의 크기는 그것의 금액과 그의 가족에게 필요한 상품들과 서비스의 가격수준 및 조세의 크기에 직접 달려 있다.

현대 자본주의에서는 인플레이션의 강화와 근로자들의 조세부담의 엄청난 증가가 특징적이다. 가장 중요한 자본주의 나라들에서 근로자들의 직접세와 간접세는 제2차 대전 이래로 임금의 1/3에 달했다. 물자 부족의 증가 또한 일반적으로 잘 알려져 있다. 부르주아 통계학은, 온갖 수단을 다해 명목임금의 크기는 높고 소비재와 서비스의 가격은 낮다는 것을 입증하려고 노력한다. 그리하여 주식회사의 최고위 직원들(이사장, 공장감독 등)의 수입이 임금에 포함된다. 그렇지만 사실상 이러한 급료의 대부분은 잉여가치의 은폐된 부분이다. 또한 가격수준의 변화에 대한 자료 역시 위조된다.

2. 임금수준을 규정하는 주요 요인들

임금의 크기는 다양한 요인들의 영향하에서 변화한다. 이러한 변화의 합법칙성을 해명하기 위해서는 무엇보다도 노동력의 가치 크기의 변화에서 나타나는 경향이 탐구되어야만 한다.

노동력 가치의 변화

노동력의 가치는 불변의, 고정적으로 주어진 크기가 결코 아니다. 노동력 가치의 하락에 영향을 주는 다양한 요인들이 존재한다. 이것들 중에서 가장 중요한 요인은, 노동자와 그의 가족이 필요로 하는 생활수단의 가치 하락으로 귀결되는 노동생산성의 상승이다. 노동자의 가족구성원 — 부인과 자녀 — 의 자본주의적 생산과정으로의 포함도 동일한 방향으로 작용한다. 동시에 노동력 가치의 상승으로 작용하는 요인들이 존재한다.

노동자의 욕구와 그것의 충족을 위한 방법은 주지하다시피 변화한다. 시간이 흐름에 따라 전체 주민의 욕구가 성장하며, 그 가운데 프롤레타리아트의 욕구 또한 성장한다. 노동력의 재생산을 위한 조건은, 물질적·문화적 욕구들의 충족을 위하여, 그리고 노동자의 정상적인 노동능력의 유지를 위하여 더욱 커다란 양의 생활수단이 요구되는 방식으로 변화한다. 노동자와 그의 가족의 필수적 욕구의 이러한 확대는, 생활수단의 가치가 일정한 경우에 노동력의 가치 상승을 낳는 하나의 요인이다.

자본주의에, 특히 현재의 조건에서 특징적인 노동강도의 상승은 노동력의 강화된 소모로 귀결된다. 그렇기 때문에 노동자는 그의 정상적 노동능력의 유지를 위하여 더욱 많은 양의 생활수단을 필요로 한다. 노동력의 가치는 또한 노동자의 평균적인 자질 수준에 달려 있다. 노동자의 평균적인 자질 수준의 하락으로 노동력의 가치는 하락하며, 자질 수준의 상승으로 노동력의 가치는 커진다.

노동자의 평균적 자질 수준은 무엇보다도 기술진보의 영향 아래서 변화한다. 자본주의에서의 기술 진보는 종종 평균적인 자질 수준의 하락 및 직업훈련에 필요한 시간의 단축과 연관된다. 이것은 노동력의 가치가 저하하는 방향으로 작용한다. 다른 한편 복잡한 기계를 다루는 기술은, 특히 현재의 과학기술혁명의 조건들 아래서 더욱 고차적인 기술적 지식과 폭넓은 일반 교양을 요구한다. 학교 교육은 노동력의 재생산을 위한 필연적 전제가 되며, 이것에 의해서 노동력의 가치는 상승한다. 그러므로 노동력의 가치의 크기는, 대립된 방향에서 작용하는 다양한 요인들의 상호작용에 의해 규정된다.

맑스는 노동력 가치의 하락 경향이 자본주의적 생산에 고유한 것이라고 확증하고 있다. 이러한 경향은 노동생산성의 상승이 노동력의 가치에 결정적으로 작용한다는 사실로부터 나온다. 자본주의의 현재의 발전시기에 노동강도의 엄청난 증가, 노동력의 일반 교양의 고양, 최근의 노동자계급 중에서 고도의 자질을 갖춘 노동자 부분의 증대 경향과 같은, 노동력의 가치 하락에 반대되는 요인들의 작용이 강화된다. 그렇지만 이러한 경향들은, 노동력의 가치 하락이 노동생산성의 더욱 급속한 상승 속도에 의해서 촉진됨으로써 상쇄된다. 현재의 조건들 아래서도 여전히 자본주의적 생산의 경향은 노동력의 가치 하락의 방향으로 작용한다는 것이 이러한 점으로부터 설명된다.

노동력의 재생산조건들이 더욱 크게 변화하는 시기에 노동력 가치의 상승방향으로 작용하는 요인들은 유력한 의미를 획득할 수 있다. 이러한 요인들은 때때로 노동생산성 상승의 영향을 상쇄시킬 수 있으며, 노동력 가치의 상승으로 귀결될 수 있다.

실질임금은 일정한 한계 내에서 노동력 가치의 변화와 독립적으로 변화할 수 있다. 노동력 가치의 하락은, 실질임금이 다소 긴 시간에 걸쳐 상승할 수 있다는 사실을 배제하지 않는다. 실질임금의 증가만이 노동력의 가치 상승을 증명해주는 것은 아니다. 왜냐하면 노동생산성 상승의 덕택으로 노동자에 의해서 소모되는 더 많은 상품량은 이전에 비해서 더 작은 가치크기를 대표할 수 있기 때문이다. 맑스는 노동생산성이 증대함에 따라 "노동자의 저렴화와 이에 따른 잉여가치율의 상승이" 초래되며, "실질임금이 상승하는 경우에도 마찬가지이다"[4]라고 서술한다.

노동력의 가치에 비한 임금의 지체 경향

상품의 가격은 그것의 가치와 다르며, 무엇보다도 수요와 공급의 관계에 종속된 경우에는 더욱 그렇다. 그렇지만 노동력과 같은 특수한 상품의 가격은 본질적으로 특수하게 형성된다. **노동력의 가치에 비해 임금이 지체되는 경향은 자본주의에 고유한 것이다.**

이미 제시된 바와 같이, 자본주의의 발전과 함께 노동력의 항상적 잉여 — 이것은 더욱 증대되는 경향이 있다 — 가 불가피하게 형성된다. 실업은 자본가들에게 노동력을 그것의 가치 이하로 구매하는 것을 가능하게 한다. 산업예비군을 형성하는 실업자 수의 변화는 본질적으로 임금의 크기에 영향을 준다.

맑스는 "대체로 임금의 일반적 운동들은 전적으로 산업예비군의 팽창과 수축에 의해 규제될 뿐이다. ……그것은 노동자 인구의 절대수의 운동에 의해서가 아니라, 오히려 노동자계급이 현역군과 예비군으로 나뉘는 비율의 변동에 의해서, 과잉인구의 상대적 증가와 감소에 의해서, 과잉인구가 흡수되고 다시 유리되는 정도에 의해서 규정된다"[5]고 서술한다. 이러한 맑스주의의 과학적 귀결은 전적으로 사실에 의해서 확증된다.

임금에 대한 실업규모의 영향을 구체적으로 설명하기 위하여 <표 1>에서 1929~37년의 전쟁 이전 경기순환에서의 (제조업, 채굴업, 철도수송과 건축업의) 미국 노동자의 임금 운동에 대한 자료들을 인용해보자.

확인되는 바와 같이 실업이 가장 높은 수준에 도달한 1932~33년에 정규 노동자의 임금은 1929년에 비해 약 1/3이 하락했다. 그 이후 시기에 임금은 실업의 감소와 같은 정도로 상승했다.

<표 1>

	1923	1930	1931	1932	1933	1934	1935	1936	1937
완전고용 노동자의 연평균 임금	100	94	48	69	64	69	74	80	87
총피고용자 수에서 실업의 비율(%)	11	22	35	48	46	38	36	30	26

오늘날 노동력 가치에 비한 임금의 지체 경향은, 대부분의 분야에서 대다수 상품이 그 상품들을 높은 가격으로 판매하는 자본주의적 독점체에 의해 생산된다는 점에 의해서도 강화된다. 그 결과로 노동자의 실질임금은 하락한다.

오늘날 부르주아지는 임금을 하락시키기 위하여 국가기구를 폭넓게 이용한다. 이것은 노동조건과 임금의 규제에서의 국가의 점점 더 적극적인 개입에 의해서 이루어진다. 인플레이션이나 조세와 같은 실질임금의 하락을 낳는 요인들의 영향은 점점 더 뚜렷해진다. 인플레이션과 조세의 부담은 오늘날의 자본주의 경제의 군사화와 연관하여 점점 더 증대된다. 이것에 의해서 노동력의 가치에 비한 임금의 지체 경향이 더욱 더 강화된다.

임금수준에 대한 프롤레타리아트의 계급투쟁의 영향

노동력 가치에 비한 임금의 지체는 자본주의의 본질로부터 발생한다. 그렇지만 이러한 과정의 발전에 대하여 자신의 생활상의 이해를 위한 프롤레타리아트의 투쟁은 반대작용을 한다. 격렬한 투쟁 속에서 프롤레타리아트는 새롭게 증대된 욕구의 수준을 정상적 수준으로 전화시키려고 노력한다.

그렇지만 프롤레타리아트의 경제투쟁은 그것이 얼마나 조직되고 완고하든지간에, 노동자를 착취로부터 해방시킬 수 없으며 노동력에 대한 가치법칙을 지양할 수도 없다. 가장 유리한 조건하에서 프롤레타리아트는 격렬한 투쟁을 통해서 노동력 가치에 비한 임금의 지체를 완화할 수도, 때때로는 임금을 노동력 가치 이상으로도 일정하게 상승시킬 수 있다. 이 경우에 노동자계급의 투쟁은, 더욱 높아진 욕구수준의 충족에 기초한 노동력의 가치 형성에 기여하는 하나의 요인이다. 맑스가 경제투쟁의 의미에 관해서 언급할 때 그는 다음과 같은 사실을 지적한다. 즉 노동자계급은 경제투쟁의 최후 결과에 대해서 어떠한 환상도 갖지 않으며, 또 이런 경우에 그들이 결과에 대해서 투쟁하는 것이지 이런 결과의 원인에 대해서 투쟁하는 것은 아니라는 점이다.

노동자계급의 경제투쟁은 그 가능성이 일정하게 제한된 것임에도 불구하고 긍정적 역할을 한다. 노동자의 노동조합으로의 조직화에 의해서 그리고 파업운동의 강화에 의해서, 프롤레타리아트는 부르주아지로부터 몇 가지 양보를 얻어낸다. 즉 노동일의 점차적 단축, 임금 상승, 일정한 종류의 사회보장의 도입, 아동노동의 제한 등이 그것이다. 격렬한 투쟁에 의해서 1905년에 러시아의 노동자계급은 임금 상승도 포함하여 그들의 상태의 일정한 개선을 이루어내었다. 러시아의 공장노동자의 연평균 임금은 1901~05년의 206루블에서 1906~10년에는 238루블로 상승했다. 레닌은 "1905년의 파업투쟁을 통해 획득한 노동자의 승리는 임금 상승으로만 표현된 것은 아니다. 그것을 넘어서서 노동자의 전반적인 상태가 개선되는 쪽으로 변화하였다"[6]고 서술한다.

독점부르주아지는 노동자계급에 대한 공격을 강화하고, 프롤레타리아트에 대한 착취를 높이며, 노동자에게 적대적이고, 노동자계급과 그들의 조직의 권리를 제한하는 법률을 계속 공포한다. 그러나 자본가들의 노력에도 불구하고 전체 자본주의 세계에서의 노동운동은 성장하며 확대된다. 전후 시기에 발전된 공업국들에서 파업자의 수는 제1차 대전과 제2차 대전 사이의 시기에 비하여 3배 이상 높아졌다.

각 나라의 경제투쟁에서의 노동자의 성과가 또한 얼마나 대단할지 모르지만, 생활 자체로부터 노동자계급은 다음과 같은 신념을 확인한다. 즉 인간에 의한 인간의 착취는 단지 자본주의의 철폐로 귀결되는 정치투쟁을 통해서만 종말을 고할 수 있다.

몇몇 자본주의 나라에서의 실질임금의 변화

실질임금은 노동력의 정상적인 재생산을 보증하는 수준 이하로 하락할 수 있다. 실질임금 하락의 객관적인 최저 한계는, 노동자와 그의 가족이 물리적으로 생존할 수 있기 위하여 소비하는 생존수단의 총체이다. 그렇지만 노동력의 가치는 물리적 최소생활수단의 가치를 넘어서고, 모든 나라들에서 역사적으로 발생한 프롤레타리아트의 욕구수준에 달려 있기 때문에, 실질임금의 크기는 매우 강력하게 동요할 수 있다.

실질임금의 크기는 매우 불균등하게 발전된다. 사실이 나타내는 바와 같이 시간이 점점 더 경과함에 따라 실질임금은 하락한다. 이전의 수준에 비한 실질임금의 하락 속에서 임금은 노동력의 가치 이하로 하락하는 경향을 드러낸다. 그렇지만 때때로 실질임금은 상승하기도 한다. 이러한 실질임금의 상승 속에서, 노동자와 그의 가족의 실제적 욕구충족 수준이 사회적 발전과정 속에서 성장하는 필수적인 욕구수준, 즉 노동력의 정상적인 재생산을 보증하는 그러한 욕구충족 수준으로 접근하는 합법칙적인 과정이 드러난다.

자본주의의 현실은 맑스주의 이론에 의해서 발견된 실질임금 변화의 합법칙성을 명확히 확증한다. 1789~1858년의 시기에, 즉 약 70년이 경과하는 동안에 영국에서 실질임금은 경기순환의 국면들에 상응해서 동요하였고, 하락하는 경향을 보였다. 19세기 후반에는 임금이 일정하게 상승했다. 이것은 무엇보다도 세계시장에서의 영국의 독점적 지위와 영국의 거대한 식민지 점령과 연관된 것이었다. 20세기초에 영국 노동자의 임금은 새롭게 하락하는 경향을 보였다. 1901~39년, 즉 약 40년 동안에 영국 노동자의 실질임금은 실업을 고려할 경우에 1900년의 수준보다 평균 약 8% 낮은 수준이었다. 제2차 대전 이후에 영국 노동자는 강고한 투쟁에 의해서 실질임금의 일정한 상승을 이루어낼 수 있었다. 공식적인 보고에 근거한 추산에 따르면, 성인 남자의 주당 임금이 1955~71년의 시기에 약 49% 상승했다.

미국에서 19세기의 40년대와 90년대 사이에는 노동자의 실질임금이 상승했다. 이것은 이 시기 미국 자본주의의 특수한 발전조건들과 연관된 것이었다. 미국에서는 노동력이 극도로 부족했다. 그러나 이미 19세기의 90년대초에 미국 노동자의 실질임금의 발전에서 하락하는 경향이 우세해지기 시작했다. 미국의 부르주아 경제학자 더글라스(P. Douglas)의 공식 자료에 근거한 추산에 의하면, 1893~1913년의 시기에, 즉 20년 동안 미국의 제조업과 운송부문의 노동자의 연평균 실질임금은 1892년 수준보다 평균 약 8% 낮았다. 제1차 세계대전 동안에도 실질임금은 하락하는 경향을 나타냈으며, 그리고 1923~29년의 미미한 상승 뒤에 30년대 동안에 실질임금은 하락했다. 공식 자료에 따른다 하더라도 제조업 노동자의 연실질임금(실업은 고려하지 않고)은 30년대 전체에 걸쳐 1929년 수준보다 약 1/4, 가장 나쁜 시기인 전쟁 기간에는 약 2/5가 낮았다.

1940~45년의 시기에 미국 노동자의 연평균 실질임금은 약간 상승했다.

이것은 공업생산량이 2배 이상 많아졌고 실업이 강력하게 줄어들었던 제2차 세계대전 동안의 미국 경제의 특수한 발전조건들과 연관된 것이었다. 제2차 세계대전 이후에 미국 노동자는 실질임금의 증가를 획득할 수 있었다. 1955~68년의 제조업 노동자의 주당 실질임금은 약 29% 상승했다. 최근에 미국 노동자의 실질임금은 강력한 물가등귀로 인해 새롭게 하락하기 시작했다. 1971년 미국의 제조업 노동자의 주당 평균적 실질임금은 1968년의 수준보다 약 2% 낮았다.

프랑스에서는 1800~58년 동안 실질임금은 경기순환의 국면들에 상응해서 동요했고, 전체적으로 하락하는 경향을 보였다. 다음의 시기, 즉 1859~1914년의 시기에 실질임금은 상승했다 이것은 우선 프랑스 부르주아지의 거대한 식민지 점령을 통한 착취와 연관된 것이었다. 식민지 초과이윤의 일부는 프랑스 부르주아지에 의하여 노동귀족을 타락시키기 위하여 사용되었다. 그 시대에는 프랑스 주민의 일부분의 식민지로의 이주가 또한 커다란 의미를 갖고 있다. 4반세기(1914~39) 동안에 프랑스 노동자의 실질임금은 다시 하락하는 경향을 보였다. 1914~23년의 시기에 실질임금은 1900년 수준보다 약 4%가, 1924~34년의 시기에는 약 1%, 그리고 1935~39년의 시기에는 약 5% 낮았다. 제2차 세계대전은 프랑스 노동자의 임금의 강력한 하락을 초래했다. 1954년 이후에야 비로소 결혼한 프랑스 노동자의 실질임금은 1938년의 수준을 넘어서기 시작했다. 최근에 프랑스 노동자는 시간당 실질임금의 상승을 얻어낼 수 있었다. 시간당 실질임금은 1960~69년에 약 50% 증가했다.

다양한 자본주의 나라들의 노동자계급은, 최근에야 전쟁 이전의 수준보다 높은 실질임금의 상승을 획득할 수가 있었다. 이러한 상승은 노동자계급의 강고한 파업투쟁 속에서 달성되었다. 부르주아지는 세계적 규모에서의 자본주의와 사회주의 사이의 강력하게 변화된 역관계에 따라 임금에 관한 부분적 양보를 하지 않을 수 없게 되었다. 제2차 세계대전 이후에 일어난 자본주의 나라들에서의 실질임금의 발전은 내적인 요인들의 영향뿐만 아니라 외적인 요인들의 영향을 또한 반영한다. 그렇지만 노동강도 및 노동생산성의 증대와 자본가의 이윤 상승과 비교해서 임금은 거의 미미한 정도밖에 상승하지 않았다. 예컨대 영국에서 1955~60년에 평균적 실질임금은 1938년의 수준보다 약 20% 상승한 반면에, 이윤은 전전과 비교해서 적어도 4배까지 상승했다. 공식 통계의 자료에 의하면, 1957~69년에 미국의 제조업에 종사하는 노동자의 노동시간당 생산고는 약 45.5% 성장했다. 반면에 노동자의 시간당 실질임금은 약 12.8%만 상승되었다. 그 결과로 생산물 단위당 실질임금은 약 22% 하락했다.

실질임금의 현존하는 수준은, 그것이 약간 상승하는 경우에조차 노동자 가족의 필수적 욕구를 충족하기에는 완전히 불충분하다. 임금은 사회적 발전과 함께 성장하는 노동자와 그의 가족의 물질적·문화적 욕구에 뒤떨어져 있다. 가장 발전된 자본주의 나라들에서조차 실질임금의 평균 수준은, 확대된 노동자의 욕구를 완전히 고려하지 않은 자본주의 나라들의 공식적·비공식적 기관에 의하여 추산된 노동자 가족의 표준예산에 현저하게 뒤떨어져 있다.

미국에서 1944~61년의 공장노동자의 명목임금은 공식 자료에 의하면, 약 102% 상승하였다. 반면에 4인으로 구성된 가족의 생계를 일한 비용은 캘리포니아 대학의 헬러위원회에 의해서 산정된 예산에 따르면, 이 시기에 약 128% 상승하였다. 미국의 제조업에서 노동자의 평균임금은 미국의 노동부에 의해서 추산된 가족예산의 약 2/3에 해당한다. 임금이 노동자와 그의 가족의 가장 시급한 욕구의 만족을 위한 필수적인 수준에 현저하게 뒤떨어지는 것은, 임금이 노동력의 가치에 비해 지체되어 있다는 것을 보여준다.

3. 임금의 국민적 차이와 그밖의 차이

임금의 크기는 시간의 경과에 따라서만 변화하는 것이 아니다. 그것은 또한 상이한 나라들에서 차이가 난다. 자본주의 나라들 사이의 그러한 차이는 무엇보다도 그 나라의 역사적 발전의 특수성과 연관되어 있다. 많은 나라들은 노동자계급이 형성되어 나온 조건들, 생활욕구의 범위와 구조 및 여성노동과 아동노동의 정도에 따라서 서로 구분된다. 이 모든 것은 불가피하게 노동력의 가치, 따라서 임금수준의 국민적 차이를 가져온다. 임금의 크기는 또한 계급의 조직화 및 노동운동의 강도와 관련하여 나라들 사이에 존재하는 차이에 의해서 본질적으로 영향받는다.

짜르 체제의 러시아는 극도로 낮은 임금수준을 가진 나라였다. 이것은 무엇보다도, 농노제를 통해 각인된 봉건적 착취방법과 결합된 자본주의적 착취방법으로부터, 그리고 그 나라가 경제적으로 그리고 문화적으로 뒤떨어졌다는 사실로부터 결과한다. 레닌의 평가에 의하면, 1910년에 러시아 공장노동자의 평균수입은 미국 산업노동자의 임금의 겨우 1/4에 해당할 뿐이었다.

미국의 임금수준은 오래 전부터 다른 자본주의 나라들보다 높았다. 여기에는 여러 가지 원인이 있다. 첫째로 미국의 노동자계급은 그들에게 유리한 역사적 조건하에서 형성되었다. 봉건제의 잔재가 없었고 미국 서부에 광대한 자유토지가 존재한 것은, 19세기 후반에 미국의 급성장하는 산업에서 노동력이 매우 부족하게 되는 조건을 창출했다. 이것은 미국 노동자의 임금의 발전에 본질적인 영향을 주었으며, 그들의 생활욕구 수준을 상대적으로 높였다. 둘째로 미국의 노동강도는 극히 높다. 보다 높은 노동강도와 결합된 강화된 노동력 지출은 과거나 지금이나 미국 노동자의 노동력의 일반적 재생산을 위하여 필요한 상대적으로 높은 욕구수준의 가장 중요한 원인에 속한다. 셋째로 미국의 자본가들은 자본주의 세계의 다른 나라의 인민을 착취함으로써 엄청난 초과이윤을 획득한다. 부르주아지는 이러한 초과이윤의 일부를 노동자의 상층부를 타락시키기 위하여 사용한다. 이것이 미국 프롤레타리아트의 평균 임금수준에 작용하는 것이다. 이러한 상황은 오늘날에도 특히 커다란 의미를 갖는다. 왜냐하면 미제국주의는 가장 커다란 국제적 착취자가 되었기 때문이다.

특히 낮은 임금수준은 자본주의 세계의 식민지 및 경제적으로 낙후된 나라들에서 특징적이다. 이것은 어느 정도 세계의 이러한 영역에서 노동력의 가치가 낮기 때문이다. 그렇지만 낮은 임금의 주요 원인은 외국자본의 오랜 지배이다. 외국자본의 폭력은 경제적·문화적 후진성의 원인이 되었고 수많은 대중에게 굶주림과 궁핍을 주었다.

개개의 자본주의 나라의 노동자의 개별적 직업그룹의 보수에 존재하는 불균형은 중요한 의미를 가진다. 이 불균형은 노동자의 일반적 교양교육과 직업교육의 차이나, 노동조건의 차이 등에도 커다란 원인이 있다. 그렇지만 또한 급여와 고용조건들에 존재하는 다양한 형태의 차별도 커다란 영향을 가진다.

급여에서 인종차별은 폭넓게 퍼져 있다. 미국에서 흑인의 임금은 백인노동자의 임금의 50%에 머문다. 흑인은 그들이 고용되는 전체적인 조건에 비추어볼 때, 가장 보수가 낮고 가장 질이 낮으며 가장 힘겨운 노동을 받아들이도록 강요받고 있다. 또한 자본주의 나라들에서 농업노동자의 임금은 극히 낮다. 예컨대 미국에서 농업노동자의 시간당 평균임금은 제조업 노동자의 시간당 평균임금의 단지 33~40%에 해당되었다.

4. 맑스 이전의 부르주아 경제학자의 관점에서 본 임금의 크기

최소생존수단 이론

맑스 이전에 다수의 부르주아 경제학자들은, 임금의 크기는 노동자와 그의 가족을 위해 필요한 최소한의 생존수단의 가치에 의해서 무조건적으로 규정되어야만 한다는 것을 입증하려고 하였다. 이러한 이론의 핵심은 이미 중상주의자에게서 나타났다. 고전파 부르주아 정치경제학자들에 이르러 그것은 더욱 발전했다. 이 학파의 창시자인 페티는 임금의 법칙적 조절을 옹호했으며, 그 범위는 최소생존수단의 가치의 크기로 고정되어야만 한다고 주장했다. 유사한 관점이 몇몇 중농주의자들에 의해서도 표명되었다. 이 이론은 프랑스 경제학자 튀르고에 의해서 가장 명확하게 표현되었다. 임금을 최소생존수단의 크기로 확정할 필연성의 근거를 그는 수요에 비한 노동의 과잉공급에서 찾았다.

스미스는 어쨌든 최소생존수단의 이론의 창시자이다. 그렇지만 이 이론의 다른 창시자들과 달리 그는, 보수를 지불하는 데 사용되는 부분을 포함해서 자본이 증가하는 매우 풍요한 사회에서는 임금의 상승이 일어나야만 한다고 주장했다.

최소생존수단 이론은 리카도의 저작에서 상세하게 '정초'되었다. 임금에 대해 이야기하면서 그는 두 가지 잘못된 전제들, 즉 '수확체감의 법칙'과 맬더스의 '인구법칙'으로부터 출발했다. 전자의 '법칙'의 토대 위에서 그는 생존수단의 가치는 사회의 발전과 함께 증가한다는 결론을 이끌어냈다. 그리고 후자의 '법칙'의 기초 위에서 그는 노동자의 임금이 최소생존수단의 가치를 넘어서지 못한다는 결론에 도달했다. 리카도는, 명목임금은 자본주의의 발전과 함께 성장할 수 있지만, 실질임금은 불변하며 최소생존수단에 일치하는 수준에 머무는 경향을 가진다고 가정했다. 리카도의 견해에 의하면, 노동자계급의 투쟁은 명목임금을 상승된 최소생존수단의 가치와 일치하게 하려는 수단이다.

1860년대에 노동운동에서 기회주의적 수정을 위한 초석을 놓았던 독일 쁘띠부르주아 사회주의자인 라쌀레는, 이론적 측면에서 리카도적 최소생존수단 이론의 단순한 재판인 이른바 임금철칙을 공표하였다. 이 '법칙'으로부터 출발해서 라쌀레는 임금상승을 위한 노동자계급의 투쟁이 쓸모 없는 것이라는 점을 입증하려고 하였다. 그는 노동자의 파업과 노동조합으로의 조직화가 가지는 긍정적 영향을 부정했다.

노동기금 이론

다수의 부르주아 경제학자들 — 맬더스, 제임스 밀, 벤담, 매컬럭 등 — 은 이른바 노동기금 이론을 주장한다. 이 이론의 주요 명제는 다음과 같은 주장으로 귀결된다. 즉 임금의 크기는 노동력의 구매를 위하여 예정된 자본 부분의 전체적 크기에 대한 노동력의 전체 수의 비율에 의해서 결정된다는 것이다.

노동기금 이론은, 사회적 자본이라 불리는 부분이 고정된 크기라는 도그마에 기초한다. 맑스는, "가변자본의 소재적 존재, 즉 노동자를 위하여 나타나는 생활수단의 양 혹은 이른바 노동기금은, 자연의 사슬에 묶여 어찌할 수 없는 특수 부분이라고 날조되었다"[7]고 서술한다. 기금 이론의 옹호자들은 임금상승을 위한 노동자의 투쟁이 쓸모 없다고 언급했다. 그 속에 자본가들의 이익을 대변하기 위한 그들의 노력이 명확히 나타나 있다.

기금 이론의 주요 결점은 거기에는 노동과 자본이 상호 독립적인 크기로서 나타난다는 데 있다. 현실에서는 사회적 총자본은 물론, 노동력의 구매를 위하여 지출되는 자본 부분도 자본주의의 발전과 함께 증가한다. 자본주의 조건하에서 총임금기금은 모든 노동자의 개인적 임금의 총계에 다름 아니다. 또한 물론 후자가 기금의 총크기를 결정하며, 그 반대는 아니다.

그것의 명백한 불안정성으로 인하여 노동기금 이론 자체는 속류 경제학자들 가운데서도 이미 1860년대말에 그것의 대중성을 잃어버렸다.

임금의 '생산성' 이론

19세기에 이른바 생산성 이론에 대한 초석이 놓여졌다. 이 이론에 의하면, 노동생산성 수준이 임금 크기를 결정하는 주요 요인이다. 이 이론의 기본 생각을 분명하게 정식화했던 최초의 부르주아 경제학자 중의 한 사람은 미국의 속류 경제학자 캐리(H. Carey)였다. 임금의 국민적 차이에 관해서 그가 수집한 자료들의 피상적인 탐구로부터 출발해서, 캐리는 임금이 오직 노동생산성에 비례하여 상승하고 하락한다고 주장한다. 맑스는 캐리의 이러한 주장을 비판하고 다음과 같이 서술한다. "잉여가치의 생산에 관한 우리의 전체적 분석은, 비록 캐리가 자기 습관대로 무비판적이고 피상적으로 주워 모은 통계자료를 난삽하게 뒤섞지 않고 자신의 전제를 증명했다 하더라도, 이러한 결론이 엉터리였음을 보여준다."[8)]

각 나라의 노동자의 임금수준의 모든 차이를 캐리는 단지 하나의 요인, 즉 노동생산성의 차이 탓으로 돌렸다. 여기에서는 노동강도의 의미와 각 나라들의 발전을 위한 역사적 조건들, 특히 노동자계급의 형성에서의 역사적 조건들은 완전히 무시되었다. 전술한 이론은 이른바 노동과 자본의 이해 일치라는 결론으로 귀결되었다. 캐리가 이미 1830년대에 예고하였던, 임금이 노동생산성에 직접적으로 의존한다는 생각은 속류 변호론의 '금기금'이 되었다. 이는 모든 근대 변호론적 임금 이론의 중요한 토대 중의 하나이다.

5. 현재의 변호론적 임금 이론에 대한 비판

오늘날 가장 넓게 유포된 변호론적 임금 이론은 한계생산성 이론, 사회적 임금 이론, '규제된' 임금 이론이다.

한계생산성 이론

이미 19세기 후반에 성립한 한계생산성 이론은 이러저러한 형태로 대부분의 근대 부르주아 경제학자들에 의하여 옹호된다. 또한 몇몇 근대적 개량주의자들은 이러한 이론의 후계자이다. 이러한 이론적 구상의 근본 내용은 다음과 같은 주장으로 귀결된다. 즉 임금은 노동이라는 상품에 대한 지불이며 임금의 크기는 노동자에 의해서 창조된 이른바 순생산물의 수준에 머무는 경향을 가지고 있다는 것이다. 이러한 이론의 후계자는 노동뿐만 아니라 자본도 생산적이라는 것을 입증하려고 노력한다. 세이의 삼위일체적 정식으로부터 전용된 이러한 잘못된 전제로부터, 임금은 노동생산성의 결과이며 이윤은 자본생산성의 결과라는 결론이 도출된다.

이 이론의 두번째 근거 — 이른바 생산성의 한계원리 — 또한 잘못된 것이다. 이 원리에 따르면, 다른 요인들이 상수일 때 생산의 모든 임의의 개별 요인의 증가는 다른 요인들의 생산성의 감소와 결부되어 있다. 예컨대 자본가가 기계와 장비의 수를 확장하지 않고 임노동자의 수를 늘린다면, 전술한 이론에 의하면 더 많이 추가로 고용된 모든 노동자(이른바 한계노동자)의 노동생산성은 하락하게 될 것이다. 그러한 인위적으로 끌어온 숙고의 도움으로 산 노동의 생산성은 '한계노동자'에 의해서 산출된 순생산물과 같다는 것이 입증되어야만 한다. 이러한 '한계노동자'는 말하자면 가장 낮은 생산성을 나타낸다. 그렇지만 한계생산성 이론의 후계자들은, 여타의 노동자의 생산성이 한계노동자의 생산성보다 높다는 것을 인정해야만 함에도 불구하고, 왜 산 노동의 생산성을 바로 '한계노동자'의 '순생산물'과 동일하게 취급하는가를 실제로 충분하게 설명할 수가 없다.

가장 영향력 있는 경제학자 케인즈가 제시한 임금에 대한 서술은, 오늘날의 자본주의의 조건들에 적용된 한계생산성 이론의 특징적인 변형을 형성한다. 명목임금이 아니라 실질임금을 하락시키는 것이 지배계급에게는 더욱 유리하다는 견해를 가진 케인즈는, 그가 제안한 실질임금 하락정책이 올바르다는 인상을 주기 위하여 '감소하는 생산성'이라는 악명 높은 원리를 이용한다. 실업을 제거하기 위하여 케인즈는 고용자 수가 증대되어야만 한다고 주장한다. 그렇지만 고용자 수의 증가는 기계와 장비의 결핍으로 귀결되고, 이는 다시 '한계노동자'의 '순생산물'의 하락, 따라서 실질임금의 하락을 가져온다.

한계생산성 이론은 처음부터 끝까지 잘못되어 있다. 그것의 첫번째 전제, 즉 노동뿐만 아니라 자본 또한 생산적이라는 주장은 올바르지 않다. 사실상 자본은 자본가에 의하여 공짜로 전유된 노동자의 이전의 노동의 산물이며, 그리고 추가적인 산 노동을 사용하지 않고서는 어떠한 생산성도 지닐 수 없다. 주지하다시피 새로운 가치의 원천은 노동자의 산 노동이며, 반면에 생산수단은 자본의 소재적 담지자로서 사용가치의 물질적 원천이지 결코 새로운 가치의 물질적 원천일 수는 없다.

'감소하는 생산성'이라는 원리에 대하여 볼 때 이 원리는 잘 알려진 다음과 같은 잘못된 전제에 근거한다. 즉 자본가는 그에 의해서 고용된 노동자의 수를, 그에 상응하여 새로운 기계와 장비의 구매를 위한 비용을 확대하지 않고 증가시킨다는 것이다. 고용된 노동자의 수는 일반적으로 개선된 기계와 장비의 작업개시와 함께 확대된다. 그 결과 노동생산성은 하락되지 않고 상승한다. '감소하는 생산성'이라는 원리의 무의미성은, 자본주의 나라들에서 공장의 무휴성(Nichtauslastung)이 만성적인 성격을 갖기 때문에 현재의 조건하에서는 특히 명백하다.

자본주의의 일반적 위기의 시기에 '한계생산성 이론'의 다양한 명제들(비자발적 실업의 부정, 전생산관계에서 독점체가 지배적인 상황의 무시, 노동과 자본의 관계에 대한 부르주아 국가의 포괄적 개입)이 근거 없다는 것은 너무나 분명하게 되었다. 이로 인해 부르주아 경제학자들은 '한계생산성 이론'의 몇 가지 명제들을 비판하지 않을 수 없게 되었다. 본질적으로 이러한 '비판'은 클라크(J. B. Clark)의 이론을 현대 자본주의의 조건들에 적용시키기 위한 시도에서 드러났다.

1957년에 테일러와 피어슨이 편집하여 간행한 『임금 규정의 새로운 구상들』에서 일련의 저명한 미국 부르주아 경제학자들은, "전통적 이론의 대체 이전에 전통적 이론(전통적 이론이란 '한계생산성 이론'을 염두에 둔 것이다)의 보완"[9]을 서술하는 결론에 도달한다. 거기에서 말하기를 '전통적 이론'은 보다 오랜 기간의 임금 동학의 일반적 경향을 설명하는데 적합하다는 것이다. 현재의 부르주아 경제학자들은 예나 지금이나 '한계생산성 이론'의 기초들 — 세이의 삼위일체론적 정식과 이른바 '한계생산성 법칙' — 은 올바르다고 생각한다. 그들은 단순한 이유에서 이러한 기초들을 포기할 수가 없다. 왜냐하면 그들은 그러한 기초들 없이는 불로소득에 대해서, 과학성을 가진 듯이 보이는 어떠한 정당성도 발견할 수 없기 때문이다.

그렇지만 현재의 부르주아 경제학자들은, 자유롭고 무제한적인 경쟁과 자본주의 경제의 자연발생적인 자기조절의 가능성이 존재한다는 것과 같은, 클라크의 '한계생산성 이론'의 전제들이 가지는 이론적 박약성을 인정하지 않을 수가 없었다. 그럼에도 불구하고 그들은 실업의 원인을 자본주의적 생산관계에서 보지 않고 오히려 노동조합의 활동에서 찾는다. 그래서 미국의 부르주아 경제학자 지트로(A. Gitlow)는 『노동경제학과 산업에서의 관계들』이라는 책에서 '노동자의 한계생산성'은 임금상승의 가능성에 대한 경제적 한계, 다시 말해 임금의 최대치를 규정한다고 서술한다. 노동조합의 요구의 압력하에서 전술한 최대 임금을 넘는 임금을 지불하도록 강요받는 기업가들은 말하자면 경제적으로 파탄되고 노동조합원들은 실업에 빠지기 때문에, 이러한 한계를 무시하는 노동조합은 "스스로 불행을 초래한다"고 그는 주장한다.[10] 그러므로 실업의 인정은 현재의 부르주아 경제학자들에 의해서 노동자에게 그들의 상태에 대해서 책임을 지우기 위해 이용되었다.

동시대의 자본주의 변호론자들이 생산관계 전체에서 자본주의적 독점체들이 지배적인 상황을 인정하는 것이, 노동조합을 독점체의 부문으로 편입시키기 위해 이용된다는 점은 특징적이다. 부르주아 경제학자들은 자본주의적 독점체와 동일한 위치에 노동조합을 놓고서, 현재의 자본주의의 조건하에서는 '쌍방 독점'이 존재한다고 이야기한다.

‘사회적’ 임금 이론

현재의 조건에서 부르주아 이데올로그들은 근로자의 의식을 ‘사회적’ 임금 이론을 통해 혼란시키려고 한다. 이러한 이론의 정초자로서 러시아 부르주아 경제학자이자 합법적 맑스주의자인 투간-바라노프스키가 있다. 근대적 개량주의와 수정주의의 대변자들은 이러한 이론의 열렬한 옹호자이다.

이러한 이론의 추종자들의 관점에 따르면, 임금은 노동이라는 상품에 대한 지불이어야만 한다. 임금의 크기에 대해서는 두 가지 요인이 결정적이다. 즉 사회적 순생산물[11]의 크기를 결정하는 노동생산성과, 이러한 순생산물이 노동자계급과 자본가계급에게로 분배되는 비율이 의존하는, 노동자계급의 사회적 힘이 그것이다. ‘사회적’ 임금 이론의 추종자들은, 그러므로 자본주의의 발전과 함께 노동자의 임금이 노동생산성의 상승에 의하여 체계적으로 상승된다고 주장한다.

‘사회적’ 임금 이론에 의하면, 노동력 가치의 객관적 법칙은 존재하지 않는다. 노동자는 소위 자본주의의 테두리 안에서 그의 생활수준을 체계적으로 높일 수 있다. 이로부터 노동과 자본은 노동생산성의 상승에 대하여 동일한 이해를 갖는다는 자본가에게 편리한 결론이 도출된다.

‘사회적’ 임금 이론은 자본주의 나라들에서 노동운동의 우파 활동가들에 의하여 강력하게 선전된다. ‘사회적’ 임금 이론은 미국에서 미국 노동조합의 우파 지도자들의 이데올로기적 무기이다. 이것은 또한 서구의 우파 사회주의자들에 의해서 가장 열렬하게 변호된다. 이 ‘사회적’ 임금 이론은 노동이론가인 스트래치의 저서, 『현대 자본주의』에서 특징적으로 표현된다. 그는 노동자계급은 노동조합으로의 규합을 통하여, 그리고 부르주아 국가기구를 매개로 하여, 그들의 복지의 체계적 달성을 위하여 성장하는 노동생산성의 성과를 이용할 수 있다고 주장한다.

오늘날 ‘사회적’ 임금 이론의 변호자들은 그들의 선행자들과 마찬가지로 자본주의의 공개적인 변호론자들이다. 그들은 실제로 자본주의에서의 착취를 완전히 부인하며, 노동자와 자본가 사이의 협력을 강력하게 선전한다. 그들은 ‘사회적’ 이론을 약간 다르게 취급하며, 그것을 임금의 ‘계약이론’

이라 명명한다. 계약이론에 의하면, 임금에는 해당 시장에서 수요와 공급에 의해 결정되는 어떠한 통일적인 기준도 존재하지 않는다. 임금의 최고 기준은 자본가가 최대한 가능한 임금으로서 수용할 수 있는 임금에 의해서 규정되며, 임금의 최저 기준은 노동자가 최소임금으로 수용할 수 있는 임금에 의해서 규정된다. 임금의 실질적 기준은 계약을 체결할 때의 노동조합과 자본가들 사이의 역관계에 달려 있다. 따라서 두 개의 요인 — 경제적 요인과 정치적 요인 — 의 임금에 대한 영향을 인정하는 현대의 부르주아 경제학자들은 이러한 요인들을 그들의 방식대로 해석한다.

'사회적' 임금 이론과 마찬가지로 한계생산성 이론은, 미국의 제조업에서 노동자의 실적과 실질임금의 발전 사이의 관계에 대한 자료들에 의해서 명백히 반박될 수 있다.

1899~1919년 그리고 1919~39년에 노동자의 평균 실적은 각각 약 18%, 56% 상승한 반면에, 실질임금은 단지 각기 약 4%, 25% 상승되었다. 이러한 실질임금의 증가는 전술한 시기에 나타난 노동강도의 상승을 아직 충분히 보상한다고 말할 수 없다. 1944~69년에 미국 노동자의 연평균 실적은 약 101% 증가한 반면에, 연평균 실질임금은 단지 18% 성장했다. 따라서 노동자의 임금이 노동생산성의 상승에 따라서 평행적으로 상승한다고 하는 주장은 자본주의 현실 자체에 의해서 반박된다.

'규제된' 임금 이론

부르주아 경제학자들, 특히 케인즈주의자들에게 '규제된' 임금 이론은 매우 인기가 있다. 케인즈와 그의 추종자들은 '엄격한' 국가적 임금규제의 정책, 즉 사실상 임금을 '동결'시키고 그것을 불변적으로 낮은 수준에 고정시키려는 정책을 옹호했다. 국가의 규제에 의한 의무적 최저임금의 확정이 노동자계급의 일정한 성과인 반면에, 이른바 임금 동결 혹은 임금 스톱은 완전히 대립적인 성격을 갖는다.

몇몇 자본주의 나라에서, 임금률을 소비재와 서비스에 대한 공식 물가지수의 변화에 상응하여 '규제'하는 실천이 일정하게 확산되었다. 그렇지만 포괄적으로 적용된 물가지수의 변조를 통해, 물가지수에 대한 임금률의 이러한 '결합'은 노동자의 실질임금의 하락을 고유한 방식으로 은폐한다.

제2차 세계대전 이후에 부르주아 경제학자들은, 임금수준과 실업의 규모 사이의 관계를 케인즈와는 약간 다르게 취급하기 시작했다. 케인즈는 자신이 제안한 실질임금을 하락시키기 위한 조치들을, 거대한 실업에 대항하는 투쟁의 수단이라고 서술했다. 제2차 세계대전 이후에 실업이 자본주의 나라들에서 일정하게 줄어들었을 때, 부르주아 경제학자들은 점점 더 빈번하게 노동력의 '충분한' 과잉을, 임금 상승에 대한 노동자의 요구에 저항하는 가장 신뢰할 수 있는 균형추로서 만들어야 할 필연성이 있다고 언급했다. 케인즈는 경제에서 부르주아 국가가 단지 불완전고용에 대해서만 개입하는 것을 필연적인 것으로 간주한 반면에, 오늘날의 케인즈주의자 대부분은 체계적인 국가적 간섭에 대해서 언급한다. 모든 반동적 부르주아 임금 이론들은 세부적인 차이에도 불구하고 자본가에 의한 프롤레타리아트의 착취를 은폐하려는 공동의 계급적 목적을 추구한다.

주

1) Marx/Engels, *Werke*, Bd.23, Dietz Verlag, Berlin 1962, S.562.
2) Lenin, *Werke*, Bd.18, Dietz Verlag, Berlin 1962, S.588 참조.
3) 초기 자본주의 발전계제에서 현물형태의 임금(급료를 식량으로 주는 것 등)은 실제로 폭넓게 나타났다. 발달한 자본주의의 조건하에서 그러한 형태의 임금은 무엇보다도 농업에 잔존하고 있으며, 반면 공업에서는 이러한 형태가 본질적으로 식민지와 경제적으로 저발전된 나라들에서 사용된다.
4) Marx/Engels, *Werke*, Bd.23, Dietz Verlag, Berlin 1762, S.631.
5) *Ebenda*, S.666.
6) Lenin, *Werke*, Bd.19, Dietz Verlag, Berlin 1962, S.351.
7) Marx/Engels, *Werke*, Bd.23, Dietz Verlag, Berlin 1962, S.637.
8) *Ebenda*, S.587.
9) G. W. Taylor/F. C. Pierson ed., *New Concepts in Wage Determination*, New York/Toronto/London, 1957, p.8.
10) A. L. Gitlow, *Labour Economics and Industrial Relation*, Homewood 1957, p.347.
11) 자본주의적 조건하에서 사회적 순생산물은 새로운 가치, 즉 v+m과 같다.

제4분편 자본주의적 축적의 일반적 법칙 및 역사적 경향

지금까지 우리는 자본주의적 생산을 일회적 행위로서 고찰하였다. 그것의 항구적인 갱신은 다만 전제되었을 뿐이었다. 이것은, 우리가 중점적으로 주목한 주요 문제를 해명하는 데, 즉 자본주의적 착취의 본질과 방법들을 발견하는 데 충분한 것이었다. 이제부터 걸음을 옮겨 자본주의적 생산을 그 항구적 반복 속에서, 다시 말해서 그것을 재생산과정으로서 탐구하는 것이 필요하다. 이 연구단계에서 우리의 관심 대상이 되는 것은, 자본주의적 재생산과정이 노동자계급의 상태와 자본주의의 역사적 운명에 미치는 영향이다.

제16장 자본의 재생산과 축적

1. 단순재생산과 확대재생산

전자본주의적 경제적 사회구성체에서 생산력은 극도로 천천히 발전하였다. 생산의 규모는 해마다 아주 미미하게 변화하였다. 단순재생산이 전형적인 상태였다. 그에 반해 자본주의에서는 확대재생산이 특징적이다. 항구적으로 증가하는 잉여가치량의 전유를 위한 본질적 전제들 중의 하나는 생산 규모의 확대이다. 자본가들의 잉여가치 추구와 자본가들 상호간의 격렬한 경쟁은 확대재생산을 객관적 필연성으로 만든다. 자본가가 그의 기업에서 확대된 규모로 재생산할 수 없다면, 그는 일반적으로 경쟁에서 패배하여 존재할 수 없게 될 것이다.

먼저, 언제나 확대재생산의 원기적 토대이자 불가결한 계기인 단순재생산을 다루어보자.

동일한 규모로의 생산의 갱신

자본주의에서 단순재생산이 존재하는 경우는, 잉여가치가 완전히 자본가의 개인 소득으로 사용될 때, 자본가가 잉여가치를 단지 생활수단과 사치재의 구매를 위하여 소비할 때이다. 상품의 판매에서 실현된 가치의 여타의 부분은 생산과정에서 소모된 불변 및 가변자본을 대체하기 위하여 다시 사용된다. 이것에 의해 생산은 동일한 규모로 계속 수행될 수 있다.

자본가에 의한 노동력의 구매는 자본주의적 생산을 위한 가장 중요한 조건이다. 우리가 생산과정을 일회적 행위로서 고찰한다면, 자본가가 그 자신의 고유한 기금으로부터 임금을 지불하는 것처럼 보일 수 있다. 가변자본의 실제적 본성을 왜곡하는 그러한 인상은, 임금으로 지불되는 해당 기간에 노동자가 생산한 상품이 판매되기 이전에도 통상 임금이 지불된다는 사실에 의해서만 성립할 수 있다. 그렇지만 노동력의 구매행위와 판매행위는, 우리가 자본주의적 생산을 그것의 항구적 갱신의 과정 속에서 고찰할 경우에는, 다른 측면에서 서술된다. 이런 경우에는 자본가가 노동자에 의해 생산된 상품의 판매로부터 획득하는 매상고야말로 노동자에게 임금으로서 지불되는 화폐의 원천이라는 것이 분명해진다. 자본가가 지불하는 임금의 원천인 매상고가, 예컨대 노동자가 한 달 혹은 두 달이나 그 이전으로 소급되는 시기에 생산했던 상품의 판매로부터 유래한다 하더라도 사태의 본질에는 아무런 변함이 없다.

상품의 판매에 의해서 자본가는 생산수단과 노동력을 위한 그의 비용만을 화폐형태로 대체하는 것은 아니다. 그는 또한 노동자에 의해 생산된 잉여가치도 화폐형태로 실현한다. 따라서 자본가가 노동자에게 신용대부해주는 것이 아니라, 노동자가 자본가에게 선불을 제공하는 것이다. 왜냐하면 임금은 일정한 양의 노동이 종결된 이후에야 그에게 지불되기 때문이다. 노동자는 그의 노동을 통해 잉여가치를 창조하며, 노동력가치가 그에게 임금의 형태로 돌아오기 이전에 그것을 재생산한다.

자본주의적 생산을 그 항구적 반복 속에서 탐구함으로써 모든 개개의 자본은, 그것이 어떠한 근원으로부터 생성되었는가와는 무관하게 시간의 경과에 따라서 불가피하게 자본화된 잉여가치로 변화된다는 것이 분명하게 된다. 그러므로 모든 자본은 타인의 부불노동을 전유한 결과이다. 1만 달러의 자본이 해마다 2,000달러의 잉여가치를 낳고 자본가가 잉여가치를 완전히 그의 개인적 소비에 쓰기 때문에, 그가 생산을 동일한 규모로 계속 수행한다고 가정해보자. 자본가는, 그가 해마다 2,000달러를 개인적 소득으로 쓰는 이러한 상황하에서 그의 자본을 5년 이내에 완전히 소비하고, 그는 잉여가치를 통해 자본을 갱신하지 않는다. 5년의 시간이 지난 후에 생산에 충용된 자본은 자본화된 잉여가치, 즉 자본주의적 착취의 산물일 따름이다. 본래의 자본이 그 소유자의 개인적 노동에 의해 창조된 것이라 하더라도 자본은 조만간 불가피하게 등가물 없이 전유된 가치로 전화할 것이다.

자본주의적 생산과정에서 노동자는 생산수단을 소모하고 그것을 잉여가치를 포함한 생산물로 전화시킨다. 여기서 동시에 자본가에 의한 노동력의 소비인 노동자의 **생산적** 소비가 문제가 된다. 다른 한편에서 노동자는 그의 임금으로 구매하는 생활수단을 소비한다. 이것은 노동자의 개인적 소비이다. 이것은 노동력의 가치에 의해, 다시 말해 노동력의 재생산을 위해 필요한 생존수단의 가치에 의해 제한된다. 노동자계급의 개인적 소비는, 자본주의적 재생산의 계기로서 고찰되는 한, 생존수단이 자본에 의해 계속 착취될 수 있는 노동력으로 재전화하는 것이다.

맑스는 이러한 연관을 다음과 같이 묘사하고 있다. "그러므로 자본가든 그의 이데올로그인 정치경제학자든 노동자의 개인적 소비 중에서 오직 노동자계급의 영구화를 위해 필요로 되는 부분, 따라서 실제로 자본이 노동력을 소비하기 위하여 소비되어야 하는 부분만을 생산적인 것으로 여긴다."[1]

자본주의적 재생산에 의해 물질적 재화만이 재생산되는 것이 아니라 또한 자본주의적 착취관계도 재생산된다. 생산수단으로부터, 따라서 노동의 산물로부터의 노동자의 분리 — 이것은 자본주의적 생산을 위한 출발점이다 — 는 항상 새롭게 재생산된다. 노동자는 예나 지금이나 생산수단을 박탈당한 채로 남아 있다. 그의 임금은 생계를 꾸려나가기에는 충분하지 않다. 그에 반해 자본가는 재생산의 결과로써 생산수단과 노동력에 대한 그의 지출을 보전할 뿐만 아니라, 또한 그 나머지를 잉여가치의 형태로 획득한다. 자본가는 예나 지금이나 그가 임노동자의 착취를 위하여 새롭게 대체하는 생산수단의 소유자이다.

맑스가 강조한 바와 같이, 자본주의적 재생산과정에서는 상품이나 잉여가치만이 아니라 또한 **자본주의적 관계 자체가**, 즉 한편에서는 자본가가, 그리고 다른 한편에서는 임노동자가 재생산된다.

자본축적의 본질

자본주의적 확대재생산은 단순재생산과는 달리 잉여가치의 일부분이 자본가의 개인적 소비를 위하여 소모되는 반면, 다른 부분은 기능중인 자본의 확대를 위하여 충용된다는 것을 전제한다. 잉여가치의 자본으로의 재전화를 **자본의 축적**이라고 부른다.

확대재생산에서 자본가가 노동자로부터 끊임없이 더 많은 잉여가치를 쥐어짜내기 위하여 이용하는, 과거의 부불노동의 산물로서의 자본의 본질이 보다 분명하게 드러난다. 추가자본의 원천은 타인의 부불노동의 산물로서의 잉여가치이다. 이러한 추가자본은 그 기능과정에서 자본가에게 추가적 잉여가치, 그러므로 추가적 양의 부불노동을 가져다준다. 그러므로 대상화된 부불노동에 대한 소유는 자본가에게 살아 있는 부불노동의 끊임없이 더 많은 양에 대한 전유를 가능하게 해준다.

생산자들의 개인적 노동에 근거하는 사적 소유의 법칙은 자본주의적 확대재생산과정에서 **자본주의적 전유의 법칙**으로 전화한다. 단순상품생산에서는 자기 자신의 노동의 산물인 상품을 판매함으로써만 타인의 상품을 획득할 수 있었던 상품생산자들이 시장에서 서로 대립했다. 이러한 상황 아래서 사적 소유권은 상품생산자 자신의 노동에 근거한 권리였다. 그러나 자본주의적 조건하에서 사적 소유는 자본가들에게는 타인의 부불노동 및 그것의 생산물을 전유할 수 있는 권리를, 노동자에게는 그 자신의 생산물을 전유할 수 없다는 것을 의미한다. 이에 대하여 맑스는 다음과 같이 언급하였다. "소유와 노동 사이의 분리는, 외관상으로는 그것의 동일성에 근거한 법칙의 필연적인 귀결로 된다."[2)]

실제적으로 불평등한 처지에 있는 자본가와 노동자에 대한 동일한 소유권의 적용에 의해서 자본가의 노동자 착취가 생겨난다. 상품소유자로서의 노동자와 자본가 사이의 형식적 평등은 단지 실제적인 불평등관계를 은폐할 뿐이다. "노동력의 영속적인 구매와 판매는 형식이다. 그 내용은, 자본가가 끊임없이 등가물 없이 전유하는 이미 대상화된 타인 노동의 한 부분을 살아 있는 타인 노동의 더 많은 양으로 끊임없이 다시 변화시키는 것이다."[3)]

따라서 자본주의적 확대재생산의 본질은 자본의 축적에 끊임없이 더 많은 타인의 부불노동의 전유에 있다. 단순재생산이 **동일한** 규모로의 자본주의적 생산관계와 물질적 재화의 재생산의 통일이라면, 자본주의적 확대재생산은 **확대되는** 규모로의 물질적 재화 및 자본주의적 관계의 재생산의 통일이다.

2. 자본축적의 규모를 규정하는 요인들

자신의 부를 증대시키려는 자본가의 노력은 한계가 없으며, 항구적으로 잉여가치의 한 부분을 생산의 확대를 위하여 투하하도록 그를 자극한다. 대자본가조차 지속적으로 축적을 하지 않는 한 존립할 수 없는 경쟁이라는 상황 역시 이러한 방향으로 그를 강제한다. 이 때문에 그는 생산을 확장하고 생산과정을 현대화하지 않을 수 없게 된다.

그렇지만 자본가는 결코 그 자신의 신분을 잊지 않는다. 자본주의 초기에 치부에 대한 열망이 일반적으로 개인적 소비를 위한 지출의 제한과 결부되어 있었다고 한다면, 이후의 자본가의 기생적 소비는 참으로 낭비적으로 되었다. 자본가계급의 치부는 이제 더 이상 그의 개인적 소비의 제한에 좌우되지 않으며, 오히려 무엇보다도 착취당하는 노동자의 수와 그들의 착취도에 의해서 규정된다. 자본축적의 증대와 함께 부르주아지의 낭비벽 또한 성장한다. 자본가의 사치는, 그의 사업이 번영하고 있다는 것을 증명해주는 선전의 기묘한 형태이다. 부르주아 사회의 지배계급의 낭비와 기생성은 현대에 특히 눈에 띈다.

임노동자에 대한 강화된 착취

주어진 잉여가치량에서 자본축적의 규모는 자본가의 개인적 소비에 쓰이는 잉여가치 부분과 생산의 확장을 위하여 예정되는 부분 사이의 비율에 달려 있다. 이러한 비율을 항구적인 것으로 가정한다면, 잉여가치량은 축적 규모에 대해서 결정적이다. 잉여가치량에 영향을 미치는 전체적 요인들은 결과적으로 또한 축적의 크기에도 영향을 미친다.

가장 중요한 요인들 중의 하나는 노동력의 착취도이다. 그 이외의 조건이 동일할 때 착취도가 높아지면 질수록 그만큼 전유되는 잉여가치와 축적기금의 양은 더욱 커지게 된다. 그 결과 잉여가치율의 제고를 위한 모든 방법은 축적의 양을 증대시키려는 목적에 또한 기여한다.

축적의 규모와 사회적 노동생산성의 상승

동일한 양의 자본화된 잉여가치(예컨대 100만 달러)로 생산을 얼마만큼 확장시킬 수 있는가는 직접적으로 생산수단의 가치 및 노동력의 가치에 달려 있다. 이러한 두 요소의 가치가 하락하면 할수록 그만큼 더 많은 추가적 생산수단과 추가적 노동력이 자본화된 잉여가치의 주어진 양으로 구매될 수 있다. 그러므로 축적의 실제적 양은 생산수단 및 노동력의 가치의 크기를 규정하는 사회적 노동생산성의 수준에 달려 있다.

또한 노동생산성의 상승은 불변자본 요소들을 값싸게 함으로써도 자본축적을 촉진한다. 과학과 기술의 발전은 이미 존재하는 생산수단의 보다 나은 이용을 위한 가능성을 창조한다. 그것은 새롭고 보다 유용한 종류의 원료, 물자 및 장비들을 활용하게 해준다. 노동생산성의 증대와 함께 생산수단은 보다 적은 비용으로 재생산된다. 따라서 자본가는 노동의 성장하는 사회적 생산력의 결과를 공짜로 전유할 수 있다.

노동생산성 증대의 결과로 생산수단 가치의 새로운 생산물로의 이전도 가속화된다. 일반적으로 노동의 사회적 생산력의 총체적 진보와 같은 노동의 이러한 능력은 부르주아적 사회질서의 관계 하에서는 자본의 속성으로서 현상한다. 증대하는 노동생산성의 결과에 대한 전유는 자본증식의 형태가 된다. 따라서 노동의 모든 잠재력은 자본의 잠재력으로 나타난다.

생산의 확대에 영향을 미치는 다른 요인들

생산공장, 기계와 다양한 종류의 장비 및 그 이외의 노동수단은 수년간에 걸쳐 생산에서 기능한다. 기계의 가치는 그것이 점차적으로 소모되는 것과 같은 정도로 조금씩 새롭게 생산된 생산물로 이전될 것이다. 1,000달러의 가치를 가진 기계가 10년 동안 운전중이라고 가정해보자. 이러한 소모에 상응하여 자본가에게 상품판매를 통해 해마다 100달러가 흘러들어온다. 기계의 소모된 부분의 가치가 대상화된 이러한 화폐는 새로운 기계로 그 기계를 대체하기 위한 시점이 될 때까지 생산량의 확대를 위하여 사용될 수 있다. 이러한 방식으로 생산규모의 확대는 보다 강화될 수 있다.

또한 축적의 규모는 선대된 자본의 크기에 달려 있다. 노동력 착취도와 불변자본과 가변자본 사이의 비율이 일정하다면, 자본의 크기는 잉여가치량에 대해서 결정적이다. 활동중인 자본이 크면 클수록 그만큼 더 잉여가치량도 커진다. 소비기금과 축적기금으로의 잉여가치의 분배 비율이 이전과 동일하다면 자본가는 그의 기생적 소비를 확대할 수 있을 것이며, 동시에 축적의 규모도 확대할 수 있을 것이다.

제17장 자본주의적 축적의 일반적 법칙

1. 자본의 구성

기술적 구성

잉여가치의 추구와 경쟁은 자본가로 하여금 새로운 기술을 응용하고 현대적 기계를 설치하도록 강제한다. 그에 따라 **자본의 기술적 구성**이 변화한다. 자본의 기술적 구성이란 생산수단의 양과 이러한 기계를 운전하는 데 필요한 산 노동 사이의 양적인 비율이라고 할 수 있다. "일정한 수의 노동자는 일정한 양의 생산수단에 대응하며, 따라서 일정한 양의 산 노동은 생산수단에 이미 대상화된 일정한 양의 노동에 대응한다."[4]

가치 구성

자본의 가치 구성이란 기술적 구성과는 구별되어야 한다. 가치 구성은 불변자본의 가치 크기와 가변자본의 가치 크기 사이의 비율이라고 할 수 있다. 자본의 기술적 구성과 가치 구성 사이에는 **일정한 의존성이 존재한다.** 새로운 기계, 보다 현대적인 기술적 방법 등의 응용은 노동자당 생산수단의 양이 증가하는 결과를 낳는다. 동일한 수의 노동자가 보다 많은 양의 원료를 가공하며 더 많은 양의 상품을 창출해낸다. 이것은 자본의 기술적 구성의 상승을 낳는다. 이 점은 동시에 가변자본의 비율이 감소하는 반면에, 불변자본 비율이 상승하는 것과 결부되어 있다. 미국 제조업에서 자본의 가치 구성은 예컨대 다음과 같이 변화하였다. 즉 1899년에 불변자본과 가변자본의 비율이 5.5 : 1이었으며, 1929년에는 6.7 : 1, 1966년에는 8.0 : 1이었다.

그렇지만 자본의 기술적 구성은 가치 구성과 동일한 정도로 변화하지는 않는다. 기계제작, 채굴업 및 다른 생산수단 생산부문의 노동생산성 상승에 의해 생산수단의 가치는 하락한다. 그렇기 때문에 불변자본의 가치는 이러한 가치가 대상화되는 생산수단의 양보다 더 천천히 증가한다. 예컨대 기계제작 기업에서 가공되는 금속의 양은 2배가 될 수 있는 반면에, 총가치는 단지 약 50%만 커진다. 노동력 가치도 동일하게 남아 있지 않다. 그렇기 때문에 가변자본의 크기 변화가 고용된 노동자 수의 변화와 비교되는 정도도 역시 불변은 아니다.

몇몇 경우에 기술적 구성이 동일하게 머무른다고 할지라도 자본의 가치 구성은 변화할 수 있다. 생산수단과 노동력의 가격은 그것의 가치와는 다르다. 그렇기 때문에 불변자본과 가변자본 사이의 비율은 개별 경제분야 혹은 기업들에서 기술적 구성에 아무런 변화가 없음에도 불구하고 변화할 수 있다. 농업과 채굴업의 생산물 가격은 다른 종류의 자연적 생산조건들에 따라 변동할 수 있다. 그러므로 불변자본의 크기는 이러한 요인들의 영향 하에서 자본의 기술적 구성에서 어떠한 변화가 나타나지 않음에도 불구하고, 농업이나 채굴업의 제품을 생산수단으로 사용하는 경제부문들에서 변화할 것이다. 이와 유사하게 노동력 가치에 비한 임금의 지체도, 자본의 기술적 구성이 여전히 동일함에도 불구하고 자본의 가치 구성에 영향을 미친다.

유기적 구성

기술적 구성에 의해 규정되고 그것의 변화를 표현하는 자본의 가치 구성을 **자본의 유기적 구성**이라고 부른다. 따라서 그 기술적 구성의 변화로 환원될 수 있는 가변자본의 가치와 불변자본의 가치 사이의 비율의 변화만을 자본의 유기적 구성의 변화라고 할 수 있다. 그렇지만 사회적 총자본과 관련해서는 가치 구성의 변화는 유기적 구성의 변화와 결코 구분되지 않는다. 왜냐하면 기술적 구성의 추이는 자본의 가치 구성의 변화를 위한 결정적 요인이기 때문이다.

자본의 유기적 구성의 상승은 자본주의 발전의 객관적 법칙이다. 또한 주지하다시피 이러한 법칙의 작용은 자본주의의 모순들의 첨예화로 귀결된다. 또 그것은 계급모순의 첨예화의 가장 중요한 요인들 중의 하나이다.

2. 자본의 집적과 집중

자본주의의 발전과 함께 자본의 집적과 집중이 동시에 일어난다. 축적, 다시 말해 잉여가치의 자본화에 의한 개별 자본의 확대는 집적이라고 불린다. 집적의 과정에서 개별 자본의 규모의 확대는 사회적 총자본의 확대와 결부되어 있다. **자본의 집중**은 자본의 집적과 구별되어야 하는데, 그 집중에 의해 두 개 혹은 그 이상의 독립적 자본이 하나의 단일한 자본으로 융합된다. 집중이란 이미 현존하는 수많은 소자본이 적은 수의 대자본으로 병합되는 것이다.

자본의 집중은 무엇보다도 경쟁의 결과로서 이루어진다. 이 경쟁의 과정에서 대자본을 지닌 경제력이 강한 자본가들은 보다 약한 동반자들을 배제한다. 대기업들은 보다 현대적 기계들을 도입하고 보다 나은 기업조직을 갖는다. 그렇기 때문에 여기서는 노동생산성도 더 높다. 그것에 의해 그들은 경쟁에서 우위에 있다. 자본주의적 대기업의 상품의 개별적 가치는 보다 낮기 때문에 대자본가들은 상품을 보다 싸게 판매할 수 있고 따라서 보다 작은 경쟁자들을 몰아낼 수 있다. 이를 통해 그들은 또한 경쟁자들의 자본을 약탈한다. 이것이 자본의 집중 경로의 하나이다.

다른 길은, 자본가그룹이 그들의 개별 자본들을 연합하는 데 있다. 이것은 **주식회사**나 다른 자본가연합체의 설립에 의해 일어날 수 있다. 오늘날의 조건 아래서 자본주의적 경영에서 주식회사의 형태는 강력하게 유포되었다. 주식회사는 대자본의 지배를 강화하는 데 기여한다.

수많은 사실은 자본의 더욱 더 큰 규모로의 집적과 집중을 웅변적으로 증명한다. 현재의 추산으로, 예컨대 1970년에 미국의 500개 대회사가 전체적으로 그 나라의 전체 산업생산의 65%를 생산했다. 1950년부터 65년의 시기에만 미국 제조업의 자산 총액에서 100개의 주요 회사의 자산이 차지하는 몫은 38.8%에서 45.4%로 늘어났다.

잉여가치의 크기는 집적에 의한 개별 자본의 착취에 대한 가능성을 제한한다. 문제는, 일정한 시점에서 생산 확대를 위하여 얼마만큼의 잉여가치량이 충당될 수 있는가이다. 주지하다시피 모든 개개의 화폐액이 자본으로 전화될 수 있는 것은 아니다. 자본의 유기적 구성의 상승과 함께 생산의 일정한 확대를 위하여 요구되는 최소자본 또한 증대한다. 그러나 축적이 가능하기 위해서는 잉여가치량이 어느 정도라도 의미 있는 일정한 크기를 획득해야만 한다.

자본의 집중에 의한 생산의 확장은 집적과는 달리, 사전에 일정한 잉여가치량이 축적되어 있을 것을 요구하지 않는다. 왜냐하면 그것은 이미 존재하는 자본들의 재분배의 결과이기 때문이다. 자본의 집중은 자본주의적 기업의 확대를 위한 가능성을 현저하게 확대시킨다.

자본의 집적과 집중의 과정은 서로 밀접하게 결부되어 있다. 잉여가치의 자본화에 의한 대자본의 성장은 중소자본의 몰락을 촉진한다. 동시에 집중에 의한 기능자본 크기의 증가는, 축적의 보다 높은 단계에 도달할 수 있는 자본주의적 대기업을 만들기 위한 전제가 된다. 자본의 집적과 집중은 변화하는 자본의 기술적 구성의 토대 위에서 수행된다. 그 결과로서 자본주의적 기업이 독자적으로 존립하는 데 필요한 최소자본이 끊임없이 증대된다. 이 사실로 인해 대생산에 의한 소생산의 구축과정이 더욱 더 촉진된다. 한편으로 자본축적의 결과인 집적과 집중은 다시 자본주의적 축적의 템포를 상승시킨다. 대자본들은 그것으로 생산이 확대될 수 있는 더욱 많은 잉여가치량을 낳을 수 있다. 또 그들에게는 기술혁신을 위한 보다 많은 가능성도 있다. 그에 따라 집적과 집중은 자본의 기술적 구성상의 변화를 강화시키며 따라서 유기적 구성의 고도화를, 여기에서 발생하는 모든 결과와 함께 더욱 더 강화시킨다.

3. 상대적 과잉인구의 발생

실업의 원인과 형태

자본주의 발전의 초창기에는 종종 유기적 구성의 변화 없이 자본의 축적이 이루어졌다. 이러한 조건들 하에서 노동력에 대한 자본의 수요는 자본의 양의 확대에 비례하여 성장한다. 더욱이 노동력에 대한 수요가 공급을 초과하는 시점도 등장할 수 있다. 노동자의 착취는 단지 외연적으로만, 따라서 노동자의 수의 증가에 의해서만 성장한다. 이런 경우에 임금은 상승될 수 있는 반면에 잉여가치는 하락한다. 그렇지만 자본주의적 착취관계는 노동자계급에게 특별히 유리한 이러한 상황에서도 남아 있다. 이에 대해서 맑스는 다음과 같이 표현하고 있다. "자본의 축적으로 인한 노동가격의 상승은, 실제로는 단지 임노동자 스스로가 연마해낸 황금사슬의 크기와 무게가 그 긴장이 느슨해진다는 것을 말해줄 뿐이다."[5)]

그렇지만 자본축적의 메커니즘은 어느 정도 지속적이고 상당한 정도로 임금이 상승될 가능성을 배제한다. 임금의 상승은, 그것이 자본의 축적을 방해하지 않는 한에서만, 다시 말해서 임금의 상승이 더 많은 수의 노동자의 착취에 의해 획득되는 잉여가치 총량의 증가를 수반하는 그런 한에서만 가능하다. 반대되는 경우에 축적은, 노동력에 대한 수요의 감소에 의해 임금이, 새롭게 자본의 정상적 증식이 가능하게 되는 수준으로 하락하는 데까지 후퇴할 것이다. 축적의 높이는 독립변수이다. 그 반면에 임금의 높이는 종속변수이다.

자본의 유기적 구성의 고도화가 의미하는 바는, 가변자본은 불변자본과 총자본보다 느리게 성장한다는 것이다. 자본의 더욱 증대되는 유기적 구성에 의한 확대재생산이 수행되는 경우에 노동력에 대한 수요는 자본이 확대되는 것과 같은 정도로 증가하지 않는다. 자본의 유기적 구성의 상승은 무엇보다도 추가적 혹은 독립적 자본으로서 기능하는 새로운 자본에 의해 실행된다. 그러므로 새로운 자본에 근거하는 노동자에 대한 추가적 수요는 상대적으로 축소된다. 그렇지만 추가적 자본의 기술적 구성상의 추이는, 본래 자본의 물질적 요소들이 그들의 사용가치를 상실하고 보다 생산적인 형태로 재생산되는 그러한 정도로 본래적 자본으로 확대된다. 결과는 노동력의 일부가 생산으로부터 분리되는 것이다.

그러므로 새로운 자본들은 상대적으로, 다시 말해 자본 총량에 비해 점점 더 적은 수의 추가 노동자를 흡수한다. 한편 이미 존재하는 자본들은 그 주기적인 재생산 이후에는 새로운 유기적 구성에서 그들이 이전에 고용했던 노동자의 한 부분을 해고한다. 자본주의적 축적에서는 이러한 두 가지 경향 사이의 다음과 같은 관계가 특징적이다. 즉 이때 고용된 노동자의 전체 수의 증가에도 불구하고 그들의 노동력을 위한 어떠한 구매자도 발견하지 못하여 실업자가 된 노동자 수가 증가한다. 자본주의에서 나타나는 노동력의 이러한 과잉을 맑스는 상대적 과잉인구라고 불렀다. 노동자의 일부가 단순히 과잉인 것이 아니라 자본이 잉여가치를 생산하기 위하여 필요로 하는 노동력에 대한 필요와 관련해서만 과잉인 것이다.

노동력에 대한 공급이 수요를 점점 더 초과하기 때문에 노동과정 속에 존재하는 프롤레타리아 부분의 착취를 강화하는 유리한 조건들이 발생한다. 노동자계급의 고용된 부분에 대한 증가하는 착취는 재차 실업을 증대시킨다. 맑스는 다음과 같이 쓰고 있다. "노동자계급의 고용된 부분의 과도노동은 그들의 산업예비군 대열을 팽창시키지만, 산업예비군이 그들의 경쟁을 통해서 고용된 부분에 행사하는 압력의 증대는 역으로 고용된 부분을 과도노동과 자본의 독재에 굴종하도록 강제한다."[6)]

노동자계급의 고용된 부분이 과도노동에 의해 피폐화되지 않는다면, 실업이 사라질 뿐만 아니라 정상적인 생산과정에 필요한 인구가 오히려 부족하게 될 경우도 나타날 수 있다. 그렇다면 자본주의는 더 이상 자본주의가 아닐 것이다. 노동자는 자본축적을 위한 수단을 창조함으로써 동시에 그 자신을 상대적으로 과잉된 것으로 만드는 수단을 더욱 큰 규모로 생산한다. 여기에 자본주의적 생산양식에 고유한 인구법칙이 존재한다.

따라서 실업의 원인은 자본주의적 생산관계이며, 이 자본주의적 생산관계는 기술 진보가 자본가의 이해에 따라 노동자에 대항해서 사용되는 결과를 낳는다. 자본주의에서 과학·기술적 진보가 노동을 용이하게 하고 노동자의 복지를 고양시키기 위해서가 아니라 그들에 대한 착취를 계속해서 증대시키기 위해서 도입된다는 바로 그 이유 때문에 지속적으로 과잉 노동력이 존재하게 된다.

자본은 노동력에 대한 수요뿐만 아니라 그에 상응하는 공급도 규정한다. 자본의 유기적 구성의 상승은 노동력 수요의 상대적 축소를 초래한다. 동시에 새로운 기술적 기초에 미치는 본래의 자본의 재생산의 영향 및 노동자계급의 고용된 부분에 미치는 실업자의 압력으로 불가피하게 노동 공급은 증대된다. 노동력 예비군의 상대적 크기는 자본의 축적이 진전하고 자본가계급의 부가 증가하는 것과 같은 정도로 성장한다. 자본주의 발전의 전체적 진행은 맑스의 이러한 이론적 결론의 증명이다.

실업의 증대는 또한 수많은 소상품생산자의 몰락에 의해 야기된다. 이들의 몰락은 더욱 증대하는 경쟁과 자본주의적 생산의 무정부성 및 경제위기의 첨예화의 결과이다. 그들의 존재를 강탈당한 소소유자는 어떠한 생산수단도 갖고 있지 않기 때문에 생계유지를 위하여 그의 노동력을 팔지 않을 수 없다. 그렇지만 상대적 과잉인구에 직면해서 그들 중의 많은 수는 실업의 운명을 맞게 되며, 산업예비군을 확대시킨다. 자본주의 나라들에서 오늘날 생산영역의 외부에 고용된 점점 더 많은 사람, 즉 상업 피고용인, 봉급생활자 등에게 실업이 덮쳐온다.

실업은 제1차 세계대전 이후에 자본주의 나라들에서 대량적 성격을 띠며 만성적 현상이 되었다. 여기에서 자본주의적 모순들의 급작스런 첨예화는 자본주의 체제의 일반적 위기에서 표현된다. 모든 시기에서 실업의 엄청난 증가는 직접적으로 다음과 같은 두 가지 경향의 작용과 연관된 것이었다. 즉 한편에서 자본축적과 생산의 평균성장률의 축소가 나타났다. 다른 한편에서 노동자의 착취도가 증대되었고 노동생산성이 상승했다. 앞서 언급된 경향들 중의 전자는 추가 노동력에 대한 수요의 감소를 낳았고, 두 번째 경향은 고용된 노동자를 생산으로부터 배제하는 결과를 낳았다. 그러므로 고용된 노동자의 수는 점점 더 낮은 비율로 성장했다. 미국의 제조업에서 고용된 노동자의 전체 수는 20년 동안(1899~1919) 약 88% 증가한 반면, 그 이후의 50년 동안에는(1919~69) 단지 77% 정도만 증가하였다.

생산의 자본주의적 자동화로 인해 점점 더 많은 노동자가 그의 일자리를 잃는다. 1970년에 미국의 제조업에서 고용된 노동자의 수는 1953년 수준이었던 반면, 동일한 시기에 공업생산의 규모는 약 80% 성장하였다. 1948년부터 70년까지 제조업에 고용된 노동자의 수는 48% 가량 감소했다. 1955~60년까지 5년 동안 미국에서 사무직종사자의 약 25%가 전자 설비의 사용으로 인해 해고되었다. 1969년 7월부터 70년 12월까지 1년 반만에, 미국에서 '화이트칼라' 실업자 수, 다시 말해 엔지니어-기술종사자와 봉급생활자의 실업자 수는 80만에서 121만 3,000명으로 증가하였다. 그 가운데 해고된 과학기술종사자 수는 17만 명에서 23만 4,000명으로 증가했으며, 해고된 사무직종사자의 수는 42만 6,000명에서 63만 4,707명으로 증가하였다.

미국에서 흑인은 더욱 심하게 실업에 시달려야만 한다. 흑인들의 실업률은 미국에서 전체적으로 백인들의 실업률보다 대략 2배 가량 높다. 예를 들어 1972년 5월의 공식 자료에 의하면, 백인의 실업률이 5.3%에 해당했다면, 그에 반하여 유색인의 실업률은 10.7%에 해당하였다.

아무런 일자리를 갖지 못하거나(완전실업), 단축된 노동일 혹은 단축된 주당 노동시간으로 일할 수밖에 없는(부분실업) 프롤레타리아트는 실업자이다. 상대적 과잉인구는 자본주의에서 세 가지 주요 형태로, 즉 유동적, 잠재적 그리고 정체적 과잉인구의 형태로 존재한다.

과잉인구의 유동적 형태

자본의 유기적 구성이 증가하는 과정에서 자본주의적 생산에는 노동자를 생산과정으로부터 배제하려는 경향이 고유하다. 동시에 노동력에 대한 자본의 필요는, 생산 규모의 확대가 동반하는 기능자본 규모의 증대의 결과로서 성장한다. 이러한 두 대립적 경향의 동시적 작용은 다음과 같은 결과를 낳는다. 자본주의적 공업 중심지(도시, 노동자 거주지)에 거주하는 노동자의 일부는 그의 일자리를 쉽게 잃어버리고, 그로 인해 노동자의 산업예비군이 되었다가 또 곧바로 새롭게 노동 가능성을 발견한다는 것이다. 여기에서 과잉인구는 유동적 형태로 존재한다. 프롤레타리아트의 총수가 자본의 축적에 따라 증가함에도 불구하고 일정한 부분의 노동자는 지속적으로 실업상태로 남아 있다.

과잉인구의 유동적 형태는 무엇보다도 자본주의적 생산의 무정부성과 불균형성 및 불균등발전에서 기인한다고 할 수 있다.

과잉인구의 잠재적 형태

농업에서의 자본주의 발전은 노동력 수요의 절대적 감소를 수반한다. 그러므로 농업에는 항상적으로 광대한 잠재적 과잉인구가 존재한다. 이러한 과잉인구로 인해 자본은 공업에서뿐만 아니라 농업에서도 극도로 싼 노동력을 고용할 수 있게 된다. 농업노동자의 일부와 농업부문에서 자본주의 발전에 의해 몰락한 소농들은 도시 프롤레타리아트로 유입되며, 따라서 현역 노동자군 및 산업예비군을 확대한다. 가난한 농민의 다른 부분은 그들의 소경영이 생계유지를 더 이상 보증할 수 없음에도 불구하고 오랫동안 그것에 매달린다. 부르주아 통계가 이러한 '토지보유 프롤레타리아트'를 실업자로 파악하지 않음에도 그들은 실제적으로 산업예비군의 잠재적 성원을 형성한다. 이 점은 공업에서 노동력 수요가 주기적으로 증대하는 시기에 완전히 분명하게 된다. 즉 이러한 '토지보유 프롤레타리아트'는 그들의 '경영'을 포기하고 도시에서 일자리를 구하기 위하여 대량으로 도시로 흘러들어 온다.

경제적으로 미약하게 발전된 나라들에서 잠재적 과잉인구는 특히 거대한 규모를 띤다. 현재의 추산에 따르면, 아시아의 자본주의 나라들의 경우에 농업에서 잉여 노동력의 수는 노동력 총량의 1/4에서 1/3까지 이른다. 북아프리카에 대한 추산은 1/3과 1/2 사이에서 동요하며, 라틴 아메리카에 대해서는 대략 1/3로 알려져 있다.

상업이나 다양한 서비스업에 종사하며 또한 단지 생계를 궁핍하게 근근히 이어갈 뿐이며 항상적으로 완전한 몰락의 한계에 서 있는 도시 쁘띠부르주아지의 이러한 계층들 역시 잠재적 노동력의 중요한 원천이다. 이들 중의 다수는 경제적 호황 국면에서 일자리를 얻을 수 있는 가능성이 주어지자마자 임노동자 대열을 더욱 확대시킨다.

과잉인구의 정체적 형태

자본주의 나라들에서는 항상, 극도로 불규칙적인 고용이 특징적인 노동인구의 부분이 존재한다. 이러한 사람들은 임시고용노동이나 주로 가내노동에 의해 그들의 생계를 이어나가며 극도로 빈곤한 상태에서 살아간다. 여기에 빈민구호지역의 노동자가 속한다. 이것은 몰락하여 위축된 생산을 하는 산업부문이 집중된 지역이다. 이러한 산업부문은 대리인의 생산자 경쟁으로 인하여 혹은 자연적 자원의 고갈 때문에 몰락한 분야이다. 더 나아가 부분적으로 그들의 노동능력을 상실한 노동자들도 정체적 과잉인구에 속한다. 이러한 노동자의 범주는 노동을 찾을 기회를 거의 갖지 못한다. 지극히 긴 노동시간과 최저생계비에 훨씬 못 미치는 임금이 특징적인 그러한 경제분야에 이러한 노동자의 일정한 부분을 고용하기 위하여 자본가는 노동자의 절망적인 상태를 이용한다.

현대 자본주의의 조건들 아래서는 정체적 과잉인구의 규모만 확대되는 것이 아니라, 이러한 범주에 속하는 노동자의 구조 또한 변화한다. 현재 정체적 과잉인구는 미성년인구도 포함한다. 공식 통계에 따르면, 1964~66년에 미국의 완전실업자 수가 모든 연령집단 평균으로 3.9%와 5.2% 사이에서 유동했던 반면, 16~19세의 미성년자층의 경우에는 11.2%에서 15% 사이였다. 따라서 전체 평균보다 3배나 더 높다. 항상적으로 미성년자들 사이에서는 매우 큰 규모의 실업이 지속된다. 그래서 공식 통계에 따르면, 전국의 평균 실업자 비율이 5.8%, 16세부터 19세까지의 '백인' 미성년자의 경우에는 15.8%, 그리고 '백인이 아닌' 미성년자의 경우에는 37.9%였다.

오늘날 단축노동은 자본주의 나라들에서 엄청난 규모를 띤다. 수많은 노동자가 단축노동을 하도록 강제된다. 부르주아 통계가 보통 일반적으로 실업자로 파악하지 않는 부분실업자들은 오늘날의 조건에서 사실상 정체적 과잉인구의 특수한 형태이다. 자본가는 단축노동으로 인해서 임금기금을 경감시킬 수 있으며, 반면에 부르주아 국가는 실업보조금을 지불할 필요성으로부터 해방된다. 단축노동은 현재 엄청난 규모에 달한다. 최근 미국에서 1천만 명 이상이 단축노동의 상태에 처하게 되었다. 부르주아 관변 통계에서 고려되지 않는 단축노동은 노동자계급에 대해서 매우 해롭게 작용한다. 왜냐하면 그것은 생활수준의 상당한 하락과 결부되어 있기 때문이다.

맬더스의 과잉인구 변호

부르주아 이데올로그들은 실업과 이것으로부터 증대되는 빈곤의 참된 원인을 은폐하기 위하여 노력하였다. 그들은 이러한 현상들을 모든 가능한 요인으로 설명하고자 시도했지만, 자본주의적 관계로는 설명하고자 하지 않았다. 18세기말에 나타난 맬더스의 인구'론'은 부르주아지에게는 특히 시기 적절한 것이었다. 맬더스는, 자연법칙이 불가피하게 인구성장의 템포와 생존수단 생산의 성장률 사이의 불균형을 낳는다는, 현실과 극명하게 대조되는 주장을 했다. 그는, 인구는 기하급수적으로 증가하나 생활수단의 생산은 산술급수적으로 증가한다는 주장을 내세웠다. 그 결과, 절대적 과잉인구 집단의 형성과 생활수단의 더욱 많은 결핍은 소위 불가피한 것이라고 한다. 맬더스에 의하면, 이러한 요인들이 인민대중의 상태 악화의 원인이라고 한다.

인구가 기하급수적으로 증가한다는 맬더스의 주장은 사실의 날조에 기반한 것이다. 맬더스는 미국의 인구증가에 대한 통계를 근거로 들었다. 그러나 그는 이러한 증가가 무엇보다도 강력한 식민의 결과였다는 것을 무시했다. 사실상 세계 차원에서 생계수단의 생산은 인구보다 급속하게 증대했다. 맬더스의 망상이 터무니없는 것이라는 점은, 주기적으로 반복되는 자본주의적 과잉생산공황의 시기에 특히 분명해진다. 공황기에 엄청난 양의 상품이 창고 속에서 썩거나 파괴되는 반면에, 수백만 명의 근로자들은 굶주림에 시달린다.

오늘날에도 여전히 맬더스의 테제는 자본의 반동적 이데올로그들에 의해서 선전된다.[7] 자의적으로 꾸며낸 수치에 근거해서 그들은, 생계수단이 충분하게 공급될 수 있는 수보다 세계 인구가 약 2배에서 3배까지 초과했다고 주장한다. 맬더스주의자들은, 경제적으로 낙후된 지역 주민들의 부족한 생활조건의 원인이 오랫동안의 제국주의적 억압이 아니라 과도하게 강력한 인구성장에 있다는 것을 '증명'하기 위해 특히 애쓰고 있다.

신맬더스주의자들은 '과잉인구'를 실업과 빈곤의 주요 원인으로 간주한다. 그리고 이들은 전쟁과 대량살상수단에 의한 지구상의 인구의 감소가 장점을 가진다고 대변한다. 이러한 근거로부터 그들은 또한 출생률의 강제적 제한에 대한 일련의 조치를 옹호한다.

그러나 제국주의 전쟁 및 경제의 군사화는 근로자들에게는 전례 없는 고통의 원인이며 동시에 사회적 부의 폭력적 낭비를 뜻한다. 추산에 의하면, 전세계에서 20세기 전반기 동안(1900년부터 1953년까지) 전쟁준비와 직접적인 전쟁수행을 위한 비용은 4트릴리온(백만의 3제곱) 달러 이상의 액수에 해당한다고 한다. 이러한 액수는 지구상의 모든 인간에게 반세기 동안에 걸쳐서 무료로 곡식을 공급하거나 500만 가구를 위한 안락한 주택을 건축할 만큼 넉넉한 것이라 한다.

케인즈의 실업 '이론'

과거에 부르주아 경제학자들은 통상적으로 자본주의에서의 실업의 불가피성을 부인하였다. 현실에서 관찰되는 실업을 그들은 '자의적인 것'으로 보았다. 따라서 그들은 실업을, 노동자들 자신이 노동시장에서 경쟁에 의해 정해지는 임금으로 노동하려고 하지 않는다는 식으로 설명했다. 더 나아가서 그들은 하나의 일자리에서 다른 일자리로의 노동자의 이행의 결과인 '마찰적'(zufällig) 실업에 대해서 이야기한다. 20세기에 자본주의의 모든 모순이 엄청나게 첨예화되었고 만성적 대량실업이 생겨났다. 이제 더 이상 실업을 부인하는 것은 불가능하게 되었다.

영국의 경제학자 J. M. 케인즈는, 부르주아 정치경제학을 새로운 조건에 적응시키려고 시도하였다. 『고용, 이자 및 화폐에 관한 일반이론』에서 그는 자본주의에서 '비자발적' 실업이 존재할 수 있는 가능성을 인정한다. 그러나 케인즈 자신은, 노동자의 너무 높은 임금과 모든 임금하락에 대항한 그들의 저항이 궁극적으로 실업에 대한 원인인 것처럼 문제를 서술하였다. 그는 실질임금이 최저수준으로 하락한다면, '비자발적' 실업이 더 이상 결코 문제될 수 없을 것이라고 주장했다.

실업의 원인에 대한 이러한 서술에 기반하여 케인즈는, 국가가 경제생활에 적극적으로 개입함으로써 '비자발적' 실업을 제거할 수 있는 가능성을 선언한다. 그는 실업의 극복에 관한 선동적 구절들로 가면을 쓰고 국가의 경제규제조치들을 제안하는데, 이 조치들은 실제로 인민대중의 생활수준 하락을 통해서 자본가의 이윤을 확대시키려는 것으로 귀결된다.

케인즈와 그의 지지자들은 실질임금을 인플레이션, 강력한 과세, 경제의 군사화에 의해서 하락시킬 것을 제안한다. 이러한 조치들은, 실제로 대자본가가 부르주아적 국가장치를 그들의 계급적 이해에 봉사하게끔 하는 형태이다. 국가의 개입은 자본주의적 관계에서 결코 실업을 제거시킬 수 없다. 자본주의와 실업은 분리될 수 없다.

자본주의의 극복할 수 없는 현상으로서의 실업

자본주의적 축적의 불가피한 산물로서의 상대적 과잉인구는 동시에 자본축적의 중요한 도구이다. 상대적 과잉인구는 자본주의적 생산양식 자체의 존재조건이다. 자본은 항상적인 산업예비군의 존재(엥겔스) 덕분에, 착취 가능한 인간저수지 — 자연적 인구성장의 제한성과는 무관한 — 를 항상 마음대로 처리한다. 이러한 전제 없이 자본주의는 존재할 수 없을 것이다. 왜냐하면 자본증식의 요구는 강력한 변동에 기반해 있기 때문이다.

호황기에 생산의 경련적 그리고 비약적 확대 — 이것은 공황기의 생산의 경련적 수축과 같이 자본주의적 기계제 생산에서 매우 특징적이다 — 는 자본이 항상적으로 마음대로 처리할 수 있는 산업예비군의 존재를 전제로 한다. 필요한 경우에 자본은 실업자군으로부터 추가적 노동력을 뽑아내고, 프롤레타리아트가 더 이상 필요하지 않게 되자마자 그들을 실업자군으로 되밀어넣는다. 따라서 실업은 부르주아 이데올로그들이 서술하고자 시도하는 영원한 자연법칙에 의해 야기되는 것이 아니라, 일정한 역사적 구성체의 사회적 관계에 의해서 야기되는 것이다. 실업은 자본주의, 즉 자본주의적 생산관계의 산물이다.

생산의 기계화와 자동화는 대량실업이 한층 강력하게 증대할 위험을 야기한다. 동시에 동일한 임금에 대한 노동일의 단축, 연금연령의 인하 그리고 실업보조금의 인상 및 실업기간 전체 동안의 이러한 보조금의 보증을 위한 노동자계급의 투쟁이 강화된다. 더 나아가 노동자계급은, 자본주의 국가의 재정수단이 경제성장의 촉진이나 학교, 병원, 주택의 건축 대신에, 점점 더 파괴적인 무기의 생산을 위해서 사용되는 것에 대항한다. 근로자들이 그러한 조치들을 관철시킬 수 있다면 실업은 제한될 수 있을 것이며 실업의 중대한 영향력을 약화시킬 수 있을 것이다. 그렇지만 어떠한 조치도 자본주의에서 실업을 완전하게 제거할 수 없다. 이것은 오로지 자본주의의 제거에 의해서만 가능하다.

4. 프롤레타리아트의 상태에 대한 자본축적의 영향

자본주의적 축적의 일반적 법칙의 내용

노동생산성의 상승을 위한 모든 방법은 자본주의적 관계에서 생활을 위한 물질적 재화를 자신의 노동으로 창조하는 직접생산자에 대해 착취를 강화하기 위한 수단으로 전화한다. 그러나 잉여가치의 생산을 위한 모든 방법은 동시에 자본축적의 증대를 위한 방법이기 때문에 **노동자의 상태는**, 맑스가 가르친 바와 같이, **그들의 임금이 높거나 낮거나에 무관하게 악화된다**. 자본의 축적과 함께 자본가계급의 부는 점점 더 확대된다. 자본의 축적은 프롤레타리아트의 상태의 동시적 악화를 동반한다.

맑스는 다음과 같이 서술하였다. "사회적 부, 기능하는 자본, 그 증대의 규모와 활력, 따라서 프롤레타리아트의 절대 수와 그 노동의 생산력이 클수록 산업예비군은 점점 더 커지게 된다. 자본의 팽창력을 발전시키는 원인은 또한 동일하게 자본이 마음대로 할 수 있는 노동력을 발전시킨다. 따라서 산업예비군의 상대적 크기는 부의 잠재력이 증대함에 따라 증대한다. 그러나 이러한 산업예비군이 현역 노동자군에 비해 크면 클수록 고정적 과잉인구는 점점 더 많아지게 되는데, 이들의 빈곤은 그들이 노동의 고통으로부터 해방될수록 더 커진다. 끝으로 노동자계급의 극빈층과 산업예비군이 커질수록, 공식적 구제대상인 극빈자도 점점 더 커진다. 이것이 **자본축적의 절대적·일반적 법칙이다**."[8)]

한편에서 자본가계급의 부의 증대와, 다른 한편에서 프롤레타리아트의 상태 악화는 합법칙적 과정이다. 이 과정은 무엇보다도, 자본주의적 착취의 강화가 자본의 축적에 기초가 되며 축적과정 자체가 불가피하게 상대적 과잉인구의 발생과 확대를 초래한다는 사실에 의해서 조건지어진다.

자본주의의 조건들은, 노동자가 노동을 많이 할수록 그리고 그들의 노동생산성이 높을수록 그들의 노동력을 판매하기가 점점 더 어렵게 되는 그러한 노동자의 상태를 만들어낸다. 단 한 명의 프롤레타리아트도 다음 날 일자리를 잃어버리고 생존수단을 강탈당하는 것으로부터 안전하지 않다. 자본의 축적은 상대적 과잉인구의 규모를 확대한다. 동시에 실업의 위험은 그 모든 결과와 함께 점점 더 극심해지고 위협적으로 된다. 사실 실업상태에 있는 노동자의 일부분은 항상 존재하지만, 실업의 위험은 지속적으로 전체 노동자계급을 위협한다. 자본주의는 노동자에게 결과적으로 내일에 대한 모든 신뢰를 빼앗고 있으며 그들에게 보다 나은 장래에 대한 어떠한 실제적 전망도 제공하지 않는다. 모든 노동자는 그의 일자리를 언제라도 잃어버릴 수 있다.

실업은 노동자계급에 대한 끔찍한 재앙이다. 일정 시기 동안 실업의 일부분을 가려주는 보조금은 그 점에 대한 본질적인 어떠한 것도 변화시키지 않는다. 보조금 액수는 노동자가 그의 일자리를 잃기 이전에 얻었던 임금보다 매우 낮다. 예컨대 미국에서 일정 시기 동안 지불되는 실업보조금은 임금의 약 1/3에 달한다. 그러나 거의 실업자의 절반이 한 번도 이러한 보조금을 받지 못했다.

상대적 과잉인구의 증대는 프롤레타리아 집단을 불가피하게 특히 빈곤한 생존조건에 처하게 한다. "극빈민은 현역 노동자군의 폐인수용소이며 산업예비군의 고정 구성원을 이룬다. 극빈민의 생산은 상대적 과잉인구의 생산에 포함되며, 전자의 필연성은 후자의 필연성 안에 포함된다. 극빈민은 상대적 과잉인구와 더불어 부의 자본주의적 생산 및 발전의 존재조건을 이룬다."[9]

실업의 증가는 임노동의 고통을 강화한다. 증가하는 착취와 상대적 과잉인구의 상승은 서로 조건짓는다. 증대된 착취에 의해서 실업자의 수는 확대된다. 자본가들은 항상적인 상대적 과잉인구의 증가를, 노동자계급의 고용된 부분의 착취를 더욱 강화시키기 위하여 이용한다. 한편 노동자계급의 고용된 부분의 과잉 노동은 실업자 수를 증대시키며, 따라서 그들의 고통과 궁핍을 가중시킨다. 다른 한편 항상적인 실업자군의 존재는 생산에 종사하는 노동자에 대한 압력으로 작용한다. 자본주의적 축적은 프롤레타리아 상태의 전반적인 악화를 낳는다. 맑스는 이러한 관련을 다음과 같이 쓰고 있다. "상대적 과잉인구 혹은 산업예비군으로 하여금 항상 축적의 규모 및 활력과 균형을 유지하게끔 하는 법칙은, 헤파이스토스의 쐐기가 프로메테우스를 바위에 묶어둔 것보다 더 단단하게 노동자를 자본에 결박시킨다. 이것은 자본축적에 상응하는 빈곤의 축적을 필연적인 것으로 만든다."[10)]

자본주의적 축적의 일반적 법칙이 작용하는 방식에서는, 개별 자본주의 나라 노동자계급의 생활수준상에 현저한 차이를 야기하는 자본주의 발전의 불균등성이 나타난다. 가장 고도로 발달한 몇몇 자본주의 나라의 상대적으로 높은 생활수준은, 이러한 나라들 자체의 근로자에 대한 강화된 착취에 근거할 뿐만 아니라 동시에 세계의 수많은 나라의 인민에 대한 약탈에 근거한다.

프롤레타리아트의 생활조건과 노동조건의 악화과정은 자본주의적 재생산과정의 주기적 성격에 의해서 본질적으로 영향을 받는다. 주기적 호황의 시기에 프롤레타리아트의 상태는 개선될 수 있다. 왜냐하면 예컨대 실업이 감소하거나 이러저러한 노동자계급 부분의 임금이 상승하기 때문이다. 이에 반하여 공황과 경제적 침체의 시기에 생산량이 수축하고 실업이 비약적으로 증가하면 수많은 사람의 고통과 결핍이 증대된다.

제국주의 전쟁은 근로자들에게 더할 수 없는 곤란을 가져온다. 제국주의 나라들의 근로자는 점점 더 증대하는 경제의 군사화에 시달린다. 이러한 군사화는 불가피하게 조세부담의 확대와 물자결핍을 낳는다.

프롤레타리아트의 상태 악화에 반작용하는 요인들

자본주의의 변호론자들은, 맑스주의가 자본주의에서 프롤레타리아트의 물질적 상태는 결코 개선되지 않고, 오히려 끊임없이 다달이 그리고 해를 거듭할수록 더욱 악화된다는 주장을 한다고 비난한다. 이러한 종류의 '비난'은 영국의 노동이론가인 스트래치의 저서 『현대 자본주의』에 포함되어 있다. 그렇지만 한번도 맑스주의 과학은 그와 같이 주장하지 않았다. 맑스주의의 고전가들은, 끊임없이 그리고 도처에서 프롤레타리아트의 상태 악화가 발생한다는 식으로 자본주의적 축적의 일반적 법칙을 해석해서는 안된다는 점을 오히려 지적했다. 이러한 것을 맑스는 다음과 같이 표현하고 있다. “자본주의적 축적의 일반적 법칙은 그것이 실현될 때 다른 모든 법칙과 마찬가지로 다양한 사정에 의해 변형된다.”[11)]

자본주의적 축적의 일반적 법칙의 작용을 변형시키는 가장 중요한 요인들로서, 프롤레타리아트의 생활상의 이해를 위한 투쟁, 자본주의 발전의 불균등성을 들 수 있다. 자본주의적 축적의 일반적 법칙의 작용의 성격은, 오늘날의 자본주의의 조건하에서 지속적으로 증가하는 노동운동세력에 의해서 강력하게 영향받는다. 게다가 현재의 과학기술혁명의 과정에서 일어나는 노동자의 일반적 교양 수준의 고양, 전체 노동자 수에서 전문노동자와 고도의 자질을 갖춘 전문인력 부분의 증가와 같은 그러한 요인들도 여기에 속한다.

무엇보다도 프롤레타리아트의 계급투쟁은 근로자들의 상태를 모든 수단을 통해 악화시키려고 하는 자본의 기도에 반대작용을 한다. 프롤레타리아트는 주지하다시피 끈질긴 씨름에 의해서 노동일의 단축과 몇몇의 보다 넓은 사회적 성과들을 얻어낼 수 있었다. 맑스주의의 고전가들은 물론 경제투쟁의 과대평가에 반대하긴 했지만, 동시에 이 투쟁이 프롤레타리아트의 상태를 악화시키는 자본의 경향에 반대작용을 하는 중요한 수단이라는 것을 강조했다.

레닌은 프롤레타리아트의 경제투쟁을, 프롤레타리아트의 상태 악화를 부분적으로 보상하는 중요한 요인으로서 평가한다. 그는 이에 대해서 다음과 같이 서술하고 있다. “맑스는 빈곤, 굴욕 등의 증대에 관해서 언급했다. 또한 동시에 여기에서 그는 반대작용을 하는 경향과 이러한 경향을 단지 야기할 수 있는 실제의 사회적 세력들도 지적했다. 빈곤의 증대에 관한 맑스의 말들은 사실에 의해서 전적으로 보증된다. ……(비로소) 우리는, 자본주의가 빈곤을 산출하고 그것을 강화하려는 경향을 가지며, 빈곤은 위에서 언급한 반대작용을 하는 경향이 결여될 때 엄청난 규모를 띤다는 것을 현실적으로 깨닫는다.”[12)]

레닌은 프롤레타리아트의 경제투쟁이 갖는 중대한 의미를 강조하였다. 그는, 임노동자가 자본가로 하여금 직접적이고 즉각적으로 그들의 상태를 개선하도록 강제할 수 있다는 것을 피착취대중에게 예증적으로 보여주지 않으면, 피착취대중은 혁명운동에 참여할 수 없을 것이라고 지적했다.

그렇지만 프롤레타리아트의 경제적 성과는 자본주의에서 지속될 수 없다. 경제공황, 경제적 침체기, 가격 상승과 과세부담의 증대 및 특히 전쟁은, 프롤레타리아트가 오랜 기간의 끈질긴 투쟁에 의해서 획득하였던 부르주아지의 부분적 양보를 완전히 소실시키는 결과를, 프롤레타리아트의 생활수준과 노동조건이 다시 수년간 낙후되는 결과를 낳는다.

대부르주아지는 오늘날 근로자의 생활수준을 계속해서 깎아 내리기 위하여 부르주아 국가장치를 광범하게 이용한다. 게다가 대부르주아지는 인플레이션, 근로자에 대한 조세부담의 가중, 상응하는 법률을 통한 노동자 파업권의 제한, 노조활동에 대한 정부의 통제 등등을 이용한다. 그렇지만 자본가들은 점점 더 힘이 커지는 프롤레타리아트의 저항에 부딪힌다. 자신의 생활상의 이해를 위한 노동자계급의 투쟁은 오늘날 새로운 한층 높은 계제에 도달했다. 제1·2차 세계대전 사이의 20년 동안의 시기(1919년부터 39년까지)에 발전한 공업국들에서 파업자의 수는 7,457만 명에 달했다. 이에 반하여 전후 20년 동안(1946년부터 66년까지) 2억 5,900만 명이 파업에 참여하였다. 전후의 처음 20년 동안에는 제2차 세계대전 이전의 20년 동안보다도 3.5배나 많은 노동자와 봉급생활자가 파업운동에 참여하였다. 60년대의 파업운동은 특히 규모가 컸다. 그러므로 1960년부터 68년까지 자본주의 나라들에서 3억 이상의 근로자들이 파업에 참여하였다. 반면에 지난 14년 동안에는 1억 5000만 명이 파업을 하였다.

프롤레타리아트의 상태 악화가 발현하는 중요한 형태들

자본주의의 본질로부터 발생하는 프롤레타리아트의 상태 악화는 실업자를 포함하여 전체 노동자계급의 모든 생활조건과 노동조건에 영향을 미친다. 이 악화는 수많은 구체적 현상으로, 즉 착취의 증대, 한층 커진 노동부담(증가하는 노동강도, 다른 노동조건들의 악화), 실업자 수의 증가, 임금의 하락, 증가하는 사회적 불평등, 빈곤 등으로 발현한다.

노동부담은 노동강도의 증대에 의해 특히 점점 더 커진다. 이것은 불가피하게 실업의 확대로 귀결된다. 그밖에 수많은 산업재해와 다양한 직업병으로 귀결된다. 미국에서는 높은 노동강도로 인해서 해마다 대략 200만 건의 재해가 일어나며, 그로 인해 약 1만 5,000명이 죽음의 종말을 맞는다. 프롤레타리아트의 상태 악화는 실업의 증가 속에서 특히 분명하게 표현된다.

1907~18년에 독일에서는 노동조합으로 조직화된 모든 노동자의 평균 2.3%가 실업상태에 있었다. 1921~29년에 이러한 부분은 9.2%에 이르렀다. 1929~33년의 경제공황기에 실업률은 30%까지 상승했다. 1949~54년에 서독의 실업자 수는 125만~158만 명이었다. 호경기 동안에 실업은 철저하게 줄어든다. 그렇지만 단기간 내에 재차 증가한다. 1955년에 서독의 실업자 수는 13만 9,000명에 달했으며, 1972년 전반기에는 29만 명으로 상승하였다.

1907~13년에 영국의 노동조합원들 중의 실업자 비율은 평균 4.6%에 달했다. 이 비율은 1912~29년에는 12%로, 그리고 1930~36년에는 17.8%로 상승했다. 전후에 실업은 한층 낮은 수준에 있었다. 공식 자료에 의하면, 실업자 수는 전후의 최초 10년 동안(1946~56)에 39만 명을 초과하지 않았다. 그 다음 시기에 실업의 확대 경향이 다시 나타났다. 1968년에는 60만 1,000명이, 70년에는 64만 명이, 72년의 전반기에는 111만 4,000명이 실업중이었다.

미국에서는 여전히 실업이 강력하게 증대하였다. 1890~1913년에 제조업과 운수업의 노동자 가운데 실업자의 비율은 6.6%에 달했다. 미국의 부르주아 경제학자 벨(S. Bell)의 자료에 의하면, 1921~29년에 제조업, 채굴업, 철도 그리고 건축업의 노동자의 실업자 비율은 평균 16%에 달했다. 한편 1930~37년의 실업자 비율은 35%에까지 달했다. 그러므로 처음 언급된 시기에는 6명 가운데 1명, 그리고 두번째 시기에는 3명 가운데 1명의 미국 노동자가 실업자였다.

제2차 세계대전 동안에 실업은 감소하였지만, 전후에 다시 증가하였다. 제2차 대전 후 미국에서 전체 완전실업자의 수는 1920년대 수준을 능가하였다. 공식 자료에 의하면 이 수는 1921~29년에 평균 190만 명에 달했다. 한편 1949~68년에는 340만 명에 달했다. 공식 자료에 의하면, 완전실업자의 수는 1970년에는 410만 명으로, 1972년초에는 540만 명으로 상승했다. 경제의 강화된 군사화에도 불구하고 수백만 이상을 헤아리는 실업자군은 줄어들지 않는다. 특기할 만한 사실은, 자본주의 세계의 가장 부유한 나라인 미국에서 특히 높은 만성적 실업이 존재한다는 점이다. 관영 자료로부터 나온 바와 같이, 최근 미국의 완전실업자 수만 해도 300만 명에서 600만 명에 달한다. 더 나아가 여기에는 1,000만 명 이상의 단축노동자가 존재한다. 발전된 자본주의 나라들에서, 공식 자료에 의하면 1972년 전반기에 1,050만 명의 완전실업자가 존재하였다.

자본주의 세계의 발전도상국들에서 노동력의 상대적 과잉은 특히 크다. 현재의 추산에 의하면, 이러한 나라들에서는 전체 취업자의 약 1/3이 실업에 처해 있다. 현실적으로 실업자 수는 공식적 통계자료를 훨씬 넘어선다. 예를 들어 미국의 관영 통계연구소는 1958년 6월에 완전실업자의 수를 540만 명으로 추산하였다. 한편 같은 달에 대한 독립적인 항만 및 부두노조의 연구소의 계산은 820만 명으로 밝히고 있다.

최근 자본주의 나라들에서 생산의 자동화는 점점 더 강화되었다. 그로 말미암아 실업이 더욱 증대하였다. 영국의 과학 및 산업 연구분과는, 예컨대 대략 20년 이내에 적어도 자본주의 나라들의 노동자 중의 60%가 자동화로 인하여 자신의 일자리를 잃어버릴 것이라는 추측을 표명하였다. 유사한 견해들을 미국의 사회학자들도 인정하고 있다. 자본주의의 발전과 함께, 일자리를 발견할 수 있는 가능성은 결과적으로 점점 더 축소된다. 동시에 근로자들의 자신의 미래에 대한 불확실성 역시 점점 더 증대된다.

실업자 수의 증가는, 프롤레타리아 대중의 곤궁이 자본주의의 발전과 함께 더욱 커진다는 것을 증명한다. 실업자 수가 특히 크게 증가하는 시기에는, 생각할 수 있는 모든 극도의 결핍과 빈곤을 견뎌내야만 하는 프롤레타리아트의 수가 비약적으로 증가한다. 프롤레타리아트의 물질적 상태의 수준이 지속적으로 악화되는 것은 아님에도 불구하고, 근로자의 일정한 부분은 항상 극도의 곤궁과 심한 빈곤에서 살아간다. 1971년 4월 미국의 공식 자료에 의하면, 노동력의 6% 이상이 실업에 처한 50개 산업중심지와, 12명 가운데 1명이 어떠한 일도 갖지 못한 679개의 지역이 존재하였다.

경제적으로 미약하게 발전된 자본주의 나라들에서 근로자의 생활조건은 특히 압박당하고 있다. 미국에 의해서 공간된 자료에 근거한 현재의 추산에 의하면, 1960년에 자본주의 발전도상국의 인구 1인당 국민소득은 미국에 비해 겨우 5%에 머물렀다. 미국의 공식 자료에 의하면, 70년에 아시아, 아프리카와 라틴 아메리카에서 3억 7,500만 명이 기아의 한계에서 살았다.

'자유세계'의 변호론자들은 자본주의에서 근로자의 복지수준이 성장한다는 것을 증명하려고 시도하며, 그렇기 때문에 그들은 궁극적으로 노동자계급의 고용된 부분의 임금수준에 근거해서 프롤레타리아트의 상태를 판단한다. 결과적으로 그들은 실업의 증대, 자본주의적 생산에서의 노동력에 대한 증대되는 착취 및 강화된 낭비로 인한 프롤레타리아트의 상태 악화를 무시한다. 자본의 조역들은 이러한 방식으로, 자본주의에서 프롤레타리아트의 상태가 임금수준의 상승에도 불구하고 전반적으로 악화된다는 사실을 은폐하고 싶어한다.

자본주의의 개별 시기에, 이전에 이미 도달했던 수준과 비교해서 측정해 볼 때, 프롤레타리아트에 의한 물질적·문화적 재화의 사용은 절대적으로 하락하게 된다. 레닌은 이러한 상태를 **절대적 빈곤화**라고 불렀다. 레닌은 「1912년 자본주의사회에서의 빈곤화」라는 글에서, 지난 30년 동안에 독일의 명목임금은 단지 25% 상승하였던 반면에 생계유지비는 적어도 약 40% 상승했다는 사실에 근거하여, 독일에서 절대적 빈곤화가 일어나고 있다는 결론을 이끌어냈다. 그러므로 실질임금의 직접적 하락이 나타났다. 가장 중요한 자본주의 나라들에서의 임금수준의 변화에 관한 앞에서 인용된 자료들은, 오랜 시기에 걸쳐서 자본주의 국가의 노동자의 실질임금이 직접적으로 하락한 것으로 나타났다는 점을 입증한다.

프롤레타리아트는 때때로 격렬한 대결 속에서 그의 물질적·문화적 욕구를 만족시킬만한 수준의 일정한 긍정적 변화들을 관철시킬 수 있다. 그러나 이와 같은 변화들은 프롤레타리아트의 상태의 전반적인 개선을 보여주는 증거는 결코 아니다. 물질적·문화적 재화의 사용에서 절대적 수준의 상승은 언제 어디서나 다른 측면에서 프롤레타리아트의 상태 악화 — 무엇보다도 착취도의 상승에 의한 — 를 동반한다.

노동자의 실질임금의 하락과 이것과 연관된 소비의 악화는, 프롤레타리아트의 상태의 절대적 악화의 중요한 계기이지만, 그렇다고 해서 유일한 계기는 아니다. 자본주의적 생산과정에서 노동강도의 증가와 상대적 과잉인구의 성장은 프롤레타리아트의 절대적 상태 악화가 표현되는 한층 중요한 요인들이다.

자본주의의 발전과 함께 사회 내부의 불평등이 성장하며, 유산자와 무산자 사이의 격차가 확대된다. 부르주아지와 프롤레타리아트 사이의 심연은 점점 더 깊어진다. **노동자계급 상태의 상대적 악화**가 일어난다. 다시 말해서 그들의 상태가 부르주아계급과 비교해서 열악하게 된다는 것이다. 이것은 무엇보다도 노동자계급이 국민소득에서 차지하는 몫의 저하로 발현된다. 레닌은 이러한 현상을 **노동자계급의 상대적 빈곤화**라고 불렀다.

부르주아 공식 통계는 국민소득에서 근로자의 몫이 대단히 높다는 것을 보여준다. 다양한 방식으로 자본가의 이윤의 실제 규모가 은폐된다. 소득의 분배에 대한 추산에서 임금의 조세공제가 무시된다. 이외에도 노동자계급의 소득이 다른 노동하는 사람들의 수입과 구별되지 않고 있다. 현재의 자본주의의 변호론자들은 잘못된 자료들을 사용하면서, 국민소득 중에서 근로인구의 몫은 증가하며 유산계급의 몫, 특히 이 계급 중에서 가장 부유한 부분의 몫은 감소하는 것으로 파악된다는 사실을 입증하려고 한다.

미국 제조업에서 창출된 국민소득 중에서 노동자의 임금이 차지하는 비율은 1899년의 44%에서 1929년의 39%로, 1958년에는 34%로 떨어졌다. 프랑스에서는 전쟁 이전에 국민소득에 대한 임금의 비율이 45%에 달했던 반면 1952년에는 30%로 떨어졌다. 서독 노동조합 과학연구소의 추산에 의하면, 서독 공업의 총소득 중에서 노동자와 봉급생활자의 소득의 비율은 1936년 50%에서 1956년 10월에는 38%로 축소되었다. 그 이후 국민소득 중에서 임금의 몫은 계속해서 줄어들었다. 착취율의 더욱 큰 증가가 이에 대한 증거이다. 현재의 추산에 의하면, 미국에서는 단지 1958~64년에만 하더라도 잉여가치율은 약 25% 상승하였다.

비록 프롤레타리아트의 존재조건의 총체를 관찰하면 개별 자본주의 나라들 내부에서뿐만 아니라 전체 자본주의 체제에서도 악화가 불균등하게 진행된다는 것을 고려한다 하더라도, 자본주의 나라들에서 프롤레타리아트의 상태는 악화된다. 자본의 축적에 의해서 프롤레타리아트의 상태뿐만 아니라 자본주의 나라들의 그밖의 주민들의 상태도 악화된다. 막대한 소소유자층은 자본주의에서 항상적으로 몰락의 위협을 받으며 항상 자본의 압력에 노출되어 있다. 근로자의 수가 지속적으로 증가한다는 사실은, 도시와 농촌의 얼마나 많은 쁘띠부르주아 분자들이 프롤레타리아화되고 있는가를 분명하게 보여준다. 예컨대 미국의 '자영업자' 전체 수에서 노동에 종사하는 사람들의 비율은 1900년의 60.9%에서 1969년의 91.6%로 높아졌다. 한편 영국에서 이 부분은 동일한 시기에 85.6%에서 93.5%로 상승하였다.

현재의 조건들 아래서 소소유자의 수입은, 부분적으로 임노동자의 수입 수준 이하에 머물러 있을 정도로 낮아졌다. 압도적 다수의 봉급생활자, 무엇보다도 사무직종사자와 상업피고용인의 상태도 마찬가지로 악화된다. 이러한 사실은 그들의 증가하는 착취와 특히 봉급수준의 하락 — 노동자의 임금과 비교하여 — 으로 표현된다. "발전된 자본주의 나라들에서조차 수백만의 사람이 실업, 곤궁 그리고 내일에 대한 근심에 시달린다. 소득의 '급격한 증대'와 '사회적 동반관계'에 대한 소문에도 불구하고, 현실적으로 자본주의적 착취는 증대한다. 임금상승은 계속해서 노동생산성의 증대, 노동강도의 증가, 사회적 욕구에 뒤처져 있으며, 독점이윤의 상승과는 비례하지 않는다. 소농의 상태는 점점 더 악화되며 중간층의 상당한 부분의 존재조건이 더욱 더 악화된다."[13)]

자본주의 나라들의 압도적 다수의 주민에 대한 자본의 압력은 오늘날의 자본주의의 조건들에서 현저하게 강화된다. 자본과 노동 사이의 모순은 계속해서 첨예화된다.

5. 자본주의의 몰락의 불가피성

"자본주의의 진보적인 역사적 역할을 두 개의 짧은 테제로 총괄할 수 있다. 즉 사회적 노동의 생산력의 상승과 이러한 노동의 사회화가 바로 그것이다."[14)]

자본주의 기본모순의 첨예화

자본과 잉여가치에 관한 분편은, 생산과정의 사회적 성격과 전유의 사적 자본주의적 형태 사이에 극명한 모순이 존재한다는 것을 보여주었다. 자본주의는 모순적, 갈등적 그리고 자연발생적 형태로, 즉 자본의 유기적 구성의 고도화, 자본축적, 자본의 집적과 집중의 형태로 생산력을 발전시키며 노동을 사회화시킨다. 기술진보의 영향 아래서 새로운 기업의 설립과 설비를 위해서 요구되는 최소자본은 증대된다. 그러므로 잉여가치의 더욱 많은 자본화는 더욱 강력한 정도로 모든 개별 자본의 지속적 기능을 위한 전제가 된다. 축적이 중지된다면 자본가는 경쟁에서 견뎌낼 수 없다. 그에 반하여 축적은 자본의 집적과 더욱 큰 규모의 자본의 형성 — 동시에 이를 통해 보다 능률적인 생산수단의 충용이 가능해지는 — 을 가능하게 한다. 자본의 집중 역시 동일한 방향으로 작용한다. 자본의 집적과 집중은 노동의 사회화와 생산력의 구체적인 자본주의적 발전형태이다. 생산력의 확대는 다시 자본의 집적과 집중과정의 강화로 귀결된다. 이러한 토대 위에서 자본주의의 기본모순은 계속해서 전개된다.

생산과정의 사회적 성격은 자본의 집적과 집중에 의해서 심화된다. 여기서 생산의 강력한 집적이 이루어진다. 더욱 많은 수의 노동자와 생산수단이 개별 기업들에 집적된다. 사회의 분업이 더욱 발전한다. 개인들의 수중에 집적된, 수천의 사람을 착취하는 자본의 규모가 성장한다. 자본주의적 생산관계가 생산력의 사회적 성격과 더 이상 일치할 수 없다는 것은 점점 더 분명해진다. 전반적인 인민적 소유의 성립의 필연성은 점점 더 절박해진다.

사적 자본주의적 소유는 개인적 노동에 근거한 소상품생산자의 사적 소유를 부정한다. 사적 자본주의적 소유는 본원적 축적의 과정에서 소소유자에 대한 수탈을 통해 성립하였다. 발전된 자본주의에서도 마찬가지로 소생산자들에 대한 항상적인 수탈이 일어난다. 여기에서는 경제적 방법들이 커다란 역할을 한다. 이 모든 것은 사적 자본주의적 소유의 착취적 본질의 표현이다. 이러한 소유는 노동자계급의 이해에, 또 자신의 손노동으로 살아가는 소생산자의 이해에도 적대한다.

자본주의적 소유는 전반적인 인민적 소유에 의해서 대체되며, 이 대체의 필연성은 자본주의에 의해서 발전되는 생산력 자체로부터 성장한다. 생산력의 이러한 요구는 이미 자본주의의 태내에서 고유한 형태로, 자본의 집중에 의해서 실현된다. 대자본은 보다 작은 자본을 흡수하며, 자본가의 일부는 경쟁에서 몰락한다. 그렇지만 자본의 집중은 자본주의의 기본모순을 해결할 수 없고 오히려 그것을 더욱 더 첨예화시킨다.

자본주의의 묘지인부로서의 혁명적 프롤레타리아트

자본축적의 진행 속에서 자본주의의 기본모순의 첨예화는 자본과 노동 사이의, 부르주아지와 프롤레타리아트 사이의 증대하는 적대로 발현된다. 이것은 자본주의적 축적의 일반적 법칙의 직접적인 결과 속에서 분명하게 드러난다. 한편 부의 성장과, 다른 한편 착취의 강화, 실업, 사회적 불안과 빈곤의 증대는 당연히 노동자계급의 증가하는 격분으로, 자본의 권력의 전복을 위한 그들의 혁명적 투쟁의 궐기로 귀결된다. 노동자계급의 상태 악화는 자본주의사회 내부의 계급투쟁의 격화를 낳는 중요한 요인이다. 자본주의는 막대한 수의 노동자대중을 거대 산업중심지 및 대기업에 집중시킴으로써 프롤레타리아트의 조직성의 증대, 그들의 보다 폭넓은 결집과 계급의식의 발전을 촉진시킨다.

대공업의 발전과 함께 프롤레타리아트 대열이 성장하며 확고해진다. 프롤레타리아트의 근본적 계급이해는 프롤레타리아트로 하여금 과학적 사회주의의 기치하에서 자본의 요새를 공격하도록 이끈다. 맑스는 이러한 연관을 다음과 같이 서술한다. “생산수단의 집중과 노동의 사회화는, 그들의 자본주의적 외피와는 양립할 수 없게 되는 지점에 이른다. 이 외피는 폭파된다. 자본주의적 사적 소유의 조종이 울린다. 수탈자가 수탈당한다.”[15)]

여기에 자본주의적 축적의 역사적 경향이 존재한다. 자본주의는 생산력을 발전시키고 노동을 사회화함으로써 그 자신의 무덤을 파며, 그 자신의 묘지인부를 혁명적 프롤레타리아트라는 모습으로 낳는다.

프롤레타리아트는 자본주의의 발전과 함께 수적으로 더욱 강력해진다. 그 계급적 조직성과 자본주의적 질서를 파괴하는 능력은 증가한다. “그러므로 자본의 축적은 프롤레타리아트의 증대이다”[16)]라고 맑스는 서술한다. 자본주의의 이데올로기적 옹호자는 맑스주의를 부인하고, 오늘날 자본주의 나라들에서의 프롤레타리아트의 확대를 부인하려고 한다. 그들은 몇 가지 새로운 현상을 들면서 부르주아 사회에서의 계급적 경계의 소멸과 중간층의 성장 및 더 많은 프롤레타리아트의 중간층으로의 이행에 관해서 말한다.

발전된 자본주의 나라들에서 프롤레타리아트의 구조는 발전된 자본주의 나라들에서 이전에 비해서 변화하였다. 그렇지만 그의 전체 수는 이전과 비교해서 절대적으로뿐만 아니라 상대적으로도, 다시 말해 전체 인구와 비교해서도 성장한다.

노동자계급의 압도적 부분은 여전히 산업프롤레타리아트에 속한다. 새로운 근로자 집단이 끊임없이 이러한 프롤레타리아 부분으로 합류한다. 현재의 조건들 아래서, 증대하는 분업과 기술진보에 기초하여 점점 더 많은 경제분야(서비스업, 요식업 등)가 산업적 성격을 띤다. 유통영역에서 상품의 보관, 포장 그리고 판매에 종사하는 사람들의 수는 증가한다. 이러한 노동자층은 어떠한 생산수단도 지니고 있지 않고, 자신의 노동력의 판매에 의해서 살아가며 자본에 의해 착취당하기 때문에, 그들은 자신의 경제적 상태로 말미암아 프롤레타리아트에 속하게 된다. 봉급으로 고용된 상업종사자들은 과거에는 노동자와는 달리 높은 수입을 획득했다. 오늘날에 그들은 그들의 봉급과 관련해서 점점 더 공장프롤레타리아트에 가까워지고 있다.

현재의 과학기술진보의 조건하에서 엔지니어와 기술자의 비율과 의의는 점점 더 증가한다. 엔지니어 - 기술종사자들은 주로 정신적으로 활동한다. 이 점에서 그들은 주로 육체적인 활동을 행하는 노동자와는 본질적인 특징으로 구별된다. 그러나 이러한 구별 그 자체는 아직 엔지니어와 기술자의 계급귀속성에 관해서 아무 것도 말해주지 않는다. 결정적으로 중요한 사실은, 엔지니어와 기술자의 절대 다수가 그들의 노동력을 자본가에게 판매하며 잉여가치의 창조과정에 관여하고 있다는 점이다. 더 나아가 중요한 것은, 엔지니어-기술종사자의 상당한 (그리고 지속적으로 증가하는) 부분이 직접적으로 기계에 봉사하며, 따라서 직접적인 생산과정에서 직접 작용한다는 점이다. 이 모든 것은 엔지니어 - 기술종사자들(특히 급격하게 성장하는 중간그룹과 하부그룹 기술자들)을, 그들의 경제적 상태와 관련해서 점점 더 프롤레타리아트에 가까워지는 인구층으로 특징짓는다.

사실들이 입증하는 바와 같이, 기술진보는 엔지니어-기술종사자의 다수와 고도의 능력을 갖춘 숙련공 사이의 차이를 감소시킨다. 이것은 노동조건뿐만 아니라 또한 소득수준과 관련해서도 유효하다. 이러한 것에 의해서 엔지니어와 기술자의 이해는 노동자의 이해에 접근한다. 유사한 경향이 상업, 은행업 및 관직 등에 종사하는 봉급생활자들과 관련해서도 확인될 수 있다. 또한 물론 노동자계급의 개별 그룹들과 부문들 사이에는 현재 차이가 존재한다. 오늘날에도 역시 지도적 역할은 가장 잘 조직된 그리고 특히 혁명적인 산업프롤레타리아트 내부에 있다.

인류 최대의 사상가들은 사회의 사회주의적 변화를 위한 계획들을 창조하였다. 그들은 근로자들을 착취로부터 해방시키고자 했으며 '이성적' 조치, '계몽된' 군주와 그외에 정치가들의 도움으로 사회주의를 수립하고자 하였다. 그러나 역시 이러한 계획들은 공상적이었다. 자본주의가 등장할 때까지는 사회의 사회주의로의 이행을 위한 어떠한 물질적 조건들도 존재하지 않았다. 또한 착취자의 멍에를 영원히 벗어버리고 사회주의를 수립할 수 있을 어떠한 사회세력도 없었다. 그와 같은 조건들과 세력들은 부르주아 사회에 와서야 비로소 점차적으로 성장하였다. 이러한 것들은 자본주의를 전복시키고 그것을 불가피한 몰락으로 이끈다.

맑스에 의해서 이론적으로 입증된 사회주의에 의한 자본주의의 대체의 불가피성은 오늘날 생활에 의해서 완전하게 확증되었다.

주

1) Marx/Engels, *Werke*, Bd.23, Dietz Verlag, Berlin 1962, S.558.
2) *Ebenda*, S.610.
3) *Ebenda*, S.609.
4) Marx/Engels, *Werke*, Bd.25, Dietz Verlag, Berlin 1962, S.154.
5) *Ebenda*, S.646.
6) Marx/Engels, *Werke*, Bd.23, Dietz Verlag, Berlin 1962, S.665/666.
7) 제2차 세계대전 이후 맬더스적인 사상적 경향의 수많은 책이 출판되었다. W. Vogt, *Der Weg zur Rettung*, R. Cooke, *Die menschliche Fruchtbarkeit — das Dilemma der Gegenwart*; E. Pendell, *Das unaufhaltsame Wachstum der Bevolkerung* 등이 그것이다.
8) Marx/Engels, *Werke*, Bd.23, Dietz Verlag, Berlin 1962, S.673/674.
9) *Ebenda*, S.673.
10) *Ebenda*, S.675.
11) Marx/Engels, *Werke*, Bd.23, Dietz Verlag, Berlin 1962, S.674.
12) Lenin, *Werke*, Bd.4, Dietz Verlag, Berlin 1968, S.195.
13) *Internationale Beratung der Kmmunistischen und Arbeiterparteinen in Moskau 1969*,

Dokumente, Dietz Verlag, Berlin 1969, S.22/23.

14) Lenin, *Werke*, B7.3, Dietz Verlag, Berlin 1956, S.617

15) Marx/Engels, *Werke*, Bd.23, Dietz Verlag, Berlin 1962, S.791

16) *Ebenda*, S.645.

제5분편 자본의 재생산과 유통

앞의 장들에서 자본의 생산과정과 잉여가치의 생산과정을 다루었다. 그러나 자본의 생애는 생산영역에 한정되는 것이 아니라 **유통영역** 또한 포괄한다. 잉여가치의 생산을 보장하려면, 자본가는 필요한 생산수단과 필요한 노동력을 규칙적으로 구매하지 않으면 안된다. 자본가는 또한 생산된 상품을 규칙적으로 판매해야만 한다. 자본이 자기 증식을 이루어가는 전체 과정은 유통영역과 불가분하게 결합되어 있으며, 그것 없이는 생각조차 할 수 없다. 자본의 운동법칙과 자본의 증식법칙을 밝혀내려면, 생산과정의 분석이 **유통과정의 분석**에 의해 보완되어야 한다.

생산과 소비 사이의 연쇄고리로서 유통은 이중적 역할을 수행한다. 유통영역에서는 먼저 사용가치의 이전이 일어나고 다음에는 가치의 형태변화가 이루어진다. 유통과정의 특수성은 생산과정과는 달리 그 속에서는 가치가 창출되지 않고 다만 자신의 형태만 바꾼다는 데, 즉 상품형태로부터 화폐형태로(또한 그 역으로) 그 모습을 바꾸어 전화한다는 데 있다.

유통과정에는 근본적으로 다른 두 가지 유형의 가치 형태변화가 있다. 첫째 유형은 W−G−W라는 정식으로 특징지어지는데, 이것은 단순상품생산에 고유한 것으로서 **단순상품유통**이라고 불린다. G−W−G'라는 정식으로 표현되는 둘째 유형은 자본주의에 특징적인 것으로서, **자본의 유통**이라고 불린다.

정식 W−G−W와 G−W−G' 사이의 차이점은 순수한 외형상의 차이만은 아니다. 즉 단순히 가치 형태변화의 다른 순서를 표현해주는 것만이 아니다. 이러한 유통과정에서 나타나는 외적인 차이점의 이면에는, 생산관계의 성격상의 매우 중대하고 본질적인 차이점이 숨어 있다.

단순상품생산의 토대 위에 세워진 자본주의는 유통영역을 점령하여 그것을 자신에 종속시키고 또한 그것에 새로운 특질을 부여한다. 유통영역에서는 이제 단순한 가치의 형태변화가 아닌 자기 증식하는 가치, 즉 자본의 형태변화가 이루어진다. 자본주의 속에서도 자신의 효력과 존재의의를 유지하는 단순상품유통의 일반법칙은 동시에 자본유통의 특수한 법칙과 융합한다. 이것은 다양한 새로운 모순들을 야기하며 동시에 이전에 미발전된 상태로 존재해온 모든 모순을 첨예화시킨다.

부르주아 정치경제학은 통상적으로 자본의 유통을 단순상품유통과 동일시하면서 자본의 유통과정과 연관하여 발생하는 근본적인 모순들을 얼버무린다. 또한 부르주아 정치경제학은 유통영역을, 완전히 자립적이고 생산으로부터 독립적이며 자기 고유의 법칙에 의해 통제되는 영역으로 파악했다. 이러한 접근방식은 단순상품생산과 비교해볼 때 자본의 유통에 고유한 특수성을 올바르게 파악하는 것을 방해한다. 물론 외적으로 볼 때 모든 자본가는 유통영역에서 단순상품생산자와 동일한 작업을 수행한다. 즉 상품을 판매하거나 구매하는 것이다.

생산과 유통은 자립적이고 독립적인 영역들이 아니라 그 중에서 생산이 결정적인 역할을 수행하는, 서로 통일되어 결합된 전체이다. 유통영역에서 진행되는 과정의 내용은, 생산영역에서 발생하는 과정의 내용이 먼저 밝혀져야만 올바르게 이해될 수 있다. 자본의 유통과정을 자본의 생산과정과의 긴밀한 연관 속에서 고찰하고 나면, 우리는 자본이 유통영역에서 드러내는 질적으로 새로운 성격을 알 수 있을 것이다.

제18장 자본의 순환

1. 자본운동의 세 단계와 자본의 세 가지 기능적 형태

모든 개별 자본은 가치증식과정에서 생산영역과 유통영역을 포함하는 세 단계를 거친다.

제1단계 : $G-W<{A \atop Pm}$. 자본가는 자신의 생산적 소비에 필요한 상품, 즉 생산수단(Pm)과 노동력(A)을 구입하기 위해 시장에 나타난다. 그의 수중에 화폐형태로 간직되어 있던 자본은 생산자본 형태를 취한다. 그리고 나서 자본가치의 이러한 유통과정은 일시적으로 중단된다. 제2단계, 즉 생산과정이 시작된다.

제2단계 : …P…. 생산과정에서 임노동을 착취함으로써 자본가치는 증식된다. 동시에 자본가치는 새로운 변형을 겪는다. 즉 생산자본에서 상품자본으로 전화된다. 자본가치는 생산과정에서 생산된 상품은 잉여가치를 포함한다.

제3단계 : W'−G'. 자본가는 자신이 생산한 상품을 판매하기 위해 시장에 다시 모습을 드러낸다 그의 자본은 상품형태에서 다시 화폐형태로 전화되고, W'−G'라는 활동을 수행한다. 이때 G'는 증식된 부분 — 잉여가치 — 과 처음에 투하한 화폐자본을 합한 것이다. 자본은 운동을 시작했을 때 취했던 형태를 다시 취하지만 자본가는 이제 더 큰 금액을 수중에 넣게 된다.

이상의 세 단계를 거치면서 자본은 하나의 순환운동을 수행한다. 자본은 마침내 처음에 자신의 운동을 시작했을 때의 그 형태로 돌아간다. 이 운동을 맑스는 자본의 순환이라 부르고, 이것을 다음과 같이 정식화하였다.

$$G-W<\genfrac{}{}{0pt}{}{A}{Pm}\cdots P\cdots W'-G'$$

제1단계와 제3단계는 유통영역에 속하며, 제2단계는 생산영역에 속한다. 잉여가치형성은 제2단계, 즉 생산단계에서 이루어진다. 따라서 맑스는 생산형태에서 상품형태로의 자본의 전화를, 형식적인 변형과 구분하여 자본의 실질적인 변형이라고 불렀다. 이때 형식적인 변형이란 순환의 제1단계와 제3단계의 유통과정에서 이루어지는 것으로, 그것은 다만 자본의 단순한 형태변화만을 행할 뿐 가치증식을 수행하지는 않는다.

자본은 운동과정에서 세 형태 — 화폐자본, 생산자본, 상품자본 — 를 번갈아 취했다가는 다시 이들로부터 벗어난다. 이 세 가지 형태 속에서 자본은 각각의 형태에 상응하는 특수한 기능을 수행한다. 이 때문에 이 세 형태를 자본의 기능적 형태라고 부른다.

먼저 자본의 첫번째 기능적 형태인 화폐자본을 살펴보자.

화폐자본과 화폐의 차이

모든 새로운 자본은 어떤 일정한 화폐량의 모습으로 운동을 시작한다. 모든 화폐와 마찬가지로, 화폐자본은 시장에서 상품의 구매에 사용된다. 그것은 상품유통의 일상적 행위(G—W)를 수행한다. 그것의 소유자인 자본가는 표면상 일상적인 상품구매자로서 그 모습을 드러낸다. 표면적인 유사성과 공통된 성격에도 불구하고, 화폐자본의 운동은 화폐로서의 화폐의 운동과는 근본적으로 구분된다. 첫째로, 화폐는 일상적인 행위 G—W를 통해 구매자에 의해 소모되며 그리고는 더 이상 그에게 회수되지 않는다. 소모한 화폐 대신에 구매자는 시장에서 어떤 특정한 소모될 상품을 사들인다. 그렇지만 화폐자본은 $G-W<\genfrac{}{}{0pt}{}{A}{Pm}$ 라는 행위를 통해 소모된 것이 아니라, 다만 투하되었을 뿐이다. 왜냐하면 그것은 일정한 시간이 지나고 나면 갱신되어 자본가에게 회수되기 때문이다. 두번째로 (이것이 요점인데) 화폐는 일반적 등가물로서 시장에서 임의의 사용가치를 지닌 임의의 상품을 구입하는 데 사용되는 반면에, 화폐자본은 어떤 특정한 종류의 상품, 즉 완전히 규정된 사용가치와 따라서

하나의 특수한 목적규정성을 갖는 상품의 구매를 위해 사용된다.

G−A라는 행위는 결정적인 의의를 갖는다. 이 행위에서 매우 특수한 상품이 구매되는데, 그것은 소모됨으로써 자신의 가치보다 더 큰 가치를 창출하는 상품이다. G−A라는 행위는 자본유통의 특수한 활동인데, 왜냐하면 오로지 자본주의에서만 노동력이 상품이 되기 때문이다. 바로 노동력의 구매가 일상적인 화폐를 화폐자본으로 전화시키는 것이다. 노동력의 생산적 소비를 보장하기 위해, 자본가는 동시에 시장에서 필요한 생산수단을 구입해야만 한다. 노동력이 필요노동시간과 잉여노동시간 동안에 기능할 수 있도록, 생산수단의 양은 충분해야 한다.

이렇게 하여 화폐자본은 유통영역에서 G−W라는 일상적 행위가 아니라, $G-W<\genfrac{}{}{0pt}{}{A}{Pm}$ 라는 행위를 수행한다. 화폐자본의 기능은, 생산수단과 노동력의 구매에 근거하여 소재적 생산조건과 인적 생산조건을 결합시키고, 잉여가치의 생산과정을 준비하는 것이다.

화폐는 단순상품생산자들 사이의 관계를 표현한다. 화폐자본은 상이한 두 계급 사이의 관계를 표현하는데, 그 중의 한 계급은 생산수단의 소유자로 나타나며, 반면에 다른 한 계급은 생산수단을 소유하지 못하고 가진 것이라고는 다만 자신의 노동력뿐인 계급이다. 형식상 자본가와 노동자는 일상적인 구매자와 판매자로서 대립해 있다. 그러나 본질적으로 그들은 구매자와 판매자의 새로운 유형, 즉 새로운 자본주의적 생산관계에 입각하여 형성된 유형이다. 단순상품유통은 오직 하나의 시장 — 상품시장 — 의 존재를 전제한다. 반면에 자본의 유통은 하나의 새로운 시장 — 노동시장 — 의 형성을 전제로 한다. 자본주의적 유통의 영역은 따라서 단순상품유통의 영역과는 다른 형태를 띠게 된다.

이제 자본의 두번째 기능적 형태인 생산자본을 고찰해보자.

생산자본

자본가가 시장에서 필요한 생산수단과 노동력을 구입한 뒤에 그의 자본은 화폐형태로부터 벗어나 생산자본의 형태를 취한다. 이러한 형태의 자본을 생산자본이라고 부르는데, 그 이유는 첫째, 그것은 유통영역에 자신의 존재기반을 가지며 따라서 유통자본으로 표현되는 화폐자본이나 상품자본과는 달리, 생산영역에 존재하기 때문이다. 둘째, (이것이 요점인데) 생산자본은, 화폐자본과 상품자본이 가치와 잉여가치의 형태변화 기능을 수행하는 것과는 달리, 잉여가치를 창출하는 기능을 갖기 때문이다.

다양한 생산양식에서 노동력은 상이한 방식으로 생산수단과 결합한다. 자본주의에서 노동력과 생산수단의 결합은 $G - W < \begin{matrix} A \\ Pm \end{matrix}$ 라는 행위로 특징지어진다. 노동력과 생산수단은 상품으로 나타나며, 이것은 생산적 소비를 위해 자본가에 의해 구매된다. 노동력과 생산수단은 투하된 자본의 소재적 담지자, 즉 그것의 구성요소가 된다. 생산수단은 불변자본의 소재적 담지자로 나타나며, 노동력은 가변자본의 소재적 담지자로 나타난다.

자본주의적 생산과정에서는 가치가, 투하된 자본보다 잉여가치의 크기만큼 증가한 새로운 상품이 창출된다. 생산자본은 **상품자본**이 된다.

상품자본

상품자본은 화폐자본 및 생산자본과 현물형태뿐만 아니라, 그 가치에 따라서도 서로 구별된다. 상품자본은 자본주의적 기업에서 생산되어 반드시 판매되어야 하는 일정한 양의 상품이라는 형태로 나타난다. 상품자본의 가치는, $c+v$라는 처음에 투하된 가치뿐만 아니라 잉여가치 m도 포함한다.

상품은 상품자본이 된다. 왜냐하면 그것은 자본주의적 방식으로 생산되었고, 자본주의적 착취의 산물로서 잉여가치를 함유하기 때문이다. 상품자본은 한편으로는 처음에 투하된 가치의 현존형태로 나타나고, 다른 한편으로는 창출된 잉여가치를 구체적으로 표현하는 첫번째 형태로 나타난다. 상품자본에는 이 두 부분이 서로 뗄 수 없이 융합되어 있다. 잉여가치가 자본가에 의해 실제로 이용될 수 있으려면, 그것은 반드시 처음에 투하된 자본과 분리되고 새로운 현존형태를 취하여 상품형태에서 화폐형태로 전화되어야 한다. 이것은 유통영역에서 상품자본이 실현됨으로써 성취되는 것이다.

상품자본의 기능은 처음에 투하된 자본뿐만 아니라 잉여가치도 실현하는 데 있다. $W' - G'$라는 행위를 통해 가치실현이 이루어진 후에, 전에는 융합되어 있던 이 두 부분이 각기 자립적인 현존형태를 취하게 된다. $W+w$의 크기인 W'는 G+g의 크기인 G'로 전화한다. 이때 W와 G는 처음에 투하된 자본의 크기를, w와 g는 잉여가치를 표현한다.

잉여가치 g와 분리된 본래의 자본 G는 화폐자본으로서 새로운 순환을 시작한다. 잉여가치 g는 두 가지 상이한 방식으로 이용될 수 있다. 생산의 확대 — 이 경우에 그것은 화폐자본의 부분으로 나타난다 — 를 위해 이용되거나 자본가의 개인적 소비를 위한 대상의 구입 — 이 경우에 잉여가치는, 단순상품유통의 법칙에 근거하여 자신의 운동을 수행하는 일상적 화폐로 나타난다 — 에 이용된다.

모든 상품유통의 기능은 가치의 실현이다. 그러나 상품자본의 유통은 잉여가치의 실현의 기능을 담당한다. 표면적으로 이 기능들은 동일한 것처럼 보이는데, 왜냐하면 잉여가치는 가치가 실현되지 않는 한 실현될 수 없기 때문이다. 그러나 문제가 되는 것은, 잉여가치의 실현이 상품가치의 단순한 실현단계에서는 발생하지 않는 새로운 다양한 난관들과 결부되어 있다는 점이다.

단순상품유통의 경우에, 모든 상품생산자는 자기 상품의 가치를 시장에서 실현한 후에 자신의 (개인적이고 생산적인) 욕구를 충족시키기 위해 판매된 상품의 총가치의 크기 내에서 자신의 필요를 관철시킬 수 있었다. 여기에서 상품의 공급과 수요는 많든 적든 서로 상응한다. 자본의 운동에서는 수요와 공급의 관계가 다르게 형성된다.

운동 $G-W<\begin{matrix}A\\Pm\end{matrix}$ 의 제1단계에서 모든 자본은 시장에서 c+v 크기의 수요를 갖고 나타난다. 수요의 한 부분(c)은 상품시장에서, 다른 부분(v)은 노동시장에서 충족된다. 순환의 제3단계에서 모든 개별 자본은 전체 가치 총액 c+v+m에 해당하는 상품을 시장에 내놓는다. 이때 이 총상품량은 두 개의 시장이 아니라 하나의 시장에 내놓아진다. 모든 개별 자본의 시장 공급은 각각의 시기에 잉여가치의 크기만큼 증가한다.

m이 생산을 확장시키는 데 사용되려면 그것은 어느 정도의 크기를 갖추어야 한다. 그러나 이것은 단 한 번의 순환을 통해서가 아니라 여러 번의 순환을 거친 후에야 이루어지는 것이다. m이 필요한 크기에 이르지 못하는 한, 그것은 축적되지만 시장에 나타나지는 않는다. 따라서 개별 자본은 각각의 순환 후에 총액 c+v+m 크기의 상품을 시장에 내놓지만, 해당 시기에

상응하는 수요를 충족시킬 수 없다.

상품자본의 실현조건에 내재하는 모순들은 개별 자본의 순환이라는 테두리에서는 해결될 수 없다. 그것은 사회적 총자본의 재생산의 진행 속에서 해결되는 것이다.

산업자본

자신의 운동에서 앞에서 언급한 세 단계를 차례로 경과하고, 세 가지 형태를 취하여 각각의 형태에서 그에 상응하는 기능을 수행하는 자본을, 맑스는 **산업자본**이라고 불렀다. 이것으로부터 공업에뿐만 아니라 물질적 생산의 다른 분야(농업, 운송업 등)에 투하된 자본도 넓은 의미의 산업자본으로 파악된다는 결론이 나온다.

산업자본은 다른 모든 종류의 자본의 기초이다. 산업자본은 자신의 발전과정에서 역사적으로 전수되어온 이전의 모든 자본형태를 흡수하여 자신의 법칙에 알맞게 변형시킨다. 산업자본은 생산과 유통을 점령하여, 거기에 자본주의적 성격을 부여하고, 자기 증식이라는 자신의 필요에 따라 그것들을 변형시킨다.

2. 산업자본 순환의 세 단계

제1절에서, 투하된 총자본은 처음에는 화폐형태로 나타나고 다음에는 생산자본으로 형태를 바꾼 후 마지막으로 상품자본의 형태로 전화한다는 것을 해명하였다. 이는 자본의 세 단계와 세 가지 운동형태를 가능한 한 단순한 형태로 설명하기 위해 필요했다.

실제로는 모든 개별 자본은 각 임의의 시점에서 상이한 세 가지 기능적 형태를 동시에 취하고 그 운동의 상이한 세 단계에 동시에 놓이게 된다. 임의의 산업가가 가진 자본의 일부는 기업의 금고 속에 화폐형태로 보관되었다가 임금의 지불, 추가원료와 보조수단의 구입, 마모된 기계설비의 대체 등등에 사용된다. 이 부분의 자본은 모든 임의의 시점에 무조건 준비되어 있어야 한다. 왜냐하면 그렇지 않을 경우에 생산과정이 중단되는 사태가 벌어질 것이기 때문이다. 자본의 다른 부분은 생산적인 형태 — 기능하는 생산수단의 형태와 노동력의 형태 — 로 존재한다. 제3의 부분은 상품형태 — 생산된 상품량의 형태 — 로 존재하며 창고에 저장되었다가 실현되어야 한다.

이것은 다음과 같은 예를 들어 설명할 수 있다. 쾰른에 있는 포드기업의 대차대조표에 따르면, 1958년 12월 31일 현재 400,195,707마르크의 자본이 다음과 같은 다양한 기능적 형태로 배분되었다.

화폐자본	45,069,452마르크(10.1%)
생산자본	321,624,458마르크(81.6%)
상품자본	33,502,797마르크(8.3%)

세 가지 상이한 형태의 자본이 동시적으로 존재하는 것은 자본주의적 생산의 연속성을 위해 필수적인 전제조건이다. 만일 총자본이 모두 어떤 특정한 형태로만 존재하면 그것은 해당 시기에 다른 형태로는 존재할 수 없을 것이고, 만일 이러한 사태가 벌어진다면 생산과정이나 유통과정이 중단되는 위기에 처하게 될 것이다. 동시에 어떠한 형태의 자본도 고정된 채 움직이지 않는 상태로는 존재하지 않는다. 총자본의 일반적 운동 내에서 각각의 자본형태는 독립적인 순환이라는 모습으로 자기 고유의 운동을 수행한다.

총자본의 일반적 순환은 세 가지 독립적인 순환들로 구별될 수 있는데, 이것들은 각각 그 기능적 형태들 — 화폐자본, 생산자본, 상품자본 — 에 의해 수행된다. 우선 순환의 세 단계 모두가 그 통일 속에서 자본운동의 연속성을 보장하고 자본의 총운동 및 한 단계에서 다른 단계로의 이행을 수행한다. 그럼에도 불구하고 이러한 통일은 모순적인 성격을 갖는다. 어떤 임의의 단계에서 자본의 운동이 중단되면 총자본의 운동이 중단되는 것을 피할 길이 없다. 예를 들어 상품자본의 실현단계에서 지연현상이 나타나면, 화폐자본의 생산자본으로의 전화는 중지된다. 생산과정의 연속성이 파괴된다.

화폐자본의 순환

화폐자본의 순환은 $G-W<\begin{matrix}A\\Pm\end{matrix}.\cdots P\cdots W'-G'$ 로 표현된다. 역사적으로나 논리적으로나 모든 개별 자본은 화폐형태로부터 자신의 운동을 시작한다. 화폐자본은 전체 자본운동의 출발점을 형성한다. 순환중에 이루어지는 화폐자본의 회수는 생산과정의 계속적인 반복과 갱신을 위한 필수적인 전제조건이다. 화폐형태는 동시에 자본에 의해 생산된 잉여가치가 하나의 독립적인 현존형태를 취하고, 실제로 본래 투하된 자본가치로부터 분리되어 개인적인 욕구 혹은 생산적 욕구를 충족시키기 위해 자본가에 의해 사용될 수도 있는 형태이다. 순환의 이 단계에서 자본주의적 생산과 유통의 추동력, 즉 잉여가치의 추구가 가장 현저하게 나타난다.

모든 개별 자본의 일반적인 운동형태로서 화폐자본의 순환은 동시에, 일반적인 자본운동의 내부에서 수행되는 특수한 순환으로서 독자적인 의의를 획득하고, 생산자본이나 상품자본의 순환과는 구별되어 자기 고유의 특징과 특수성을 보여준다.

화폐자본의 순환에서, 운동은 화폐로 시작하여 화폐로 끝난다. 여기서 명백한 것은 첫째, 화폐는 소모되는 것이 아니라 투하되는 것이고, 둘째, 화폐는 투하되지만 단순하세가 아니라 증내분, 즉 추가화폐와 함께 회수되고 잉여가치를 가져온다는 목적을 갖고 투하된다는 점이다.

자본운동의 목표를 극명하게 보여주는 화폐자본의 순환은 그러나, 그때그때의 목표가 달성되도록 도와주는 참된 수단을 은폐시킨다. 자본순환의 이 단계에서 생산과정은 G−W와 W'−G'라는 유통단계들 사이의 매개고리로 표현된다. 이러한 맥락에서는 생산과정이 종속적이고 부차적인 역할을 수행한다. 잉여가치는 생산활동에서가 아니라 유통활동에서 발생하는 것처럼 보인다. 생산은 '화폐제조' 과정상의 '필요악'일 뿐 잉여가치의 원천으로 표현되지는 않는 것이다.

생산자본의 순환

생산자본의 순환은 P…W'−G'−W…P라는 정식으로 표현된다. 이 정식에서 생산자본은 순환의 출발점이자 또한 종착점이다. 전체 순환의 목표는 생산과정의 끊임없는 갱신을 보장하는 것이다.

화폐자본의 순환에서 생산은 다만 유통과정상의 매개고리로만 나타나지만, 생산자본의 순환에서는 상황이 본질적으로 변화한다. 유통은 여기에서 두 생산과정을 연결하는 매개고리로서 나타나고 종속적인 역할을 한다. 자본가치의 전체 운동에서 수행하는 생산과정의 특정한 역할이 여기서 분명하게 모습을 드러낸다. 그러나 순환의 이러한 형태에는 자본주의적 생산의 참된 목표가 은폐되어 있다. 자본의 총운동의 의미는 생산과정의 끊임없는 갱신과 반복에 있는 것으로 나타난다. 자본주의적 생산양식은 생산을 위한 생산으로 나타난다.

생산자본의 순환에서 화폐가 수행하는 역할은 다르게 나타난다. 화폐자본의 순환에서는 화폐가 전체 자본운동의 주요 목표이자 추동력으로서 나타나는 것과는 달리, 여기에서는 단지 일상적인 유통수단으로만 나타난다. 생산과정에서 산출된 상품들은 화폐로 판매되고, 이 화폐 대신에 생산과정의 갱신에 필요한 생산자본의 요소 — 생산수단과 노동력 — 가 시장에서 다시 구입된다. 그리하여 화폐는 상품구매를 위한 수단일 뿐 총과정의 자기목적 및 추동력은 아닌 것처럼 보인다.

화폐자본의 순환을 고찰할 때 실현된 잉여가치가 어떻게 사용되는가, 즉 그것이 자본가의 개인적 소비를 위해 사용되는가 아니면 확대재생산을 위해 사용되는가라는 문제는 어떠한 원칙적인 의미도 갖지 않았었다. 이와는 달리, 생산자본의 순환 문제를 취급할 때 그러한 문제는 특수한 의미를 갖는다. 왜냐하면 잉여가치를 자본가의 개인적 소비에 사용하는가 아니면 확대재생산을 위해 사용하는가에 따라 단순재생산이 이루어질 것인가 확대재생산이 이루어질 것인가가 결정되기 때문이다. 이것은 생산자본의 순환에 대한 상이한 정식에서도 드러난다.

단순재생산의 경우에 생산자본의 순환의 정식은 다음과 같다.

$$P \cdots W' \begin{cases} W \\ + \\ w \end{cases}$$

잉여가치의 운동 w—g—w가 뜻하는 것은, 잉여가치가 자본가의 개인적 소비를 위해 소모되었다는 것과 생산자본의 규모는 순환의 시작단계와 마지막 단계에서 모두 동일하다는 것이다.

확대재생산의 경우에 생산자본 순환의 정식은 다음과 같이 다른 형태로 나타난다.

$$P \cdots W' - G' - W' \left\langle \begin{matrix} A \\ Pm \end{matrix} \right. \cdots P'$$

이 경우에 총잉여가치 혹은 잉여가치 중의 한 부분은 자본화되고 이로써 생산자본의 규모는 증대하는 것이다.

생산자본의 순환 내에서 유통국면은 외형상 W—G—W, 즉 단순상품유통인 것처럼 나타난다. 그러나 실상은 그렇지 않다. 단순상품유통은 생산적 소비에뿐만 아니라 개인적 소비에도 쓰인다. 생산자본의 유통은 그와는 달리 생산적 소비만을 추구한다. 생산자본의 순환 내부에서 이루어지는 상품유통의 역할은 생산적 소비에 필요한 요소들— 생산수단과 노동력— 을 확보해주는 정도로만 제한된다. 단순상품유통이 생산과 소비 사이의 연관을 총괄하여 표현하는 반면, 생산자본의 유통은 생산과 생산적 소비 사이의 연관을 표현하지만 개인적 소비와의 연관을 직접적으로 표현하지는 않는다.

상품자본의 순환

상품자본의 순환은 정식 $W' - G' - W \left\langle \begin{matrix} A \\ Pm \end{matrix} \right. \cdots P \cdots W'$로 표현된다. 이 순환의 특징은, 첫번째 형태(화폐자본의 순환)에서는 유통이 생산과정에 의해 중단되고, 두번째 형태(생산자본의 순환)에서는 유통이 생산과정만을 매개하는 반면 유통 전체, 즉 유통의 두 국면을 시작한다는 데 있다. 이러한 순환단계는, 자본주의적 생산이 한편으로는 유통에, 다른 한편으로는 소비에 의존한다는 것을 명확하게 강조한다.

상품자본의 순환은 화폐자본의 순환과 구별되는 것은 물론, 잉여가치를 이미 상품형태(W')로 보유하고 있는 증식된 자본가치를 자기운동의 출발점으로 삼는다는 점에서 생산자본의 순환과도 구별된다. 바로 이 순환단계에서 실현프로그램은 핵심적 의의를 획득한다. 그것의 해결에 다른 모든 자본운동의 진행이 달려 있다.

화폐자본의 순환과 생산자본의 순환을 다룰 때에는 자본운동이 결코 개인적 소비에 연관되는 것이 아니라 그것과는 전혀 무관하게 진행된다는 인상이 발생할 수 있다. 모든 자본은 생산수단과 노동력에 대한 수요를 결정하지만 시장에 있는 소비재에 대한 직접적인 수요를 결정하는 것은 아니다. 만일 자본가가 자신의 화폐 중 일부를 사적인 욕구를 충족시키기 위해 소비했다면, 이 경우에 화폐는 화폐자본이 아니라 그 운동이 단순상품유통의 일반적 법칙에 의해 규제되는 일상적인 화폐로 나타난다. 만일 노동자가 자신이 갖고 있는 임금으로 생존수단을 구입한다면, 이 경우에도 화폐는 일상적인 화폐로 나타난다. 따라서 겉으로 보기에 화폐자본 및 생산자본의 운동은 소비재시장과는 아무런 관련이 없는 것처럼 보인다.

그러나 현실에서 이러한 독립성은 상대적인 것이다. 자본가가 시장에서 노동력이라는 상품을 발견할 수 있기 위해서는, 이 상품은 끊임없이 재생산되어야 한다. 그리고 이것은 노동자가 시장에서 필요한 생존수단을 발견할 수 있을 경우에만 가능하다. 다른 한편 자본가계급에게도 그들의 사적 욕구, 안락과 사치를 충족시켜줄 소비재가 시장에 존재하는 것이 필요하다. 전체 자본가계급의 상품자본은 따라서 생산수단뿐만 아니라 소비재 역시 포괄해야만 한다. 개별 자본가에게는 그가 어떠한 종류의 상품을 생산하는가 하는 것은 별 의미가 없다. 그러나 자본주의사회 전체에서 이 문제는 매우 중요한 의미를 지닌다. 이러한 사실로부터, 하나의 개별 자본의 운동은 고립적인 성격을 갖는 것이 아니라, 여타의 모든 개별 자본들의 운동과 불가분하게 연관되어 있다는 결론에 이르게 된다.

하나의 개별 상품자본의 순환에서는, 운동과정에 있는 자본이 생산적인 소비뿐만 아니라 개인적 소비와도 연관되어 있다는 점과, 유통이 자본순환의 어떤 단계 중의 하나로서만 아니라 생산과 모든 소비 사이의 필요한 연결고리로서 나타난다는 사실이 드러난다. 그러나 이러한 연관은 단순상품유통의 경우보다 더욱 복잡하여 더욱 모순에 가득 차 있다. 그것은 직접적으로가 아니라 최종 결과에서 비로소 나타난다.

순환의 세 단계의 통일과 차이

앞에서 다룬 자본순환의 모든 단계들 — 화폐자본, 생산자본, 상품자본 — 은 분리할 수 없는 통일을 형성한다. 모든 개별 자본의 운동은 이 세 단계를 전제하며 그것 없이는 불가능하다.

이 단계들 모두에 공통되는 것은, 운동이 모든 경우에 순환의 형태로 진행되고 연속하는 세 단계로 나누어지며, 자본의 어떤 기능적 형태에서 다른 기능적 형태로의 전환과 결합되어 있다는 점이다. 다른 것은 운동단계와 형태변화의 순서이다. 그러나 이 차이는 단지 형식적인 성격의 것은 아니다. 순환의 각 단계는 각기 나름의 방식으로 자본운동에서의 생산과 유통의 역할 및 위치를 특징짓는 동시에 왜곡하며, 각기 상이한 방식으로 자본주의적 생산과 유통의 목표를 표현한다. 뿐만 아니라 자본순환의 각 단계들은 자신들의 통일 속에서 자본주의적 생산 및 유통과정의 본질에 대한 전면적인 표상을 매개한다.

부르주아 정치경제학은 이 순환단계들간의 차이를 발견했지만 그것의 통일은 발견하지 못했다. 일반적으로 이 순환단계 중의 하나가 절대화되어, 그것만이 유일하게 자본의 본질을 표현하는 것처럼 설명된다. 중상주의자들은 화폐자본의 순환만 연구하였다. 스미스와 리카도는 생산자본의 순환에서부터 분석을 시작했고, 중농주의자들은 상품자본의 순환으로부터 분석을 시작했다. 이러한 일면적인 접근방식으로부터 자본에 대한 잘못된 견해가 나오는 것은 필연이었다.

맑스는 선행자들의 한계를 극복했다. 세 순환단계의 변증법적 통일 안에서 자본운동을 연구함으로써, 그는 자본을 전면적으로 특징짓고 상이한 단계의 자본운동과정과 상이한 순환단계들 속에서 발생하는 모순들을 폭로하며, 자본주의적 생산의 목적과 이 목적을 실현할 수 있게 하는 수단을 밝혀낼 수 있었다.

운동으로서의 자본

첫번째 연구단계에서는 화폐를 가져다주는 화폐로서 자본을 특징지었다. 그 다음에 이 규정은 구체화되었다. 즉 자본은 잉여가치를 낳는 가치임이 해명되었던 것이다. 그러한 생산관계가 존재할 수 있는 것은 한 계급, 곧 자본가계급은 생산수단을 수중에 집중하고 있는 반면에, 다른 한 계급, 곧 노동자계급은 생산수단을 소유하지 못하고 있으므로 자본가에게 자신의 노동력을 판매하여 그들을 위해 잉여가치를 생산하도록 강제되는 경우에만 가능하다. 자본이란 물로 나타나는, 역사적으로 특정한 생산관계임을 우리는 밝힌 바 있다. 자본순환을 밝히고 난 지금, 자본이라는 규정은 더욱 구체적인 계기들을 포함할 수밖에 없게 된다.

자본은 계속되는 운동, 끊임없는 형태변화로서 나타난다. 가치증식과정은 이러한 계속되는 자본의 운동 없이는 불가능하다. 그리하여 맑스는 다음과 같이 쓰고 있다. "자기 증식하는 가치로서의 자본은 계급관계, 즉 임노동으로서의 노동의 현존재에 근거한 어떤 특정한 사회적 성격을 포함하고 있을 뿐만 아니라 일종의 운동, 즉 상이한 단계들을 거치는 순환과정이며, 이때 상이한 단계들은, 그 자체에 다시 순환과정의 상이한 세 단계를 포함하고 있다. 따라서 자본은 오로지 운동으로서만 이해될 수 있을 뿐, 결코 정지해 있는 사물로 이해될 수는 없다."[1)]

자본은 잉여가치를 낳는 가치이다. 모든 가치와 마찬가지로 자본은 사용가치의 외부에 존재할 수 없고 어떤 소재적 담지자를 필요로 한다. 그런데 이 소재적 담지자는 오직 한 번만 주어지는 것이 아니다. 즉 소재적 담지자 중에 고정되어 있는 것은 아무 것도 없다. 화폐(화폐자본), 생산수단과 노동력(생산자본) 그리고 생산수단 및 소비수단(상품자본)이 그러한 소재적 담지자일 수 있다. 자본은 하나의 특정한 사용가치, 즉 하나의 특정한 소재적 담지자와만 고정적으로 융합될 수는 없다. 그것은 자신의 담지자를 끊임없이 바꾸어야 한다. 오직 이러한 변화를 통해서만 그것은 자기 증식하고 잉여가치를 가져올 수 있다. 자본은 화폐형태에 머물러 있는 한, 결코 잉여가치를 창출할 수 없다. 그것은 화폐형태로부터 생산자본의 형태로 전환해야 한다. 오로지 생산과정에서만 투하된 가치는 타인의 부불노동에 의해 가치를 증식할 수 있다. 자본의 이 가치증식과정은 그러나 소재적 담지자의 또 다른 변화를 전제로 한다. 즉 그것은 생산자본의 형태로부터 상품자본으로 전환해야 한다. 또한 새로운 이 소재적 담지자로부터도 자본은 분리되어야 한다. 잉여가치가 실현되고 본래 투하된 자본이 회수되기 위해서는 새로운 전화, 상품자본에서 화폐자본으로의 전화가 필요하다.

이렇게 하여 자본은 정지해 있는 사물로서가 아니라 가치의 운동으로서 나타나는데, 이것은 자신의 소재적 담지자의 전화에 근거해서만 잉여가치를 창출할 수 있다.

3. 유통비용

자본의 유통과정을 분석해보면, 자본가의 지출은 생산수단의 구매와 노동력의 보수에만 제한되는 것이 아니라는 사실이 밝혀진다. 자본순환의 제1단계와 제3단계에서 자본의 유통과정을 수행하기 위해서는 추가적 지출이 필요하다.

$G - W < \begin{matrix} A \\ Pm \end{matrix}$ 라는 행위가 수행되려면 노동력 고용을 담당하는 부서 및 이에 상응하는 인원과 공간 등이 마련되어야 한다. 생산수단의 구매를 위해서도 특수한 종사자들이 요구된다. 구매한 재료의 운반 및 수송과 관련하여서도 추가적 비용이 발생한다.

W′−G′라는 행위, 즉 상품자본의 실현을 위해서도 특수한 상업노동자와 상업 직원을 확보해야 하며 또한 판매장소, 상점, 창고 등을 건축해야 한다. 광고에도 상당한 비용이 든다. 소비자에게 상품을 전달하려면 운송 및 통신수단을 위한 별도의 비용지출도 필요해진다.

자본의 순환을 보장하기 위하여 c+v 크기의 자본을 투하하는 것이 필요할 뿐만이 아니라, 유통과정을 유지하기 위한 추가적 지출도 필요하다. 이러한 종류의 자본의 지출을 **유통비용**이라고 한다.

유통비용은 두 그룹 — **순수** 유통비용과 **추가적** 유통비용 — 으로 구분된다.

순수 유통비용

순수 유통비용이란 가치의 형태변화와 관련되는 유통비용을 말한다. 여기에는 상품의 구매와 판매에 종사하는 노동자, 즉 상업노동자 및 직원을 고용하기 위한 자본의 지출과, 광고를 위한 지출 등이 속한다. 가치의 형태변화를 위해 투입된 노동은 새로운 가치를 창출하는 것도 아니고 잉여가치를 창출하는 것도 아니다. 이러한 노동은 비생산적 노동이다. 순수 유통비용은 생산자본의 기능과정에서 창출된 잉여가치로부터 충당된다.

순수 유통비용에는 사무용 비품의 구매나 회계사원의 임금지불 등에 들어가는 자본가의 지출도 포함된다. 이 영역에서 임금관계로 노동하는 사람들 역시 어떠한 가치도 창출하지 않는다. 그들의 생계비는 생산노동자들에 의해 창출된 잉여가치로부터 나온다. 그러나 이런 종류의 순수 유통비용은 첫번째 종류와는 약간 다르다. 구매와 판매 사무에 관련된 비용은 자본주의적 생산의 상품형태에 의해 조건지어진다. 그것은 상품생산과 더불어 소멸될 것이다. 그러나 회계는 생산과정의 사회적 성격으로부터 발생한다. 그것은 상품생산이 더 이상 존재하지 않게 될 공산주의에서도 남아 있게 된다. 그때에는 가치의 형태변화에 대한 것이 아니라 전면적인 회계를 요구하는 사회적 생산의 계획적인 지도하에 발생한다.

추가적 유통비용

추가적 유통비용이란 유통영역에서의 생산과정의 지속과 관련되는 유통비용을 가리킨다. 여기에는 상품의 운송, 포장, 분류 그리고 보관을 위한 비용이 속한다. 이 유통비용의 특징은, 전술한 공정을 위해 지출되는, 임금관계에 있는 근로인민의 노동이 노동력의 가치를 대체할 뿐만 아니라 자본가를 위한 잉여가치도 형성하는 새로운 가치를 창출한다는 데 있다.

'교환 구상'의 비판

자본의 순환과정에서 나타나는 합법칙성을 연구함으로써, 생산과 유통 사이의 상호관계를 밝혀낼 수 있으며 또한 이것을 기초로 하여 소위 교환 구상의 허상을 폭로할 수 있다. '교환 구상'의 본질은, 유통영역이 생산영역에 비해 결정적인 역할을 하며, 따라서 유통영역의 규제를 통하여 생산영역에서의 일정한 변화가 일어난다는 주장에 있다.

이런 류의 입장은 맑스주의가 발생하기 이전에 이미 존재했고 매우 광범위하게 전파되어 최근까지도 여전히 그 위세를 떨치고 있다. 오늘날의 부르주아 이데올로그들은, 유통영역의 국가적 통제를 통하여 자본주의적 생산양식을 '개선하고', '건강하게 형성하고', '개혁할' 수 있으며, 공황, 실업, 대중의 빈곤 등의 근본적인 결함을 제거할 수 있다고 주장한다. 특히 케인즈와 자본주의 세계의 다양한 나라들에 있는 그의 추종자들이 이 문제에 관한 수많은 저술을 남겼다.

개량주의자들과 수정주의자들은 자본주의의 존속에 대해 은밀히 논하면서 자신을 다른 사회질서 — 사회주의 — 로의 이행을 지지하는 자라고 자처하고 있다. 그러나 그들은 이러한 이행을 혁명적인 방식이 아니라 개량주의적으로 이해한다. 사회민주주의의 이론가들의 견해에 따르면, 사회주의로의 이행에 있어서 생산수단을 사회화한다거나 사적 자본주의적 소유를 폐기하는 것은 필요하지 않으며, 유통영역을 '사회화'하고 모든 인간관계를 '사회주의적 방향'으로 개조하는 일로 충분하다는 것이다. 이러한 테제는 특히 오스트리아의 우익사회민주주의자인 레너(A. Renner)와 그의 추종자들의 논문에서 발전되었다. 이러한 구상은 본질적으로 자본주의의 '개선'에 관한 부르주아적 이론에 적합하다. 과학적 관점에서 보면, 이러한 구상은 어떠한 비판에도 견뎌낼 수 없다.

자본은 유통영역에서 자신의 가치증식과정을 완화시키는 정도의 개혁만을 취할 수 있을 뿐이다. 뿐만 아니라 유통영역에서 취해지는 개혁이 자본의 가치증식과정의 토대에 관계된 것이라면, 자본가계급 전체가 그러한 개혁에 결사적으로 반대하는 행동을 취하고, 이를 위해 그들의 모든 정치적·경제적 권력과 국가기구를 동원할 것이다.

유통영역에서 근본적인 변화를 이루려면, 무엇보다도 먼저 생산영역에서의 근본적인 변화가 이루어져야 한다. 즉 계급관계로서의 자본이 폐기되어야만 한다. 이 계급관계는 자본가들에 의한 중요한 생산수단의 독점화와 자본에 의한 임노동의 착취에 근거한 것이다. 사회적 생산이 자본주의적 생산으로 조직되는 한, 유통은 자본주의의 법칙이 아닌 어떠한 법칙에도 따를 수 없다.

제19장 자본의 회전

자본의 순환과정을 연구할 때 주요 과제는, 모든 개별 자본이 가치증식 과정에서 취했다가 다시 벗어버리는 형태들을 밝혀내는 일이었다. 우리는 이러한 형태 변화가 발생하는 시간에 대해서는 사상해왔다. 이제는 이 문제가 전면에 부각된다.

자본가는 단순히 자신이 투하한 자본이 세 단계를 거친 후 다시 회수되고 잉여가치를 가져오는 것에만 관심을 갖는 것이 아니다. 자본가는 어떻게 하면 가능한 한 빠르게 자본을 회전시킬 수 있을 것인가에도 관심을 갖는다. 자본이 빠르게 회수될수록, 자본은 그만큼 빨리 새롭게 투자되고 자본가는 더 많은 잉여가치를 획득하게 된다. 자본회수의 속도는 투하되어야 할 자본의 크기, 연간 잉여가치량, 잉여가치율에 막대한 영향을 미친다.

본래 투하된 가치와 잉여가치의 회수는 끊임없이 반복되는 순환행위에 근거해서만 이루어질 수 있다. 개별 행위로서가 아니라 **주기적 과정으로서 규정된 자본의 순환**을 일컬어 **자본의 회전**이라고 한다. 투하된 자본이 생산영역과 유통영역을 거치고 잉여가치를 획득하여 회수되기까지의 시간을 **자본의 회전기간**이라고 한다. 서로 다른 개별 자본의 경우에 자본의 회전기간도 각각 다르다. 이것은 상이한 생산부문에서는 생산과 유통의 조건이 서로 다르다는 데 그 원인이 있다. 중공업 분야에 투하된 자본은 일반적으로 경공업 분야에 투하된 자본보다 서서히 회전한다. 이 산업부문들 내부에도 자본의 회전속도에서 본질적인 차이가 있다.

상이한 자본의 회전속도를 비교할 경우에 1년을 측정 단위로 선택한다. 이러저러한 자본의 사실상의 회전기간과 단위를 대조하면 **회전수**를 알 수 있다. 회전수는 정식 n=U/u로 표현된다. 이때 n은 회전수, U는 사용된 기본단위(1년), 그리고 u는 해당 자본의 회전기간이다. 예를 들어 신발생산에 투자된 자본이 6개월 동안에 1번 회전한다면, 1년 동안의 회전수는 12개월/6개월=2이다. 한 가지 예를 더 들어보자. 조선업에 투자된 자본이 2년 동안에 1번 회전한다면, 그 회전수는 12개월/24개월=1/2이다. 다양한 자본들이 1년 동안에 몇 번 회전하는가가 밝혀지면 자본간의 회전속도를 서로 비교할 수 있다. 위의 경우에 조선업에 투자된 자본의 회전속도에 비해 신발생산에 투자된 자본의 회전속도가 4배 더 빠르다.

자본의 회전을 연구할 때, 화폐자본이나 생산자본의 순환에서 출발하는데, 왜냐하면 이 순환단계들에서 운동은 **투하된** 가치와 함께 시작되고 그것의 회수와 함께 끝나기 때문이다. 상품자본의 순환은 투하된 자본가치가 아니라 잉여가치를 보전하고 있는 **증가된** 자본가치에서 시작한다. 따라서 그것은 자본의 회전을 연구할 때 출발점일 수 없으며, 이 경우에 연구대상은 본래 투하된 가치의 운동의 합법칙성이다.

1. 고정자본과 유동자본

생산자본의 상이한 부분의 회전에서 나타나는 특수성

자본의 생산과정을 연구할 때, 생산자본은 잉여가치의 **창출**에서 각 부분이 어떠한 역할을 수행하는가에 따라 불변자본과 가변자본으로 구분된다는 것이 확인되었다. 그런데 회전의 특수성이라는 관점에서 볼 때는 생산자본은 고정자본과 유동자본으로 구분된다.

고정자본은 생산과정에 전적으로 참여하지만 그것들의 가치는 점차적으로 조금씩 생산물로 이전되는 생산자본의 요소들을 일컫는다. 생산자본 중 이 부분의 가치는 각각의 생산주기에 따라 완전히 유통영역으로 이전되는 것이 아니라 부분적으로만 이전된다. 또한 여기에 상응하여 고정자본은 상품이 실현된 후에 부분적으로만 자본가에게 회수된다. 이러한 자본 부분의 총가치는 일련의 생산활동과 유통활동을 거친 후에야 비로소 회수된다. 유동자본은 생산자본 중에서 고정자본 이외의 모든 요소를 일컫는데, 이들의 가치는 각각의 생산주기에 따라 완전히 유통영역으로 이전된 후 회수된다.

고정자본의 물질적·소재적 담지자는 대개 노동수단(공장건물, 설비, 기계, 공구, 생산기계 등)이다. 노동수단의 가치는 대개의 경우에 유통으로 넘어가 일련의 생산과정을 완전히 거친 후에야 비로소 자본가에게 회수된다. 이때 문제가 되는 것은 생산과정에서 기능하는 노동수단, 즉 생산자본의 요소들이지 이미 생산과정을 떠나 상품자본으로서 판매단계에 있는 자본요소는 아니다. 생산과정에 참여하지 않는 노동수단은 고정자본이라고도, 유동자본이라고도 할 수 없다.

그러나 생산과정에서 기능하는 노동수단이라고 할지라도, 그것이 언제나 고정자본의 소재적 담지자로 나타나는 것은 아니다. 복잡한 공구제작기나 설비를 생산하는 중공업 분야에서는, 어떤 생산품을 생산하는 과정에서 공구 중의 한 부분은 아직 새로운 생산품의 생산이 완결되기 이전에 완전히 마모된다. 이 경우에 이러한 노동수단의 가치는 한꺼번에 새롭게 창출된 상품으로 이전되며, 이때 소모된 비용은 유동자본이라고 해야 한다.

이와는 다른 경우에도 본래 노동수단이 아닌 생산자본의 요소 역시 고정자본의 소재적 담지자일 수 있다. 농업에서 화학비료는 종종 한 해 동안만이 아니라 여러 해에 걸쳐 거듭 수확증가에 기여하며, 동시에 그 가치는 한 가지 수확물이 아니라 여러 가지 수확물이 실현된 후에야 자본가에게 회수된다. 이때 비료에 대한 지출은 고정자본의 구성요소가 된다.

생산자본의 이런저런 부분을 고정자본에 포함시키는 기준은, 따라서 사물의 물리적 속성에 있는 것이 아니며, 그것이 노동수단으로 기능한 사실에 있는 것도 아니다. 그 기준은 어떤 방법으로 그것이 새롭게 생산된 상품에 자신의 가치를 이전시키는가에 있다.

고정자본의 특수성은, 자신의 가치가 회전과정에서 두 부분으로 구분되고, 동시에 두 가지 형태 — 계속해서 생산과정에서 기능하는 노동수단의 잔여가치의 형태와 화폐형태 — 로 존재한다는 데 있다. 예를 들어, 1만 달러의 가치를 갖는 어떤 기계가 5년간에 걸쳐 생산에서 기능하였고 그 기계의 총유용기간은 10년이라고 하면, 그 기계는 자신의 가치 중 절반인 5천 달러를 새롭게 산출된 상품에 이전시킨 것이다. 이 부분의 고정자본의 가치는 생산된 상품으로 실현된 후에 화폐형태로 자본가에게 회수된다. 이 기계의 다른 부분의 가치는 5천 달러를 지니고 계속해서 생산영역에 존재하며, 계속 사용될 기계 속에 체현되어 있다.

유동자본의 물질적·소재적 담지자는 일반적으로, 노동과정에서 기능하며 생산자본의 필수 요소인 노동대상과 노동력이다. 생산과정의 모든 행위에서 노동대상은 대개 자기 본래의 형태를 완전히 마모시키며 소재적으로 새로운 생산품에 이전되거나(예컨대 양복이나 옷 생산시의 직물), 새로운 생산물의 제작을 보조한다(예컨대 다양한 종류의 보조원료). 생산과정중에 원료와 보조원료의 가치는 새롭게 생산된 상품으로 완전히 이전되며, 자본가에게는 자본의 순환에서 상품이 실현된 후에 화폐형태로 완전히 회수된다. 상품의 생산과 실현 후에 소모된 유동자본의 요소들은 새로운 상품 부분의 생산을 위해 새롭게 자신의 원래 형태로 돌아가 충당되어야 한다.

다양한 생산주기 속에서 그 사용가치가 이용되는 고정자본의 요소들과는 달리, 유동자본의 요소들은 그들의 사용가치가 상실되는 하나의 생산주기 동안에만 생산에 참여한다.

유동자본의 물질적·소재적 담지자는 이미 위에서 살펴본 대로 노동대상뿐만 아니라 노동수단일 수도 있다. 생산과정에 투입되는 노동력은 새롭게 산출되는 상품 속에 자신의 가치를 단번에 이전시키는 것이 아니라 점차적으로 이전시킨다. 노동력은 새로운 가치를 창출한다. 이 새로운 가치의 일부는 노동력의 가치를 재생산하고 다른 부분은 잉여가치를 창출한다. 가치와 잉여가치의 형성이라는 관점에서 결정적인 의의를 갖는 이 특수성은, 이 자본 부분의 회전의 특성과는 아무런 관계가 없다.

회전의 특성의 측면에서는 가변자본은 유동자본과 구별되지 않는다. 자본의 모든 순환에 투입되는 노동력의 가치는 이러한 순환을 수행한 후에 자본가에게 완전히 회수되며, 따라서 가변자본은 자신의 회전이 갖는 특성에 따라 유동자본에 포함되는 것이다.

생산자본을 고정자본과 유동자본으로 구분하는 것은 그것이 불변자본과 가변자본으로 분리되는 것을 은폐시켜버린다. 노동력의 구매를 위해 투하된 가변자본을 유동자본에 편입시키는 것은, 노동대상과 노동력이 자본주의적 생산과정에서 동일한 역할을 수행하며, 노동력뿐만 아니라 다른 자본

부분도 잉여가치의 원천인 것처럼 보이게 한다. 상이한 자본 부분의 역할에 대한 이러한 잘못된 견해는 자본의 객관적인 유통과정에 의해 발생한다.

고정자본과 유동자본에 대한 부르주아적 정의들

자본 구성요소들의 회전의 성격상의 차이는 이미 중농주의자들(케네, 튀르고)에 의해 밝혀졌다. 그들은 농업에 투하된 자본을 '시초선불'과 '연선불'로 구분하였다. 즉 그들은 자본 중에서 여러 해(10년 주기)가 지난 다음에 자본가에게 회수되는 부분을 '시초선불', 해마다 수확물이 실현된 후에 회수되는 부분을 '연선불'이라고 했다. 중농주의자들의 귀중한 점은, 첫째 상이한 부분들의 자본을 생산자본과 관련해서만 구분했고, 둘째 상이한 부분들간의 차이를 회전의 특수성에서 파악했다는 점이다. 그러나 중농주의자들은 농업에 투하된 자본만을 생산자본으로 생각하는 오류를 범했다.

중농주의자들과 비교해볼 때 스미스는 한걸음 더 나아갔다. 그는 물질적 생산을 위해 투자된 임의의 모든 자본을 생산자본으로 간주하였다. 그는 농산물 생산과 관련하여 생겨난 '연선불'과 '시초선불'이라는 용어를, 각각 보다 일반화된 용어인 '유동자본'과 '고정자본'으로 대체하였다. 그러나 고정자본과 유동자본을 구분하는 과학적 기준의 설정에서 그는 여러 가지 오류를 범하였다.

스미스는, 가치의 형태변화가 아니라 사용가치의 운동이 유통과정의 주요 내용이라는 잘못된 생각에서 출발하고 있다. 그는 사용가치의 구체적인 위치변화가 발생하지 않는다면 어떠한 유통과정도 존재하지 않는다고 생각했다. 이러한 견해에 상응하여, 그는 자본을 두 부분으로 구분하였다. 생산영역에서 생산수단의 형태로 움직이지 않은 채로 존재하고, 그 현물형태로는 유통영역으로 이전되지 않는 부분을 고정자본이라고 했다. 그리고 구체적인 위치의 변화를 겪으며, 따라서 그의 견해에 따르자면, 유통하는 부분을 유동자본이라고 했다.

이처럼 스미스는 고정자본이 유통으로는 들어가지 않는다는 잘못된 생각을 하고 있었다. 물론 실제로 고정자본은 자신의 가치가 유통할 때 현물형태로 유통영역으로 들어가지는 않는다. 실제로 두 자본 부분, 즉 유동자본과 고정자본은 유통한다. 스미스는 자본을 고정자본과 유동자본으로 구분할 때 다양한 자본 부분의 구체적인 운동성 및 부동성을 근거로 삼지 그들의 가치의 유통의 특수성을 근거로 삼지는 않는다. 이러한 출발원리에 상응하여 그는 생산자본의 한 부분만이 아니라 총화폐자본과 총상품자본까지도 유동자본에 포함시키는데, 왜냐하면 그것들은 구체적으로 이 손에서 저 손으로 끊임없이 운동하는 과정에 존재하기 때문이다.

리카도 역시 스미스가 범한 오류를 극복하지 못했다. 그 역시 사물의 구체적 속성, 즉 수명을 출발점으로 삼고 있다. 그리하여 그는 서서히 소모되는 자본을 고정자본, 빠르게 소모되는 자본을 유동자본이라고 했다.

스미스와 리카도의 잘못된 명제는, 맑스에 의해 전면적인 비판을 받게 되지만 부르주아 정치경제학에 의해 계속 전파되어 나갔다. 그것들은 오늘날의 부르주아 교과서와 교재에 경제적 논제로 남아 있다. 사물의 구체적인 특성상의 차이라는 원칙에 따라 자본을 구분하는 것이 아마도 부르주아 경제학자들에게는 유리할 것이다. 왜냐하면 이러한 구분은, 자본은 사물이 아니라 생산관계라는 사실을 은폐시킬 것을 허용하기 때문이다.

2. 고정자본의 물리적 마모와 도덕적 마모

고정자본의 물리적 마모

생산과정에서 고정자본의 물질적·소재적 요소는 물리적 마모를 겪지 않을 수 없다. 노동수단이 강 도있게 사용될수록, 그것이 더욱 오래 기능할수록 노동수단의 물리적 마모 정도는 더 커진다. 노동수단은 바람, 수해 등의 영향을 받아 자연적인 손상을 당하지 않는다 해도 물리적 마모를 피할 수 없는 것이다. 고정자본의 신속한 물리적 마모를 방지하기 위하여, 자본가들은 소규모 손상을 손질하고 약간의 마모분을 대체시켜주는 일상적 수리를 위해 추가적 자본을 지출해야 한다.

노동수단을 좀더 오래 사용하면, 특히 집중적으로 사용되는 중요한 건물과 부품은 빨리 마모될 수밖에 없다. 마모된 중요한 건물과 부품은 일반수리를 통해 대체된다. 즉 일반수리에 의해 노동수단의 기술적 생산능력과 그것의 가치는 재생산된다. 흔히 일반수리는 공구제작기나 설비의 현대화, 그것의 기술적 개선과 관련되어 있다. 일반수리의 가치는 본래의 가치에 추가되어, 고정자본의 본래 가치와 동일한 법칙에 따라 새롭게 생산되는 상품에 이전된다.

일상적 수리와 일반수리를 위해 지출되는 자본은 고정자본의 기능과 결합되어 있다. 그러나 일상적 수리에 지출되는 자본의 유통방식은 일반수리에 지출된 자본의 유통방식과는 다르다. 일반수리를 위해 사용되는 자본은 한 번의 생산주기가 끝난 후에 완전히 회수되는 것이 아니라 다만 부분적으로만 회수되며, 그렇기 때문에 고정자본에 포함되는 것이다. 실제에서 일상적 수리 및 예방적 수리에 지출되는 자본은 자본가 측에서 볼 때 경상적 지출로 간주되고, 비록 그 자본이 직접적으로 고정자본에 관련된 것일지라도 유동자본으로 분류된다.

맑스는 이러한 류의 자본을 '특수한 종류의 자본'이라고 부른다. 이런 특수한 자본은 고정자본에도, 유동자본에도 포함시킬 수 없다. 그것은 회전의 성격 때문에 고정자본과 구별되며, 유동자본과 함께 자본가에게 회수된다. 그것은 또한 유동자본과도 구별되는데, 왜냐하면 그것은 유동자본의 요소를 위해서가 아니라 고정자본의 물질적·소재적 요소들의 기능을 위해 투자되기 때문이다.

고정자본의 도덕적 마모

고정자본은 물리적 마모 이외에 도덕적 마모도 겪는다. 물리적 마모와 도덕적 마모의 공통점은, 두 경우 모두 고정자본의 감가가 조금씩 일어난다는 것, 즉 자신의 가치 중 일부를 상실한다는 것이다. 고정자본의 물질적 마모와 도덕적 마모의 차이는 이러한 감가에 작용하는 원인에 있다.

6년 전부터 기능하는 기계는 2년 전부터 사용되는 기계보다 값이 더 싸다. 왜냐하면 그 기계들의 물리적 마모 정도가 서로 다르기 때문이다. 그러나 고정자본의 도덕적 마모의 경우에는 물리적 마모의 정도와 무관하게 감가가 이루어진다. 기계는 완전히 새로운 것일 수 있으나 그 가치는 감소된다. 이는 다음과 같은 두 가지의 경우에 발생한다. 첫째는 노동생산성의 상승에 의해 기존의 특성을 가진 기계가 더욱 적은 노동지출로써 생산되어 그 가치가 저하되는 경우이고, 둘째는 생산단위마다 더욱 생산적이고 값싼 새로운 구조를 지닌 기계가 만들어지는 경우이다.

기존의 구조를 지닌 기계의 생산의 저렴화 때문에 발생하는 고정자본의 도덕적 마모를 **도덕적 마모의 제1형태**라고 부른다.

어떤 자본가가 1만 달러의 가치를 갖는 기계를 설치했다고 가정해보자. 1년 후에 그 기계는 노동생산성이 증가함에 따라 가치가 감소될 것이고 더욱 싼 가격 — 7천 달러 — 으로 팔릴 것이다. 이 기계에 투자된 고정자본은 따라서 부분적으로 감가되고, 비록 물리적 마모 정도가 사소하긴 하지만, 이전의 1만 달러의 가치에 비해 감소된 7천 달러의 가치만 보존하게 된다.

생산단위마다 더욱 생산적이고 저렴한 기계의 발전으로 인해 발생하는 도덕적 마모를 **도덕적 마모의 제2형태**라고 한다. 생산성이 높은 기계를 사용하는 자본가의 경우에, 상품의 단위마다 이전되는 가치 부분은 낡은 기계를 사용하는 자본가의 그것보다 작을 것이다. 따라서 이런 자본가는 현재의 상품을 동일한 조건에서 더욱 저렴한 가격에 판매할 수 있을 것이다. 그렇게 되면 낡고 생산성이 낮은 기계를 사용하는 자본가도 경쟁에 대응하기 위해 더욱 저렴한 가격으로 상품을 판매하기 시작한다. 그러나 그는 전체 상품량을 모두 판매하고 난 후에 고정자본의 가치 중 일부밖에 회수하지 못한다. 이로 인해 그의 고정자본이 사실상의 감가된다.

이렇듯 도덕적 마모에 의한 고정자본의 감가라는 위험 때문에 모든 자본가는 물리적 마모가 일어나기 오래 전에 고정자본의 가치를 회수되는 일련의 조치를 취하게 된다. 자본가들은 노동자계급의 착취를 강화하여 이러한 위기로부터 벗어나려 하는 것이다. 그들은 노동일을 연장하고 노동강도를 높임으로써, 고정자본의 가치를 새로이 생산되는 상품에 더욱 짧은 기간에 이전시키며 투하된 고정자본을 더욱 빠른 시간에 회수하고자 한다.

고정자본의 대체

<표 2>

	일반 수리비용을 포함한 고정자본의 가치	연간 생산물에 이전된 가치	상각기금
생산의 시작	20	-	-
1년말	18	2	2
2년말	16	2	4
3년말	14	2	6
4년말	12	2	8
5년말	10	2	10
6년말	8	2	12
7년말	6	2	14
8년말	4	2	16
9년말	2	2	18
10년말	0	2	20

새롭게 생산되는 상품에 이전되어 상품의 실현 이후에 자본가에게 화폐형태로 회수되는 고정자본의 가치는, **상각기금** 혹은 고정자본의 대체를 위한 기금을 형성한다. 고정자본의 물질적·소재적 요소들(기계, 작업기, 설비, 공장건물 등)이 마모되는 시점에 이미, 같은 종류의 새로운 고정자본의 요소들을 구매하고 그 대체기간 동안의 일반수리를 보장하는 가치 크기가 상각기금으로 축적된다.

상각기금의 형성은 <표 2>(수치는 가정된 것이다)로 설명될 수 있다. 상각기금으로 흘러드는 자금은 흔히, 자본가들에 의해 매년 부분적인 생산규모의 확장을 위해 — 즉 추가적 기계, 공구제작기 등의 구매를 위해 — 사용된다. 이 경우에 상각기금은 **추가적 축적원천**으로서 기여한다.

임의의 시점에서 자본의 경쟁을 통해 사회적으로 필요한, 일정한 평균 감가상각률이 자연발생적으로 형성되는데, 이 감가상각률은 고정자본의 물리적·도덕적 마모를 고려한 것이다. 만일 어떤 자본가가 고정자본의 가치를 좀 더 빨리 회수하려는 생각에서 자신의 기업에서 더욱 높은 감가상각률을 책정하고 그에 상응하여 자신이 생산한 상품에 더욱 높은 가격을 책정한다면, 그 자본가의 경쟁력이 약화되고, 높은 가격 때문에 상품의 유통에 곤란이 생겨 결국은 손해를 보게 될 것이다. 더욱 높은 감가상각률과 상품가격의 책정을 통해서 고정자본의 가치를 빨리 회전시키려는 시도는, 가치법칙에 의해 점차 객관적 한계에 부딪히게 된다. 때문에 자본가들은 다른 방법을 모색하는데, 즉 그들은 매년 획득하는 이윤 중 일부로 상각기금을 증가시킨다. 이 경우에 상각기금은 두 가지 요소로 구성되는데, 생산물에 이전되어 상품으로서 판매된 후 화폐형태로 회수되는 고정자본의 가치부분과, 이윤의 일부가 그것이다.

만일 매년 이윤의 일부가 상각기금으로 적립된다면, 소모된 고정자본을 보충시키는 데 필요한 총액은 매우 빨리 축적된다. 겉보기에는 상각기금으로 적립되는 이윤 부분은 자본가들에게는 무익한 것처럼 보일 수도 있다. 그러나 사실은 그렇지 않다. 상각기금으로 적립되는 총액은 자본가들의 재산이 되고, 이윤에 따라 세금이 증가할 경우에 세금도 내지 않게 되는 부분이다. 이윤의 일부를 상각기금으로 책정하면 자본가는 그 부분에 대한 세금을 지불하지 않아도 되고, 따라서 자본가에게는 의심할 여지없이 이득이 된다.

오늘날 발전된 자본주의 나라들에서 상각기금을 적립한다는 명목으로 이윤의 일부를 은폐시키지 않는 자본주의적 기업은 없다.[2] 1952년 서독에서 제정된 헌법은 기업가에게 고정자본의 원가의 48%까지 상각기금에 적립할 수 있는 권리를 부여하고 있다. 그렇게 높은 상각률은 상품가격의 강력한 상승을 통해서 실현될 수 있는 것이 아니다. 따라서 여기서 실제로 중요한 것은, 이윤의 한 부분을 상각기금으로 사용하는 것이다. 서독 경제연구소의 통계에 따르면, 서독의 독점기업은 고정자본을 가속적으로 감가상각할 수 있는 권리 덕분에 1951~58년 사이에 600억 마르크가 넘는 이윤 부분에 대한 세금을 면제받았다.

만일 고정자본의 가치가 물리적 마모 이전에 회수된다면, 그것은 생산과정에서 공짜의 자연력처럼 기능하는 셈이 된다. 그 가치는 이전과 마찬가지로 평균 감가상각률에 상응하여 새롭게 생산되는 상품으로 이전된다. 결국 회수되는 금액은 자본가들에게는 추가적 이익이다.

3. 자본의 총회전과 실질적 회전

자본의 총회전 및 실질적 회전의 개념

자본의 회전은 첫째, 본래 투하된 자본 총액의 회수(자본의 가치상의 회전)와 둘째, 자본 구성요소의 현물형태로의 대체를 전제로 한다. 가치형태 및 현물형태로의 자본구성요소의 대체를 **자본의 실질적 회전**이라고 한다.

실제로 자본은, 자본의 모든 구성요소가 자신의 자연적·소재적 구성에서 대체될 때보다 가치에 따라 대체될 때 더욱 빠르게 회전한다. 왜냐하면 고정자본과 유동자본의 회전속도가 서로 다르기 때문이다. 고정자본이 한 번의 회전을 수행하기 전에, 유동자본은 여러 번 회전할 수도 있다. 유동자본의 회전이 빠르게 진행되기 때문에, 고정자본이 한 번 회전하기 이전에 소모된 자본의 총액이 회수될 수 있다.

다음 <표 3>을 보자. 고정자본이 자신의 회전의 1/10만 수행한다 할지라도, 자본가에게는, <표 3>에서 볼 수 있듯이, 유동자본의 회전이 빠르기 때문에 1년 동안에 본래 투하된 자본의 가치의 166%가 회수된다. 좀더 정확하게 말하면, 그의 자본은 가치적으로는 1년 동안에 1.66번의 회전을 수행하는 것이다.

자본 구성요소의 회전수를 평균으로 계산한 자본의 가치에 따른 회전을 **자본의 총회전**이라고 한다. 일반적으로 자본의 총회전은 실질적 회전과 일치하지 않는다. 따라서 자본이 가치적으로 회수될 뿐만 아니라 현물형태로도 대체되려면, 다시 말해서 자본이 실질적 회전을 수행하려면, 다양한 회전들(혹은 순환)이 필요하다. 때문에 자본의 실질적 회전은 상호 관련된 총회전의 다년간의 주기로 나타난다.

<표 3>

	자본의 규모 (1천 달러)	연간 회전수	연간 총회전액 (1천 달러)
고정자본	120	0.1	12
유동자본	80	4	320
총투하자본	200	1.66	332

자본의 실질적 회전, 그리고 생산과 소비간의 모순의 첨예화

자본주의의 내적 모순들을 연구하기 위해서는 먼저 자본의 실질적 회전이 무엇인가를 연구하는 것이 중요하다. 자본의 실질적 회전에 대한 연구는 무엇보다도 생산과 소비 사이의 모순이 어떻게 해서 생산의 규모와 유효수요 사이의 모순의 형태로 나타날 수밖에 없는가를 파악하는 데 중요하다.

생산자본의 상이한 구성요소가 수행하는 회전의 특수성은 공급과 수요상의 구조변화를 야기한다. 개별 시기에 수요가 공급에 뒤지는 것은 불가피한 현상이다. 수요와 공급의 불일치가 생산의 무정부성과 자연발생성 때문에 이미 단순상품생산의 단계에서부터 발생한다는 점은 앞에서 밝힌 바 있다. 자본주의에는 수요와 공급 사이에 동요를 가져오는 이러한 요인이 내재해 있으며 그것의 영향력은 점점 강화된다. 이밖에도 자본주의는 수요와 공급 사이에 심각한 편차를 야기하고 그 편차를 더욱 심화시키는 부차적인 원인도 갖고 있다.

자본가계급 전체는 임의의 시점에서 총가치 c+v+m을 갖는 상품을 시장에 내놓는다. 그렇다면 시장에도 역시 이 정도의 총액에 상응하는 유효수요가 있는가? 순수한 자본주의, 즉 자본가와 노동자라는 두 주요 계급만으로 구성되어 있는 사회에서는, 오직 이 두 계급만이 유효수요를 가질 수 있다. 이제 수요의 크기는 어느 정도인지, 그것은 고정적이고 영원한 것인지 혹은 주기적으로 변화하는 것인지를 관찰해보자. 노동자계급의 입장에서 볼 때 수요의 규모는 가변자본 v의 총액에 상응한다. 이 크기의 수요는 다소간 고정적이며 끊임없이 작용하는 요인이다.

다음에는 자본가계급의 입장에서 이 문제를 바라보자. 자본가들은 상품을 판매한 후에 총액 c+m을 획득한다. 잉여가치의 일부를 자본가들은, 자신들의 욕구를 충족시키는 개별적 소비의 대상을 구입하는 데 사용한다. 생산을 확장시키기 위해 사용될 잉여가치의 다른 부분은 그러나 즉시 투하될 수 있는 것이 아니다. 그것은 일정 기간 동안, 즉 새로운 자본투자에 충분할 때까지 축적된다. 따라서 이 크기의 수요는 더 이상 고정적이거나 끊임없이 영향력을 행사하는 요인으로 볼 수 없다. 이 수요는 주기적으로, 상이한 시점에서 다양한 자본가들에 의해 유효하게 된다.

이번에는 c의 크기를 관찰해보자. 이미 생산된 상품과 앞으로 생산될 상품에는 생산과정에서 지출된 고정자본의 전체가 아니라 이전된 부분만이 들어 있다. 이 부분의 자본은 고정자본의 가치의 일부와 유동자본의 가치로 구성되어 있다. 상품을 판매한 후 회수되는 유동자본의 가치는, 유동자본으로서 소모된 요소들을 갱신하는 데 사용되어야 한다. 따라서 이 부분은 전체 자본가계급의 입장에서 볼 때 안정적인 수요의 원천을 나타낸다. 고정자본으로부터 이전된 가치에 관한 한 생산된 상품이 실현된 후의 금액은, 고정자본이 완전히 마모되어 현물형태로의 갱신이 필요할 때까지, 우선 상각기금의 적립형태로 장기간에 걸쳐 축적되어야 한다. 여러 해가 경과하는 동안에 자본가들은 규칙적으로 시장에 상품을 내놓는다. 이 상품의 가계에는 고정자본으로부터 이전된 가치가 포함되어 있다. 그러나 이 부분의 가치는 동일한 형태의 규칙적인 수요의 요인으로 나타나지는 않는다. 고정자본에 따르는 수요는 따라서 주기적으로 고정자본을 현물형태로 대체하는 데 필요한 만큼만 충족된다. 이 주기는, 고정자본의 해당 요소가 어느 정도의 수명을 가지는가에 달려 있다.

고정자본의 개별 요소들은 다양한 자본가들에 의해 상이한 시기에 갱신된다. 그렇지만 일반적으로 고정자본은 자본가들에 의해 대체로 동일한 시기에 대량으로 갱신된다(그 이유는 경제공황의 장에서 밝혀질 것이다). 이 시기에 고정자본의 요소들에 대한 수요가 상당히 증가한다. 여러 해에 걸쳐 상각기금으로 축적되어온 총액은, 역시 축적되어온 잉여가치와 마찬가지로 유통과정으로 들어간다. 왜냐하면 낡아버린 시설, 기계, 작업기 등을 새롭게 대체할 필요가 있기 때문이다. 기업의 새로운 설비가 이루어지는 여러 해에 걸쳐 수요는 상당한 수준에 이르며 어느 정도 지속성을 띤다. 유효수요의 증가에 영향을 받아 노동수단의 가격은 높아진다. 이에 따라 이 생산분야에 투자된 자본의 이윤도 증가한다. 증가한 이윤은 이 분야에 투자된 추가자본의 회수에 영향을 미치며 생산규모도 확대된다.

기업은 새롭게 문을 열고, 이에 상응하여 노동수단을 생산하는 데 필요한 재료, 원료, 연료에 대한 수요도 증가한다. 뿐만 아니라 금속, 석탄, 기름에 대한 수요도 증가한다. 고정자본을 대량으로 갱신하는 것은 물질적 생산을 하는 모든 여타 분야의 발전에 영향을 미친다. 즉 광업, 에너지산업,

야금업, 운수업, 통신매체산업 등에 활기를 불어넣는다. 추가 노동력을 생산에 투입시킴으로써 소비재의 유효수요의 규모는 확대되며, 해당 산업부문의 발전이 활발해진다. 자본주의적 생산은 활황기를 누리게 되며, 그것은 격심한 호황기로 이행한다.

그러나 기본 자본의 갱신은 항상적인 현상일 수 없다. 자본주의적 기업이 기계설비를 어느 정도 새롭게 대체함에 따라 노동수단의 수요는 감소한다. 그러나 노동수단은 이전보다 많이 생산된다. 그 결과 노동수단의 과잉생산이 초래된다. 노동수단의 수요가 감소됨에 따라 소비수단의 감소현상이 뒤를 잇는다. 그리하여 증가된 생산량과 상대적으로 감소된 유효수요 규모 사이의 모순이 첨예화된다. 자본가계급이 자신들의 수요량을 상당히 제한하기 때문에, 노동자계급이 수요를 담당하는 주요 세력이 된다. 그러나 수요의 크기는 총액 v에 의해 제한되이, 가치 c+v+m의 총상품량을 흡수할 수 없다. 이렇듯 생산과 소비 사이의 갈등이 날이 갈수록 심화됨에 따라 주기적 과잉생산공황이 야기된다. 상품의 판매가 불가능해지기 때문에 기업은 문을 닫게 되고 노동자가 해고당할 수밖에 없어 실업률과 대중의 빈곤상태가 점점 악화된다.

고정자본의 재생산과 유통이 갖는 특성으로 인해 자본주의에서는 언젠가는 수요가 증가하여 공급을 능가하게 된다. 그리하여 생산의 활황과 호황이 도래한다. 그후 수요는 급속히 감소하고 따라서 생산량의 감소현상이 나타난다. 자본주의적 생산의 이러한 주기적 발전의 물질적 기초는 고정자본의 갱신에서의 특수성이다. 자본주의의 발전 정도에 따라 자본의 집적과 집중 현상 및 기술진보도 발전하며 고정자본의 비중 또한 증가한다. 이러한 현상이 생산과 소비 사이의 모순, 생산 규모와 유효수요 규모 사이의 모순을 불가피하게 심화시키고 첨예화시킨다.

4. 생산기간, 노동기간, 유통기간

모든 개별 자본의 회전속도는 생산기간과 유통기간에 달려 있다.

생산기간

생산기간이란 자본이 생산영역에 머무는 기간이다. 생산기간은 다양한 구성요소로 이루어진다. 그러나 생산기간의 가장 중요한 요소는 **노동기간**, 즉 생산물을 생산하는 데 지출되어 그 결과 완제품이 나타나는 노동일 수이다.

몇몇 생산분야에서는 자연력이 노동대상에 작용하는 기간도 생산기간에 포함된다. 이 경우에는 어떠한 노동도 노동대상에 작용을 가하지 못한다(목재 건조, 포도주 발효, 화학반응 등). 이 기간 중에는 따라서 가치나 잉여가치가 창출되지 않는다. 생산기간에는 또한 작업중에 잠시 중단되는 시간도 포함된다(야근 없는 밤시간, 휴무일, 점심·휴식시간 등). 마지막으로 생산기간에는 생산수단 중 일부가 비축용으로 창고에 저장되어 있는 시간까지도 포함된다. 이 비축품은 생산과정의 연속성을 보장하기 위한 것으로서 잠재적인 생산자본을 의미한다.

새로운 기술을 도입하고 노동대상에 더욱 효과적으로 작용을 가할 수 있는 과학적 방법을 도입함으로써 노동대상이 자연력에 내맡겨져 있는 생산시간 부분을 단축할 수 있다. 예를 들어 자작나무를 햇볕에 말릴 경우에 1년 반 내지 2년이 걸린다. 그렇지만 건조실을 사용하면 자작나무는 15일 정도에 건조시킬 수 있으며, 더구나 고주파전류를 사용하면 건조기간은 35분으로 단축된다. 생산기간의 단축은 자본의 회전을 촉진시킨다.

투하된 자본의 **회전속도**와 **크기**에 결정적인 영향을 미치는 것은, 대부분의 산업부문에서 **노동기간의 길이**이다. 노동기간이 단축될수록 여타의 동일한 조건하에 있는 자본은 그만큼 빠르게 회전하고 생산을 위한 자본투자액이 감소된다. 노동기간이 길수록 자본의 회전속도는 감소하며 특정 상품생산을 위한 자본투자액은 증가한다.

두 가지 상이한 생산부문에 투하된 자본을 예를 들어 설명해보자.

먼저, 첫번째 자본은 증기선의 생산에 투하된 것이며, 여기서 노동기간은 1년이다. 반면에 두번째 자본은, 신발 생산에 투하된 것이며 노동기간은 1주일이다. 이 두 자본가가 1주일 동안에 동일한 수의 노동자를 고용하고 동일한 액수의 유동자본을 지출한다고 가정한다. 처음 1주일 동안에 두 자본가가 지출하는 유동자본의 크기는 동일하다. 그러나 두번째 주가 시작되면서부터 이미 차이가 나타난다. 신발 생산에 투자한 자본가는 1주일이 지나면 완성된 제품을 판매할 수 있고(전제를 단순하게 하기 위하여 두 자본가가 주문생산을 하고, 따라서 실제로 판매기간은 둘 다 0이라고 가정한다), 그리하여 이 자본가의 총유동자본은 실현되어 새롭게 투자된다. 두번째 주의 생산을 위해 그는 별도의 추가 유동자본을 투하할 필요가 없다. 그러나 증기선을 생산하는 자본가는 두번째 주의 생산을 보장하려면, 원료나 노동력을 구매하기 위한 추가 자본을 투하해야 한다. 세번째 주에도 사정은 마찬가지이다. 따라서 그는 52주에 걸쳐 추가 유동자본을 투자해야 한다. 그러므로 증기선을 생산하기 위해 자본가가 지출하는 유동자본의 총액은 신발 생산에 투자한 자본가의 그것에 비해 52배 더 크다. 만일 증기선에 투하한 자본가가 그 정도의 자본 금액을 추가로 투자하지 않는다면, 결국 그는 증기선 생산을 포기하지 않을 수 없게 된다. 기선을 생산하여 판매한 후에야 투하된 자본은 자본가에게 회수된다. 그런 후에야 그는 자본을 새로운 생산활동에 투하할 수 있는 것이다. 따라서 증기선에 투하된 자본의 회전속도는 신발 생산에 투하된 자본의 회전속도에 비해 매우 느리다.

자본의 회전을 촉진시키기 위해 자본가라면 누구나 노동기간을 단축시키려고 한다. 노동기간의 단축은 노동생산성 증가, 기술혁신, 사회적 분업의 심화, 전문화, 야근일 수의 증가, 노동일의 연장, 노동의 강화 등을 통해 이루어진다. 노동일의 연장이나 노동강도의 증대, 즉 노동자계급의 강화된 착취는 자본주의적 생산의 조건하에서 노동기간을 단축시키기 위해 특별한 의미를 갖는다. 이 경우에 자본가는 고정자본에 대한 지출을 증가시킬 필요가 없지만, 기술혁신의 경우에 그것은 불가피하게 증대될 것이다.

유통기간

자본이 유통영역에 머무는 기간을 **유통기간**이라고 한다. 유통기간은 생산자가 상품을 시장으로 운송해 가는 시간, 상품이 창고에 저장되어 있는 시간, 그것이 판매 및 구매되는 시간 등을 포함한다. 유통기간이 길수록, 자본의 회전은 그만큼 느려질 것이며 자본투자액은 증가할 것이다. 그 역도 마찬가지이다. 자본이 유통영역에 오래 머물러 있는다는 것은 그 시간 동안 자본이 생산영역에 머무를 수 없게 된다는 것을 의미한다. 즉 자본이 유통영역에 많이 몰려 있으면, 가치와 잉여가치를 창출해낼 자본은 감소된다. 그렇기 때문에 자본가라면 누구나 유통기간을 단축시키려고 한다. 그래야만 자본의 회전을 촉진시킬 수 있고, 따라서 생산자본도 증가될 뿐만 아니라 유통비용 또한 절약할 수 있을 것이기 때문이다.

자본주의가 발전하는 정도에 따라 유통기간에 상반되는 영향을 미치는 요인들이 작용하기 시작한다. 운송수단과 통신수단의 혁신은 상품의 사용지로의 수송에 필요한 시간을 단축시킨다. 그 결과 자본이 유통영역에 머물러 있는 시간이 단축된다. 다른 한편, 자본주의가 발전되고 사회적 분업의 지리적 경계가 확장됨에 따라 상품의 생산지에서 판매시장까지의 거리가 멀어지는데, 그 결과 유통기간은 연장된다. 그밖에 자본주의의 기본모순이 첨예화됨에 따라 생산된 상품을 실현하는 과정에 어려움이 발생한다. 그리하여 과잉생산된 제품이 창고에 쌓이게 되고 구매 및 판매에 필요한 시간은 연장된다. 그 결과 상품은 이 장소에서 저 장소로 상품시장을 찾아 나서게 된다. 이러한 제반 사항은 자본이 유통영역에 머무는 시간을 연장시키고 자본의 회전을 지연시키며, 생산을 위해 투하한 자본의 점점 많은 부분을 생산영역에서 빼앗아버린다.

상품의 실현과정에서 문제점이 점점 증가하고 있다는 사실은, 판매될 상품가격에 대한 거래비용의 비율이 자본주의가 발전함에 따라 점점 커진다는 사실을 통해 드러난다. 오늘날 거래비용은 상품가격의 60%를 넘어서고 있으며 몇몇 상품의 경우엔 80~90%에 달하고 있다.

5. 연간 잉여가치율과 연간 잉여가치량

유동자본이 한 번 회전하는 동안에 생산되는 잉여가치량은 다음 두 가지에 의존한다. 즉 (1) 잉여가치율, (2) 가변자본의 규모이다. 또한 1년 동안에 생산되는 잉여가치량은 제3의 크기, 즉 가변자본의 회전수에도 의존한다. 몇 가지 예를 들어 설명해보자.

상이한 부문에서 기능하는 자본 A와 B가 있다고 가정하자. A의 경우, 가변자본으로 투하된 금액은 6,000달러에 달하며, B의 경우에도 투하된 가변자본의 규모는 동일하다. 또한 임노동자의 착취도도 동일하여, 그 착취율은 100%에 달한다. 그런데 자본 A의 가변자본 부분은 1년에 12회(혹은 1개월에 1회)의 회전을 수행하는 반면, 자본 B는 1년에 단 1회의 회전을 수행한다. 자본 A의 가변자본 부분은 1개월 동안에 1회의 회전을 수행하고 자본가에게 회수되어 6,000달러의 잉여가치를 가져다준다. 다음 달에도 마찬가지이다. 그리하여 자본 A의 가변자본 부분은 1년 동안에 12번 회전하여 7만 2,000달러(6000×12)의 잉여가치를 창출한다. 반면에 자본 B의 가변자본 부분은 1년 동안 단 1회의 회전을 수행할 뿐이며, 이에 상응하여 1년 동안에 창출하는 잉여가치의 합계는 6,000달러이다. 따라서 동일한 크기의 가변자본에 의해 1년 동안에 생산되는 잉여가치량은, 그것의 회전수에 따라 상이하다.

연간 잉여가치율은 1년 동안에 획득된 잉여가치의 총합계와, 투하한 가변자본간의 비율이다. 랖서 든 예를 보면, 자본 A의 소유자가 획득하는 연간 잉여가치율은 1,200%(72,000/6000×100)이고, 자본 B의 소유자의 경우에는 100%(6,000/6,000×100)이다. 따라서 투하된 가변자본액은, 노동력의 착취도는 동일하지만 가변자본의 회전수가 상이할 경우에 상이한 잉여가치량을 가져오며 상이한 연간 잉여가치율을 갖는다는 결론에 이르게 된다.

맑스에 의하면, "이러한 현상들은 잉여가치율이 가변자본에 의해 기능하게 되는 노동력의 양 및 착취도에만 의존하는 것이 아니라, 유통과정에서 발생하는 어떤 알 수 없는 요인에도 영향을 받는다."[3)]

그러나 이렇듯 교묘하고 피상적인 인상은 투자된 가변자본의 규모를 실제로 사용된 가변자본의 규모로 대체하면 곧바로 사라진다.

위에서 든 예에서 투하된 가변자본은 자본 A의 소유자와 자본 B의 소유자의 경우에 동일하다. 즉 각각 6,000달러씩이다. 그러나 1년이 경과하는 사이에 실제로 사용된 가변자본은, 두 자본의 회전수가 다르기 때문에 차이가 난다. 이 두 자본가가 동일한 시간 동안에 착취한 노동자 수도 따라서 각각 다르다. 즉 자본 A의 소유자는 매월 6,000달러의 노동력을 사들였다(우리는 그것을 노동자 120명의 월급이라고 가정한다). 1년 동안에 그는 120명의 노동자를 계속 고용하였고, 따라서 1년 동안 지불한 임금 총액은

6,000×12=72,000달러가 된다. 이 총액이 바로 실제로 사용한 가변자본이다. 그러나 이 액수의 임금을 지불하기 위해 자본 A의 소유자는 72,000달러 전액을 투하할 필요가 없다. 왜냐하면 매월 투하된 6,000달러가 그에게 회수되어 이것으로 다음 달 월급을 지불하면 되기 때문이다. 따라서 자본 A의 소유자의 경우, 1년 동안에 투하되는 가변자본의 크기는 실제로 1년 동안에 사용되는 가변자본보다 적다.

이제 자본 B의 소유자를 살펴보자. 그는 매월 투하한 가변자본 6,000달러 중에서 오직 1/12, 즉 500달러만을 임금으로 지불할 수 있다. 이 500달러로 그는, 자본 A의 소유자처럼 매월 120명의 노동자가 아니라 고작 10명의 노동자를 고용할 수 있을 뿐이다. 생산과정에서 가변자본은 1년 동안에 1/12의 노동자만 작업에 투입할 수 있으며, 따라서 1년 동안에 (잉여가치율이 동일할 경우에) 1/12의 잉여가치를 생산한다. 1년 동안에 투하된 가변자본의 합계는 6,000달러이고, 생산에 실제로 사용된 가변자본도 따라서 6,000달러(500×12)이다. 그리하여 이 경우에는 투하된 가변자본과 결제로 사용된 가변자본이 일치한다.

그 결과 동일한 크기의 가변자본을 투하했음에도 불구하고 연간 획득하는 잉여가치가 다른 원인은, 유통영역에서가 아니라 생산영역에서 찾아야 한다는 결론에 이르게 된다. 가변자본의 회전속도를 촉진시키는 것만으로는 잉여가치를 창출할 수 없다. 그러나 회전속도가 빨라지면 보다 적은 액수의 가변자본을 투하하고도 더욱 많은 숫자의 노동자를 고용하여 이에 상응하는 더 많은 잉여가치를 획득할 수 있다.

연간 잉여가치율 — 이것은 투하된 가변자본에 대한 연간 잉여가치량의 비율로 계산된다 — 은 실제의 잉여가치율의 정확한 상을 제공하지 못한다. 그것은 실제의 잉여가치율보다 지나치게 높거나 지나치게 낮은 수치만을 제공해줄 뿐이다. 그러므로 우리가 든 예에서 두 자본가 중 한 자본가의 경우 연간 잉여가치율은 1,200%(72,000/6,000×100)이다. 그러나 실제의 잉여가치율을 밝혀내려면, 우리는 투하된 가변자본과 연간 잉여가치량이 아니라 실제로 사용된 가변자본과 연간 잉여가치량간의 비율을 파악해야 한다. 이 경우에 잉여가치율은 1,200%가 아니라 100%(72,000/72,000×100)이다. 즉 실제 잉여가치율은 100%이다.

제20장 사회적 총자본의 재생산과 유통

1. 개별 자본과 사회적 자본 그리고 재생산 문제

이제 사회적 총자본의 운동을 고찰해보자. 각 개별 자본의 존재는, 다른 개별 자본들과의 연관 없이는 생각조차 할 수 없다. 재생산과정을 수행하려면 개별 자본은, 상품자본을 실현하고 그것을 화폐자본으로 전화할 수 있는 시장을 확보하지 않으면 안된다. 자본주의적 생산과정을 새롭게 시작하려면, 자본가는 시장에서 생산수단과 노동력을 사들여야 한다. 한 사회에서 분업의 수준이 높을수록, 사회적 생산의 전문화 정도가 클수록, 생산의 사회적 성격은 그만큼 더 강해진다. 또한 재생산과정을 가능하게 하는 데 없어서는 안되는 자본가들간의 관계는 더욱 더 다양한 형태로 나타난다.

이 분편의 앞장들에서 개별 자본의 재생산은 다른 자본들의 재생산과 무관하게 연구되었다. 그러나 모든 개별 자본은 실제로 사회적 자본의 일부일 뿐이다. 그리고 이 사회적 자본은 곧 사회의 개별 자본들의 총체를 의미한다.

개별 자본의 운동을 분석할 때 전제해야 할 것은, 사회적 물질대사가 모든 자본에게 그 자본들의 형태적·실질적 형태전환에 필요한 모든 조건을 보장해준다는 점이다. 이는 개별 자본이 가치증식과정에 필요한 모든 조건을 아무런 장애에 부딪치지 않고 시장에서 구할 수 있다는 전제만으로 충분할 것이며, 그 경우에 개별 자본들간의 관계는 사상할 수 있을 것이다. 그러나 사회적 자본의 재생산조건을 총체적으로 고찰할 때는 사정이 다르다. 바로 이러한 제반 관계가 우리 연구의 직접적인 대상이다. 이와 동시에 사회적 자본의 운동도 분석된다.

사회적 총자본의 정상적인 재생산과정은, 모든 자본가의 상품자본이 화폐자본으로 전화할 경우에만 이루어질 수 있다. 따라서 상품생산의 가장 큰 문제점은 상품을 화폐로 전화시키는 것이다. 상품자본이란 자본주의적으로 생산된 상품, 곧 잉여가치를 포함하는 상품이다. 실질적인 잉여가치의 전유는, 다시 말해서 자본주의적 생산의 목표 실현은, 상품자본이 화폐자본으로 전화할 경우에만 가능하다. 개별 자본의 총체와 관련하여 볼 때 상품자본에서 화폐자본으로의 전화는 사회적 생산물의 재생산이 안고 있는 근본문제이다. 그 문제를 경제학 문헌에서는 사회적 총생산물의 실현문제라고 하기도 한다.

사회적 총자본의 재생산과정과 유통과정이 이루어질 수 있는 조건은 무엇보다도 사회적 총생산물, 다시 말하면 상이한 생산부문에서 생산된 다양한 상품들의 총체의 실현조건이다. 문제의 본질은, 자연발생적이고 무정부적인 강제 내에서 사회적 총생산물을 실현하고, 그럼으로써 재생산을 가능케 하는 조건은 과연 무엇인가 하는 것이다.

사회적 자본의 정상적인 재생산과정은 오직 다음 조건들이 확보될 때에만 보장된다. 즉 (a) 모든 자본가들의 상품을 판매한다. (b) 모든 자본가들이 필요한 노동수단과 노동력을 시장에서 발견한다. (c) 모든 노동자와 자본가가 필수적인 소비재를 시장에서 발견한다. 이상의 조건하에서만 우리는 자본주의적 관계의 재생산에 관하여 이야기할 수 있다. 바로 이러한 자본주의적 관계의 재생산이 개별 자본과 사회적 자본의 재생산의 본질을 이룬다.

자연경제를 기반으로 하는 사회구조에서는 사회적 총생산물의 재생산이라는 문제가 발생하지 않는다. 그러나 상품관계가 일반화되어 있고 사회적 분업이 심화되어 있으며, 상이한 사회적 생산부문이 서로 밀접하게 관련되어 있는 자본주의사회에서는 사회적 총생산물의 모든 부분을 어떻게 실현시킬 것인가 하는 문제가 전면에 부각된다.

사회적 자본의 재생산에서 중심문제는 실현의 문제이므로, 여기서는 상품자본의 순환정식을 분석하는 것에서부터 시작할 수밖에 없다.

$$W' - G' - W \left\langle \begin{matrix} A \\ Pm \end{matrix} \right. \cdots P \cdots W'$$

2. 사회적 자본의 재생산에 대한 이론적 분석의 기본전제

사회적 총자본의 재생산과정을 분석하는 데 필요한 전제는, 그것을 가치적인 면과 소재적인 면으로 구분하는 일이다.

사회적 총생산물의 가치 구성요소

잘 알다시피 자본주의적으로 생산된 상품은 가치면에서 보면, 소비된 불변자본 요소의 가치(c)와, 새로 창조된 가치 중에서 가변자본의 등가물에 해당하는 부분(v) 그리고 잉여가치(m)로 나뉘어진다. 개별 상품에 유효한 이러한 구분은 또한 자본주의사회의 총상품량에도 그대로 적용할 수 있다.

사회적 재생산과정을 분석하고자 할 때, 상품생산물 중 위에서 언급한 어떠한 가치부분도 사상해서는 안된다. 예컨대 c를 제외할 경우, 우리는 연간 생산되는 사회적 생산물의 실질적 가치의 크기를 왜곡시켜, 실질적 가치의 크기를 1년 동안에 생산된 새로운 가치와 혼동하게 될 것이다. 만일 우리가 총생산물의 가치를 노동자와 자본가의 소득총액(v+m)에만 국한시킨다면 연간 생산물의 가치와, 국민소득을 가리키는 이 시기에 생산된 새로운 가치 사이에는 어떠한 차이점도 나타나지 않을 것이다. 그렇지만 현실적으로 사회적 총생산물의 총가치는 c+v+m과 일치하는 것이지 v+m과 일치하는 것이 아니다.

문제가 되는 것은 사회적 자본의 재생산이기 때문에, 생산물의 각 성분을 구분함으로써 우리는 자본의 가치증식과정, 즉 잉여가치의 생산과 전유에 대한 어떤 상을 얻을 수 있어야 한다. m을 별도로 해명하지 않는 한, 우리는 자본주의적 재생산과정을 결코 설명할 수 없다.

v를 무시할 경우에도 마찬가지의 오류를 범하게 될 것이다. v 없이는 적대적이고 자본주의적인 관계에서의 주요 생산력의 재생산메커니즘도 해명할 수 없다. c는 이전될 뿐이고 m은 새롭게 창조되며, v는 재생산된다는 점에서 볼 때, v를 강조하는 것은 더욱 더 필요하게 된다.

사회적 총생산물의 가치를 c+v+m으로 구분하는 것은, 사용가치의 재생산일 뿐만 아니라 자본주의의 계급관계의 재생산이기도 한 자본주의적 재생산과정을 분석하기 위한 필수전제이다. 가치 구성요소들간의 관계는 생산력의 발전수준(c : v)뿐만 아니라, 자본가계급에 의한 노동자계급의 착취도(m : v)도 나타내준다.

사회적 규모에서의 재생산과정에 대한 분석의 최초의 시도

맑스가 등장하기 이전의 정치경제학은 사회적 재생산과정을 과학적으로 분석할 수 없었다. 왜냐하면 맑스 이전의 정치경제학은 사회적 총생산물의 가치 구성요소에 관한 올바른 관점을 갖고 있지 않았기 때문이다.

사회적 재생산과정을 분석하려는 최초의 시도는, 중농학파를 대표하는 프랑스의 경제학자 케네에 의해 이루어졌다. 그의 『경제표』에서는 사회적 생산과정이 일회적인 활동이 아니라 끊임없이 반복되는 과정, 즉 재생산과정으로 표현되어 있다. 맑스의 견해에 따르면, 케네의 『경제표』는 유통을 매개로 하여 수행되는 연간 재생산과정을 간단 명료할 뿐만 아니라 그 시대에서는 천재적으로 서술하고 있다. 또한 케네는 정당하게도 자본의 상품형태를 출발점으로 하여 재생산과정을 분석했다. 그는 처음으로 사회적 재생산과정을 계급간의 물의 교환으로 파악한 것이다. 적대적인 계급들이 대립해 있는 사회에서 이루어지는 사회적 관계의 재생산과정이란 계급들의 재생산과정에 지나지 않는다.

케네의 견해에 따르면, 연간 총생산물은 가치면에서 볼 때 소비된 부분, 즉 이른바 시초 및 연선불을 보전해야 한다. 여기에서 케네가 말하고 있는 시초선불이란 우리가 고정자본이라고 칭하는 것이고, 연선불이란 유동자본을 의미한다. 농산물의 가치에서 그는 매우 특수한 기본적인 부분, 즉 순생산물(다시 말해 선불의 가치를 넘어서는 잉여)을 발견했다. 이것은 사실은 잉여가치인데, 케네의 견해에 따르면 잉여가치는 공업에서는 생산되지 않으며 농업에서만 생산된다. 이러한 방식으로 사회적 총생산물의 가치가 생산되는데, 이것은 공업에서 창조된 잉여가치의 크기보다도 더 작다. 바로 이러한 오류가 중농학파를 특징짓는다. 이 학파는 사용가치와 가치의 차이점을 뚜렷하게 하는 것을 이해하지 못했고, 생산물의 물리적인(가치적인 것이 아니라) 증가를 순생산물에서 찾았다. 생산물의 증가는 오직 농업에서만 나타난다는 것이 이 학파의 주장이다.

스미스의 도그마

고전 정치경제학은 사회적 자본의 재생산에 관한 이론에서는 케네에 비해 어떤 의미에서 볼 때 한걸음 후퇴했다. 이것은 사회적 생산물의 가치 구성요소에 대한 이른바 스미스의 도그마에서 비롯된 것이다. 스미스는 개별 자본의 생산물의 가치 속에는 임금과 이윤(v+m)뿐만 아니라, 이미 소비된 생산수단의 가치(c)도 포함되어 있다는 사실을 잘 알고 있었다. 그럼에도 불구하고 그는 소비된 생산수단의 가치를 사회적 총생산물가치에 포함시키지 않았다. 그리하여 스미스는, 해당 기업의 생산물로 들어가는 불변자본 요소는, 그 요소의 가치가 다시 그들의 소득(자본가의 이윤, 노동자의 임금)의 원천이었던 어떤 다른 기업에서 만들어졌기 때문에, 따라서 사회적 총생산물은 결국 소득으로만, 즉 v+m으로만 분해된다는 것으로 나아갔다.

이처럼 스미스는 소비된 생산수단을 사회적 총생산물의 가치에서 제외시킴으로써 사회적 생산물의 가치 크기를 규정하는 데 중대한 양적인 오류를 범하였다.

스미스의 오류는 또한 상품에 대상화된 노동의 이중성을 파악하지 못했다는 데에도 있다. 연간 생산된 사회적 생산물의 총가치를, 스미스는 해당 연도에 수행된 노동의 결과로 보았다. 만일 사회적 생산물을 단지 사용가치의 합계로만 이해한다면, 그것은 사실 1년 동안에 진행된 노동의 결과에 지나지 않는다. 그러나 사용가치의 합계로서 파악된 연간 사회적 총생산물이란 다만 해당 연도에 수행된 구체적 노동의 산물일 뿐이다. 그러나 추상적 노동의 산물인 가치로서 고찰해보면, 연간 사회적 총생산물은 해당 연도의 노동에 의해 창조된 가치보다 그 기간 동안에 이전된 불변자본의 가치 크기만큼 언제나 더 크다. 스미스는 추상적 노동과 구체적 노동의 기능을 구분하지 않았고, 또 구체적 노동이 사용가치를 창출할 뿐만 아니라 소비된 생산수단의 가치를 자신이 창출한 사용가치에 이전시킨다는 사실을 몰랐기 때문에, 그는 사회적 총생산물의 가치가 특정 연도에 이루어진 추상적 노동에 의해 창조된 가치보다, 소비된 생산수단에 들어 있고 과거의 추상적 노동에 의해 창출되었던 가치 크기만큼 더 크다는 사실을 알아낼 수 없었다. 이 경우에 소비된 생산수단의 가치는 구체적 노동을 통해 해당 연도의 노동생산물로 이전된다.

사회적 총생산물의 소재 면에 의한 구분

앞에서 밝혀진 것처럼, 사용가치는 가치 그리고 잉여가치의 담지자이다. 이제까지 진행되어온 생산관계의 분석에 있어서는 상품이 사용가치라는 점, 즉 그것이 구매자의 욕구를 충족시킬 수 있는 대상이라는 점을 아는 것으로 충분했다. 그러나 이제 사회적 총자본의 재생산과정을 분석하고자 하는 이 시점에서, 이러한 전제로는 이미 더 이상 충분하지 않다. 사회적 총자본의 재생산과정은 개별 자본의 총체의 생산물의 운동과 결합된 것이고, 상이한 종류의 사용가치들간에는 일정한 비례관계가 성립되어야 한다. 따라서 이러한 과정은 소재 면에서 서로 다른 사용가치들간의 혹은 상이한 욕구를 만족시키는 사용가치들간의 일정한 양적 비례를 전제로 한다.

레닌은 사회적 자본에 대한 맑스주의적 재생산이론을 특징지으면서, 다음과 같이 확정하였다. 즉 그는 "이제 문제는 바로 이러한 물음이다. 노동자와 자본가는 각각 어디에서 소비수단을 취하는가? 자본가는 어디에서 생산수단을 손에 넣는가? 생산물은 또한 어떠한 방식으로 이 모든 수요를 만족시키고 생산의 확장을 가능하게 하는가? 여기에서 '가치보전뿐만 아니라 소재보전'도 문제가 되고 ……그 때문에 사회적 경제과정에서 전혀 다른 역할을 수행하는 생산물 사이의 차별성이 절대적으로 필요하게 된다."[4)]

사회적 생산물을 그것의 현물형태에 따라 분류하려던 처음의 시도를 케네는 다시 반복한다. 왜냐하면 그는 사회적 생산물을 공업총생산물과 농업총생산물로 나누는 것을 규정적인 것으로 간주하고 있었기 때문이다. 물론 케네가 사회적 총생산물을 구분할 때 근거로 삼았던 공업과 농업 사이의 차이점이 아무리 중요하다 하더라도, 그것은 자본주의적 재생산의 메커니즘을 규명하기 위한 기초도 출발점도 되지 못한다.

상이한 기능적 역할은 사용가치의 총체로서의 사회적 총생산물을 분류하는 데 있어서 규정적인 기준이 된다. 이 기준에 상응하여 사회적 총생산물은 생산수단과 소비수단으로 구성된다. 롤러, 견인차, 절단기, 면화, 광석 및 이와 유사한 것들이 곧 생산수단이다. 이러한 생산수단들은 인간에 의해 직접 소비될 수 있는 것이 아니다. 그것들은 반드시 생산과정에 투입되어야 한다. 한편 옷, 모자, 구두, 빵, 책 등의 것들은 소비재이다. 소비재는 다른 생산과정에 참여할 수 없다. 따라서 소비재의 기능적인 역할은 생산수단의 역할과는 본질적인 차이가 있다. 생산수단은 생산영역에 머물러 있으며 인간의 노동에 의해 가동된다. 소비수단은 생산영역에서 떨어져 나와 개인적인 소비의 영역으로 옮겨간다.

적지 않은 노동생산물이 생산수단일 수도 소비수단일 수도 있다. 만일 우리가 한 마리의 소를 쟁기질에 사용하거나 비육우로 키운다면 그것은 생산수단이다. 그러나 만일 우리가 소 한 마리를 도살하여 식용으로 사용한다면 그것은 이미 소비수단으로 기능하는 것이다. 잼을 만들기 위해 원료로 사용되는 버찌는 생산수단이다. 그러나 가공되지 않은 상태에서 먹기 위해 사들인 버찌는 소비수단이다. 결과적으로 생산수단이냐 소비수단이냐를 결정하는 것은, 생산물의 현물형태를 기준으로 하지 않는다. 비록 생산물의 상당 부분에 있어 현물형태가 곧바로 기능적 역할을 규정하기는 하지만, 소비수단과 생산수단의 분류는 생산물의 기능적 역할이 무엇인가에 따라 규정된다. 따라서 총생산물은 크게 두 가지로 분류된다. 즉 다양한 생산수단과 다양한 개인적 소비수단으로 구분된다.

이에 상응하여 전체 사회적 생산은 두 부문으로 구분된다. I부문은 생산수단을 생산하는 분야의 총체이고, II부문은 소비재를 생산하는 분야의 총체이다. 곧 I부문의 생산물은 생산수단으로, II부문의 생산물은 소비재로 나타난다.

사회적 생산물의 두 부문은 각각 수많은 하위부문으로 다시 구분된다. 이때 하위부문의 수와 어느 한 하위부문에 속하는 개별적인 사용가치의 수는 역사 발전과 함께 증가한다. 생산의 발전과정은 생산된 사용가치 — 생산수단과 소비재 — 의 다양함이 끊임없이 증가하는 것으로 나타난다. 출발점은 언제나 사회적 총생산물을 생산수단과 소비수단으로 구분하는 일이다. 그러나 이러저러한 나라를, 혹은 이러저러한 역사상의 특정 시기 의 구체적인 재생산조건을 분석할 경우에는, 보다 세부적으로 사회적 생산 분야를 구분할 필요가 있다.

I부문은 다음과 같이 구별된다. 한 그룹은 생산수단의 생산을 위한 생산수단을 생산하는 분야이고, 다른 한 그룹은 소비수단의 생산을 위한 생산수단을 생산하는 분야이다. II부문의 경우, 한 그룹은 생필품을 생산하는 그룹이고, 다른 한 그룹은 사치품을 생산하는 그룹이다. 생산수단은 그 이외에 사용중에 여러 번의 생산주기를 갖느냐(미래의 고정자본의 소재적인 요소) 아니면 오직 한 번만 사용되느냐(미래의 유동자본의 요소)에 따라 구분할 수도 있다. II부문의 생산물이라면 또한 한 번에 소비되는가(빵, 육류, 설탕, 버터 등) 아니면 오랫동안 사용할 수 있는가(의류, 가구 등)로 구분할 수 있겠다. 이 두 부문의 생산물은 또 다른 방법으로도 구분할 수 있다. 하지만 재생산이론의 핵심 문제를 부각시키는 데 그것은 별로 필요한 일이 아니다.

사회적 자본의 재생산과정을 분석하기 위한 또 다른 전제들

사회적 자본의 재생산과정을 분석하고자 한다면, 우리는 전체 경제가 자본주의적으로 운영되고 있다는 것, 그리고 그 경제는 오직 자본가와 노동자로만 구성되어 있다는 것을 출발점으로 삼아야 한다. 이러한 전제는 이론적으로 필요하며 또한 정당하다. 왜냐하면 분석의 현단계에서 자본주의적 재생산의 합법칙성이 해명되어야 하기 때문이다.

또한 가치로부터의 가격의 괴리는 사상하고, 상품가격은 상품 가치와 일치한다고 상정하기로 하자. 이러한 조건은 기본적인 실현조건을 해명하는 데 영향을 미치지 않는다. 왜냐하면 가격의 합계와 가치의 합계는 사회적 척도에서 볼 때 일치하기 때문이다.

실현의 기본전제를 철저히 규명하려면, 당연히 해외시장도 사상할 수 있다. 비록 자본주의 나라들에서 해외시장이 매우 중요한 의미를 가질지라도 말이다. 그러나 어떤 특정한 나라에서 일어나는 재생산과정을 구체적으로 분석하는 경우라면, 우리는 해외시장 문제를 소홀히 다루어서는 안된다.

문제를 이런 식으로 단순화시킨다고 하여 우리가 과학적인 과제 자체의 성격과 모순에 빠져드는 것은 아니다. 그렇기는커녕 모든 분석적인 추상의 올바른 적용이 그런 것처럼, 단순화의 작업은 오히려 분석적 과제를 올바르게 해결할 수 있도록 해준다.

실현이론과 자본주의적 재생산이론

실현이론의 과제는, 사회적 생산물의 두 부문 사이에 어떠한 비례관계가 성립되어야 사회적 자본의 재생산이 수행될 수 있는가를 밝히는 일이다. 실현이론은 곧 추상적인 재생산과정 이론이다.

공황론, 경기변동론과는 달리 자본주의적 재생산과정의 합법칙성을 분석할 경우에는, 자본주의적 조건하에서 균형의 요구가 끊임없는 불균형을 통해 관철되는 상황은 여기서 잠시 사상하기로 한다. 이러한 추상은 전적으로 타당하고 또 필요한 것이다. 왜냐하면 우리에게 주어진 당면과제는 사회적 총생산물을 실현하자면 어떠한 균형이 이루어져야 하는가를 밝히는 일일 뿐, 끊임없이 균형을 파괴하는 조건하에서 이 균형을 자연적으로 실현시키는 구체적인 메커니즘을 밝히는 것이 아니기 때문이다. 레닌이 기술했듯이, "추상적 실현이론은 상이한 자본주의적 생산부문 사이에 생산물의 비례적인 분배가 이루어진다는 것을 전제하고 또 이것을 전제하지 않을 수 없다. 그러나 그렇다고 해서 실현이론, 자본주의사회에서 생산물이 항상 균형적으로 분배된다거나 분배될 수 있다고 주장하는 것은 결코 아니다. ……가치론은 수요와 공급의 일치를 전제하며 또 전제해야 한다. 그러나 그렇다고 해서 가치론이 자본주의사회에서는 그러한 일치가 항상 이루어진다거나 이루어질 수 있다고 주장하는 것은 결코 아니다. 자본주의의 다른 모든 법칙과 마찬가지로 실현 법칙도 '오직 비실현을 통해서만 실현되는' 법칙이다."[5]

3. 단순재생산

단순재생산은 기술과 노동생산성의 수준이 불변상태에 있다는 것을 전제로 한다. 확대재생산은 이러한 조건하에서뿐만 아니라, 노동생산성이 증가한다든가 자본의 유기적 구성이 고도화되는 경우에도 가능하다.

단순재생산에서 문제가 되는 것은, 첫째, I부문과 II부문에서 생산된 모든 상품생산물의 판매를 보장하고, 둘째, 두 부문에서 소비된 불변자본을 보전하는 데 필요한 생산수단의 구입을 보증하는 비례를 찾는 것이다. 그리고 마지막으로 노동자와 자본가가 이 두 부문에서 상응하는 소비재를 손에 넣을 수 있는가 하는 것이 문제로 되는데, 이 소비재로 말하자면 그들은 이를 얻기 위하여 양 부문의 사회적 생산물에 포함되어 있는 임금 내지는 잉여가치를 지출한다. 이 모든 활동의 결과, 생산에 투하된 자본의 크기와 구성은 새로운 해에도 그 이전 해의 수준에, 즉 변하지 않은 채 그대로 머물러 있어야 한다.

단순재생산 표식

재생산과정의 분석을 가시화하기 위하여 맑스는 잘 알려져 있는 그의 재생산 표식을 제시한 바 있다. 이 표식 자체만으로는 아무 것도 증명할 수 없다. 그것은 다만 이 표식 없이도 가능한 이론적 원리들을 숫자상으로 예증한 것에 지나지 않는다. 그렇지만 이 표식을 근거로 하여, 우리는 이론적 분석을 더욱 용이하게 추적할 수 있다.

맑스가 『자본론』 제2권에서 전개한 단순재생산 표식을 재현해보자. 1년 동안의 노동에 의한 사회적 총생산물은 다음과 같다.

$$\left.\begin{array}{ll} \text{I부문} & 4{,}000c+1{,}007v+1{,}000m=6{,}000 \\ \text{II부문} & 2{,}000c+\ 500v+\ \ 500m=3{,}000 \end{array}\right\} 9{,}000$$

이 수치는, 맑스가 제시했던 것처럼, 백만, 십억(등) 달러, 프랑, 파운드 등 어느 것을 의미해도 좋다.

이 표식에 따르면, I부문의 자본은 5,000단위에, II부문의 자본은 2,500단위에 달하며, I부문의 잉여가치는 1,000단위에, II부문의 잉여가치는 500단위에 달한다. 총자본은 7,500단위이고 잉여가치는 합하여 1,500단위이며 두 부문에서 생산된 연간 생산물의 가치는 합하여 9,000단위이다. 이 분석단계에서 맑스는 고정자본과 유동자본 사이의 차이를 사상한다. 두 부문에서 기능하는 총불변자본이 그 해에 전부 지출되고 그 가치는 사회적 총생산물의 가치에 완전히 들어간다고 가정하는 것이다.

이 생산물의 실현은 불변 규모의 재생산을 보증해야 한다. I부문의 생산물은 소재적으로 볼 때 생산수단으로 구체화되고 II부문의 생산물은 소비재로 구체화된다. 각각의 부문은, 상이한 사용가치를 생산하는 수많은 분야와 기업의 총체이다. 그러나 우리가 문제를 간단히 하기 위하여, I부문의 총생산물은 어떤 한 사람의 자본가가 생산하고 II부문의 총생산물은 다른 한 자본가가 생산한다고 가정하더라도, 역시 마찬가지로 실현의 문제는 발생할 것이다. 왜냐하면 생산주기를 갱신하기 위해서는 I부문의 v+m, 즉 I부문에서 생산된 최종생산물 중 가변자본의 가치와 잉여가치의 소재적 담당자이지만 생산수단으로 구체화되어 있는 부분을 실현하지 않으면 안되기 때문이다. 또 새로운 생산주기를 수행할 수 있기 위해서는 노동자를 위한 생계수단이나 I부문의 자본가를 위한 소비수단과 사치품도 필요하다. 그러나 이 모든 것은 오직, 그 총생산물이 소비재라는 현물형태로 존재하는 II부문에만 존재한다.

II부문에서는 소비수단을 외부에서 얻을 필요가 전혀 없다. 이 소비수단은 여기, 즉 II부문내부에서 얻을 수 있다. 왜냐하면 그것의 총생산물은 소비재로 이루어져 있기 때문이다. 그렇지만 II부문의 생산과정을 갱신하려면, 오직 I부문으로부터만 얻을 수 있는 생산수단이 필요하다. 그 결과 재생산과정은 두 부문 사이의 교환을 반드시 필요로 한다.

그렇다면 두 부문에서 생산하는 생산물 중의 어떤 부분이 교환되어야 하는가? I부문에서는 가변자본의 가치와 잉여가치를 구체화하는 부분이, II부문에서는 소비된 불변자본의 가치가 대상화되어 있는 부분이 교환되어야 한다. 만일 I부문과 II부문이 생산한 생산물의 이들 부분이 가치상 서로 동일하며 각 부문끼리 서로 필요한 사용가치를 표현한다면, 단순재생산과 실현이 이루어진다.

맑스의 표식에는 2,000단위이며 생산수단으로 구체화되어 있는 I부문의 v+m이, 소재적으로 소비재 형태를 갖고 있는 II부문 c와 교환된다. 그리하여 I부문은 새로운 생산과정에 필요한 소비재를 획득하고, II부문은 필요한 생산수단을 획득한다. 이와는 달리, I부문 c는 이 부문의 내부에서 실현되어야만 한다. 따라서 소비된 불변자본의 가치가 대상화되어 있는 I부문의 생산물 부분은, I부문내에서 상호 교환된 후 전체적으로 이 부문에 속하게 될 분야의 재생산을 보장할 수 있는 것과 같은 종류의 생산수단으로 구성되어야만 한다.

아직 II부문의 v와 m을 분석하는 일이 남아 있다. 이 v와 m의 실현은 그것이 어떠한 소비재인가에 달려 있다. 노동자는 자신의 임금을 생필품 구입에 사용하고, 자본가는 생필품이라는 대상 이외에 사치품도 필요로 한다. 이러한 교환이 이루어지면 II부문의 v+m은 이 부문의 자본가와 노동자에게 판매됨으로써 실현된다.

단순재생산 등식을 분석해보면, 다음과 같은 결론에 이르게 된다. 즉 단순재생산의 경우, 사회적 총생산물을 실현하기 위한 기본전제는 I (v+m)=II c, 다시 말하면 I부문의 가변자본+잉여가치는 II부문의 불변자본과 동일해야 한다는 것이다.

이외에 단순재생산의 경우 실현을 위하여 전제되어야 할 것은 I부문에서 생산된 총생산물의 가치가 I·II부문의 불변자본의 가치와 동일해야 한다는 점이다. 즉 I (c+v+m)= I c+ II c이어야 한다. 또한 II부문에서 생산된 총생산물의 가치는 양 부문에서 창출되는 가변자본의 가치 및 잉여가치와 동일해야 한다. 즉 II (c+v+m)=I (v+m)+II (v+m)이어야 한다. 국민소득은 단순재생산의 경우, II부문의 생산물 가치와 동일할 수밖에 없다.

고정자본의 재생산 문제

단순재생산 표식을 이야기할 때 처음에 모든 불변자본 요소는 연간 마모되어 보전되어야만 한다는 것을 전제했다. 바꾸어 말하자면, 그 분석단계에서 문제를 단순화하기 위해 고정자본과 유동자본 사이의 차이를 사상했다. 그러나 이 차이는 I부문과 II부문 사이에 이루어지는 교환에 본질적으로 영향을 미칠 수 있다. 때문에 우리는 다음 단계의 분석에서는 이 차이를 고려에 넣어야 하며, 이 경우에는 어떻게 두 부문 사이에서 교환이 이루어지는가를 자세히 연구하지 않으면 안된다.

고정자본은 수년에 걸쳐 다만 부분적으로만 마모되며 자신의 현물형태로 계속하여 기능한다. 고정자본 중 마모된 부분의 가치를 보충하기 위한 대체물로서 사용된 화폐는 그 해에 생산자본의 요소들로 재전환되지 않는다. 그것은 저장되며 생산자본의 곁에 보전된다. 이것이 재생산과정의 필수적 계기이다.

단순재생산을 위한 조건은 등식 I (v+m)=II c이다. II c는 가치면으로는 보전되지만 현물형태로는 완전히 보전되지는 않는다. II c는 I (1,000v+1,000m), 즉 그 가치의 총합과는 교환될 수 없다. 왜냐하면 그 가치 중 마모분에 해당하는 일정한 부분은, 우선 해당 재생산연도에서 더 이상 유통수단으로서 기능할 수 없는 화폐상태로 침전되어야 하기 때문이다. 바로 이러한 곤란을 해결하는 것이 문제이다.

II부문 고정자본의 마모분을 대체한 자본가치 부분이 200단위에 달한다고 가정하자. II부문의 자본가들은 어떻게 해서 200화폐단위를 얻을 수 있는 것일까? II부문에서 화폐형태로 축적되어야 하는 이 200단위는, 분명 I부문에서만 넘어올 수 있는 것임이 분명하다. 왜냐하면 II부문 자체만으로는 지불할 수 없고 오직 I부문과의 교환을 통해서만 지불이 가능하기 때문이다.

II부문이 I부문에게 2,000단위 상당의 상품을 판매하고 I부문으로부터는 1,800단위의 상품만을 산다고 가정할 수는 없다. 이 경우에 I부문에서는 200단위의 생산수단이 초과 생산될 것이다. 이 때문에 단순재생산의 총표식은 파기될 것인데, 그 이유는, 이 표식은 두 부문 사이의 교환에서 균형을 전제로 하기 때문이다. 이러한 모순을 어떻게 해결할 수 있을까?

II부문의 생산물을 생산하는 기업들의 고정자본은 완전히 상이한 재생산단계에 존재한다. 어떤 자본가의 고정자본은 아직 마모되지 않고 본래대로 보전될 필요가 없다. 이와는 달리 다른 자본가의 고정자본 요소는 보전되어야 한다. 자신의 고정자본이 마모되어 보전되어야만 하는 자본가는, 노동력, 원료, 그리고 보조수단을 구입하기 위하여 자본을 투자할 뿐만 아니라 — 이것은 II부문의 모든 자본가가 한다 — 노동수단을 구입하기 위해서도 투자한다. 노동수단은 I부문에서만 구매할 수 있다. 추가로 투하한 화폐수단으로(이것은 그들이 이전에 감가상각비로 축적해온 것이다) 자본가들은 필요한 노동수단을 I부문에서 구입한다. 만일 그들이 200단위를 투자한다면, 그들은 이것을 실현되지 않은 상태의 I (v+m) 200단위 — 그 현물형태가 노동수단인 — 와 교환한다. I부문의 자본가들은 갖고 있는 화폐를 II부문의 소비수단과 교환해야만 한다. 그후에야 II부문의 자본가들은, 고정자본이 본래대로 보전될 때까지 축적해야 할 200단위의 화폐를 보전하게 된다. 그리하여 부문간의 교환비율은 보존되고 총생산물 전체가 실현된다.

강조해야 할 것은, 이러한 일은, II부문에서 일단의 자본가그룹이 고정자본 요소를 갱신하기 위해 투입한 자본가치의 총액이, 그 고정자본의 소재보전이 아직 불필요한, 다른 자본가그룹의 연간 상각과 동일할 경우에만 가능하다는 점이다. 이러한 등식이 깨진다면, I부문에서 생산된 생산물의 어느 한 부분은 실현될 수 없다. 그 결과 고정자본의 요소로 대상화된 I부문의 생산물부분을 실현할 때 모순이 첨예화될 가능성이 생긴다.

물질적 생산의 노동생산물 교환과 서비스부문의 노동생산물 교환

물질적 생산의 생산물 이외에 비생산적인 영역에서 수행되는 노동, 이른바 인적 서비스업도 개인적 소비에 포함된다. 이 서비스업은 노동력의 재생산과 발전을 목표로 한다. 인적 서비스업 종사자(교사, 의사, 예술가)의 노동생산물은 노동의 이용효과라는 형태로 존재한다. 이 유용성이란 것은 과정자체와 분리될 수 없으며, 노동과정 그 자체에서 소비된다. 따라서 개인적 소비기금은 물질적 생산영역 종사자의 노동생산물로서의 사용가치와, 비생산적 영역 종사자의 노동이 지닌 유용한 작용으로서의 인적 서비스로 구성된다.

소재적인 사용가치, 즉 물질적 생산의 생산물은 한 사회의 국민소득을 형성한다. 인적 서비스업 종사자들이 행하는 노동의 이용효과는, 대상화되는 것이 아니기 때문에 국민소득에 포함되지 않는다. 이로부터 아주 중요한 결론이 도출된다. 첫째, 인적 서비스는 축적되지 않고 따라서 어떠한 상각기금도 형성하지 않는다. 둘째, 그것은 물질적인 부를 증가시키지 않는다. 셋째, 인적 서비스업 종사자들의 수입 원천은 그 사회의 국민소득이다. 이 종사자들은 물질적 생산의 노동자가 생산한 필요생산물 혹은 잉여생산물에서 보수를 지급받는 것이다. 만일 물질적 생산영역 종사자 중의 한 사람을 위한 서비스(가령 의사나 교사의)의 경우에, 그 서비스는 노동력의 재생산비용에 들어가고 필요생산물로 그 대가를 받는다. 그러나 서비스가 비생산적인 영역에서 일하는 사람을 위해 — 그 중에는 서비스 종사자도 있다 — 제공된다면, 여기에서 수행되는 노동은, 비록 그것이 노동력의 재생산비용에 포함된다 할지라도, 잉여생산물로부터 지불받은 셈이다.

인적 서비스업 종사자들이 행하는 노동의 이용효과는 전적으로 노동력의 지출로 구성된다. 즉 서비스의 소비는 v+m이다. 그러나 이때의 v와 m은 물질적 생산영역에서 일하는 사람들에 의해 생산된 사회적 총생산물의 일부분이다. 그러므로 그것은 사회적 총생산물을 증가시키지 않는다. 서비스를 교환에 포함시켜도 원칙상 새로운 것은 아무 것도 없다. 우리는 다만 I·II부문의 v와 m 중에서 어떤 부분이 서비스를 위해 지출되는지, 어떻게 해서 서비스 분야는 자신의 비용을 보전할 수 있는 가능성을 갖게 되는지를 고찰하면 된다.

인적 서비스 분야의 원활한 기능을 위해, 우선은 II부문 생산물의 현물형태만이 사용된다. 이 점은 다음과 같은 사실로 설명할 수 있다. 즉 비생산적인 영역에서는 어떠한 생산도 이루어지지 않으며, 오직 소비수단으로만 사용되는, II부문에서 창출된 사용가치와 소비만이 이루어지기 때문이다. 다양한 종류의 건물, 내부시설, 기계, 설비 등은 서비스 부문에서 생산수단이 아니라 내구소비재로 사용된다. 그러므로 예를 들어 설명하자면, 국민보건제도를 위해 투입된 건물과 자동차 등은 국민들의 주택이나 개인적으로 사용되는 자동차와 마찬가지로 소비된다.

분석을 단순화하기 위해 화폐는 사상한다. 우선 두 부문간의 교환이 이루어진다. 교환이 진행되는 동안에 생산과정에서 소비된 생산수단이 대체되고 소득이 형성된다. I(v+m)과 II c 사이의 교환의 결과, I부문 종사자의 소득과 II부문의 불변자본이 (현물형태로) 형성된다.

이제 곳곳에 현물형태의 소비수단으로 존재하는 I부문 종사자들의 소득은, 양 부문 종사자들에 의해 개인적으로 소비되거나 아니면 서비스와 교환될 수 있다. 이때 서비스도 마찬가지로 개인적 소비에 포함된다. 이것을 표식으로 나타내면 다음과 같다.

I. 1,000v+1,000m=2,000(I부문 종사자의 소득)

II. 500v + 500m=1,000(II부문 종사자의 소득)

III. 150v + 150m= 300(비생산적인 영역 종사자의 서비스)

서비스 부문III (v+m)=300은, 국민소득 — I (v+m)+II (v+m)=3,000과 같다 — 에 포함되지 않는다. 왜냐하면 서비스에 지출된 노동은 대상화되지 않기 때문이다. 그러므로 서비스 부문 종사자들에게 소비수단을 제공하기 위해서는, 그 소비수단은 III (v+m)=300만큼 국민소득에서 지급되지 않을 수 없다.

서비스의 일부는 비생산적인 영역 종사자와 비노동자들에게 필요하다. 교환은 다음과 같다. I v와 II v의 일부가 III 150v의 노동의 유용성과 교환된다. 이때 I 100v와 II 50v로 균형을 이룬다고 가정하자. 이 교환의 결과, I v와 II v는 서비스를, 그리고 III v는 소비수단을 갖게 된다. I m과 II m은 III m, 즉 I 100m과 II 50m은 III 150m과 교환된다. 이 교환의 결과로 서비스 부문은 자신을 위해 필요한 물질적 기금 — 100단위 — 을 얻고, 비생산적인 영역의 서비스 부문 종사자와 비노동자들을 위한 소비수단 — 50단위 — 을 가져온다.

확대재생산의 경우에 서비스를 위한 지출은 서비스를 위한 물질적 기금의 증가, 그리고 서비스부문 종사자 수의 증가를 보장해야 한다. 즉 이것은 서비스의 소비를 위한 지출이 보다 증가했다는 것을 의미한다. 인적 서비스가 포함된 조건하에서의 교환은 이러한 방식으로 이루어진다. 그러나 여기에서 주의해야 할 것은, 물질적 생산 종사자의 소득이 우선적으로 형성된다는 것이다. 생산담당자들의 소득을 재분배함으로써 서비스 부문 종사자들과 여타의 비생산적 분야에서 일하는 사람들의 소득이 형성된다. 결과적으로 현물표현으로는 II부문의 총생산물과 서비스 부문의 전체 노동력 소비, 즉 III (v+m)의 총합인 소비기금이 형성된다. 서비스 부문의 물질적 기금은 I·II부문의 불변자본과 달리 보전되는 것이 아니라 소비된다. 그것의 소비와 함께 그 사용가치도 소멸된다. 물질적 재화와 서비스에 대한 사회적 욕구는 개인적 소비기금으로 충족된다.

4. 확대재생산

확대재생산을 위한 기본조건

개별 자본과 마찬가지로 사회적 자본의 확대재생산은 축적, 즉 잉여가치의 새로운 자본요소로의 전화를 전제로 한다.

확대재생산은 어떠한 조건을 필요로 하는가? 확대재생산을 위한 첫번째 전제는 추가적 생산수단이 존재해야 한다는 것이다. 생산수단 — 불변자본의 대상화 — 은 I부문에서 생산된다. 확대재생산은, 연간 소비된 생산수단을 보전할 수 있는 양 이상의 추가적인 생산수단이 존재하지 않는다면 불가능하다. 그러므로 확대재생산을 가능하게 하는 출발을 위한 토대는 I부문에서의 생산 증가이다. 그러나 추가적 가변자본을 생산에 편입시키는 것은, 추가로 고용한 노동자의 임금으로 구매할 소비재가 존재하기만 하면 가능하다.

따라서 확대재생산은 사회적 생산의 두 영역에서 생산이 증가할 것을 전제로 하지만, 출발을 위한 토대이자 결정적인 것은 I부문의 증가이다. 그로부터 단순재생산의 조건과 확대재생산의 출발조건이 구분된다. 만약 단순재생산 표식에서 제시된 비례를 출발점으로 삼는다면, 확대재생산 표식을 나타내 보일 수 없을 것이다. 단순재생산의 경우, I부문의 가변자본과 잉여가치의 합계는 II부문의 불변자본과 동일해야만 한다. I (v+m)= II c이어야 한다. 그러나 확대재생산의 출발조건은 I부문의 (v+m)이 II부문의 c보다 커야 한다. 따라서 표식에 나타나는 요소들 사이에는 다른 비례가 이루어진다.

확대재생산의 출발점으로서는 다음과 같은 표식을 상정해볼 수 있다.

$$\left.\begin{array}{ll} \text{I부문} & 4{,}000c+1{,}000v+1{,}000m=6{,}000 \\ \text{II부문} & 1{,}500c+\ 750v\ +\ 750m=3{,}000 \end{array}\right\} 9{,}000$$

이 표식에서 확대재생산의 주요 전제, 즉 I (v+m) 〉 II c가 밝혀진다. 다음에는 위에서 예로 든 수치로, 어떻게 확대재생산이 이루어지는가를 밝혀보자.

I부문에서 획득한 잉여가치 중 절반(m^1)이 자본으로 전화되고 나머지 절

반(m^2)은 자본가가 소비한다고 가정하자.

$$4{,}000c+1{,}000v+(500m^1+500m^2)=6{,}000$$

축적된 잉여가치 부분은, 그것이 생산자본으로 전화할 때, 자본의 유기적 구성에 상응하는 비율로 불변자본의 소재적 담지자의 구입과 노동력의 고용을 위하여 지출된다. I부문에서의 유기적 구성은 4 : 1이다. 이 유기적 구성이 변하지 않는다고 가정하자. 그러면 자본화된 잉여가치부분(500m)은 $400c^1$과 $100v^1$으로 구분된다. 제1차년도말에 I부문에서 생산된 생산물을 분배하자면, 가치면에 따라 다음과 같은 표식이 도출된다.

$$4{,}000c+400c^1+1{,}000v+100v^1+500m^2=6{,}000$$

I부문에서 생산된 생산물 가치의 6,000단위 중 4,400단위는 이 부문내에서 실현된다. 즉 4,000단위는 소비된 불변자본을 보전하기 위하여, 400단위는 불변자본의 확대를 위하여 사용된다. I부문의 노동자와 자본가의 소비기금을 표현하는 1,500단위($1{,}000v+500m^2$)는, 단순재생산의 경우와 마찬가지로 II c와의 교환을 통해 실현된다. II부문의 v를 표현하는 750단위로, 노동자는 소비수단을 구입한다. 아직 I부문 $100v^1$과 II부문 750m의 운명은 불분명하다.

II부문에서 이루어지는 축적의 크기는 I부문에서의 축적에 달려 있다. II부문의 자본가들은, I부문에서 아직 실현되지 않는 가치가 불변자본 요소의 형태로 존재하기만 하면 새로운 자본을 투하할 수 있다. 우리의 예에서는 생산수단에 구체화된 I부문의 $100v^1$가 존재한다. II부문의 자본가들은 이 해에 750단위의 잉여가치를 획득한다. 그들은 이 중의 일부를 자신들의 기업의 불변자본에 대한 추가적 투자로 지출할 수 있다. 그렇지만 II부문의 생산수단에 대한 추가적 투자는 100단위보다 클 수가 없다. 왜냐하면 I부문에서는 오직 100단위를 위한 초과생산수단만이 존재하기 때문이다. 이 점에서도 II부문에서의 자본축적은 I부문의 자본축적에 의존한다는 사실이 밝혀진다.

따라서 II부문의 자본가들은 자신들이 획득한 잉여가치의 한 부분으로 I부문의 생산수단을 구입하고 이것을 추가적 불변자본으로 전화시킨다. II

부문의 불변자본의 증가는 자본의 유기적 구성에 상응하여 노동력을 고용하는 데 필요한 50단위의 추가적 비용을 요구한다. 이 자금도 역시 II부문의 자본가들은 그들의 잉여가치로부터 획득한다. II부문의 자본가들은 총 $150m^1(100c^1+50v^1)$을 축적하지만, 반면에 개인적 소비를 위한 $600m^2$는 그대로 머물러 있다가 II부문에서 소비된다. 제1차년도말에, II부문의 생산물의 분배를 표식으로 나타내면 다음과 같다.

$$1{,}500c+100c^1+750v+50v^1+600m^2=3{,}000$$

그러므로 제2차년도에는, I부문에서는 4,400c+1,100v가, 그리고 II부문에서는 1,600c+800v가 재생산과정에 참여한다.

이전의 잉여가치율(100%)이 불변이라고 가정한다면, 제2차년도에는 가치면에서 볼 때 다음과 같은 총생산물이 나온다.

$$\left.\begin{array}{ll} \text{I부문} & 4{,}400c+1{,}100v+1{,}100m=6{,}600 \\ \text{II부문} & 1{,}600c+\ 880v\ +\ 800m=3{,}200 \end{array}\right\}\ 9{,}800$$

앞의 전제에 근거한다면, 총생산물의 분배는 어떻게 이루어질까? I부문에서 창출된 잉여가치 1,100단위 중에서 절반, 즉 550단위는 I부문의 자본가들이 자신들의 개인적인 소비를 위해 사용하고, 나머지 절반 550단위는 자본화되며, 이것은 추가적 불변자본 440단위와 추가적 가변자본 110단위로 다시 분할된다. 그에 따라 총가치 6,600단위 중 자신들이 창출한 생산수단에 대한 I부문내에서의 수요는 4,840단위(소비된 불변자본의 보전을 위한 4,400단위+추가적 불변자본 440단위)에 달하게 된다. 나머지 1,760단위는 II부문과의 교환을 통해 실현되어야 한다.

이로써 제3차년도에 필요한 II부문의 불변자본의 크기(1,760)가 결정되는 것이다. 따라서 II부문의 불변자본은 제2차년도에서 제3차년도로 넘어갈 때 160단위만큼 증가하게 된다. 자본의 유기적 구성이 불변일 경우, 이것은 다시 II부문의 가변자본이 80단위만큼 증가해야 한다는 것을 전제한다.

두 부문에서 생산된 생산물의 실현은 다음과 같이 이루어져야 한다. 제2차년도에 생산된 생산수단(I부문의 생산물) 총가치 6,600단위 중에서 4,840

단위는 I부문내에서, 1,760위는 II부문과의 교환을 통해 실현된다. 총가치 3,200단위를 갖는 제2차년도에 생산된 소비재(II부문의 생산물) 중에서 1,760단위는 I부문에 판매되고(소비재에 대한 I부문의 수요는 이전에 고용된 노동자들과 추가로 고용된 노동자들의 욕구=1,100v+110v=1,210에 자본가들의 욕구 550m을 더한 것과 같다), 1,440단위는 II부문내에서 판매된다(여기에서 소비재의 수요는 800v+80v+560m이다).

우리가 가정했던 일반적인 전제하에서 제3차년도의 총생산물은 가치 면에서 다음과 같이 나타난다.

$$\left.\begin{array}{ll} \text{I부문} & 4{,}840c+1{,}210v+1{,}210m=7{,}260 \\ \text{II부문} & 1{,}760c+\ 880v\ +\ 800m=3{,}520 \end{array}\right\} 10{,}780$$

다음과 같은 조건, 즉 (a) I부문의 자본가들은 창출된 잉여가치의 절반은 자본으로 전화시키고, 나머지 절반은 개인적인 소비에 사용하며, (b) 자본의 유기적 구성이 불변한다는 조건에 근거한다면, 제3차년도의 총생산물 실현의 표식을 제시하는 것은 어려운 일이 아니다.

사회적 생산물의 확대재생산 표식을 분석해보면, 우리는 다음과 같은 조건하에서만 이 표식이 가능하다는 점을 분명히 밝힐 수 있다.

(1) I부문의 가변자본과 잉여가치의 합계는 II부문의 불변자본보다 커야 한다. 즉 I (v+m) > II c.

우리의 예에서는 다음과 같이 된다.

제1차년도 : I (1,000v+1,000m) > II 1,500c

제2차년도 : I (1,100v+1,100m) > II 1,600c

제3차년도 : I (1,210v+1,210m) > II 1,700c

이 부등식으로 인하여 II부문은 자신의 잉여가치 중의 일부분을 추가적 자본으로 사용할 수 있는 것이다. 즉 이 부등식이 바로 확대재생산을 위한 첫번째의 절대적 조건이다.

(2) 확대재생산이 진행됨에 따라 생산물의 특정 부분과 그 구성요소는 각 부문내에서 그리고 각 부문들 사이에서 실현이 보장되어야 한다. I부문과 II부문 사이의 관계에서 반드시 다음과 같은 교환비율이 나타나야 한다.

제1차년도 : Ⅰ(1,100v+ 500m) = Ⅱ 1,600c

제2차년도 : Ⅰ(1,210v+ 550m) = Ⅱ 1,760c

제3차년도 : Ⅰ(1,331v+ 605m) = Ⅱ 1,936c

일반적인 형태로 나타내면 Ⅰ$(v+v^1+m^2)$=Ⅱ c이다.

(3) Ⅰ부문에서 생산된 생산물의 가치는 두 부문의 불변자본의 가치보다 커야 한다.

Ⅰ(c+v+m) > Ⅰc + Ⅱc.

따라서 확대재생산의 경우, 불변자본 요소가 그것을 보전하는 데 필요한 것보다 더 많이 생산되어야만 한다. 제3차년도를 예를 들어 설명해보자.

Ⅰ(4,840c+1,210v+1,210m) > Ⅰ4,870c + Ⅱ 1,760c

이것은 Ⅰ부문과 Ⅱ부문의 불변자본을 증대시킬 수 있기 위한 필수조건이다.

(4) 두 부문에서 새롭게 창조된 총가치는 Ⅱ부문에서 생산된 생산물의 가치보다 반드시 커야 한다.

Ⅰ(v+m) + Ⅱ(v+m) > Ⅱ(c+v+m)

이것을 제2차년도를 예로 들어 표현하면 다음과 같다.

Ⅰ(1,100v+1,100m) + Ⅱ(800v+800m) > Ⅱ(1,600c+800v+800m)

국민소득의 일부를 두 부문의 불변자본과 가변자본을 확장하는 데 사용할 수 있으려면, 사회는 노동자들과 자본가들이 소비하는 것보다 많은 생산물을 해마다 생산해야 한다. 따라서 특정한 소재적 및 가치적인 균형이 존재한다면, 자본주의적 조건에서는 단순재생산뿐만 아니라 확대재생산도 가능하다.

확대재생산과정은 생산 규모의 증대와 두 부문에서의 불변자본과 가변자본의 증가를 전제로 한다. 자본의 유기적 구성은 불변이기 때문에 불변자본과 가변자본의 성장속도는 (제3차년도부터) 동일해진다. Ⅰ부문과 Ⅱ부문의 생산물 역시 불변의 속도로 증가한다.

축적률이 성장속도에 미치는 영향

자본의 유기적 구성이 불변이면, 축적률의 변화만이 Ⅰ부문과 Ⅱ부문의 성장속도를 변화시킬 수 있다. 축적률이란 총가치에 대한 축적된 잉여가치 부분의 비율을 의미한다.

제1차년도의 출발 표식을 상정해보자.

I부문 : 4,000c+1,000v+1,000m=6,000
II부문 : 1,500c+ 750v+ 750m=3,000

다음으로, I부문에서의 축적률이 50%, 40%, 25%일 경우, 두 부문의 사회적 총생산물은 각각 얼마나 빨리 증가하는지 나타내보자. 총생산물 및 I·II부문 생산물의 성장속도를 표로 나타내면 <표 4>와 같다.

<표 4>

제 I 부문에서의 축적률 = 50%			
	성장속도		
	2차년도	3차년도	4차년도
제 I 부문	10	10	10
제 II 부문	6.67	10	10
제III부문	8.89	10	10

제 II 부문에서의 축적률 = 40%			
	성장속도		
	2차년도	3차년도	4차년도
제 I 부문	8	8	8
제 II 부문	12	8	8
제III부문	9.33	8	8

제III부문에서의 축적률 = 25%			
	성장속도		
	2차년도	3차년도	4차년도
제 I 부문	5	5	5
제 II 부문	20	5	5
제III부문	10	5	5

따라서 우리는 다음과 같은 사실을 알 수 있다. 즉 I부문에서의 축적률이 변화함에 따라 I·II부문의 성장속도는 물론 사회적 총생산물의 성장속도도

변한다는 점이다. 잉여가치의 축적되는 부분이 감소하면, 성장속도 또한 감소한다. 우리는 또한 다음과 같은 사실도 고려하지 않으면 안된다. 즉 제2차년도에 대한 자료는 설득력이 없으며, 또한 그것은 일반적인 법칙성을 따르고 있지도 않다는 점이다. 이에 대해서는 제2차년도에야 비로소 구조변화가 시작되기 때문이라고 그 이유를 설명할 수 있겠다.

제1차년도의 표식에는 I부문의 생산물 중에서 생산수단의 이전되는 가치 이상의 초과분도 포함되어 있다. 그 크기는 (6,000−[4,000+1,500])=500에 달한다. 여기서 축적의 가능성이 주어지며, 이때 축적의 크기는 (앞에서 언급한 500단위가 모두 두 부문의 불변자본을 확장하는 데 이용될 경우에) 두 부문에서의 c와 v의 비율에 따라 달라진다. 또한 다음과 같은 결론에도 이를 수 있다. 즉 이 추가된 500c를 위해 그만한 크기의 추가적 v가 필요한데, 그러기에는 잉여가치가 충분하지 않다는 것이다. 그러나 앞서의 경우에서 그러한 일은 일어나지 않는다. 그 이유는, 이 500c가 모두 II부문에 투자된다고 하더라도 그것 이외에도 250v가, 그리하여 총 750 — 이미 II부문에 존재하고 있는 m만큼의 — 이 필요해지기 때문이다. 따라서 요소들 사이의 관계가 표식에 제시된 것과 같을 경우에 그러한 종류의 방해요인은 나타나지 않는다. 그러나 제2차년도의 표식은 두 부문 사이에 투자가 어떻게 분배되는가에 따라서 다르게 보일 것이다.

5. 자본의 유기적 구성이 고도화할 경우의 확대재생산. 생산수단 생산의 더욱 급속한 증대 법칙

사회적 자본의 확대재생산을 고찰하면서 우리는 자본의 유기적 구성이 불변인 경우를 출발점으로 삼았다. 즉 우리는 기술진보를 사상했다. 그렇지만 자본의 유기적 구성의 고도화는 자본주의적 생산의 한 법칙이다. 사회적 자본의 유기적 구성이 변할 경우의 자본주의적 확대재생산 문제는 특히 레닌이 「소위 시장문제에 대하여」라는 논문에서 연구했다.

자본의 유기적 구성의 고도화가 사회적 총생산물의 구조에 미치는 영향

자본의 유기적 구성이 고도화될 때 확대재생산에 나타나는 가장 두드러지는 특징은, 총생산물이 소재 면과 가치 면에서 동일한 정도로 증가하지 않는다는 점이다. 사회적 총생산물을 구성하는 사용가치량은 그것의 가치보다 물론 더 빠르게 증가해야 한다. 왜냐하면 자본의 유기적 구성의 고도화는 노동생산성의 상승을 나타내고, 이 노동생산성의 상승은 다시 상품의 가치를 떨어뜨리기 때문이다.

자본의 유기적 구성이 고도화됨에 따른 또 다른 특징은, I·II부문에서의 성장속도가 서로 다르게 나타난다는 점이다. 기술진보의 결과, 불변자본은 가변자본보다 빠르게 증가하게 된다. 자본화된 잉여가치의 상대적으로 더 많은 부분이 불변자본으로 전화되고, 따라서 생산수단에 대한 수요가 소비재에 대한 수요보다 빠르게 증가된다. 그 결과 생산수단 생산은 소비재 생산보다 빨리 성장하고, 사회적 노동의 점점 더 큰 부분이 I부문에서 사용되며, 사회적 총생산물의 점점 더 많은 부분이 생산수단이라는 소재적 형태를 취하게 된다. 그 경우에 I부문내에서 불변자본 요소를 보전하기 위한 생산수단의 생산이 가장 빠르게 발전한다.

따라서 소비재 생산에 비해 **생산수단의 생산**이 더 **빨리 성장한다**는 것은 기술진보라는 조건하에서 **확대재생산법칙**이다.

맑스의 이론적 명제에 근거하여 이 법칙을 처음으로 정식화한 이는 레닌이다. 그는 맑스의 표식을 계속 발전시켰고, 이때 기술진보의 결과로 해가 거듭될수록 자본의 유기적 구성이 고도화된다는 점을 고려하였다. 그는 I부문을 불변자본 요소 생산분야를 위한 생산수단 생산과 소비재 생산분야를 위한 생산수단 생산으로 구분하였다. 여기서 그는 임의의 숫자를 예로 들었다. 충분한 계산을 거친 후 그는 사회적 생산물의 증가와 그것의 개별 부분을 백분비로 나타내어 다음과 같이 설명하였다.

<표 5>에서 볼 수 있듯이, I부문은 II부문이나 사회적 총생산물의 생산보다 빨리 발전한다. 가장 빠르게 증가하는 것은 I부문을 위한 생산수단의 생산이다. 레닌은 다음과 같이 적고 있다. "이로써 우리는, 가장 빠르게 증

가하는 것은 생산수단을 위한 생산수단의 생산이고 소비수단을 위한 생산수단의 생산이 그 다음으로 빠르게 증가하며, 가장 더디게 증가하는 것은 소비수단의 생산임을 알 수 있다."[6)]

<표 5>

	생산수단 생산을 위한 생산수단	소비재 생산을 위한 생산수단	소비재	사회적 총생산
1차년도	100.0	100.0	100.0	100.0
2차년도	111.25	105.0	102.0	107.0
3차년도	123.75	107.5	104.0	114.0
4차년도	136.7	109.5	106.0	120.0

자본주의 나라들에서의 생산의 발전에 대한 통계자료는 기술진보라는 조건하에서 사회적 생산물의 개별 부분은 성장속도가 서로 다르다는 레닌의 결론이 올바르다는 것을 입증해준다. 즉 그것은 II부문에 비해 I부문의 성장속도가 빠르다는 사실을 보여주고 있다. 예컨대 서독의 경우, 1960년도의 총공업생산은 1936년도에 비해 176% 증가했으나, 이와는 달리 대중소비재 공업생산은 다만 139%의 증가율을 보여준다. 1970년도의 전체 공업은 1962년에 비해 157%증가하였으며, 그중에서도 설비생산 160%, 경공업과 식품산업은 각각 148%와 139% 정도의 증가율을 보여준다.

미국에서는 1971년도의 공업생산 규모가 1950년도에 비해 137% 정도 증가하였다. 그 중에 전기에너지 생산은 344% 정도가 증가하였고 기계제작과 금속가공산업은 159%, 경공업은 49%, 식품산업은 93% 증가한 것으로 나타나 있다.

영국의 공업생산물은 1954~60년까지 총 20%만큼 증가하였다. 그 중에서 흑연산업 22%, 비철금속부문 28%, 기계제작은 27% 정도 증가하였음을 보여준다. II부문 공업분야에서는 이 시기에 심지어 생산 감소현상을 보이고 있다. 즉 직물산업은 5%, 피혁공업은 11%만큼 생산이 감소했다. 1970년도 영국의 전체 공업생산은 1963년에 비해 124%만큼의 증가를 보인다. 각 부문별로 구분해보면, 기계제작과 금속가공업이 128% 정도, 직물산업과 식품산업이 각각 103%와 121%만큼 증가하였다.

6. 자본주의적 확대재생산의 가능성을 부인하는 이론 비판

자본주의적 확대재생산의 과정에서 생산의 크기뿐만 아니라 소비의 크기 또한 증가한다. 그 결과 두 부문에서 소비되는 불변자본은 확대되고 생산적 소비의 크기도 증가된다. 프롤레타리아트의 숫자가 절대적으로 증가하고(곧 가변자본이 절대적으로 증가하고) 부르주아지의 개인적 소비가 점점 증가함에 따라(왜냐하면 자본가들이 개인적인 욕구를 충족시키기 위해 사용한 잉여가치의 크기가 절대적으로 증가하므로) 개인적 소비 또한 점점 증가하게 된다. 자본주의적 확대재생산과 더불어 국내시장의 발전이 이루어진다. 그리하여 점점 증가하는 사회적 생산물의 실현이 가능해진다. 동시에 "자본주의적 생산의 증가, 따라서 국내시장의 확대는 소비수단보다는 생산수단에 따라서 일어난다"[7]는 점을 간과해서는 안된다.

맑스는, 주지하다시피 자본주의적 확대재생산을 분석할 때, 해외시장과 비자본주의적 경제형태는 사상했다. 그와는 달리 몇몇 경제학자들은, 확대재생산이란 해외시장이나 비자본주의적 경제형태 없이는 불가능하다는 것을 입증하고자 하였다. 이러한 시도를 처음으로 꾀한 것은 19세기초 스위스의 경제학자 시스몽디였다.

자본주의적 확대재생산의 가능성에 대한 시스몽디의 부인

자본주의에 지배적인 생산과 소비 사이의 모순에 근거하여 시스몽디는, 자본주의적 확대재생산이란 존재할 수 없다는 것을 입증하고자 하였다. 그는 다음과 같은 논리를 폈다. 즉 스미스의 뒤를 이어 그는 생산물의 가치란 그것의 생산의 성과로서 획득한 소득과 동일하다는 생각을 갖고 있었다. 이 소득은 다음 해에 생산된 상품을 구매함으로써 실현된다. 해당 연도의 사회적 총생산물은 지난해에 창출된 소득에 의해 구매된다. 또한 해마다 생산은 확대되기 때문에 생산물은 항상 소득보다 크다. 그렇기 때문에 생산물의 실현은 불가능하고 그에 따라 확대재생산 또한 불가능하다. 그럼에도 불구하고 현실에서 확대재생산이 이루어진다면, 그것은 자본주의 나라들이 국내시장 이외에 해외시장을 갖고 있기 때문이다.

시스몽디의 이론에는 여러 가지 혼란된 테제가 담겨 있다. 사회적 생산물이 오직 소득에 의해서만 구매된다는 것은 잘못된 생각이다. 시스몽디가 이러한 결론에 이를 수밖에 없었던 이유는 사회적 생산물의 가치 속에 포함되어 있는 불변자본의 가치를 무시했기 때문이다. 즉 그가 스미스의 도그마를 출발점으로 삼았기 때문이다. 실제로 총수요는 소득과 일치하는 것이 아니라 소득+자본과 일치한다.

시스몽디는 자본주의사회에서 생산과 소비 사이에 존재하는 모순을 올바로 인식했다. 그가 임의의 생산의 증가가 있을 때 노동자계급의 소비재 소비가 그들의 임금 총액으로 제한된다고 생각한 것은 매우 정당했다. 자본주의의 발전은 또한 소생산자의 몰락을 초래한다. 그들의 소비도 마찬가지로 제한되어 있다.

하지만 시스몽디는 계급으로서 부르주아지의 구매력이, 개인적 소비재의 구매를 목표로 하는 유효수요에만 한정되는 것이 아니라는 사실을 간과했다. 자본가는 단순히 개인적 소비대상의 구매자인 것만은 아니다. 그는 무엇보다도 인격화된 자본으로서 나타난다. 이러한 속성에서 그는 무엇보다도 생산수단의 구매자이다. 더구나 그것은 확대재생산의 경우뿐만 아니라, 단순재생산의 경우에서도 마찬가지이다. 우리는 이미 총생산물 중에서 생산수단이 차지하는 비율이 어떻게 증가하고, 자본주의적 잉여가치의 더욱 많은 부분이 생산수단의 구매를 위해 어떻게 사용되는지도 살펴보았다. 소비자로서 노동자계급과 자본가계급의 구매력은 사회의 유효수요에 대한 어떠한 한계도 아니다.

인민주의자들의 국내시장 확대가능성에 대한 거부

19세기말 러시아의 인민주의자들은 시스몽디의 입장을 받아들여, 러시아에서는 자본주의가 발전할 수 없다고 주장하였다. 자본주의는 발전과정에서 소상품생산을 몰락시키고 — 인민주의자들은 그렇게 논증했다 — 농민을 빈곤화시키며, 따라서 국내시장을 축소시킨다는 것이다. 해외시장은 이미 오래 전부터 다른 나라, 즉 자본주의적 관계가 발달해 있는 나라들에 의해 침식당해왔고, 바로 그렇기 때문에 생산물은 실현될 수 없다고 주장한다. 이 점에 근거하여 그들은, 러시아에서 자본주의가 발달할 '어떠한 토양도 없다'는 결론에 이른 것이다.

레닌은 이러한 인민주의자들의 이론을 명쾌하게 논박했다. 그는 인민주의자들이 주장한 것과는 달리, 농민의 분해가 국내시장을 축소시키는 것이 아니라 오히려 확장시킨다는 사실을 입증했다. 몰락한 농민은 자신의 노동력을 팔지 않을 수 없으며, 이 노동력은 결국 상품으로 전화한다. 이러한 농민은 임금을 획득하기 때문에 소비재의 구매자가 된다. 그리고 상품관계가 발전함에 따라 부유해지고 자신의 경영을 자본주의적인 방식으로 운영하는 농민은 점점 더 많은 농기구를 사들이고, 그럼으로써 생산수단 시장이 확대된다. 따라서 농민의 분해는 자본주의적 시장을 축소시키는 것이 아니라 오히려 그것을 확대시킨다.

레닌은 또한 해외시장은 이미 점유되었다는 인민주의자들의 주장이 얼마나 부당한지도 입증하였다. 추상적인 재생산이론의 관점에서 볼 때, 개별 경제구역 사이에 국가적 경계가 존재하는가 존재하지 않는가 하는 문제는 아무런 의미가 없다. 해외시장의 존재 여부를 분석에 관련시킨다고 해서 재생산문제에 새롭게 첨가될 내용은 아무 것도 없다. 왜냐하면 해외무역은 다만 이런 종류의 생산물을 저런 종류의 생산물로 대체시키는 것에 지나지 않기 때문이다.

자본의 성장조건이라는 관점에서, 해외시장이 존재한다는 사실은 어떤 구체적인 나라에서는 물론 매우 중요한 일일 수 있다. 해외시장은 그 나라의 불비례를 제거하거나 더욱 높은 이윤율을 추구하도록 돕는다. 일정 정도의 외국 생산물을 투입하지 않고서는 정상적인 재생산과정이 불가능한 생산구조가 많은 나라에서 생겨나고 있다. 이런 나라들의 재생산을 위해서 해외시장은 반드시 필요하다. 그러나 이것은 일반적인 재생산이론의 문제가 아니라 해당 나라가 해당 시기에 직면하는 구체적인 문제이다.

비자본주의적 경제형태 없이는 확대재생산이 불가능하다는 로자 룩셈부르크의 이론

순수한 자본주의라는 조건하에서는 자본축적과 자본주의적 확대재생산이 불가능하다는 이론이 20세기에 로자 룩셈부르크에 의해 전개되었다. 위대한 프롤레타리아 혁명가인 로자 룩셈부르크는 맑스의 재생산이론의 본질이 무엇인가를 이해하지 못했기 때문에, 비자본주의적 경제형태 없이는 자본주의적 확대재생산이 불가능하다는 결론에 이를 수밖에 없었다.

시스몽디와 인민주의자들과는 달리, 로자 룩셈부르크는 사회적 생산물의 구성요소에 관한 맑스의 이론을 인정하였다. 맑스의 재생산 표식에서 그녀는 아무런 모순도 발견할 수 없었다. 그럼에도 불구하고 이 표식은 확대재생산이 가능하다는 것을 입증하지는 못한다고 주장했다. 그녀의 견해에 따르면 확대재생산과정에서 가장 중요한 문제는 잉여가치의 실현이다.

잉여가치가 노동자들에게 주어진다면, 로자 룩셈부르크가 올바르게 입증했듯이, 자본주의적 재생산은 자신의 목표 — 가치증식 — 를 성취할 수 없다. 그럼에도 불구하고 잉여가치가 자본가계급의 내부에서 실현된다면, 그는 주장하기를 — 그리고 여기에서 이미 오류를 범하고 있다 — 잉여가치는 무의미하게 단지 이 주머니에서 저 주머니로 옮겨다닐 뿐이며, 바로 그렇기 때문에 해외시장이 필요해진다는 것이다.

로자 룩셈부르크는, 시스몽디 및 러시아 인민주의자들과는 달리 해외시장을 어떤 다른 나라의 시장이 아닌, 비자본주의적 생산자의 시장, 즉 독립적 단순상품생산자의 시장으로 이해했다. 이 '해외시장'은 국내(해당 나라의 농민층)뿐만 아니라 국외(다른 나라의 농민층)에도 존재하며, 다른 나라의 자본가들은 국내의 자본가들에게는 해외시장으로서가 아니라 국내시장으로서의 의미를 갖는다는 것이다. 만일 비자본주의적 경제형태가 축소된다면, 동시에 잉여가치의 실현을 위한 시장 또한 위축된다고 로자 룩셈부르크는 결론짓고 있다.

그러나 실제로 실현의 주요 난관은, 로자 룩셈부르크가 주장한 것처럼 잉여가치의 실현에 있는 것이 아니라 불변자본을 보전하는 사회적 생산물의 각 부분들의 실현에 있다. 왜냐하면 생산력이 발전하고 자본의 유기적 구성이 고도화됨에 따라 불변자본은 절대적으로뿐만 아니라 상대적으로도 증가하기 때문이다. 불변자본의 실현은 자본축적의 문제일 뿐만 아니라 단순재생산의 문제이기도 하다. 로자 룩셈부르크와 시스몽디 그리고 인민주의자들에 의해 주장된 이론은 근본적으로 자본주의에 내재해 있는 현실적인 생산과 소비 사이의 모순에 대한 그릇된 해석이다. 이 모순은, 잉여가치의 추구가 필연적으로 최대한의 생산 확장을 추구하게 하고 동시에 노동자계급의 소비재 소비를 최대한으로 제한시킨다는 사실에서 비롯되는 것이다. 이러한 모순은 생산과 유통 사이의 모순을 통해 명백히 드러나는데, 그것은 단순히 자본과 노동간의 관계에서보다 더욱 큰 영역의 관계들을 포괄하며, 특히 개별 자본가들간의 관계에서 더욱 분명하게 나타난다. 왜냐하면 개별 자본가의 자본은 특정한 변형을 겪어야 하기 때문이다.

로자 룩셈부르크는 잉여가치의 유통을 재생산과정의 핵심 문제로 간주했다. 그는 잉여가치 실현의 주요 난관이 잉여가치의 상품형태를 화폐형태로 전화시킬 수 있는 추가적 양의 금(화폐)을 발견하는 데 있다고 보았다. 이 금이 외부로부터, 즉 비자본주의적 경제형태로부터 획득되지 않으면, 잉여가치는 실현될 수 없으며 자본은 어떠한 방식으로도 증식될 수 없다고 주장한다. 여기에서 그녀는, 축적이 화폐 그 자체의 축적으로 귀결되지 않는다는 사실을 이해하지 못하고 있다. 운동과정과 증식과정을 거치는 모든 자본이 화폐형태를 취해야만 한다는 사실은, 추가 화폐량 없이는 잉여가치를 축적할 수 없다는 것을 의미하지 않는다. 자본이 W'−G' 국면을 경과하면, 그것은 다시 화폐형태를 벗어버릴 것이다. 우리가 만일 한 명의 개별 자본가만으로 재생산과정을 분석하고자 한다면, 실현 문제는 화폐형태를 발견하는 일로 축소될지도 모른다. 그러나 자본가계급이란 다수의 자본가 집단이다. W'−G' 국면에서, 누가 자신의 상대자인가 하는 문제는 자본가에게 별 의미가 없다. 상대자는 한 사람의 자본가이거나 단순상품생산자일 것이다. 자본가들은, 불변자본이 체현된 총생산물 부분은 물론, 잉여가치가 대상화된 부분도 상호 판매한다. 이러한 관점에서 볼 때 사회적 생산물의 개별 구성요소들간에는 그 어떤 차이도 존재하지 않는다.

로자 룩셈부르크의 입장은 이론적으로 근거가 희박하며, 제18장에서 그 근본특질을 이야기한 바 있는 교환 구상의 변종에 지나지 않는다. 실현과 확대재생산이 불가능하다는 것을 입증하고자 하는 이론으로부터, 자본주의가 비자본주의적 경제형태를 해체한다면 결국은 재생산과정을 더 이상 계속할 수 없고, 그 결과 저절로 붕괴하고 말리라는 결론이 나오게 되는 것이다.

로자 룩셈부르크의 이론은 방법론적인 관점에서도 역시 오류를 범하고 있다. 이 이론에 따르면, 자본주의 그 자체만으로는 확대재생산을 수행할 수 없다. 확대재생산의 추동력은, 그의 이론이 제시하는 의미에서 볼 때, 자본주의 그 자체에서가 아니라 그것의 비자본주의적 환경에서 비롯되는 것이다. 그러나 정치경제학의 과제는 모든 사회구성체의 내적 발전법칙을 밝혀내는 것이다. 로자 룩셈부르크의 이론에 따르면, 자본주의는 그러한 내적 법칙을 갖고 있지 않다. 또한 재생산이론과는 무관하게, 자본주의가 순전히 경제적으로 붕괴할 것이라는 테제는 이론적으로 근거가 없다. 어떠한 사회질서도 자동적으로 붕괴되지는 않는다. 각각의 사회질서들간의 이행은 사회계급들의 혁명적 투쟁을 통해서 성취된다.

정치적으로 로자 룩셈부르크의 이론은 그녀의 주관적 의지와는 무관하게 유해하다. 왜냐하면 그녀는 노동자계급을 투쟁의 대열로 내세운 것이 아니라, 근본적으로 노동자계급을 수동적 존재로 규정했기 때문이다. 자본주의가 스스로 몰락의 길을 걷는다면, 무엇 때문에 투쟁에 나서겠는가?

7. 소비와 생산은 무관하며, 자본주의에서는 무제한적이고 갈등 없는 확대재생산이 가능하다는 이론에 대한 비판

맑스와 레닌은 확대재생산과정의 합법칙성을 발견했고, 자본주의에서 사회적 총생산물이 실현될 수 있다는 사실을 입증하였다. 이것이 가능하기 위해서는, 사회적 총생산물 내부에 일정한 균형이 존재해야 한다. 그러나 I, II부문에서 생산된 상품이 완전히 실현되리라는 추상적 가능성은, 자본주의에서 생산이 생산과 소비 사이의 임의의 관계에서 무제한적으로 발전할 수 있다는 것을 의미하지는 않는다.

사회적 생산물의 실현이 가능하다는 테제는 자본주의적 재생산에 내재해 있는 모순들, 즉 생산에 특정한 제한을 가하는 모순들에 관한 다른 테제를 배제하는 것이 아니다. 특히 이러한 모순들은, 기술진보라든가 고도화된 자본의 유기적 구성의 조건하에서 새로운 자본이 비교적 적은 노동력을 묶어내고, 낡은 자본이 노동자를 생산으로부터 밀어내는 경우와 노동력에 대한 상대적으로 축소된 수요로 인해 임금저하 경향이 드러나는 경우에 더욱 더 첨예화된다.

부르주아 이데올로그들은 이전에도 그랬던 것처럼 자본주의가 무제한적인 확대재생산의 전망을 갖고 있는 생산양식이라고 주장하고 있다. 이런 견해의 이론적인 원천은 멀리 사회적 생산물의 가치 구성요소를 밝힌 스미스까지 거슬러 올라간다.

스미스의 도그마에 따르면, 사회적 생산물의 가치는 오직 v+m으로만 구분된다. 그 결과 축적과정은 단순한 가변자본의 확대로만 귀결되게 된다. 그렇지만 만일 확대재생산의 과정에서 단지 가변자본만이 증대된다면, 노동자계급의 소비재 소비는 자본이 증가하는 만큼 증가할 것이다. 그렇게 되면 생산과 소비 사이의 모순이란 존재하지 않는다. 소비는 생산을 제한하는 것이 아니다. 더욱이 자본주의적 생산이 소비를 위한 생산으로서 설정되기 때문에 소비는 생산에 대한 제한이 아니다. 여기서 우리는, 자본의 확대재생산이 갈등 없이 수행될 수 있으며 시장은 무한하다는 결론에 이르게 된다.

투간 - 바라노프스키의 '시장이론'

시장은 무한히 확장되고 자본주의적 생산은 무제한적으로 발전될 수 있다는 테제는, 본래 리카도와 세이 — 스미스의 도그마에 입각하여 — 에 의해 전개되었던 것인데, 러시아의 부르주아 경제학자 투간 - 바라노프스키에 의해 절대적인 위치를 부여받게 되었다. 그의 관념은 근대 부르주아 경제학자들 사이에서도 널리 확산되어 있다.

생산은 소비와 전혀 무관하다는 잘못된 주장에서 출발하여, 투간 - 바라노프스키는 생산과 시장이 개별 소비의 상대적인 축소뿐만 아니라 그것의 절대적인 감소의 경우에서도 계속 발전될 수 있다고 주장하였다. 그에 따르면 확대재생산은, II부문에서는 상대적으로뿐만 아니라 절대적으로도 축소되는 반면, I부문에서는 계속 확대되어 진행될 수 있다. 증가하는 생산수단의 양은 II부문과 무관하게 I부문내에서 실현될 수 있다는 것이다. 더 나아가 자본축적과 확대재생산은 노동자 수가 감소될 경우에도 가능하며, 때문에 심지어는 전체 사회에 단 한 명의 노동자만 있다 하더라도 그것은 가능하다고 주장하였다.

I부문은 실제로 사회적 재생산이라는 전체의 사슬에서 핵심적인 고리이다. 하지만 생산수단은 결국 끊임없이 소비수단의 생산을 위해 사용된다. 사회적 생산의 역사적인 발전과정에서 I부문의 비율은 실제로 증가한다. 그리고 이러한 맥락에서 우리는 I부문의 성장이 갖는 상대적인 독립성을 이야기할 수 있고 이야기해야만 한다. 엄밀히 말하면 I부문과 II부문 중 I부문의 성장이 우월하다는 법칙은 양 부문의 발전과정에서 나타나는 그들간의 관계들을 표현한다. 그러나 이 법칙이, II부문은 결코 성장하지 않는다는 것을 의미하는 것은 아니다. 오히려 이 법칙으로 I부문의 성장속도가 II부문보다 앞선다는 사실이 표현된다.

그러나 투간-바라노프스키의 이론을 검토할 경우에, 자본의 축적과 확대재생산이 착취당하는 노동자 수가 체계적으로 감소될 경우에도 가능하며, 그렇기 때문에 자본주의적 생산 전체가 단 한 명의 노동자에 의해서도 진행될 수 있다고 하는 그의 주장을 간과해서는 안된다. 자본가에 의해 착취당하는 노동자 수가 어느 정도 절대적으로 감소할 경우에도 자본의 축적이나 확대재생산을 이야기한다는 것은 어리석은 일이다. 물론 노동생산성의 증대는 잉여가치율을 엄청나게 상승시킬 수도 있다. 그러나 자본을 축적할 수 있으려면, 무엇보다도 잉여가치량이 결정적이다. 잉여가치율의 상승은, 모든 개별 시기에 일정한 한계 내에서만, 사용되는 노동력의 절대적 감소를 보상할 수 있다. 잉여가치량은 축적의 한계를 설정하지만, 그러나 그것은 다시, 사용되는 노동력의 양과 잉여가치율에 의존한다. 사용되는 노동력의 감소가 일정한 한계를 넘어서면, 잉여가치율이 엄청나게 증가할 경우에조차 어쩔 수 없이 잉여가치량의 절대적 감소가 나타난다. 이 한계를 넘어서면 자본축적의 가능성은 필연적으로 상대적으로뿐만 아니라 절대적으로 감소한다.

가변자본의 소비 없이는 어떠한 잉여가치도 창출되지 않는다. 투간-바라노프스키가 말한 만큼의, 사용되는 노동력의 절대적 감소는 축적기금의 원천인 잉여가치량의 고갈이라는 결과로 나타날지도 모른다. 그렇기 때문에 단 한 명의 노동자만 존재한다 하더라도 무제한적인 자본축적이 가능하다고 주장하는 것은 불합리하다.

만일 노동생산성이 가히 환상적으로 증대한 경우를 추상적으로 상상한다 해도, 일정한 노동기간 동안 창출된 가치 크기는 노동생산성과 무관하다. 모든 개별 사용가치의 가치 크기뿐만 아니라 제조된 사용가치의 수가 그것에 의존한다. 그렇지만 우리는 자본의 축적을 사용가치의 축적으로 파악해서는 안된다. 자본가치의 확대재생산 없이는 자본주의적 확대재생산에 관해 이야기할 수 없다.

생산과 소비의 실제적 관계와 실현의 문제

이미 살펴본 바와 같이, 자본주의에 고유한 생산과 소비의 모순은 확대재생산의 가능성을 배제하지 않는다. 다른 한편 확대재생산의 가능성은, 생산이 소비의 성장과 무관하게 무제한적으로 증가할 수 있다는 것을 의미하는 것은 명백히 아니다. 확대재생산이란 확대된 규모로의 재생산이다.

끊임없는 자본 증가야말로 자본주의적 생산의 유일한 목적이다. 그러나 생산의 목적으로서 가치증식은 이 목표를 실현시켜야 할 수단과 끊임없이 충돌한다. 더 많은 잉여가치를 창출하고 자본가치증식을 보장하려면, 사용가치의 생산이 확장되어야 한다. 그렇지만 이것은 노동자계급의 유효수요의 좁은 한계와 끊임없이 부딪힌다. 자본주의에서 생산과 소비 사이의 모순은 단순히 사용가치와 가치의 모순이라는 모습으로뿐만 아니라 자본가계급과 노동자계급 사이의 모순으로도 나타난다. 생산과 소비 사이의 모순은 자본주의적 생산양식의 적대적 성격을 극명하게 드러낸다.

자본의 유기적 구성이 고도화됨에 따라 가변자본의 비율은 감소되며, 이로써 노동자계급의 상대적 구매력은 축소된다. 자본의 유기적 구성의 고도화는, 노동력에 대한 자본의 수요를 상대적으로 감소시키고 산업예비군의 증대에 기여한다. 구체적인 현실에서 자본주의적 생산이 확장됨에 따라 생산과 소비 사이의 적대적 모순은 더욱 첨예화된다. 이 모순은, 자본의 유기적 구성의 고도화의 결과로서 가변자본 비율이 감소됨으로써 일어나는 노동자계급의 소비 제한으로 표현된다. 확대재생산과정에 엄밀한 균형이 성립될 경우조차, 노동력 가치의 법칙에 의한 가변자본 크기의 제한은 자본주의적 생산의 확대에 한계를 부여한다.

재생산 문제의 분석은 점차 추상에서 구체로 진행된다. 현계제에서 자본주의적 확대재생산이 가능한 이상적인 균형이 발견되어야 한다. 추상적 재생산이론은, 사회적 생산물의 실현과 재생산과정에 균형이 이루어질 수도 있다는 가능성을 간과할 수 없다. 더욱이 재생산이론은 이 가능성에서 출발하여 이 가능성이 현실화되는 데 필요한 전제들을 분석해야 한다. 그러나 이것은, 자본주의적 재생산이 균형잡힌 생산의 조화로운 과정을 통해 이루어진다는 것을 결코 의미하지 않는다. 현실에서 자본주의의 재생산은, 무정부적 생산에 불가피한 수많은 불균형 하에서 이루어진다. 그것은 끊임없는 모순들 속에서 성취되며 다만 균형성으로의 경향이 그것을 통해 진행될 수 있는, 무수한 불균형 하에서 이루어지는 것이다.

주

1) Marx/Engels, *Werke*, Bd.24, Dietz Verlag, Berlin 1963, S.107.
2) 제2분책 제41장 참조.
3) Marx/Engels, *Werke*, Bd.24, Dietz Verlag, Berlin 1963, S.300.
4) Lenin, *Werke*, Bd.3, Dietz Verlag, Berlin 1956, S.40.
5) Lenin, *Werke*, Bd.4, Dietz Verlag, Berlin 1968, S.67.
6) Lenin, *Werke*, Bd.1, Dietz Verlag, Berlin 1961, S.78.
7) Lenin, *Werke*, Bd.3, Diet2 Verlag, Berlin 1956, S.42.

제6분편 이윤과 생산가격

이 분편에서 우리는 자본의 생산과정과 유통과정을 분석함으로써 자본주의의 구체적인 현실에 가까이 다가갈 수 있는 새로운 단계로 들어서고자 한다.

총체성 속에서 관찰된 자본운동의 과정은 직접적 생산과정과 유통과정의 요소들의 단순한 총합이 아니다. 그것은 직접적 생산과정과 유통과정에서만 특수한 계기로서 나타나는 새로운 구체적인 자본형태들을 야기한다. 자본운동의 이 구체적인 형태들은, 사회의 표면과 자본의 경쟁에서 드러나는 형태, 따라서 자본주의적 생산의 대행자들의 일상적 의식 속에 반영되는 형태에 점점 더 가까이 다가간다. 불변자본과 가변자본 사이의 차이는 심오한 추상적·이론적 분석의 결과물이지만 자본주의적 생산의 대행자들에게는 알려져 있지 않다. 그러나 상업자본과 대부자본 사이의, 또한 그 증식형태들간의 차이는, 자본주의적 생산관계 체계에 대한 과학적인 견해를 갖고 있지 않은 사람도 쉽게 이해할 수 있다.

이제까지 진행되어온 잉여가치에 대한 모든 분석은, 상품이 그것대로 실현되는 평균가격이 상품의 가치와 동일하다는 전제에서 출발한 것이었다. 이러한 가정에 따르면, 모든 자본가는 자신의 기업에서 창출되는 잉여가치만큼의 이윤을 획득한다. 그러나 역사적 경험은, 발전된 자본주의사회에서 상품의 평균가격이 상품의 가치와 일치하지 않으며, 개별 자본가가 실현하는 이윤량이 일반적으로 그의 기업에 고용된 임노동자의 수, 즉 가변자본의 크기에 조응하는 것이 아니라 불변자본을 포함한 총자본의 크기에 조응한다는 것을 보여준다.

이러한 현상은 이미 스미스와 리카도에 의해 입증된 바 있다. 그리고 이것은 부르주아 속류 경제학에게 노동가치론에 대한 공격의 구실을, 노동이 가치와 이윤의 유일한 원천이 아니라는 주장에 대한 구실을 제공하였다. 심지어 스미스조차 이 점과 관련하여 노동지출에 의한 가치 규정을 포기했는데, 왜냐하면 그는 그것을 자본주의 이전의 생산양식과 관련해서만 올바른 것으로 여겼기 때문이다. 또한 자본이 투하되었을 때, 스미스에 따르면 가치는 노동지출이 아니라 노동자, 자본가, 토지소유자가 각각 수취하는 임금, 이윤, 지대의 총합에 의해 규정된다.

리카도는 상품의 평균가격과 그 가치의 불일치, 이윤과 지출된 노동력 양의 불일치를 설명할 수 없었다. 그는, 이윤량이 노동력의 구매에 투하된 자본의 크기에 조응하지 않으며, 이러한 사실은 상품의 가치가 그 안에 대상화된 노동의 양과 서로 비례관계에 있다는 노동가치론의 근본테제에 모순된다는 것을 알고 있었다. 리카도는 이러한 표면상의 모순을 해결할 수 없었기 때문에 생산수단에 대한 지출과 '노동'에 대한 지출 사이의 비율이 개별 자본가들의 경우에 일반적으로 일치하며, 상품의 가격은 예외적일 경우에만 그것의 노동 가치와 일치하지 않는다고 주장하였던 것이다. 이로써 그는 현실과의 명백한 모순에 빠져들고 만다.

나중에야 리카도는 이러한 주장이 잘못된 것임을 인지하고는 한 편지에서 노동 이외에도 상품의 가치 크기에 영향을 미치는 다른 요인들이 있음을 설명하고 있다. 그는 "상품의 상대적 가치는 한 가지 원인이 아니라 두 가지 원인에 의해 규정된다. 그 하나는 상품생산에 요구되는 노동의 양이며, 다른 하나는 자본이 아직 활동하지 않고 있는 시간 그리고 상품이 시장에서 아직 판매되기 전까지의 이윤율이다"[1)]라고 썼다.

근본적으로 이것은, 오직 노동만을 가치의 원천으로 인정하는 노동가치론에 대한 이반이다. 그럼에도 불구하고 리카도는 노동가치론을 충실히 고수했고, 자신이 전술한 모순을 설명하지 못한 것이, 가치의 원천은 노동이라는 이론이 틀렸다는 데 대한 증거가 될 수 없다고 주장했다. 노동가치론의 적대자들은 자신들의 '비판의 화살'을 바로 리카도 이론의 이러한 약한 고리로 돌렸으며, 노동가치론이 근거 없다는 것을 입증하려고 했다.

리카도는 이 문제를 해결할 수 없었는데, 왜냐하면 그의 부르주아 세계관적 편견이 이것을 허락하지 않았기 때문이다. 그는 부르주아적 생산양식을 그 내용으로 볼 때 영원하며 변하지 않는 것이라고 주장하였다. 따라서 그에게는 발전과정의 이론적 분석이 불가능했고, 다른 생산관계들로의 이행을 이해하는 일도 불가능했다. 이것은 전체 부르주아 경제학의 오류이며, 또한 이 오류는 리카도의 이론에서 그 발전의 정점에 달한 부르주아 고전 정치경제학에도 마찬가지였다.

다음 장들에서는 맑스의 이론이 서술되는데, 맑스는 그의 이론에서 고전파 부르주아 정치경제학을 막다른 골목으로 몰아넣은, 상품의 가치와 평균가격의 불일치로부터 야기되는 모순을 해결하였다. 이 이론에 근거하여 평균이윤 및 생산가격 이론이 발전되었는데, 이것은 맑스의 잉여가치론과 이윤법칙 사이의 모순이라는 망상이 아무런 근거가 없음을 명백히 보여주었다.

제21장 잉여가치의 이윤으로의 전화

1. 비용가격과 이윤

자본주의적으로 생산된 상품의 가치는 우리가 알고 있듯이, c+v+m이라는 정식으로 표현된다. 가치형성이라는 관점에서 볼 때 c와 v+m 사이에는 원칙상의 차이가 있다. 즉 c는 해당 상품의 생산과정 이전에 이미 존재했던 사용된 생산수단의 가치이며, v와 m은 이 과정에서 새롭게 창출된 가치이다. 따라서 가치형성이라는 측면에서 볼 때 c+v+m이라는 정식은 c+(v+m)이라는 정식으로 변형될 수 있다. 이로써 상품의 가치는 이전의 가치와 새로운 가치로 구성된다.

그렇지만 우리가 자본증식이라는 관점에서 가치구성요소를 관찰한다면 (이 분석은 매우 타당한 것인데, 왜냐하면 자본이란 자기 증식하는 가치를 의미하기 때문이다), 그것은 완전히 다른 측면으로 현상한다. 비록 v와 m이 새로운 가치부분일지라도 오직 m만이 증식된 부분이다. 왜냐하면 v는 자본가에 의해 투하된 것이기 때문이다. 자본가의 입장에서 보면 v와 c 사이에는 아무런 차이도 존재하지 않는데, 왜냐하면 그는 이 두 크기를 모두 투하했기 때문이다. 상품의 가치에서 그것들은 지출되고 소모된 자본을 의미하며, 생산과정이 개시되기 이전에 자본가의 수중에 있었던 것이다. 그 결과 c와 v는 자본가의 생각에서뿐만 아니라 실제로도 m과 구분되는 어떠한 공통점을 갖는다. c+v+m의 총계에서 앞의 두 가산수치는 객관적으로 하나의 통일된 전체를 이룬다. 이것은 상품이 자본가에게 그 비용으로서 요구하는 어떤 것이고, 자본비용으로서 여겨지는 것이다. 이것이 상품의 자본주의적 비용가격이다. 즉 m은 잉여분, 자본주의적 비용가격을 넘어서는 잉여분이다.

"자본주의적인 상품의 비용은 자본의 지출에 필적하며, 실제의 상품 비용은 노동의 지출에 필적한다"[2)]고 맑스는 쓰고 있다.

비용가격은 불변자본과 가변자본 사이의 경계를 지워버림으로써 임노동의 착취를 은폐한다. 그것은 노동이 가치와 잉여가치의 유일한 원천임을 은폐한다. 불변자본과 가변자본의 크기의 변화가 상품의 가치 크기에 미치는 상이한 영향 또한 그러한 방식으로 가치와 잉여가치의 본질을 왜곡한다.

비용가격의 개별 구성요소의 변화와 상품의 가치

c와 v의 크기의 변화는 비용가격의 전체 크기에도 영향을 미친다. 불변자본 부분과 가변자본 부분의 가치가 커지면, 이에 상응하여 비용가격이 높아지며 그 역 또한 성립한다. 그러나 상품의 가치와 관련해서는 불변자본의 가치 변화만이 그 크기에 반영되는 반면에, 가변자본의 증감은 상품 가치의 전체 크기를 변화시키지 않는다.

어떤 상품의 가치가 1,000(400c+200v+400m)이라고 하자. 이제 노동생산성이 높아져서 생산수단 생산부문에서 불변자본의 가치가 절반으로, 즉 200으로 감소되었다고 하자. 이 경우에 비용가격과 상품의 가치는 이에 상응하는 크기로 감소된다. 이전의 비용가격 600(400c+200v)이 이제는 400(200c+200v)으로 줄어들고, 이 상품의 총가치는 1,000에서 800(200c+200v+400m)으로 감소된다. 역으로, 불변자본의 가치가 증가하면 총비용가격뿐만 아니라, 상품의 가치 크기도 또한 증가한다. 예컨대 불변자본의 가치가 400에서 500으로 커지면, 비용가격은 700(500c+200v)이 되고 가치는 1,100(500c+200v+400m)으로 된다.

비용가격의 다른 요소 — 가변자본 — 가 변화할 때는, 이와는 사정이 다르다. 가변자본의 특징은, 불변자본의 가치와는 달리 그것의 가치가 생산물로 이전되지 않는다는 데 있다. 자본가가 노동력 구매를 위해 투하한 가변자본의 가치 대신에 그에게는 새로운 가치가 회수된다. 그 중에서 한 부분은 v를 보전하며, 다른 한 부분은 m, 즉 잉여가치를 이룬다. 가변자본에 의해 창출된 가치 크기는 그 가변자본의 가치에 의해서가 아니라 가변자본에 의해 움직이는 노동량에 의해 규정된다. 원래의 노동력 양의 가격 상승과 하락은 여타의 조건이 동일할 때, 새로 창조된 가치의 크기에 반영되지 않는다. 그것은 가변자본의 크기에 대해 반비례로 변하는 잉여가치의 크기에 영향을 미친다. v의 변화는 비용가격과 잉여가치를 변화시킬 수는 있지만, 상품 가치의 전체 크기를 변화시킬 수는 없다.

우리의 예에서는 어떤 상품의 가치가 400c+200v+400m=1,000이라는 가정에서 출발했다. 이제 우리는 그와 동일한 양의 노동력을 조달하기 위한 비용이 200에서 100으로 감소되었다고 가정해보자. 그렇다면 비용가격은 600에서 500(400c+100v)으로 줄어들며, 잉여가치는 400에서 500으로 증가한다. 그러나 상품의 가치 크기는 동일하게(1,000) 머물러 있다.

이윤, 잉여가치의 전화된 형태

비용가격에서는, 이미 살펴보았듯이, 불변자본과 가변자본의 경계가 사라지고 동시에 잉여가치의 원천이 신비에 싸이게 된다. 잉여가치는 비용가격의 전체 요소에 대한 잉여로서, 선대된 총자본의 산물로서 나타난다. "선대된 총자본의 그러한 관념적 산물로서 잉여가치는 이윤이라는 전화된 형태를 갖는다."[3)]

유통영역에서 기능하는 상업자본 및 고리대자본이 유일한 자본형태였을 때, 이윤 속에 체현되는 그러한 가치 부분의 생산과정은 이러한 자본들의 운동과 어떠한 직접적인 관련도 가지고 있지 않았다. 산업자본은 유통국면뿐만 아니라 반드시 생산국면 또한 경과한다. 생산이 없으면 산업자본도 없다. 이윤(추가적 가치)이 유통영역에서 상업자본과 대부자본에 회수되는 것과는 달리, 산업자본은 직접적으로(그것의 총체성 속에서 그것을 고찰한다면) 유통과정에서는 — 맑스의 말을 빌려 표현하면 — 티끌만큼의 잉여가치도 창출하지 않는다. 자본주의적 생산과정으로부터 생성된 그러한 추가적 가치는 유통과정에서 반드시 화폐형태를 취하지만 그 크기가 바뀌지는 않는다.

실제로 시장가격은 가치를 중심으로 끊임없이 위아래로 변동한다. 그리하여 자본에 추가되는 이윤의 크기는 사실 그때그때의 자본이 생산하는 잉여가치보다 크거나 작을 수 있다. 이렇게 하여 이윤의 진정한 원천은 여전히 계속해서 은폐된다. 자본의 운동형태와 그것의 증가, 유통과정에서의 끊임없는 가격 변동은 이윤이 현상의 표면에서는 자본의 가변부분이 아니라 총자본의 산물로서 나타난다는 결과를 낳는다.

실제로 산업자본의 이윤은 다름 아닌 잉여가치의 전화된 형태, 즉 가변자본의 산물이다. 전화의 본질은, 잉여가치가 이윤형태 속에서는 총자본(가변자본+불변자본)의 산물로서, 그 운동의 전체 국면(생산과정뿐만 아니라 유통과정까지)의 산물로서 나타난다는 데 있다. 바꾸어 말하자면, 이윤이란 잉여가치의 참된 본질과 따라서 동시에 자본주의적 관계의 본질을 왜곡시키는, 객관적으로 규정된 잉여가치의 외적 현상 형태이다. 이것은 프롤레타리아트의 임노동이 자본가계급의 치부를 위한 유일한 원천이라는 사실을 은폐시킨다.

상품의 가치를 비용가격과 이윤으로 구분하는 것은 오직 상품생산의 자본주의적 형태에만 고유한 것이다. 단순상품경제에서 이러한 구분은 있을 수 없는데, 왜냐하면 직접생산자가 자신의 생산수단을 가지고 노동과정을 수행하기 때문이다. 단순상품생산자의 경우에 가치와 비용가격은 일치한다. 물론 여기에서도 생산수단의 가치를 분리시켜 그것을 비용가격으로 간주할 수도 있다. 그렇지만 단순상품생산에서는 새롭게 창출된 가치 부분들간에 어떠한 차이도 없다. 새롭게 창출된 가치의 모든 부분은 그 자신의 노동을 체현한 것이다. 또한 단순상품생산의 관계는 이윤을 상품 가치의 특수한 부분으로 드러낼 것을 조금도 요구하지 않는다. 그에 반해 자본가에게는 상품 가치의 다양한 구성부분들간에 질적인 차이가 존재한다. 왜냐하면 그는 비용가격을 지불하며 잉여가치를 무상으로 획득하기 때문이다.

이러한 원칙상의 차이점은 자본주의적 생산관계의 본질에서 유래한다. 점차로 부르주아 사회에서의 자본주의적 범주들은 단순상품생산자에게도 일상적인 것이 된다. 그는 자신의 경제에, 내적 본질상 그러한 경제에 낯선 자본주의적 척도(임금, 이윤 등)를 도입하기 시작한다. 자본주의적 생산형태가 지배적이고 단순상품생산은 단지 지배적인 자본주의적 관계에 의존한 경제형태로서만 존재하기 때문에, 그러한 척도들은 어떤 현실적인 내용을 갖는다. 어떤 상품의 생산을 위한 단순상품생산자의 지출이 종종 너무 커서, 그의 생산물의 가격으로부터 소모된 생산수단의 가치를 공제한 후에 그에게 남아 있는 총액은 통상의 임금보다 작다. 이러한 사실로부터 우리는 단순상품생산자가 임노동자보다 열악한 물질적 상태에 처해 있다는 것을 인정해야만 한다.

'화폐의 자본으로의 전화'라는 장에서 자본운동의 목표는 가치증식, 즉 잉여가치라는 점이 밝혀졌다. 이제 우리가 직접 현상의 표면에 나타나는 형태를 통해 자본을 고찰하면, 이윤이 자본주의적 생산을 추동시키는 동기로서 직접 작용한다는 사실을 확인할 수 있다.

이윤율과 잉여가치율의 차이

잉여가치의 전화된 형태가 이윤의 본질이라는 사실로부터, 이윤의 양적 표현과 잉여가치의 양적 표현은 구별되어야 한다. 이것은 무엇보다도 이윤율과 잉여가치율의 차이로 나타난다.

이윤은 총자본의 산물이기 때문에, 이윤율은 총자본에 대한 잉여가치의 비율에 의해 규정되는 반면에, 주지하다시피 잉여가치율은 가변자본에 대한 잉여가치의 비율이다. 잉여가치율이 가변자본의 증식도를 나타내는 것과는 달리, 이윤율(이것은 p'로 표시한다)은 총자본의 증식도를 보여준다.

주어진 자본의 이윤율은 언제나 그 잉여가치율보다 적다. 왜냐하면 자본은 가변자본 부분뿐만 아니라 불변자본 부분으로도 구성되어 있기 때문이다. 유기적 구성이 400c+100v인 500단위의 자본이 잉여가치(m) 100을 창출했다고 가정해보자. 이 경우에 이윤율은 20%이고(p'=100m/[400c+100v]×100) 잉여가치율은 100%이다(m'=100m/100v×100).

p'와 m' 사이의 차이는, 총자본과 그것의 가변자본 부분 사이의 차이가 클수록, 즉 총자본에서 불변자본 부분의 비율이 클수록 더욱 커진다.

이윤율을 규정하는 요인들

이윤율은 무엇보다도 잉여가치율에 의존한다. 잉여가치율이 클수록, 그 이외의 조건이 동일할 경우에 이윤율 또한 커진다. 연 이윤율을 관찰해보면, 그것의 크기가 자본의 회전속도에도 의존해 있음을 알 수 있다. 제19장에서 우리는, 가변자본의 회전이 촉진됨에 따라 그 가변자본으로 생산된 잉여가치량이 증가한다는 것을 알았다. 따라서 회전기간이 비교적 짧은 자본은 회전기간이 비교적 긴 자본보다 연간 이윤을 더 많이 획득한다. 유기적 구성이 80c+20v인 자본은, 착취도가 100%일 경우에 연간 단 1번 회전한다면, 20%의 이윤율을 가져온다. 그러나 그와 동일한 조건하에서 연간 2회 회전한다면, 연간 생산물은 160c+40v+40m에 달한다. 그러나 연간 투하된 자본의 총액은 여전히 100이며, 연 이윤율(p')은 이 경우 20%가 아니라 40%이다.

이외에도 이윤율은 자본의 유기적 구성에 의존한다. 잉여가치율이 동일하게 100%일 경우, 60c+40v의 자본은 40%의 이윤을 얻지만, 80c+20v로 구성된 자본은 단지 20%의 이윤을 얻을 뿐이다.

잉여가치량이 일정할 경우에 이윤율은 불변자본 요소를 위한 지출이 적을수록 커질 것이다. 그 이외의 동일한 조건하에서 불변자본에 소모된 지출이 감소되면 이윤율은 증가한다. 때문에 자본가는 생산수단을 위한 소비를 절약하게 된다. 절약이란 무엇보다도, 더욱 더 많은 양의 산 노동을 일정한 상태의 고정자본에 배치함으로써 달성된다. 예를 들면 노동일을 연장하는 경우에는 노동자 수를 늘릴 때와는 달리 고정자본을 증대시킬 필요가 없으며, 따라서 이때 노동자 수를 늘렸을 때보다 더 적은 양의 불변자본으로 증대된 잉여가치량을 얻게 되고, 이것은 이윤율의 증가를 뜻한다.

생산 규모가 확대됨에 따라 수반되는 노동의 사회적 성격의 발전, 자본 집적의 강화는 기계, 설비, 생산건물 등을 보다 효율적으로 이용할 수 있게 하며, 연료와 전력을 절약하고 단위 생산물당 원료비와 연료비, 재료비 등을 감소시킬 수 있게 한다. 노동도구의 거대화와 집중은 일반적으로 그 도구들의 용량단위당 저렴화를 가져온다. 모터의 용량이 커진다는 것이 반드시 그에 상응하게 모터의 가치가 커진다는 것을 의미하지는 않는다.

그러한 종류의 불변자본 요소의 절약은 비록 자본가에게는 그것이 노동자와는 관계가 없는, 자본 고유의 힘으로 보일지라도 사회적으로 결합된 노동의 결과, 즉 노동의 협업적 성격의 결과이다. 노동자는 거기에 아무런 관계도 없다는 잘못된 표상이 생겨난다. 이 표상은 외적인 가상에 의해 생겨난다. 현상의 내적 연관은 은폐되는데, 그 이유는 자본주의적 체제가 노동자로 하여금 자기 자신의 노동조건에 대립하여 소외와 고립 상태에 처하도록 하기 때문이다. 노동자에게는 자신을 착취하는 조건에 얼마나 비용이 드는지는 중요하지 않다. 그는 가치로서가 아니라 사용가치로서만 생산수단과 관계한다. 때문에 생산수단 가치의 증가·감소로 자본가와 노동자의 관계를 논하는 것은, 예컨대 노동자가 구리로 일을 하는가 철로 일하는가를 묻는 것만큼이나 무의미한 일이다. 노동자가 공동작업에 참여하고 자신의 노동을 다른 노동자의 노동과 결합하며 생산과정의 사회적 성격과 관련을 맺는 것은, 자신에게 소외된 힘과 관련을 맺는 것과 같다. 그것은, 생산수단이 착취자의 사유재산으로서 노동자계급에 대립해 있는 사회에서는 불가피한 일이다.

맑스에 의하면, "그러나 산 노동의 담지자인 노동자와, 그의 노동조건의 경제적인, 즉 합리적이고 절약적인 이용 사이에는 소외감과 무관심 이상의 것이 있다. 자본주의적 생산양식은 그 모순적이고 적대적인 본성에 따라, 노동자의 생명 및 건강의 낭비와 그의 생존조건 자체의 악화를, 불변자본 이용에서의 절약으로, 따라서 이윤율 상승의 수단으로 간주하게 한다."[4)]

프롤레타리아트에게 드는 비용을 절약하기 위해 자본가들은 그들을 비좁고 불결한 공간에 몰아넣고(이렇게 하여 건축비도 절약된다), 작업안전시설을 위한 경비 지출을 최대한 기피한다. 이 모든 현상은, 작업환경이 건강에 해롭고 위험한 분야에서 일하는 노동자들의 경우에 특히 극심하게 나타난다. 맑스의 말을 빌리면, 자본가의 관점에서 볼 때 안전한 노동조건을 위한 비용지출은 낭비에 지나지 않는다. 자본가는 수단과 방법을 가리지 않고 생산수단을 절약하지만, 그는 주요 생산력인 노동자의 노동력을 경솔하게 탕진하고 있다. 자본주의는 "인간을, 살아 있는 노동을 빨아먹는다. 피와 살만 빨아먹는 것이 아니라 신경과 대뇌까지 갉아먹는다."[5)]

불변자본의 절약은 생산폐품과 소비폐품을 재생시킴으로써도 가능하다. 화학의 성과는 이러한 폐품들을 이윤율을 증가시키기 위해 이용할 가능성을 자본가에게 제공해준다.

마지막으로 자본가들은 발명으로부터 생기는 이익을 널리 이용한다. 과학과 기술의 성과를 이용하는 것은 자본주의적 생산양식에 특징적인 팀웍이 발전함에 따라 용이해진다. 모든 과학의 연구성과, 발견, 발명은 공동작업의 산물이지, 어떤 개별 인간의 고립된 활동의 결과가 아니다. 자본은 이러한 과학과 기술의 성과물을 노동자의 착취를 강화시키고 이윤율을 증대시키는 데 이용한다.

2. 부르주아 이윤이론의 무근거함

자본주의적 착취형태의 절대적인 전제는, 주지하다시피 .상품관계, 즉 노동력 상품의 구매와 판매이다. 그 때문에 자본가와 노동자는 동일한 가치를 서로 교환한다는 기만적인 인상(이에 관하여 우리는 이미 임금을 분석할 때 다룬 바 있다)이 생겨난다. 이러한 가상은 또한 이윤은 유통활동 덕분에 발생하는 것이며 두 자본 부분이 유통영역에서는 동일한 것이므로 이윤은 가변자본의 운동의 산물일 뿐만 아니라 불변자본의 운동의 산물이라는 생각의 기초를 이루기도 한다.

이 근본적인 연관과 종속의 현상형태는 이윤의 참된 원천을 은폐시키며, 그 때문에 자본주의의 옹호자들에게는 매우 적합하다. 이미 중상주의자들은 이윤이 유통으로부터 발생한다고 주장했다. 물론 이윤은 유통영역 외부에서는 실현될 수도 전유될 수도 없다. 그렇지만 우리는 이윤의 원천에 대한 질문을, 이윤이 어떤 영역에서 실현되는가의 문제와 혼동해서는 안된다. 중상주의자들은, 이윤이 유통영역에서 실현된다는 것을 알았지만 — 이러한 가시성의 한계 내에 머물렀기 때문에 — 이윤이 생산과정에서 창출된다는 점을 파악할 수 없었다. 그들은 이윤의 실제적인 본질과 실제적인 원천을 전혀 이해할 수 없었다. 중농주의자들은 이윤(순생산물)을 토지가 지닌 특수한 생산력의 결과물로 표현했다.

우리는 사용가치의 창출에 참여하는 자연력의 작용과, 가치와 사용가치를 창출할 수 있는 노동의 기능을 엄격하게 구별해야만 한다. 중농주의자들은 농업생산물의 소재적 증가와 가치 증가를 구분하지 않고 동일하게 다루었다. 따라서 그들은 부당하게도 이윤창출의 영역을 농업에만 국한시켰고, 실제로 사용가치 증가를 가치 증가로 간주했다.

19세기초 속류 정치경제학은 노동이 임금을, 자본이 이윤을 창출한다고 주장함으로써 이윤의 창출 근거를 자본의 자연적 특성에서 찾고자 하였다.

이윤(그 기초는 착취자의 생산수단 소유이다) 전유의 기초로서의 자본의 문제는, 이윤의 원천에 대한 문제와 혼동되어서는 안된다. 이윤의 원천은 잉여가치를 창출하는 잉여노동이다. 그럼에도 불구하고 속류 경제학자들은 이윤의 원천에 관한 문제를 부르주아 사회에서 이윤을 어떤 근거 위에서 획득할 수 있는가 하는 문제와 혼합시켜놓았다.

19세기 후반 속류 경제학은 뵘 - 바베르크의 한계효용론의 대변자의 모습을 띠고 나타나 이윤에 대한 심리학적인 설명을 시도하였다. 뵘 - 바베르크에 따르면, 이윤이란 자본가가 생산수단을 완제품으로 전화시키려는 '기대'를 감수함으로써 생겨난다. 그에 따르면, 생산수단은 미래재를, 완제품은 현재재를 표현한다. 이때 현재재가 미래재보다 큰 가치를 갖는다. 생산과정에서 미래재(생산수단)는 현재재(완제품)로 전화되며, 따라서 더 높게 평가된 다. 뵘 - 바베르크에 따르면, 현재재의 가치와 미래재의 가치 사이의 차이는 이윤인데, 그렇기 때문에 이윤이란 착취에서 생겨나는 것이 아니라 기대라 는 심리적 행위에서 생겨난다는 것이다.

물론 생산수단과 완제품 사이에는 차이가 있다. 그러나 이것은, 가치상의 차이와는 결코 관련이 없는 사용가치의 차이이다. 시장이 존재하는 자본주의의 조건하에서, 기대의 필요성을 이야기한다는 것은 우매한 것이다. 생산수단뿐만 아니라 완제품을 획득할 가능성은 어느 순간에도 존재한다. 그리고 미래재니 현재재니 하는 제품의 구분은, 그것에 대한 다양한 평가의 도그마와 마찬가지로 인위적인 것에 지나지 않는다.

제22장 일반적 이윤율(평균이윤율) 및 생산가격의 형성

앞장에서는 잉여가치가 무엇 때문에 이윤이라는 전화된 형태를 취할 수밖에 없는가 하는 것이 해명되었다. 거기에서 우리는 개인적인 개별 자본에 대한 분석의 틀을 유지해왔다. 그러나 이윤의 본질은, 자본들의 경쟁이라는 측면과 관련지어 관찰하지 않는 한 명백하게 해명되지 않는다.

자본주의적 경쟁에는 두 가지 유형이 있다. 그 하나는 부문간 경쟁, 즉 상이한 생산부문의 자본들의 경쟁이고, 다른 하나는 부문내부에서의 경쟁, 즉 동일한 생산부문내부에서의 자본들의 경쟁이다.

1. 상이한 부문에서 자본의 회전속도와 유기적 구성의 불균등성—개별 부문의 상이한 이윤율의 기초

다음의 서술에서 우리는, 사회적 자본의 재생산에 대한 분석의 경우처럼, 자본주의적 생산의 전체 부문에서 잉여가치율이 동일하다고 전제한다. 이러한 전제는 과연 올바른가?

상이한 생산부문에서의 통일된 잉여가치율

자본주의사회에는 통일된 노동시장이 존재한다. 노동력의 구매자와 판매자 사이의 대립은, 이 상품의 구매조건과 판매조건이 경향적으로 일치하는 것으로 귀결된다. 프롤레타리아 계급투쟁의 결과 전체로서의 각각의 모든 자본주의 나라에는 길건 짧건 동일한 노동일이 발생한다. 개별 부문들에서의 편차는 전체로서의 자본주의사회라는 측면에서는 어떠한 결정적인 역할도 하지 않는다. 자본주의의 역사는 이러한 경향이 어느 나라에서나 존재한다는 것을 입증하고 있다. 노동자계급의 투쟁이 조직적으로 강화될 수록 이러한 경향은 더욱 더 극명하게 나타난다. 따라서 우리는 전체 생산부문의 노동자가 일정한 노동일 동안에 동일한 가치 크기를 창출한다고 가정할 수 있다. 더구나 노동력의 가치는, 노동력의 재생산을 위해 사회적으로 필요한 노동지출에 의해 규정되는 사회적 크기이기 때문에, 당연히 개별 부문들간의 차이가 이러한 가치에 본질적으로 아무런 영향도 미칠 수 없다고 가정할 수 있는 것이다. 또한 상이한 생산부문의 노동자들이 만들어낸 상품의 가치 크기뿐만 아니라 그들의 노동력의 가치 크기 또한 동일하기 때문에, 자본주의적 생산의 상이한 부문에서도 역시 동일한 잉여가치율이 나타난다.

자본주의적 생산의 전체 부문에 걸쳐 동일한 잉여가치율이 존재한다는 사실은, 그러나 결코 전체 분야에서 이윤율 또한 동일해야만 한다는 것을 의미하지는 않는다. 이윤율이란, 주지하다시피 착취도에만 의존하는 것이 아니라 자본의 유기적 구성과 회전속도에도 의존한다. 잉여가치율의 통일은, 동일한 사용가치 — 잉여가치를 창출하는 능력 — 를 지닌 동일한 상품, 즉 노동력 시장의 통일에 근거한다. 그러나 개별 생산부문에서는 질적으로 상이한 사용가치가 창출되는데, 이것은 필연적으로 기술과 생산테크놀로지상의 차이를 전제로 하며, 이 차이에 의해 결국 자본의 유기적 구성과 회전속도도 규정된다. 상이한 부문에서의 기술과 테크놀로지의 차이가, 자본의 유기적 구성이 고도화되는 현재의 일반적 경향이나 전체 생산영역에서 진행되는 가속화된 자본회전에 의하여 제거될 수는 없다.

자본의 회전속도와 유기적 구성에 나타나는 차이점은, 불균등적으로 진행되는 기계제 생산이 어느 정도 발전했는가에 매우 중요한 요인이 된다. 개별 부문들은 상이하게 발전한다. 경쟁, 주기적 경기변동, 시황(市況)의 강제 하에서 기술적 진보는 시차를 두고 이루어진다. 자본주의적 생산의 전체 부문에서 기계제 기술이 승리를 거두었을 때, 자본의 평균적인 유기적 구성이 급속히 고도화되었으며, 동시에 부문들간 자본의 유기적 구성의 차이

<표 6>

부문	고정자본 (10억 달러)	취업노동자 (1천 명)	취업노동자당 고정자본 (1천 달러)
화학공업	48.0	1.0	48.0
야금업	55.0	1.2	45.8
담배공업	2.9	0.07	39.5
건축자재공업	16.1	0.6	26.8
제지공업	18.5	0.7	26.7
운송기계공업	45.2	1.7	26.6
설비건설	11.5	0.4	26.4
식품공업	35.0	1.7	20.6
일반기계제작공업	33.9	1.8	18.8
전기공업	28.6	1.8	15.9
가구업	2.4	0.5	4.8
피혁공업	1.1	0.3	3.7
의류공업	3.4	1.4	2.4

도 극명해졌다. 1971년말 피고용자 수의 상황과 관련하여 피고용자별 고정자본의 가치 크기에 대한 자료는, 미국 가공업에서의 자본의 유기적 구성의 차이를 해명하고 있다(<표 6> 참조).

부르주아 통계는 자본의 유기적 구성을 고려하지 않는다. 왜냐하면 부르주아 경제학자는 불변자본과 가변자본으로 나누는 자본의 구분을 인정하지 않기 때문이다. 자본주의 경제의 상이한 부문에서의 자본의 유기적 구성에 대하여, 우리는 간접적인 지표를 근거로 하나의 상을 만들어볼 수 있다. 이러한 간접적인 지표로서는, 가령 노동자 1인당 에너지량에 대한 통계(이는 자본의 기술적 구성에 대한 일정한 상을 제시해준다), 연간 임금 총액에 대한 고정자본의 비율에 대한 자료, 노동자당 자산 총량에 대한 자료 등을 들 수 있다.

자본들이 서로 어떻게 경쟁하는가를 연구하고자 한다면, 우리는 개별 생산부문에서 잉여가치율이 대략 동일하다는 점, 그리고 자본의 유기적 구성과 회전속도는 매우 다르다는 사실에서 출발해야만 한다. 물론 이것이 뜻하는 것은, 동일한 잉여가치율의 경우에 상이한 생산부문의 동일한 크기의 자본은 상이한 잉여가치량을 창출한다는 것이다. 이제 이 문제를 좀 더 자세히 살펴보자.

상이한 생산부문에서의 이윤율

자본 규모도 동일하고 그 유기적 규성도 동일할 경우에 그 회전속도가 높은 자본은 연간 더욱 큰 잉여가치량을 창출한다. 이러한 더욱 큰 잉여가치량을 총자본에 관련시켜보면, 더욱 높은 연 이윤율을 얻는다.

네 가지 상이한 부문에서 동일한 크기의 자본(각각 50만 달러씩)이 기능하고 있다고 가정해보자. 또한 유기적 구성도 동일하며(4 : 1), 착취율은 네 부문에서 모두 100%에 달한다고 가정한다. 단지 회전속도만이 상이하다. 그렇다면 우리는 <표 7>과 같은 결과를 얻게 될 것이다. 회전속도가 동일한 경우에 동일한 크기의 자본은, 유기적 구성이 상이함에 따라 불가피하게 각각 상이한 잉여가치량을 (동일한 잉여가치율의 경우에) 얻는다.

맑스는 『자본론』 제3권에서 다음과 같은 예[6]를 들어 자본의 유기적 구성이 이윤율에 미치는 영향을 상세히 설명하고 있다. 자본주의적으로 생산된 상품이 대개 가치대로 판매된다면, 상이한 부문에서 기능하는 자본의 유기적 구성과 회전속도에서의 차이가 얼마나 큰가에 따라, 상이한 부문에서의 이윤율 또한 각각 다르게 나타난다.

<표 7>

부문	고정자본 (10억 달러)	착취율 (%)	연간 실제로 소모된 자본 (1,000단위)	연간 잉여가치량 (1,000단위)	연간 이윤율 (%)
Ⅰ. 400c+100v	1	100	100	100	20
Ⅱ. 400c+100v	1.5	100	150	150	30
Ⅲ. 400c+100v	2	100	200	200	40
Ⅳ. 400c+100v	2.5	100	250	250	50

<표 8>

자본	잉여가치율(%)	잉여가치	생산물가치	생산물이 가치대로 판매될 경우 이윤율(%)
Ⅰ. 80c+20v	100	20	120	20
Ⅱ. 70c+30v	100	30	130	30
Ⅲ. 60c+40v	100	40	140	40
Ⅳ. 85c+15v	100	15	115	15
Ⅴ. 95c+5v	100	5	105	5

맑스는 다음과 같이 쓰고 있다. "다른 한편, 비본질적이고 우연적이며 곧 일치되는 차이들을 제외한다면, 상이한 산업부문에서 평균이윤율의 상이함은 실제로 존재하지 않으며, 자본주의적 생산의 체계 전체가 지양되지 않는 한 존재할 수도 없다는 것은 의심할 여지가 없다."[7)]

2. 생산부문간의 경쟁 및 평균이윤과 생산가격의 형성

자기 증식하는 가치로서의 자본의 본성으로부터, 최대 이윤을 획득하려는 자본가의 노력이 생겨난다. 그러나 전체 자본가의 이러한 노력과, 상이한 생산부문에서 동일한 크기의 자본에 의해 창출되는 잉여가치량의 불균등성 사이에는 모순이 존재한다. 이러한 모순은 경쟁에서 해소된다.

생산부문간 경쟁의 기능. 생산가격

다른 생산부문에서보다 이윤율이 낮은 생산부문의 자본가는, 이 부문으로부터 자신의 자본을 끌어내어 이윤율이 높은 부문에 투자하고자 한다. 이러한 노력은 곧바로 행동으로 옮겨져 새로운 자본이 유입되는 그 부문의 생산물의 공급을 변화시킨다. 이러한 유입 이전에 해당 상품 종류에 대한 수요와 공급은 균형을 이루고, 상품의 가격은 가치와 일치했던 반면에, 이제부터는 공급이 수요를 초과하게 되므로 불가피하게 가격 하락이 나타난다. 역으로 자본이 유출된 부문에서는 당연히 생산량이 감소되고 공급이 줄어들며, 수요가 동일할 경우에 해당 상품 종류에는 불가피하게 가격 등귀 경향이 나타난다. 그 다음에는 어떠한 현상이 발생할 것인가?

자본이 흘러들어간 부문의 가격 하락이 너무 커서 이윤율이 다른 부문에서보다 더 이상 높지 않게 되면 이 부문으로의 자본유입은 중지될 것이다. 더구나 가격이 더 이상 정상적인 이윤을 보증하지 못하면, 자본가들은 해당 부문으로부터 자신의 자본을 끌어내어 더 높은 이윤율을 가져올 부문에 투자하기 시작한다.

자본의 끊임없는 유입 및 유출과 수요와 공급 사이의 관계의 변화로 인하여, 가변자본의 비율이 상대적으로 높고 따라서 상품을 그 가치대로 판매할 경우에 최고의 이윤을 창출할 수 있는 부문은 실제로 이윤율이 가장 낮은 부문임을 알 수 있다. 역으로 유기적 구성이 가장 높고 따라서 가변자본의 비율이 낮으며, 상품을 그 가치대로 판매할 경우에 상대적으로 이윤율이 낮은 부문은, 실제로는 이윤율이 가장 높은 부문이다. 따라서 이 부문으로부터의 자본유출은 중지된다. 또한 이윤율이 일정하게 높은 수준에 있는 경우에조차 다른 생산부문으로부터 이 생산부문으로 자본이 유입되기 시작할 수도 있다. 부문간 자본이동은, 상품의 가격이 다양한 생산부문의 동일한 규모의 자본들에게 동일한 크기의 이윤을 보장할 때까지 계속된다.

다양한 부문의 자본들의 경쟁, 자본의 유입 및 유출은 상이한 부문으로 자본을 분배할 때, 동일한 자본이 유기적 구성이나 회전속도와는 무관하게 평균적으로 동일한 이윤을 가져오는 그러한 균형을 향해 나아간다. 물론 이것은 각각의 상품 종류에 대한 일정한 가격수준을 전제로 한다. 상이한 유기적 구성과 회전속도를 갖는 자본에 의해 생산되는 상품들의 경우에, 그 가격수준은 일반적으로 상품의 가치에 일치하지 않는다. 평균 상품가격과 그 가치의 일치는, 자본의 유기적 구성과 자본의 회전속도가 각각 일치하지 않을 경우에 불가피하게 상이한 부문의 자본들의 이윤율 또한 일치하지 않게 한다. 그렇지만 이것은 오래 전부터 주장되어온 사실, 즉 부문들간의 자본이동이 자유로울 경우에 모든 부문에서 일반적으로 동일한 이윤율이 실현된다는 사실과 모순된다.

상이한 생산영역들간의 자본주의적 경쟁은, 상이한 부문에 투자된 자본에 동일한 일반적 이윤율을 보증하는 그러한 평균가격을 낳는다. 자본의 생산물인 상품의 이러한 평균가격을 맑스는 생산가격이라고 했다. 그것은, 시장가격이 그 주위를 동요하는 그러한 중심을 형성한다. 그리하여 생산부문들간의 자본주의적 경쟁은 상품의 가치를 생산가격으로, 개별 부문의 이윤율을 일반적 이윤율(평균이윤율)로 변경시킨다.

본래 자본주의적 생산은, 서로 결합되기 이전까지는 개별 부문에서 발전한다. 자본주의의 이러한 발전계제에서 개별 부문의 이윤율들간에는 매우 두드러진 차이가 오랫동안 지속될 수 있다. 자본주의적 생산양식이 결정적으로 주장해온, 모든 부문에 걸쳐 통일된 평균이윤이란, 경쟁을 저해하는 중세적인 독점과 모든 종류의 특권이 제거된 결과이다. 역사적 진행에 따라 맑스는, 자본주의적 생산양식에 대한 분석의 첫 계제에서 상품의 평균가격은 생산가격이 아니라 가치와 일치한다는 전제로부터 출발하였다.

가치와 생산가격, 잉여가치와 이윤 사이의 관계

이제 평균이윤의 작용 하에서 가치는 어떠한 변화를 겪는가를 살펴보자. 다시 말해 가치의 생산가격으로의 전화와 개별 부문의 이윤율의 평균이윤으로의 전화의 본질은 어디에 있는지를 해명해보자.

총자본이 상품의 비용가격으로 들어간다고 가정해보자. 즉 소비된 자본과 투하된 자본이 서로 일치한다고 가정한다. 이러한 전제에서 우리는 가치와 생산가격, 잉여가치와 평균이윤율의 법칙에 근거하여 획득된 이윤 사이의 양적 관계를, 다음에 제시되는 <표 9>를 참조하여 밝혀볼 수 있다. <표 9>에서는 사회적 총생산이, 자본의 크기는 동일하지만 상이한 유기적 구성으로 기능하는 다섯 부문으로 대표된다.

<표 9>를 통하여 가치 총액(610)과 상품의 생산가격 총액(610)은 사회적 규모에서 동일함을 알 수 있다. 잉여가치 총액(110)과 이윤 총액(110)도 또한 동일하다. 개별 생산부문의 상품의 가치와 생산가격은 일치하지 않는다. 또한 개별 부문에서 동일한 크기의 자본으로 창출된 잉여가치량도 일치하지 않는다. 다시 말해 생산부문간 자본의 경쟁은 결코 어떤 새로운 가치나

<표 9>

자본	잉여 가치율 m'	잉여 가치량 m	이윤율 p'	평균이윤 율 %	평균이윤 량 p	생산 가격	가치	가치와 생산가격의 편차(+, --)
Ⅰ. 95c+5v	100	5	5	22	22	122	105	+17
Ⅱ. 85c+15v	100	15	15	22	22	122	115	+7
Ⅲ. 80c+20v	100	20	20	22	22	122	120	+2
Ⅳ. 70c+30v	100	30	30	22	22	122	130	-8
Ⅴ. 60c+40v	100	40	40	22	22	122	140	-18
390c+110v		110			110	610		0

잉여가치를 창출하는 요인이 아니다. 각 개별 부문의 가치와 상품의 생산가격 사이의 편차를 더해보면 전체적으로 그것은 상쇄된다. 부문들간의 자본주의적 경쟁은 자본주의적 생산의 상이한 부문들간의 잉여가치의 재분배를, 모든 자본에 대한 일반적 이윤율, 즉 평균이윤율의 형성을 가져온다.

우리가 잉여가치의 생산과정을 고찰할 때, 경쟁은 아무런 의미도 없었으며, 따라서 우리는 분석의 각 계제에서 상품을, 그것의 평균가격이 가치와 일치하는 단순한 노동의 산물로서만 고찰해왔다. 그러나 생산부문들간 자본의 경쟁을 분석에 포함시키면, 상품을 단순히 상품으로서가 아니라 자본주의적으로 생산된, 즉 자본의 생산물로서 파악하게 될 것이다. 이것은, 가치가 생산가격으로 전화되며 부문간 이윤율이 자본주의적 생산의 전분야에 적합한 평균이윤율로 조정된다는 것을 전제한다.

새로운 상품에 이전되지 않은 생산수단의 가치 부분은, 주지하다시피 가치 크기에 어떠한 영향도 미치지 않는다. 그렇지만 그것은, 생산가격에 영향을 미치는 한 요인이다. 생산가격은 비용가격 이외에, 총자본에 대한, 그 중에서 소모되지 않은 고정자본에 대한 평균이윤도 포함한다. 그렇기 때문에 생산가격은 생산된 상품에 이전된(따라서 비용가격에 포함되는) 자본의 부분뿐만 아니라, 상품의 비용가격에 포함되지 않은 부분에도 의존하는 것이다. 따라서 생산가격에 대한 정식은 다음과 같다.

생산가격=비용가격+총투하자본에 대한 평균이윤

<표 10>

자본	소모된 고정자본 (%)	소모된 자본의 대체를 위한 총계	총고정자본의 사용된 부분	비용가격	잉여가치 율	잉여가치 량	가치
Ⅰ. $80c_I+15c_{II}+5v$	15	12	27	32	100	5	37
Ⅱ. $65c_I+20c_{II}+15v$	10	6.5	26.5	41.5	100	15	56.5
Ⅲ. $60c_I+20c_{II}+20v$	12	7.2	27.2	47.2	100	20	67.2
Ⅳ. $45c_I+25c_{II}+30v$	8	3.6	28.6	58.6	100	30	88.6
Ⅴ. $30c_I+30c_{II}+40v$	10	3	33	73	100	40	113
$280c_I+110c_{II}+110v$	11	32.3	142.3	252.3	100	110	362.3

<표 11>

자본	자본에 대한 평균이윤 율	자본에 대한 평균이윤 량	생산가격	가치와 생산가격의 차이 (+, --)
Ⅰ. $80c_I+15c_{II}+5v$	22	22	54	+17
Ⅱ. $65c_I+20c_{II}+15v$	22	22	63.5	+7
Ⅲ. $60c_I+20c_{II2}+20v$	22	22	69.2	+2
Ⅳ. $45c_I+25c_{II}+30v$	22	22	80.6	−8
Ⅴ. $30c_I+30c_{II}+40v$	22	22	95	−18
$280c_I+110c_{II}+110v$	22	22	362.3	0

자본의 고정자본 부분(c_I)과 유동자본 부분(c_{II} I+v)간의 비율상의 차이, 그리고 각 생산주기에서 소모된 자본 부분과 총투하자본간의 비율의 차이를 고찰함으로써 우리는 생산가격이 어떻게 형성되는지를 <표 10>에 표현된 방식으로 설명할 수 있다. 또한 평균이윤의 법칙에 상응하는 잉여가치의 분배에 따라 우리는 <표 11>을 얻는다.

<표 11>을 <표 10>과 비교해보자. 전자에서는 투하자본과 소모된 자본이 서로 일치하고, 후자에서는 두 자본간에 현격한 차이가 나타난다. 뿐만 아니라 두 표에 나타나는 비용가격과 가치도 매우 다르다. 그러나 창출된 잉여가치량과 실현된 이윤량은 두 표에서 모두 일치하고 있다. 잉여가치량은

가변자본과 착취도가 두 표 모두 동일하기 때문에 일치한다. 실현된 이윤량 사이에도 아무런 차이가 없다. 왜냐하면 그 양은 두 표에서 동일한 크기의 투하자본과 관련된 것이기 때문이다. 따라서 실현된 이윤의 크기는, 평균 이윤율의 법칙에 의해, 비록 이윤이 비용가격과 더해져서 그것과 더불어 생산가격을 형성할지라도 비용가격의 크기에 따라 정해지는 것이 아니라 투하된 자본의 크기에 따라 정해지는 것이다.

개별 생산부문의 이윤율이 단일한 일반적 이윤율로 조정되고 이러한 방식으로 평균이윤율이 성립되기 위해서는 자유로운 경쟁과 자유로운 자본투자가 필수적이다. 즉 봉건적 생산양식, 길드와 중상주의의 규제된 생산체계로부터 남아 있던 독점은 제거되어야 했다. 그것의 제거와 더불어 비로소 자본주의적 생산양식의 법칙은 완전히 전개될 수 있었다. 그러나 평균이윤율의 법칙과 생산가격의 법칙이 지배할 수 있기 위해서는, 더 나아가 자본주의적 생산양식 자체로부터 성장해 나오는 독점이 존재하지 않는다는 것이 전제된다. 오늘날의 자본주의의 조건하에서 이윤율의 조정과 평균이윤의 형성은, 독점적 초과이윤을 보장함으로써 하나의 통일된 일반적 이윤율의 형성을 저해하는 독점체의 권력과 부딪힌다.

3. 생산부문내 경쟁과 시장가치

평균이윤과 생산가격의 형성은 생산부문들간 경쟁의 산물이다. 이러한 경쟁이, 높거나 혹은 낮은 자본의 유기적 구성을 갖춘 부문들에 유리함을 가져다주는 것은 아니다. 그렇지만 주지하다시피 자본의 유기적 구성의 고도화는 자본주의의 한 법칙이다. 기술의 발전과 사회적 노동생산성의 상승은 고도화되는 자본의 유기적 구성 속에서 그 자본주의적 표현을 발견한다. 그렇지만 생산부문들간 자본의 경쟁이 자본의 유기적 구성의 고도화를 촉진시키는 요인은 결코 아니다.

그렇다면 이러한 고도화를 야기하는 경제적 추동력은 무엇인가?

생산부문내 자본주의적 경쟁

개별 상품종류는 일반적으로 수많은 독립된 자본주의적 기업들에서 생산된다. 따라서 이 기업들간에도 마찬가지로 **경쟁**이 발생하는데, 이 경쟁을 보통 **생산부문내** 경쟁이라고 한다. 이 경쟁의 기능들은 대개 앞에서 명확히 설명되었다. 상품에 관한 장에서 사회적으로 필요한 노동지출은 **평균적** 노동지출에 의해 규정된다고 했지만, 그 평균적 노동지출의 **본질**이 **무엇인지**를 상세하게 다루지는 않았었다. 개별 단순상품생산자에 의해 생산된 상품의 개별 가치들간의 수준차는 기계제 대공업에서처럼 그렇게 본질적인 것일 수는 없다. 기술적 생산기초에서의 혁명적 변화를 통해 자본주의적 기계제 공업은 한 부문의 상이한 기업들간의 기술적 수준에 매우 큰 차이를 야기한다.

시장가치의 형성

어떤 기업그룹은 상품 제조에 8시간을 필요로 하고, 다른 기업그룹은 10시간, 또 다른 기업그룹은 12시간을 필요로 한다고 가정해보자. 이 중에서 사회적으로 필요한 노동지출을 규정하고 따라서 시장가치를 규정하는 것은 어느 그룹일까? 이론의 여지없이 그것은 해당 상품종류의 가장 **많은** 부분을 생산하는 기업이다. 시장가치는 이러한 기업그룹의 생산물의 개별 가치에 놓일 것이다.

첫번째 그룹이 우세한가 두번째 그룹이 우세한가는, 해당 상품종류에 대해 지배적인 수요의 규모에 달려 있다. 만일 수요가 크지 않거나 감소하는 경향을 갖고 있다면, 세번째 그룹의 생산물은 시장에서 전혀 **필요하지 않다**는 것을 알 수 있다. 그렇게 되면 처음 두 그룹만이 평균수준에 영향을 미친다. 비록 이들 그룹 내에서 기술과 노동생산성이 불변상태라 하더라도, 시장가치는 감소하며 첫번째 그룹의 개별 가치에 더욱 가까워진다. 이와는 달리, 수요가 증가하고 이에 따라서 가격이 오르면, 낮았던 가격수준 때문에 손해를 본 기업은 이익을 얻을 수도 있다. 그렇게 될 경우에 해당 부문의 전체적인 기술적 구조가 변화하며 평균적인 노동지출도 변화한다. 왜냐하면 이제 평균지출의 형성에는 처음 두 그룹의 기업뿐만이 아니라 마지막 세 번째 그룹도 참여하기 때문이다. 이로써 — 처음 두 그룹에서 기술수준이 변화하지 않고 노동생산성도 그대로 머물러 있을 경우에 — 부문의 평균적 노동지출은 전체적으로 다시 증가하고, 그리하여 시장가치 또한 증가하게 된다.

그렇다고 해서 수요와 공급이 시장가치를 규정한다는 것은 아니다. 앞에서 언급한 두 경우에 시장가치가 변화하는 것은, 오직 노동생산성의 실제적인 변화가 부문내에 평균적으로 나타나기 때문이다. 수요의 규모 자체는 다만 시장가격에만 영향을 미칠 수 있다. 시장가치는, 시장가격의 변화로 인하여 더욱 개선된 혹은 더욱 열악한 조건에서 생산되는 상품량과 관련하여 실제적인 변화가 일어날 경우에만 변한다. 즉 생산조건의 실제적인 변화가 일어날 때 평균적 노동지출의 실제적인 변화가 나타나는 것이다. 이와는 달리 평균적 노동지출이 불변상태라면, 이러저러한 상품의 어떠한 시장가격의 변화도 이들 상품의 시장가치에 영향을 미칠 수 없다. 수요와 공급의 변화가 미치는 영향, 따라서 시장가격의 변화가 미치는 영향하에서, 상이한 조건에서 생산되는 상품생산 부분들의 관계에서 변동이 일어난다면, 시장가치 또한 불가피하게 변화하지 않을 수 없다. 시장가치는 해당 상품 종류의 가장 많은 부분을 시장에 내놓은 그룹을 지향한다. 그렇지만 그것이 어떤 특정 그룹의 개별 가치와 무조건 일치하는 것은 아니다. 시장가치는 임의의 그룹을 지향할 수 있다. 그렇지만 그것의 구체적인 크기는, 해당 부문에서 생산되는 총상품량의 개별 가치 총계를 이 부문에서 생산된 상품의 총수로 나누어 계산한 그 평균가치에 달려 있다. 이것은 물론 해당 상품 종류의 생산된 양이 수요에 상응한다는 전제하에서만 유효하다.

시장가치 형성의 경제적 메커니즘은, 동시에 특별잉여가치 형성의 메커니즘이기도 하다. 개별 가치가 시장가치보다 낮은 기업은 특별잉여가치를 획득한다.

시장가치와 시장 생산가격

다양한 개별 가치로부터 어떻게 하여 단일한 시장가치가 형성되는가에 관하여 설명한 모든 것은, 평균가격이 곧바로 가치가 아니라 생산가격을 지향한다는 점을 설명하고자 할 때도 유효하다. 원칙적으로 그 메커니즘은 동일하다. 그렇지만 두번째의 경우에 각 부문에서 발생하는 평균 가격수준은, 부문내 경쟁의 영향뿐만 아니라 부문간 경쟁의 영향을 받아서도 형성된다. 이것은 평균가격의 구체적인 크기와 관련되지만, 한편으로는 개별 가치와 시장가치 사이의, 다른 한편으로는 개별 생산가격과 시장 생산가격 사이의 상호관계와 관련되지는 않는다. 이러한 상호관계는 원칙적으로 어떤 것에 의해서도 서로 구별되지 않는다. 따라서 만일 부문간 경쟁이 발전하고 평균가격이 생산가격과 동일하게 되면, 부문내 경쟁은 개별 생산가격이 시장 생산가격으로 전화될 때까지 전개된다.

부문내 경쟁의 이론적 분석은 우선 가치, 잉여가치 범주로부터 출발하지 않으면 안된다. 왜냐하면 부문내 경쟁은 역사적으로 부문간 경쟁에 선행하며, 가치가 생산가격으로 전화된다는 것을 전제하지 않기 때문이다. 부문내 경쟁을 고찰함으로써 우리는, 기술 수준의 향상 및 그것과 결부된 자본의 유기적 구성의 고도화의 추동력인 초과이윤을 어떠한 방식으로 획득하게 되는지 알게 될 것이다.

4. 생산관계로서의 생산가격

가치와 잉여가치의 범주로 표현되는 전체 생산관계는 생산가격과 평균이윤이라는 범주들로 표현되는 관계들에도 포괄된다. 나중에 언급한 관계들은 더욱 구체적이며 따라서 첫번째보다 풍부하지만, 이것들을 지양하지는 않는다.

평균이윤과 생산가격의 법칙을 단순히 잉여가치법칙과 가치법칙의 외적 현상형태로서 간주해서는 안된다. 이윤이 평균이윤으로 전화됨에 따라 개별 자본들이 평균이윤율을 근거로 획득하는 이윤량과 그것들에 의하여 창출된 잉여가치의 크기는 일반적으로 차이가 난다. 이윤과 잉여가치는 질적으로뿐만 아니라 양적으로도 구별된다.

평균이윤은 다양한 자본가그룹들간의 관계뿐만 아니라 전체로서의 자본가계급과 노동자계급 사이의 관계도 표현한다. 평균이윤의 구체적 크기는 잉여가치의 분배에 참여하는 사회적 총자본의 크기뿐만 아니라 분배되는 대상, 즉 잉여가치의 크기에도 의존한다. 그러나 이것은 노동자의 수와 그들의 착취도에 의해 규정된다. 때문에 모든 자본가는 예외 없이 잉여가치량의 증대에 관심을 갖는다. 이러한 의미에서 자본가계급의 이해는 노동자계급의 이해와 모순된다. 바로 이윤의 법칙에서 자본가계급과 노동자계급 사이의 적대가 다른 어느 곳에서보다 더 강하게 표현된다.

평균이윤에 관한 학설에서 맑스는, 잉여가치의 재분배과정뿐만 아니라 자본가계급과 노동자계급 사이의 근본적인 이해대립도 보여주었다. 평균이윤의 법칙은 자본가계급내의 투쟁뿐만 아니라 노동자계급에 대한 투쟁 속에서의 전체 자본가들의 연대도 설명해준다. 맑스는 자본가들을 적대적인 형제들이라 특징짓고 있다. 전체 자본가계급은 이윤기금 및 잉여가치 총량의 증대와 관련해서는 어느 경우에도 형제이다. 그러나 그들은, 개별 자본가들 사이에서 이 이윤을 분배하는 문제와 관련해서는 서로가 적이다. 따라서 평균이윤과 생산가격은 계급내 경제적 관계뿐만 아니라 또한 계급들간의, 즉 부르주아지와 프롤레타리아트의 생산관계도 표현한다.

5. 소위 『자본론』 제1권과 제3권 사이의 모순에 관하여

평균이윤과 생산가격에 대한 맑스의 이론은 매우 중요한 의미를 갖는다. 그것은, 가치법칙이 평균이윤율의 법칙과 일치한다는 것을 이해하지 못했던 고전학파를 미궁에 빠뜨려버린 모든 외관상의 모순들을 제거했다. 평균이윤과 생산가격이 형성되는 방식을 발견함으로써, 맑스는 가치이론과 잉여가치이론을 완성하였다. 가치이론과 잉여가치이론은, 평균이윤과 생산가격의 모습으로 나타나는 그것들의 구체적인 변용된 형태들을 설명하지 않고서는 완결된 이론이라고 할 수 없다. 왜냐하면 자본주의적 현실의 수많은 요인이 직접적으로 가치법칙이나 잉여가치법칙으로 환원될 수는 없기 때문이다.

맑스의 평균이윤과 생산가격에 관한 이론은 또한, 자본주의사회의 두 주요 계급 사이의 적대적인 관계의 본질을 이해하는 데 매우 중요하다. 그렇기 때문에 부르주아 이론가들은 이 이론을 논박하려고 애쓴다. 『자본론』 제3권이 출판되었을 때 부르주아 경제학자들은, 거기에 담겨 있는 이론적 주요 내용이 제1권에서 전개된 것과 모순된다고 주장하였다. 그들은, 생산가격의 법칙이 가치법칙에 모순되며 평균이윤율의 법칙은 잉여가치법칙에 모순된다고 주장했다.

가장 큰 목소리로 이러한 주장을 선전한 이는 오스트리아학파(한계효용학파)의 지도적 대변자인 뵘 - 바베르크였다. 그에 따르면, 맑스가 가치이론에서는 상품이 그것의 제조에 지출된 노동량과 서로 비례관계에 있다고 주장하였고, 그와 달리 생산가격 이론에서는 상품이 그것의 제조에 투하된 자본량과 서로 비례관계에 있다고 주장했다는 것이다. 이로부터 뵘 - 바베르크는, 상품의 교환가치는 그 상품의 제조에 지출된 노동량과 서로 비례한다는 근본명제가 맑스 자신의 생산가격 이론에 의해 무너졌다고 주장했다.

생산가격과 평균이윤의 본질을 주의 깊게 살펴보면, 그것들이 가치나 잉여가치의 원천에 아무런 변화도 주지 않는다는 것을 명백하게 알 수 있다. 평균이윤에는 잉여가치, 즉 노동자의 대상화된 부불노동 이외의 어떠한 다른 실체도 존재하지 않는다. 문제는 불변하는 동일한 실체 — 노동자의 부불노동 — 를 갖는 잉여가치가 모든 자본가들 사이에 재분배된다는 것이다. 이러한 재분배는 생산가격의 법칙이 작용하기는 하지만, 그것이 가치의 원천을 변화시키지는 않는다는 것을 전제한다. 잉여가치는 상품으로, 산 노동의 양에 상응해서가 아니라 투하된 총자본에 상응하여 분배된다. 그렇지만 전체 상품의 생산가격 총계는 그것의 가치와 일치한다. 평균적인 유기적 구성을 갖는 어떤 자본에 의해 생산된 상품이 있다면, 이 상품의 생산가격과 가치는 일치한다. 어떤 생산부문에서의 가치보다 생산가격이 상승하면, 이것은 다른 생산부문에서 생산가격이 가치보다 하락함으로써 조정된다.

생산가격의 운동은 가치의 운동에 의해 규정된다. 노동생산성이 상승하면 해당 상품의 가치뿐만 아니라 생산가격 또한 하락한다. 노동생산성이 낮아지면 가치와 생산가격은 불가피하게 상승한다. 주지하다시피 지출된 노동량에 대한 가치운동의 의존성은 생산가격에도 타당하다.

맑스의 비판가들은 그의 가치이론을 다음과 같이 해석하고자 한다. 즉 맑스는 모든 개별 거래의 경우에 상품의 교환비율은 실제로 그 상품의 생산에 지출된 노동량에 정확하게 일치한다고 주장했다는 것이다. 그러나 우리가 기억해야 할 것은, 가치란 맑스가 말한 것처럼 개별적으로 필요한 지출이 아니라 사회적으로 필요한 지출에 의해 규정된다는 사실이다. 두 상품의 시장가치는 일치할 수도 있지만, 그렇다고 해서 두 상품의 개별 가치도 일치한다고 이야기할 수는 없다. 따라서 중요한 것은 교환비율이 그것에 상응해야 하는 사회적으로 규정된 노동량이다. 다른 한편 가치법칙 자체의 작용은 가격과 가치가 언제나 모든 교환행위에서 일치해야 한다는 것을 전제하지 않는다. 그와는 달리 어떤 무정부적인 경제에서 가치법칙의 작용이 무조건적으로 요구하는 것은, 가격이 가치로부터 괴리된다는 것이다.

전체 상품의 가격 총액은 그 가치의 총계와 일치하지만 이것이 모든 개별 상품의 가격은 언제나 그 가치와 일치해야만 한다는 것을 의미하지는 않는다. 이러한 일치는 오직 평균적으로만, 오랜 시기를 거쳐서만 이루어지는 것이다. 자본주의의 모든 법칙은 '비현실에 의해 실현된다.' 어떤 상품을 그 가치대로 판매하는 것은 자본주의의 '이상'이지만 그 현실은 아니다. 그렇지만 이 '이상'은 머리 속에서 고안되는 것이 아니라 가치와 가격의 괴리라는 무한한 무질서 속에서 이루어지는 법칙적 평균값이다. 따라서 맑스 비판가들이, 모든 개별 거래행위에서 교환비율은 노동지출의 비율과 일치하지 않는다는 사실을 입증하려고 한다면 이는 그들이 맑스의 가치이론을 결코 이해하지 못했다는 것을 보여주는 것에 지나지 않는다.

6. 가치와 생산가격 사이의 역사적 연관

몇몇 맑스 비판가, 예컨대 부르주아 경제학자인 좀바르트, 이전의 합법적 맑스주의자였던 불가코프, 사회민주주의 이론가 힐퍼딩, 멘셰비키 경제학자 루빈 등은, 맑스에게 있어서 가치이론은 생산가격의 이론을 구축하는 데 필요한 순전히 논리적인 구성물에 지나지 않는 것이라고 주장하였다.

자본주의 현실 속에는, 이 저자들의 견해에 따르면, 단 한 번도 가치법칙이 작용한 적이 없다. 언제나 평균이윤의 법칙과 생산가격의 법칙만이 존재했다는 것이다. 그들의 관점에서 보면, 가치는 오직 논리적으로 생산가격에 선행할 뿐 결코 역사적으로 선행했던 것은 아니다.

이미 엥겔스는 그런 식의 주장이 얼마나 근거 없는 것인가를 보여주었다. 가치법칙은 이러저러한 형태로 기원전 5000~7000년부터 작용해왔다. 엥겔스는 가치법칙이 그것의 본원적인 형태로 어떻게 작용해왔는가를 매우 풍부한 역사적 자료에 근거하여 해명하였다.

맑스의 경우에, 연구의 논리적 방법은 역사적 발전과정에 모순되는 것이 아니라 역사적 과정의 과학적 일반화이며 모든 부차적인 것과 우연적인 것으로부터 해방된 것이다. 가치에서 생산가격으로, 잉여가치에서 이윤으로, 개별 부분의 이윤율로부터 평균이윤으로의 경제적 범주들의 발전은, 특정한 생산관계의 발전에 상응하는 실제의 역사적 과정을 반영한다.

자본주의는 자기 발전하는 상품관계의 기초 위에서, 봉건질서의 태내에서 발생하여 그 본원적 발전형태를 획득하였으며, 점차 경제분야들을 차례로 정복하였다. 처음에 자본주의적 경쟁은 오직 생산부문내 경쟁으로서만 존재할 수 있었고 작용할 수 있었다. 경쟁의 결과는 수많은 개별 가치의 단일한 시장가치로의 전화였다. 그렇지만 생산부문들간 자본의 경쟁을 위한 발전조건과 관련해서 보면 한 부문에서 다른 부문으로의 자유로운 자본 이동을 위한 조건, 따라서 일반적 이윤율의 형성과 가치의 생산가격으로의 전화를 근거짓는 이러한 조건은 본질적으로 나중에 자본주의가 상당한 발전계제에 이른 후에야 발생했다.

이러한 서술로부터, 맑스가 『자본론』 제1권에서 시도했던 가치법칙과 잉여가치법칙에 대한 분석은 평균이윤 및 생산가격 이론이 구축을 위한 교묘한 논리적인 구성이 아니었다는 점이 명백해진다. 맑스의 이론은 실제의 역사적 요인들을 반영한다. 가치와 잉여가치의 생산가격과 평균이윤으로의 운동은 단순한 범주로부터 복잡한, 동시에 실제의 역사적 발전을 반영하는 범주로의 상승이다. 또한 가치와 잉여가치에서 생산가격과 평균이윤으로 나아가는 길은, 자본주의의 발생과정에 상응하여 자본주의를 이론적으로 인식하는 데 필요한 방법론적 요구에 의해서도 규정된다.

제23장 이윤율의 경향적 저하 법칙

이윤율은, 우리가 이미 살펴본 것처럼, 생산된 잉여가치의 양과는 무관하게 변화할 수 있다. 부르주아 경제학자들과 통계학자들은, 이윤율이 일반적으로 저하하는 경향을 갖는다는 것을 입증하였다. 이러한 사실은 부르주아 정치경제학의 대변자들을 매우 당혹스럽게 했다. 왜냐하면 가능한 한 최고의 이윤율을 획득하고자 하고 최대의 자본증식을 보증하고자 하는 노력이야말로 자본주의적 생산의 유일한 추동력이기 때문이다. 맑스에 따르면, 부르주아 정치경제학은 "그 현상을" 보았고, "그것을 설명하려는 모순적인 시도로 인해 고통당했다. 이 법칙이 자본주의적 생산에 대해 매우 중요한 의미를 가짐에도 불구하고, 그것은 스미스 이래의 모든 정치경제학이 해결하려고 빙빙 돌았던 불가사의였으며, 스미스 이래 다양한 학파들 사이의 차이는 이 문제에 대한 상이한 해결 시도상의 차이였다고 할 수 있다."[8]

리카도는, 이윤율의 하락이 수확체감의 '법칙'(이것은 제30장에서 서술되고 비판될 것이다)과 연관되어 있다고 생각하였다. 그의 견해에 따르면, 이 '법칙'의 작용은 농업생산물의 항상적인 품귀를 낳고, 이것은 다시 지대의 상승, 화폐(명목)임금의 상승, 이윤율의 저하를 낳는다.

고전 정치경제학은 이윤율의 저하를 해명할 수 없었다. 왜냐하면 이 학파의 대표자들은 불변자본과 가변자본 사이의 필수적인 경계를 설정하지 않았고, 자본의 유기적 구성의 변화가 어떤 의미를 갖는지 분석하지 않았으며, 이윤과 잉여가치의 차이를 간과했기 때문이다.

1. 자본의 유기적 구성의 고도화. 이윤율 저하의 원인

이윤율 저하

만일 부문들간 경쟁의 결과로부터 출발한다면, 다시 말해 부문들의 이윤율이 평균이윤율로 조정된다는 사실로부터 출발한다면, **생산부문내 경쟁**은, 자본가가 **평균이윤 이상의** 잉여를 획득할 수 있는 무대처럼 보일 것이다. 어떤 개별 기업에서 새로운 기술을 도입하고 생산을 개량할 경우, 노동생산성이 상승하고 해당 자본가의 개별 생산가격은 시장 생산가격에 비해 낮아진다. 이러한 차이는 해당 자본가에게는 **초과이윤**을 의미한다. 노동생산성의 향상은, 생산과정의 개량을 가능케 하는 축적된 자본의 크기에 직접 달려 있다. 노동생산성의 향상과 비용가격의 하락은 축적을 강화시키고 새로운 자본투자의 조건을 창출하며, 또한 증가된 축적은 다시 노동생산성의 향상과 비용가격의 하락에 기여한다. **경쟁**도 역시 노동생산성의 향상과 새로운 기술도입을 강요한다. 새로운 기술의 응용, 생산테크놀로지의 개선, 노동조직의 혁신, 이 모든 것은 자본의 기술적 구성을 높인다. 왜냐하면 노동생산성의 증가는 곧 동일한 양의 산 노동이 증가된 양의 대상화된 노동을 운동시킨다는 것을 의미하기 때문이다.

불변자본의 소재적 요소들의 양이 점점 증가함에 따라 (비록 동일한 비율은 아닐지라도) 그 가치가 커지므로, 그만큼 자본의 유기적 구성도 증가한다. 개별 기업들의 새로운 생산방법이 해당 부문내에서 공유된다면, 이 부문에서 생산되는 상품의 가치와 생산가격은 낮아질 것이다. 또한 그 경우에 잉여가치의 절대량이 줄어들지 않고 그대로 유지된다면, 그 이유는 자본규모의 성장에 있다. 따라서 이윤율은 필연적으로 낮아질 수밖에 없다.

착취율이 불변일 경우(우리의 예에서 그것은 100%이다)에 자본의 유기적 구성이 고도화되면, 이윤율은 다음과 같은 크기에 이를 것이다.

c= 50, v=100이면 $p'=(100/150)\times 100=66.6\%$

c=100, v=100이면 $p'=(100/200)\times 100=50\%$

c=200, v=100이면 p'=(100/300)×100=33.3%
c=300, v=100이면 p'=(100/400)×100=25%
c=400, v=100이면 p'=(100/500)×100=20%

동일한 가변자본으로 표현된 동일한 양의 노동력은 동일한 시간에 더욱 큰 양의 노동수단과 노동대상, 즉 더욱 큰 양의 불변자본을 운동시킨다. 이것은 전체 생산부문에서 진행되어 사회적 자본의 전반적인 유기적 구성이 고도화되며, 그 결과 일반적 이윤율은 저하된다. 때문에 이윤율의 저하는 자본주의에 고유한 사회적 노동생산성 발전의 한 표현이다.

개별 이윤율의 증가를 둘러싼 투쟁은 생산의 혁신을 요구하는데, 이것은 처음에는 개별 생산가격을, 나중에는 이윤 부분이 감소되는 시장 생산가격을 하락시킨다. 따라서 이윤율의 저하는 **그 증가를 둘러싼 투쟁**의 산물이다. 최대 이윤을 획득하려는 모든 자본가의 끊임없는 노력에 상반되는 이러한 결과는 자본주의적 조건하에서의 경제법칙에 특징적이다.

이윤량의 증가

만일 사회적 자본의 유기적 구성만 성장하고 그것의 크기는 불변상태로 머물러 있다면, 이윤율의 저하와 더불어 이윤량 또한 감소할 것이다. 그러나 이러한 일은 있을 수 없다. 왜냐하면 자본의 유기적 구성이 고도화되는 전제는 축적, 즉 사회적 총자본량의 증가이며 또한 가변자본의 절대적 증가이기 때문이다. 비록 잉여가치율이 불변일지라도 이윤량은 증가한다. 왜냐하면 자본은 점점 더 많은 (절대적인) 수의 노동자를 생산에 투입하고, 이로써 점점 더 큰 양의 부불노동을 전유하기 때문이다. 잉여가치율이 100%라고 가정할 때,

c= 50, v=100이면 p'=(100/150)×100=66.5%,
c=100, v=110이면 p'=(110/210)×100=52.4%,
c=200, v=120이면 P'=(120/320)×100=37.5%,
c=300, v=130이면 p'=(130/430)×100=30.2%,

c=400, v=140이면 p'=(140/540)×100=26%.

가변자본과 잉여가치량의 증가에 따라 불변자본도 매우 빠르게 증가한다. 예에서 불변자본은 50에서 400으로, 가변자본은 100에서 140으로 증가하고, 이윤량 또한 증가한다. 그러나 이윤율은 66.6%에서 26%로 감소한다. 따라서 이윤율의 저하와 이윤량의 증가는 동일한 과정의 두 측면이다.

2. 이윤율의 저하에 반작용하는 요인들

평균이윤율은, 사회적 자본의 유기적 구성이 성장하는 만큼 저하되지는 않는다. 오히려 각 시기에 이윤율은, 가변자본의 감소된 부분에도 불구하고 불변상태에 머물러 있거나 심지어 증가하기도 한다. 원인은 이윤율의 저하를 야기시키는 것과 동일한 요인들이다. 이윤율 저하에 반작용을 하는 주요 요인들은 자본의 유기적 구성의 고도화와 직접적으로 밀접하게 결합되어 있다.

주지하다시피 도덕적 마모의 위험은 자본가들에게 고정자본의 회전을 최대한으로 가속화하도록 박차를 가한다. 자본가들이 노동일을 연장시키려고 애쓰는 이유가 여기에 있다. 고정자본의 양이 불변인 상태에서 노동일을 연장하면, (비록 고정자본의 유동부분이 증가하기는 하지만) 불변자본을 비교적 감소시킬 수 있게 된다. 노동일의 연장은, 자본가가 전유하는 잉여가치를 절대적으로 증가시킨다. 또한 그 경우에 불변자본이 보다 작은 양으로 증가한다면, 더 커진 잉여가치량은 더 높은 이윤율로 표현된다. 따라서 노동일의 연장에 의한 노동자 착취도의 강화는 이윤율의 저하에 반작용한다.

기계제 생산의 발전은 특히 오늘날의 조건하에서 노동강도의 강화와 관련되어 있다. 노동강도의 강화는 이에 비례하는 불변자본의 증가를 요구하지 않는다. 왜냐하면 노동강도의 강화는 착취도만 증가시키는 것이 아니라, 직접적으로 이윤율의 저하를 저지하기 때문이다.

노동생산성의 향상에 의한 상대적 잉여가치의 생산은, 이윤율의 저하에 반작용을 가하는 또 다른 요인이다. 필요노동시간의 단축에 의해 착취도는 커지며 또한 이윤량도 증가한다. 착취도를 증가시키지 않는 한 불변자본의 증가분은 이윤율을 매우 저하시킨다.

사회적 노동의 생산성이 향상됨에 따라 불변자본의 요소들도 저렴해진다. 그 결과 가변자본의 단위당 불변자본의 가치는 불변자본의 소재적 요소에 비해 매우 더디게 증대한다. 이것도 또한 이윤율의 저하를 지연시킨다. 만일 어떤 탄소화학 기업이 특정 시간 내에 이전보다 2배 많은 석탄을 가공하고, 석탄가격이 20% 정도 내리면, 가공된 원료의 가치는 100%가 아니라 60% 정도만 상승한다.

자본의 유기적 구성의 고도화는, 이미 우리가 알고 있듯이, 상대적 과잉인구를 형성한다. 대량실업이 형성되면 노동력의 가격이 낮아지므로, 심한 경우에는 자본가에게 기계의 대체로서의 손노동이 유리할 수도 있다. 이것은 자본주의에서 손노동이 우세한 경제부문(사치품 류의 제조 등)이 존재하는 이유 중의 하나이다. 이 부문에서는 가변자본 부분이 상대적으로 높고, 그렇기 때문에 여기에서 자본단위당 창출된 잉여가치량은 다른 부문에서보다 크다. 또한 이 부문은 일반적 이윤율의 형성에 참여하기 때문에, 그 존재는 마찬가지로 이윤율 저하를 저해하는 하나의 요인이다. 노동력의 가치 이하로 임금이 하락하는 것도 이윤율 증가의 요인에 속하며, 때문에 이윤율의 저하에 반작용을 한다.

해외무역도 이윤율의 저하에 반작용을 하는 중요한 요인이다. 이 요인의 작용은 현재의 조건하에서 특히 강하게 나타난다. 종속적이고 경제적으로 낙후된 나라들로부터 저렴한 원료·재료·소비재를 수입하면, 비용가격을 절약할 수 있고 이로써 이윤율과 이윤량을 증대시킬 수 있다. 만일 자본가들이 자신의 상품을 수출한다면, 그들은 국민적 가치 사이의 차이 때문에 추가적 이윤을 획득한다. 상품의 가치는 발전된 자본주의 나라에서 경제적으로 후진적인 나라에서보다 작기 때문에 공업이 매우 발달한 나라들은 경제적으로 후진적인 나라의 시장에 상품을 판매할 경우에 일종의 추가적 이윤을 획득하게 된다.

그외에도 평균이윤율 이상을 획득하는 경우가 있는데, 그것은 식민지와 낙후된 나라들에 투자된 자본들의 경우이다. 왜냐하면 그런 곳에서는 자본의 평균적인 유기적 구성이 낮고 노동력과 원료가 저렴하기 때문이다. 예를 들어 국제적 석유 신디케이트 — 미국, 영국-네덜란드, 프랑스 석유회사 연합 — 는 1956년 이란 산 석유를 배럴당 10센트의 비용가격으로 채굴하여 1.91달러에 판매했다. 따라서 이윤은 비용가격의 19.1배에 달하는 것이었다.

자본주의적 대생산의 발전은 19세기 중엽에 주식회사의 형성으로 이어졌다. 주주가 실제로 획득하는 소득은 일반적으로 평균이윤 이하이다. 그렇기 때문에 주식회사는 비록 자신의 상품을 생산가격 이하로 판매할 경우에라도 존재하고 기능할 수 있는 것이다. 따라서 주식자본은 총잉여가치 중의 어떤 부분을 전유할 수 없으며 그것은 이윤균등화를 위한 기금으로 들어가고 그리하여 일반적 이윤율을 상승시킨다.

이윤율의 저하는 경향으로서 나타날 뿐, 곧바로 작용하는 법칙으로서 나타나지는 않는다. 더욱이 이상에서는, 무정부적인 경제라는 조건 하에서 법칙은 비실현에 의해 실현되며 평균값의 법칙으로서 길을 개척한다. 그렇다고 해서 노동가치법칙이 경향으로서 실현된다고 주장하는 것은 아니다. 또한 그것을 이윤율 균등화의 법칙 등에 관련지어 설명하지도 않는다.

이윤율의 저하 법칙이 갖는 특수성은, "일반적 이윤율의 저하를 야기시키는 것과 동일한 원인이 이러한 저하를 방해하고 완화하며 부분적으로 약화시키는 반작용을 야기한다는 점에 있다. ……그리하여 법칙은 오직 특정한 상황하에서만 그리고 오랜 기간에 걸쳐서만 적합하게 나타난다."[9] 그로부터 자본주의 발전 속에서, 이윤율 저하에 반작용을 가하는 요인들이 그 저하를 야기시키는 요인들보다 더 강하게 나타날 수 있고, 따라서 이윤율이 상승한다는 결론이 생긴다.

3. 이윤율의 경향적 저하 법칙의 내적 모순의 발전

자본주의적 생산양식의 한계

이윤율의 경향적 저하 법칙에는 자본주의적 생산양식, 자본의 축적과정의 점점 심화되어 가는 모순들이 분명하게 나타난다. 이윤율의 저하는 새로운 자본의 형성을 저해한다. 거기에는 자본주의적 생산양식의 객관적 한계, 그것의 역사적으로 제한된 성격이 드러나 있다.

이윤율의 저하는 생산력의 발전으로 환원할 수 있다. 왜냐하면 자본의 유기적 구성이 고도화되어간다는 것은, 바로 사회적 노동의 증대하는 생산성에 대한 자본주의적 표현이기 때문이다. 노동생산성 증가에 따른 이러한 결과는 자본주의적 생산의 목표에, 자본운동의 본원적 자극에 정면으로 모순된다. 다른 한편, 노동생산성의 증가는 자본주의적 생산양식의 목표인 최대 이윤을 위해 획득해야 할 주요한 수단에 속한다.

노동생산성의 증가는 개별 이윤율을 증대시키는 한 요인이다. 그렇지만 개별 자본가의 감소된 비용가격이 개별 자본가에게 초과이윤을 가져다주고 사회적으로 필요한 비용가격이 되자마자 노동생산성의 증가는 이윤율 증가의 수단으로부터 이윤율 하락의 원인으로 전화한다. 따라서 자본주의적 생산의 목표와 수단은 해결할 수 없는 갈등에 빠져든다.

어떤 특정의 상품량에 대상화된 잉여가치가 실현되지 않는 한, 자본주의적 생산의 목표는 이루어질 수 없다. 그러나 직접적인 착취의 조건과 실현조건은 시공간적으로 일치하지 않는다. 그것들은 자신의 본질에 따라 서로 상이하다. 직접적 착취를 취한 조건은 사회의 생산력에 의해 제한되며, 실현조건은 그와는 달리 상이한 생산부문의 균형과 사회의 소비력에 의해 제한된다. 이때 소비력은 주민 대다수의 소비를 최소로 제한시키는 적대적인 자본주의적 분배관계의 틀 속에서 규정된다.

이로써 가치는 커지고 생산은 반드시 확대되며 그 가격은 감소된다. 비용가격의 감소는 노동생산성의 증가, 생산된 상품의 가치의 감소, 그에 따른 노동력 가치의 감소를 요구한다. 따라서 한편으로는 상품의 생산이 확대되고, 다른 한편으로는 상품을 실현시킬 수 있는 가능성이 감소된다. "대다수 생산자의 수탈과 궁핍화에 근거한 자본가치의 보전과 증식이 혼자 힘으로 운동할 수 있는 한계는, 자신의 목적을 이루기 위해 반드시 자본을 사용해야 하고, 무제한적 생산 증대, 자기 목적으로서의 생산, 노동에 의한 사회적 생산성의 무한한 발전을 향해 나아가는 생산방법과 끊임없는 모순에 빠진다. 수단 — 사회적 생산력의 무한한 발전 — 은 현존하는 자본의 증식이라는 제한된 목적과 계속되는 갈등 속에 빠진다."[10)]

자본주의적 생산의 목적과 그것을 이루기 위한 방법들 사이에 내재하는 끊임없는 모순에 관한 맑스의 판단은, 자본주의의 해결할 수 없는 모순을 매우 뿌리깊은 것으로 특징짓고 있다.

노동생산성의 증가와 거기에서 비롯되는 자본의 축적과 집적 그리고 이윤율의 저하는, 동시에 인구의 특정 부분을 과잉되게 만드는 바로 그 상황에서 비롯되는 것이다. 자본과잉은 인구과잉과 직접적으로 연관되어 있다. 오늘날 자본주의적 현실은 이러한 테제를 뚜렷이 보여준다. 예를 들어 1970년 미국 공업의 생산능력은 80%를 약간 밑도는 정도였지만, 그 시기의 실업자 수는 거의 6백만 명에 달하고 있었다.

물론 자본과잉, 즉 자본의 초과생산이 뜻하는 것은 바로 자본으로서 기능하는, 다시 말해서 노동력을 착취하는 데 이용할 수 있는 생산수단의 초과생산에 다름 아니다. 생산된 상품은 사회적 욕구로 측정해볼 때 불충분하다. 우리 앞에 있는 것은 절대적으로 과잉된 부가 아니라, 자본주의적이고 적대적인 형태의 부를 야기시키는 과잉이다.

자본주의의 모순의 구체적 표현형태

이윤율의 경향적 저하 법칙은 잉여가치법칙과 자본주의적 축적의 일반적 법칙보다 구체적으로, 생산력이 그 안에서 발전하는 특수한 사회구성체로서의 자본주의적 생산양식의 심화된 모순들을 표현한다. 잉여가치란, 우리가 알고 있듯이, 자본주의적 생산의 자극일 뿐만 아니라 한계이기도 하다. 그러나 이윤율의 발전에서 자본주의적 생산의 한계에 대한 하나의 구체적인 규정을 발견한다.

자본주의적 축적의 일반적 법칙을 고찰할 때 우리는 자본주의의 내적 모순들이 어떻게 한쪽 극단에서는 성장하는 부로, 다른 쪽 극단에서는 성장하는 빈곤으로 나타나는가를 보았다. 이제 우리는 부의 증대 또한 내적으로 모순된 것이며, 이윤량의 증가는 이윤율의 감소로 표현된다는 것, 자본의 축적으로서 부의 재생산은 모순을 간직하고 있으며, 자본주의적 토대 위에서의 그것의 해결은 동시에 보다 확대된 기초 위에서의 그 모순의 재생산을 의미한다는 것을 알 수 있다. 이러한 구체적인 형태 속에 자본주의의 기본모순 — 생산의 ·사회적 성격과 전유의 자본주의적 형태 사이의 모순 — 이 표현되어 있다.

주

1) D. Ricardo, *Werke*, Bd.V, Verlag Fur sozialökonomische Literatur, Moskau 1961, S.177(러시아어판).
2) Marx/Engels, *Werke*, Bd.25, Dietz Verlag, Berlin 1964. S.34.
3) *Ebenda*, S.46.
4) *Ebenda*, S.96.
5) *Ebenda*, S.99.
6) *Ebenda*, S.165.
7) *Ebenda*, S.162.
8) *Ebenda* S.223.
9) *Ebenda*, S.249.
10) *Ebenda*, S.260.

제7분편 상업자본과 자본주의적 상업

상업자본은 산업자본의 한 기능형태이다. 자본주의의 발전과 더불어 자본의 상품형태가 자립화하고 상업자본으로 전화한다 이 점과 관련하여, 산업자본의 이러한 자립화된 부분의 작용을 특징 규정하고, 산업자본과 상업자본 사이에서 이윤이 어떠한 형태로 분배되는지를 해명하는 과제가 제기된다.

제24장 상업자본과 상업이윤

1. 산업자본의 자립화된 부분으로서의 상업자본

산업자본의 역사적 선행자로서의 상업자본

주지하다시피 상업자본은 산업자본이 나타나기 오래 전에, 즉 이미 노예제사회에서 발생했다. 전자본주의 시기에 상업자본은 독자적이었고 자본의 주요한 형태였다. 그것은 자본과는 독립된 사회적 생산형태의 태내에서 기능하였다.

유통영역과 생산영역은 경제적으로 같은 종류의 것이 아니며 독자적이고 상호 독립해서 존재한다. 생산이 노예제적 관계 혹은 봉건적 관계의 토대 위에서 진행되어온 반면에, 유통영역은 상업자본의 활동분야로 형성되었다. 맑스는 "자본이 자신의 극단, 즉 유통이 매개하는 다양한 생산영역들을 지배하게 되기 이전에는"[1] 자본이 유통과정에서 발생한다고 언급했다.

상업자본은 자신의 작용을 통해서 점차 자연경제의 기초를 전복시키며, 상품유통을 확장하고 따라서 전자본주의적 생산형태의 해체에 기여한다. 노예제사회와 봉건제에서 상업자본의 발전은 이윤이나 치부의 이해에 생산을 종속시키며 그리하여 노예 및 농노에 대한 착취를 강화한다.

전자본주의적 구성체에서 상업자본의 고유한 특징은 상업이윤이 생겨나는 특수한 양식이다. 전자본주의 시대에서는 부등가교환이 상업이윤의 원천이다. 다시 말해서 상품은 일반적으로 가치 이하의 가격으로 구입되며, 가치를 상회하는 가격으로 판매된다. 즉 교환관계가 발전하지 않았고 일국내에 통일적인 시장이 없었기 때문에, 동일한 상품의 지방들간 가격수준상의 현저한 차이로부터 구매가격과 판매가격 사이의 차이를 이용하여 폭리를 취할 가능성이 상업자본에 생겨났다.

전자본주의 시기에서 상업이윤의 원천은 무엇보다도 독립적인 상품생산자들 — 농민과 수공업자 — 에 의하여 생산되고 판매되는 상품의 가치이다. 상업자본가가 상품을 구입할 때 그들은 전체 가치를 지급하는 것이 아니라, 오히려 상품을 가치 이하의 가격으로 지불했다. 더욱이 상업이윤의 원천은 상업자본가들로부터 상품을 가치 이상의 가격으로 구입하는 직접생산자들의 소득의 일부분이다. 그 때문에 상업자본의 발전은 단순상품생산의 해체과정을 강화시킨다.

전자본주의 시기에서 상업이윤의 또 다른 하나의 원천은 노예와 농노에 의해 생산되고 착취자들, 즉 노예소유자와 봉건영주들에 의해 전유된 잉여생산물이다 상업자본가들이 노예소유자와 봉건영주들로부터 상품을 구매하거나 또는 그들에게 판매함으로써 상업자본가들은 잉여생산물의 일부를 전유한다.

상업자본은 자본주의적 생산양식에 역사적으로 선행했으며, 자본주의의 발생기에 그것은 대부분 산업자본으로 전화하였다. 자본주의적 조건 아래서 산업자본은 역사적으로, 논리적으로 자본의 주요 형태가 되며, 이에 반해서 상업자본은 산업자본의 자립화된 부분으로 현상한다.

상품자본의 상업자본으로의 전화

지배적인 생산양식으로의 자본주의의 전화가 아직 최초 단계에 머물러 있었을 때, 산업자본가들은 그들의 상품 자체를 중개인 없이 실현시켰다. 즉 그들이 상품자본의 화폐자본으로의 전화에서 일어나는 모든 작업을 실행하였다. 산업자본가들은 상업피고용인에 대한 임금 지불 및 상업매체(대리점, 판매소 등등)에 필요한 화폐자본을 투하하였다. 자본주의적 생산과정이 발전하는 정도에 따라 상품자본의 실현을 위한 기능은 점차 자립화되었다.

이러한 기능의 자립화는, 그것의 수행이 특수한 자본가집단, 즉 상업자본가들의 업무이며, 그들의 자본은 생산과정에 참여하지 않는다는 점을 드러낸다. 상업자본가들은 산업자본가들의 상품을 구입하며 상품자본의 화폐자본으로의 궁극적 전화를 떠맡는다. 생산된 상품의 실현은 이제부터 상업자본의 운동을 통하여 이루어진다. 즉 G—W—G'이다.

상품자본이 화폐자본의 형태로 자립화될 객관적 가능성은 산업자본의 순환의 본성에서 결과된다. 생산과 유통은 산업자본 순환의 상이한 영역이다. 산업자본의 한 부분은, 임노동자가 상품을 생산하며 자본가를 위해 잉여가치를 창출하는, 그리고 상품유통과 직접적 관련이 없는 생산의 영역에 존재한다. 자본의 다른 한 부분은 유통의 영역에 존재한다. 여기에서 상품자본은 화폐자본으로 전화된다. 즉 이러한 영역에서 활동하는 자본은 상품의 구매행위와 판매행위를 전담하며 생산과 직접적인 관련이 없다.

상품자본의 기능의 자립화와 산업자본의 일부가 상업자본으로 전화되는 것은 첨예한 경쟁에 의하여 조건지어지며, 그것은 자본가에게 생산의 비용가격과 유통비용을 하락시키고 생산과 상품판매를 확대시키도록 강요한다. 동시에 자본주의의 발전에 의해 생산은 분화되며, 경영의 관리기능들이 복잡해지기 때문에 자본가들 혹은 그들에게 고용된 관리자들은 전문화되어야 한다. 자본주의의 모순의 심화는 판매상의 어려움이 증가하는 것으로 귀결된다. 이와 관련하여 새로운 시장을 찾고, 수요를 정확하게 탐지하며, 상업의 기술을 획득하는 것이 더욱 절실해진다. 이 모든 것을 통하여 결국 생산과 상업에 동시에 관계하는 것이 산업자본가에게는 불리한 것이 된다.

만일 생산과정이 유통영역으로 연장 — 상품수송, 상품저장 — 된다는 사실을 무시한다면 여기에서는 가치나 잉여가치가 전혀 창출되지 않으며, 오로지 가치, 즉 자본의 형태변환만이 발생하게 된다. 그러나 동시에 유통기능이 상업자본가의 특수한 활동영역으로 독립하는 것은 간접적으로 잉여가치량의 증대에 기여하며, 그에 따라 그밖의 조건이 동일할 때 산업이윤율의 상승을 촉진시킨다. 산업자본의 순환 속에서 W'—G'행위에 대한 특수한 자본가집단의 전문화는 유통기간을 단축시킬 수 있게 하며, 또한 유통자본으로서 존재하는 사회적 자본의 비율을 감소시킨다. 이를 통하여 생산자본의 비율이 증가하며, 창출된 잉여가치량은 이에 조응하여 증가하게 된다.

상업자본가는 그 분야의 한 산업자본가가 아니라 수많은 산업자본가들의 상품자본을 실현시킨다. 보통 상업자본가는 단일한 상품 종류가 아니라 수많은 상품 종류를 취급한다. 다시 말해서 그는 다양한 생산영역의 자본순환에 관계하게 된다. 동시에 상업자본의 회전은 직접적으로 상품의 구매 및 판매기간에 의하여 규정되는 반면에, 산업자본의 회전은 생산기간에 의해서도, 또한 유통기간에 의해서도 규정된다. 산업자본이 한 번 회전하는 동안에 상업자본은 여러 번 회전할 수 있다. 상업자본가가 한 산업자본가의 상품자본을 실현시킨다면, 그는 그 산업자본가가 다음 상품을 시장에 가져오기 전까지 두번째, 세번째 자본가의 상품자본을 실현시킬 수 있다. 상업자본의 회전은 또한 개별 산업자본의 회전과 일치하지 않는다. 즉 상업자본은 한 생산분야 전체, 혹은 여러 생산분야의 상품생산에 의존한다. 이러한 것은 역시 전사회적 규모로 유통영역에 종사하는 화폐자본을 축소시킨다.

상업행위에 대한 특수한 자본가집단의 전문화를 통하여 순수 유통비용으로서 지출되는 자본은 감소된다. 상업자본가들이 상업업무를 떠맡는다면, 각 생산물단위의 실현을 위한 비용은, 수행되는 업무가 전문화·대규모화됨에 따라 점차 감소한다. 이것은 사회적 자본이 창출하는 잉여가치의 총량으로부터, 단지 더 작은 일부만이 공제된다는 것을 의미한다. 상업자본가가 자본을 투하하고 소비하였기 때문에, 산업자본가는 상업자본가에게 잉여가치의 한 몫을 상업이윤의 형태로 양도해야 한다. 그러므로 잉여가치의 전체 공제액(유통비용+상업이윤)은 산업자본가 스스로가 상업을 경영할 때보다 더 적어진다.

상업자본은 수요의 집중을 통하여, 생산이 폭넓게 시장의 욕구에 적응하도록 생산에 작용하는 커다란 가능성을 갖고 있다. 즉 그것은 새로운 상품의 생산을 증가시키고 이윤이 낮은 상품의 생산을 제한하며, 수요가 큰, 판매가·용이한 상품을 생산하도록 생산자들을 강제한다. 상업자본은 또한 수요에 영향을 미치며, 생산을 국내의 원거리 시장뿐만 아니라 세계시장과도 결합시킨다.

상업자본은 사회적 분업의 확대발전과 생산 및 유통의 전문화에 기여한다. 즉 이것은 생산물단위당 자본 지출을 감소시키며 이윤율을 증대시킨다.

맑스는, 상업자본이 "시장을 확장하는 데 일조하며, 자본들 사이의 분업을 매개하고, 또한 자본에 더 큰 규모로 작용할 수 있는 능력을 부여하기 때문에, 그것의 기능은 산업자본의 생산성과 그것의 축적을 증진시킨다"[2]라고 강조했다.

그리하여 결국 상품자본이 상업자본의 형태로 자립적으로 기능하고, 따라서 유통기간이 단축됨으로써 그것은 산업자본의 회전을 촉진시킨다. 이로부터 연간 소비되는 가변자본의 증대와 연간 산출된 잉여가치량의 증가가 결과된다.

상업자본의 형태로 자립화된 상품자본을 상인자본과 혼동해서는 안된다. 현대의 상업자본은 산업자본의 순환에 관련되어 있으며, 또한 그러한 의미에서 산업자본에 종속된 형태이다. 이것은 상업이윤의 원천이, 산업자본가들이 임노동자들에게서 강탈한 잉여가치라는 사실, 상업이윤율은 산업이윤율에 의존한다는 사실로 표현된다.

2. 상업자본과 상업이윤의 보전

만일 상품의 수송, 발송, 포장 그리고 보관과 같은 일정한 생산과정을 무시해버린다면, 상업자본의 역할은 오로지 가치의 상품형태를 화폐형태로 전화하는 것에 있다. 이러한 역할에서 상업자본은 새로운 가치나 잉여가치를 창출하지 못하며 자신의 고유한 가치를 상품에 이전시키지 못한다. 그럼에도 불구하고 상업자본가는 자신의 자본비용을 보전할(반환받을) 뿐만 아니라 이러한 자본에 대한 이윤도 획득해야 한다. 자유경쟁일 때 상업자본의 이윤율은 산업 평균이윤율만큼 높아야 한다. 그렇지 않으면 상업자본가는 상업을 포기할 것이며 자신의 자본을 다른 영역에 투자할 것이다.

상업자본은 세 가지 구성부분, 즉 상품의 구입을 위해 투하된 유통자본, 잡다한 유통비용을 위해 투하된 자본, 순수 유통비용을 위해 투하된 자본 등으로 편제되어 있다. 이제 상업자본의 이러한 부분이 어떻게 보전되며, 어떻게 그 각각의 것이 이윤과 함께 상인에게로 회수되는지 밝혀보자.

먼저 다음과 같은 가장 단순한 물음에 대해 논구할 것이다. 즉 그것은 잡다한 유통비용의 보전과 그것에 해당되는 상업이윤의 전유이다.

잡다한 유통비용의 보전

주지하다시피 이른바 잡다한 유통비용은 그 본성상 생산의 이용가격과 구별되지 않는다. 이것은 상품의 수송, 보관, 발송, 포장 등을 위한 지출이며, 그러한 활동은 생산과정의 유통영역으로의 연장을 나타낸다. 이러한 작업을 담보하기 위해 불변자본과 가변자본이 투하된다. 거기에 고용된 노동자의 노동은 생산적이며, 그것은 새로운 가치, 그중에서도 잉여가치를 창출하며, 소모된 생산수단의 가치를 생산물에 이전시킨다. 이리하여 일찍이 생산영역에서 창출된 상품 가치 c+v+m에, 마찬가지로 c+v+m으로 구성되어 있는 추가적 가치를 첨가한다. 상품의 가치는 증가하며 그에 따라서 상품의 판매가격이 상승한다.

상품이 그것의 온전한 가치와 동일한 가격으로 판매되면, 상인은 잡다한 유통비용을 반환받으며 창출된 잉여가치를 수취한다. 잡다한 유통비용이 생산의 비용가격과 동일하기 때문에, 우리는 문제를 단순화하기 위하여 산업자본가가 자본을 이러한 비용으로 투하하며, 그것이 생산의 비용가격에 포함된다고 가정한다.

그러나 상품 수송 및 보관을 위한 모든 비용지출이 생산의 비용가격과 완전히 동일하지는 않다. 격렬한 경쟁에 의해서 야기되는 수송비용, 투기의 목적으로 또는 판매의 어려움으로 인한 과잉의 상품재고의 보관, 상품의 계속적인 생산적·개별적 소비를 보증하기 위해 필수적인 것 이외의 지출 등은 순수 유통비용으로서 고찰되어야 한다.

본래의 상업자본과 상업이윤

상인이 산업자본가들에게 상품을 구입하기 위하여 지출한 본래의 상업자본 또는 유통자본은 상품의 가치를 증대시키지 않는다. 투하된 화폐 총액을 회수하기 위해서라면, 상인은 구입한 상품을 단지 구입가격으로 판매하면 된다. 그러나 유통자본에서 이윤을 획득하기 위하여 상품의 판매가격은 상품의 구매가격 이상으로 높여진다. 이러한 것은 직접적으로 상업자본의 운동을 표현하는 정식 G－W－G'로부터 추론된다.

상인은 산업자본가들에게서 어떤 가격으로 상품을 구입하고 그것을 보다 높은 가격으로 판매한다. 판매가격과 구매가격의 차이로부터 상업이윤이 나온다. 가격 인상은 상업이윤을 획득하기 위한 필수적 수단이다. 이로부터 이윤이 유통에서 발생되었다는 혹은 판매에서 나온다는 등의 속류적 관념이 유래한다. 현실적으로 상품의 구매와 판매는 단지 가치의 형태변환일 뿐이며, 그 때문에 새로운 가치는 산출되지 않는다.

가격 인상을 통한 상업이윤의 획득은 단지 이미 창출된 가치의 재분배를 표현하는 것이다. 생산과정에서 창출된 총잉여가치의 일부는 상업자본가들에게 상업이윤의 형태로 양도된다. 그렇게 상업자본가들은 산업자본에 의해 창출된 잉여가치의 분배에 참여한다.

산업자본과 상업자본 사이의 잉여가치의 분배는 다음의 예를 통하여 구체적으로 설명될 수 있다.

총산업자본이 900(어떤 화폐단위로든)에 달하고 720c+180v로 구성되어 있다고 하자. 만일 잉여가치율 m'가 100%라면, 이러한 자본의 생산물은 720c+180v+180m=1,080이 된다(불변자본의 가치가 남김없이 생산물에 이전되었다고 가정하면). 문제는 사회적 총잉여가치와 사회적 총자본이기 때문에 이윤율은 (180×100)/900=20%라는 평균이윤율의 형태로 나타난다. 총자본에서 상품의 가치와 그것의 생산가격이 동일하다는 것은 주지의 사실이다. 즉 비용가격 900+평균이윤 180(900의 20%)=1,080이 된다.

상업자본은 역시 평균이윤의 형성에, 예를 들어 100단위로 참여한다. 다시 말해서 동일한 잉여가치가 다수의 자본 사이에서 분배된다. 평균이윤율은 (180×100)/(900+100)=18%로 내려간다. 그에 따라 산업자본가가 상품을 상업자본가들에게 넘겨주는 생산가격 역시 떨어진다. 즉 900+162(900의 18%)=1,062로 된다. 만일 산업자본가가 자신의 상품을 상인에게 통상적으로 이러한 가격으로 판매한다면, 그는 자신의 비용가격을 보전하게 되며 평균이윤을 획득하게 된다.

그렇다면 상인은 무엇을 하는가? 그는 산업자본가로부터 구입한 상품가격에 자신의 자본에 할당된 평균이윤, 즉 18(100의 18%)을 부가시킨다. 이를 통하여 상인은 이러한 방식으로 형성된 1,080이라는 판매가격을 실현하며, 자신의 유통자본(100)을 보전하고 평균이윤(18)을 획득하게 된다. 1,080 단위의 상품 생산물의 실현을 위하여 투하된 상업자본(100)은 10.8번 회전해야 한다.

판매가격은 산업자본가들이 상업자본가들에게서 얻는 가격보다 더 높은 가격으로 확정된다. 따라서 판매가격은 — 맑스가 말했던 것처럼 — **본래의 생산가격**이다. 사회적 규모에서 판매가격은 상품 가치와 같다. 상인은 상품을 가치 이하(실제적 생산가격 이하)의 가격으로 구매하고, 전체적으로 가치(실제적 생산가격)와 동일한 가격으로 판매한다. 그 때문에 잉여가치의 일부분은 상인의 금고로 들어가게 된다.

상업자본을 평균이윤의 형성에 참여하게 하는 것은, 발전된 자본주의에서 시장가격의 운동을 직접적으로 규정하는 생산가격의 전체적 형성을 복잡하게 한다. 예를 들어 상업이윤이 상인들에게 끊임없이 흘러들어 오기 위해서는, 상업자본가들과 산업자본가들간의 상호관계는 다음과 같이 형성되어야 한다. 즉 상품판매에서 산업자본가들과 상업자본가들간에 그때그때 형성되는 시장가격에서 특수한 진동중심이 생겨나도록 양자간의 상호관계가 형성되어야 한다. 이러한 중심을 둘러싸고 가격은 수요와 공급의 영향하에서 진동한다. 그와 같은 중심은 **산업자본의 생산가격**이다. 그것은 맑스에 따르면, '좁은 의미에서의' 생산가격이다. 그것은 상업자본이 참여하여 형성된 평균이윤에 산업자본의 비용가격을 더한 것과 양적으로 동일하다.

최종적 또는 현실적 생산가격은 산업자본의 생산가격에 상업이윤(상업자본의 평균이윤)을 더한 것과 같다. 이러한 생산가격의 총계는 상품 가치의 총계와 같다. 그로 인해 상품자본은 상업자본으로 자립화될 수 있으며, 따라서 두 개의 상이한 크기의 생산가격, 즉 시장가격에서의 두 개의 진동중심이 형성되어야만 한다. 동일한 상품에서 두 개의 가격 — 도매가격과 소매 판매가격 — 은 역시 그것에 상응한다. 소매 판매가격은 항상 도매가격 위에 놓여 있다.

실제적으로 본래적 생산가격과 최종적(완전한) 생산가격 사이에서 형성되는 생산가격 및 이에 상응하는 시장가격도 존재한다. 이 점은 상업망의 중층성으로부터 설명된다. 생산과 소비 사이에는 한 명이 아닌 여러 명의 중개인이 존재하며, 이들 각각은 자신의 자본을 사용하며, 그밖의 정상적인 조건하에서 해당 이윤을 획득한다.

동일한 상품에서 생산가격의 한 명이 아니고 여러 명의 중개인이 존재하면, 이들 각각은 자신의 자본을 사용하여 그밖의 정상적인 조건하에서 해당 이윤을 획득한다. 동일한 상품에 생산가격이 다수 존재한다는 것이 결코 다수의 상이한 가격형성원리가 존재한다는 것을 의미하는 것은 아니다. 자본주의 시장영역의 전체 부분들 속에서 동일한 가격형성원리(법칙)가, 마치 그것이 생산가격으로 표현되는 것처럼 작용한다. 지출된 자본은 보전되어야만 하며 평균이윤을 가져와야 한다. 다수의 생산가격은 단지 모든 상품의 생산가격이 그것의 형성과정에서 다양한 단계를 거친다는 사실을 의미할 뿐이다.

순수 유통비용의 보전

주지하다시피, 순수 유통비용은 비생산적 자본지출이다. 그것은 자본의 상품형태가 화폐형태로, 그리고 화폐형태가 상품형태로 전화할 때 발생한다. 순수 유통비용은 상품 가치를 증대시키지 않으며, 이러한 면에서는 유통자본과 유사한 것이다. 그럼에도 불구하고 순수 유통비용은 보전되며 이러한 비용을 위해 투하된 자본은 평균이윤을 가져온다. 그렇지 않다면, 이러한 자본은 자본의 실제와 본질에 대해 모순될 것이다.

상업자본의 이러한 부분에 대한 이윤은 단지 생산에서 창출된 잉여가치의 한 몫일 뿐이다. 그밖의 정상적 원천은 존재하지 않는다. 유통자본과 같이 순수 유통비용의 형태로 지출된 자본은, 총잉여가치량에 어떤 것도 부가시키는 것 없이 잉여가치의 분배에 참여한다. 이것은 평균이윤율의 저하를 결과하며, 상업자본가들에게 더 큰 이윤량을 착복할 수 있게 한다.

앞의 예로 돌아가보자. 상인이 100단위 이외에 50단위를 더 순수 유통비용으로 지출했다면, 다시 말해서 총 150이라면, 평균이윤율은 18%에서 (180×100)/(900+150)=17 1/7%로 감소한다. 산업자본가는 상인에게 자신의 상품을 생산가격으로 판매한다. 즉 900+(500의 17 1/7%)=1,054 2/7이다. 상인은 이 가격에 150×17 1/7%을 더하여 상품을 현실적 생산가격으로 판매한다. 즉 1,054 2/7+(150의 17 1/7%)=1,080으로 판매한다.

여기에서 순수 유통비용과 유통자본 사이의 유사함이 사라진다. 순수유동비용은 상품을 구매하고 판매하기 위해 요청되는 추가비용이다. 그 때문에 상품이 동일한 가격으로 다시 판매된다면, 순수 유통비용은 보전될 수 없다. 이러한 가격에 대한 인상은 필연적이다. 그러므로 어렵지 않게 살펴보는 것처럼 가격은 상품의 가치 이상으로 상승하게 된다. 이로부터 순수 유통비용은 부등가교환의 경우에만 보전될 수 있으며, 즉 상품의 판매가격이 가치 및 실제적 생산가격과 동일하지 않을 때만 보전될 수 있다는 결론이 나온다. 이러한 점은 자유경쟁의 조건하에 있는 발전된 자본주의에서 소매 판매가격이 상품의 가치 이상으로 결정된다는 것이 정상적이라는 것을 의미한다. 그러나 이러한 결론은 가치법칙과 그것으로부터 결과하는 이론적 분석의 조건에 모순된다.

순수 유통비용의 보전은 가치법칙과 생산가격의 기초 위에서 해명되어야 한다. 이것은 오직 잉여가치만이 순수 유통비용의 보전을 위한 '정상적' 원천일 수 있음을 의미한다. 하여튼 이러한 보전을 위하여 상인에게 양도되는 평균이윤이 개입될 수는 없다. 만약 상인의 평균이윤이 개입되어야 한다면, 상인은 자신의 비용을 평균이윤으로부터 지출하지 않는 산업자본가와 더 이상 동등하게 설정될 수 없을 것이다. 바로 그 때문에 잉여가치로부터의 보전이 행하여지게 될 것이며, 그 경우에 평균이윤율은 낮아지게 된다. 이에 대하여 맑스는 다음과 같이 썼다. "상인은 또한 처음에는 이것(자본)을 보전하며, 두번째로는 그것에 이어서 이윤을 보전한다. 양자에 의하여 산업자본가들의 이윤의 하락이 발생한다."[3)]

순수 유통비용을 보전하기 위하여 잉여가치의 일부분이 상인에게 양도되는 것은 어떻게 이루어지는가?

잉여가치의 일부분 — 순수 유통비용의 크기를 갖는 — 은 경쟁 일반에 의하여, 평균이윤의 형성으로부터 제외된다. 위에서 제시된 예에서 그것은, 평균이윤율의 형성에서 180m이 아니라 180−50=130이 참여한다는 사실을 의미한다. 그 때문에 평균이윤율은 하락하며, 상업자본의 고려했을 때 그것은 (130×100)/(700+150)=12 8/21%에 달하게 된다. 그러므로 산업의 생산가격 역시 하락한다. 즉 900+(900의 12 8/21%)=1,011 3/7이다. 따라서 최종 판매가격은 늘어난다. 1,011 3/7+(150의 12 8/21%)+인상분 50=1,080.

상인은 상품의 구매가격에 얼마간을 인상시킨다. 즉 이러한 가격 인상은 가치법칙과 생산가격의 법칙에 대한 위반 없이 상인에게 자진의 총자본에 대한 평균이윤 및 순수 유통비용의 보전을 가능케 한다. 평균이윤의 형성으로부터 잉여가치의 일부분이 제외된다는 것은 산업자본과 상업자본 사이의 경쟁으로부터 결과한다. 즉 그것은 평균이윤율의 하락으로 나아간다. 상업자본은 산업자본을 압박하여 상품을 보다 낮은 생산가격으로 판매하도록 강제한다. 상인이 그들의 순수 유통비용을 보전받지 못한다면, 그들은 상업을 내팽개쳐 버릴 것이다. 그렇다면 산업자본가들은 순수 유통비용을 스스로 부담해야 할 것이다. 그리고 이러한 비용은 상업에 전문화된 특수한 자본분야보다 더욱 클 것이다. 전체로서의 자본가계급은 어느 정도까지는 낮은 이윤율에 만족하게 되며, 그때마다 총잉여가치로부터 일정한 부분을 상업자본의 비생산적 비용의 보전을 위해 분기시킨다.

실현에서 발생하는 어려움 — 오늘날의 독점자본주의에서 이러한 어려움은 특별히 크다 — 은 순수 유통비용, 특히 과대 광고를 위한 비용의 엄청난 팽창에서 나타난다. 예를 들어 미국에서, 1929년에 227억 달러였던 총 유통비용이, 1963에는 1,300억 달러로 상승했다. 즉 그것이 소매업 매출액의 37%에서 42%로 증가했으며 몇몇 거래품목의 경우에는 소매업 매출액의 30%에서 50% 사이를 변동했다.

생산물단위당 비용가격의 하락과 유통비용의 절대적·상대적 증가는 실현 문제의 첨예화뿐만 아니라, 물질적 생산에 비한 유통영역의 지체를 보여준다. 물질적 생산영역의 노동생산성은 상업에서보다 2배는 빠르게 상승한다. 그것은 물질적 생산 속에서 절약된 대상화된 노동 및 산 노동의 현저한 부분이 상품유통에 의해 허비된다는 사실을 의미한다.

순수 유통비용은 유통비용의 거대한 부분을 형성한다(대략 70%). 그것은, 잡다한 유통비용을 야기하는 작업들이, 일부는 점점 더 상업으로부터 벗어나 독립된 경제분야에 의하여(상품의 수송과 보관), 다른 일부는 물질적 생산 영역에서 수행된다(식료품의 출하와 포장, 소비를 위한 상품의 완전한 선별 작업)는 사실로 환원된다. 순수 유통비용의 거대한 부분은 광고

비용에 할당된다. 예를 들어 미국에서는 그것이 1927년에 15억 달러에서 1970년에 197억 달러로 증가했으며 소매업 매출액의 5% 이상에 달했다.

잉여가치로부터 보전받을 수 있는 순수 유통비용의 팽창은 한계를 훨씬 넘어섰다. 독점체의 권력은 상품의 판매가격을 가치 이상으로 유지하고, 이를 통하여 소비자를 약탈하는 것을 가능케 하였다. 산업노동자는 유통영역에서 추가적으로 착취당하고 있다. 그는 생산에서 자본가계급을 위해 잉여가치를 창조하며, 유통영역에서 이중적으로 착취당한다. 즉 한 번은 그가 자신의 노동력을 가치 이하로 판매하는 관계에서, 다른 한 번은 그가 상품을 그것의 가치 이상으로 지불하는 상점에서 착취당한다.

상업이윤율

상업이윤율은 산업이윤율에 종속되며, 결국은 일정한 크기의 사회적 자본에 대응하는 잉여가치량에 의하여 규정된다. 산업자본이 짜내는 잉여가치량이 점점 더 커질수록, 동일한 조건에서 평균이윤과 상업이윤도 역시 증가한다.

매년의 상업이윤율은 매년의 평균이윤율에 의하여 규정되며 상업자본의 회전속도에 의존하는 것은 아니다. 이러한 면에서 상업자본은 산업자본과 구별되며, 상업자본의 연 이윤율은 주어진 잉여가치율과 투하된 자본의 주어진 크기에서 매년 완수된 회전수에 정비례하여 증대한다. 이러한 구별은 상업자본이 잉여가치를 창출하지 않고 단지 그것을 실현시킬 뿐이기 때문에 회전수의 증가가 산업자본에서처럼 매년 잉여가치량의 직접적 증대로 나아가지 못한다는 사실에서 기인한다. 그 때문에 매년마다 투하된 총자본을 근거로 상업이윤율이 산정되며, 그것은 이러한 자본이 얼마나 빠르게 회전하는가와는 무관하다. 예를 들어 매년 평균이윤율이 15%, 그리고 투하된 상업자본이 1억 달러에 달한다면, 이러한 자본이 1년에 1번 회전할 때 상품의 판매가격은 모두 1억 1,500만 달러에 달하게 되며, 상인은 1,500만 달러의 이윤을 얻게 된다. 이에 반해 자본이 연간 5회 회전한다면, 구매되고 판매된 상품의 판매가격은 1억 300만 달러에 달하는데, 왜냐하면 이윤율은 회전수에 비례하여 감소하기 때문이다. 또한 상업자본이 얼마나 빠르게 회전할 수 있든지간에, 연 이윤율은 15%보다 더 높을 수는 없다.

동시에 개별 상업자본의 연 이윤율은 상업자본이 얼마나 빠르게 회전하는가에 따라서, 평균이윤율 이상 혹은 이하로 될 수 있다. 상술한 예에서 상업자본은 총 1억 달러가 공급되며, 회전속도는 매년 5회이고, 매번 회전의 이윤율은 3%, 매년의 평균이윤율은 15%가 된다. 이 자본이 3개의 개별 자본으로 구성되어 있다고 가정해보자. 즉 A는 4천만 달러, B는 2천만 달러, C는 4천만 달러이고, 그때 1년 동안에 A는 6번, B는 5번 그리고 C는 4번 회전한다. 연 이윤율은 A가 18%(3%×6), B가 15%(3%×5), C가 12%(3%×4)로 매 회전마다 총자본에 대한 3%의 이윤율에 조응하여 나타난다.

그에 따라서 평균을 넘어서는 속도－전체 상업자본에 대해 측정된－로 회전하는, 예를 들면 A와 같은 자본은 높은 이윤율과 함께 평균이윤을 능가하는 초과이윤을 획득한다. 이에 반해서 평균적인 상업자본보다 느리게 회전하는 자본 B는 평균 상업이윤보다 낮은 이윤을 수취하게 된다. 이러한 것은 상대적으로 유리한 조건하에서 기능하는 자본들이 초과이윤을 획득하는, 혹은 그 역도 가능한 그러한 산업과 유사하다.

개별 자본들의 상업이윤의 크기는 또한 개별 유통비용의 수준에 달려 있다. 개별 유통비용이 사회적 유통비용에 비해 점점 감소하면 할수록, 개별 상인이 이윤으로서 수취하는 잉여가치 부분은 더욱 더 증가한다. 그 때문에 자본가들은 유통비용을 절감하고 상업이윤을 상승시키기 위한 모든 방도를 찾는데, 우선적으로 그들은 상업 노동자 및 봉급생활자에 대한 착취를 강화한다.

3. 자본주의적 상업에 종사하는 노동자와 봉급생활자에 대한 착취의 특수성

오늘날 자본주의 나라들에서는 생업종사자의 15～16%가 상업에 고용되어 있다. 상업에 고용된 노동자와 봉급생활자의 노동력은 상품이며, 상인의 가변자본에 의해 구매된다. 그것은 인적 서비스를 산출하기 위해 조달되는 것이 아니라 자본증식을 위해 복무한다. 이러한 피고용인의 임금과 봉급은, 물질적 생산영역의 노동자의 그것이 노동력의 가치 및 가격의 전화된 형태인 것과 마찬가지이다.

상업 노동자 및 봉급생활자는 물질적 생산분야의 노동자와 마찬가지로 착취당한다. 이러한 피고용인층의 착취는 다음과 같이 나타난다. 즉 상업자본가는 상품을 매매할 때, 이윤을 얻기 위해 노동자와 봉급생활자의 노동의 일부분을 공짜로 이용한다. 맑스는 다음과 같이 언급했다. "노동자의 부불노동이 생산자본에게 직접 잉여가치를 안겨주는 것과 마찬가지로, 상업 임노동자의 부불노동은 상업자본에게 그 잉여가치 부분을 창출해준다."[4)]

상업 노동자 및 봉급생활자의 노동은 그것이 상품의 구매와 판매를 위해 배치되는 한, 이미 알고 있는 바처럼 비생산적이며, 그 때문에 자본주의적 상업에서 착취는 독특한 특징을 띠게 된다.

상업 노동자 및 봉급생활자의 노동일은, 물질적 생산영역의 노동일과 마찬가지로 필요노동시간과 잉여노동시간으로 나뉘어진다. 필요노동시간에서도, 잉여노동시간에서도 임금 및 봉급 수취자는 상품을 실현하며, 따라서 상업자본가에게 특정한 양의 잉여가치를 전유할 수 있는 가능성을 부여한다. 필요노동시간 동안에 그들은 자신들의 노동력 가치를 재생산하지 못하지만, 그들의 노동력 가치에 해당되는 상업자본 부분을 포함하고 있는 상품량을 실현시킨다(이러한 부분은 상인의 가변자본에 대한 보상에 봉사한다). 잉여노동시간 동안에는 상업에서의 임금수취인은 잉여가치의 창출 없이 무보수로 상품량을 실현시키며, 그것의 가치 속에서 상업자본의 몫은 이러한 자본의 평균이윤과 나머지 순수 유통비용(가변자본은 예외)의 총계와 동일하다.

따라서 상업에서의 임금 및 봉급 수취자에 대한 착취율은 물질적 생산의 영역과는 다르게 규정된다. 이러한 착취율은 생산물의 총가치에 대한 상업자본의 주어진 몫에서 상업이윤의 획득을 보증하는 실현된 가치부분과, 상업자본의 그러한 몫에서 상인에게 가변자본의 보전을 보증하는 실현된 가치부분의 비율로서 정의된다. 실제로 상업 피고용인에 대한 착취율은 상업이윤의 총계와 지급된 임금과 봉급의 총계의 비율로서 표현할 수 있다.

자본주의의 발전과 더불어 모든 자본투자 영역에서와 같이 상업에서도 임금 및 봉급 수취자에 대한 착취는 강화된다. 이것은 무엇보다도 노동일의 연장과 노동강도의 증가를 통하여 발생한다. 왜냐하면 이를 통하여 상업이윤의 양과 비율이 증가하기 때문이다.

상업에서 임금 및 봉급 수취자에 대한 착취도를 증대시키기 위한 하나의 중요한 수단은 그들의 노동생산성을 상승시키는 데 있다. 유통영역 전체 속에서 노동생산성의 일반적 증대에 의해 상품 및 가치 단위의 실현을 위한 사회적 필요비용은 감소한다. 이것은 전체적으로 평균이윤율 상승으로 귀결되는데, 그 이유는 유통영역에 배치된 사회적 자본 부분이 감소하기 때문이다. 그러나 이와 같은 노동생산성의 일반적 상승은, 사회적 필요비용이 유통영역의 모든 부문 및 전체 상업기업 속에서 줄어든다는 점을 전제로 한다. 그 때문에 그것은 오랜 시간이 지나야만 가능하다. 게다가 궁극적으로 유통영역의 상업기구를 팽창시키는 대항적 요인들이 있다.

실제로 개별 상업기업과 개별 상업조직에서의 노동생산성의 상승 — 그러한 기초 위에서 개별 비용은 사회적 비용에 비해 감소하며, 따라서 초과이윤이 형성된다 — 은 상업이윤의 증대를 위한 유력한 수단이다. 이러한 초과이윤에 대한 추구는 상업자본가들에게, 상업에서 노동과정을 기계화하고 다른 제반의 조처를 취하게 하기 위한, 즉 상업 노동자 및 봉급생활자의 노동생산성과 노동강도를 상승시키기 위한 자극이 된다.

노동력의 착취도를 높이고, 순수 유통비용을 감소시키며, 상업이윤율을 증가시키기 위하여 자본가들에게 가장 유리한 수단 중의 하나는 상업 노동자 및 봉급생활자의 임금과 봉급을 그들의 노동력 가치 이하로 하락시키는 것이다. 이러한 것은 상업에서 증가하는 실업에 의하여 조성된다.

상업 노동자들 및 봉급생활자들의 실업이 얼마나 거대한가는 특히 다음의 사실에서 나타난다. 즉 오늘날 미국에서는 이러한 직업집단의 약 1백만 근로자들이 1년 중 몇 달 동안(봄과 여름)만 취업하고 있는 반면에, 나머지 기간 동안에 그들은 임시 고용노동자로 살아가거나 혹은 일반적으로 일을 할 수 없다. 미국의 상업 피고용자의 1/4 정도가 주당 35시간 이하로 노동하고 있다.

널리 확산되는 노동시간에 따른 지불은 상업 노동자 및 봉급생활자의 임금 및 봉급 하락에 기여한다. 이러한 급여형태는 한편으로는 노동일을 연장(시간외노동)하는 데, 다른 한편으로는 노동일을 2~3시간 정도 줄이는 데 적용된다. 이렇게 하든 저렇게 하든 그것은 모두 노동강도의 증대를, 그에 상응하는 임금증대 없이 이룩한다.

4. 중개상업에 의한 착취와 자본주의에서의 소비조합

자본주의사회에는 레닌이 중개상업에 의한 착취라고 불렀던, 근로대중에 대한 또 다른 착취형태가 존재한다. 중개상업에 의한 착취는 자본주의적 이윤의 추가적 원천이다.

중개상업이 착취를 수행하는 주요 방법들 중의 하나는, 중개상업이 생산가격 이상으로 매겨진 상품을 광범위한 소비자대중에게 판매하는 데 있다. 중개상업에 의한 착취의 또 다른 하나의 방법은 소상품생산자들로부터 상품을 그것의 가치 이하로 매점하는 것이다. 레닌은 상업자본이 소상품생산자들을 강제적으로 소비자시장으로부터 분리시키고, 소상품생산자들과 소비자들 사이의 관계에 중개자로서 끼어들며, 이러한 기초 위에서 폭리를 취한다고 단언했다.

자본주의 나라들에서 소상품생산자들의 대부분은 농민들이다. 그들은 중개상업에 의하여 두 가지 측면으로 착취된다. 즉 공산품의 구매자로서, 그리고 자신들의 고유한 생산물의 판매자로서 그러하다. 중개상업의 농민에 대한 착취의 명확한 예증은 이른바 협상가격차, 즉 농산물의 낮은 가격과 공산품의 높은 가격 사이의 차이이다.

중개상업에 의한 착취는 자본주의 나라들에서 소비조합 및 공급조합 그리고 판매조합의 발생을 위한 경제적 원인이다. 19세기 중엽에 중개상업의 착취가 극심했던 영국에서 최초로 소비조합이 발생한 것은 우연이 아니었다. 영국의 도시 로크달레 출신의 노동자집단(이른바 로크달레의 개척자라고 불린다)이 소비조합을 구성하고, 그들 조직 구성원들의 경제적 지위를 향상시키는 과제를 설정했다. 그들은 상품을 생산자에게서 직접 구입하였고, 투기업자나 중개상들의 중개행위를 포기하게 했으며, 회원들에게 상품을 상업자본가들이 요구하는 것보다 낮은 가격으로 판매하였다. 또 다른 자본주의 나라들에서도 소비조합과 공급조합 그리고 판매조합은 유사한 목적을 추구한다.

근로자들이 구매자로서 단결하는 소비조합은 자본주의적 착취에 대한 경제투쟁의 한 형태이다. 그러나 이미 언급한 바와 같이, 경제투쟁은 근로인민을 착취로부터 해방시킬 수 없으며, 기껏해야 그것은 이러한 착취를 일정하게 약화시킬 수 있을 뿐이다.

맑스와 엥겔스는, 인민의 단순한 조합화를 통하여 자본주의에서 사회주의로의 이행이 실현될 수 있다고 주장한 공상적 사회주의의 대변자들을 단호하게 비판하였다. 맑스와 엥겔스는 노동운동의 이러한 소부르주아적 조류를 해로운 것이라고 폭로하였는데, 왜냐하면 이러한 조류는 근로자들 사이에 그들의 사회적 해방이 정치투쟁 없이도 가능하리라는 환상을 만들어냈기 때문이다.

하나의 결사체로서 기능하는 자본주의에서 조합은 사적 소유에 근거하며 자발적으로 작동하는 경제법칙에 의하여 규제된다. 이러한 조합은 사회주의로가 아니라 자본주의 체제의 경제적 관계로 '성장·전화'한다. 자본주의적 독점의 지배에 직면하여 근로자들의 조합연합체는 약화되고 무력화되거나, 거대 자본귀족의 영향권에 들어가게 된다. 그렇지만 노동자 소비조합은 프롤레타리아트의 경제투쟁의 도구로서 일정한 중요성을 갖는다. 레닌이 언급했던 것처럼, "프롤레타리아적 조합은 노동자계급에게 중개상업에 의한 착취의 제한을 통하여, 공급자의 노동조건에 영향을 끼침을 통하여, 봉급생활자의 지위개선 등을 통하여 그들의 처지를 개선시킬 가능성을 부여한다."[5] 자본주의 나라들에서 근로자 노동조합의 의미 — 레닌이 이에 대하여 언급했듯이 — 는 다음과 같은 것에 있다. 즉 조합은 근로자가 자립적으로 경영하는 것을 가르쳐주며, 미래의 사회주의 사회에서 그들이 담당하는 경제생활의 조직자로서의 역할을 준비하게 한다.

5. 상품유통의 구조, 국내상업 형태와 방법

상업자본은 자신의 주요 기능 — 상업자본을 실현시키는 것 — 을 국내상업과 외국무역에서 수행한다. 국내상업과 외국무역 사이에는 원칙적 구분이 존재할 수 없다. 관세경계 또는 정치적 국경선은 오로지 국내상업과 외국무역을 구분하기 위한 형식적 기초일 뿐이다. 양자는 상품자본의 실현을 매개하는 동일한 경제적 본질을 갖는다.

그럼에도 불구하고 자본주의 경제에서의 그들의 형태와 방법 및 역할 면에서, 국내상업과 외국무역은 본질적으로 상호 구분된다. 국내시장에서 상업자본과 관계된 상품유통은 상품생산자로부터 상품을 구매하고 (G－W), 그리고 직접 소비자에게 이러한 상품을 판매하는(W－G') 두 국면으로 구성되어 있다. 상업자본가는 이러한 행위들을 수행하면서 각 국면마다 상이한 기능들을 완수하게 된다.

상품의 구매시(G－W), 상업자본가들은 생산의 지역적 위치분포, 수송조건, 개별 기업에 의해 생산된 생산물의 가격과 질을 고려해야만 한다. 이러한 모든 것은 무엇보다도 상품생산의 지역적 위치분포가 상품소비자의 지역적 위치분포와 일치하지 않는다는 사실과 관련이 있다. 또한 상품의 생산기간이 상품의 소비기간과 일치하는 것도 아니다.

상업자본은 W－G'행위의 실행시에는 다른 유형의 과제를 갖는다. 수요 및 그 구조와 발전경향에 대한 연구 그리고 수요에 맞게 상품 공급을 조절하는 것은 상업자본의 이윤 획득 기능의 필수적 전제이다. 그것은 수백만의 소비자 수요가 존재하는 소비재의 실현에 적용될 때, 특히 중요하게 된다. 수요의 가변성 그리고 자본주의에 특징적인 그것의 제약성과 불안정성 때문에 소비자 수요는 끊임없는 조사를 필요로 한다.

상품의 구매(G－W)와 판매(W－G')시에 상업자본에 의해 수행되는 기능들은 상이하기 때문에 상업은 이러한 행위의 실행을 위해 조직적이고 기술적으로 편제되어야 한다. 자본주의적 상업의 그러한 유형의 조직은 도매상과 소매상이다. 이러한 상업조직들은 상업자본의 자립적 부분이 투하되는 영 역들로 발전한다.

도매상업

도매상업은 산업자본가들과 상업자본가들 사이의 그리고 상업자본가들 자체 사이의 중개상업이다. 여기에서 구매대상과 판매대상은 거대한 상품

덩어리다. 생산적 소비만을 위해 예정된 상품은 도매상업에서 최종적으로 실현된다.

견본시는 도매상업의 한 형태이다. 여기에서 산업자본가와 상인은 특별하게 정기적으로(1년에 한 번, 계절에 한 번 등) 만나며, 이들에 의해 거대한 상품덩어리가 거래된다. 발전된 자본주의에서 **상품거래소**들이 도매상업의 중요한 형태가 되었다. 견본시와는 다르게 상품거래소는 계속해서 열리는 도매시장이다. 여기서 일상적으로 같은 질의 대량의 재화가 판매되는데, 예를 들면 면화, 석탄, 목재, 곡물과 그밖의 것들이다. 상품의 구매 또는 판매는 현금거래이거나 정기거래이다.

이러한 거래의 한 부분은 실재이며, 다른 더 큰 부분은 허구이다(후자는 이른바 투기거래이다). 투기적 거래 체결시에는 실제로 상품운동이 발생하지 않으며, 종종 판매자는 상품을 가지고 있지 않고, 구매자는 화폐를 지니고 있지 않다. 그들은 특정한 상품의 가격수준을 누가 특정한 시점에서 올바로 예측하는지를 경쟁하며 가격차이를 노린다.

상품거래소의 정기 거래는, 비록 가까운 미래에 대해서이지만 공황이 닥칠 것인지 혹은 생산호황이 기대되는지에 대한 경제상황의 흐름을 알아내고 밝혀낼 수 있는 가능성을 부여한다. 정기거래의 가격수준이 낮게 책정되어 있다면, 일반적으로 이것은 판매의 어려움의 강화와 공황을 예고한다. 거래소의 거래에서 높은 가격은 생산이 아직 더 늘어날 수 있다는 사실을 증명한다. 그 때문에 거래소는 자본주의 생산의 자연발생적 바로미터의 하나이다.

농업생산물, 모피제품 등을 대량으로 거래하는 경매는, 역시 상업의 **견본시 및 거래소 형태**에 속한다고 볼 수 있다. 예를 들어 미국에서는 농업생산물의 15%가 경매를 통해 실현되고 있다. 도매상업의 형태로서의 상품거래소는 제국주의 시대에 그 의미를 상실한다. 밀도 있는 도매상업 기업망과 독점자본의 수많은 대리점들은 상품거래소를 대신하며 그것의 기능을 수행한다.

발전된 자본주의 나라들에서 도매상업의 조직체계는 다음과 같은 부분을 포괄한다. 즉 중개상업으로 독립한 도매상, 도매상을 위한 산업자본가들의 판매조직, 구매를 위한 소매상의 도매조직, 수많은 상업대리인, 브로

커와 딜러(dealer)를 포괄한다. 자립화된 상업자본은 단지 독자적인 도매상의 상업자본일 뿐이다. 또한 여타의 도매조직의 자본은 산업자본 또는 소매상에 투자된 자본의 비자립화된 부분이다.

중개상업의 도매거래를 제약하는 경향이 나타난다. 그 이유는 첫째로, 생산자와 최종구매자 사이의 직거래가 증대하기 때문이다. 미국에서는, 생산수단의 거래에서 압도적인 부분(60~65%)이 공업기업들에 의해 직접 최종소비자에게 판매되는데, 그것은 미국의 도매거래의 절반을 차지한다. 소비재의 현저한 부분(예를 들어서 육류와 육류가공품의 55% 신선한 야채와 과일의 25~30% 등)도 마찬가지로 직거래를 기초로 소매상의 매장에 도착한다. 둘째로, 이를 통하여 중개상업에서의 거래가 줄어들게 되는데, 왜냐하면 소매상업의 독점대자본 및 대공업기업이 도매업을 독점하기 때문이다. 자동차회사인 제너럴모터스(미국)에는 40만 노동력이 종사하고 있는 도매 및 소매상업 조직을 갖고 있다. 백화점, 상업연쇄체계, 그리고 슈퍼마켓 등이 도매상의 예속을 완전하게 요구하지는 못한다.

소매상업

소매상은 직접 소비자에게 판매소에서, 매점에서, 기호에 맞는 시설에서 상품을 판매하는 것이다. 개인적 소비재는 주로 소매상업을 통하여 최종적으로 실현된다.

소매상업에서는 두 가지의 병렬적으로 작용하는 발전경향이 특징적이다. 한편으로는 상업의 종합화인데, 그것은 개별 수요의 종합성에 의해 조건지어진다. 이러한 경향은 매우 다양한 상품을 판매하는 종합상품판매소(백화점)를 발생시킨다. 다른 한편으로는 상업의 전문화 경향이 존재한다. 그것은 소매상업의 사회적 분업의 발전을 반영한다. 이러한 경향은 상품군과 개별 상품, 서비스의 형태, 수요의 유형, 가격 등에 따라 전문화된 판매소를 발생시킨다. 그밖에도 전술한 경향을 자신의 활동 속에서 나타내는 상업기업이 존재한다. 거기에는 전문화된 분과를 갖고 있는 거대한 혼합상품판매소가 포함한다.

발전된 자본주의 나라들에서 소매상의 독특한 특수성, 상품거래의 비율이 크지 않은 소경영이 숫자상으로 우세하다는 사실이다. 발전된 자본주의 나라들에서 하나의 중요한 소매형태는 연쇄점이다. 그것은 소매업 매상에서 30~40% 정도까지 관여하며, 생필품 거래에는 80% 정도나 관여한다. 이러한 체계는 집중화된 관리, 동일한 유형의 상업점포, 상품공급과 상업상의 관리의 표준화, 구매의 집중화와 판매소의 통일적 개설에 의해 특징지어진다.

제2차 세계대전 이후에 가능한 모든 상품을 셀프서비스로 제공하는 슈퍼마켓, 즉 거대판매소가 널리 확산되었다. 공산품의 거래에서는 백화점이 커다란 역할을 담당했다. 예를 들어 백화점들은 미국의 총매출액의 약 14% 정도를 차지했고, 특히 직물, 피복 및 그리고 가구에서는 40~50% 정도를 차지했다.

통신판매업은 자본주의 나라들의 소매상업에서 일정한 역할을 했다. 특히 그것은 미국, 스웨덴, 노르웨이, 스위스에서 확산되었다. 통신판매기업들은 품목, 질, 가격에 관한 정보를 카탈로그로 만들어 발송하였고, 그런 연후에 고객의 주문을 받아 상품을 발송하였다. 그들 거래활동의 거대한 규모와 저렴한 유통비용의 결과로 통신판매기업들은 상품을 지방상업보다 낮은 가격으로 판매할 수 있었다. 미국에서는 전체 통신판매업의 90% 이상을 4개의 기업이 담당한다. 이러한 통신판매기업 중 가장 거대한 시어스 로우벅은 매년 약 35억 달러 이상을 공급한다. 이 회사는 20만 명의 노동자와 봉급생활자를 착취한다.

한편으로는 시장 문제가 첨예화되고, 다른 한편으로는 상업이윤의 상승을 위한 투쟁이 강화됨에 따라 자본주의 나라들에서 상업의 형태는 변하였다. 서비스의 새로운 형태들이 출현하였다. 이러한 형태 중의 하나가 셀프서비스체계인데, 특히 그것은 제2차 세계대전 이후에 폭넓게 확산되었다. 오늘날 미국에서는 셀프서비스가 생필품 판매소의 약 2/3 그리고 백화점의 1/3을 차지한다.

오늘날 자본주의 나라들에서는 쇼핑센터가 더욱 넓게 확산되었다. 한두 개의 백화점, 한두 개의 슈퍼마켓, 20~50개의 전문판매업소, 하나의 종합음식점, 영화관, 방송시설 등이 하나의 쇼핑센터에 속해 있다. 쇼핑센터는 교외에 위치하고 있으며, 대량소비에 부응하여 개설된다. 그것은 전면적 또는 부분적 셀프서비스의 원리에 따라 판매한다.

마케팅

최근 10년 동안에 자본주의 나라들에서 마케팅체계가 광범하게 확산되었다. 마케팅의 중요한 특징은 시장경기에 대한 조사, 새로운 수요에 대한 예측 및 예측결과에 조응하는 기업활동의 재조직화, 소비자집단의 선택과 이러한 고객집단에게로 생산의 지향, 각 상품의 '시장 분할'의 결정, 경쟁에 대한 평가, 시장정보를 효과적으로 소화해내고 판매상품 시장의 올바른 선택을 위한 컴퓨터의 배치 등이다. 그리고 나아가 마케팅의 주요한 요소들은, 상품분석과 상품을 시장조건들에 적응시킬 가능성에 대한 탐색, 상품의 경쟁력에 대한 규정, 판매소망 활동의 개선, 광고 효과의 제고 등이다.

회사대표자들이 소비자들과 회합하는 것, 특수한 설문조사, 제품의 진열, 판매소망을 통한 정보의 수집, 소비자단체의 보고에 대한 평가 등도 역시 마케팅에 속한다. 공업기업과 상업회사가 마케팅에 지출하는 비용은 이러한 회사들의 연간 매출액의 2~5%에 달하고 있다. 그렇지만 이러한 시장연구와 시장 조직화의 거대한 작업도 그 효과 면에서는 빈약하기 마련인데, 왜냐하면 하나의 분야 또는 국민경제에서 시장의 과학적 분석이 통일적으로 조정되는 경우가 드물고, 또 동일한 분석이 수많은 기업에 의해 수행되기 때문이다.

부르주아 경제학자들은 자신들의 마케팅에 대한 변호론적인 설명에서, 겉보기에는 욕구를 가능한 한 완전하게 충족시킨다는 목적에 생산을 복속시키는 듯한 자본가들의 노력을 마케팅의 필요성의 근거로 삼는다. 실제로 자본주의에서 마케팅은, 이 회사가 알고 있는 유일한 목적을 달성하기 위한, 즉 높은 이윤을 획득하기 위한 수단이다.

6. 자본주의의 모순의 격화에서의 상업자본의 역할

상업자본은 자본주의적 생산양식에 적용되는 일반적 합법칙성에 지배되고 있다. 사회의 상품자본을 실현시키는 특수한 기능을 수행하는 자본으로서 그것은 재생산과정 속에서 적극적 역할을 했으며, 자본주의 모순을 격화시켰다.

산업자본가의 자본의 화폐자본으로의 전화(W′－G′)는 상인들의 화폐자본의 운동(G－W－G′)에 위해 매개된다. 따라서 산업자본가에게서 구매한 상품을 상인이 실현시킨 이후에야 상품자본의 화폐자본으로의 전화가 실현된다. 여하튼 개별 자본의 재생산을 위해 생산된 상품을 화폐로 전화시키는 작업은 완전하게 그리고 전면적으로 충족되어야 한다. 여기서는 누구의 화폐든, 즉 상업자본가의 화폐든 혹은 직접 소비자의 화폐든 모두 동일하다. 만일 산업자본가가 자신이 제조한 생산물을 상업자본가에게 판매하였다면, 그는 매상고를 계속적인 생산을 위하여 사용할 것이다. 상업자본가가 이러한 생산물을 보다 많이 판매할 수 있든지 혹은 그렇지 않든지간에, 상업자본가는 다음의 자본순환의 종결될 때까지는, 그리고 새로운 상품량의 산출까지는 개별 자본의 재생산에 직접 영향을 미칠 수 없다. 상업자본가들이 이러한 시점까지 이전에 들여놓은 상품을 실현시키지 못한다면, 그는 일반적으로 새로운 상품량을 판매할 수 없거나 또는 새로이 빌려오거나(실제로 종종 발생한다) 자신의 화폐자본의 선대 하에서만 그것을 살 수 있을 것이다. 첫번째 경우에서는 개별 자본의 재생산이 중단되며, 두번째 경우에서는 그것이 계속된다.

상업자본은 사회적 총자본의 재생산에서 또 다른 역할을 수행한다. 사회적 자본의 지속적인 재생산을 보증하기 위하여 상업자본은 최종적으로 화폐자본으로 전화되어야 한다. 그때 전체 상업자본은 상품자본의 존재형태로서 기능한다. 그 때문에 사회적 자본의 입장에서 볼 때 상업자본의 최초의 운동단계(G－W)의 실행은 단지, 상품자본이 한 자본가로부터 다른 자본가에게로 넘겨지는 것을 의미한다. 사회적 상품자본은 상업자본의 두번째 운동단계(W－G′)가 실행될 때만 비로소 실현된다. 상품자본이 이러한 단계에 머물러 있다면, 화폐자본과 생산적 자본의 순환은 지연되며, 다시 말해서 사회적 자본의 재생산과정에서 단절이 발생하게 된다.

여기에서 논구되는 상업자본의 기능들 — 개별 자본가의 상품의 실현과 사회적 상품자본의 종국적 실현 — 사이에는 직접적 연관이 존재할 수 없다. 생산자들로부터의 상품의 구매와 직접 소비자에 대한 이러한 상품의 판매는 시간적으로도, 공간적으로도 동시에 발생하는 것이 아니다.

산업자본으로부터 상업자본의 자립화는 소비로부터 자본주의적 생산의 분리를 강화시킨다. 자본주의적 생산은 소비자들의 수요와 직접 접촉하지 않기 때문에, 산업자본가들은 상업자본가들이 나타내는 수요만을 지향한다. 그럼에도 불구하고 발전된 신용제도 덕택에 대부한 자금으로 새로운 상품구매를 할 수 있으며, 그것은 이전에 구입한 상품 부분을 이미 판매되었는지 혹은 여전히 상업망의 운하 속에 머물러 있는지와는 무관하다. 또한 상업자본은 가수요를 창출하며, 따라서 생산과 소비 사이의 모순의 첨예화를, 공급과 유효수요 사이의 질적·양적 불일치의 심화를 촉진시킨다.

상업자본의 활동이 과도하게 상승하는 유통비용을 보전하기 위하여 소매상업의 판매가격을 상승시키는 중요한 요소들 중의 하나이기 때문에, 상업자본은 자본주의의 모순을 첨예화한다. 이것은 시장에서의 격렬한 경쟁으로, 과도하게 증가하는 재고로, 비합리적인 투기성 이윌의 증대로, 상업기구의 팽창으로, 광고비의 상승 등으로 나아가며, 그리고 이러한 것은 재차 자본주의의 적대적 모순의 첨예화를 결과한다.

특히 높은 가격의 상품판매를 강제하는 광고·선전비용이 급격하게 상승한다. 만일 사회적 생산물을 그 총체 속에서 고찰한다면, 광고·선전은 새로운 유효수요를 창출하는 것이 아니라, 단지 그것을 하나의 상품에서 다른 상품으로 옮긴다. 산업자본가와 상업자본가는 광고·선전을, 경쟁에서 구매자를 유혹하고 상품을 유리하게 판매하기 위한 수단으로서 이용한다. 그들은 이전의 고객에 대한 직접적인 사기 대신에 실제로 상품에 없는 특성을 뒤집어 씌워놓으며, 그리하여 다양한 주민층의 심리에 여러 가지 방법으로 영향을 끼친다. 거대 자본주의 나라들에서는 광대한 물질적 수단을 소비하는 광고원들의 엄청난 기구가 존재한다. 예를 들어 미국에서는 1백만 이상의 피고용자가 광고·선전을 위해 활동하고 있다. 광고비용은 상품의 소매판매가격을 인상시키며 소비자들을 격심한 부담으로서 압박한다.

부르주아 경제학자들은 유통비용이 근대 자본주의의 조건하에서 엄청나게 증대하고 있다는 사실을 부인할 수 없다. 그들은 상품의 실현이 커다란 어려움에 직면해 있기 때문에 유통비용이 때때로 생산의 비용가격보다 높다는 사실을 인정해야만 한다.

이것은 통계를 통하여 확실하게 증명되었다. 예를 들면 1929년에 미국에서는 상업자본의 몫(상업이윤+유통비용)이 상품의 최종 소비자가격의 31.8%에 달했고, 1963년에는 그것이 42.4%에 달했다. 그러나 종종 상업자본의 매개 없이도 보전되는 생산수단의 실현을 위한 산업자본가들의 지출을 유통비용에 관련시켜보면, 유통영역과 연관되어 있는 비용은 상품의 대다수에 있어서 소매가격의 60% 이상을 상회하고 있다는 사실이 증명된다.

상업자본이 상품의 유통비용을 높임으로써 그것은 우리 시대에서 가격 팽창을 강화시키고, 노동과 물질적 수단의 거대한 양을 물질적 재화의 직접적 생산과정에서 제거하며, 자본주의 경제의 기생적 타락을 부채질하고 자본주의의 적대적 모순을 첨예화시킨다.

주

1) Marx/Engels, *Werke*, Bd.25, Dietz Verlag, Berlin 1964, S.340.
2) *Ebenda*, S.291.
3) *Ebenda*, S.308.
4) *Ebenda*, S.305.
5) Lenin, *Werke*, Bd.16, Dietz Verlag, Berlin 1962, S.267.

제8분편 대부자본. 신용체계와 화폐유통

앞의 분편에서는 산업자본의 상품형태의 자립화와 관련된 관계들을 다루었다. 자본주의적 재생산조건들은 또한 산업자본의 화폐형태의 자립화를 요구한다. 이와 관련하여 우리에게는 이제 이 분편에서 논구되어야 할 몇 가지 새로운 문제들이 있다.

제25장 대부자본과 이자

1. 산업자본의 자립화된 부분으로서의 대부자본

산업자본의 순환에서 화폐자본의 분리와 그것의 대부자본으로의 전화

산업자본의 순환에서 각 부분들은 일시적으로 활동하지 않는 화폐자본의 형태로 분리된다. 그러므로 자본가는 모든 실현된 상품부분의 매상고로부터 일정한 화폐액을 상각기금으로 분리시킨다. 이러한 화폐는 고정자본이 소재적으로 재생되는 시점까지는 활동하지 않은 채 남아 있게 된다. 유동자본의 일부도 주기적으로 분리되는데, 왜냐하면 상품의 판매와 원료, 재료, 그리고 연료의 구매가 항상 시간적으로 불일치하기 때문이다. 유동자본의 가변부분도 마찬가지이다. 즉 일정한 시기에 임금을 지불하기 위하여 자본가는 점차적으로 화폐를 실현된 상품의 매상고로부터 축적해야 한다.

자본가는 모든 실현된 상품부분으로부터 잉여가치를 획득하지만, 그가 새로운 부서를 설치하거나 추가적 장비를 주문하는 데 충분한 많은 금액을 축적하였을 때에야 비로소, 잉여가치를 생산의 확대를 위한 자본으로 전화시킬 수 있다. 잉여가치가 요구되는 양에 도달하지 못하는 동안에, 그것은 화폐형태로 축적되며 자유로운 화폐자본을 이룬다.

유휴 화폐자본의 존재는 자기 증식하는 가치로서의 자본의 본성과 모순된다. 이 때문에 모든 자본가들은 활동하지 않는 자본의 부분을 최소한도로 줄이도록 강제된다. 자본가들은 자신의 자본이 자기 증식하도록 이용하기 위하여 끊임없이 노력한다.

화폐자본의 분리는 모든 개별 자본의 순환 속에서 진행된다. 그러나 상이한 회전속도에 직면하여, 그것은 개별 자본가에게 상이한 시간과 상이한 규모로 수행된다. 한 부류의 자본가들에게는 자본의 일부가 순환과정 속에서 화폐형태로 분리되는 반면에, 동시에 다른 한 부류의 자본가들에게는 그 역으로 예를 들면 원료의 계절저장에 착수하거나 생산을 확장하기 위해서 추가적 화폐자본에 대한 수요가 발생할 수 있다.

자신의 자본의 일부가 일시적으로 화폐형태로 분리된 자본가들은, 이러한 자본을 추가적 화폐자본을 필요로 하는 다른 자본가들에게 이자를 받고 대부해줄 수 있다. 이리하여 그들의 화폐자본은 이자 낳는 자본으로 전화된다. 이러한 경우에 화폐는 자신의 소유자에게 대부수취인이 화폐를 사용한 것에 대한 지불이라는 형태로 추가적 화폐를 가져다준다.

역사적으로 이자를 낳는 자본의 최초 형태는 주지하다시피 고리대자본이다. 자본주의적 조건에서 이자 낳는 자본은 대부자본의 형태로 나타났다. 고리대금업자에 의해 공여되는 대부는 대개 비생산적인 목적을 위해 사용되었다. 자본주의에서는 기능자본가가 주요 신용수취인이 되며, 그는 대부받은 화폐를, 임노동을 착취하고 이윤을 획득하기 위한 자본으로 사용한다.

고리대신용은 소상품생산자의 총잉여생산물, 그리고 때로는 필요생산물의 일부까지도 빨아먹는 높은 이자로 특징지어진다. 그러나 대부자본은 다른 조건으로 공여된다. 즉 이자의 크기가 평균이윤에 달하는 경우는 드물다. 다시 말해서 일반적으로 그것은 상당히 작다. 이자가 자본주의적 기업에 획득되는 이윤 전체를 흡수해버리면, 어떤 자본가도 기업가로서 자신의 활동을 위해 신용을 요구하지 않을 것이다.

오늘날 고리대자본은, 전자본주의적 관계의 잔재가 현저하게 유지되고 있는 식민지·종속국 및 저발전국에서 여전히 존속되고 있다. 그러나 오늘날의 자본주의 경제에서의 고리대자본은 대부자본과 비교해볼 때 대체로 그리 많지 않다.

대부자본의 사용은 자본가들의 경쟁력을 향상시켰는데, 왜냐하면 그들이 타인의 자본을 통해 얻는 수입을 자기자신의 자본의 이윤에 추가함으로써, 그들에게 개별 이윤을 증대시킬 수 있는 가능성이 주어지기 때문이다.

다른 기업들보다 더 많은 신용을 사용한 기업의 이윤율은 대부된 자본의 양보다 더욱 현저하게 상승한다. 왜냐하면 차용된 신용수단의 증가로 말미암아 대생산의 장점을 이용할 수 있기 때문이다. 기술적 수준은 향상되며 생산의 개별적 비용가격은 하락하고 경쟁자들은 배제될 수 있다.

이윤의 기업가이득과 이자로의 분할. 생산관계의 물신화

기능자본가는 대부자본의 사용으로 획득된 이윤을 모두 완전하게 전유할 수는 없는데, 왜냐하면 대부자에게 신용이자를 지불해야 하기 때문이다. 이에 따라서 이윤은 두 부분으로 분할된다. 한 부분은 이자의 형태로 대부자본의 소유자에게 넘겨지며, 기능자본가는 기업가이득으로서 이자지불 후에 남는 다른 부분을 받는다.

기능자본가는 대부자본에 의해 획득된 기업가이득을 임노동 착취의 결과로서 간주하는 것이 아니라 오히려 자신의 '노동'에 대한 당연한 보수로 간주하며, 이자를 자본 그 자체의 산물로서 생각한다. 그러한 까닭에 화폐가 추가적인 화폐를 창조하는 마술의 능력을 지니고 있으며, 그것도 생산과정으로부터 독립하여 이런 능력을 지니고 있다는 기만적인 견해가 나타나게 된다.

생산관계의 물신화는 대부자본에서 그 완전함에 도달한다. 자본증식의 사실상의 원천 — 임노동의 착취 — 은 한층 더 은폐되게 된다. "이자 낳는 자본에서 ……이러한 자동적인 물신은 순수하게, 즉 자기 증식하는 가치, 화폐를 낳는 화폐로 완성되며, 그것은 이러한 형태에서 더 이상 자기 형성의 족적을 드러내지 않는다."[1)]

이러한 물신주의의 객관적 기초는, 자본주의적 조건하에서 화폐가 자본으로 전화되며 잉여가치의 생산을 위해 사용될 수 있다는 사실에 있다. 화폐는 잠재적 자본이며 그 때문에 추가적 사용가치를 지닌다.

자본의 자본소유와 자본기능으로의 양분

신용관계의 발전은 자본의 자본소유와 자본기능으로의 양분으로 귀결되었다. 이 두 부분은 각각 상대적 독자성을 획득하였다. 분리된 화폐자본은 더 이상 생산과정에서 기능하지는 못하지만 자본가가 그것을 대부하는 한 그 소유자에게 소득을 가져온다. 자본가는 이로부터 첫째, 기능자본에 대한 기업가이득과 둘째, 그가 대부한 일시적으로 자유로운 자본부분에 대한 이자라는 이중의 이익을 얻는다.

원래 이자와 기업가이득으로의 분리는 오직 대부자본에 의하여 획득된 이윤에 대해서만 생겨났다. 그렇지만 자본소유가 자본기능으로부터 분리됨에 따라 이러한 분리는 자기자본이 가져오는 이윤에까지도 확장되었다.

개별 자본의 순환에서 이미 자본의 양분이 관찰된다. 그러나 자본의 상이한 부분들의 자립화는 여전히 관찰될 수 없다. 동일한 사람이 화폐자본가로도 기능자본가로도 나타난다. 그 이후에 직접적으로 생산과정과 결합되지 않은 채 단지 자신이 대부하는 화폐자본의 소유자로서만 등장하는 자본가가 분리되어 나온다. 이들은 사회적 생산과 직접적 관련을 맺지 않고, 타인의 노동의 결과물을 전유하는 착취자들의 특수한 사회계층을 형성한다.

자본 기능으로부터의 자본소유의 자립화는 자본주의적 신용체계가 형성됨에 따라 완성된다. 산업자본의 순환에서 분리된 모든 화폐자본을 긁어모아, 그것을 대부자본으로 이용한다는 특별한 목적으로 자신의 자본을 투하하는, 새로운 특수한 자본가집단, 즉 은행가들이 나타났다. 이와 함께 산업자본의 자립화된 부분으로서의 대부자본의 형성이 완성된다.

산업자본가와 대부자본가는 임노동의 착취를 통하여 창출된 잉여가치의 일부를 전유함으로써 부유해지기 때문에, 그들의 이해는 동일하게 노동자계급과 대립된다. 전자와 마찬가지로 후자도 근로자에 대한 착취를 강화시키는 데 동일한 정도로 관심을 갖는다. 동시에 산업자본가와 대부자본가는 잉여가치의 분배를 둘러싸고 싸운다. 대부자본가는 이자율을 높이는 데 관심을 가지며, 산업자본가는 그것을 하락시키는 데 관심을 갖는다.

2. 신용이자와 그것의 운동법칙

특수한 종류의 상품으로서의 대부자본

우리가 이미 확인하였던 것처럼, 자본주의적 조건하에서 화폐는 자본으로서 기능하는 능력을 갖는다. 자본소유는 하나의 특수한 상품, 특수한 종류의 상품이 된다. 그 경우에 특수성은 다음의 계기들 속에 존재한다.

보통의 상품의 판매와는 달리, 자본이라는 상품의 사용가치는, 그것이 대부자본가로부터 기능자본가에게 넘겨질 경우에, 소비과정에서 소모되는 것이 아니라 반대로 유지되어 남아 있게 된다. 즉 그것은 잉여가치를 창출하는 자본의 능력에서 표현된다.

보통의 상품을 판매할 때 상품소유자가 이에 대해 화폐를 받았다면, 그는 상품의 소유권을 상실한다. 대부자본가는 이 자본이라는 상품을 더 이상 소유하지 않을 때, 즉 다른 사람에게 넘겨주었을 때에도 그 상품의 소유권을 보유하게 된다. 그 때문에 소유자는 자본이라는 상품을 양도할 때 가치의 등가물을 받을 수 없는 것이다. 소유자는 자신의 화폐자본의 사용에 대한 일정한 액수인 이자만을 받는다.

따라서 특수한 종류의 상품으로서의 대부자본의 양도는 보통의 구매행위나 판매행위가 아니다. 이러한 양도는 신용의 형태로 수행된다.

자본이라는 상품의 가격으로서의 신용이자

대부자본은 시장에서 특수한 상품으로 판매되며, 가격을 갖는다. 대부자본의 양도가 수행되는 시장은 화폐시장이다. 상품으로서의 대부자본의 가격은 신용이자이다. 그러나 이자는 보통의 가격이 아니라 가격의 완전히 특수한 형태이다. 왜냐하면 가격은 상품 가치의 화폐표현이기 때문이다. 대부자본 그 자체는 화폐형태를 가지며, 그래서 그것의 가격이 화폐 그 자체의 화폐표현이거나 화폐형태라는 점을 알 수 있다. 그런 까닭에 맑스는 이자를 대부자본의 가격의 비합리적 형태라고 표현하였다. 채무자가 채권자에게 지불하는 신용이자는 보통의 상품의 가격과는 달리, 대부자본의 가치가 아니라 그 사용가치를 표현한다. 화폐자본가에게 지불되는 잉여가치 부분은 대부자본 가격이라는 모습으로 나타난다.

대부자본의 가격이 그것의 가치를 표현하지 않기 때문에, 이러한 가격의 운동 역시 가치법칙에 의해 규제되지 않는다. 규제자의 상품의 가치를 중심으로 그 가격이 변동하는 보통의 상품과는 달리, 상품으로서의 대부자본의 가격은 철두철미하게 대부자본에 대한 공급과 수요의 관계에 의하여 규제된다. 만일 대부자본에 대한 수요가 증가하고 공급이 불변이라면 이자는 높아진다. 이와 반대로 공급이 증가하고 수요가 감소한다면 이자는 떨어진다. 그러나 공급과 수요의 영향하에서 이자율의 증가 또는 하락은 한계를 갖는다. 이자의 상한은 평균이윤이다. 이자가 평균이윤을 넘어선다면, 자본가들이 규칙적으로 신용을 사용하는 것은 어리석은 일이 된다. 다른 한편으로 이자는 영으로 하락할 수 없는데, 왜냐하면 이러한 경우에 자본이라는 상품의 소유자에게는 신용거래가 무의미해지기 때문이다.

공황, 불황, 활황, 호황 등의 산업순환의 다양한 국면들은 이자율에 대해 근본적인 영향을 미친다.

공황에서 상품의 과잉생산이 발생하면, 자본가들은 상품을 실현시킬 수 없으며 그로 인하여 화폐의 부족을 느끼게 된다. 그들은 생산과정을 계속 진행할 수 없으며 또한 그들의 채무를 지불할 능력도 없다. 대부자본에 대한 수요는 급속하게 증가하며 그 공급은 부진하게 된다. 왜냐하면 상품형태로부터 화폐형태로의 자본의 전화가 지체되기 때문이다. 공황에서 신용이자율은 가장 높으며, 때때로 평균이윤을 초과하기도 한다.

한편 공황에 뒤따르며 생산과정이 낮은 상태에 머물러 있다는 점으로 특징지어지는 **불황** 국면에서는, 사정이 달라진다. 공황의 충격을 버텨내지 못하는 자본가들은 몰락한다. 파산을 모면할 수 있었던 자본가들은 생산을 억제한다. 점점 줄어드는 생산량과 거래량에 직면하여 대부자본에 대한 수요는 감소한다. 동시에 기능자본의 일부가 화폐형태로 분리되며, 그 때문에 대부자본에 대한 공급은 증가한다. 대부자본의 공급의 증가와 동시에 진행되는 대부자본에 대한 수요의 현저한 수축은 이자율을 최소한도로 하락시킨다.

활황 시기에는 대부자본에 대한 수요와 공급에서의 변화가 대략 서로 균형을 유지하며, 공황에 바로 선행하는 격렬한 **호황** 시기에는 신용에 대한 수요가 공급보다 현저히 빠르게 증가하여 신용이자가 상승한다.

이자율과 그것의 하락 경향

이자율은 신용 공여자에게 지불되는 이윤 부분의 대부자본의 크기에 대한 비율이다. 화폐시장에서 그때그때마다 적용되는 **대부자본의 이자율**은 연간 대부자본에 대한 공급과 수요 사이의 변동하는 관계들의 영향하에서 변화한다. 예를 들어 미국에서는 1963년 1/4분기에 대부자본의 평균 시장 이자율이 2.91%, 4/4분기에는 3.5%에 달했다. 영국에서는 이러한 이자율이 1964년 1월에 3.72% 그리고 8월에 4.65%였으며, 서독에서는 각각 2.64%와 3.63%에 달했고, 네덜란드에서는 2.31%와 3.74%에 달했다.

따라서 동일한 대부자본은 연간 상이한 이자소득을 가져올 수 있다. 자본이 단기간으로, 예를 들어 3개월 혹은 6개월 동안 대부되면 그것은 각각의 거래마다 상이한 소득을 가져올 것이다. 1월에 1만 달러의 자본을 연이자 6%의 시장이자율로 6개월 동안 대부했다고 가정하자. 6개월 후에 그것은 300달러를 가져온다(연이자의 절반). 이미 4%의 연이자로 동일한 자본을 6월에 똑같이 6개월 동안 대부했다고 가정하자. 그것은 연말에 또한 200달러를 가져온다. 그 해의 전체 이자수익은 300달러에 200달러를 더한 500달러에 달하게 된다. 이 자본의 연간 이자율은 (500/10,000)×100=5%가 된다.

다소 오랜 시간 동안에 산정된 이자율은 **평균이자율**로서 나타난다. 자본주의의 발전에 따라 평균이자율은 하락하는 경향을 갖는다. 이것은 몇 가지 원인들로 설명된다. 첫째, 이자는 평균이윤의 일부인데, 평균이윤율은 하락하는 경향을 갖는다. 그러므로 하락하는 이윤율과 더불어 이자율도 필연적으로 떨어진다. 둘째, 자본주의의 발전에 따라 화폐자본의 대부로 살아가는 사람들, 즉 **금리생활자**계층이 증가한다. 이것은 대부자본의 공급을 증가시키고 따라서 이자율의 하락을 초래한다. 셋째, **신용체계**가 더욱 더 발전하고 기능자본가들뿐만 아니라 전체 주민층의 자유로운 화폐수단이 축적됨에 따라 대부자본의 공급은 더욱 현저하게 증가한다.

전술한 요인들의 작용의 결과로 **화폐형태의 대부자본**의 양은 **산업자본**의 양보다 더 빠르게 증대한다. 예를 들어 미국에서는 1900~54년에 산업생산은 6.8배 증가한 반면, 은행들이 동원한 대부자본은 (1900년 가격으로) 8.1배 증가했으며, 1955~65년에 그에 상응하는 상승률은 48.5~75.5%에 달했다.

대부자본이 산업자본보다 빠르게 증가한다는 사실은 궁극적으로 대부자본의 이자율의 하락을 결과한다.

다음 자료는 이자율의 하자 경향을 설득력 있게 보여준다. 뉴욕에 있는 미 연방준비은행의 발행은행의 평균이자율은 1914～19년에 5%, 1920～28년에 4.37%, 1929～38년에 2.26% 그리고 1940～60년에 1.8%에 달했다. 그 이후에는 경기호조에 직면하여 신용제한정책을 추구하였다. 이에 따라 이자율은 근본적으로 상향조정되었지만(1960～65년의 이자율은 평균 3.5%에 달했다), 그럼에도 불구하고 1940～65년의 전기간에 걸쳐서는 이자율이 2.14%에 그쳤다. 다시 말해서 이자율은 과거의 이자율보다 낮았다.

대부자본과 이자에 대한 부르주아 이론

화폐자본가들의 이해를 표현하는 수많은 부르주아 속류 경제학자들은 모든 수단을 사용하여 대부자본과 이자의 참된 본질을 은폐하려고 노력한다. 미국의 경제학자인 피셔(Fisher)는 신용이자를, 자신의 화폐를 대부한 사람이 그의 개인적 소비를 연기시켜야 하는 데 대한 자본가들의 '당연한 보수'라고 설명했다. 오스트리아의 경제학자 뵘 - 바베르크의 주장에 따르면, 대부자본가는 소위 '현재재'를 '미래재'와 바꾼다. 그리고 이 경제학자의 파악에 따르면, 인간은 '미래재'보다 '현재재'를 더 높게 평가하는 경향이 있다. 그런 까닭에 자본가는 오늘 대부한 화폐에 대해 1년 후에는 증가된 금액을 받아야만 한다. 케인즈에 따르면, 이자는 '유동성으로부터의 분리에 대한 보수', 즉 현금이 곧바로 현금소유자의 목적을 위해 사용될 가능성으로부터의 분리에 대한 보수이다. 모든 이러한 논구는 분명히 변명으로 가득 찬 것이며 자본가계급 중의 기생적인 계층의 존재를 변호한다.

대부자본과 이자는 자본주의적 생산양식의 본질에 고유한 범주들이기 때문에, 그것이 '정당한가' 또는 '정당하지 않은가' 하는 물음은 쓸데없는 것이다. 자본주의가 존재하는 한 대부자본과 이자는 불가피한 것이다. 자본가들의 '소비의 연기'에 대하여 말하는 것, 그가 '미래재'의 '현재재'로의 전화를 기대하고 '유동성'을 포기한다고 말하는 것은 불합리한 일이다. 왜냐하면 자본가들에게 중요한 것은, 화폐가 증식의 수단, 즉 자본이라는 것이지 개인적 소비의 안전을 위한 수단이나 유동성에 대한 보증(개별적 저축을 이용할 가능성에 대한 보증)은 아니기 때문이다. 만일 대부자본가들의 '보수'의 필요성에 대한 이러한 모든 박약한 논거들을 일시적으로 승인한다 할지라도, 무엇이 신용이자의 원천인가, 소유자로서 자본가가 이자의 형태로 전유하는 가치총액을 누가 창조하는가라는 물음에 대해 답변할 수 없을 것이다. 왜냐하면 이와 같은 '이론적' 논거들은 대부자본과 이자의 참된 본질, 즉 착취하는 본질을 숨기는 것 이외의 다른 목적을 가질 수 없기 때문이다.

그러나 페더(Feder)나 좀바르트와 같은 다른 부르주아 속류 경제학자 집단은, 대부자본가가 불로소득을 얻는다는 것을 인정하고 있다. 이러한 경제학자들은 신용이자를 비난하는 동시에 힘이 닿는 한 산업자본과 산업이윤을 변호하려고 노력한다. 따라서 산업자본은 사회의 생산력 발전에 기여하기 때문에 유익한 것으로 간주된다. 기업가이득은 생산의 조직과 산업기업의 관리를 행한 자본가들의 정당한 보수로서 설명된다. 이러한 설명은 이중의 목표를 지니고 있다. 하나는 생산과정에서 수행되는 한 임노동에 대한 자본주의적 착취를 정당하고 영원한 것으로 설명하는 것이며, 다른 하나는 산업자본가들의 기업가이득을 위해 신용이자를 낮출 필요성을 이론적으로 정초하는 것이다.

이러한 부르주아 경제학자 집단은 처음에 말했던 경제학자들과는 달리 산업자본의 이해를 옹호하였으며 대부자본의 이데올로그들을 단지 이러한 입장에서 논박하였던 것이다. 따라서 이러한 부르주아 경제학자들 사이의 의견 차이는 내적인 종류의 것이다. 그것은 잉여가치의 분배를 둘러싸고 끝까지 싸우는 산업자본가와 대부자본가의 투쟁을 반영한다 여기에서 자본주의를 방어하고 구출하려는 새로운 방법들이 탐색된다.

대부자본을 기생적인 것으로 그리고 기능자본을 생산적이며 동시에 소위 사회를 위해 극도로 '유용한 것'으로 서로를 대립시키고, 이로부터 '이자노예'의 제거를 호소하는 것과 아울러 신용이자를 비난하는 것으로 나아가는 방법은, 자신의 사회적 데마고기를 은폐하려는 독일 파시즘의 이데올로그들에 의해 폭넓게 이용되었다.

第26장 자본주의적 신용의 형태들

대부자본의 운동은 상업신용과 은행신용의 형태로 수행된다. 다른 것보다 일찍 발전했으며 직접적으로 산업자본의 생산과 유통에서 발생했던 자본주의적 신용의 최초의 형태는 상업신용이다. 그것은 자본주의적 신용의 모든 여타의 형태들의 생성과 발전을 위한 기초를 형성한다.

1. 상업신용

상업신용의 특질

기능자본가들은 생산된 상품을 실현하는 과정에서 서로에게 상업신용을 제공한다. 상업신용은 상품형태로 수행된다. 이때 대부자본은 독자적인 다른 형태를 획득할 수 없으며, 상품자본의 운동과 융합된다.

잉여가치의 생산과정이 끊임없이 수행될 수 있도록, 모든 개별 자본가는 필요한 생산수단을 적시에 구입해야만 한다. 자기자신의 화폐가 충분하지 않으면, 자본가는 통상 필요한 상품을 지불연기로, 즉 신용에 의해 얻으려고 노력한다. 그와 같은 신용거래는 양쪽 모두에게 이익이 된다. 즉 신용공여자는 산출된 상품을 실현하고, 신용 수취자는 생산자본의 필요한 요소를 쓸 수 있게 된다.

상업신용에 기초하여 수행되는 거래는 이중의 거래작업, 즉 일정한 가격으로의 상품의 판매와 실현된 상품의 판매자가 채권자로서 기능하는 화폐

대부이다. 예를 들어 방적공장의 소유자인 자본가 A가 방직공장의 소유자인 자본가 B에게 1만 달러 상당의 실을 3개월의 지불기한으로 판매했다면, 여기에서는 다음과 같은 사실이 발생한다. 첫째, 자본가 B에게 1만 달러의 가치로 실을 판매했다는 것, 둘째, 이 자본가에게 1만 달러의 신용을 제공했다는 것이다. 자본가 A가 자본가 B에게 상업신용을 제공하는 반면에, 그는 자신에게 기계, 원료, 연료 등을 신용으로 판매한 자본가 C, D, E로부터 상업신용을 받는다. 그러므로 자본가들은 상업신용을 동시에 주고받는다.

상업신용의 수단은 어음이다. 자본가는 자기가 수취한 어음을 일반적으로 제3의 자본가와의 상쇄를 위해 사용한다. 화폐를 지불하는 대신에, 그는 어음을 다음으로 넘긴다. 그 이면에는 특별한 양도각서－이서－가 계출된다. 그 결과 어음은 상업신용을 통해 발생한 신용화폐가 된다. 그렇지만 상업신용이 반드시 어음형태로 제공되는 것은 아니다. 상업신용은 신용으로 판매된 상품의 가치를 단순하게 오늘날의 자본주의에서 상용되는 방법인 소위 당좌계정 속에 기입함으로써도 제공된다.

상업신용이 어떠한 형태로 제공되는가 그리고 어음이 신용화폐로서 유통되는가 그렇지 않은가와는 무관하게, 상업신용의 기능은 유통영역(도매) 속에서 상품운동을 실제 화폐의 개입 없이도 가능하게 한다는 점에 있다.

상업신용의 제약성

상업신용의 특수한 특징은 그것이 상품형태로 제공된다는 점에 있다. 이로부터 상업신용이 제약된다는 결론이 나온다. 기능자본가는 모든 다른 기능자본가들로부터 신용을 수취할 수는 없으며 오직 특정한 상품 종류를 산출하는 자본가들로부터만 수취할 수 있다. 예를 들어 실을 제조하는 자본가는 그것을 모든 자본가들에게 신용으로 판매할 수는 없으며, 실의 가공에 관여하는 자본가들에게만 신용으로 판매할 수 있을 뿐이다. 구두공장의 소유자는 가죽을 제조하는 자본가들에게서 상품신용을 받을 수 있지만, 만년필 또는 시계를 생산하는 자본가들에게서 상품신용을 받을 수는 없다. 왜냐하면 그러한 상품을 자신의 생산에서 필요로 하지 않기 때문이다.

또한 상업신용은 양적으로도 제약된다. 모든 기능자본가는 다른 자본가들에게 자신의 실현되어야 할 상품자본의 가치 규모 안에서만 신용을 제공할 수 있다. 그러나 순환과정에서 현저히 크게 증가한 신용 규모에 대한 수요가 발생할 수 있다.

상업신용은 대개 단기신용이다. 그렇지만 고정자본이 현대화되어야 하거나 확장되어야 할 때, 재생산과정에서 장기신용에 대한 수요가 발생한다. 결국 상업신용은 노동자에게 임금을 지불하기 위해 사용될 수 없으며, 이러한 종류의 상쇄를 위해 어음은 적합하지 않다.

이러한 상황에 직면하여 불가피하게, 상업신용의 한계를 뛰어넘을 수 있는 다른 신용형태들을 발전시키려는 욕구가 발생한다. 이러한 근거에서 화폐형태로 제공되는 은행신용이 생성되고 발전된다. 은행가신용이 은행들에 의해 충당될 때, 그것을 은행신용이라고 부른다. 은행신용은 본질적인 특징에서 상업신용과는 구별된다. 따라서 은행신용의 내용과 역할이 보다 잘 이해되도록, 은행의 활동과 은행업무에 대해 일반적 형태로 다룰 것이다.

2. 은행신용. 은행과 그것의 역할

은행과 은행의 업무

은행은 자본주의적 생산의 담당자의 지불과 신용거래에서 매개기능을 수행하는 자본주의적 기업이다. 원래 은행은 대체로 자본가들 사이의 지불을 매개하였다. 은행은 자본가들의 자유로운 화폐자금을 보관하고 그들의 위탁으로 상쇄와 지불을 수행한다. 이러한 토대 위에서 은행에는 거대한 화폐액이 집중되고 신용거래의 매개가 발전한다. 레닌에 따르면, 은행은 "유휴 화폐자본을 기능자본으로, 즉 이윤을 낳는 자본으로 전화시키며, 모든 화폐소득을 긁어모아 그것을 자본가계급이 쓰도록 한다."[2] 산업자본의 자립화된 부분으로서의 대부자본의 운동은 은행체계를 통해 수행된다.

은행에 의해 수행되는 업무는 은행신용을 위한 자금을 창출하는 수동적 업무와 이러한 자금을 사용하게 하는 능동적 업무로 분류된다. 은행자금의 원천은 은행가의 자기 자본과 타인의 자금이다. 후자에는 자본의 순환에서 분리된 화폐를 기능자본가가 은행에 보관시킨 예금(저금)뿐만 아니라, 금리생활자의 축적, 근로자나 기타 사회조직들의 저축 등이 속한다. 타인의 자금은 은행수단의 거대한 한 부분을 이룬다. 즉 그것은 은행가의 고유 자본을 몇 배나 능가한다. 미국에서는 부채가 은행의 고유자본의 12배에 달한다. 은행예금은 두 가지 주요 그룹으로 분류된다. 즉 하나는 기탁자가 특정한 기한의 만기까지는 예금의 반환을 청구하지 않을 책임을 지는 기한부예금이며, 다른 하나는 기탁자가 언제나 전부 또는 부분적으로 반환을 청구할 수 있는 단기예금(이른바 당좌계정)이다. 기한부예금에는 더 높은 이자가 붙는데, 왜냐하면 은행은 이러한 예금을 설정된 만기일까지 자유롭고 매우 유리하게 이용할 수 있기 때문이다.

은행의 신용기금은 화폐자금의 차입에 의해서뿐만 아니라 은행측에서의 유통수단의 발행(교부)에 의해서도 조달된다. 즉 다양한 형태의 신용화폐 — 은행권, 어음보증, 그리고 의제예금(이는 고객이 실제로 불입하지 않은 금액에 대해서 은행이 고객에게 당좌계정을 개설해줌으로써 형성된다 — 에 의해 조달된다.

은행의 주요한 능동적 업무는 신용이다. 그것은 보증준비의 특성에 따라 어음신용, 상품신용, 저당대부신용, 백지신용으로 나누어진다.

어음업무는 어음의 저당에 대한 신용의 충당과 소위 어음할인을 포함한다. 어음할인시 은행은 어음을 구매하고, 어음할인의 제안시점으로부터 만기일까지 당좌어음에 관련된 신용이자를 넘겨주지 않는다. 상품거래는 상품의 수송권과 저장권뿐만 아니라 저장 또는 거래중에 있는 상품에 대한 신용의 위임에 있다. 저당업무는 유가증권(주식, 채권, 저당증권 등) — 이것을 다음 장에서 상세히 살펴볼 것이다 — 을 담보로 대부하는 신용과 관련된다. 백지거래는 구체적인 담보 없이 '회사의 편지지' 위에 신용의 위임을 나타낸다. 이러한 신용형태는 신용제공에서 은행이 오랫동안 지속적으로 관계해온 대기업과 회사에 사용된다. 그와 같은 회사는 많은 양의 고유자본을 마음대로 처리할 수 있으며 업계에서 큰 신뢰를 받는다.

신용의 유효기간에 따라서 단기신용과 장기신용으로 구별된다. 단기신용은 통상적으로 유동자본의 요소들(원료, 연료)을 얻기 위해, 장기신용은 고정자본의 확장과 현대화를 위해 기능자본가에게 공여된다. 부동산(토지,

건물)에 저당에 의한 대부 — 이른바 **저당신용** — 도 장기신용에 속한다.

화폐대부와 **자본대부**는 구분된다. 외적으로 그것들은 동일하다. 즉 은행은 증대된 액수로 되돌려 받을 조건으로 일정한 화폐액을 충당한다. 차이는 화폐의 전화에 있다. 공여된 대부가 기능자본을 증대시켜 잉여가치의 생산을 위해 사용되면, 자본대부가 중요한 것이 된다. 이에 반하여 화폐가 단지 생산의 확장과 연관이 없는 상품의 실현 또는 지불을 위해 사용된다면, 화폐대부가 중요한 것이 된다. 공황기에는 자본가들이 생산을 확장하기 위해서가 아니라, 단지 그들의 막대한 채무를 지불하기 위하여 신용을 붙잡으려 한다. 여기서 화폐대부가 문제가 된다. 따라서 은행에 의해 충당되는 화폐대부의 확장은 현실적인 실제의 기능자본이 그에 상응하여 증대된다는 사실을 의미하지 않는다.

은행이 신용을 충당할 때는 보통 부채총액, 이자 그리고 변제기한을 기입하는 이른바 **대부계정**을 개시한다. 그러나 신용업무는. 이러한 경우에 당좌계정으로서 나타나는 유일한, 능동적·수동적 당좌계정을 초과하여 처리될 수도 있다. 해당 고객의 이름으로 예금되거나 대체되는 총액수는 당좌계정에 기입되며, 또한 위탁으로 지불되거나 대체되는 금액도 여기에 기입된다. 이러한 계정의 잔고는 수동적(고객에 대한 은행의 채무)이거나 능동적(은행에 대한 고객의 채무)일 수 있다. 은행은 이러한 계정에 채무의 최고액을 정한다. 이러한 한계 내에서 고객은 **변제기한이 정해지지 않은** 전환신용을 요구할 수 있다. 확정된 상각 기한이 적용될 수 없고 끊임없이 신용이 요구될 수 있기 때문에, 당좌계정의 형태는 은행자금의 장기적 투자를 위하여 생산에 사용될 수 있다. 당좌계정에 대하여 은행은 기업의 사업 진행을 조사하여 그들의 수입과 지출을 알아볼 가능성을 지닌다. 이것에 근거하여 은행은 산업기업을 통제할 수 있으며 그들의 활동에 영향을 미친다.

수동적·능동적 업무 이외에도, 은행은 금, 외환, 유가증권에 대한 상업업무와 위탁업무를 수행한다. 예를 들어 세계시장에서의 지불의 경우에 자국의 통화와 외국의 통화를 교환하며, 금이나 외환의 구매 및 판매에도 관계한다.

은행업에 투자된 자본은 가치 또는 잉여가치를 창조할 수 없다. 그러나 은행자본은 평균이윤율의 법칙에 근거하여 노동자계급에 의해 창조된 잉여가치량의 분배에 참여한다. 은행가의 이윤은 그것의 원천이 궁극적으로는 노동자들의 부불노동에 있다.

은행신용의 장점

화폐형태로 충당된 은행신용은 상품형태에 의해 규정되는 상업신용의 상대적으로 협소한 제한을 극복한다. 은행신용은 모든 임의의 자본가들에게 상업신용보다 더 현저히 증가한 규모로 그리고 더 오랫동안 제공될 수 있다. 그래서 은행신용은 생산규모의 확대와 고정자본의 증대, 새롭고 거대하며 기술적으로 잘 설비된 기업의 건설 등에 커다란 역할을 할 수 있다.

은행신용은 한편으로는 자본의 집적 및 집중과정을, 다른 한편으로는 생산자의 분화과정을 가속화한다. 은행은 전체 주민층의 화폐자금을 끌어모으지만, 누구에게나 동일한 조건으로 신용을 충당하지는 않는다. 통상적으로 은행신용은 크고 안정된 기업에게 제공되어 그 경쟁력을 훨씬 더 높인다. 이에 반해 소기업, 중기업 혹은 대체로 불충분하게 안정된 기업의 경우에 은행은 그들에게 신용을 거절하거나 단지 극도로 제한된 조건하에서만 신용을 제공하여, 그 결과 해당 기업의 상태가 더욱 악화되고 완전히 파산할 수도 있게 된다. 그러므로 은행신용은 도시와 농촌에서 가속화된 소생산자들의 구축과 파멸에 기여하며, 뿐만 아니라 한줌도 안되는 대자본가들의 권력을 더욱 팽창시킨다.

3. 신용의 역할

자본은 물리적으로, 즉 생산수단의 형태로, 한 부문(이윤율이 보다 낮은)에서 다른 부문(이윤율이 더 높은)으로 이동하지 않는다. 자본이동은 보통 화폐자본의 형태로 수행된다. 유동자본의 화폐형태로 분리된 부분 및 고정자본의 이전된 가치부분(상각기금)은 은행에 의해 축적되며 은행의 매개를 통하여 보다 높은 이윤율을 얻는 부문으로 이끌리게 된다. 따라서 신용을 매개로 하여 자본주의적 생산의 규제자, 즉 가치법칙과 생산가격의 자연발생적 작용이 수행된다.

신용은 자본의 집적과 집중을 위한 강력한 동력이다. 신용 덕분에 대자본가들은 타인의 자본과 타인의 재산을 자유롭게 처리할 수 있다. 신용은 대자본가들이 타인의 노동을 착취하는 가능성을 거대한 규모로 확장시킨다.

신용을 통하여 유통비용은 절감될 수 있다. 사회적 관점에서 고찰했을 때, 금(화폐재료로서)의 생산에 지출된 모든 노동은 유통비용에 속한다. 다음과 같은 이유에서 신용을 통해 화폐는 절감될 수 있다. (a) 서로의 대금의 상쇄 때문에 상품거래의 거대한 부분의 총상쇄량을 위한 지불수단으로서의 화폐는 필요하지 않다. (b) 은행에서의 고도로 조직된 현금 조작은 화폐유통을 가속화시키며 그 때문에 금속화폐에 대한 수요를 감소시킨다. (c) 유통중에 있는 화폐는 지폐 대용물(예를 들어 은행권)로 대체된다. 이러한 모든 것들은 유통비용의 하락과 함께 각각의 유통국면을 가속화시키며 동시에 생산과정 일반을 신속하게 한다. 활동하지 않고 남아 있는 상품자본과 화폐자본의 총계는 최소한도로 감소된다.

신용체계가 자본주의적 생산과정에 거대한 영향을 미침으로써, 생산력의 발전을 강제하며 사회주의적 생산양식으로의 이행을 위한 물질적 전제들의 창출에 기여한다. 뿐만 아니라 자본주의에 내재하는 모순을 첨예화시키며 자본주의적 생산양식의 해체요인을 증가시킨다.

자본주의적 신용체계는 한편 자본주의적 생산을 그것에 고유한 모든 모순들과 함께 발전시키며, 다른 한편 그것은 새로운 사회주의적 생산양식으로의 이행형태이다. 그러나 개량주의자들과 수정주의자들처럼, 신용체계가 생산수단에 대한 자본주의적 소유와 부르주아 국가의 유지 하에서 새로운 생산양식으로의 이행형태라고 주장하는 것은 오류일 것이다. 맑스는 다음과 같이 쓰고 있다. "결국 자본주의적 생산양식으로부터 결합된 노동의 생산양식으로 이행되는 동안, 신용체계가 보다 강력한 동력으로서 기여한다는 사실은 의심할 여지가 없는 것이다. 그러나 단지 생산양식 그 자체의 다른 거대한 유기적 혁명과 연관된 하나의 요소로서일 뿐이다. 이에 반하여 신용제도와 은행제도의 놀랍게 작용하는 권력에 대한 환상은, 사회주의적 의미에서, 자본주의적 생산양식과 그것의 한 형태로서의 신용제도에 대한 완전한 무지로부터 생겨난 것이다."[3)]

4. 부르주아 신용이론 비판

경제생활의 일상적 현상을 고찰할 때 부르주아 경제학자들은 신용의 경제적 본질과 그것의 국민경제적 의미를 구별하여 비판한다.

각각의 경제학자들은 신용의 순수한 외적 현상형태들로부터 출발하며, 신용이 신용 수취자에게는 화폐와 똑같은 의미를 갖는데, 왜냐하면 신용은 신용 수취자에게 물질적 가치를 처리할 수 있는 힘을 얻게 하고 이에 상응하여 자본을 증대시킬 수 있게 하기 때문이라고 주장한다. 신용 수취자가 신용 공여자에게서 받는 신임은 후자에게 '비물질적 자본'일 것이다. 이러한 '비물질적 자본'은 신용수취자가 그것을 기업활동을 위해 사용할 때, 실제의 자본으로 전화된다. 그러므로 신용은 이러한 이론가의 관점에 따르면, 단지 자본의 환전이 아니라 자본의 피조물, 즉 '무에서 자본을 창조할' 수 있게 하는 비물질적 힘이라는 것이다. 그래서 이러한 이론은 자본 창조적 신용이론이라고 할 수 있다. 그러한 이론의 주요 대표자가 18세기의 로우(Low)와 19세기의 맥클로이드(Macloyd)였다. 그 이론은 오늘날에도 유포되어 있다. 부르주아 정치경제학의 고전가들은 이러한 물신적 이론에 대항하였으며, 그 대신에 그들의 고유한 신용이론을 정립하였다.

자본 창조적 신용이론의 대표자들이 신용은 생산 위에 있으며 생산의 발전을 제약한다고 생각했던 반면에, 스미스와 리카도는 정반대로 신용이 생산과정에 의해 제약된다는 사실을 증명하려 하였으며, 그럼으로써 사회의 경제적 발전에서 신용의 규정적 역할이라는 비과학적 생각을 배척하였다. 그들은 신용이자를 이윤의 일부로 간주하였다. 물론 부르주아 고전가들에 의한 신용의 취급은 불충분했고 주요 계기들에서 잘못된 것이었다. 그들은 신용을 단지 '다른 사람의 자본을 사용하려는 어떤 사람에 대한 허락', 즉 단지 자본의 형태로 존재하는 생산수단을 그것의 현물형태로 재분배하는 것으로 간주하였다. 그들은 화폐대부와 자본대부의 차이를 보지 않았다. 이것은 신용의 운동이 실제의 기능자본의 운동과 동일하다는 잘못된 결론으로 귀결되었다. 맑스가 진술했던 것처럼, 대부자본의 운동과 실제의 자본의 운동은 동일하지 않으며 이와 상반된 방향으로 수행될 수 있다. 예를 들어 공황 국면에서는 신용에 대한 수요가 증가하는 반면에, 동시에 생산량은 현저하게 수축된다. 부르주아 정치경제학의 고전가들은 신용의 경제적 내용을 폭로할 수 없었으며 자본주의적 생산의 발전에서 수행하는 신용의 역할을 보여줄 수도 없었다. 예를 들어 리카도는 신용이 생산물의 산출에 전혀 영향을 미치지 않는다고 파악하였다. 만일 어딘가에서 신용의 투입으로 원료와 기계를 사용한다면, 그것들은 리카도의 생각에 따르면 다른 곳에서 공제되어야 한다. 리카도는 신용이 자본을 창출할 수 없으며 오로지 누가 이러한 자본을 사용하게 될 것인가를 규제할 뿐이라고 강조했다. 신용을 이와 같이 다루는 것은, 리카도가 신용의 경제적 의미를 과소평가했으며, 더구나 신용이 자본주의적 생산에 필요한 것이라는 점을 부인했다는 사실을 보여준다. 리카도는 신용의 역할을 경쟁의 도구로서, 자본 집적 그리고 자본주의적 생산양식의 모순을 첨예화하는 강력한 요인으로서 이해하지 못했다.

고전가들과는 달리, 20세기의 그들 이론의 계승자들(딜[Diehl], 코모진스키[Komozinski] 등)은 생산의 발전과 자본축적을 위한 신용의 '긍정적'이며 '대단히 유용한' 의미를 인정했다. 그렇지만 동시에 그들은 신용의 역할을 일면적으로 다루었다. 그들은 자본주의적 생산의 내재적 형태인 신용이 생산력이 발전에 기여할 뿐만 아니라 자본주의에 고유한 모순들 전체의 첨예화를 위한 강력한 요인이기도 하다는 사실을 철저히 이해할 수 없었다. 그들의 신용 취급은 이러한 범주 배후에 잠재되어 있는 사회적·계급적 관계를 은폐하는 데 기여한다.

제27장 기업형태로서의 주식회사, 의제자본

1. 주식회사. 주식과 그 시세

주식회사의 형성은 신용 및 은행의 발전과 불가분하게 결합되어 있다. 자본주의 나라들에서는 산업상품의 압도적인 부분이 주식에 근거한 기업에서 생산된다.

자본주의적 기업으로서의 주식회사의 특수성

주식회사는 일반적으로 배당에 근거하는 자본주의적 기업이다. 주식회사의 설립을 위한 권리를 얻으려면 그 발기인들(일반적으로 대자본가들)은 미리 일정한 화폐액을 조달해야 한다. 이러한 자본의 크기, 그리고 정관의 비준방식 및 주식회사 설립을 위한 전체 절차는 해당 국가의 입법에 의하여 규정된다. 주식회사의 자본은, 발기인으로서 등장하는 자본가들이 설립되는 회사의 주식을 발행하고 판매함으로써 형성된다.

주식은 일정한 자본 부분의 주식회사로의 반입을 문서화하여 그 소유자에게 그 주식회사의 이윤의 일부인 **배당금**의 형태로 일정한 소득을 얻을 권리를 주는, 하나의 유가증권이다.

발기인들에 의해서 조달된 주식자본이 정관에 규정된 액수에 도달하면, 그 회사는 설립된 것으로 인정되고 주주총회가 소집된다. 주주총회는 회사의 중역, 이사회와 감사회를 선출한다. 매년의 주주총회에서 주주들은 이

사들의 보고를 받고 결산을 비준한다. 의결에서 모든 주주는 주식을 소유한 만큼의 발언권을 행사한다. 예를 들어 모든 발행된 주식의 51%가 한 사람의 수중에 있다면, 그 사람은 51%의 발언권을 가진다. 즉 그는 사실상 회사의 전체 업무를 결정할 수 있다.

형식상으로는 **주주총회**가 주식회사의 최고기관이다. 그러나 **실제로** 회사의 전체 업무는 **통제 주식지분**을 갖고 있는 최대주주 집단에 의해서 지휘된다. 통제 주식지분이란, 말하자면 그 회사의 활동을 무제한적으로 통제하고 마음대로 처리할 수 있게 하는 주식 부분이다. 경험에 의하면 통제 주식지분은 무조건 51%에 달할 필요는 없으며 더 적을 수 있는데 — 30~40% 또는 흔히 20~25% — 그것은 중소주주의 상당 부분과, 먼 곳이나 외국에 거주하는 주주들이 보통 주주총회에 불참하기 때문이다.

주주는 그들의 개인적 재산으로 회사를 보증하는 것이 아니다. 그들은 오직 그들의 배당액 크기 안에서, 즉 그들이 주식에 대해 지불한 액수의 크기 안에서 **제한된** 책임을 질 뿐이다. 그 회사가 파산하게 되면, 그 회사의 고유자본 및 준비금이 채권자의 요구를 만족시키기 위해서 사용되고, 만일 잔고가 남아 있다면 주주에게 지불된다. 주주는 그의 주식에 지출된 금액의 상환을 주식회사에 요구할 권리가 없다. 그러나 그는 주식을 언제나 유가증권시장, 즉 소위 **증권거래소**에 팔 수 있다.

자본의 확장을 위해서 주식회사는 주식과 더불어 채권을 발행한다. **채권**은 그 소유자에게 매년 **보장된 소득**을 얻을 권리를 주는 유가증권이다. 주식과는 달리, 채권은 주식회사의 업무에 대한 결정에서 어떤 발언권도 주지 않는다. 채권에 떨어지는 소득은 일반적인 이자율을 넘지 않는다. 정해진 기한이 지난 후에 주식회사는 채권으로 수취했던 금액을 상환한다.

최초의 주식회사는 영국(영국 동인도회사, 1600년)과 네덜란드(네덜란드 동인도회사, 1602년)에서 생겨났다. 그리고 17~18세기에 프랑스, 독일, 덴마크와 다른 나라들에서 주식회사가 설립됐다. 19세기에는 주식회사의 설립이 더 큰 규모로 일어났다. 20세기에 와서 주식회사라는 기업형태는 발전된 자본주의 세계의 나라들 전체에서 지배적으로 되었다. 가령 미국에서는 산업 총생산의 90% 이상이 주식회사의 몫이다.

주식회사의 발전은 무엇보다도 자본주의적 생산양식의 한 특정한 단계에서 생산력을 발전시켜야 한다는 요구에 의해서 일어났다. 높은 비율의 고정자본과 긴 건축 기간, 거대하고 기술적으로 잘 장비된 기업의 설립은, 개별 자본가의 자금을 훨씬 넘어서는 막대한 자본투자를 요구했다. 은행신용 자체는 이러한 모순을 해결할 수 없었다. 첫째, 은행신용은 개별 자본가에게 그 자신의 재산을 넘지 않는 한도 내에서 충당되는데, 왜냐하면 그렇지 않을 경우에 대부의 상환이 보장되지 않기 때문이다. 둘째, 은행신용은 보통 일정하게 제한된 기한 동안에만 제공된다. 이런 문제들이 은행신용의 한계를 극복할 수 있는 자본 집중의 특별한 형태를 필요로 하게 하였다. 이러한 형태가 주식회사였다.

주식회사는 주식의 발행과 판매에 의해 거대자본을 자신에게 집중시켰고 동시에 그것을 일정 기간 후에 상환할 의무가 없었던 반면에, 은행신용에는 보통 이러한 의무가 존재했다. 이러한 자본의 집중형태는 자본주의의 전체 발전과정을 통해 이미 준비되었다. 이윤율의 경향적 저하와 기타 요인들이 화폐자본의 형성에 기여했지만, 그 화폐자본은 거대하고 경쟁력 있는 기업의 설립에 충당되지 않았기 때문에 전혀 이익되게 사용되지 않았다. 이러한 자본의 소유자들은 그 자본을 보통의 이자율로 대부하도록 강제되었다. 작은 화폐자본들이 생산영역에서 사용될 수 있도록 그것은 모아져야 했다. 그리하여 자본집중은 주식자본이라는 형태에 도달하였다.

주식회사 형태는 많은 경우에 주주들에게 실제로 보통 이자보다 더 큰 소득을 가져다주며, 그렇지 않을 경우에는 그것에 대한 희망을 준다. 따라서 화폐자본은 일반적인 대부보다 주식으로 더 많이 투자된다.

자본주의적 개인기업에 비교한 주식회사의 장점

주식회사는 자본주의적 개인기업에 비해 다양한 장점들을 가진다. 주식 형태는 더 큰 특별잉여가치를 획득할 수 있도록 더 큰 생산의 집적을 가능하게 한다.

주식소유자는 보통 평균 이윤을 노리는 것이 아니다. 그는 보통의 신용이자에 가까운 배당금(이때 이 배당금은 주식의 명목가치가 아니라 그 시가로부터 얻어질 수 있다)에 만족하지 않는다. 주식의 구매는 자본소유로서의 자본의 전화로 간주된다. 기능하는 주식회사가 전체 주주에게 이자를 보증한다면, 그 회사는 계속 기능할 수 있다. 판매부진으로 인해 초래된 극심한 경쟁의 시기에 주식회사는 그 상품의 가격을 생산가격 이하로 상당히 내리며 그것을 비용가격+이자로 판매할 수 있다. 당연히 이러한 조건하에서 그 주식회사의 수입은 현저히 내려가며, 따라서 배당금도 줄어들거나 전혀 더 이상 지불되지 않을 것이다. 그렇지만 주식자본은 이전과 같이 기능한다.

주식회사의 이윤과 그 분배. 배당금

모든 자본주의적 기업과 마찬가지로 주식회사도 임노동의 착취에 근거한다. 획득된 이윤은 주식회사 이사들의 결의에 따라 분배된다. 이윤의 일부분은 생산의 **확장**과 **준비금**의 보충을 위해 사용되고, 더 많은 부분은 그 주식회사의 지도적 인사를 위한 **봉급**과 **프리미엄**(이익배당)의 지불을 위해 사용되며, 마지막으로 일정 부분은 세금의 형태로 국가에 바쳐진다. 이러한 모든 공제 후에 이윤은 주주에게 그의 주식 수에 비례하여 분배된다. 이러한 남아 있는 이윤 부분이 **배당금**을 의미한다.

배당금의 크기가 확실히 주어지거나 항상적인 것은 아니다. 그 크기는 주식회사가 획득한 전체 이윤에 따라서, 그리고 주주에 대한 분배에 못 미치는 이윤의 크기에 따라서 커지기도 하고 작아지기도 한다. 이윤량은 전체적으로 증가할 수 있는 반면에, 주주에게 분배되는 이윤은 동일하거나 작아지기조차 한다. 각 시기 동안 이윤량은 전체적으로 동일할 수 있는 반면에, 이전에 축적된 준비금을 부담하는 데 분배된 이윤은 증대한다.

이윤의 어떤 부분이 주주에게 그리고 어떤 부분이 다른 목적을 위해 사용되어야 하는가는, 최대주주인 통제 주식지분의 소유자가 결정적 역할을 수행하는 주식회사의 이사진이 결정한다. 그들은 획득된 이윤의 일부를 순진한 주주들 앞에서 숨기고 그것을 개인적 치부를 위해서 이용하려고 노력한다. 이것은 여러 가지 방식으로 수행된다. 매년 상당한 이윤액이 준비금 증축을 위해 사용된다. 몇 년이 경과하면서 주식회사에는 준비금으로서 상당한 액수가 쌓이게 되는데, 그것은 최대주주들에 의해 드물지 않게 개인적인 상업거래를 위해 투여된다. 획득된 이윤의 일부와 함께 조달되는 총액 중에서 획득된 이윤의 일부를 상각기금 안에 그리고 주식회사의 지도적 인사에 대한 상승된 봉급과 프리미엄 안에 숨기려는 행동이 광범하게 확산된다.

주식시세

주식에 표시된 화폐액수는 **주식의 명목가치 또는 액면가**라고 불린다. 그것은 회사의 설립 때 배분에 대한 원래의 평가를 의미한다. 그러나 또한 명목가치 없는 평가가 확산되는데, 왜냐하면 명목가치는 특별한 의미를 갖는 것이 아니기 때문이다. **주식이 유가증권시장에서 판매되고 구매되는 가격을 주식시세라고 부른다.** 주식시세는 무엇에 의하여 결정되는가?

구매자는 주식을 사들이는데, 그것은 배당금의 형태로 일정한 수입을 얻기 위해서이다. 따라서 배당금이 증가할수록 주식시세도 상승하고, 주식시세가 상승할수록 배당금도 증가한다. 주식시세는 주식에 지불된 배당금의 크기와 정비례한다. 달리 고찰해보면, 주식취득자는 그의 자본으로부터, 그것을 보통의 은행이자로 대부해주었을 때 얻는 것보다 더 작은 소득을 얻으려 하지는 않을 것이다. 따라서 그 취득자는 은행예금의 경우에 해당 주식이 배당금을 가져오는 것과 동일한 수입을 그에게 가져오는 화폐액을 주식에 소비할 용의를 갖고 있다.

한 주식이 연간 9달러의 배당금을 가져오며, 신용이자는 3달러, 즉 은행에 예금된 매 100달러에 대해서 예금인이 연간 3달러의 소득을 얻는다고 가정해보자. 매년 9달러를 얻으려면 그는 300달러를 은행에 예금해야 한다. 그러나 동시에 이 화폐소유자는, 마찬가지로 300달러를 지불할 때 그에게 연간 9달러를 가져다주는 한 주식을 얻을 수 있다.

그러므로 주식시세는 대개 **평균이자 수준에 기초하여 원금화된 배당금과 동일하다.** 다른 말로 하면, 주식시세=배당금/신용이자×100이다. 주식시세는 배당금에 정비례하며 신용이자에 반비례한다. 배당금이 불변(9달러)이며 신용이자가 3%에서 2%로 하락한다면, 주식시세는 현저하게 올라간다. 이전에 300달러가 들었던 동일한 주식에 대해 이제부터는 9/2×100=450달러가 주어진다.

그럼 왜 주식구매자는, 명목가치가 100달러인 한 주식에 대해 몇 배 더 큰 화폐액을 지불하는 데 동의하는가? 그가 이 높은 가격을 지불할 때, 그는 그가 동일한 화폐액을 은행에 예금할 때 얻을 소득보다 적지 않은, 일반적으로는 더 큰 소득을 항상 보장받는다. 그밖에도 주식구매자는 주식회사의 발전과 더불어 배당금이 보통의 신용이자보다 높게 되기를 희망한다.

주식시세가 대개 원금화된 배당금(대부이자로 측정된)과 동일하다 할지라도, 그것은 각각의 구체적인 시점에서 해당 주식에 대한 수요와 공급의 관계에 직접 의존한다.

주식회사에 의해 발행된 주식은 **특권화된 주식**(우선주)과 **일반적인 주식**(일반주)으로 구별된다. 특권화된 주식에 대해서는 일정한 연배당금이 보장되는 반면, 일반적인 주식에 대해서는 그것이 정해져 있지 않다.

창업자이득

주식회사의 설립은 특별한 종류의 이윤, 즉 이른바 **창업자이득**을 낳는다. 창업자이득은 주식의 판매가격 또는 시세와, 주식회사의 실제로 기능하는 자본의 가치 사이의 차이로부터 발생한다.

한 주식회사가 100만 달러의 실질자본을 가지고 설립된다고 가정해보자. 이 총액을 위해서 발기인들(대개 은행들)은 주식을 발행한다. 주주들에게 미리 배분되는 연간 이윤기금이 9만 달러이고 신용이자가 똑같이 3달러라면, 이 경우에 100만 달러의 명목가치를 가진 주식은 300만 달러로 판매될 것이다. 이러한 주식판매에 의해 획득된 총액으로부터 100만 달러는 실제의 자본투자를 위한 발기인들의 지출에 투입되며 200만 달러는 발기인들이 전유하는 순이득을 이룬다.

이러한 이윤 종류는, 새로운 주식회사가 설립되거나 자본주의적 개인기업이 주식회사로 변형되는 곳에서는 어디서나 발생한다. 창업자이득은 발기인들의 하나의 중요한 치부의 원천이다. 또한 창업자이득은 소위 자본희석화, 즉 실제로 기능하는 자본의 증대가 없는 주식의 추가적 발행에 의해 획득될 수도 있다. 그러한 주식 발행은 주식회사가 더욱 높은 이윤을 획득하기 시작하는 곳에서 가능하게 된다. 배당금을 이전에 발행된 주식보다 높이는 대신에, 회사의 이사들은 배당금을 그대로 유지시키고 주식의 수를 늘릴 것을 결정한다. 이 경우에 추가적 주식발행에 의해 획득되는 전체 이윤은 발기인들에게 주어진다. 주식회사의 이윤이 불변함에도 불구하고, 드물지 않게 추가적 주식을 발행하기도 한다. 이 경우에 주식마다 더 적은 배당금이 지불되는데, 그럼에도 불구하고 발기인들은 주식의 추가적 부분의 발행에 의해서 창업자이득을 얻는다. '자본 희석화'는 발기인들의 치부와 주식회사에 대한 실제적 지배를 위한 수단의 하나이다.

창업자이득은 자본주의적 이윤의 한 형태이다. 그러나 그것은 주식자본의 토대 위에서만 발생하고 특별한 특징을 지니는 하나의 특수한 형태이다. 이 형태에서 실제의 이윤 원천은 철저히 은폐된다.

표면적으로는, 주식의 판매가격과 기능자본의 가치 사이의 차이를 차지하는 창업자들이 타인의 화폐자본과 주민의 화폐수단의 일부를 전유하는 것처럼 보인다. 임노동과 잉여가치의 착취가 아니라 주민의 이미 존재하고 있는 화폐자본과 화폐수단의 재분배가 창업자이득의 원천인 듯한 인상이 발생한다. 이러한 외관은, 보통 설립된 주식회사가 가동되기 이전에 창업자이득을 전유함으로써 강화된다.

그러나 사실은 주식회사가 그 활동을 하는 가운데 산출할 잉여가치의 일부를 창업자이득의 형태로 전유하는 것이다. 이 부분은 만기 전에, 즉 주식 취득의 시점에서 전유되며, 이것은 잉여가치의 생산과정과 결합되지 않은 듯한 인상을 야기한다. 발기인들은 창업자이득의 형태로 미래의 잉여가치 전체를 전유하는 것이 아니라 그 일부인 기업가이득만을 전유하는 것이다. 따라서 창업자이득은 그 근저에서부터 자본주의적 기업가이득이다. 그러나 또한 배상 없이 전유된 타인의 자본의 일부도 창업자이득에 들어간다.

주식시세에 미치는 주식회사의 영향. 통제 주식지분 소유자와 대주주의 치부방법들

주식에 대한 수요와 공급이 일으키는 변동을 추상한다면 주식시세는, 이미 상술한 것처럼 두 요인, 즉 신용이자의 크기와 배당금의 크기에 의존한다.

주식회사는 신용이자의 크기에 영향을 줄 가능성이 없는데, 왜냐하면 그 크기는 대부자본에 대한 수요와 공급 관계의 변동에 기초하여 자연발생적으로 생겨나기 때문이다. 그러나 주식회사는 이윤의 크기에 따라 주식에 대해 지불된 배당금의 변동을 통하여 그의 주식시세에 영향을 미친다. 물론 배당금은 이윤이 변하지 않을 때도 커지거나 작아질 수 있다. 회사의 이사들이 해당 연도에 준비금과 상각기금으로 더 많이 보낼 것을 결정하면, 배당금은 더 적어지고 주식시세는 내려간다. 그와 반대로 준비금 상태에 있는 이윤의 일부가 주주에게 분배되고 따라서 배당금이 커지면, 동일한 조건하에서 주식시세는 올라간다. 주식회사가 지니고 있는 준비금이 커질수록, 주식회사는 배당금을 더 탄력적으로 처리할 수 있고 회사가 주식시세에 미칠 수 있는 영향도 더 커진다. 이 점으로부터 해당 회사의 유가증권을 이용한 투기와, 그 최대주주의 치부를 위한 폭넓은 가능성이 발생한다.

주식회사의 지도적 상층부는 일반적으로 주주를 유혹하기 위해서 우선 주식시세를 다소간 안정되게 유지시키거나 그것을 점차 올린다. 동시에 획득된 이윤으로부터 준비금이 투자된다. 일정 기간이 지난 후에 배당금을 축소하기로 결정하며, 그것은 주식시세를 하락시키는 결과를 초래한다. 정확한 정보를 접하지 못하는 중소주주들은 때때로 의식적으로 유포된 루머에만 의지하여 그들의 주식을 낮은 시세로 판다. 이 시점에서 지도적 기관에 속해 있으며 회사에 대한 폭넓은 전망을 잘 알고 있는 최대주주들은 주식을 사 모은다. 이사들이 나중에, 주주에 대한 분배에 앞서 가져갔고 준비금이나 상각기금 안에 은폐되었던 이윤액(또는 그것의 상당 부분)을 주식소유에 따라서 분배할 것을 결정한다면, 배당금은 실질적으로 증대되고 주식시세는 올라간다. 이러한 조건하에서 통제 주식지분 소유자와 최대주주들은 이전에 사 모았던 주식을 팔려고 한다. 그들은 그럼으로써 이중의 이익을 취한다. 첫째, 그들은 이전에 구매한 주식에 대해 지불한 화폐액과 주식의 판매에서 더 높은 시세로 획득한 매상고 사이의 차이를 전유한다. 둘째, 그들에게는 분배 이전에 가져갔던 이윤의 더 큰 부분이 주어진다. 거대한 이윤액을 착복한 후에 회사의 최대주주들은 오랜 시간이 지난 뒤에야 이러한 금융조작을 반복할 수 있다.

그러한 금융조작의 현저한 예의 하나는, 거대한 군수·철강트러스트인

유 에스 스틸사의 주식을 모간은행이 매점한 일이다. 제1차 대전 전야에 군수·철강트러스트의 주식시세는 빠르게 상승하기 시작했다. 이러한 상황에서 모간은행은 매수를 통해 유력한 정치가로 하여금 언론에서 평화와 긴장완화를 적극적으로 보증하도록 사주했다. 군수· 철강트러스트의 주식시세는 상승을 멈췄다. 동시에 육군장관은 국제정세의 발전하는 긴장완화를 고려할 때 군 장비 축소가 필요하다고 공포했다. 철강트러스트의 주식시세는 더욱 빨리 떨어지기 시작했다. 거래소에 패닉현상이 엄습했다. 패닉의 둘째 날에는 이미 시세가 200단위 가량, 즉 40% 정도 하락했다. 이러한 상황을 이용해서 모간은행은 중개인들을 통해 트러스트 주식의 과반수를 엄청나게 하락한 시세로 매점했다. 셋째날에는 군수·철강트러스트의 단 하나의 주식조차 팔려고 내놓지 않았다. 모간은행이 트러스트의 거의 모든 주식을 매점한 후에, 언론에서 평화에 대한 언급은 중단됐고, 곧 제1차 대전의 시작을 알리는 공고가 돌연 나타났다. 주식시세는 빠르게 상승하기 시작했다. 하루 동안 시세는 600단위 가량 올랐다. 모간은행은 1주일 동안에 모든 선전 및 매수 비용을 공제하고도 15억 달러의 순이득을 얻었다.

비슷한 종류의 거래가 주기적이고 더욱 큰 규모로 국가독점자본주의의 조건하에서도 반복된다. 뉴욕 거래소에 상장된 주식의 시세하락이 2,500억 달러에 달했던 1969~70년 미국 거래소에서의 사건을 언급하는 것만으로도 충분하다.

자본참여체계

통제주식지분의 소유자들은 흔히 상대적으로 미미한 자기 자본(모든 주식의 25~40%)을 소유함에도 불구하고, 해당 주식회사에 투자된 전체 타인자본을 관리하고 지배한다. 타인자본을 사용할 때 주식회사는 그 주주들에게 그에 대하여 보통 전혀 책임을 지지 않는다. 이것은 자본가가 대부자본의 사용할 때는 의도하지 않은 모험적인 형태로 주식자본을 투입하려는 노력으로 귀결된다. 더 많은 주식회사에 대한 통제를 방해하는 자기 자본의 제약성은 소위 **자본참여체계**에 의해서 일정 정도 극복된다.

100만 달러의 자본을 가진 한 주식회사(모회사)가 있으며, 거기서 50만 달러의 통제주식지분이 특정한 자본가에게 속해 있다고 가정해보자. 모회사는 200만 달러의 자본을 가진 새로운 주식회사(자회사)를 설립하기로 결정한다. 자회사의 활동에 대해 완전한 통제를 하기 위해서, 모회사는 새로 설립된 주식회사의 통제주식지분을 확보해야 한다. 그것을 위해서 100만 달러가 필요하다고 가정해보자. 그것은 축적된 준비금으로부터 주어지거나 채권의 발행에 의해서 충당된다. 형식적으로 두 회사는 권리가 동등하고 상호 독립적이다. 그러나 근본적으로 자회사의 통제주식지분을 지니고 있는 모회사는 자회사의 전체 자본을 관리하고 지배할 수 있다. 그리고 모회사의 통제주식지분이 단 한 사람에게 속해 있기 때문에 이 두 회사의 자본을 마음대로 처리할 수 있다. 따라서 50만 달러의 자본의 소유자가 실제로는 300만 달러의 타인자본을 규정한다. 이제 그 새로운 회사는 '늘어날' 수 있으며 이런 식으로 계속된다. 그래서 상호 유착된 주식회사들의 가지 많은 체계가 창출되며, 그것의 통제는 결국 모회사의 통제 주식지분을 지니고 있는 사람에게 있다.

오늘날의 자본주의에서 자본참여체계가 가장 발전되었다. 그 결과 한줌의 자본가들이 막대한 자본을 마음대로 행사하며 거대한 이윤을 얻는다. 이 자본참여체계 속에 편입되는 새로운 주식회사를 설립할 때 또한 창업자 이득이 획득된다.

자본참여체계는 단 하나의 주식회사의 범위에서는 있을 수 없는 투기적 거래를 가능하게 한다. 이미 확인한 바와 같이 모든 주식회사는 그들의 이윤의 일부를 주주들에 대한 배분에서 빼앗아가려고 한다. 자본참여체계는 이 점과 관련하여 새로운 가능성들을 창출한다. 모회사는 의식적으로 자회사와 불리한 거래를 취할 수 있다. 모회사의 대차대조표에 손실이 나타나고, 자회사는 추가적 수입을 기록한다. 모회사의 주식시세가 하락하는 반면에, 자회사의 주식시세는 상승한다. 이런 상황에서 투기적 음모가 발전한다. 모회사의 통제주식지분 소유자들은 당연히, 자본참여체계에 속한 다양한 회사들의 주식시세가 어느 방향으로 발전할지를 미리 안다. 일정 기간 동안 그들은 이러저러한 자본참여체계에 속한 회사의 주식에 대해 격심한 시세하락을 인위적으로 발생시킨다. 그리고 나서 그들은 주식을 터무니없이 싼값으로 사들인다. 중소 주주들은 큰 손해를 입는다. 그들이 주식을 낮은 시세로 사들인 후에 모회사나 자회사의 지도자들은 연합된 힘으로 '부실한' 주식회사의 '정리'를 실행한다. 주식시세는 다시 올라가고, 그럼으로써 새로운 투기적 조작을 위한 기초가 창출된다. 따라서 자본참여체계는 주식시세에 대해 영향을 미쳐 그로 인해 최대 주주와 그 가장 가까운 측근이 체계적으로 치부할 수 있는 광범한 가능성을 제공한다.

자본의 민주화 '이론'

주식회사의 발전 및 소주식의 발행과 더불어 부르주아 변호론적인 자본의 민주화 이론이 발생했고 널리 유포되었다. 이 '이론'에 따르면 주식회사의 발전은 점차 자본가와 노동자간의 경계를 없애는데, 왜냐하면 노동자들이 소주식을 취득함으로써 마찬가지로 자본가가 되기 때문이라는 것이다. 이러한 설명은 '국민자본주의'라는 현대 부르주아 이론의 한 요소이다.

그러나 사실은 이러한 설명의 부조리함을 논증한다.

첫째, 주식의 월등하게 거대한 부분이 노동자가 아니라 자본가에게 속한다. 예를 들어 미국 인구의 1%가 모든 주식의 76%를 가지고 있으며, 이 나라 인구의 90%는 전혀 주식을 가지고 있지 않다. 1965년에 육체노동인구 중에는 미미한 수의 주식을 가진 다만 2.7%의 노동자들이 있었다. 농장주와 농업노동자 중에는 더욱 적은, 즉 0.3%만 있었다.

둘째, 노동자와 소소유자뿐만 아니라 중소자본가조차도 실제로는 주식회사의 경영에 참가하지 못하는데, 왜냐하면 주식회사에서 모든 중요한 문제는 사실상 통제주식지분을 가진 한줌의 대자본가들에 의해서 결정되기 때문이다. 그리고 소주식의 발행에 관해서 말하자면 그것은 근로자들의 이익에 봉사하는 것이 아니라 주식회사 지배자들의 이익에 봉사하는데, 왜냐하면 소주식을 발행함으로써 지배자들에게 자신의 권력과 이익을 증대시키기 위해 작은 노동저금도 이용할 가능성이 주어지기 때문이다. 레닌은 다음과 같이 쓴다. "자본주의를 옹호하는 교수들은 소주주의 숫자가 증가하는 것을 보고 소유권자 수의 증가를 지껄인다. 그러나 현실적으로 '조무라기들'의 자본에 대한 가장 영향력 있는 백만장자의 권력(그리고 수입)만 증대할 뿐이다."[4] 또한 공황시에 그리고 투기의 토대 위에서 주식시세의 변동은 근로자를 강타한다. 이때 그들이 자본주의적 기업의 주식에 투자했던 전체 저축이 번번이 유실된다.

부르주아 변호론자들은, 주식회사의 성립으로 개별 자본이 사회적 자본으로 전화하고, 그럼으로써 그것은 다만 각 사람의 이익이 아니라 사회의 의지와 이익에 따라서 사용된다고 주장한다. 실제로는 살펴본 것처럼, 회사의 수중에 집적된 '사회적 자본'은 통제주식지분의 거대한 소유자의 이익을 위해 이용되며, 그럼으로써 이 사람들은 개인적으로 치부할 수 있다. 소위 자본의 민주화는, 실제로는 사멸해 가는 최대자본가의 소집단의 나머지 전체 주민계층에 대한 지배를 의미한다.

주식형태는 자본주의 나라들의 경제에서 독점제의 성립과 그들의 지배를 위한 가장 중요한 전제들 중의 하나였다.

2. 의제자본

앞의 장들에서 산업자본과 그 자립화된 부분들, 즉 상업자본 및 대부자본을 고찰했다. 자본주의사회에는 또한 소위 의제자본도 존재한다. 이것은 그 소유자에게 소득을 가져다주며 그것이 판매되고 구매되는 증권시장에서 자립적인 운동을 수행하는 유가증권으로 나타나는 자본이다. 유가증권 자체는 가치도 잉여가치도 창조하지 않는다. 그러나 그것은 그 소유자에게 타인의 부불노동의 결과의 일정한 부분을 이자나 배상금의 형태로 전유할 권리를 준다. 유가증권의 소유자는 비록 그가 잉여가치의 생산과 어떠한 관련도 없을지라도, 잉여가치의 분배에 참여한다. 발전된 자본주의 나라들에서 유가증권에 투자된 자본은 직접적으로 생산, 상업 그리고 은행제도에 투자된 자본을 양적으로 몇 배나 능가한다.

의제자본과 실질자본의 차이

우리는 실질자본을 모든 자립화된 기능적 형태들을 가진 산업자본이라고 이해한다. 의제자본은 산업자본의 어떠한 자립화된 부분도 아니며, 산업자본의 운동과정 및 가치증식과정에서 어떤 기능도 수행하지 않는다. 이러한 과정은 의제자본과는 무관하게 진행된다. 게다가 이 자본들의 운동은 상반되는 방향으로 수행될 수 있다.

하나의 특유한 자본분리가 일어난다. 한편으로는 실질자본이 존재하며, 다른 한편으로는 유가증권, 즉 주식에서의 실질자본의 반영이 존재한다. 실질자본은 생산과정에서 기능하며, 유가증권은 그의 고유한 삶을 시작하여, 증권거래소에서 의제자본의 모습으로 자립적인 운동을 수행한다. 실질자본의 특수성의 하나는, 그것이 순환의 종결 후에 그 소유자에게로 되돌아간다는 것이다.

그러나 주식의 소유자는 그의 화폐자본을 되돌려받을 권리가 없다. 그가 그의 자본을 다시 갖고자 하면, 주식소유자는 주식을 증권시장에서 팔아야 한다. 그때 그는 주식시세에 따라서 그가 주식에 투자한 것보다 많거나 적게 획득할 수 있다. 그러나 어떤 경우에도 그에게 되돌아온 화폐자본은 실제로 기능하는 자본의 일부가 아니다. 자본가가 그의 상품자본의 실현 후에 얻는 화폐자본과, 주주가 주식의 판매 후에 되돌려받는 화폐자본은 상이한 종류의 자본이다. 실질자본이 비록 그 순환을 아직 끝내지 못했다 하더라도, 주식소유자는 그가 주식을 증권시장에서 팔았을 때 이미 그의 화폐자본을 되돌려받는다.

유가증권의 화폐로의 전화는 주식회사의 실질자본의 순환과 직접적으로 결부되지 않는다.

이미 확인된 바와 같이 주식시세는 변동한다. 즉 의제자본의 크기도 변화한다. 이러한 의제자본의 증대 및 감소는 무조건적으로 실질자본의 증대 및 감소의 결과가 아니다. 의제자본은 실질자본이 불변일 때도 증대하거나 수축될 수 있다. 그 반대로 실질자본이 증대 혹은 감소될 때 의제자본은 불변일 수 있다.

의제자본은 실질자본의 토대 위에서 발생한다. 잉여가치를 생산하는 실질자본이 없으면, 잉여가치의 일정 부분을 요구하지만 스스로 어떠한 잉여가치도 창조하지 않는 의제자본은 발생할 수도 발전할 수도 없다. 따라서 실질자본과 의제자본의 발전은 상호 결합되어 있다. 그러나 그것은 특별한 종류의 결합이다. 대상 없는 그림자가 없듯이, 실질자본 없는 의제자본도 없다. 의제자본의 운동은 실질자본을 왜곡하고 그의 운동을 통해서 어떤 잘못된 관념을 매개한다. 예를 들어 전체 유가증권이 불타버리면 그로 인해 그것의 소유자는 확실히 큰 손실을 입게 된다. 하지만 그 회사의 실질자본은 그것에 의하여 어떤 손해도 입지 않는다.

의제자본은 자본주의에서 결코 우연적인 것이 아니다. 그것은 대부자본에 기초하여 합법칙적으로 발전한다. 전체 유가증권은 소득의 한 부분이며 그것의 경제적 본질에 따라 거기에 대부자본의 운동이 반영되는 문서이다.

그러나 대부된 자본은 많은 경우에 기능자본가들에 의해서 이용되고, 산업자본의 순환에서 재생산되며, 그후 그의 소유자에게 이자가 붙어 되돌아간다. 그와 반대로 의제자본은 산업자본의 운동과 어떠한 직접적인 관계도 맺지 않는다. 최초의 주식 발행 후, 즉 주식의 액면가와 동일했던 자본이 실질자본으로서 운동하기 시작했을 때, 유가증권은 증권시장—증권거래소—에 도달하여 산업자본의 실질적인 재생산 및 유통과정과 무관하게 구매 및 판매대상이 된다. 동일한 주식이 수십 번 판매될 수 있다. 의제자본의 이러한 특수성은 신용거래에서 발생하는 모든 형태들— 어음, 예금증서, 주식, 채권, 그밖의 유가증권— 에 전형적이다.

증권거래소와 그 업무

증권거래소는 거액의 주식들이 판매되고 구매되는 조직된 유가증권의 시장이다. 거래소의 성원은, '자리'에 대해 상당한 화폐액을 지불한 사인(private person)이나 회사들이다. 뉴욕 거래소의 등적료는 30만 달러에 달한다. 1968년에 이 액수는 거래소 붐에 따라 51만 2,000달러로 올랐다. 거래소의 성원인 거래소 중개인은 구매 및 판매시 그의 고객의 중매인으로서 등장할 권리가 있고 그것에 대해 중개수수료를 받는다. 모든 거래의 주요 목적은 싸게 구매하고 비싸게 판매하는 것이다. 이러한 치부의 거대질서는 다음 사실에 의하여 판단된다. 1970년에 미국 거래소 중개인들은 여러 회사의 주식을 팔고 살 때 중개업무를 수행한 데 대한 중개수수료로 약 40억 달러를 얻었다.

거래소에는 모든 거대주식회사들의 주식이 상장된다. 그 회사의 주식시세의 상승과 하락은 그 회사의 경제적 상태를 반영하는 일종의 기압계이다. 유가증권의 판매와 구매를 대상으로 하는 중개업무와 나란히 거래소에서는 순수한 투기거래가 행해지는데, 거기서는 구매자와 판매자간에 어떤 실질적인 유가증권의 운동도 발생하지 않으며 다만 시세차액만이 지불된다.

오늘날 어떤 회사의 주식이 10만 달러로 평가된다고 가정해보자. 그러나 이 동일한 주식이 한 달 또는 반 년 후에 얼마나 비싸질지는 알 수 없다. 예를 들어 반 년 후에 그 주식의 시세가 상승하여 15만 달러가 된다고 가정하자. 그러나 또한 반대로 그 시세가 하락하여 단지 7만 5,000달러로 될 수도 있다. 한 거래소 투기업자가 그 주식시세의 하락을 예측하고서, 이 주식을 '구매'하고 반 년 후에 지불할 용의를 갖고 있다. 반면 어떤 다른 거래소 중매인은 그 주식시세의 하락을 예측하고서, 반 년 후에 그의 생각으로는 겨우 7만 5,000달러로 될 것을 10만 달러에 '판매'하는 데 동의한다는 뜻을 밝힌다. 지불기일이 되면 단지 시세차액만이 지불되는 반면, 주식 자체는 양도되지 않는다. 주식시세의 미래의 변동을 '알아맞힌' 사람은 이득을 본다.

오랜 기간 동안 증권거래소는 모든 유가증권의 판매와 구매에 관한 독점적 권한을 소유했다. 이런 모든 종류의 거래는 거래소에서 거래소 성원의 중개에 의하여 그리고 거래소의 공간 안에서 전개되었다. 최근에는 이와 다른 과정이 관찰된다. 모든 주식판매와 구매의 약 40%가 거래소 밖에서 행해진다. 거래소에서 '상위' 중개회사와 '하위' 중개회사로의 일종의 분리가 일어난다. 전자는 거래소 밖에서 직접 주식의 판매자와 구매자 — 대은행, 트러스트 등 — 사이에서 거래를 행한다. 후자는 거래소의 공간 안에서 중개업무를 행한다. 대·중·소 주식의 임의의 구매자와 판매자가 그들의 고객이다. 역관계는 점점 더, 실제로 강력한 금융그룹과 밀접하게 결합되어 있고 그 이익의 중개자가 되는 '상위' 중개회사에게 유리하게 변화한다.

第28장 현행 신용체계에서의 화폐유통

1. 신용체계와 화폐유통

은행의 발생 및 그 수의 증가, 그리고 은행자본의 집적과 중앙발권은행의 형성과 더불어 화폐유통의 성격은 변화하였다. 이러한 과정에서 가장 중요한 계기는 은행권 유통체계의 발전이다.

은행권의 발생과 진화

은행권은 원래 은행가의 채무증서(즉 어음)였다. 만일 예금자가 그 증서를 제시한다면, 그는 은행가에게서 은행권에 표시된 금액을 금속화폐로 받을 수 있었다. 더 나아가 은행가는, 주시하다시피 은행 고객들의 상품어음과 교환하여 그에 대한 대부로서 자신의 은행권을 발행하기 시작했다. 즉 상품(어음)에 의해 보증된 은행권의 발행이 생겨났다. 이와 같은 신용화폐의 발행은 자본주의적 생산에 필수적인 화폐체계의 탄력성에 조응한다.

본래는 모든 은행이 은행권의 발행에 관계했었다. 그러나 유통되고 있는 은행권이 너무 많다는 점과, 그 은행권들의 일부만이 완전하게 보증되었고, 일부는 종종 일어나는 은행가들의 파산에 따라 단지 부분적으로만 보증되어 있다는 사실이 자본주의적 생산의 발전을 방해했다. 발권이 국가적으로 규제된다는 것은 기능자본가들의 이해와 일치했다. 자본주의의 발전과 함께 발권기능은 나라의 중앙발권은행으로 이전되었다.

중앙발권은행의 은행권이 자유롭게 액면가로 금에 의해 태환되는 한, 은행어음의 성격은 보존된다. 그러나 이 은행어음은 더 이상 평범한 어음이 아니다. 이와 같은 은행권은 단지 기능자본가들간의 도매거래의 영역에서 사용될 뿐만 아니라, '일반적인 유통'으로 들어가기도 한다. 즉 은행권은 임금지불시의 **지불수단**으로서, 그리고 소매업에서의 **유통수단**으로서 사용된다. 그때 국가는 그 은행권에 **법적 지불수단**의 힘을 부여한다.

그래서 중앙은행들의 은행권은 **이중적** 성격을 갖는다. 즉 한편으로 그 은행권은 그것이 제시될 때 은행에서 금으로 태환될 수 있는 채권증서와 마찬가지로 **신용화폐**이다. 그리고 다른 한편으로 그것들은 국가지폐와 마찬가지로 화폐유통의 전영역에서 구속력 있는 **가치표장**으로서 기능한다.

은행권의 태환성과 안정성. 은행권의 전화

상품(어음)태환은 은행권에 어떠한 안정성도 보증할 수 없다. 이것은 상품이 도매업에서 여러 사람의 손으로 넘어갈 수 있다는 것과 관련되어 있다. 각각의 상품수어음으로부터 상업어음이 발생한다. 그래서 더 많은 상업어음이 상품으로서 유통된다. 어음량이 유통중에 있는 상품량과 일치하지 않는 것은, 또한 이른바 **금융**어음 또는 **융통**어음, 즉 은행에서 화폐를 얻기 위하여 실업가에 의해 발행된 어음에서도 기인한다. 그러나 어음할인 과정에서 유통이 요구하는 것보다 더 많은 은행권이 발행된다면, 과잉의 은행권들은 금으로 **태환**되기 위하여 은행으로 **환수**된다. 이 금은 금고로 사라지거나 외국으로 유출된다. 그래서 은행권의 안정성을 위해서는 은행권이 금으로 **태환** 가능하고 상품어음과 마찬가지로 이러저러한 비율로 금에 의해 태환되는 것이 필요하다.

은행권 발행은 개별 나라에서 다양한 방식으로 규제된다. 영국에서는 1844년 이른바 로버트 필 법령(Robert Peel Act)을 채택했는데, 이 법은 1,400만 파운드 스털링 이상의 모든 은행권은 100% 금으로 태환되어야 한다는 것을 규정한 것이었다. 이 법은 은행권 발행에서 필요한 신축성을 빼앗았고 인위적으로 유통 및 지불수단의 결핍을 낳았으며, 그럼으로써 공황의 첨예화에 기여하였다.

다른 나라들은 신축적인 은행권 발행체계를 만들었다. 예컨대 독일에서는 은행권의 금태환이 제1차 세계대전까지는 발행된 액수의 1/3로 정해졌고, 대전 이후에는 은행권 중 40%가 금과 외국 통화에 의해 태환되었다. 미국에서는 은행권이 1913년 이래로는 발행된 양의 40%, 1945년 이래로는 25%를 태환할 수 있었다.

은행권이 법적 지불수단으로 선언됨으로써 은행권 발행이 국가 경비의 보증을 위해 이용되고, 그럼으로써 그것이 강제통용력을 지닌 국가지폐로 전화될 가능성이 생겨났다. 은행권이 강제 통용력을 지닌 국가지폐의 한 변종으로 전화되는 것은 은행권의 발행 및 태환에 대한 법적 규정이 변경됨으로써 이루어진다. 발권은행에게는 은행권을 발행할 권한이 주어지는데, 그 은행권은 국채나 외국환(외국 통화에 대해 채무)에 의해 태환되는 것만큼, 그리 잘 금과 상품어음에 의해 태환되는 것은 아니다. 그외에 국가의 재무부는 은행으로부터 그때마다 또한 직접적인 신용을 요구할 수 있었다.

현재는 단지 몇몇 국가에만 일정 정도의 은행권을 금으로 태환할 법적 규정이 있다(벨기에, 네덜란드 파키스탄, 남아프리카공화국). 미국에서는 은행권 발행이 국가의 유가증권에 의해, 그리고 그 극히 일부가 어음에 의해 태환된다. 영국에서는 은행권 발행이 본질적으로 국채의 조절과 관련되어 있다. 프랑스와 서독에서는 은행권 태환의 경우에 어음과 외국환이 커다란 역할을 한다.

자본주의 경제에서 상품어음에 의한 태환을 대신하는 국채에 의한 은행권의 태환은 허구적인 것이다. 왜냐하면 국채의 증대는 생산 및 상품 거래량의 증대를 반영하는 것이 아니라 많은 경우에(전쟁, 공황) 국부의 파괴와 관련되어 있고, 따라서 상품유통량의 축소와 더불어 일어나기 때문이다.

화폐체계와 그 구조. 현금유통과 비현금유통

화폐체계의 구조는 각 나라마다 법적으로 규정되어 있는데, 그것은 다음과 같다. (1) 통화단위의 명칭과 가격의 도량기준, 즉 그러한 단위의 화폐상품(통화금속)의 중량, 이것은 직접적으로 혹은 고정된 금량을 갖는 다른 통화와의 환율을 매개로 결정된다. (2) 화폐표장의 종류, 즉 금속화폐와 지폐,

그것들의 발행 및 유통방식, (태환되도록 규정된 경우에는) 태환의 종류, (3) 국가적으로 규제된 비현금 결제거래의 형태 및 조건, (4) 외국 통화와의 교환에 관한 제도와 국가에 의해 지정된 환시세, (5) 화폐체계의 규제를 위한 주무기관.

발전된 자본주의 나라들에서는 대규모의 화폐유통이 대부분 당좌계정을 매개로 한 비현금 결제를 통해, 즉 이른바 지로거래와 청산 — 지불의무의 상쇄 — 이라는 방식으로 수행된다. 그런 까닭에 비현금 화폐유통에 대한 규정의 국가적 규제는 현금유통의 규제만큼이나 화폐제도의 중요한 요소이다.

비현금 결제의 형태로 지불수단으로서 기능하는 당좌계정에 근거하여 조성되는 화폐수단 — 축적된 것이든 은행 대부업무의 과정 자체에서 창출된 것(소위 가공적 예금)이든간에 — 은 자본주의에서는 사적 성격을 지니며, 사회적으로(국가적으로) 보증되지 않는다.[5)]

현금 및 비현금 지불수단 — 이것은 현금을 절약하고 그것의 유통을 촉진한다 — 의 운동은 화폐체계에서 서로 매우 밀접히 얽혀 있다. 그것들은 함께 해당 나라의 통일적인 화폐유통을 형성한다. 현금유통과 비현금유통의 통일, 그리고 사적 지불수단과 화폐 자체의 통일로서의 화폐체계는 자본주의의 유통영역에서, 사적이고 구체적인 노동과 사회적이고 추상적인 노동간의 모순을 표현한다.

경제공황에서는 이러한 모순이 특히 날카로운 성격을 갖는다. 따라서 현금과 비현금 지불수단의 원칙적인 구별은 물론, 통일적인 화폐체계에서의 그것들의 밀접한 연관과 통일도 고려되어야 한다.

화폐체계의 종류들

화폐체계를 특징지을 때에는 그것을 구성하는 요소들의 문제가 커다란 의미를 갖는다. 그리하여 어떤 상품이 일반적 등가물의 역할을 행사하는가 하는 물음과, 이런 상품이 스스로 직접('자신의 몸체 그대로') 유통되는지 또는 그 대리자(대표자, 가치표장)가 사용되는지 하는 물음이 중요한 의미를 갖는다. 그 경우에 실제 화폐의 대표자가 금으로 태환될 수 있도록 하는 구체적인 형식들이 중요하다.

역사적으로 **한 종류의 금속**을 기반으로 하는 화폐체계의 경우에는 **단화본위제**가 **두 종류의 귀금속**― 금과 은 ― 이 화폐체계에서 동등한 권능을 갖는 경우에는 **양화본위제**가 존재했다.

양화본위제는 물론 몇몇 혹은 그 이상의 나라들에서 그것을 도입하려는 시도가 여러 차례 있었음에도 불구하고, 오래 존속되기 힘든 제도임이 입증되었다. 이중적인 가치척도는 일반적 등가물로서의 화폐의 본질에 모순된다.

다수의 유럽 나라들에서는 19세기 후반에 금 **단화본위제**가 선포되었는데, 그것은 제1차 세계대전까지 **금화유통체계**의 형태로 나타났다. 금화유통은 가장 우수하면서도 안정적인 화폐체계이다. 여기에서 실제 화폐는 국내에서 전체 화폐기능을 수행하는 동시에 세계화폐이기도 하다. 이러한 체계에서는 화폐의 양이 화폐의 가치를 규정하는 것이 아니라, 반대로 상품(금속)으로서의 화폐의 가치가 유통중에 있는 화폐의 양을 규정한다. 유통 및 지불수단으로서의 화폐의 기능과 축장기능의 직접적인 연관의 덕택으로 유통에는 금화의 결핍이나 과잉이 나타나지 않는다. **환시세**(서로 다른 나라의 통화들간의 비율)는 금화유통의 경우에는 **금 평가**, 즉 서로 비교되는 통화단위들에 포함되어 있는 순수한 금의 무게비율과 크게 다르지 않다. 평가의 편차는 단지 금화의 운송에 드는 비용의 한계 내에서만 가능하다. 이러한 한계를 **금 수송점**이라고 한다. 금화유통은 액면가격으로 금과 태환 가능한 은행권의 유통과 결부되어 있기 때문에, 이러한 화폐체계는 상대적으로 안정적일 뿐만 아니라 화폐유통의 필요한 신축성을 보증하기도 한다.

20세기에는 금화유통이 모든 자본주의 나라에서 폐지되었다. 20세기 전반기에 자본주의 나라에서는 명목 화폐표장(은행권)이 유통하는 체계가 도입되었다. 그 경우에 국민적 화폐는 제한된 범위에서 금괴로(금지금본위제) 또는 외국환으로(금환본위제) 태환될 수 있다. 금지금본위제에서는 어떠한 금화도 유통되지 않는다. 그래서 은행권과 금의 교환은 국가적으로 결정된 가격으로 **금괴**를 매각함으로써 이루어진다.

금환본위제에서는 화폐표장은 결코 금과 교환되지 않으며, 설정된 환시세가 외국환의 구매와 판매를 통해 유지된다. 이러한 두 체계에서는 어떠한 금화도 유통되지 않으며, 모든 금은 중앙은행으로 집중된다.

많은 나라가 불균등한 금 준비 분포와 제1차 세계대전에 의한 막대한 대내외 부채로 인해 금 결핍으로 고통받았기 때문에, 제한적인 금 단화본위제가 도입되어야 했다.

1929~33년의 세계경제공황에서 제한적인 금 단화본위제가 붕괴되었다. 금본위제는 붕괴하였고 도처에서 처음에는 불태환 은행권 체계로, 나중에는 지폐유통으로 이행하였다. 제2차 세계대전 이후에 화폐표장(은행권, 국고증권)의 금으로의 태환 가능성은 재생되지 않았다. 다만 몇몇 자본주의 나라의 중앙은행의 경우에만 1971년 8월까지 미국 달러를 금괴로 바꿀 수 있었다.

19세기에는 화폐유통의 상승적인 발전이 전형적이었다. 그래서 각각의 나라에서는 통일적인 화폐체계가 형성되었고, 은 단화본위제로부터 양화본위제의 실험을 거쳐 금화본위제로 이행했다. 20세기에는 화폐유통의 하강적 발전, 즉 금화본위제로부터 불태환 은행권과 지폐로의 이행이 전형적이다. 이러한 체계로의 이행은 현대 자본주의의 심화되는 모순에 의해 야기된, 그리고 화폐체계가 근로자들에 대한 추가적 착취의 도구로서, 자본주의 나라들이 세계시장에서 벌이는 경쟁의 수단으로 이용됨으로써 야기된 화폐유통의 혼란을 의미한다.

2. 지폐체계. 화폐인플레이션의 합법칙성과 결과

지폐체계에서 화폐 기능의 특수성

엥겔스는 불태환은행권이 지폐유통의 법칙에 의거한다는 것을 밝혀냈다. 그 때문에 넓은 의미의 지폐체계는 강제통용력을 지닌 국가지폐의 유통은 물론, 불태환은행권의 유통까지도 포함한다.

지폐체계에서는 명목 가치표장과 일반적 등가물, 즉 금과의 연관은 수정되고 복잡해지기는 하지만, 파괴되지 않고 소멸될 수 없다. 경우에 따라서 지폐는 이러저러한 방식으로, 이러저러한 시세로 공개적 또는 비공개적인,

합법적 또는 비합법적인(이른바 암시장) 시장에서 금으로 교환될 수 있다. 그래서 지폐와 일반적 등가물간의 실제적 상호전환성은 여전히 유지된다. 일반적 등가물로서의 금은 여전히 다양한 국민적 지폐체계들을 통일적인 자본주의 세계경제에서 서로 결합시켜주는 예의 객관적으로 필요한 기초이다.

국가는 지폐를 더 이상 금으로 태환하지 않기 때문에 지폐는 국내에서 유통수단으로서의 기능을 독점한다. 그래서 자본가들은 상품가격을 — 그 중에는 또한 노동력상품에 대한 가격도 — 직접 지폐로 결정한다. 결과적으로 이러한 체계에서, 가치척도로서의 화폐의 기능이 순수한 명목가치표장의 유통과 불가분하게 결합되어 있고, 그것에 의해 매개된다. 이것은 또한 가격형성의 복잡화와 가격체계의 왜곡을 결과한다.

지폐의 감가가 나타나면, 각각의 지폐 프랑이나 지폐 파운드 스털링은 공식적으로 결정된 것보다 더 적은 양의 금을 나타낸다. 그래서 가격체계의 균열이 일어난다. 일반적 등가물, 즉 금으로 표현된 가격('금 가격') 이외에 지폐로 표현된 가격(명목가격 또는 '지폐가격')이 생겨나는데, 이것은 금본위 기준으로 표현된 '금 가격'에서 상당히 크게 괴리될 수 있다. 지폐로 표현된 가격은, 지폐의 시세에 따라 '금 가격'으로 환산될 경우에 이 상품에 대한 이전의 '금 가격'보다 더 낮다. 그로써 해당 나라의 자본가들의 세계시장에서의 경쟁력은 높아지고, 무역전쟁 및 통화전쟁으로 불리는 경쟁이 격화된다. 감가된 지폐로 표현된 노동력 가격은 실제로 금으로 표현된 가격보다 더 낮다. 그것은 당연히 노동자와 자본가간의 계급모순과 계급투쟁을 첨예화한다. 가격체계의 균열은 자본주의적 생산의 모순을 강화하고 그 불균형을 심화시킨다.

지폐체계에서는 금 자체가 가치표장으로 평가된다 그럼으로써 독특한 현실적으로 비합리적인 금의 지폐가격이 생겨난다. 그러한 금의 지폐가격은 두 가지 형태로 존재한다. 즉 공식적인 가격의 도량기준(화폐단위의 공식적인 금량)을 나타내는, 지폐로 표현된 공식 금 가격의 형태로, 그리고 (사적) 시장에서 공급과 수요의 영향하에 형성된 금의 시장가격의 형태로 존재한다. 시장가격은 비교적 넓은 경계 속에서 변화될 수 있다. 지폐로 표현된 비합리적인 금 가격은, 그것에 따라 상품생산자들 사이에서 상품과 서비스에 대한 가치 증명과 모든 결제가 수행되는 화폐단위의 금량을 표현한다. 바로 여기에 그러한 금 가격이 갖는 실제이고 특히 큰 의미가 있다.

위에서 지폐체계에서 나타나는 가치척도와 유통수단으로서 화폐기능의 몇몇 중요한 특수성을 다루었다. 이제 화폐의 다른 기능을 탐구하자.

축장물로서의 실제적인 화폐(금)의 축적은 지폐체계에서는 지폐를 금으로 교환함으로써 수행된다. 그로써 화폐운동의 이러한 기능형태의 상대적 자립성이 강화된다. 또한 사적 및 공적 화폐축장의 역할도 변화된다. 즉 그러한 축장들은 더욱 더, 상이한 기능적 규정을 갖는 상호 독립적인 화폐축장 형태로서 현상한다. 사적 화폐축장은 지폐 감가와 관련된 손해로부터 보호되어야 하고, 공적 화폐축장은 세계화폐에 대한 준비금의 형성에 사용된다.

지폐체계에서는 또한 지불수단으로서의 화폐의 기능과 관련된 모순도 발전한다. 신용에 의한 상품판매 및 화폐신용(은행신용)의 경우에는, 만약 지폐가 감가된 결과 그 지폐가 그것이 관념적으로 기능했던 시점보다 더 적은 액수의 실제 화폐를 대표한다면, 계산화폐로서의 화폐의 관념적인 기능(거래의 성립시)과 거래를 최종적으로 완결짓는 경우의(만일 지불이 서로 상쇄되지 않는다면) 지불수단으로서 화폐의 실존 사이에서 생겨나는, 지폐체계에 특유한 모순이 발생한다.

결국 지폐유통의 경우에 세계시장에서 이루어지는 상품 매매는 주로 외국환 — 국제적인 신용 결제수단 — 의 도움으로 처리된다. 반면에 금은 단지 국제적 결제의 청산(조정)이 이루어질 경우에만 국가기관에 의해 지불수단으로서 도입된다.

인플레이션과 지폐 감가

언뜻 보기에 국가는 화폐유통의 영역에서 무제한적인 권력을 갖는 것처럼 보인다. 그러나 지폐의 가치는 국가에 의해서가 아니라 자연적으로 작용하는 지폐유통의 법칙에 의해서 규정된다. 그것의 위반은 지폐의 감가로 귀결된다. 위에서 상술한 바와 같이 유통은 자신이 임의의 양의 지폐를 수용함으로써 실제 가치를 지폐 대신에 유통되어야 하는 양의 금이 지닌 가치로 환원시킨다.

화폐의 감가는 금 및 상품과 상대적으로 일어난다. 상품가격의 상승은 화폐 구매력의 하락에 다름 아니다. 비록 화폐 감가가 인플레이션 과정의 중요한 계기라 하더라도, 인플레이션은 화폐 감가의 하나의 형태일 뿐이다. 왜냐하면 모든 화폐 감가가 인플레이션 현상은 아니기 때문이다. 상품의 가격 상승으로 표현되는 화폐 감가는 자본주의의 주기적 발전과정에서 체계적으로 일어난다. 부르주아 경제학자들 사이에 유포된 공황의 화폐이론('화폐적' 이론)에서 주장하는 바와는 달리, 화폐 감가 — 경기순환의 호황국면과 금화유통의 경우에 나타나는 가격 상승 — 는 인플레이션적인 것이다. 인플레이션적인 화폐 감가라고 할 수 있는 것은 단지 화폐유통의 법칙을 위반함으로써 야기된 화폐 감가만이다.

예컨대 1929~33년의 세계경제공황과 그 이후의 불황이 보여주는 바와 같이, 경제공황에서는 인플레이션적인 화폐 감가는 가격을 하락시키는 경기순환 압력에 의해 방해받는다. 이러한 조건들 아래에서 인플레이션은 결과적으로 가격의 상승으로 나타나는 것이 아니라 공황기에 발생하는 가격 하락을 지연시키거나 이러한 하락을 정지시키는 것으로 나타난다.

지폐의 구매력에는 생산의 주기적 변동 이외에도 금과 상품의 생산조건상의 변화도 반영된다. 왜냐하면 그 변화는 지폐에 의해 표현된 실제적인 화폐의 상대적 가치에 영향을 주기 때문이다.

언급한 요인들 이외에 지폐를 발행한 정부에 대한 신용의 하락, 그리고 국제수지의 적자에 따른 외국으로의 귀금속의 갑작스런 유출도 지폐의 감가에 영향을 미칠 수 있다. 물론 이러한 요인들은 독자적인 의미를 갖지만 그것들의 실제적인 작용은 인플레이션과 밀접하게 연관되어 있다.

인플레이션의 상대적으로 고조된 단계에서는, 화폐유통 속도의 증대 — 이것은 그 경제적 작용이라는 면에서는 추가적 지폐량의 발행과 동일한 의미를 갖는다 — 가 지폐 감가의 중요한 요인이다. 예를 들어 화폐의 유통 속도가 배가되며, 이것은 지폐 발행의 배가와 동일한 의미를 갖는다. 지폐에 대한 신용이 하락하면 결국 사람들이 지폐를 가능한 한 빨리 실제의 가치로 바꾸려고 하게 되며, 이것은 화폐유통의 촉진을 의미한다. 그러나 이것은 다시 화폐 감가를 격화시키고, 지폐에 대한 신용이 더 파괴되는 데 기여한다. 그래서 화폐 감가의 요인들은 인플레이션 하에서 서로 영향을 미친다. 예컨대 상품유통의 양이 줄어든다면, 추가적인 지폐 발행 없이도 유통수단의 공급 과잉이 일어날 수 있다 이러한 인플레이션 유형은 제2차 세계대전 이후에 몇몇 나라(예를 들어, 미국과 영국)에서 나타났다.

위에서 설명한 것은, 화폐유통의 법칙에 대한 고려 없이는 지폐유통의 조건하에서의 지폐 구매력 변동과 가격동학의 문제를 과학적으로 분석할 수 없다는 것을 보여준다. 화폐유통의 법칙에 대한 인식은, 인플레이션과정의 구체적인 합법칙성과, 인플레이션의 다양한 발전단계에서 사회적 생산의 다양한 역사적 조건하에서 일어나는 가격형성의 다양한 구체적인 합법칙성을 연구하기 위한 확고한 지침과 안정적인 방법론적 기초를 제공해준다.

해외무역에 대한 화폐 감가의 영향

일국에서 지폐가 금과 상품에 대해서 감가되면, 그 감가는 당연히 모든 외국 통화와의 비율에도 확장된다. 앞에서 언급된 지폐 감가의 세 형태간에는 밀접한 연관이 있다. 그러나 환금차액(Agio)의 크기, 상품의 가격 상승 및 통화시세의 하락은 매시기마다 다를 수 있다. 왜냐하면 환시세는 직접적으로 그 나라의 국제수지에 의해, 즉 해당 연도의 외국으로의 지불금 전체와 외국으로부터의 수령금 전체의 대조를 통하여 규정되기 때문이다. 국제수지에는 해당 나라가 다른 나라들과 맺는 전체적인 국제적 관계 — 물론 이 관계가 화폐형태를 취하는 한에서 — 가 반영된다.

국제수지는 세계화폐(금)의 유출(적자의 경우에)과 유입(흑자의 경우에)에 의해 결산된다. 지폐가 유통된다면, 국제수지의 결산은 복잡한 방식으로 이루어진다. 외국환 이외에 대외원조, 금융지원, 대부 및 신용(외환신용기구의 국가적·국제적 신용) 등의 수단들도 광범하게 사용된다. 그렇지만 위의 수단들은 상호 청산결제의 틀 내에서만 최종적인 지불수단일 수 있으며, 반면에 다른 모든 경우에는 금이 여전히 국제적 결제의 최종적인 청산수단이다.

해당 나라의 상품가격 상승('내적' 감가)과 외환시세 하락 사이의 차이는 특히 큰 의미를 갖는다. 가령 영국에서는 인플레이션의 결과로 가격이 10% 정도 올랐고 영국 파운드 스털링으로 표시한 달러 시세는 30% 가량 높아졌다(미국에서 달러로 표현된 상품가격이 불변인 경우에). 즉 달러를 받고 판매된 각각의 상품량에 대하여 영국의 수출업자는 만일 그가 달러를 파운드로 바꾼다면 이전보다 30% 더 많은 파운드 스털링을 보유하게 된다. 반면에 그는 이 상품에 대해서 영국 내에서는 단지 10% 더 많은 파운드 스털링을 지불했을 뿐이다. 이러한 조건하에서는 해외시장으로의 상품판매가 국내시장으로의 판매보다 더 현저하게 이익이 된다. 결과적으로 인플레이션은 이러한 경우에 **수출프리미엄**으로 작용한다. 인플레이션은 수출의 확대를 자극하고, 상품을 외국에서 세계시장가격 이하의 가격으로 판매하는 것을 가능하게 한다. 세계시장가격 이하의 상품을 대량으로 수출하는 것을 **투매수출 혹은 덤핑**이라고 부른다. 투매수출이 위와 예에서와 같이 환시세 하락의 기초 위에서 수행될 때, 그 투매수출은 **환덤핑**으로 불리게 된다.

동시에 인플레이션은 위에서 언급한 조건들 아래에서 수입을 제한한다. 왜냐하면 미국의 수출업자들은 만약 그들의 상품을 감가된 영국 통화를 받고 판매한다면 손해를 입기 때문이다. 이러한 손해는 감가된 통화를 가진 나라에서의 통화 감가와 해당 상품의 가격 상승간의 차이와 같다. 그로부터 환덤핑이 판매시장을 둘러싼 투쟁을 첨예화시키고, 따라서 또한 자본주의 나라들간의 경제적·정치적 모순을 첨예화시킨다는 사실이 발생한다.

불태환 은행권을 외국환(금 대신에)으로 태환하는 것은 국가들간의 상호의존성을 강화하고 국내의 화폐유통을 파괴한다. 왜냐하면 일국의 화폐, 즉 은행권의 상태는 그 나라의 국내경제의 상태보다는 다른 제국주의 나라들, 특히 미국의 경제적·정치적 지위에 더 의존하기 때문이다. 은행권의 감가의 새로운 형태들은 자본주의의 화폐체계를 약화시키고 인플레이션 과정을 강화시키며 통화체계의 불안정성을 심화시킨다. 그리고 그것은 이른바 국제적 지불능력, 즉 나라들이 자신의 해외경제적 채무를 지불할 능력의 위기를 결과한다.

인플레이션에 의한 계급모순의 첨예화

인플레이션에 의해 나타난 화폐 감가는 근로대중의 상태를 극도로 악화시킨다. 레닌은 이것을 강조하면서, 과도한 지폐발행이 "무엇보다도 곧바로 노동자와 주민의 극빈층의 상태를 악화시킨다. ……지폐의 무제한적인 발행은 투기를 조장하고, 자본가들에게 투기에서 수백만을 벌어들이는 것을 가능하게 한다"[6]고 언급했다.

인플레이션시에 임금 상승은 자본주의 기업에 의해 생산된 상품의 가격 상승보다 지체된다. 실질임금의 하락에 비례해서 금으로 표현된 자본가의 비용가격은 절감되며, 이러한 토대 위에서 노동의 착취도는 높아진다. 그래서 인플레이션은 자본에 의한 노동착취의 고도화를 위한 수단이다. 그 경우 개별 자본가들이 아니라 자본가계급이 국가의 금융메커니즘의 도움을 받으면서 활동하게 된다. 실질임금의 하락이 인플레이션의 도움으로 비밀리에 수행되기 때문에, 인플레이션은 근로대중을 착취하는 매우 유효한 방법일 뿐만 아니라 은폐된 방법이기도 하다.

소상품생산자, 농민, 가내공업경영자 그리고 수공업자들도 마찬가지로 인플레이션 아래서 고통을 당한다. 소상품생산자들은 공업상품을 살 때 손실을 입게 되는 반면에, 농업생산물의 가격 상승으로부터 오는 이득은 소상품생산자들이 아니라 매점상인들에게 돌아간다. 인플레이션은 또한 소상품생산자들의 저축의 가치 하락을 통해서도 그들을 해친다. 노동자들과 소상품생산자들 이외에 인플레이션은 사기업체와 국가조직에 있는 봉급생활자, 금리생활자 등과도 관련된다. 왜냐하면 인플레이션은 그들의 소득의 실질가치를 하락시키기 때문이다.

인플레이션의 모순과 한계

인플레이션은 대자본가들에게 유리하고 근로대중에게 해가 되게 국민소득과 사회적 부를 재분배한다. 동시에 상이한 자본가집단 사이에서 소득과 자본이 재분배되기도 한다. 예컨대 고정된 수입(이자)을 얻는 금리생활자들은 화폐 감가와 함께 단지 실제의 금으로 표현되는 자신들의 수입에 해당하는 부분뿐만 아니라 그들이 유가증권에 투자했던 자신들의 자본의 일부까지도 상실한다. 금리생활자들의 희생 위에서 상공업 기업가가 부유해진다. 그 결과 인플레이션은 자본들의 경쟁을 격화시키고 자본가계급 내부의 모순들을 첨예화시킨다. 그러나 대부르주아지는 근로대중의 추가적 착취수단으로서의 인플레이션을 금리생활자와 쁘띠부르주아지의 수탈을 위하여 무제한적으로 사용할 수는 없다.

인플레이션에서는 가격이 몇몇 상품들에 대해 그리고 몇몇 지역에서 매우 상이하게 그리고 비약적으로 상승하기 때문에, 어떤 부문과 기업의 수익성은 현저하게 올라가고 다른 부문과 기업의 수익성은 (실재의 가치표현에서) 상대적으로 하락한다. 그래서 전자의 무리한 발전이 자극되고 후자의 생산이 파괴된다. 불균등한 가격 상승은 상품투기를 초래하고 투기적인 자본사용은 자본의 생산적인 투입보다 아주 더 이익이 된다. 그 결과 자본이 생산영역으로부터 유통영역으로 흘러가고 당연히 해당 나라의 생산력이 약화된다. 인플레이션은 점점 더 생산 및 유통 영역에서의 불균형을 강화시킨다. 인플레이션은 화폐체계를 혼란시키고 전체의 재생산과정을 어지럽힐 수 있다.

인플레이션에 의해 야기된 강력한 실질임금 하락은 계급모순을 심화시키고 계급투쟁을 첨예화하며 근로대중의 혁명적인 활동을 고양시킨다. 이러한 모든 것은 부르주아 국가로 하여금 통화개혁을 수행하게 한다. 그것의 목적은 화폐체계의 공고화, 즉 통화의 안정화이다. 안정화를 위하여 여러 가지 방법, 예컨대 통화 가치 회복의 방법, 즉 과거의 인플레이션 이전의 통화 가치의 회복(그것의 금량을 높이는 것)이 사용된다. 이러한 방법은 유통으로부터 과잉의 화폐가 떨어져나가고, 그래서 디플레이션(반인플레이션) 정책이 수행되는 것을 요구한다. 예컨대 제1차 세계대전 이후에 영국에서 사용된 이러한 방법은 단지 상대적으로 작은 규모의 인플레이션에서만 사용할 수 있다. 그러나 대개 통화는 평가절하를 통하여, 즉 금과 외국 통화에 대하여 화폐표장의 가치를 공식적으로 인하함으로써 안정된다.

통화개혁 방법으로서의 평가절하와 평가절상은 통화위기 기간에 인플레이션 과정이 첨예화될 경우에 사용되는 동일한 조치들과 구별되어야 한다. 그 경우에는 평가절하와 평가절상은 개별 나라들에 의해 통화난국으로부터의 타개책으로 사용된다. 예컨대 1967년 11월에 시행된 영국 파운드 스털링의 14.3% 가량의 평가절하—이것은 환시장에 충격을 주었다—는 이와 같은 특성을 갖는다. 영국과 함께 약 20개국이 평가절하를 수행하였다. 그 안에는 스페인, 덴마크, 아이슬란드 그리고 얼마 전까지만 해도 영국의 식민지였던 몇몇 스털링권 나라들이 있었다. 1969년 8월에는 프랑스의 프랑화가 11.4% 가량 평가절하되었다. 대립되는 조치, 즉 1969년 10월 서독 마르크화의 9.3% 가량의 평가절상이 유사한 성격을 갖는다.

평가절하의 결과로서 이전의 통화 가치의 근소한 부문(예컨대 1/1000만, 1/10억, 1/5000 등)만이 남아 있다면 — 1923년 독일, 1844년 그리스 등에서의 경우와 같이 — 국가는 이러한 공식적인 평가절하와 함께 자신에 의해 발행된 지폐가 그 누구에게도 유용하지 않고, 자신이 실제로 무효선언(폐지의 방법)을 한 단순한 종이조각이 되어 있다는 것을 인정한다.

지폐유통의 조건 하에서 통화개혁은 보통 조금이라도 오래 지속될 통화 안정을 가져오는 것이 아니라 단지 인플레이션 과정을 멈추지 않고 화폐유통을 일정하게 조절하는 것을 결과할 뿐이다.

다수의 부르주아 경제학자들과 정치가들은 오늘날 '통제되고' 완화된, 이른바 완만한 인플레이션 정책을 옹호한다. 이때 물론 그들은, 온건한 인플레이션 정책이 가격과 이윤을 상승시키고 실질임금을 낮추기 때문에 자본가들에게 이익이 된다는 것을 슬쩍 간과한다. 자본주의 나라들의 공산당과 노동조합, 특히 진보적인 노동조합은 독점체들의 인플레이션 정책에 대해서는 물론 인플레이션을 잡는다는 미명 하에 임금을 '동결'시키려는 제반 시도에 대해서도 투쟁한다. 인플레이션의 본질, 인플레이션적 화폐 감가의 합법칙성과 메커니즘에 대한 과학적 인식은 독점체들의 반인민적인 정책에 대한 노동자계급의 투쟁에 큰 실천적 의미를 갖는다.

3. 자본주의적 화폐체계의 조절을 변호하는 이론들

1930년대 이래 만성적으로 진행되어온 인플레이션 과정은 부르주아적 정부들로 하여금 화폐체계의 완전한 붕괴를 방지하기 위해 그 체계의 조절을 위한 다양한 조치를 실행할 것은 강제하였다. 화폐체계를 조절하고 그 도움으로 국가의 경제 발전에 영향을 끼치는 기능은 국가의 중앙 발권은행의 가장 중요한 과제가 된다.

화폐체계의 조절을 위해 다양한 방법이 사용된다. 그것들은 모두, 화폐

유통을 확대시키고 신용 충족도를 높이거나(소위 신용팽창) 반대로 그것들을 억제하고 그 성장속도를 늦추는 것(소위 신용제한)을 목표로 한다.

은행이 자본을 창조할 수 있다는 생각에서 몇몇 부르주아 경제학자들은 은행을 국민경제 발전을 위한 주요 동력이라고 부른다. 은행의 '신용창조'는 구체적으로, 은행이 이러저러한 형태의 지불 및 구매수단을 발행하는 것으로 나타난다. 은행의 이러한 활동의 불가피한 결과는 인플레이션과 화폐 감가이다. 그것은 부르주아 경제학자들도 부정하지 않는다. 여기서 인플레이션이 신용메커니즘을 통해 일어나기 때문에 그들은 '인플레이션 신용'이라는 개념을 도입하고, 그 개념에서 자본주의의 모든 결함에 대한 치료제, 즉 실업과 공황을 제거하기 위한, 국민경제의 끊임없는 발전을 보증하기 위한, 나라의 부와 복지를 증대시키기 위한 수단을 찾는다.

이 점과 관련하여 케인즈의 관점은 전형적이다. 그는 자본투자를 방해하는 너무 높은 신용이자율에서 생산 위축과 만성적인 실업의 주원인을 찾았다. 그렇기 때문에 케인즈는, 완전고용을 위한 급진적인 방책이 국가가 모든 종류의 비생산적 지출을 강행하고, 무엇보다도 중앙은행 쪽으로부터 이루어지는 신용팽창을 통해서 화폐량을 늘리는 것에 있다고 보았다. 이러한 것이 소위 신용이자를 낮추고, 투자를 높이며, 생산을 확대시키고 실업을 제거한다는 것이다.

미국의 케인즈주의자들 — 한센, 해리스 등 — 은 특히 국가재정 적자의 '유익한 역할'을 널리 선전하였다. 특히 한센은 공채의 근거 위에서 시행된 국가지출이 지속적이고 안정적인 생산성장을 자극한다고 주장했다. 해리스는 공황에서의 경제재원의 수축과 실업을 막기 위한 국가공채와 국가지출을 권장했다. 이런 종류의 설명들은 예의 국채의 어마어마한 상승(예컨대 미국에서는 국채가 1939년 460억 달러에서 1970년 3,730억 달러로 약 8배로 늘어났다)을 정당화한다. 그런데 이러한 국채는 제국주의 국가들의 엄청난 비생산적 지출, 주로 군비지출의 결과이다.

자본주의를 신용 및 통화조치로써 '치료'하려는 처방은 개량주의자들과 수정주의자들에 의해 기꺼이 받아들여진다. 그들은 근로대중들에게 국가가 비생산적인 목적을 실현시키려는 수단인 지폐 인플레이션과는 달리, 신용 인플레이션은 생산 확대와 생산물 증대를 결과하고 그래서 일정한 시기 이후에는 소비재 가격의 하락과 그에 상응하는 실질임금 상승이 나타날 것이 틀림없다고 권고하였다. 수정주의자들은 노동자계급에게 인내와 '이해'를 권고한다. 화폐 평가절하는 단지 잠정적인 악이고 최후에는 노동자들의 이익과 합치하는 정책이라는 것이다.

이러한 호소와 약속들은 어떠한 실제적인 근거도 갖고 있지 않다. 신용인플레이션은 자본주의에 내재적인 생산의 확대 가능성과 상대적으로 협소한 소비기초간의 모순을 약화시키는 것이 아니라 반대로 그 모순을 첨예화한다. 왜냐하면 생산 확대를 위한 재정조달은 이러한 경우에 실질임금의 하락, 즉 생산에서 활동중인 노동자들의 소비계급(구매력 제한)에 의해 달성되기 때문이다. 그럼으로써 무정부성과 불균형의 계속적인 첨예화를 위한, 경제공황의 심화와 실업의 강화를 위한 전제가 창출된다.

20세기에는 신용팽창 정책이 여러 차례 실행되었다. 그 정책은 실제로 일시적인 경제회복을 자극했다. 그러나 이러한 회복의 마지막에는 항상 경제공황이 있었고, 그것은 자본주의에서 화폐 및 신용체계를 통한 조절이 별로 효율성이 없다는 것을 실증하는 것이다.

부르주아 사회의 주인 — 대자본가들 — 을 온갖 방식으로 섬기려고 노력하는 가운데, 근대 부르주아적 변호론자들은 철면피하게도 인플레이션 정책과 인플레이션 과정의 맹위에 대해 이러한 정책을 추구하는 자들에게로가 아니라 그것의 결과 아래에서 고통을 겪는 사람들 바로 근로대중에게로 책임을 전가한다! 마찬가지로 이러한 목적을 위해 악명 높은 임금 - 가격 나선(Lohn - Preis Spirale) 이론이 날조되었다. 이 이론에 따르면, 노동자계급은 임금 인상을 요구하고 임금 '동결'에 대해 파업함으로써 이른바 임금 상승→가격 상승→임금 상승→가격 상승의 나선형의 끊임없는 인플레이션 첨예화를 자극한다는 것이다. 이러한 이론은 이미 매우 널리 유포되어 있다.

실제로 노동자계급의 투쟁은 결코 인플레이션의 원인이 아니며 또 그럴 수도 없다. 인플레이션적 순환국면의 조건하에서의 임금 인상은 단지 인플레이션의 결과로 강하게 상승되어 있는 이윤의 일정한 감액, 즉 자본가들에 의해 실현된 생산물 가격에서의 이윤과 임금간의 관계의 변화를 의미할 뿐이다. 임금-가격 나선이 노동계급의 '무절제한' 태도의 결과라는 숙명론적 요설은 단지 인플레이션적인 실질임금 하락을 통해 현저히 증가된 잉여가치율을 통화 안정화를 통해 그대로 유지하려는 자본가들의 노력을 위한 '이론적' 정초일 뿐이다.

주

1) Marx/Engels, *Werke*, Bd.25, Dietz Verlag, Berlin 1964, S.405.
2) Lenin, *Werke*, Bd.22, Dietz Verlag, Berlin 1960, S.214.
3) Marx/Engels, *Werke*, Bd.25, Dietz Verlag, Berlin 1964, S.621.
4) Lenin, *Werke*, Bd.19, Dietz Verlag, Berlin 1962, S.197.
5) 화폐 자체(금속 주화, 주화, 은행권, 지폐)와, 일정한 조건하에서 이러저러한 지불수단의 영역에서 현금화폐를 대신할 수 있는 사적 채무증서나 사적 신용화폐(어음, 수표)를 구별해야 한다. 맑스는 단지 국내에서 유통하고 있는 은행권과 금속주화의 총량만을 '유통량', 즉 유통중에 존재하는 화폐량으로 계산한다. 그리고 그는 허구적 또는 실제적 은행예금, 그리고 그 예금에 기반하여 발행된 수표와 상업어음을 유통량으로 계산하지 않았다. 이 모든 지불수단은 단지 사적 신용화폐로서 유통될 뿐이다.
6) Lenin, *Werke*, Bd.25, Dietz Verlag, Berlin 1960, S.364.

제9분편 지대

이제까지 우리는 자본주의의 생산관계군(群)을 탐구해왔다. 이 생산관계군은 부르주아지와 프롤레타리아트의 관계 또는 자본가들간의 관계를 매개한다. 자본주의사회에는 이러한 두 기본계급 이외에, 사적 토지소유자계급이 존재한다. 이 분편에서는 부르주아 사회의 세 계급을 포괄하는 생산관계의 영역을 다룬다.

자본주의의 발전에 따라 모든 봉건적 토지소유형태는 자본주의적 생산의 조건에 조응하는 형태로 변형된다. 또한 농업도 자본주의적 생산양식이 승리한 결과, 자본주의적으로 변형된다. 자본주의에서의 농업관계에 대한 탐구에서 전제되어야 할 것은, 자본을 그 출발점으로 삼아야 한다는 것이다. 자본은 자본주의에서의 토지소유의 경제적 실현형태를 규정하는 요인이다. 동시에 자본주의의 농업관계에서는 농업에서의 자본투하에 의해 조건지어지는 특수한 경제관계가 문제이다.

제29장 농업에서의 자본주의 발전경로

1. 농업에서의 부르주아적 진화의 형태들

발전된 자본주의 질서는 자본이 농업영역까지도 완전히 지배하는 것을 전제한다. 그런데 자본주의적 관계가 지배적인 영향력을 획득하기까지는 오랜 기간의 과정이 필요하다. 이 과정에서 토지에 대한 소유관계의 형태들이 변화한다. 이 기간 동안에 다수의 사적 토지소유 형태가 존재한다. 지주적 토지소유와 농민적 토지소유가 특히 전형적이다.

사적 토지소유는 자본주의에서의 그 발생과는 무관하게, 농업생산으로부터 분리되는 경향을 보여준다. 분화과정에 의해, 그리고 대생산의 경쟁의 압박하에서 다수의 농민은 보통 자신의 토지소유를 상실할 뿐만 아니라 경작을 중지하기도 한다. 이러한 농민들은 노동력을 판매함으로써 프롤레타리아트가 된다. 여타의 농민, 즉 소수가 점차로 번영하게 되고 자본가로 발전한다.

토지소유자가 더 이상 자신의 토지를 스스로 경영하지 않는 것이 일반화된다. 그는 토지를 임대한다. 토지의 경작은 임노동자를 고용하는 자본가적 차지농에게 위임된다. 이러한 차지농은 자본가이다. 왜냐하면 그는 불변자본과 가변자본을 선대하기 때문이다. 노동자는 보통 어떠한 생산수단도 갖지 못하며 어떠한 경영권도 소유하지 못하고 자본가적 차지농의 생산수단을 사용한다. 이것이 농업에서 전형적인 자본주의 발전방향이다. 이러한 발전의 속도와 구체적인 성격은 상이한 역사적 환경에, 무엇보다도 자본주의로의 이행이 이루어지는 방법에 달려 있다.

레닌은 농업에서의 자본주의 발전의 역사적 경험을 일반화하였다. 레닌의 정의에 따라 우리는 농업에서의 자본주의 발전의 두 가지 전형적인 길, 즉 프러시아적 길과 아메리카적 길을 구분한다.

부르주아적 농업진화의 지주적 유형

레닌은 또한 프러시아적 길을 농업에서의 자본주의 발전의 지주적 길로서 표현했다. 부역경제의 존속하에 봉건제가 자본주의에 의해 해체되는 것이 지주적 길의 특징이다. 이 경우에 농민의 농노신분은 제거되지만 지주의 토지소유는 지양되지 않는다. 농민을 특히 강하게 경제적으로 지주에 종속시키기 위해 심지어 이전에 농민분여지였던 토지의 일부조차 지주의 토지에 편입된다. 그 결과 토지소유와 토지경영의 통일로 특징지어지는 지주적 경영이 농업에서 지배적인 것이 된다.

그런데 지주적 경영은 즉시 자본주의적 경영방식으로 변화될 수 없다. 왜냐하면 이제까지 모든 노동은 농노적인 농민에 의해, 그들 소유의 가재도구의 도움으로 행해졌기 때문이다. 그래서 지주경영은 우선 농민경영 없이는 존재할 수 없다. 그래서 지주는 농민에게 토지경작을 강요하기 위하여 토지결핍에 의해 조건지어진 종속성을 이용한다. 그 종속성은 본질상 경제적 종속성의 특수한 봉건적 형태이다. 토지가 없는 농민은 예전처럼 지주의 토지에서 일을 하고, 그에 대한 대가로 소규모의 토지를 경작한다. 농민은 이러한 소규모의 토지를 생계비를 조달하기 위해 필요로 한다. 지주는 불변자본도 가변자본도 투하하지 않는다. 그들의 토지에서의 생산과정은 농민의 노동에 의해, 그리고 농민의 가재도구의 도움으로 수행된다.

이런 경작형태는 농노제가 폐지된 이후의 프로이센에 특징적이었다. 그래서 레닌은, 부르주아적 농업진화의 지주적 유형을 프러시아적 길로 규정하였다.

다양한 형태로 노동투하 체계를 사용해온 지주경영의 일반적인 역사적 발전경향은, 토지경영의 점차적인 자본주의적 변형, 즉 스스로 점점 더 자본주의적 특질을 띠는 토지경영으로부터의 토지소유의 단계적인 분리과정이다. 프러시아적 발전의 길에서는, 발전하는 자본주의적 관계가 오fot동안 봉건적 관계와 뒤섞여 있었다. 지주경영은 점차 새로운 경제적 조건에 적응해나갔고, 농민은 자본주의적으로뿐만 아니라 봉건적으로도 착취되었다. 이 모든 사실로 말미암아 농업에서의 자본주의 발전의 프러시아적 길이 농촌의 근로대중에게는 특히 고통스러운 것이었다.

러시아에서도 또한 1861년 개혁에 의해 봉건적 관계가 즉각적으로 폐지되지는 않았으며 또한 그럴 수도 없었다. 러시아의 수많은 지역에, 특히 중앙 흑토지역에서는 가혹한 노동형태가 특히 널리 퍼져 있었다. 지주적 경영의 자본주의적 변형과정은 20세기초까지도 완결되지 못했다.

토지가 없는 농민들을 노동하도록 경제적으로 강제하기 위하여 지주적 토지소유가 그 수단으로서 도입되는 농업관계의 체계는, 이미 농민에 대한 인격적 예속이 없기 때문에 형태상으로는 결코 봉건적 체계가 아니다. 그러나 본질상 이러한 체계는 봉건적인 성격을 지니고 있다. 왜냐하면 이 체계는 생산력의 더 한층의 발전을 가로막는, 생산의 보수적인 형태이기 때문이다. 이런 점에서 **대토지소유는 봉건제의 유물**이다.

이러한 체계는 유럽, 아시아, 그리고 아프리카의 여러 나라에 퍼져 있다. 이 체계는 반봉건 혁명 없이 자본주의 경제형태로의 이행이 수행되거나, 자본주의가 자신의 지배를 공고히 하기 위해 지방의 봉건영주를 지지하는 나라에서 특징적이다. 봉건적 잔재에 대한 투쟁은 현대의 반제민족해방운동에서 특히 중요하고 진보적인 요소이다.

부르주아적 농업진화의 농민적 유형

농업관계의 또 다른 유형은, 인격적 예속과 토지권리상의 봉건적 속박으로부터 자유로운 농민경영의 토대 위에서 자본주의의 발전이 이루어지는 나라들에서 발견된다. 즉 **부르주아적 농업진화의 농민적 유형**이 그것이다. 이러한 유형은 미국에서 전형적으로 발견된다. 따라서 이것을 **아메리카적 길**이라고 한다.

미국의 대부분의 지역에서는, 주로 인디안 부족으로부터 빼앗은 토지가 자유로이 분할되었다. 모든 사람은 65ha까지의 땅뙈기를 무료로 혹은 소량의 수수료를 내고 획득할 수 있었다. 그래서 각종의 토지권리상의 종속으로부터 자유로운 농민경영 또는 농장경영이 발생했다.

또한 짜르 치하의 러시아의 몇몇 지역에서도 이러한 종류의 농업진화가 있었다. 그것은 농노제가 존재하지 않았던 지역에서 이루어졌다. 보통 농노제 폐지 이후에 사람이 살게 된 지방(볼가강유역 지방, 신러시아, 북코카서스 지방)이 그러했다. 또한 농노제 폐지 이전에 현물지대 및 화폐지대의 형태가 지배적이었던 러시아의 지방들에서도 비슷한 방식으로 농민경영이 발전했다. 그러나 1861년 개혁까지 부역노동이 지배적이었던 지역들의 농업에서도 자본주의가 발전하였다. 이러한 지방에서는 어떠한 유형의 부르주아적 농업진화도 궁극적으로 형성될 수 없었기 때문에, 혁명 이전의 러시아에서 농업문제를 둘러싼 투쟁은 동시에 부르주아적 농업진화의 지주적 유형 혹은 농민적 유형의 관철을 둘러싼 투쟁이었다.

부르주아적 농업진화의 아메리카적 유형에 가장 근접하는 것은 프랑스 농업에서의 자본주의 발전의 경우이다. 1789년 혁명은 농민을 봉건적 예속에서 해방시켰다. 혁명 이전에 이미 토지는 대부분 농민에게 귀속되어 있었다. 나라의 몇몇 지역에 아직 남아 있었던 봉건적인 대토지는 혁명에 의해 분할되었다. 이렇게 하여 프랑스혁명은 농업을 봉건적 속박으로부터 해방시켰고 자본주의 발전을 위한 유리한 조건을 창출했다.

영국에서의 부르주아적 농업진화는 상당히 특수했다. 이 나라에서는 몇 세기에 걸친 농민에 대한 폭력적인 몰수(Enteignung)를 통해, 다른 어느 나라보다 자본주의적 관계가 훨씬 뚜렷한 농업구조가 발생했다.

농업에서의 부르주아적 발전의 농민적 길의 우월성은 낡은 관계의 혁명적 제거에, 즉 농노제의 모든 잔재로부터 농민들과 농민적 토지소유를 해방시킨 데서 기인한다. 이 경우에 농업에서의 자본주의 발전은 가속화된다. 물론 지주적 유형에서도 자본주의는 발전한다. 그러나 오fot동안, 완전히 또는 부분적으로 농노제하에서 이루어졌던 것과 마찬가지 형태의 농민에 대한 착취가 잔존한다. 이는 생산력 발전을 가로막는다.

2. 자본주의와 사적 토지소유

앞에서 우리는 자본주의적 생산양식의 기초를 다루었다. 거기서는 사적 토지소유에서 기인하는 관계들이 완전히 추상되었다. 그것은 완전히 옳다. 왜냐하면 사적 토지소유는 자본주의적 생산양식이 존재하기 위한 어떠한 불가결한 전제도 아니기 때문이다. 사적 토지소유의 제거는 자유로운 자본주의 발전을 가능케 한다. 따라서 부르주아 이데올로그들은 다양한 방식으로 사적 토지소유가 지양되어야 한다는 것을 증명하기 위해 노력했다.

사적 토지소유의 제거는 토지재산을 몰수하고 국가의 전체 토지기금을 국유화함으로써 수행될 수 있다. 또한 그것은 지주로부터 토지를 몰수하여 농민에게 분배해주는 형태로도 이루어질 수 있다. 국유화뿐만 아니라 농민에게 토지를 분배해주는 것도 사적 소유에 대항하는 혁명적인 조치이다.

토지의 국유화

토지의 국유화는 봉건적 잔재를 제거하고 농업에서의 자유로운 자본주의 발전을 위한 조건을 창출하는 가장 급진적인 형태이다. 그런 까닭에 레닌은 러시아에서의 부르주아민주주의 혁명의 과제와 그것의 사회주의 혁명으로의 성장전화를 위한 조건을 설명할 때 토지의 국유화를 강령적인 요구로 제시했다. 볼셰비키 농업강령의 경제적 주요 내용은 부분적으로 농노제적 특질을 띠고 있었던 지주적 토지소유의 제거였다. 레닌은 더 나아가 러시아의 농업구조를 특징지으면서, 1861년 개혁 이후에 러시아에서 지주적 토지소유뿐만 아니라 농민분여지도 반봉건적인 성격을 갖는다는 것을 밝혀냈다. 이런 형태로 농민적 촌락공동체는 20세기초까지 자본주의 발전의 장애로 작용했다. 혁명 이전의 러시아에서 농민적 토지소유의 다양한 형태는 봉건적 형태의 잔재였다.

토지의 분배와 국유화

지주적 토지소유의 혁명적인 제거가 토지분배를 위한 전제이기 때문에 노동자계급은 일정한 역사적 조건하에서 토지의 분배에 대한 강령적인 요구를 지지한다.

토지의 국유화와 분배 중 어떤 조치가 적당한가 하는 것은 농민이 스스로 어떠한 태도를 갖는가에 따라 결정된다. 농민적 사적 토지소유가 깊이 뿌리내리고 있는 곳에서는 농민은 대개 토지의 분배에 대해 찬성할 것이다. 그에 반해 농민적 사적 토지소유가 거의 발전하지 않았고 모든 형태의 토지소유에서 봉건적 잔재가 매우 뚜렷한 나라들에서는 농민이 보통 토지의 국유화 이념에 찬성할 것이다.

멘셰비키는 제1차 러시아혁명 시기에 토지의 국유화라는 레닌의 볼셰비키적 강령에 대해 토지공유제(Munizipalisierung) 요구를 대립시켰다. 이러한 요구는 지주의 토지를 지방자치기관에 이전시키라는 것인데, 그 결과 농민 분여지의 낡은 형태들이 유지된다. 레닌에 의하면 공유제의 주요 결함은, 그것이 토지소유 형태들의 이중성을 보존한다는 것에 있다. 지주적 소유를 제거한다 하더라도 농민적 토지소유의 반봉건적 형태는 변화되지 않고 남아 있을 것이다. 그러나 그것은 불가피하게 농업에서의 자본주의 발전을 방해할 것이다. 그래서 레닌은 멘셰비키의 농업강령을 이중적 농업강령이라고 불렀다.

실제로는 자본주의로 이행할 때 어떤 나라에서도 토지가 국유화되지 않았다. 토지의 사적 소유는 오히려 그것이 원래 존재하지 않았던 곳(예를 들어 미국)에서도 수행되었다. 부르주아지는 어디에서도 전체 토지를 국가소유로 귀속시키는 것과 같은 종류의 급진적인 조치를 감행하지 않았다. 왜냐하면 그들은 사적 소유의 형태에 반하는 이러한 조치가 생산수단의 사적 소유의 기초를 전복할 수 있을 것이라는 점을 두려워했기 때문이다. 게다가 부르주아지는 자본주의의 발전과정에서 스스로 토지를 소유하게 되었다. 토지를 소유한 부르주아지가 토지의 사적 소유에 반대하지 않는 것은 당연하다.

3. 자본주의적 지대

자본주의적 농업생산 조직의 최고로 발전된 형태는, 지주가 자신의 토지를 임노동자의 도움으로 경작하는 자본가적 차지농에게 맡기는 형태이다. 이런 종류의 농민은 때때로 농업가(Farmer)로 표현된다.[1]

임대료와 지대

총임대료는 종종 해당 토지에서 그때그때 임대계약이 맺어진 일정한 시설과 건조물을 이용하는 데 대한 대가를 나타내는 부분을 포함하고 있다. 이러한 대가의 크기는, 그때그때 일시적인 타인 자본의 사용을 규정하는 법칙에 의해 규제된다. 여기에는 당연히 고정자본의 요소로서의 이러한 건조물과 시설의 감가상각비 및 표준이자율이 포함된다. 임대료의 다른 부분은 자연적 생산요소로서의 토지를 사용하는 데 대한 대가이다. 그래서 그 부분은 인간 노동의 생산물의 이용에 대한 대가는 아니다. 이러한 부분이 정치경제학에서는 지대로서 표현된다. 그것은 특수한 탐구의 대상이다.

자본주의적 지대와 봉건지대의 차이

자본주의적 지대와 봉건지대는 구별되어야 한다.

이윤을 목적으로 자본주의적 경영을 행하고, 토지소유자로부터 경제적으로 독립해 있는 자본가는 토지소유자에게 자본주의적 지대를 납부한다. 자본가적 차지농은 자신이 어떤 다른 가능성도 가지고 있지 않기 때문에 자본을 지출하고 토지소유자와 임차관계를 맺는 것이 아니라, 이러한 형태의 자본투자를 유리한 것으로서 간주하기 때문에 그렇게 하는 것이다.

그와는 반대로 봉건지대는 지주적 토지소유자에 대한 토지경작자의 인격적 예속을 전제한다. 지대의 크기는 지주와 농민간의 자유로운 계약에 의해 결정되지 않는다. 봉건적 예속의 제거 이후에도 지주적 토지소유자와 농민간의 관계가 현실적으로 경제적 종속성에 의해 각인되어 있다. 농민은 생계를 유지하기 위해 토지를 지주로부터 임차해야만 한다. 그리고 농민은 단지 이윤을 획득하기 위해서뿐만 아니라 기아로부터 벗어나기 위해서도 토지를 임차한다. 농민은 그 자신의 토지에 의해 일정한 소재지에 긴박되어 있기 때문에 완전히 토지소유자에 대한 노예적 종속에 빠진다. 농민이 이런 환경에서 지불하는 지대는, 비록 그것이 형식적으로 자유로운 부르주아적 관계라고 하더라도 그 경제적 내용에서 볼 때 그것은 봉건지대이다.

자본주의에서 지대는 토지소유자와 자본가 사이의 경제적 관계의 직접적 표현이다. 임노동자와 토지소유자 사이에는 일반적으로 직접적인 경제적 관계는 존재하지 않는다. 그 때문에 토지소유자는 그 어떤 노동자도 착취하지 않는다는 가상이 생겨난다. 이와 달리 봉건제에서는 토지소유자와 농민생산자 사이에 직접적으로 경제적 관계가 존재한다. 봉건제에서는 농업에서의 생산관계들의 총체가 두 계급, 즉 토지소유자계급과 농민계급간의 관계로 환원된다. 봉건지대는 이러한 관계의 표현이다. 이에 반해 자본주의적 지대에서는 세 계급들의 생산관계가 표현된다. 즉 농업노동자, 자본가적 차지농, 그리고 토지소유자 사이의 관계가 표현된다.

봉건제에서 지대는 봉건사회의 두 기본계급, 즉 지주적 토지소유자와 농민의 관계를 파악하는 근본적인 범주이다. 그러나 자본주의에서의 근본적인 관계는 잉여가치 범주 및 그것의 전화된 형태로서의 이윤으로 표현된다. 결국 여기에서는 지대관계가, 그것 없이는 사회경제적 질서의 본질적인 것을 이해할 수 없는 근본적인 관계는 아니다.

자본주의에서 지대는 단지 잉여가치의 한 형태, 즉 잉여노동의 산물의 일부에 불과하다. 봉건사회에서 지대(그 다양한 형태에서)는 모든 잉여노동의 유일한 형태였다.

지대와 자본주의의 다른 범주들

자본주의적 조건들하에서 지대는, 만일 봉건질서의 범주로부터 출발한다면 파악될 수 없다. 그것은 부르주아적 질서의 주요한 경제적 범주들을 통해서만 이해될 수 있다. 자본주의의 지배하에서 지대는 자본주의의 고유한 경제법칙의 기초 위에서 생겨난다. 따라서 자본주의에서의 지대를 자본주의 영역에서의 봉건제의 잔재로 파악해서는 안된다.

지대는 역사적으로 자본주의적 생산관계를 특징짓는 범주들보다 더 이전에 존재했다. 그러나 자본주의의 경제적 범주로서의 지대는 자본주의적 생산양식의 발생과 관련하여 비로소 형성된다. 그런 까닭에 자본의 본질과 운동형태를 밝혀내는 범주들의 분석이 지대의 탐구에 선행되어야 한다.

자본주의에 특징적인 모든 법칙은 자본주의적 농업에도 적용된다. 가치법칙, 잉여가치법칙, 이윤법칙은 이것들이 어떤 영역에 적용되는가와는 무관하게 자본의 일반적인 운동법칙이다. 그런 까닭에 이 분편이 단지 농업에서의 자본주의를 다루는 것이라고 생각해서는 안된다. 자본주의 정치경제학은 자본의 운동법칙을 탐구하지, 하나의 특정한 국민경제 부문의 운동법칙을 탐구하지는 않는다. 농업에는 어떠한 원칙적으로 구분되는 경제법칙이 존재하지 않는다. 자본주의에서 지대관계는 단지 농업적 생산과정으로부터만 싹트는 것이 아니다. 그 관계는 일정한 자연적 생산요소가 존재하고 어떤 독점(즉 배타성 요구)이 자본에 대립하여 나타나는 모든 생산영역에서도 마찬가지로 형성될 수 있다.

지대에 대한 최초의 학설

자본주의적 지대의 문제는 중농주의자들에 의해 최초로 주목되었다. 그들은, 농업이 특수한 생산성을 지니고 있고 그래서 부의 증식을 위한 원천인 데 반해, 그밖의 모든 생산분야들은 단지 이미 현존하는 크기의 단순한 결합을 행할 뿐이라는 견해를 대변한다. 그들은 자본가들의 이윤을 생산비용의 부분으로 간주했다. 반면에 그들은 생산비용을 넘어서는 잉여, 즉 순생산물(Netproduct)을 자연의 선물로 파악했다. 그들은 순생산물을 지대로 간주했다. 중농주의자들의 학설에서 지대는 잉여가치의 유일한 형태이다.

비록 중농주의자들이 자본주의적으로 조직된 농업을 자신들의 탐구의 대상으로 삼기는 했지만, 그들은 결코 지대를 자본주의의 경제법칙에 근거해서 설명하려고 하지 않았다. 그러나 자본주의의 경제적 기본범주들을 먼저 설명하지 않고 자본주의에서의 지대의 본질과 형태들을 밝혀내는 것은 불가능한 것으로 입증되었다.

자본주의적 농업관계에 고유한 합법칙성을 밝혀내기 위해서는, 이 관계를 그것의 가장 발전된 형태 속에서 연구해야 했다. 자본주의적 농업관계가 가장 발전한 나라는 무엇보다도 영국이었다. 영국에서는 농민이 이미 오래 전부터 잔혹한 수단에 의해 토지를 몰수당했고, 또 농업에서 유리한 투자를 추구하는 자본의 유입이 19세기에 상당히 뚜렷하고 강했다. 지주는 이 시점에서 이미 더 이상 농업생산과 결부되지 않았다. 지주의 토지는 임노동자를 착취하고 이윤의 산출을 유일한 목적으로 하는 자본가적 차지농에 의해 경작되었다. 토지소유의 결과로서 자본주의적 경쟁과정이 제한되는 특수한 봉건적 제한은 영국에는 더 이상 없었다. 이러한 상태에서 영국에서는, 자본주의적 지대의 법칙으로 표현되는 관계들이 특히 현저한 형태로 발전했다. 그리하여 맑스는 우선 영국의 현실로부터 지대법칙의 연구를 위해 필요했던 사실자료를 끌어내었다.

그러나 절대 다수의 자본주의 나라에서 오늘날에도 여전히 (비록 상이한 정도이지만) 다양한 종류의 봉건적 잔재가 발견된다. 이러저러한 농업구조를 분석할 수 있기 위해서는 지대의 일반법칙을 아는 것만으로는 충분하지 않다. 이러한 경우에는 각 나라의 구체적인 농업관계를 연구할 필요가 있다.

제30장 차액지대

1. 차액 - 초과이윤과 그것의 지대로의 전화

자본가적 차지농에 의해 토지소유자에게 지불되는 지대는 결코 평균이윤으로부터 공제된 것일 수 없다. 만일 평균이윤으로부터 공제된 것이라면 농업에서 활동하는 자본가들은 산업자본가들에 비해 불리한 입장에 서게 될 것이다. 자유경쟁이 존재한다면 이러한 상황은 전형적일 수 없다.

그래서 농업에 투자된 자본이 평균이윤을 넘어서는 잉여, 즉 초과이윤을 가져온다는 것이 받아들여지고 있다. 단지 이러한 조건하에서만 차지농은 평균이윤을 실현한 이후에도 여전히 토지 사용에 대한 대가를 지불할 수 있는 원천인 잉여를 획득할 수 있다.

초과이윤의 다양한 형태

초과이윤은 다양한 요인들의 영향하에서 생겨날 수 있다. 만약 특정한 생산물에 대해 그 공급이 불충분한 상태에서 수요가 증대함으로써 발생하는, 그래서 특히 불안정하고 일시적인 성격을 가지고 있는 초과이윤을 배제한다면, 추가적 이윤은 두 가지 경우에 발생한다. 첫째, 추가적 이윤은 자본의 유기적 구성이 사회적 자본의 평균적인 구성보다 낮은 경제부문에서 발생하고 둘째, 개별 생산가격이 표준적인 사회적 수준보다 더 낮은 생산부문의 개별적인 경영들에서 발생한다. 이 두 가지 형태의 초과이윤은 위에서 자세히 탐구되었다.

첫번째 종류의 초과이윤은 평균이윤율의 형성을 가져오는 생산부문간 경쟁의 영향하에서 소멸된다. 그러나 사회적 생산가격(시장생산가격)에 비해서 낮은 개별 생산가격의 산물로서의 추가이윤은, 보다 높은 수준의 노동생산성에 토대를 두고 있다. 이러한 것은 상대적으로 보다 개선된 생산수단과 생산방법을 사용한 결과이다. 이러한 새로운 수단과 방법이 해당 산업부문에 광범위하게 유포되면 초과이윤은 곧 사라진다. 그래서 두 가지 형태의 초과이윤은 **일시적** 성격을 갖고 있다.

이제, 해당 생산부문의 자본가들만 손에 넣을 수 있는 무상의 **자연력** 사용에 의해 생산비용의 하락이 초래되는 상황을 생각해보자. 그러면 이 자본가는 예외적 위치, 즉 **독점적** 위치를 획득한다. 그는 여타의 자본가들과 같은 양의 자본을 투하하면서 더 많은 상품량을 획득하거나, 더 적은 양의 자본을 투하하면서도 동일한 양의 상품을 획득한다. 해당 자본가는 무상의 자연력에 대한 독점적 소유자이기 때문에, 어떠한 **경쟁도 결코 그의 유리함을 없앨 수 없다.**

이러한 형태의 추가적 이윤의 특수성은 어디에 있는가?

생산비용(그리고 그것에 상응하는 개별 생산가격)을 경감하는 요인이 제한된 규모로 현존하는 자연생산력이라면, 그 생산력은 독점의 대상이 된다. 즉 그 생산력은 개별 자본가들에 의해 **배타적으로 사용**된다. 무상의 자연력을 사용하는 자본가들의 유리함은 그래서 **항구적**인 성격을 갖는다. 따라서 그가 획득한 초과이윤도 마찬가지로 항구적인 성격을 가질 것이다. 그 초과이윤은 경쟁에 의해서는 제거될 수 없고, 유사한 무상의 자연력이 발견되고 각 생산영역의 대부분의 자본가들이 그 자연력을 사용함으로써만 제거될 수 있다. 이러한 경우에 이런 무상의 자연력에 대한 독점적이고 배타적인 지배는 더 이상 없게 된다. 그러나 이런 것이 존재하는 한 그에 상응하는 초과이윤도 존재한다.

이러한 형태의 초과이윤은 **차액이윤**으로 불린다. 양적으로 그것은 사회적 생산가격과 개별 생산가격의 차이와 일치한다. 차액이윤은 사회적 생산의 각 분야에, 그중에서도 공업에 있을 수 있다. 예컨대 동력생산을 위하여 자연적인 폭포의 힘을 독점적으로 사용하는 공업기업은, 동력생산을 위해 자신이 시장에서 구매해야 하는 석탄을 사용하는 다른 기업을 능가한다.

무상의 폭포력 사용에 의한 생산비용의 하락은 사용자에게 차액 - 초과이윤을 가져다준다.

농업에서의 상이한 생산비용의 근거

경제부문으로서의 농업의 특수성은 토지가 주요 생산수단이라는 데 있다. 다양한 토지는 상이한 생산성을 보여준다. 동일한 양의 자본을 사용할 경우에 이 토지들은 상이한 소출을 가져온다. 즉 그 위에서 생산된 생산물의 양이 서로 다르다. 이러한 근거로부터 상이한 생산성을 가진 토지에서의 개별적 생산비용과 그에 따른 또한 생산물 단위당 개별 생산가격은 상이한 크기를 갖게 된다.

이론적으로나 실제적으로 질적 척도에 따라 토지의 등급을 무한하게 나눌 수 있다. 그러나 분석의 단순성을 위해, 어떤 주어진 시기에 자신의 생산으로써 사회적 수요에 대응하는 현존하는 토지를 세 집단, 즉 우등지, 평균지, 열등지로 구분할 수 있다. 특정한 토지가 이러한 집단 중에서 어디에 속하는가 하는 것이 항상 고정되어 있는 것은 아니다. 오늘날 우등지였던 토지가 미래에는 단지 평균지 혹은 심지어 열등지로도 평가될 수 있다. 그런데 그것은 새로운 추가적 토지가 경작에 도입되어 이전의 우등지보다 생산성이 높은 경우이다. 이 새로운 토지가 아주 풍부하게 현존하여 그 토지에서 평균지와 열등지의 이전의 생산에 상응하는 생산량이 생산된다면, 평균지와 열등지는 경작으로부터 제외될 것이다. 그러면 첫번째의 우등지는 열등지가 될 것이다. 현존하는 토지만으로는 사회적 수요를 충족시킬 수 없기 때문에 보다 생산성이 낮은 추가적 토지가 경작에 도입되어야 하는 반대의 경우도 있을 수 있다. 추가적 토지는 최열등지로 평가될 것이다. 반면 앞서의 열등지는 일정하게 그 등급이 상승한다.

단지 토지의 상대적 생산성(즉 그 토지의 생산성과 다른 토지의 생산성의 차이)만이 변화될 수 있는 것이 아니라, 절대적인 토지생산성도 변화될 수 있다. 예컨대 토지침식에 의해 우등지가 열등지로 변화되어 이전에 우등지로 평가되었던 토지가 평균지 혹은 심지어 열등지의 범주로 편입된다. 다른 한편 일정한 관개조치나 그밖의 토지개량사업에 의해, 또 다양한 경작방식에 의해 토지의 자연적 생산성은 변화될 수 있다. 그러나 그에 따라 해당 토지의 평가등급도 변화한다. 따라서 차액 - 초과이윤을 위한 토대가 되는 생산조건상의 차이가 항구적이고 불변적인 성격을 지닌다는 테제는 절대적으로 타당한 것으로 간주될 수 없다. 이러한 테제는 단지, 농업이 임의의 시점에서 항상 차별적인 생산성을 가진 토지 위에서 경영된다는 것, 그리고 그것에 의해 규정되는 생산물 단위당 생산비용의 차이가 사용된 기술과 생산테크놀로지의 차이에서 기인하는 생산비용의 차이보다 더 항상적이고 안정적인 본성을 갖는다는 것을 말해줄 뿐이다.

차액 - 초과이윤의 형성

초과이윤이 형성되는 메커니즘은 어떻게 성립하는가? 생산과정을 사회적으로 평균적인 생산수단의 도움으로 수행하고 산 노동과 대상화된 노동에서의 사회적으로 필요한 비용으로 생산물을 제조하는 각각의 자본주의적 농업경영은 평균이윤을 가져와야만 한다. 상대적 우등지와 더불어 동시에 항상 일정한 양의 상대적 열등지가 경작된다. 그것은 우등지의 양이 각각의 주어진 역사적 시기에는 제한되어 있기 때문에, 우등지의 생산물이 표준적인 사회적 수요를 만족시킬 수 있을 만큼 충분하지 않다는 사실로부터 설명된다.

동등한 질의 토지들에서만 경작이 이루어진다면, 당연히 자연적 기초에 근거한 어떠한 차액 - 초과이윤도 없을 것이다.

열등지를 경작하는 자본가는, 만일 자신의 생산물의 개별 생산가격이 동시에 사회적 생산가격이라면, 즉 시장생산가격과 일치한다면 단지 평균이윤만을 획득할 수 있다. 그렇다면 농업생산물의 단일한 시장생산가격이 최열등지 이외의 다른 토지들의 개별 생산가격에 의해 규정될 수 있을 것인가 하는 문제가 생겨난다.

우선 시장가격이 최열등지의 개별 생산가격보다 낮다고 가정해보자. 그러면 자신의 자본을 최열등지에 투자한 농장주는 평균이윤을 획득할 수 없을 것이고, 당연히 자신의 자본을 농업생산으로부터 빼내어서 이윤을 낳을 수 있는 생산부문에 투하하려고 할 것이다. 그러나 그렇다면 농업생산물의 생산량은 유효수요를 충당할 수 없을 것이고, 따라서 가격은 상승할 것이다. 따라서 자본가가 평균이윤을 획득해야 한다는 절대적인 전제에서 출발한다면, 최열등지의 개별 생산가격만이 규정적인 생산가격이 될 수 있다. 다른 토지는 보다 많은 상대적으로 더 좋은 토지들이 경작될 실제적 가능성이 주어질 때만 시장생산가격을 규정할 수 있을 것이다. 그러나 각각의 주어진 시기에 우등지의 지면은 한정되어 있다.

그러나 만일 시장생산가격이 최열등지에서 생산된 생산물의 개별 생산가격에 의해 정해진다면, 자신의 자본을 우등지에 투자한 자본가들의 생산물은 보다 낮은 개별 생산가격을 갖게 된다. 이러한 생산물들은 한결같이 개별적 생산가격보다 높은 시장생산가격으로 팔린다. 따라서 추가적인 이윤이 획득된다.

최열등지에서의 비용이 사회적으로 필요한 비용으로 나타나는 상황은 앞에서 계속 언급해온, 가치 크기가 사회적 필요노동시간에 의해 규정된다는 법칙과 결코 모순되지 않는다. 이러한 법칙은 자본주의적 공업에서와 마찬가지로 자본주의적 농업에서도 타당하다. 최열등지에서 이루어지는 다양한 농업경영은, 공업에서와 마찬가지로 상이한 기계와 도구를 사용한 결과로서 상이한 생산비용과 그에 따른 상이한 개별 생산가격을 갖는다. 그럼에도 불구하고 이러한 차이는 자연적인(제한된) 생산요소들간의 차이에서가 아니라 무제한적으로 재생산할 수 있는 생산요소들(기계, 도구 및 농업기술 등)간의 차이에 의해 생겨난다. 그래서 경쟁은 최열등지를 경작하는 개별적 경영의 개별 생산가격을 평균생산가격으로 조정한다.

최열등지에서의 개별 생산가격이 생산가격에 대해 규정적이라는 테제는 결과적으로, 생산가격이 일반적으로 농업에서 나타나는 가장 높은 개별 생산가격에 맞춰진다는 것을 의미하지 않는다. 열등지를 경작하는 모든 자본가들의 경쟁의 영향하에서 형성되는 최열등지에서의 개별 생산가격이 규정적인 가격으로 간주된다. 그러나 그들간의 경쟁은 최열등지에서의 개별 생산가격을, 이러한 토지 집단에 전형적인 비용에 근거한 평균생산가격으로 환원시킨다. 최열등지의 이러한 개별 생산가격은 농업생산물의 시장생산가격을 규제한다.

무제한적으로 재생산할 수 있는 생산요소들이 문제가 되는 한, 가치와 생산가격이 평균적 생산조건에 따라 움직인다는 법칙은 공업에서와 마찬가지로 농업에서도 타당하다. 이와 달리 자연적 생산요소들이 문제라면 가치와 생산가격은 가장 나쁜 생산조건들에 따라 규정된다. 이것은 단지 농업에서만이 아니라 공업에도 타당하다. 그 일례로서, 가치와 생산가격이 특정한 시기에 채굴되는 가장 열등한 광산들의 산물에 의해 결정되는 채굴업을 들 수 있다.

농업생산물의 사회적 생산가격(시장생산가격)이 기술적이고 농학적인 수준에서 볼 때 평균적으로 장비되어 있고 최열등지에서 경작하는 경영의 개별 생산가격에 의해 규제되기 때문에, 평균지 및 우등지를 경작하는 모든 자본주의적 농업경영은 차액 - 초과이윤을 획득한다. 이러한 이윤의 기초는 우등지나 평균지에서의 생산물의 개별 생산가격과, 최열등지의 개별 생산가격에 의해 결정되는 시장가격의 차이이다.

평균지나 우등지를 경작하는 자본가들은 평균이윤 이외에 초과이윤을 획득한다. 따라서 이러한 집단의 자본소유자들은 자본의 정상적인 기능(평균이윤을 매개로 한)을 위한 조건들을 가지고 있을 뿐만 아니라, 또한 그들이 정상적인 자본증식을 방해받지 않으면서 토지소유자에게 일정한 '공납'을 지불할 가능성도 가지고 있다. 또 한편으로 토지소유자는 차액 - 초과이윤을 전유할 수 있다. 토지는 그의 소유이다. 그래서 해당 토지의 특수한 생산성에서 유래하는 평균이윤 이상의 잉여는 토지소유자에게 흘러간다.

차액 - 초과이윤에 대한 토지소유자의 요구는 자본주의의 경제법칙들에 모순되지 않는다. 자본가적 차지농은 자본이 정상적으로 기능하는 데 필수적이고 충분한 평균이윤을 획득한다. 그에 반해 자유롭게 재생산되지 않는 자연적 생산요소에서 기인하는 평균이윤 이상의 잉여를, 자본가는 이러한 제한된 자연적 요소의 소유자에게 넘겨줄 수 있다. 사실상 이러한 잉여가 토지 사용에 대한 대가의 원천이다.

차액지대

자본가와 토지소유자 사이의 관계는 초과이윤을 둘러싸고 형성된 관계이다. 초과이윤이 자본가들의 수중에 있는 한, 초과이윤이 문제이다. 초과이윤이 토지소유자에게 흘러간다면 차액-초과이윤은 차액지대로 전화한다. 토지소유자에게로의 양도가 일어날 때 비로소 이윤은 지대로 전화한다.

초과이윤의 크기는 미리 절대적으로 정확하게 결정될 수 있는 것이 아니다. 그것은 평균이윤의 크기가 결코 항구적인 크기가 아니라는 바로 그러한 이유에서 불가능하다. 자본가는 당연히 가능한 한 적은 양의 지대를 지불하려고 노력한다. 반면에 지주는 가능한 한 많이 차지하려고 한다. 여기에서 문제는 경쟁조건에 달려 있다. 그러므로 실제로 지불된 지대는 초과이윤의 실제 크기보다 크거나 작을 수 있다.

토지소유자와 자본가적 차지농 사이에 일정한 기간의 임대차계약이 체결되었다고 가정하자. 임차기간 동안에 농업생산물의 가격은 변화할 수 있지만, 자본가적 차지농의 개별 생산비용은 변화하지 않는다. 그러나 임차기간이 만료되지 않는 한, 지대의 크기에 결정적인 것은 가격수준이 아니라 계약상 합의된 금액이다. 또한 자본가가 가격 하락시에 토지소유자에게 단지 초과이윤뿐만 아니라 평균이윤의 일부까지도 지대로서 양도해야만 한다는 것도 전적으로 가능하다. 이러한 경우에 자본가적 차지농은 임노동자의 임금에 압박을 가함으로써 활로를 모색한다. 이렇게 된다면 지대는 단지 초과이윤뿐만 아니라 농업노동자들의 부불 필요노동까지도 포함한다. 농업생산물 가격이 상승할 경우에는 자본가가 임차계약에서 합의된 지대를 지불한 후에 평균이윤을 넘어서는 이윤을 실현하는 경우가 나타날 수 있다.

그러나 지대의 이론적 분석에서 우리는 차액-초과이윤이 일반적으로 완전히 차액지대로 전화한다는 것, 그리고 지대는 일반적으로 평균이윤 이상의 잉여에서 지불된다는 것에서 출발해야 한다. 달리 말하면, 차액-초과이윤과 차액지대는 같은 크기라는 것에서 출발해야 한다.

절대적 및 상대적 토지생산성과 차액지대

차액지대는 평균지나 우등지에 투자된 자본의 상대적으로 높은 생산성의 결과이다. 차액지대는 토지생산성의 절대적 수준에 달려 있는 것이 아니라 전적으로 토지의 상대적 생산성에 달려 있다 그 전제는 우등지 및 평균지의 제한성과 열등지도 경작해야 할 필요성이다.

일단 생산성이 매우 큰 추가적 토지들이 경작에 도입되었다는 것, 그리고 그 토지들이 아주 범위가 넓어서 그 생산이 농업생산물에 대한 전체 수요를 만족시키기에 충분하다고 가정해보자. 그러면 열등지나 평균지의 경작은 포기될 것이다. 시장생산가격은 최우등지의 개별 생산가격의 수준으로 떨어지고 차액지대는 소멸할 것이다. 논리적으로 또한 다른 변형도 생각해볼 수 있다. 이미 오래 전부터 경작되어온 최우등지의 생산성은 여기에서 생산된 생산물이 농업생산물에 대한 수요를 완전히 충당하기에 충분할 만큼 크게 증가할 것이다. 그래서 또한 열등지나 평균지의 경작은 중지되고 차액지대는 소멸할 것이다. 결과적으로 절대적 생산성이 증대한다. 따라서 상대적 생산성에는 어떠한 차이도 더 이상 없을 것이기 때문에 차액지대는 존속하지 않게 될 것이다.

차액지대는 시장생산가격과 개별 생산가격간의 차이이다. 이와 같은 차이가 있다면 지대도 존재하고, 없다면 어떠한 지대도 없을 것이다. 절대적 토지생산성은 지대와는 아무런 관련이 없다. 만일 우등지 이외에 아직 상대적으로 생산성이 낮은 토지도 경작된다면, 우등지를 경작하는 자본가들은 특수한 위치를 차지하게 된다. 이러한 독점적 지위는 경제적으로, 자본가들이 비록 그들의 개별 생산가격이 더 낮을지라도 자신의 생산물을 시장생산가격으로 팔고 그럼으로써 생산비용과 평균이윤뿐만 아니라 차액 - 초과이윤도 포함하고 있는 매상고를 올림으로써 실현된다.

자본가는 토지를 사적으로 경영하고 생산물은 그에게로 귀속된다. 그가 한 구획의 토지를 상대적으로 높은 토지생산성으로 경영한다면, 그는 토지사용자로서 독점적 지위를 갖게 된다. 바로 그러한 생산비용으로 경영할 수 있는 비슷한 종류의 땅들이 농업생산물에 대한 수요를 충족시킬 수 있을 만큼 충분하지 않기 때문에, 자본가는 특수한 생산성이 있는 구획의 토지의 사용자로서의 자신의 독점적 지위를 활용할 수 있다. 이러한 독점의 경제적 실현은, 차액지대로 전화하는 차액 - 초과이윤의 형태로 나타난다.

경영 대상으로서의 토지에 대한 독점과 소유 대상으로서의 토지에 대한 독점

토지의 제한성은 차액지대의 발생을 위한 전제조건이다. 그러나 토지의 제한성은 그 자체로는 어떠한 차액지대도 발생시키지 않는다. 그것은 차액지대 발생의 원인일 수 없다. 그 원인은 경영 대상으로서의 토지에 대한 독점이다.

경영 대상으로서의 토지에 대한 독점과 토지에 대한 사적 소유의 독점은 명확히 구별되어야 한다. 토지소유자는 토지에 대한 사적 소유의 독점을 차지하고 자본가, 즉 토지를 경영하는 사람은 경영 대상으로서의 토지에 대한 독점을 실현시킨다. 토지에 대한 사적 소유는 차액지대의 발생과 아무런 관련이 없다. 차액지대의 원인은 토지 경영의 독점이다. 차액지대와 관련한 토지의 사적 소유의 의미는, 이러한 소유로 인해 차액이윤이 자본가적 차지농의 손에서 지주의 손으로 넘어가게 된다는 사실에 있다.

자본주의적 차액지대는 두 가지 형태, 즉 제I형태와 제II형태로 존재한다. 차액지대의 제I형태는 개별 토지의 생산성의 차이와 그 토지의 위치의 차이로부터 발생하지만, 차액지대의 제II형태는 추가적 자본투자로부터 발생한다.

2. 차액지대의 제I형태

생산성의 차이로부터 생겨나는 지대

생산성의 차이로부터 차액지대가 어떻게 발생하는가 하는 것은 다음의 예(<표 12> 참조)를 근거로 하여 논증할 수 있다. 생산성이 서로 다른 세 토지가 있다고 가정하자. 동일한 면적(200ha)의 세 토지에 같은 크기의 자본, 즉 각각 1만 달러씩 사용되었고, 더 나아가 전체의 자본이 한 생산주기 동안에 사용되었으며, 주어진 시점에서 평균이윤율이 20%라고 가정하자.

각 토지에서 생산된 농업생산물의 총량은 같은 크기이고 개별 생산가격은 1만 2,000달러에 달한다. 그러나 dt(1/10톤)당 개별 생산가격은 각 토지에서 그 크기가 상이하다. 1dt의 단일한 생산가격(시장생산가격)이 최열등지에서의 생산조건들에 의해 결정되기 때문에, 그것은 12달러에 달한다. 따라서 생산물 총량의 시장생산가격은 세 토지에서 차이가 난다. 시장생산가격과 우등지 및 평균지에서의 생산가격간의 차이가 차액지대를 형성한다.

<표 12>

토지	자본비용 (달러)	평균이윤 (20% : 달러)	수확 (dt)		개별 생산가격 (달러)		시장생산가격 (달러)		차액지대 (달러)
			ha당	전체	dt당	총생산의	dt당	총생산의	
Ⅰ	10000	2000	5	1000	12	12000	12	12000	—
Ⅱ	10000	2000	7.5	1500	8	12000	12	18000	6000
Ⅲ	10000	2000	10	2000	6	12000	12	24000	12000

위치지대

상이한 농업생산물의 단위당 비용은, 우선 각 토지의 생산성의 차이에 의한 결과일 뿐만 아니라 농업생산물의 판매를 위한 위치에서의 차이에 의한 결과이기도 하다. 농업생산물을 위한 시장들은 일정한 지역에 존재한다. 그러나 각 토지는 판매시장으로부터 멀거나 가까운 거리에 있다. 시장으로 생산물을 수송하는 데는 일정한 비용이 필요하다. 토지가 시장에서 멀리 떨어져 있는 만큼 수송비용은 많다.

시장에서 가장 가까운 토지들에서 경작된 생산물이 유효수요를 충족시키기에 충분하다면 더 멀리 있는 토지들은 시장생산가격을 규정할 수 없다. 그리고 판매시장에 가장 유리한 위치에 있는 토지의 개별 생산가격이 규정적인 생산가격일 것이다. 그러나 시장에서 가까운 토지에서의 농업생산물만으로는 수요를 충당할 수 없기 때문에 시장에서 가장 먼 토지의 개별 생산가격이 규정적인 생산가격이 된다. 이러한 경우에 불가피하게 차액지대가 발생한다. 각 토지의 수송비용상의 차이가 클수록, 개별 생산비용의 차이와 그에 따른 시장생산가격과 시장에서 가장 가까운 토지의 생산물의 개별 생산가격간의 차이는 더 뚜렷해진다.

같은 생산성을 갖지만 상이한 교통조건을 보여주는 세 토지들을 가정해 보자. 동일한 양의 생산물을 생산하고 시장으로 수송하기 위해 이 토지에 투하되어야 하는 자본의 규모는, 수송비용이 동일하지 않기 때문에, 상이하게 된다. 도시로부터 7㎞ 떨어져 있는 첫번째 토지에서는 자본비용이 1만 달러에 달할 것이다. 시장으로부터 20㎞ 떨어져 있는 두번째 토지에서는 자본비용이 1만 1,000달러에 달할 것이고, 40㎞ 멀리 떨어져 있는 세번째 토지는 자본비용이 1만 2,000달러에 달할 것이다. 토지의 위치에 근거한 차액지대의 형성은 <표 13>에서 설명될 것이다.

<표 13>

토지	자본비용 (달러)			평균이윤 (20% : 달러)	수확 (dt)	개별 생산가격 (달러)		시장생산가격 (달러)		차액지대 (달러)
	생산에 대한	생산물의 수송에 대한	전체			총생산물의	dt당	총생산물의	dt당	
Ⅰ	9800	2200	12000	2400	1000	14400	14.4	14400	14.4	—
Ⅱ	9800	1200	11000	2200	1000	13200	13.2	14400	14.4	1200
Ⅲ	9800	200	10000	2000	1000	12000	12.0	14000	14.4	2400

생산성의 차이로부터 발생한 지대와 위치의 차이로부터 발생한 지대 사이에는 원칙적인 차이는 없다. 두 종류의 차액지대는 농업생산의 외연적인 확대과정에서 형성된다. 농업생산물에 대한 수요는 증가한다. 그렇기 때문에 경작되는 토지의 양이 증가한다. 농업생산이 확대될 때 상이한 토지들 간의 생산비용상의 차이가 커진다면 차액지대도 커진다. 그러나 만일 생산성이나 위치의 차이와 그에 상응하는 생산 및 수송비용의 차이가 적어진다면 차액지대의 크기도 적어진다. 왜냐하면 그 크기는 생산 및 수송비용 크기의 절대적인 차이에 달려 있는 것이 아니라 상대적인 차이에 달려 있기 때문이다.

3. 차액지대의 제Ⅱ형태

이제까지 농업의 외연적 확대에서 발생하는 차액지대를 고찰했다. 농업생산물의 생산은 경작 토지면적의 확장에 의해 확대된다고 가정되었다. 이러한 가정은 자본주의적 농업 발전의 실제적 진행에 일치한다. 자본주의는 상이한 생산성을 지닌 커다란 면적의 추가적 토지를 경작에 끌어들였고 새로운 운송수단을 만들었으며, 농업생산의 소재지분할 및 농업생산물의 판매시장의 위치에 관한 수많은 새로운 발전을 가져왔다. 이 모든 것은 명백하게 차액지대의 운동에도 영향을 미쳤다.

그러나 자본주의 발전과 함께 단지 경작의 외연적 확장뿐만 아니라 농업생산의 **집약화**도 나타난다. 여기에서 동일한 토지에서의 추가적 자본의 사용을 통해 획득되는 농업생산의 성장이 이해될 수 있다.

경작의 집약화와 차액지대의 제Ⅱ형태

추가적 자본이 최열등지에 투자되어 있고 시장생산가격을 규정하는 동일한 크기의 자본들보다 더 높은 생산을 낳음으로써 발생하는 차액지대를 **차액지대 제II형태**라고 한다.

차액지대의 제I형태와 마찬가지로, 차액지대의 제II형태도 토지생산성에서의 차이에 근거하여 발생한다. 후자에서는 그러나 자연적 토지생산성에서의 차이가 문제가 아니라, 추가적 자본의 투자에 의해 발생하는 **경제적 토지생산성**에서의 차이가 문제이다.

차액지대의 제II형태는 단지 차액지대의 제I형태의 다른 표현에 불과하며 본질상 차액지대의 제I형태와 동일하다. 이것이 <표 14>에 있는 예에서 설명되어 있다.

이미 앞에서 인용된 수치(<표 12> 참조)를 사용하면서, 두번째 및 세번째 토지에서의 추가적 자본투자의 결과를 연구해보자. 두번째 토지에 원래 투자된 자본과 같은 생산성을 가진 추가적 자본이 투자되었다. 세번째의 최우등지와 관련해서는, 세 가지 경우가 있다. 즉 보다 높은 생산성을 가진 추가적 자본투자, 변화되지 않은 생산성을 가진 추가적 자본투자 그리고

<표 14>

토지	비용 (달러)	평균이윤 (20% : 달러)	수확 (dt)		개별 생산가격 (달러)		시장생산가격 (달러)		차액지대 제Ⅰ형태	차액지대 제Ⅱ형태
			ha당	전체	dt당	총생산의	dt당	총생산의		
Ⅰ	10000	2000	5	1000	12	12000	12	12000	—	—
Ⅱ	10000 +10000	4000	15	3000	8	24000	12	36000	6000	6000
Ⅲ										
(a)생산성 증대의 경우	10000 +10000	4000	24	4800	5	24000	12	57600	12000	21600
(b)생산성 불변의 경우	10000 +10000	4000	20	4000	6	24000	12	48000	12000	12000
(c)생산성 하락의 경우	10000 +10000	4000	18	3600	6.6	24000	12	43200	12000	7200

보다 적어진 생산성을 가진 추가적 자본투자가 그것이다.

<표 14>에서 알 수 있는 바와 같이, 최우등지에서의 추가적 자본투자는 (심지어는 보다 적은 생산성을 가진 자본투자의 경우에도) 가장 높은 지대를 가져온다. 자본가적 차지농은 최우등지, 부분적으로는 또한 평균지에 대한 추가적 자본투자를 지향하고 있다. 그러나 농업생산물에 대한 수요가 높다면 추가적 자본투자는 열등지에 대해서도 이루어질 수 있다. 이 경우에 기존의 생산력을 가진 투자는 규정적인 생산가격이 동일하게 머물러 있기 때문에 사실상 아무 것도 변화시키지 못한다. 이러한 진행은 열등지를 경작에 편입시키는 것과 동일한 의미를 갖는다. 이에 반해 최열등지에서의 추가적 자본투자가 이전의 투자보다 덜 생산적이지만 수요의 충당을 위해 필요하다면, 그 추가적 자본투자는 농업생산물에 대한 생산가격을 규정하는 사회적으로 필요한 비용이 된다. 이러한 경우에는 최열등지 또한 차액지대를 가져올 수 있다.

최열등지에서 지대가 발생할 수 있는 경우를 고찰해보자. 농업생산물에 대한 수요 증대의 결과로 최열등지가 양적으로 제한되어 있는 경우에 평균지에 대해 추가적 자본투자가 수행된다고 가정해보자. 나아가 평균지에 대한 이러한 추가적 자본투자가 최열등지에서의 같은 크기의 자본의 투자보다 더 적은 생산물을 산출한다고 가정해보자. 이러한 종류의 추가적 투자

는 표준적인 유효수요의 충족을 위해 불가결하기 때문에, 이러한 자본 투자의 도움으로 생산되는 생산물의 개별 생산가격은 규정적인 가격(시장생산가격)이 되며, 그 가격은 최열등지의 생산물의 생산가격 수준보다 더 높다. 이러한 경우에는 최열등지도 지대를 가져온다.

다른 한편 최열등지가 일반적으로 경작에서 제외되는 경우도 나타날 수 있다. 이러한 것은 우등지나 평균지에서의 자본투자의 결과(그 경우에 자본투자는 열등지에 투자된 같은 크기의 자본보다 더 큰 수확을 가져온다), 열등지에서의 수확이 더 이상 농업생산물에 대한 수요를 충당하는 데 필요하지 않기 때문에 일어난다. 이러한 경우에 농업생산물의 시장생산가격은 최열등지에서의 생산물의 개별 생산가격 이하로 떨어진다.

지대관계에서 토지소유자와 자본가 사이의 모순

차액지대 제II형태의 전유와 관련하여 전개되는 자본가와 토지소유자 사이의 관계는 차액지대 제I형태와 관련된 관계보다 더 복잡하고 모순적이다. 임대료의 크기, 따라서 지대의 크기도 미리 임대차계약의 체결에 의해 고정된다. 이러한 경우에는 보통 주어진 시기와 주어진 영역에 평균적인 경작집약도 수준(즉 단위면적당 평균 자본비용)에 근거한다. 차지농이 임대차계약의 유효기간 동안에 토지에 계약시 근거가 되었던 수준을 넘어서는 자본투자를 했다면, 그는 차액 - 초과이윤을 획득하지만 토지소유자는 그렇지 못하다. 그렇기 때문에 자본가적 차지농이 보통 임대차계약 기간을 늘리려 하는 반면에, 토지소유자는 그 기간을 줄이려 한다. 임대차 계약기간이 짧을수록 토지소유자는 자신의 토지가 가져오는 지대를 더 완전하게 전유할 수 있고 차액지대의 제II형태를 고정시킴으로써 새로운 임대차계약에서 그것을 이용할 가능성은 더욱 커진다.

그래서 지대관계의 모순은 자본주의적 농업의 집약화가 얼마나 증대했는가의 정도에 따라 성장한다.

지대를 둘러싼 대립은 농업에서의 생산력 발전을 저해한다. 토지소유자는 임대의 유효기간을 단축하려고 함으로써 장기간에 걸친 자본투자를 저해한다. 자본가들은 임대차계약 기간 동안에 완전히 회전하는 자본만을 토지에 투자하려고 한다. 반대의 경우에는 투하된 자본이 완전히 회수되지 않을 것이다. 그에 의해 농업생산에서의 자본투자는 제한된다. 추가적 자본투자의 제한은 자본주의에서 공업에 대한 농업의 후진성이 주요 원인이다.

차액지대의 제I형태와 제II형태의 차이

차액지대의 제I형태와 제II형태는 농업의 두 발전단계와 발전방향의 표현이다. 차액지대의 제I형태는 역사적으로도, 논리적으로도 제II형태에 선행한다.

자본주의가 농업에 확산되었을 때 자본주의는 농업을 그것이 역사적으로 현존했던 형태 그대로 경영했다. 역사적으로, 차액지대 제I형태 발생의 토대인 농업생산 확장의 외연적인 형태는 농업생산 확대의 집약적인 형태 — 차액지대 제II형태의 토대 — 에 선행한다. 자본주의의 발전과 함께 비로소 농업에서는 과학적 지식 및 기술적이고 농학적인 혁신이 점점 더 많이 이용되었다. 차액지대 제I형태는 논리적으로도 차액지대 제II형태를 위한 전제이다. 다양한 토지에 대한 자본투자들 사이에 어떠한 생산성의 차이도 존재하지 않는다면, 동일한 토지에서의 계속되는 자본투자의 상이한 생산성의 결과로서의 지대에 대해 말하는 것은 불가능하다. 따라서 차액지대의 발생의 원리는 동일하다. 문제는 상이한 토지생산성과 위치에 의해 초래되는 생산물 단위당 생산비용의 차이이다. 차액지대 제I형태와 제II형태 차이는, 두 경우 모두 토지생산성에서의 차이가 문제이기 때문에 원칙적인 성격의 것이 아니다. 첫번째 경우에 이 차이는 자연조건에 의한 것이고, 두번째 경우에는 경제적 유래를 갖는다.

자연적 토지생산성과 경제적 토지생산성 사이의 한계는 유동적이다. 어제는 경제적 토지생산성으로 나타났던 것이 오늘은 자연적 토지생산성의 요소가 될 수 있다. 경작의 소재지분할이 변화할 경우에 지대 크기상의 변화는 자연적 토지생산성에서 기인한 것이라고 할 수 없다. 그러나 경작의 소재지분할이 변화하지 않을 경우에 지대의 운동은 경제적 생산성에서 기인한 것이다.

4. 토지소유와 농업생산의 결합 및 차액지대

차액지대의 본질에 관한 설명에서 우리는 이제까지 자본가적 차지농이 임노동자의 도움으로 수행하는 발전된 자본주의적 농업을 염두에 두었으며, 그때 토지소유자와 농업생산의 완전한 분리를 가정하였다.

그러나 자본주의에서는 토지소유와 다른 농업생산수단 전체에 대한 소유가 동일한 개인에게 결합되어 있는 두 가지 유형의 농업기업이 있다. 먼저 토지 및 다른 생산수단의 소유자의 개인적 노동에 근거한 소농경영이 문제이다. 두번째 유형은 자본가가 동시에 토지소유자이면서 임노동자를 고용하는 자본가적 경영이다.

자본가적 토지소유자의 경영에서의 지대

자본가적 토지소유자에 의해 경작되는 토지가 단일한 생산가격을 규정하는 토지에 대해 생산성이나 위치의 면에서 더욱 우위에 있다면, 이 토지의 소유자는 자본가로서의 자신의 속성에 따라 차액-초과이윤을 실현할 수 있고 그것을 토지소유자로서의 자신의 속성에 따라 전유할 수 있다. 자신의 자본만을 사용하는 자본가가 자신의 기업가이득과 관련하여 아무런 제한도 받지 않고 오히려 총이윤, 그 중에서 자본이자까지 수취하는 것과 유사하게 자본가적 토지소유자에게는 단지 평균이윤만이 아니라 차액지대의 실체인 차액-초과이윤도 흘러들어간다. 이와 같은 경우에 지대관계는 당연히 발생하지 않는다.

농민경영에서의 지대

농민적 소상품경제의 기능을 위한 선결조건은 평균이윤의 획득이 아니다. 농민경영에 대해서 농업생산물의 시장가격이 일반적으로 생산가격과 일치한다는 것이 무조건적으로 필요한 것은 아니다. 농민경영에는 어떠한 자본주의적 비용가격(c+v)도 없고, 이러한 경영은 어떠한 노동력도 구매하지 않는다. 농민의 노동에 의해 창조된 새로운 가치는, 여기에는 어떠한 지불노동도 부불노동도 없기 때문에 일정한 부분들로 분리되지 않는다. 그러나 자본주의적 생산양식이 지배하기 때문에 자본주의 경제의 범주들이 일정한 한계는 있지만 농민경영에 적용될 수 있다.

농민이 새로 생산한 생산물의 가치로부터 표준적인 임금수준에 해당하는 부분을 뺀다면(평균지 및 우등지의 생산물의 가치가 문제되는 한), 나머지 부분은 표준적인 이윤에 차액지대를 더한 것과 같을 것이다. 이러한 점에서 농민이 차액지대를 경영하여 얻어내고 그것을 토지소유자로서 또한 스스로 전유한다고 생각할 수 있다. 그러나 농민경영이 노동수단을 갖추는 데서 자본주의적 기업만 못하다는 것을 고려해야 한다. 농민경영은, 그 도입을 위해서는 상당한 경영규모를 필요로 하는 능률적인 기계를 응용할 수 없다. 더 나아가 농민경영에서는 과학적 지식의 적용이 어렵다. 그래서 농민경영에서는 보통 생산물 단위당 비용이 비슷한 등급의 토지에서의 자본주의적 기업보다 높다. 그러나 가격이 최열등지에서의 평균적인 사회적 필요비용에 의해 규정되기 때문에, 최열등지에서의 농민경영의 수입은 빈번히 임금 이하이다. 평균지나 우등지를 경작하는 농민의 경우에 개별 비용과 사회적 필요비용간의 차이는 빈번히 꼭 총차액지대의 크기를 갖는다.

5. 차액지대의 원천에 대하여

모든 평균지 및 우등지의 생산물은 일반적으로, 최열등지가 사회적 수요의 충당을 위해 필요한 만큼, 최열등지의 생산물의 개별 생산가격에 일치하는 가격으로 실현된다. 이로 인해 농업생산물의 시장생산가격의 총합은 항상 그것들의 개별 생산가격의 총합보다 높다.

이와 같은 현상은, 무상의 자연력으로서 그 사용자에게 독점적 지위(경쟁을 통해 제거될 수 없는)를 만들어주는 재생산되지 않는 요소들이 개별 상품가치를 결정하는 조건하에서, 시장가치의 법칙이 작용하는 데서 기인한다.

어떠한 독점도 없다면, 임의의 상품 종류의 시장가치(또는 생산가격)의 총합은 개별 가치(또는 생산가격)의 총합과 같다.

가공의 사회적 가치

농업생산물의 시장가치의 총합과 그 개별적 가치들의 총합 사이의 차이를, 맑스는 가공의 사회적 가치라고 불렀다.

가공의 사회적 가치의 특수성은 다음과 같다. 즉 여기에서 농업생산물의 생산을 위해 지출된 개별 노동시간의 합과 이러한 농업생산물과 교환될 수 있는 제조업 생산물에 포함된 개별 노동시간의 합이 일치하지 않는다는 것은 명백하다. 그 때문에 마치 농업과 여타의 생산부문들 사이에 농업에 유리한 방향으로의 부등가교환이 항상적으로 발생하고, 이러한 부등가교환이 차액지대의 원천인 듯한 인상이 발생한다.

그러나 상품교환에서의 등가는 현실적으로는 실제의 노동지출의 무조건적인 동등성을 전제하지 않는다. 교환의 기초로서의 가치는 지출된 사회적 필요노동시간이다.

그러나 실제로 지출된 개별 노동시간에 관한 한, 다양한 경영에 의해 생산된 모든 동종의 상품은 실제로 지출된 상이한 양의 노동시간을 포함하고 있다.

교환의 등가는 실제로 지출된 개별 노동시간의 동등성이 아니라 가치의 동등성을 전제한다.

결국 만일 평균지 및 우등지의 생산물이 최열등지에 의해 결정된 사회적 가치로 판매된다면, 그것은 부등가교환과 아무런 관계도 없다. 이러한 경우에는 오히려 등가의 원리가 엄밀하게 지켜진다. 왜냐하면 농업생산물이 그것의 생산을 위해 필요한 사회적 필요비용에 의해 규정되는 가치로 실현되기 때문이다. 그래서 가공의 사회적 가치는 가치법칙에 모순되지 않고 가치법칙을 부정하지 않는다. 차액지대의 발생은 결국 이러한 법칙과 전적으로 일치한다. 잉여가치의 부분으로서, 초과이윤으로서 가공의 사회적 가치는 평균지나 우등지를 경작하는 경영에서 생산된다.

노동생산성과 차액지대

앞에서의 설명들로부터, 일정한 생산부문의 개별 경영에서의 노동생산성이 상승하는 경우에 같은 시간단위로 지출된 노동은 노동생산성 수준이 한층 낮은 여타의 경영에서보다 더 많은 사용가치와 더 큰 사회적 가치를 생산한다는 것을 알 수 있다. 이 사실은, 해당 상품의 사회적 가치를 규정하는 여타의 경영들에 이러한 노동생산성의 상승이 확산되지 않는 한 타당하다. 각각의 생산부문에서 사회적 가치를 규정하는 경영들에서보다 더 높은 노동생산성으로 수행되는 노동은 단위시간당 더 큰 가치를, 따라서 더 큰 잉여가치(또는 이윤)를 만들어낸다. 마찬가지로 차액 - 초과이윤은 우등지 및 평균지에서의 더 높은 노동생산성의 결과이다.

그래서 차액지대의 원천을 다양한 생산부문들간의 관계에서 찾으려 하는 것은 불필요하다. 그 원천은 농업 자체에 상대적으로 더 좋은 자연적 생산요소들을 사용하는 경영의 더욱 높은 노동생산성에 있다.

차액지대가 생산부문 자체에서 발생한다는 사실을 부정한다면, 이것은 그 범주를 생산영역이 아니라 분배영역의 현상으로 파악한다는 것을 뜻한다. 동시에 그것은 농업이나 채굴업의 생산물과 관련하여 가치법칙의 작용을 부정하려는 시도일 것이다. 즉 가공의 사회적 가치가 단지 재분배의 결과일 뿐이라면 이러한 사실은 그때그때의 개별 가치(또는 개별 생산가격)가 동시에 사회적 가치(또는 사회적 생산가격)라는 것을 의미하게 될 것이다. 그러나 그럼으로써 동일한 종류의 모든 상품이 일정한 시기에 동일한 시장에서 동일한 가치 크기의 담지자라는 것을 말하는 가치이론의 가장 본질적이고 필수불가결한 명제들 중의 하나가 부정될 것이다. 시장가치는 가치와 동일할 수도 있고 그것보다 높거나 낮을 수도 있다. 그래서 하나의 단일한 시장가격만이 있을 수 있는 것과 같이, 또한 하나의 시장가치(또는 시장생산가격)만이 존재할 수 있다.

가공의 사회적 가치는 가치의 재분배의 결과가 아니라 자연적으로 제한된 생산수단에 대한 독점이 존재하는 상황에서 상품생산에 내재하는 현상이다.

6. 지대이론과 가치법칙

문제의 역사에 대하여

맑스에 따르면, 리카도의 공헌 중의 하나는, 그가 가치법칙을 엄수하는 가운데 지대를 설명했다는 데 있다. 물론 리카도는 차액지대에 대한 자신의 학설에서 경제학자 앤더슨(Anderson)의 설명에 의지할 수 있었다. 그러나 앤더슨도, 다른 경제학자도 지대가 상품 가치의 일부라는 것을 증명할 수 없었다. 중농주의자들이 지대의 근원을 자연에서 찾으려 했다는 것, 즉 지대를 자연의 선물로서 다루었다는 것을 기억한다면, 리카도가 지대를 (중농주의자들이 했던 것과 같이) 사용가치의 잉여로서가 아니라 가치들의 차이로서 설명했을 때 그가 얼마나 큰 진보를 이루어냈는가를 어렵지 않게 이해할 수 있다. 농업생산물의 사회적 가치와 개별 가치간의 차이는 지대의 현실적인 원천이다.

리카도의 공헌은 그가 최초로 지대를 가치법칙과 과학적으로 연결시켰다는 데 있다. 그럼에도 불구하고 그의 이론은 맑스가 발견한 몇 가지 본질적인 결함을 가지고 있다. 리카도는 두 개의 잘못된 독단에 근거했다. 먼저 그는 지대가 단지 우등지에서 열등지로의 이행을 통해서만 발생할 것이라는 것과, 연속적인 자본투자가 이른바 토지생산성 체감의 법칙의 작용 아래에 놓여 있을 것이라는 것을 믿었다. 따라서 이러한 파악에 따르면, 지대는 우등지로부터 열등지의 이행의 경우에 계속적인 자본투자의 생산성이 체감하기 때문에 증대된다.

맑스는 지대가 우등지에서 열등지로의 이행뿐만 아니라 열등지에서 우등지로의 이행의 경우에도 발생하고 높아질 수 있다는 것을 증명했다. 자본주의의 역사에서는 두 경우의 발전이 모두 있었다. 교통제도, 특히 철도수송의 확장은 이전에는 접근하기 어려웠던 땅들을 경작에 편입시켰다. 새로이 경작되는 토지들 중에는 항상 그 자연적 생산성이 이전에 경작된 토지의 생산성보다 더 높은 것도 있다. 이러한 새로운 땅들의 수확이 농업생산물에 대한 사회적 총수요를 충당하기에 충분치 않기 때문에, 계속해서 이제까지 경작된 열등지를 경작할 필요가 있다. 새로운 우등지는 당연히 차액지대를 가져온다. 시장(규정적인) 생산비용과 개별 생산비용간의 차이가 확대되는 한 지대 총량은 증가한다. 차액지대의 존재는 무조건적으로 열등지에서 우등지로의 이행 또는 그 반대의 운동을 전제하지 않는다. 차액지대는 단지 토지생산성에서의 차이와 그에 따른 생산비용들에서의 차이와 결부되어 있을 뿐이다.

리카도에 따르면 지대의 발생 내지 증가는 항상 우등지에서 열등지로의 이행에 의해 조건지어진 농업생산물의 가격등귀로 소급된다. 그러나 실제로는 맑스가 증명한 것처럼, 지대는 농업생산물 가치(또는 생산가격)의 하락에 의해서도 증가한다. 하나의 농업생산물에 대한 규정적인 생산가격과 개별 생산가격들 사이의 차이의 확대는 지대의 상승에 결정적이다.

이른바 토지수확체감의 법칙

부르주아 정치경제학은 토지수확체감의 '법칙'을 언급함으로써 자본주의적 생산양식의 모순을 은폐하려고 시도했다. 이 법칙에 따르면, 자본주의의 사회경제적 관계가 인민대중의 궁핍에 대한 원인이 아니라, 모든 사람을 풍부하게 먹여 살릴 수 있도록 충분하게 생활수단을 공급하지 못하는 자연의 특정한 속성이 그 원인이다.

이 법칙의 지지자들은 '법칙'의 내용을 다음과 같은 방식으로 설명하였다. 즉 농업에서의 모든 연속되는 자본투자는 보통 이전의 자본투자보다 덜 생산적이라고 한다. 그 결과 보다 높은 등급의 땅의 개간을 통해 농업생산을 확대하는 것이 불가능한 한, 농업생산물 가격의 상승이 나타날 수밖에 없다고 한다. 이러한 '법칙'을 위한 보다 설득력 있는 증명으로서 농업의 이용면적이 항구적으로 확대된다고 하는 것이 도입된다. 그들은 어떠한 토지수확체감도 없다면, 영국 전체의 농업생산을 런던의 한 장소에 옮겨놓을 수 있다고 논증한다.

농업에서의 추가투자의 생산성체감에 관한 '이론'의 주된 약점은, 그것이 과학기술의 진보를 무시한다는 점이다. 토지생산에서의 추가적 자본투자는 보통 농업기술의 개선, 새로운 기계의 도입, 관개조치 등으로 표현된다. 기존의 기술수준에서 동일한(또는 상승하는) 효과를 가져오게 하면서,

새로운 추가자본을 농업경영에 무제한적으로 투자하는 것은 불가능하다.

그러나 그것은 농업만의 특징이 결코 아니다. 사실상 모든 생산력의 발전계제에서 공업에서도 생산의 집적에 대한 제한이 있다. 기술수준이 일정할 때, 일정한 한계를 넘어서서 이루어지는 경영의 확대와 생산의 제고를 목적으로 하는 추가적 자본투자는 추가적 투자의 효용효과의 상승이 아니라 하락을 가져온다.

농업에서도 사정은 유사하다. 기술과 농업의 변함없는 발전단계에서 추가적 자본투자의 효용효과의 증대는 한계를 갖는다. 그러나 이러한 사실의 확정이 농업 및 공업에서의 실제의 경제적 발전을 설명할 수 있는 것은 아니다. 만일 기술진보를 도외시한다면 경제발전의 법칙은 확정될 수 없다("이미 우선 '추가적인(또는 연속적인) 자본 및 노동의 투자'라는 개념은 생산방법의 근본적인 변화와 기술혁신을 전제한다"[2]고 레닌은 썼다).

토지수확체감의 '법칙'의 추종자들도 농업에서의 기술의 계속적인 발전과 새로운 농업기술의 적용을 부정할 수 없었다. 하지만 여전히 그들은 이 '법칙'이 보편적인 타당성을 가지고 있으며, 기술발전이 단지 이 법칙의 작용을 잠정적으로 마비시키는 경향일 뿐이라는 것을 증명하려고 시도했다. 레닌은 그것에 대해 다음과 같이 말했다. "마찬가지로 사람들은 이렇게 말할 수 있다. 즉 기차가 역에서 정차하는 것은 철도교통의 보편적인 법칙인데, 기차가 역 사이를 움직이는 것은 이와 달리 보편적 정차 법칙의 작용을 마비시키는 잠정적인 경향이라고."[3]

기술의 발전과 함께 농업에서는 물론, 여타 산업부문에서도 경영에서의 투자의 크기는 점점 더 증대한다. 계속되는 투자는 이전의 투자보다 더 큰 효용효과를 가질 수 있고, 또한 보통 가지고 있다. 토지수확체감의 '법칙'은 기술수준이 변화하지 않을 경우에 농업에서뿐만 아니라 공업에서도 관찰될 수 있는 현상의 잘못된 일반화이다. 이러한 현상을 법칙으로서 정식화하는 한, 다음과 같은 결함이 나타난다. 즉 발전을 도외시한 현상이 발전법칙으로서 제시된다. 이러한 '법칙'은 이론적으로나, 방법론적으로나 부적합하고, 농업에서의 집약도의 끊임없는 증가를 보여주는 역사적 발전의 사실에 의해 부정된다.

리카도는 차액지대의 학설을 이른바 토지수확체감의 법칙에 대한 인정과 결부시켰다. 그러나 이와 같은 결합은 현실적으로 존재하지 않는다. 차액지대의 법칙은 경작된 땅들에서의 토지생산성의 차이와 사적 토지경영의 독점을 전제한다. 이러한 지대의 존재라는 문제에 대해서, 토지생산성이 올라가는가 내려가는가 하는 것은 중요하지 않다. 차액지대는 토지생산성이 올라갈 경우에도, 내려갈 경우에도 있을 수 있다.

레닌은, 차액지대의 이론과 토지수확체감의 '법칙' 사이에는 결코 어떠한 연관도 없다는 것을 증명했다는 사실을 맑스의 공로라고 간주했다.

속류 경제학에서의 지대

오늘날의 부르주아 경제학은 오래 전부터, 리카도에서 연원하는 지대이론 분야에서의 현실적으로 과학적인 탐구를 포기했다. 지대는 토지의 생산물로서, 즉 투입된 자본에 대한 이자로서 설명되었다. 첫번째 경우에는 자연의 작용이 인간의 사회적인 추상적 노동의 활동과 동일시되고, 노동의 산물이 자연에서 연원한 것으로 돌려진다. 두번째 경우에는, 주지하다시피 비록 토지가 자본과는 달리 어떠한 가치도 가지고 있지 않음에도 불구하고 토지와 자본이 동일시된다.

제31장 절대지대. 독점지대 및 지가

1. 절대지대의 본질

이미 살펴보았듯이, 최열등지에서는 어떠한 차액지대도 획득되지 않는다. 따라서 최열등지를 임대한 자본가들은 토지소유자에게 어떤 차액지대도 지불하지 않는다. 그러나 토지소유자들이 그들의 토지를 무상으로 임대해주는 경우는 있을 수 없을 것이다. 최열등지의 자본가적 차지농이 토지소유자에게 임대료를 지불하는 원천은 무엇인가?

모든 토지가 산출하는 것도 아니고 모든 토지소유자가 획득하는 것도 아닌 차액지대와 구별해서, 맑스는 최열등지에서의 지대를 **절대지대**로 표현했다. 예외 없이 모든 임차된 토지에 대하여 자본가적 농장주들은 그 토지들이 우등지인가 평균지인가 혹은 열등지인가와는 무관하게 이러한 지대를 지불한다.

리카도는 최열등지에서의 지대의 존재를 부정했다. 그와는 반대로, 체르니세프스키(N. G. Tschernyschewski)는 농업생산물의 가격이 최열등지에서도 차지농에게 단지 자본가의 통상적인 수입을 보증할 뿐만 아니라 일정한 잉여도 가져온다고 파악했다. 이러한 잉여는 **최열등지에서 지불된 지대**를 형성한다고 한다. 그러나 최열등지의 생산물 가격이 시장가격을 규정하기 때문에 모든 토지는 최열등지의 지대에 상응하는 — 차액지대를 무시하면 — 추가적 수입을 가져온다고 한다.

로드베르투스(Rodbertus)도 최열등지에서 획득되는 지대를 분석하고자 했다. 그는 농업자본가가 경영에 필수적인 종자를 비용요소로서 고려하지 않았다고 주장하였다. 그래서 실제의 생산비용과 계산상 파악된 생산비용 사이의 차이가 발생한다고 한다. 그러나 농업생산물의 가격은 계산상 파악되지 않는 부분의 생산비용(종자의 가치)에 대해서도 이득을 포함하고 있다고 한다. 로드베르투스에 따르면, 자본가는 자신의 정상적 이윤을 포기하지 않고 토지소유자에게 일부의 이윤을 지불할 수 있다. 이러한 부분은 장부상으로 파악된 생산비용을 근거로 계산된 이윤을 초과하는 잉여이다. 로드베르투스에 따르면, 이러한 초과이윤은 모든 토지에 존재하고, 따라서 최열등지도 지대를 가져올 수 있게 된다.

유명한 러시아의 경제학자 지버(N. I. Sieber)는 로드베르투스의 이론을 비판하고 그것의 본질적인 결함을 지적했다. 로드베르투스는 농업에서 일부의 생산물이 종자의 형태로 무상으로 생겨날 것이고 거기로부터 지대가 도출된다고 설명했다. 지버는 이러한 전제가 중농주의자들의 소위 자연의 선물로서의 순생산물(지대)에 대한 학설과 유사성을 보여준다고 썼다. 지버는, 로드베르투스가 교환가치와 사용가치를 혼동하는 중농주의자들과 비슷하게 자신의 이론에서 최열등지의 지대를 설명해주는 토대가 되어야 할 교환가치를 사용가치에 의해 대체시켰다는 것을 밝혀냈다.

생산수단의 한 요소가 갖는 무보수적 성격에 대한 잘못된 전제는 맑스에 의해 전적으로 부정되었다. 그는 이러한 종류의 생각이 자연경제의 조건들에 근거한 것이지, 부기가 예외 없이 모든 생산비용을 포함하는 자본주의적 상품경제에 근거한 것이 아니라는 것을 증명했다. 그럼으로써 생산비용의 이러저러한 요소는, 비록 기업내 거래에 한정된 것이라 하더라도, 자신의 가치 성격을 상실하지 않고 자본의 요소이기를 그치지 않는다고 한다.

맑스는, 최열등지에서 어떠한 지대도 지불되지 않는다는 잘못되고 실제와 모순되는 리카도의 주장을 거부했다.

리카도는 가치와 생산가격 사이의 차이를 알지 못했다. 그래서 그는 최열등지에서의 지대의 존재를 인정한다면, 이것은 동일하게 농업생산물이 보통 가치 이상의 가격으로 판매된다는 것, 즉 농업생산물이 가치법칙에 의해 규정되지 않는다는 것을 인정하게 된다는 주장을 했다. 최열등지에서는 지대가 존재하지 않는다는 허구적인 파악은 리카도에게는 자신의 노동가치론을 변호하기 위한 수단이었다.

체르니세프스키는 리카도가 최열등지에서의 지대의 존재를 부정하는 것에 대해 비판하고, 토지의 사적 소유로부터 나오는 농업생산물의 가치 형성의 특수성에 대해 언급했다. 그는 생산물 가치를 넘어서는 평균생산물가격의 잉여를 최연등지에서의 지대의 원천으로 간주했다. 그러나 현실적으로 과제는, 맑스가 증명했던 것처럼, 절대지대를 가치의 근거 위에서, 즉 농업생산물의 평균가격이 그것의 가치를 넘어서지 않는다는 전제하에서 설명하는 것에 있다.

맑스는 가치와 생산가격에 대한 자신의 진실로 과학적인 이론의 근거 위에서야 비로소, 이러한 매우 어려운 정치경제학의 이론적 문제를 해결할 수 있었다.

맑스는 토지경영의 독점이 존재하는 경우에 작용하는 부문내 경쟁의 법칙에 근거하여 차액 - 초과이윤을 설명했다. 차액지대는 토지경영의 독점의 경제적 실현이다. 절대지대는 이러한 독점의 어떤 실현형태일 수도 없다. 왜냐하면 부문내 경쟁은 시장생산가격을 최열등지에서의 생산물의 개별적 생산가격으로 환원시키기 때문이다. 그러나 초과이윤은 부문내 관계에 기초하여 발생할 뿐만 아니라 경제부문간의 관계로부터 결과되기도 한다.

농업에서의 자본의 낮은 유기적 구성과 그것의 영향

농업이 공업에 비해 낙후된 것은 농업에서의 자본의 유기적 구성이 낮은 것으로 발현한다. 농업에서 한 단위의 자본은 공업에서보다 더 많은 양의 산 노동을 운동시킨다. 따라서 농업에서 한 단위의 자본은 잉여가치율이 동일할 경우에 공업에서보다 더 많은 잉여가치를 가져온다. 다시 말해서 같은 크기의 자본은 잉여가치율이 동일한 경우에 공업과 농업에서 서로 다른 크기의 잉여가치량을 가져온다. 그래서 이윤율은 공업에서보다 농업에서 더 높을 수밖에 없다.

공업과 농업에서의 상이한 이윤율을 단일하고 평균적인 이윤율로 조정하는 것에 대해 어떠한 장애도 없다면, 농업에서 창조된 잉여가치는 경쟁메커니즘을 매개로 하여 두 부문간에 재분배될 것이다.

이것을 임의로 선택된 수치(<표 15> 참조)를 통해 설명해보자. 그 경우

<표 15>

경제부문	자본의 유기적 구성	잉여가치량 =100%	생산물의 가치	제부문의 이윤율(%)	평균이윤율(%)	생산가격	가치와 생산가격의 차이
공업	200c+50v	50	300	20.0	25	312.5	−12.5
농업	100c+50v	50	200	33.3	25	187.5	+12.5

에 잉여가치율은 어디에서나 100%라고 가정한다

공업에서의 이윤율은 20%에 달하고, 이와 달리 농업에서는 33.3%에 달한다. 이윤율이 평균이윤율로 조정되고 그에 상응하는 생산가격이 형성된다면, 공업생산물들은 자신의 가치보다 12.5단위 더 높은 가격으로 판매될 것이다. 반면에 농업생산물은 자신의 생산가치보다 12.5단위 정도 더 적은 가격을 가질 것이다. 결과적으로 최열등지의 자본은 아무런 초과이윤도 생산하지 못할 것이다. 최열등지에서의 농업생산물에 대한 가격은 단지 생산비용과 투하된 자본에 대한 평균이윤만을 보전할 것이다. 그러나 이러한 경우에 자본가들은 보통 평균이윤율의 일부를 포기했을 때만, 최열등지의 사용에 대한 지대를 토지소유자에게 지불할 수 있을 것이다. 그러나 자본주의적 관계하에서 그러한 일은 있을 수 없다.

사적 토지소유와 자본주의적 경쟁

이미 확인한 것과 같이 농업에서의 자본의 유기적 구성은 공업에서보다 낮다. 그것은 농업생산물의 가치가 자신의 생산가격보다 높다는 것, 또 이러한 부문에서 창조된 자본 단위당 잉여가치는 평균이윤보다 높다는 것을 의미한다. 사적 토지소유, 즉 토지에 대한 사적 소유의 독점은 생산부문간 경쟁을 방해한다. 이러한 독점은, 자본이 토지에 대한 일정한 수수료를 지불하지 않고서 투하되는 것을 허락하지 않는다. 즉 사적 토지소유의 독점은 농업자본의 이윤율을 일반적인 평균이윤율로 조정하는 것을 방해한다. 이러한 사정 때문에 농업생산물의 평균가격은 그 생산가격보다 높다.

사적 토지소유의 독점은 부문간 경쟁을 방해한다. 그런 까닭에 농업생산물은 일반적으로 그 생산가격을 초과하는 가격으로 판매된다. 그래서 어떠한 차액-초과이윤도 가져오지 않는 땅들을 경작하는 자본가들도 자신의 생산물을 생산가격보다 높은 가격으로 판매함으로써 정상적 이윤 이외에 초과이윤을 실현한다. 그러므로 절대지대는 농업생산물의 가치와 생산가격간의 차이에서 발생한다. 따라서 절대지대는 자본주의에 고유한 가격형성법칙으로부터 도출될 수 있다.

사적 토지소유의 독점은 결코 경쟁을 제거하는 것이 아니라 단지 경쟁의 한 형태, 즉 생산부문간 경쟁의 형태를 마비시킬 뿐이다. 따라서 농업에서 자본의 보다 낮은 유기적 구성의 결과로 발생한 초과이윤은 존립할 수 있다. 그러나 이러한 초과이윤은 농업 시장생산물 가치의 일부이다. 그 결과 절대지대는 가치법칙으로부터 설명된다.

농업생산물의 가격이 생산가격보다 높기 때문에 그것은 독점적 요소를 보여준다. 이러한 요소는 무엇보다도 가치의 한계 내부에서 작용하며, 따라서 잉여가치 재분배의 결과가 아니라 오히려 이러한 종류의 재분배가 자본에 낯선 힘, 즉 토지소유의 힘과 마주침으로써 야기된 것이다.

모든 농업생산물(최열등지에서 생산된 것뿐만 아니라)은 생산가격보다 높은 단일한 가격으로 판매되기 때문에, 모든 토지에서 절대지대가 획득된다. 절대지대는 최열등지만이 아니라 모든 토지의 소유자에게 흘러들어간다.

절대지대의 최대치는 가치와 생산가격의 차이와 동일하다. 이러한 차이가 절대지대의 형태로 완전히 뽑히는가 또는 단지 부분적으로만 그러한가 하는 것은 공급과 수요간의 관계에 달려 있고, 그래서 절대지대의 원천의 문제와는 아무런 관계도 없다. 최열등지로부터 지불된 지대가 농업생산물의 가치와 생산가격간의 차이보다 높다면, 엄밀히 말해서 이러한 차이를 넘어서는 액수를 절대지대라고 할 수는 없을 것이다. 이러한 초과액수가 차지농의 평균이윤에서 나올 수 있을까? 당연히 아니다. 왜냐하면 절대지대 자체의 문제는, 단지 자본가적 차지농이 평균이윤율을 하회하지 않는 이윤을 경영하여 얻는다는 것에 근거할 때만 과학적 기초 위에서 해결될 수 있기 때문이다. 언급된 잉여의 원인이, 수요가 공급을 능가하기 때문에 가격이 가치를 능가한다는 점에 있을 수 있을까? 아니다. 왜냐하면 지대의 문제는 수요와 공급이 일치한다는 것을 전제할 때만 과학적으로 해결될 수 있기 때문이다.

농업생산물의 가치와 생산가격간의 차이에서 연원하는, 초과이윤을 넘어서는 모든 것을 절대지대의 범주에 귀속시킬 수는 없다.

절대지대의 근원으로서의 사적 토지소유

절대지대의 발생은 사적 토지소유의 독점에 근거하고 있다. 이와 같은 독점이 없다면, 농업 이윤율의 평균이윤율로의 조정과 생산가격에 입각한 농업생산물 가격의 형성은 방해받지 않을 것이다.

차액지대는 토지의 사적 소유와는 무관하게 발생한다. 토지소유자는 토지소유와는 무관하게 나타난 시장생산가격과 개별 생산가격간의 차이만을 전유할 뿐이다. 그러나 절대지대는 단지 사적 토지소유가 존재하는 경우에만 발생한다. 토지소유가 단순히 가치와 생산가격간의 차이만을 뽑아내는 것은 아니다. 이러한 차이의 실현을 조건짓는 가격 그 자체가 사적 토지소유의 결과이다. 맑스가 표현했듯이, 사적 토지소유의 독점은 절대지대를 낳는 근거로서 나타난다.

차액지대의 전제는 농업생산물의 가격이 생산가격에 조응한다는 것이다. 절대지대의 전제는 농업생산물의 가격이 생산가격보다 높다는 것이다. 차액지대는 자본주의적 가격형성의 법칙과 평균이윤의 법칙이 완전히 방해받지 않고 작용할 것을 요구한다. 절대지대는 사적 토지소유의 독점이 자본주의적 경쟁에 경제적으로 개입한 결과이다. 사적 토지소유는 잉여가치의 일부를 자본주의적 이윤 조정으로부터 배제한다.

그래서 절대지대는 본질상 농업노동자의 활동에 의해 창조되는 잉여가치 부분인데, 이 부분은 사적 토지소유의 결과로 평균이윤의 형성에 참여하지 않으며 토지소유자에게로 흘러들어간다.

토지의 국유화는 그것으로써 모든 전래의 봉건적 및 반봉건적 토지소유형태를 제거할 것이라는 점에서뿐만 아니라, 그럼으로써 자본주의사회가 토지소유자에게 바치는 공납으로부터 해방된다는 이유에서도 의미를 갖는다. 심지어 사적 토지소유가 자신의 형태와 관련해서 자본주의적 생산의 조건들에 완전히 적응했을 때조차도, 사적 토지소유는 노동자들에 의해 농업생산에서 창조된 전체 잉여가치의 일부를 수탈하기 위한 경제적 수단이다. 이것은 다시 당연히 자본의 축적기금에도 영향을 미친다.

토지에 대한 사적 소유를 폐지할 경우에, 농업생산물 가격은 생산가격 수준으로 떨어질 것이다. 농업생산물의 저렴화는 노동력 가치의 하락과 잉여가치의 상승을 가져올 것이다. 토지소유자들에 의해 절대지대의 형태로 전유되는 이윤 부분도 전체의 자본가들 사이에 분배될 것이기 때문에 평균 이윤율도 상승하게 될 것이다. 이러한 근거로부터 토지의 국유화는 발전된 자본주의적 생산양식의 관점에서도 진보적인 조치이다. 토지의 국유화는 절대지대의 폐지를 가져온다.

절대지대와 농민경제

절대지대는 토지경영에 의해 이미 토지소유의 분해가 수행된 발전된 자본주의적 농업을 전제한다. 이러한 조건하에서만 소유대상으로서의 토지에 대한 독점은 가격형성 과정에 직접적으로 영향을 미치는 실제적인 경제적 요소로서 작용한다. 그러나 농민경제가 농업생산의 지배적인 형태인 곳에서는 평균이윤과 생산가격의 법칙이 작용하지 않는다. 농민경제에서는 토지소유가 독립적인 경제적 요소로서 기능하지 않는다. 그런 까닭에 이러한 관계하에서는 절대지대가 발생하지 않는다.

만일 농업에서 자본주의적 형태의 생산이 지배적이고 토지소유가 토지경영으로부터 분리되어 있다면 사정은 다르다. 이러한 경우에 농업생산물 가격은 토지에 대한 사적 소유의 독점의 영향하에서 형성된다. 농민경제는 자신의 생산물을, 그 구성부분이 절대지대이기도 한 평균시장가격으로 판매하기를 강요당한다. 그러나 여기에서, 농민경제는 그 생산비용의 수준이 사회적 평균수준에 일치할 때만 절대지대를 실현할 수 있다는 점을 고려해야 한다. 그러나 실제로 농민경제에서는 기술적 장비가 열악하기 때문에 비용수준이 높다. 따라서 농민경영은 그 생산물을 판매할 경우에, 생산비용을 넘어서는 그 어떤 잉여 — 이것은 절대지대의 총합과 일치한다 — 도 획득할 수 없다.

오늘날에는 자본주의적 독점체들이 농민으로 하여금 그들의 생산물을 더 낮은 가격으로 판매하도록 강제한다. 독점에 의해 조건지어진 낮은 생산가격은 단지 어떤 절대지대도 포함하고 있지 않을 뿐만 아니라 보통 생산비용조차 완전히 보상해주지 못한다.

2. 독점가격과 독점지대

자본주의적 농업에 전형적인 차액지대와 절대지대 이외에 몇몇 토지에서는 독점지대도 획득된다.

독점지대

특정한 기후 및 토양 조건에서만 생산될 수 있기 때문에 제한된 규모로 시장에 나타나는 농업생산물이 존재한다. 이러한 경우에 증가하는 수요는 공급과 생산량의 어떠한 비례적인 확대도 야기할 필요가 없다. 왜냐하면 이러한 생산물의 생산조건은 재생산될 수 없기 때문이다. 그래서 예를 들면 고가의 프랑스산 포도주의 제조 원료인 몇몇 종류의 포도는 단지 상파뉴의 한지에서, 센느 협곡에서, 그리고 부르구뉴에서만 재배된다.

이런 종류의 생산물의 재생산의 특수성은 당연히 그 가격에 영향을 미친다. 이와 같은 생산물의 가격은 독점적 성격을 갖는다. 그 가격은 생산가격뿐만 아니라 가치도 능가하며 단지 유효수요의 집약도에 의해서만 제한된다. 독점가격을 토대로 획득되는 초과이윤은 독점적 초과이윤이다.

독점가격을 기초로 발생한 독점적 초과이윤은, 사적 토지소유의 독점을 근거로 자본가의 수중에서 토지소유자에게 흘러가고, 그럼으로써 독점지대로 전화한다.

토지소유는 독점지대 발생의 원인이 아니다. 그것의 원천은 오히려 독점가격이다. 생산비용의 수준에서의 차이도 독점지대의 형성과 무관하다.

독점지대와 절대지대 및 차액지대 사이의 차이

위의 설명으로부터 명백해진 바와 같이 독점지대와, 차액지대 및 절대지대 사이에는 원칙적인 차이가 있다. 전자는 생산물의 자유로운 재생산이 가능하지 않다는 것을 전제하는 반면에, 후자들은 바로 이와 같은 가능성을 요구한다.

토지경영 독점의 경제적 실현형태로서의 차액지대와 사적 토지소유의 독점의 경제적 실현형태로서의 절대지대의 존재는, 농업생산물 생산의 제한을 무조건적으로 전제하지 않는다. 이와는 달리 독점지대의 불가피한 전제조건은, 일정한 종류의 농업생산물의 생산량이 제한되어 있고 이러한 제한이 지양될 수 없다는 것이다. 이러한 것은 앞에서 다룬 독점의 두 형태와 근본적으로 구별되는, 자연적 요소에 대한 독점의 특수한 형태이다. 이러한 독점은 독점가격 형성의 원인이며, 후자는 다시 독점지대 존재의 원인이다.

차액지대 및 절대지대의 원천은 임노동자들의 활동에 의해 농업에서 창조된 잉여가치이다. 독점지대의 원천은 부등가교환에 있다.

3. 지가

토지는 자본주의에서 사적 소유의 대상이기 때문에 그것은 팔 수도 살 수도 있다. 즉 그것은 상품이다. 그러나 어떤 요소들이 지가를 결정하는가?

주지하다시피 가격은 화폐로 표현된 가치이다. 그러나 인간 노동의 산물인 사물만이 가치를 지닌다. 토지는 지출된 인간 노동의 산물이 아니다. 따라서 그것은 어떠한 가치도 갖지 못한다. 그러나 토지는 사고 팔리기 때문에, 그것은 가격을 갖는다.

지가의 본질과 크기

앞의 장들에서 살펴본 대로, 자본주의 시장에는 어떠한 가치도 가지고 있지 않지만 그러나 가격을 지니고 있는 대상들이 상품으로서 공급된다. 예컨대 유가증권이나 주식과 채권과 같은 것들이 있다. 유가증권은 소득을 받을 권리를 문서로 나타낸 지권이다. 주식과 채권의 가격은 주지하다시피 원금화된 소득이고, 이러한 소득의 크기 및 이자율의 크기에 의해 규정된다. 지가도 비슷한 양식에 따라 형성된다.

임의의 토지의 가격은 이 토지가 가져오는 지대의 크기와 이자율의 크기로부터 주어진다. 맑스가 밝혀낸 바와 같이 지가는 "토지의 매매가격이 아니라 그것이 가져오는 지대의 매매가격이고 통상적인 아자율에 따라 계산된다."[4] 그 결과 지가는 원금화된 지대이다.

영국에서 토지소유자가 자신의 토지에 대해 매년 3,500파운드 스털링 크기의 지대를 얻는다고 가정하자. 영국의 은행은 자신의 예금주의 예금에 대하여 매년 3.5%의 이자를 지급할 것이다. 토지소유자는 자신의 토지를, 은행에 투자했을 경우에 결코 더 적지 않은 연간 수익을 가져다줄 그러한 액수로만 판매할 수 있을 것이다. 그래서 그의 토지의 가격은 주어진 관계 (3,500/3.5)×100에서 약 10만 파운드 스털링에 달할 것이다. 이자율이 변화되지 않고 머물러 있는 반면에 지대가 4,200파운드 스털링으로 상승하면, 지가는 약 12만 파운드 스털링으로 오를 것이다. 그러나 지대가 변화되지 않고 그대로 있는데 이자율이 2.8%로 떨어지면, 지가는 12만 5,000파운드 스털링이 될 것이다.

지가는 이자율에 반비례하고 지대 크기에 정비례한다. 그 결과 한 토지 구획은 그것에 의해 획득되는 (이자율이 일정한 크기일 때) 기대가 높을수록 더 비싸다.

지가의 경향과 운동

이자율은 주지하다시피 하락하는 경향을 가지고 있는 반면에, 면적 단위당 지대의 크기는 증대한다. 이것은 특히 차액지대의 제II형태에 타당하다.

1940년 미국에서는 1에이커에 대한 평균 임대료가 4.13달러로, 1945년에는 9.36달러로, 1950년에는 13.77달러로, 그리고 1954년에는 심지어 16.15달러로 올랐다. 1910년에는 총임대료 액수가 미국에서 8억 2,100만 달러,

1940년에는 이미 12억 8,900만 달러에 달했다. 1945년에는 이러한 액수가 23억 5,800만 달러로 올라갔고, 1950년에는 29억 2,000만 달러로, 1962년에는 마침내 35억 달러로 올랐다.

1950년 이래 지가는 미국에서 매년 약 4~8%정도 올랐다. 1900년에는 1 ha의 평균가격이 미국에서 22.5달러였던 반면에, 1950년에는 145.5달러, 1954년에는 181.9달러, 1964년에는 324.8달러, 1969년에는 330.3달러였다.

이러한 사정은 다른 자본주의 나라들에서도 유사했다. 영국에서는 농업 이용면적의 ha당 가격이 1931~51년 동안에 57~77파운드 스털링에 달했고 1960년에는 340파운드 스털링, 그리고 1968년에는 528파운드 스털링에 달했다. 그래서 1951~68년에는 지가가 영국에서 6배로 올랐다. 프랑스에서는 농업 이용면적의 ha당 가격은 1950년에는 1,530프랑, 1960년에는 2,920프랑, 그리고 1969년에는 7,506프랑이었다. 따라서 프랑스에서는 최근 20년 동안 농업 이용면적 1ha당 가격이 5배로 올랐다.

임대료의 상승과 지가의 앙등은 생산적 투자의 더욱 더 많은 부분이 기생적 소비로 전용되는 결과를 가져온다. 지가의 상승은 축적 규모 및 확대재생산의 규모를 축소시키는 요인이다.

위에서 설명한 바와 같이 절대지대는 토지에 대한 사적 소유를 근거로 해서 존재할 뿐이다. 절대지대는 토지소유자에게 농업생산물의 가치와 생산가격간의 차이로부터 지불된다. 이러한 차이는 그 기술적 낙후성의 표현인 농업에서의 자본의 낮은 유기적 구성에 의해 발생한다. 농업의 이러한 낙후성이 지대의 존립을 위한 전제인 반면에, 다른 한편 지대의 상승은 이러한 낙후성을 확대시킨다.

임대료와 지가는 절대지대뿐만 아니라 차액지대와 독점지대도 포함해야 하기 때문에, 토지에 대한 사적 소유의 폐지는 절대지대 제거의 결과를 훨씬 능가하는 경제적 의미를 갖는다. 초과이윤의 특정한 형태로서의 차액지대와 독점지대는 당연히 자본주의에서는 사적 토지소유의 제거에 의해서는 소멸되지 않는다. 그러나 이러한 추가적 이윤도 토지소유자의 기생적인 소비에 사용되지 않고 생산적인 목적에 도입될 수 있다.

이로부터 왜 사적 토지소유의 제거가 자본주의적 생산양식의 발전을 위해 큰 의미를 가지는가 하는 것이 설명된다. 그러나 부르주아지가 어떤 한 나라에서도 사적 토지소유의 제거로 나아가려고 강행하지 않았다는 사실은, 부르주아지가 정치권력을 장악한 이후에 보수적인 사회세력으로 변했다는 것에 대한 또 다른 증거이다. 토지에 대한 사적 소유의 제거는 대중의 혁명적 원동력의 해방을 위해 필요할 것이고, 바로 이러한 결과는 부르주아지를 두려움에 떨게 할 것이다.

제32장 농업에서 자본주의 발전의 특수성

1. 공업에 대한 농업의 낙후성

자본주의적 생산양식은 우선 공업에서 확고한 지반을 차지했다. 그에 반해 농업에서는 다소 현저한 정도로 전(前)자본주의적 생산형태들이 매우 오랫동안 잔존해왔다. 여기서는 소생산이 매우 광범위하게 존재한다. 자본주의 세계에서 전반적으로 독립 자영농의 수는 농업 임노동자의 수보다 훨씬 많다. 부르주아 및 쁘띠부르주아 이론가들은 이러한 사실로부터 농업에는 자본주의적 발전법칙이 적용될 수 없다는 그릇된 결론을 이끌어냈다. 그들은 농업에서도 생산과 자본의 집적이 불가피하다는 것과 소상품생산이 분해과정에 놓여 있다는 것을 부정한다.

농민경제의 안정성에 관한 '이론'

19세기말에 독일의 개량주의자 다비트(David)와 이전의 러시아 합법적 맑스주의자인 불가코프의 저서들이 나왔는데, 거기에서 그들은 농업에서는 소생산이 대생산에 대해 더 우위에 있기 때문에 소생산은 대생산에 의해 구축되지 않는다고 주장했다.

레닌은 그러한 의견의 많은 주창자들의 설명과 주장을 다각적으로 연구했으며 철저하게 비판하였다. 이러한 작업은 무엇보다도 그의 논문들, 즉 「농업문제와 '맑스 비판가'」, 「농업에서의 자본주의적 발전법칙에 대한 새로운 자료들」에서 이루어졌다.

레닌은 많은 자본주의 나라와 관련된 엄청난 사실적 자료들의 분석에 의거하여 자본주의적 법칙이 공업뿐만 아니라 농업에도 작용한다는 것을 설득력 있게 입증했다. 자본주의에 고유한 일반적 법칙은 농업에서는 다만 특수한 현상형태를 띨 뿐이다.

농업에서의 소생산의 특수한 안정성에 대한 의견은 농업에서의 집적과정에 대한 일면적인 견해에 근거하고 있다. 쁘띠부르주아 경제학자들은 경영당 농업 이용면적의 규모를 집적도의 결정적인 지표로 선택했다. 동시에 그들은 토지소유의 규모와 경영의 경지의 규모를 거의 구별하지 않는다. 또 그들은 토지소유의 분산과 경영의 분산을 동일시했다. 자본주의에 특징적인 것으로서 임대지를 경작하는 경영의 비율이 끊임없이 증대할 경우에(농업생산과 토지소유의 분리), 토지소유의 규모와 경영 규모는 철저히 대립된 방향으로 발전할 수 있다.

그러나 경영 규모를 연구대상으로 선택하는 경우에라도 경지의 크기는 그 자체로는 농업경영의 크기를 판단하기 위한 주요 지표가 될 수 없다. 여기에서 문제가 되는 것은 자본주의이기 때문에, 경영자본 총액과 생산규모가 결정적인 지표이다.

농업에서의 자본주의 발전사는 경영당 경지가 줄어들 경우에는 반드시 농업생산의 집적이 일어난다는 것을 보여준다. 소생산에 대한 대생산의 우월성에서 기인하는 자본주의적 대경영의 증가는 농업생산의 비자본주의적 형태의 해체에 근거한다. 극소수의 농민이 자본가계급으로 상승하는 반면에, 훨씬 많은 농민이 그들의 노동력을 팔아야 하는 프롤레타리아트 혹은 반프롤레타리아트가 된다.

농민의 프롤레타리아화는 매우 빈번하게 잠재적 형태로 일어난다. 주로 그의 노동력을 팔아서 생활하는 농업노동자는, 그를 형식적으로 독립적인 소유자로 만드는 약간의 땅뙈기를 지닌다. 그렇지만 실제로 그는 임노동자이다. 왜냐하면 그에게는 노동력의 판매가 생계유지를 위한 가장 중요한 수단이기 때문이다.

1971년에, 그 소유자들이 자기 시간의 절반 이상을 농업 외부에서 종사하는 농장들의 비율은 프랑스와 룩셈부르크에서 15%, 네덜란드에서 21%, 이탈리아와 벨기에에서 24%, 서독에서 27%였다. 미국에서는 2,500달러 이하의 시장 생산을 하는 아주 작은 농장들의 경우에 농업의 원천에서 (주로 농장 밖의 일에서) 얻은 수입이 농부들의 총수입의 약 80%에 달했다.

사실들은 농업에서 자본주의가 그 이전의 생산형태들에 대립하여 점점 더 강력하게 관철된다는 것을 논박할 여지없이 입증한다. 또한 여기에서는 대생산이 소생산을 몰아낸다. 농업에서 집적과정이 공업에서보다 더 약하게 나타났다는 사실과 소상품생산의 비율이 훨씬 크다는 사정은, 다만 농업에서 자본주의의 법칙이 특수한 형태를 띤다는 것과 농업이 공업에 비해 낙후되어 있다는 것을 보여줄 뿐이다.

농업이 공업에 비해 낙후되는 원인

농업에서 생산관계의 전자본주의적 형태들이 오랫동안 지속된다는 사정과 이 경제부문에서 생산력의 발전수준이 낮다는 사정은, 농업이 공업에 비해 낙후되었다는 것의 표현이다. 후자의 사정은 자본의 더욱 낮은 기술적 및 유기적 구성에서 분명하게 나타난다. 그렇지만 농업의 낙후성의 원인은 농업생산의 자연적 특수성에서 기인하는 (마치 부르주아·쁘띠부르주아 이론가들이 증명하려고 했던 바와 같이) 것이 아니라 오히려 **자본주의적 농업**에 고유한 **생산관계**들의 체계에서 기인하는 것이다.

농업의 발전은 자본주의 세계의 모든 나라에서 이러저러한 형태로 남아있는 전자본주의적 토지관계의 잔재들에 의해 방해를 받는다. 오랫동안 농업에서 자본주의는, 생산의 발전을 저지하는 다양한 종류의 봉건적 토지관계의 잔재들과 공존한다. 예컨대 러시아에서는 앞에서 언급한 바 있는 지주적 토지소유와 농민적 토지점유의 반봉건적 형태들(촌락공동체 등)이 농업에서의 자본주의 발전을 저지했다.

유사한 사정이 아시아, 아프리카, 그리고 라틴아메리카의 수많은 나라에서 일어났다.

봉건적 관계를 다소 완전하게 제거한 모든 자본주의 국가들에서 그것이 자본주의적 생산의 발전관계들에 따르고 있을 때조차 자본주의 발전에 방해물인 토지에 대한 사적 소유가 여전히 남아 있다. 사적 토지소유는 사회로부터 공물을 징수하고 지대의 형태로 총잉여가치의 많은 부분을 전유한다. 잉여가치의 이러한 부분은 생산적인 이용에서 멀어지며, 따라서 그것은 자본축적과 확대재생산의 속도를 불가피하게 떨어뜨린다.

토지소유자들은 토지의 임대에 대한 지대의 형태이든지, 아니면 토지매각을 통한 자본화된 지대의 형태이든지간에 잉여가치를 전유한다. 그러한 잉여가치는 일반적으로 확대재생산으로 전화되지 않고 오히려 기생적인 낭비에 이용된다. 그러나 그것이 토지소유를 늦추는 유일한 요소는 아니다. 이미 위에서 설명한 바와 같이 지주와 차지농 사이의 관계의 특성은 그 자체가 생산력의 발전을 방해하는 모순의 원천이다. 자본가적 차지농은 토지에 오랜 회전기간을 갖는(관개설비, 숲 보호 철조망 등) 재산을 투자하기를 꺼리는데, 그 까닭은 투자한 가치의 부분이 임대차계약 유효 기간 동안에는 아직 생산물로 이전되지 않고 임대 만기 후에 지주에게 돌아가기 때문이다. 그리하여 농업에서 자본의 투자 가능성을 제한하는 토지에 대한 사적 소유는 농업에서 과학적·기술적 진보를 저지한다.

자본주의적 생산관계 자체도 마찬가지로 농업부문에서의 생산력의 발전을 저해한다. 우리가 이미 살펴본 바와 같이 사적 자본주의적 토지경영의 독점은 우등지나 평균지에서 차액지대를 얻을 수 있게 한다. 그러나 거기에서는 그것의 경제적인 의미가 충분히 다 논의되지 않았다. 토지의 질과는 무관하게 모든 농업경영은 각각 일정한 토지를 경영 대상으로 차지한다. 그렇게 함으로써 다른 기업가가 같은 땅을 경영할 가능성은 자연스럽게 배제된다. 토지는 농업에서 주요 생산수단이다. 그것에 대한 배타적 이용권이 특정한 기업가에게 주어져 있기 때문에, 새로운 농업기업가의 창출을 위한 가능성은 제한된다. 그러나 그럼으로써 경쟁은 농업생산의 범위에서 가중된다.

제조업에서 토지는 단지 경영의 자연적 기초일 뿐이다. 왜냐하면 그것은 기능하는 생산수단으로 이용될 수 없기 때문이다. 제조업에서는 몇몇 자본가에 의해서만 배타적으로 이용될 수 있는, 재생산될 수 없는 생산요소들이란 결코 없다. 제조업에서는 각 경제부문의 생산물에 대한 수요에 의해 요구되고, 그 생산가격이 만족할만한 높은 이윤율의 획득을 보증하는 한, 임의의 수의 새로운 기업이 창조될 수 있다.

농업생산 내부에도 경쟁과 기술적 진보가 있다. 보다 현대적인 기술을 가진 경영에서는 그밖의 사정이 동일하다면 그 생산비용이 더 낮다. 그렇지만 농업에서는 새로운 경영의 창출을 위해서는 경지가 노동수단으로서 필수적이라는 사실로 말미암아 경쟁이 제한된다. 경지는 이미 다른 기업에 빼앗겨서는 안되며, 또한 보다 낮은 기술수준을 가진 경영도 중요하다.

경쟁에서 보다 낮은 기술수준을 갖는 경영을 구축하기 위해서는 보다 낮은 생산비용이 드는 생산물을 시장에 내놓아야 한다. 그 우월성은 잠재적인 것이 아니라 현실적인 것이어야 한다. 그렇지만 그것은 많은 경우에, 기술수준이 낮은, 즉 생산비용이 높은 농업기업이 몰락할 때만 현실적 가능성으로 될 수 있다.

근대적인 농업용 기계는 다소 광대한 경지에서만 효과적으로 투입될 수 있다. 확대되는 기업에 인접해 있는 경지를 이미 다른 경영에 빼앗겼다면, 해당 경영은 실제로 능률적인 기계와 설비를 이용할 수 없다. 따라서 농업에서는 자본주의적 경쟁의 전개에 대한 특별한 방해물들이 있다. 그렇지만 기술 발전의 지체는 농업생산 자체의 특수성에 의해 일어나는 것이 아니라, 오히려 생산수단에 대한 사적 소유에 따른 경영의 고립에 의해 일어난다. 사회주의야말로 기술의 발전에 대한 사회적 제한을 완전히 없애는데, 그것은 사회주의적 소유에 의해 농업 대경영의 창출에 대한 방해물들이 폐지되기 때문이다.

자본주의에서의 공업에 대한 농업의 낙후성은 자본주의적 생산관계들의 체계 그 자체에서 기인하는 것이다.

공업에 대한 농업의 낙후성은, 다시 농업에서 그것에 특징적인 낡은 생산방법을 가진 비자본주의적 생산형태가 오랫동안 계속 잔존하도록 만드는 요인이다. 농민경영의 비율이 클수록 경제에서 봉건제의 잔재가 더욱 뚜렷이 나타나고 농업기업들 사이의 경쟁은 약화된다. 그러나 자본주의에서는 오직 경쟁이 기술진보의 추동력이다.

농업이 공업에 비해 낙후되었다는 것은, 한 시기에 그리고 농업의 특정 부문에서 농업기술과 농업생산이 신속하게 발전할 수 있다는 것을 배제하지 않는다. 1945~65년에는, 예컨대 미국에서 농장의 트랙터 수가 235만 4,000대에서 478만 대로, 콤바인의 수는 36만 5,000대에서 84만 5,000대로 증가되었다. 무기질 비료생산이 현저하게 증가했다. 즉 1950년의 397만 7천

톤에서 1970년에는 1,491만 톤으로 증가했다. 1940~68년에 미국의 농업에서, 고정자본의 가치가 317억 달러에서 668억 달러로 무려 2배 이상이 증가되었고 종사자당 증가는 5.5배에 달했다. 미국 농업에서의 이러한 비교적 빠른 기술의 진보는 제2차 대전 이후에 미국과 세계의 모든 자본주의 나라들이 처해 있던 구체적인 경제적·정치적 상황에 의해 야기된 것이다. 그 시기에는 우선 물리적·도덕적으로 진부화된 고정자본을 갱신할 필요가 있었다. 두번째로는 농업생산물, 특히 전쟁 피해가 극심했던 나라들로부터의 농업생산물 수요가 일시적으로 증가했다. 미국의 자본가들은, 특히 생활수단 '원조'를 통해 자신들의 팽창을 촉진하기 위해 그것을 이용했다. 농장들의 강력한 파괴과정과 생산집적 증대의 결과, 광범한 보조금을 받는 (미국에서 최근 이 액수는 농장들의 순소득 중 약 절반에 달했다) 대농업가들은 새로운 기계와 도구들을 강력하게 투입할 수 있게 되었다.

이러한 미국의 자본주의적 농업에 유리한 모든 경기조건들에도 불구하고 농업이 공업에 비해 낙후되는 경향은 이미 언급된 기간에도 여전히 계속해서 작용했다. 지난 15년 동안에 발전된 자본주의 나라들에서 농업생산의 연평균 발전속도는 2.5%였던 반면에, 공업생산의 경우에는 5.7%였다. 미국에서는 1953년에 비해 1970년도의 공업생산량은 35% 증대된 반면에, 농업생산의 규모는 단지 4%만 증가했을 뿐이다.

2. 도시와 농촌의 대립

도시와 농촌의 대립은 진부한 경영형태의 존속과 공업에 대한 농업의 불가피한 후진성 때문에 점점 더 심화된다. 도시와 농촌간의 사회경제적 모순은 점점 더 첨예한 형태를 띠게 된다. 자본주의적 도시에는 다양한 방법과 갖가지의 형태로 농촌의 근로대중을 착취하는 자본의 증대하는 힘이 집적된다.

농촌에 대한 착취의 여러 형태

자본주의적 조건하에서 도시는, 무엇보다도 **부등가교환**을 통하여 소생산자로부터 농업생산물을 빼앗는다. 도시는 한편으로는 농민에게 농업생산물을 싼 값으로 팔도록 강요하고, 다른 한편으로는 그들에게 비싼 값으로 공업상품을 팔 수 있다.

변화된 시장조건에 대한 농민경영의 적응은 특수한 형태로 진행된다. 경험이 보여주듯이, 농업생산물의 가격이 하락할 때 농민은 종종 경지를 줄이기보다는 오히려 생산의 증대를 통하여 가격하락으로 인한 손실을 메우려고 경지를 넓힌다. 불리한 시장조건에 대한 그러한 종류의 적응형태는 통상적으로 농민경영의 상태를 더욱 더 악화시킨다. 농업의 생산자들이 판매하는 상품가격과 그들이 구매하는 상품가격 사이의 관계는 그들에게 항상 불리하다.

예컨대 미국에서 농민이 생산한 생산물 가격은 1910년에서 1915년까지 동일한 수준에 머물러 있던 반면에, 그들이 사들이는 공업상품과 그들이 필요로 하는 서비스에 대한 가격은 2배로 상승했다.

농촌 근로자가 자본주의적 도시에 의해 착취당하는 그밖의 중요한 통로는 **신용공여**이다. 채무노예제란 농민에게 하나의 고통스런 짐이다. 왜냐하면 그것은 그들에게 가난을 선고하고 빈번하게 그들을 완전히 몰락시키기 때문이다. 저당신용(즉 토지저당과 다른 부동산에 의해 보증된 신용에 의한 채무)은 수많은 농민이 사실상 그들의 토지소유를 상실하고, 그들이 단지 이름뿐인 토지소유자가 되는 결과를 낳는다. 사실상 토지는 저당채권자의 손으로 넘어간다. 미국 농민의 저당신용은 1946년의 47억 달러에서 1969년에는 770억 달러로 증가했다. 1947년에 저당신용이 농민 순소득의 약 1/4이었던 반면, 현재 그것은 농민 소득의 거의 50%로 올랐다.

농촌 주민의 항상적인 재앙은 **농업과잉인구**, 즉 잠재적 실업형태이다. 이러한 실업형태의 특징은, 농민이 그의 좁은 토지에서 노동자의 임금보다 훨씬 낮은 소득을 부분적으로 벌어들이면서 그의 경영은 포기하지 않는 데서 찾을 수 있다. 몇몇 경우에는 상황이 그들에게 유리한 방향으로 변화할 것이라고 기대하는 사적 소유자의 감정이 그를 가로막는다. 다른 경우에는 도시에도 역시 대량의 실업자가 있기 때문에 그는 경영을 포기할 수 없다.

농촌 근로자에 대한 착취는 도시에 의해 광범하게 이루어지며, 또한 부르주아 국가의 끊임없는 과세에 의해 수행된다. 지금 현재 미국의 농민들은 그들 순수입의 1/3을 국가와 은행, 보험회사, 그리고 토지소유자들에게 빼앗기고 있다.

부르주아 사회의 경제조건 전체가 근로농민에게 파산을 선고한다. 계속해서 늘어나는 농부와 농민은 토지에 대한 소유뿐만 아니라 그밖의 생산수단에 대한 소유를 상실하고, 결국에는 자신의 노동력을 파는 프롤레타리아트가 된다.

미국에서는 해마다 많은 수의 농민이 경제적으로 몰락한다. 농민의 총수는 1950년에 540만 명이었던 데 반해, 현재는 290만 명이다. 서독에서는 1949년에서 1971년까지의 기간에 농민의 수가 77만 8,000명 또는 약 40%가 줄어들었다. 그밖에 아직도 남아 있는 농민의 상당 부분이 어느 정도 그들의 노동력의 판매로 살아간다는 사실을 고려해야 한다. 1950년에는 209만개(전체 농장의 39.9%)의 농장들이 부기업이나 생계를 위한 기업이었는데, 1964년에는 146만 2,000개 (46%)로 줄었다. 그러한 수는 미국 농민의 프롤레타리아화와 몰락의 과정이 계속 강화된다는 것을 입증한다.

많은 자본주의 나라에는 여전히 엄청난 수의 농민경영이 존재한다. 그렇지만 첫째 그러한 경영의 수는 줄어들고, 둘째 이러한 경영의 소유자들의 대부분은 중 그들의 생계를 대체로 그들 자신의 노동력의 판매를 통해서 이어간다. 그들을 일정한 곳에 구속하는 적은 땅만이 부분적으로 문제가 되는 사람들은, 자신의 경제를 마음대로 처리함으로써 그들의 노동력의 판매조건만을 악화시킨다. 그러한 '농민'은 노동력을 그의 경지에 직접적으로 인접해 있는 곳에서 팔지 않으면 안된다. 그러나 그곳이 노동력의 판매조건에서 가장 유리한 곳은 아니다.

그러므로 경제의 형식적인 독립성은, 농민의 증가하는 빈곤과 프롤레타리아화 과정을 은폐한다.

프롤레타리아트와 근로농민 사이의 동맹의 경제적 기초

농업에서의 자본주의 발전과 더불어 농민은 일정한 계급집단, 즉 부농, 중농, 빈농(이 대부분은 반프롤레타리아트에 속한다)으로 나누어진다. 이 집단들의 이해는 일치하지 않는다. 가난한 농촌주민이 프롤레타리아트에 가장 가깝다. 부농은 임노동자를 착취하는 자본가계급에 속한다. 따라서 근로농민과 부농의 근본 이해는 서로 대립된다. 중농의 경제적 본성은 자기 모순적이다. 먼저 그는 소유자이고 그래서 그의 마음은 자본주의로 기울어진다. 다른 한편, 그는 그의 노동을 통하여 생활비를 얻는 근로자이다. 근로자로서의 그의 생활의 이해는 노동자계급의 이해와 일치한다. 여전히 봉건제의 잔재가 상당 정도 남아 있는 많은 나라에서는 자본주의에 대한 투쟁은 그러한 잔재에 대한 투쟁과 융합된다. 여기서에는 자본주의적 착취뿐만 아니라 봉건적 착취도 노동자계급과 농민의 동맹을 위한 실제적인 경제적 토대를 형성한다.

주

1) 농장주(Farmer)라는 표현은 다의적이다. 그 표현 속에는 자신의 토지를 경작하는 농민은 물론, 이윤을 목적으로 농업경영을 행하는 자본가적 차지농도 포괄된다. 이 말은 또한 자신의 토지에서 농업생산을 경영하는 자본가들에게도 사용된다. 맑스가 농장주들에 대해 말했을 때, 그것은 임노동자의 도움으로 자본주의적 농업경영을 하고 토지소유자에게 임대료를 지불하는 자본가적 차지농을 의미했다.
2) Lenin, *Werke*, Bd.5, Dietz Verlag, Berlin 1959, S.103.
3) *Ebenda*, S.106.
4) Marx/Engels, *Werke*, Bd.25, Dietz Verlag, Berlin 1964, S.636.

제10분편 가격과 경쟁

이제까지는 경쟁이 시장가격의 형성에 미치는 영향에 대하여 특별히 연구할 수 있는 기회가 거의 없었다. 시장경쟁은 공급과 수요간의 투쟁과 동일하며, 따라서 그것은 공급과 수요간의 일치뿐만 아니라 그것들간의 불일치도 전제한다. 상품가치 형성의 합법칙성을 그 자체의 순수한 형태로 연구하면서, 우리는 상술한 정황을 추상하였다. 이 분편에서는, 더욱 표면으로 드러나고, 또한 그 때문에 더욱 더 객관적으로 존재하는 가격형성메커니즘과 또 그것이 자유경쟁의 조건하에서 어떻게 작용하는가라는 문제가 서술될 것이다.

제33장 자유경쟁의 조건에서의 가격발전

가치와 가격

이 책의 상품과 화폐에 관련된 분편에서 상품의 가치는 오직 다른 상품과의 관계 속에서만 드러날 수 있으며, 가장 고도로 발전된 가치형태는 가치의 화폐형태, 곧 가격이라는 것이 설명되었다. 가치와 가격의 관계는 내용과 형식의 관계이자 본질과 현상의 관계이다. 레닌은 다음과 같이 썼다. "가격은 가치법칙이 현상화되는 형식이다. 가치는 가격의 법칙, 즉 가격 현상의 일반화된 표현형태이다."[1] 그러므로 가격 발전은 한편으로는 가치법칙에 종속되며, 다른 한편 가치와 가격이 동일시되어서는 안된다.

가치는 반드시 가격으로 나타난다. 하지만 가격이 항상 가치를 표현하는 것은 아니다. 아무런 가치도 갖지 않지만 형식상 가격을 가질 수 있는 대상(예를 들면 처녀지)이 있다. 다른 한편 현실적이며, 가상이 아닌 가격(그것의 생산 및 재생산을 위해 노동이 지출된 상품의 가격)은 모든 구체적인 경우에 그것의 가치 기초와 불일치한다. 이 점은 이후의 서술에서 중요한 의미를 갖는다.

구체적인 현상을 반영하는 모든 범주와 마찬가[지의, 가격은 자신의 본질뿐만 아니라 다수의 다른 현상에 의해 좌우된다. "그러므로 가격과 가치 크기 사이의 양적 불일치의 가능성 혹은 가치 크기로부터 가격이 괴리될 가능성은 가격형태 그 자체 내에 있다. 그것은 이러한 형태의 결함이 아니라, 오히려 역으로 그것을 한 생산양식, 즉 거기에서는 원칙이 맹목적으로 작용하는 무원칙성의 평균법칙으로서만 관철될 수 있는, 그러한 생산양식에 적합한 형태로 만든다"[2]고 맑스는 썼다.

가격과 가치의 일치를 위한 필요조건과 충분조건이 존재한다. 필요조건은 항상적으로 재생산되는 상품교환의 관계, 즉 시장의 현존, 그리고 참가자들간의 자유경쟁의 시장관계이다. 후자는, 어떠한 자연적 혹은 인위적 독점도 상품을 그 가치 이상으로 팔거나 혹은 상품을 그 가치 이하의 가격으로 팔도록 강요할 수 없다는 것을 의미한다. 가격과 가치의 일치에 대한 충분조건은 사회적 욕구와 일치하는 상품의 생산, 즉 사회적 생산의 균형이다. "이러한 분배가 균형적이면 다양한 집단의 생산물은 그들의 가치대로 (더 발전된 경우에는 그것의 생산가격으로) 팔릴 것이다"[3]라고 맑스는 썼다.

가격과 그것의 가치 기초의 일치라는 자본주의적 생산의 필요조건이 자유경쟁에 내재하고 있다 하더라도, 그것은 결코 충분조건이라고 이야기될 수 없다. 자본주의적 생산의 기본 특성은, 균형적인 분업을 특징짓는 생산규모로부터 실제적인 생산규모의 항상적인 괴리를 가져온다. 그것은 시장에서 상품공급에 대한 유효수요의 괴리로 표현된다.

유효수요는 시장에서 나타나는 상품에 대한 욕구이다. 유효수요의 크기는 소비자들이 주어진 가격과 화폐소득으로 살 수 있는 상품의 양에 의해서 규정된다. **공급**의 크기는 주어진 가격으로 팔려고 내놓은 상품의 양에서 나타난다. 어떠한 상품의 공급이 유효수요보다 많으면 판매자들 사이의 경쟁이 격화된다. 판매자들 각각은 그가 상품을 판매하려고 할 때, 종종 어쩔 수 없이 가격을 현행 시장가격 이하로 떨어뜨려야 한다. 가격 하락은 보통 해당 상품의 생산 축소를 가져온다.

유효수요가 공급보다 많으면, 구매자들은 어쩔 수 없이 서로 경쟁하게 된다. 결핍된 상품을 얻기 위해 그들은 각기 그들의 경쟁자들이 할 수 있는 것보다 가능한 한 더 높은 가격을 제시하려고 애쓴다. 판매자들은 가능한 한 높은 가격을 얻으려고 애쓰게 되고, 그래서 상품의 가격은 그 가치보다 상승한다. 이것은 생산자들로 하여금 해당 상품의 생산을 확장하도록 고무한다.

결국 무정부적 생산의 조건하에서 가치 - 가격 괴리는 불가피할 뿐만 아니라 사회적 생산의 균형의 조절을 위해 대단히 필수적이다.

가격과 수요의 크기

다음은 수많은 실제적인 관찰을 통해 입증된 법칙이다. 즉 가격이 상승하면 여타의 조건이 동일할 때 해당 상품에 대한 수요는 떨어진다. 반대로 가격이 하락하면 수요는 증가한다.[5)] 이러한 현상은 무엇보다도 구매자의 소득의 제한성과 관련된 것이다. 가격이 하락하면 구매자는 동일한 소득으로 보다 많은 상품량을 얻을 수도 있다. 가격이 오르면 구매자는 그의 소득을 보다 적은 상품들에 할당하도록 강요받는다.

어떤 상품에 대한 수요의 크기가 그것의 가격에 의존하는 것을 수식으로 표현하면 다음과 같다.

$$q^D = f(p) \quad \cdots\cdots (1)$$

(q^D : 수요의 크기, p : 가격)

이러한 함수적인 의존은 다음과 같이 나타난다.

<그림 1>

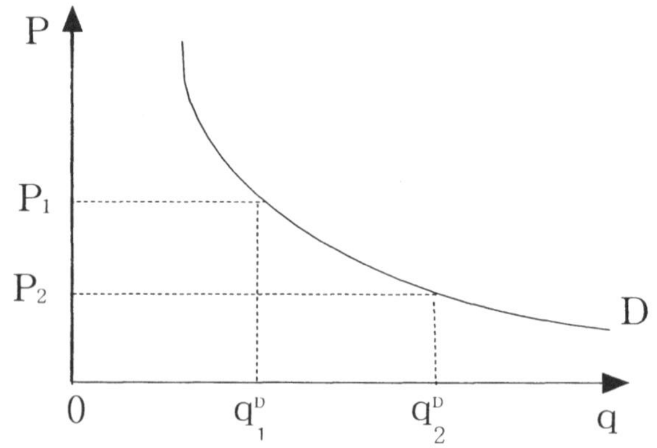

곡선 D는 경제학 문헌에서 수요곡선이라고 불린다. 가격과 그에 상응하는 수요의 크기를 곡선 위에 옮긴다면, 우리는 가격의 변화에 대해 수요가 어떻게 변하는지 알 수 있다. 예를 들어 가격이 P_1이라면 수요의 크기는 q_1^D이 된다. 또 가격이 떨어져서 P_2가 된다면 수요는 q_2^D 로 상승한다.

시장가격이 수요를 실제적인 공급과 일치시키고 공급이 변화할 때 함께 변한다면, 상술한 의존 이외에 반대의 의존도 존재한다. 시장은 현행 시장가격을 자연발생적으로 공급의 실제적인 크기에 맞도록 '몰아간다'.

그 결과 유효수요를, 주어진 시기에 실제로 현존하는 상품 공급과 일치시키는 가격이 형성된다.

수요와 우연히 발생한 공급을 일치시키는 시장가격이 공급의 크기에 의존하는 것은 함수(1)의 역함수를 통해 표현된다.

$$P = \phi(q^s) \cdots\cdots\cdots\cdots\cdots\cdots\cdots\cdots (2)$$

(q^s : 공급의 크기)

상품에 대한 수요의 크기가 그에 상응하는 시장가격에 의존하는 것과, 그리고 역으로 시장가격이 공급의 크기에 의존하는 것은 상세한 분석을 요구한다.

상품가격이 변화할 경우에 일어나는 유효수요 크기의 반응의 민감성은 소위 수요의 가격탄력성으로 특징지어진다. 맑스는 수요탄력성 현상에 대해 언급했다. 그는 『자본론』에서 수요의 형태로 등장하는 사회적 욕구는 "매우 탄력적이며 유연하다"고 기술했다. 그리고 "생활필수품이 더 싸지거나 화폐임금이 더 오르면, 노동자는 그것을 더 많이 사게 될 것이며, 그리고 그러한 상품종류에 대한 보다 큰 '사회적 욕구'가 나타날 것이다.……다른 경우에, 예를 들면 면화가 보다 저렴하다면 면화에 대한 자본가의 수요는 증가하며, 보다 많은 추가적 자본이 면공업에 투자될 것이다."[6]

수요의 가격탄력성 계수(E^D_p)는 수요변동과 그것에 의해 야기된 가격변동 사이의 비율을 나타낸다.[7]

$$E^D = \frac{\Delta q^D}{q^D} : \frac{\Delta p}{p} \cdots\cdots\cdots\cdots\cdots\cdots\cdots\cdots (3)$$

계수는 상품의 가격이 1% 변할 때 상품에 대한 수요의 크기가 몇 % 변하는지를 보여준다.

수요의 동학과 가격의 동학은 서로 반비례하므로(<그림 1> 참조), 수요의 가격탄력성 계수는 보통 음이다($E_p<0$). 시장가격의 변동에 대한 유효수요의 반응에 따라 상품은 다음 3가지 유형으로 분류된다. 즉 탄력성이 1인 상품($-E_p=1$), 비탄력적인 상품($-E_p<1$) 그리고 탄력적인 상품 ($-E_p>1$) 이 그것이다.

수요탄력성의 차이는 특히 사회적 상품 욕구의 지속성에 의존한다.[8)]

다양한 상품에 대한 수요탄력성의 문제를 탐구하는 것은, 또한 구매자들의 유효수요가 그들의 욕구에 비해 제한되기 때문에 중요하다. 그러한 제한성이 없다면 구매자들은 구매시에 가격변동에 대해 반응하지 않을 것이며, 수요의 가격탄력성은 모든 상품에 관해 0에 가까울 것이다.[9)]

고찰된 문제는, 다양한 상품이 자본주의사회의 상이한 계급들에 의해 상이한 방식으로 요구된다는 사정으로 말미암아 복잡해진다. 그래서 일용품에 대한 수요는 일반적으로 비탄력적이지만, 노동자의 편에서는 매우 탄력적일 수 있다. 예를 들어 버터와 고기의 가격이 오른다고 할지라도, 이러한 상품의 구입은 부르주아지의 가족에 의해 변함없이 이루어질 것이다. 그에 반해 노동자 가족은 이러한 상품의 소비를 제한하지 않을 수 없고, 이러한 제한을 보다 저렴하고 그 유용성의 면에서 보다 가치가 덜한 마가린, 감자, 다양한 종류의 대용물 등과 같은 상품에 대한 보다 큰 수요로 보상해야만 한다. 그에 반하여 많은 사치품의 경우에, 그것들은 주민의 다수에게는 거의 조달 불가능하기 때문에, 결국 이러한 상품에 대한 구매자 구조와 수요의 크기는 가격의 변동에도 불구하고 거의 변하지 않는다. 사치품의 구입은, 이미 맑스가 밝혀냈던 바와 같이 '자본의 교제비' 속에 들어가며, 부의 과시와 따라서 그 소유자의 신용증명의 과시이다.[10)] 그 때문에 자본가들은 그것들의 가격변동에 무관하게 자주 사치품들을 구매한다.[11)] 그 때문에 부르주아지의 상층부에 의해 구매된 가장 값비싼 사치품에 대한 수요는 비탄력적이다.

유효수요의 크기의 변동은 가격변동 이외에도 주민의 화폐소득의 변동에 의해서도 영향을 받는다. 총수요에 대한 소득의 영향을 고찰하면, 그 영향이 정(正)의 방향으로 미친다는 점을 명백히 알 수 있다. 즉 그밖의 조건이 동일할 경우에 소득이 높아질수록 수요는 높아지며 소득이 낮아질수록 수요가 낮아진다. 그 때문에 수명이 긴 공업제품에 대한 수요의 변동은 생

활필수품보다 매우 현저한 정도로 구매자의 소득의 변동에 의존한다.[12)]

자본주의사회의 다양한 계급들의 경제적 상태는 수요의 동학과 소득의 동학 사이의 관계에서 상당히 분명하게 관찰할 수 있다.

임노동자의 수요는 다른 계급들의 수요보다 더욱 심하게 소득의 변동에 반응한다. 물론 한 노동자의 수요의 동학이 그의 임금의 동학과 완전히 일치하지는 않는다. 노동자는 병이 났을 경우를 위해 저축을 해야만 하고, 실업의 경우와 노후를 염두에 두어야 한다. 그러므로 노동자는 시련기를 대비하여 그의 시간외노동을 통해 번 돈의 일부를 저축한다. 하지만 소득의 동학에 대한 수요의 동학의 괴리는 노동력 가치의 형태로 노동력의 재생산, 즉 개인적 소비를 위해 지출되는 임금이 노동자 가족의 소득의 주요 원천이라는 점에 의해 제한된다.

자본가 가족의 소비수요의 동학은 소득의 동학에 보다 적게 의존한다. 소비재의 획득을 위해 사용한 자금의 몫은 자본가들에 의해 획득된 이윤의 총량에 대해 상대적으로 적다(이윤의 대부분은 축적된다). 그 때문에 이윤량의 변동은 자본가 가족의 소비기금에 영향을 적게 미친다. 그밖에 이러한 기금은 그 절대 크기가 너무나 커서 소득의 변동도, 가격의 변동도 소비재의 구매자로서의 자본가와 그 가족들의 행동에 영향을 미칠 수 없다.

쁘띠부르주아지의 경우에도 수요의 동학은 소득의 동학에 적게 의존한다. 경쟁 속에서 존립할 수 있기 위해서 소소유자는 그의 소득의 상당 부분을, 개인적 소비를 희생시켜 그의 경영상의 요구를 위해 사용하도록 강제된다. 만일 어떤 소소유자가 '잉여' 달러를 얻었다면, 그는 그것을 그의 경영체의 뚫린 구멍들을 메우는 데 이용하거나, 아니면 그것을 결국 자본가가 될 수 있다는 희망 속에 저축할 것이다. 다른 한편 그의 소득이 상당 정도 줄어든다면 소소유자는 보통 그의 개인적 소비를 위해 그의 저축을 써버리도록 강요받거나 혹은 그의 경영체의 가치를 '빨아먹어'버리도록 강요받는다.

개별 상품에 대한 수요는 단순히 화폐소득에 달려 있는 것이 아니라 소비자가 상품의 구입을 위해 준비하는 소득 부분에 달려 있다. 소득의 변동은 수요구조에 다양한 영향을 미친다. 수요에 대한 소득의 영향은 탄력성 계수에 의해 규정된다.

$$E^D_I = \frac{\Delta q^D}{q^D} : \frac{\Delta I}{I} \quad \cdots\cdots\cdots\cdots (4)$$

(I : 구매자의 소득, E^D_I : 수요의 소득탄력성 계수)

수요의 소득탄력성은 다양한 상품에 대해 아주 뚜렷한 계급적 규정성을 보여준다. 이미 맑스가 기술했듯이, "임금이 상승함에 따라 생활필수품에 대한 노동자의 수요는 현저하게 증가된다. 보다 적은 정도이지만 사치품에 대한 그의 수요가 증가하거나, 이전에 노동자의 소비의 영역에 존재하지 않았던 물품에 대한 수요가 나타난다."[13] 대부분의 상품의 경우에 소득에 대한 유효수요의 정(正)방향의 의존이 존재하는데, 이 경우에 탄력성은 양이다($E^D_I>0$). 그러나 수요가 소득에 대해 역의존을 나타내는 상품도 있다. 이 경우에 상품의 수요탄력성은 음이다($E^D_I<0$). 이 경우에 해당되는 것은 저질의 상품인데, 이 상품들은 값싸기 때문에 근로자에 의해 소비된다(다양한 생활수단 대용품, 육류생산의 부산물 등). 노동자의 소득이 줄어들면, 이러한 궁색한 생산물에 대한 수요가 증가하는 것이 필연적이다. 그에 반해 노동자의 소득이 증가하면, 이러한 상품에 대한 수요는 줄어든다.

가격변동의 영향하에서 개별 상품에 대한 수요의 크기에 미치는 구매자의 소득변동의 영향은 현저하게 서로 대항적으로 작용할 수 있다.

그러한 대항작용에 대한 예를 들어보자.[14] 19세기 중반에 아일랜드에는 무서운 감자 흉작이 발생했다. 아일랜드 근로자들의 주식이었던 감자의 가격은 현저하게 상승했다. 유효수요는 가격에 반비례하여 변화하기 때문에($E^D_P<0$), 우리는 감자에 대한 수요가 떨어질 것을 가정할 수 있다. 하지한 그 반대 현상이 일어났다. 즉 감자에 대한 수요는 증가했다. 더 높아진 감자의 가격은 아일랜드 근로자의 실질소득을 하락시켰다. 소득의 크기와 감자와 같은 상품에 대한 수요의 크기 사이의 관계는 역비례한다($E^D_I<0$). 굶어죽지 않기 위해서 근로자의 가족은 고기와 다른 고급의 더 비싼 생산물의 구매를 포기하고, 그들의 거의 모든 소득을 감자 구입에 돌리지 않으면 안된다.

이러한 과정을 그래프로 나타내면 <그림 2>와 같다.

<그림 2>

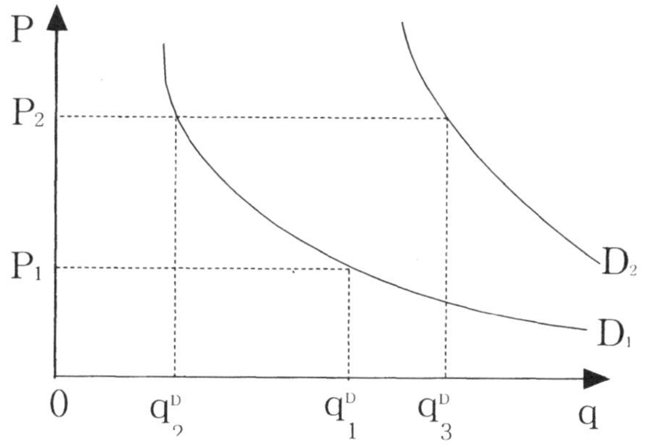

처음에 가격은 p_1이었다. 그리고 그 가격에 상응하는 수요는 q^D_1 였다. 해당 상품의 가격이 p_2로 올라갔다고 가정해보자. 수요는 q^D_2 로 떨어질 것이라고 예상할 수 있다. 하지만 구매자의 실질소득의 변동에 따라서 수요곡선은 D_1에서 D_2로 옮아간다. 그에 따라 수요는 q^D_3 로 올라간다.

따라서 수요에 영향을 미치는 구매자의 소득의 변동은, 수요와 실제 상품공급을 일치시키는 가격에 영향력을 행사한다. 이러한 작용은 두 방향으로 진행된다. 첫째로, 수요곡선의 높이가 변하고, 둘째로, 수요의 가격탄력성이 변한다. 소득이 증가하면 구매자는 그의 지출에서 가격변동에 대해 주의를 덜 기울이기 시작한다. 그러므로 수요탄력성은 줄어든다. 반대로 구매자는 그의 소득이 줄어들면 구매할 때 가격에 더 주의를 기울이지 않을 수 없게 되며, 그것은 수요탄력성이 상승함을 의미한다.

구매자의 소득이 변하고, 반면에 상품 공급은 불변이라면, 공급과 수요를 일치시키는 가격이 변한다. 이러한 의존을 우리는 <그림 3>에서 추적할 수 있다. 처음에 수요와 실제 공급을 일치시키는 가격q 는 p_1이었다. 구매자의 소득 증가에 의하여 수요곡선은 D_1에서 D_2로 올라갔고 그것의 형태가 변했다(수요탄력성이 줄었기 때문이다). 가격은 공급의 크기가 불변일 경우에 P_2로 상승했다. 소득이 줄어들면, 수요곡선은 D_3의 위치를 차지하며, 가격은 p_3로 떨어진다.

<그림 3>

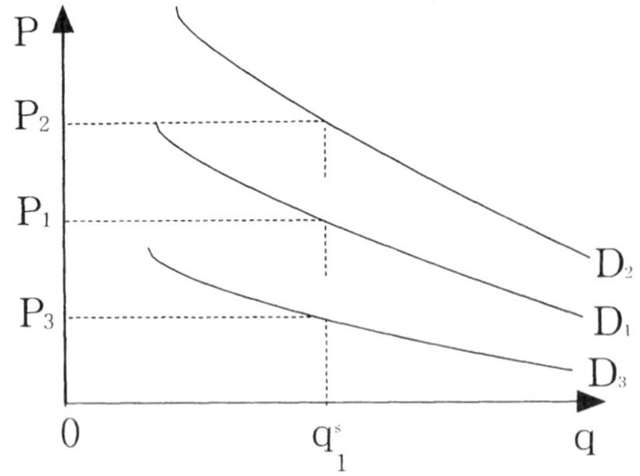

한 상품에 대한 수요와 가격은 또한 다른 상품들의 가격변동에도 의존한다. 뿐만 아니라 이러한 상호작용은 다양한 상품집단마다 다르다.

소위 상호 보완재가 있는데, 그것은 그것의 소비가 일정한 복합을 나타내는 상품이다(예를 들어 철광석과 코크스, 자동차와 휘발유, 옷감과 재단부속품, 집과 세간). 상호 보완재 중의 한 상품의 가격이 변함에 따라 그 수요가 변한다면, 다른 상품에 대한 수요곡선도 같은 방향으로 변한다. 그것은 그 여타의 조건이 동일할 때 가격이 변한다는 것, 그러나 첫번째 상품에 대한 가격변동에 반대되는 방향으로 변한다는 것을 의미한다. 전축의 가격이 내리고 수요가 그것에 조응하여 증가했다고 가정해보자. 그 결과로서 음반에 대한 수요곡선은 상승하고 그것의 가격은 그 여타의 조건이 동일할 때 올라간다.

상호 대체재의 공급과 가격간의 상호작용은 다를 수 있다(예를 들어 천연고무와 합성고무, 석탄·석유와 가스, 철도교통과 자동차교통). 하나의 대체재의 가격변동에 따라 그 상품에 대한 수요가 증가하거나 줄어든다면, 대체할 수 있는 상품에 대한 수요곡선은 상반된 방향으로 변한다. 그러므로 후자의 가격은 여타의 조건이 동일할 때 마찬가지로 편차가 나게 되고, 그때 첫번째 상품의 가격과 같은 방향으로 변한다.

사용가치상 서로 독립적인 상품들의 경우에도 수요와 가격은 서로 영향을 미친다. 상이한 수요탄력성을 갖는 상품의 가격변동은 여타 상품들의 가격변동에 상이한 영향을 미친다.

비탄력적인 수요를 갖는 상품의 가격이 오르면, 그럼에도 불구하고 소비자는 그 상품을 구입할 수밖에 없으며, 다른 상품에 대한 수요는 억제되지 않을 수 없다. 그 결과 다른 상품의 수요곡선이 하락하며, 여타의 조건이 동일할 경우에 그 가격 역시 떨어진다. 그리고 반대로 비탄력적인 수요를 갖는 상품의 가격이 내리면, 다른 상품의 수요곡선이 올라가고 그에 따라 가격 역시 올라간다. 따라서 비탄력적인 수요를 갖는 상품의 가격변동은 나머지 상품의 가격에 반대의 영향을 미친다.

탄력적인 수요를 갖는 상품의 가격이 오르면, 그 상품에 대한 수요는 제한된다. 이러한 제한은, 이전에 이 상품의 구매을 위해 미리 예정되었던 그리고 이제는 다른 상품에 대한 추가적 수요로 나타나는 화폐의 일정 부분에 조응한다. 그에 따라 후자의 가격은 오르게 된다(물론 공급이 그에 따라 변하지 않을 때에 한해서). 탄력적인 수요를 갖는 상품의 가격이 내리면, 수요는 이전에 다른 상품의 구입을 위해 예정되었던 화폐의 일부를 흡수하는 만큼 증가한다. 그 결과 다른 상품에 대한 수요와 가격은 그에 상응하여 줄어들고 하락한다. 그러므로 탄력적인 수요를 갖는 상품의 가격변동은 다른 상품의 가격에 정(正)방향의 영향을 미친다.

그밖에 수요곡선과 또한 시장가격 형성의 조건들은 수많은 다른 요인들, 예컨대 민족적 전통, 그리고 구매자의 성향, 구매자 가족들의 지배적인 유형, 구매자들이 살고 있는 기후조건 등에 의해 영향을 받는다.

가격과 공급의 크기

공급과 가격 사이에는 일반적으로 정비례 관계가 존재한다.[15] 가격이 오를수록 그 여타의 조건이 동일할 때 시장에 대한 공급은 커지며, 가격이 내릴수록 공급도 줄어든다.

어떤 상품의 공급이 그것의 가격에 의존하는 것을 다음 공식으로 나타내 보자.

$$q^s = g(p) \quad \cdots\cdots (5)$$

(q^s : 공급의 크기)

<그림 4>

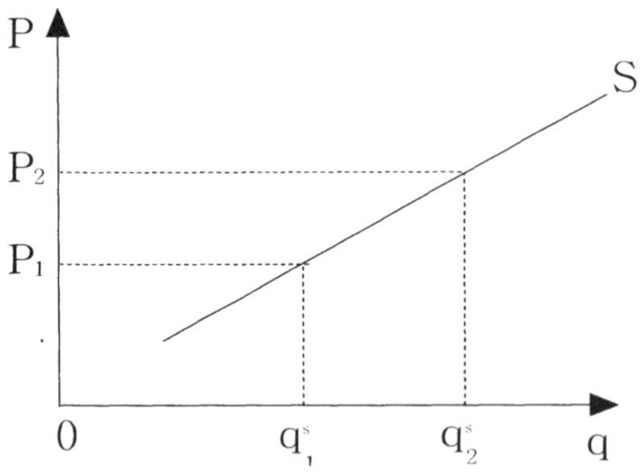

함수적인 의존에 대한 도표상의 설명은 다음과 같이 나타난다.

공급곡선(S선)은 일정한 가격하에서 한 상품에 대한 공급이 어느 정도의 크기에 도달하는지를 가리킨다. 예컨대 가격이 p_1이라면 공급의 크기는 q^s_1에 달하고, 가격이 p_2라면 공급의 크기는 q^s_2이다.

또 다음 예를 보자. 5명의 자본가가 일정한 시기에 매달 1,000단위의 상품을 생산할 수 있다고 가정해보자. 개별 생산가격은, 상품단위당 비용가격 (c+v)에, 투하된 자본에 대해 기대할 수 있는 이윤(K×p')을 가산한 것이다.

개별 생산가격(달러)	I	II	III	IV	V
	110	100	130	140	120

상품단위당 가격이 140달러에 달한다면, 해당 상품을 생산하는 것이 5명의 자본가 모두에게 유리하다. 그러므로 공급은 5,000단위에 달하게 된다. 가격이 130달러일 때 자본가 IV는 상품을 더 이상 생산할 수 없고 공급은 4,000단위에 달한다. 가격이 100달러에 달하면 해당 상품은 오직 자본가 II에 의해서만 생산될 수 있고 공급은 1,000단위에 달하게 된다. 가격이 120달러로 오르면 자본가 I과 V가 생산을 더 계속할 수 있게 되고 공급은 3,000단위로 오르게 된다.

이제 자본가들간의 비용의 차이가 상대적으로 작고, 그래서—이것이 중요한데—문제의 상품이 5명의 자본가에 의해서가 아니라 상당히 많은 자본가에 의해서 생산될 수 있다고 가정해보자.[16] 비용들을 그 크기에 따라 배열한다면, S선을 얻을 수 있다.

공급곡선의 높이는 무엇보다 주어진 시점에서의 상품의 개별 생산가격의 수준에 정(正)방향으로 의존한다.

물론 시장에서 상품의 공급은 그것의 생산과 동일시될 수는 없다. 일정한 상품량이 생산될 수 있으나, 상대적으로 낮은 시장가격일 때는 저장되거나 수출된다. 반대로 상대적으로 높은 가격일 때 창고에 저장되었거나 다른 나라로부터 수입된 상품의 일정 부분이 다시 시장에 공급될 것이다. 그러나 이러한 사실이, 공급곡선의 추이가 판매를 위해 공급된 상품의 생산가격에 의존하는 것을 폐지할 수는 없다.

상품의 가격변동에 대한 공급 크기의 반응은 (수요 크기의 반응과 꼭같이) 탄력성 계수로 특징지어진다.

$$E^{s}_{p} = \frac{\Delta q^{s}}{p^{s}} : \frac{\Delta P}{p} \quad \cdots\cdots (6)$$

(E : 공급의 가격탄력성 계수)

상품의 공급탄력성은 부문내 그리고 부문간 자본들의 경쟁이 이루어지는 조건들에 의존한다. 형식적·수학적으로 보면 해당 대수지표는 축선(軸線) q와 관련한 공급곡선(S)의 기울기와 연관되어 있다. 곡선이 완만할수록 탄력성은 점점 커지고 곡선이 급경사가 될수록 탄력성은 줄어든다. 한 부문내에서 형성된 생산조건의 관점에서 문제를 고찰해보면, 곡선의 모양은 상이한 자본가에게 속한 기업들 내에서의 개별 생산가격의 차이에 의존한다. 따라서 해당 상품의 공급탄력성도 역시 그것에 의존한다. 부문간 경쟁이라는 조건의 관점에서 문제를 고찰해보면, 상품의 공급탄력성의 크기는 한 부문에서 다른 부문으로의 자본이동의 속도에 의존한다. 이러한 속도가 빠를수록 시장경기의 변동에 따라 더욱 빨리 생산량이 변화하고, 결국 한 상품 공급의 가격탄력성은 커지게 된다.

공급과 수요를 일치시키는 가격

지금까지 가격과 수요의 관계를 고찰하면서, 수요곡선(곡선 D)에 상응하는 가격은 유효수요의 크기와 상이한 공급 크기를 일치시킨다는 것을 알았다. 그러므로 공급과 수요를 일치시키는 가격에 대해 말하는 것은 쓸데없는 일처럼 보인다. 하지만 그 사실이 현행의 시장가격은 불안정하며, 시장가격은 상품의 가치, 보다 정확히는 상품의 생산가격을 기초로 하는 일정한 중심을 둘러싸고 끊임없이 진동한다는 것을 보여준다. 가격의 불안정은 가격에 의해 형성된, 유효수요와 우연히 발생한 실제 상품 공급 사이의 균형이 불안정하다는 것을 보여준다.

이러한 과정을 보다 잘 이해하기 위해 수요곡선(곡선 D)과 공급곡선(곡선 S)을 하나로 모아서 비교해보자(<그림 5>).

어떤 우연적인 근거로부터 일정한 시기의 한 상품의 공급의 크기가 q^s_1 라고 가정해보자. 점 A에서 그 공급의 크기는 수요곡선(곡선 D)과 만난다. 정식(2)에 의하면 공급 q^s_1 가 수요와 일치하는 가격은 p_1이다. 주어진 가격에서 정식(1)에 따라 수요는 공급과 같다($q^D_1 = q^s_1$). 우리는 수요와 실제 공급을 일치시키는 가격이 그렇게 결정된다고 생각할 수 있다. 하지만 보다 폭넓은 분석은 결정된 가격이 공급의 크기의 변동을 자극한다는 것을 보여준다. 가격 p_1은 B점에서 공급곡선(곡선 S)과 만난다. 정식(5)에 따라 그

<그림 5>

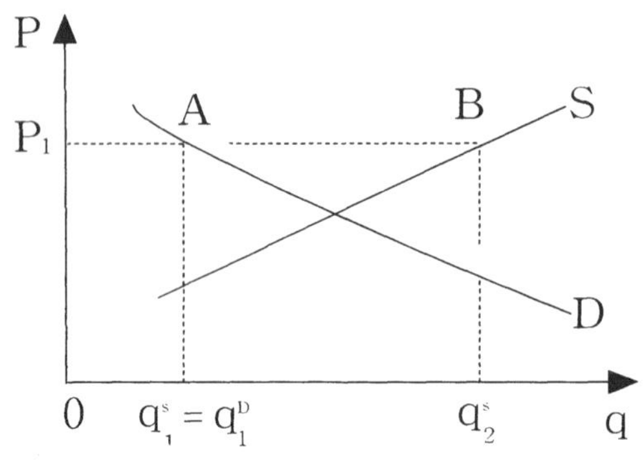

<그림 6>

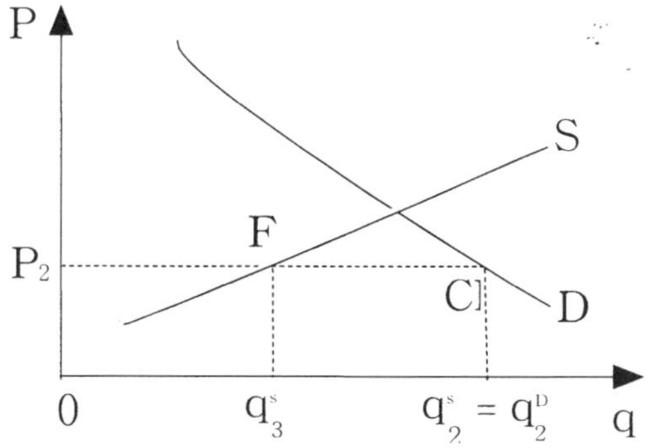

러한 가격에서 공급은 q 이다. 따라서 가격 p_1에서 수요는 공급과 일치하기는 하지만, 해당 시기의 처음에 있었던 공급과 일치한다. 가격에 의해 고무된 새로운 공급량 q^s_2 는 이전의 공급의 크기와 그에 상응하는 수요의 크기보다 큰 것으로 나타난다[$q^s_2(p_1) > q^D_1(p)$].[17] 그러한 가격하에서 형성된 수요와 공급의 일치는 불안정하고 일시적이다. 수요를 운동 속에서 고찰할 때, 공급과 수요 사이에는 어떠한 균형도 존재하지 않는다. 공급과 수요를 일치시키는 가격이 q^s_2에서와 같을 때에도 안정된 균형은 있을 수 없다. <그림 6>을 보면 그것을 쉽게 확인할 수 있다. 공급 q^s_2 는 점C에서 곡선 D와 만난다. 공급 q^s_2 와 수요를 일치시키는 가격은 p_2이다. 그 가격에서 $q^s_2 = q^D_2$가 적용된다. 가격 p_2는 점 F에서 곡선 S와 만난다.

<그림 6>에서 가격 p_2에 상응하는 공급이 q^s_3 라는 것을 미루어 알 수 있다. 새로운 공급의 크기는, 주어진 가격일 때 존재하는 수요의 크기보다 더 낮다는 것이 증명된다[$q^s_3(p_2) < q^D_2(p_2)$].

자유경쟁하에서 수요와 공급 사이의 상대적으로 안정된 균형은 공급선과 수요선의 교차점에 상응하는 가격에서만 이루어질 수 있다. <그림 7>에서 그러한 가격은 $\overline{p}$ 이다. 그러한 가격에서 공급과 수요는 $\overline{q}^{DS}$이다.

수요선과 공급선의 교차점에 일치하지 않는 시장가격에서 발생하는 균형의 불안정성에 대한 설명을 통하여, 우리는 부분적으로 그 지점에 상응하는 가격의 자연발생적인 형성메커니즘을 기술했다. 공급의 크기가 상대적으로 미미할 때(여기에서는 q^s_1) 상대적으로 더 높은 시장가격이 형성된다(여기에서는 p_1). 그렇게 해서 가격 속에 포함된 이윤이 이윤율을 초과한다.

<그림 7>

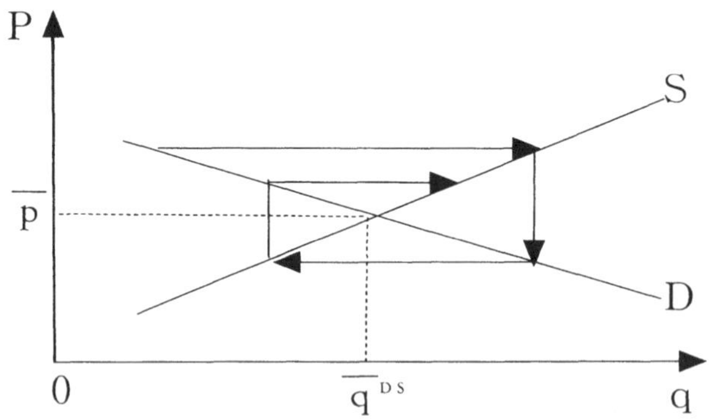

그것은 결과적으로 그 부문으로의 자본의 유입과 그로 인한 생산량의 증가와 그에 따른 공급의 증가로 나아간다(가격 p_1에서 그것은 q^s_1 이다). 한편 그것은 시장가격의 하락을 가져온다(p_2로). 그 때문에 그 부문에서의 이윤은 이윤율보다 더 낮아지거나 아니면 대개 모자라게 되고, 이 부문으로부터의 자본의 유출과 그에 따른 생산의 억제 그리고 그에 따른 공급의 억제를 (크기가 q^s_2 에 이르기까지) 가져오며, 따라서 모든 것이 처음부터 새로 시작된다. 그러므로 자본의 경쟁은 가격변동을 매개로 사회적 생산의 규모를 규제한다. 시장가격이 공급과 수요 사이의 상대적으로 안정된 균형이 이루어지는 가격에 접근하는 것은 <그림 7>에서 나선형의 형태로 나타난다.[18]

"수요와 공급이 일치하면, 그들은 작용하기를 멈춘다. 그리고 동시에 그 때문에 상품은 그것의 시장가치로 팔리게 된다"[19]고 맑스는 썼다. 공급과 수요가 일치할 때의 가격은 그것의 가치기초로부터 벗어나지 않은 가격이다. 이러한 가격에 조응하는 생산량은 사회적으로 필요한 크기이며, 그 상품에 대한 사회적 욕구에 일치한다.

우리는 다시 이 장을 시작한 곳에 도달했다. 생산 규모가 사회적 욕구와 일치할 때 한 상품의 시장가격은 그것의 생산가격과 같다. 그러한 균형이 이루어지지 않는다면 시장가격과 생산가격은 불일치한다. 가치기초로부터 가격의 괴리, 자유경쟁하에서 가치를 둘러싼 자연발생적인 동요 안에 사회적 규모에서 균형을 달성하는 메커니즘이 존재한다. 시장가격과 비용가격의 관계는 경쟁에 참여하는 자에게 생산을 확대할 것인가 혹은 제한할 것인가 아니면 기존의 수준에 머물 것인가에 대한 정보를 얻기 위한 유일한 원천이다. 그에 따라 자본주의적 생산에 참여한 자들 사이의 경쟁은 생산가격을 둘러싼 시장가격의 자연발생적인 동요를 매개로 하여, 실제 생산량이 — 오랫동안 관찰한 결과 — 사회적 필요량에 조응하게 되는 결과를 낳는다.

탐구된 과정은 사회적 욕구(수요)에 대한 상품의 생산(공급)의 자연발생적인 적응인데, 그 과정은 가치기초를 둘러싼 가격의 동요에 의해 수행된다. 하지만 다양한 부문은 다양한 자본의 기술적 구성을 갖고 있고, 완제품의 생산을 위해서 상이한 시간이 필요하다는 사정에 따라, 그것들은 사회적 욕구의 변화에 적응하는 데 상이한 능력을 보인다. 맑스는 다음과 같이 썼다. “시장가격의 동요가 그치게 되는 평균기간은 다양한 상품에 대하여 상이한데, 그것은 한 종류를 가지고 공급을 수요에 적응시키는 것이 다른 종류를 가지고 하는 것보다 더 쉽기 때문이다.”[20]

자유경쟁을 통해 야기된 자연발생적인 가격형성은 상이한 상품 종류의 생산에서 사회적으로 필요한 관계의 형성, 즉 균형을 초래할 뿐만 아니라 항상적인 손실 또한 초래한다. “올바른 비례로 분배가 되는 자본의 경향이 존재한다면, 꼭 마찬가지로 비례를 파괴하는 그것의 필연적 경향 — 초과노동, 초과생산성, 초과소비 등에 대한 과도한 열망에 의해 야기되는 — 이 존재한다.

“**경쟁**에서 이러한 자본의 내적 경향은, 타인의 자본에 의해 가해지고 적정한 비례를 넘어 끊임없이 전진, 전진하도록 몰아가는 강제로서 나타난다.”[21] 자연발생적인 가격형성에서 이러한 과정은 가격과 실제 생산량이 사회적으로 필요한 크기를 중심으로 동요하고 또한 이러한 동요가 고동치는 특성을 지니고 있어서, 한번은 부풀어오르고 한번은 가라앉고, 그리고 나서 다시 부풀어 오르는 데서 나타난다.

시장메커니즘의 이상화와 가격의 속류 실용주의적 설명에 대한 비판

시장 및 가격메커니즘의 일정한 합법칙성의 인지는 자본주의 경제의 실제에서 매우 중요하다. 그러므로 부르주아적인, 특히 현대의 속류 변호론적 정치경제학은 이러한 법칙성에 대한 탐구와 서술에 많은 주의를 기울인다.

맑스는 『자본론』 제1초고에서 다음과 같이 썼다. "최근의 정치경제학 문헌들은 예를 들면 밀의 저술과 같은 절충적이고 혼합적인 개설이나, 예컨대 투키스의 『가격의 역사』와 같은 각론의 심도 있는 조탁, 그리고 일반적으로 유통, 즉 한 부문에 대한 영국의 새로운 저작들 속에서 전개되는데, 그 속에서 실제로 새로운 발견들이 이루어진다."[22] 최근 부르주아 정치경제학의 이러한 부문이 발전하였고 얼마간의 성과도 나타났다.

마샬(A. Marshall)은 가격과 소득에 대한 유효수요의 양적 의존을 나타내는 법칙성을 분석하였고, 또 공급과 수요간의 관계가 자본주의적 기업의 태도에 미치는 영향의 메커니즘을 기술했다. 현대 속류 정치경제학의 입장에서 탐구된 문제를 체계적이고 평이하게 서술한 것으로서 사뮤엘슨의 교과서 『국민경제론 입문』을 들 수 있다.

시장 - 가격 메커니즘의 연구에 부르주아 경제학자(그중에서도 현대의)는 그것을 공히 이상적인 경제메커니즘으로서 찬양한다. 이러한 이상화는 '보이지 않는 손'의 이론을 만든 스미스에게로 소급되는데, 그의 이론에 따르면 자신의 이기적인 목표를 추구하는 개인들의 행동이 경쟁을 통해서 일반적인 복지를 가져온다는 것이다.

세이에 의한 시장의 이상화는 특별히 단순화된 부르주아 변호론적인 특성을 갖는다. 그는 하나의 도그마를 만들어냈는데, 그것에 의하면 자본주의적 생산의 모든 임의의 생산물은 무조건 실현되며 자본주의에서 과잉생산은 있을 수 없다. 이러한 생각의 연장선상에서 사뮤엘슨은, 시장과 가격의 경쟁체계는 일정한 법칙에 종속되어 있기 때문에 거기에는 어떠한 혼란과 무질서도 없다고 기술한다. 이러한 체계에 어떤 결점이 있다면, 그러한 결점은 경쟁의 불완전성, 경쟁법칙의 위반에 기인한다고 그는 주장한다. 사뮤엘슨은 합법칙적이라는 개념과 무정부적이라는 개념을 서로 대립시키려고 한다. 그러나 이 두 개념은 서로를 결코 배제하지 않는다. 자본주의적 시장은 합법칙적으로 무정부적이며, 그것은 일정한 경제법칙에 종속된다. 그러나 그것에 대한 무정부성의 지배를 결코 배제할 수는 없다.

이상에서는, 가치를 중심으로 한 가격의 동요에 따라서 실제 생산량이 사회적으로 필요한 양을 중심으로 어떻게 진동하는지, 그리고 그에 따라서 사회적 생산의 균형이 조절되는 것이 무엇을 의미하는지에 대해서 서술했다. 사회적 노동의 일정한 손실들은 이러한 생산의 기본적 특성의 결과이다. 사회적으로 필요한 생산량을 중심으로 하는 실제 생산량의 진동은 이미 물질화된 비용이 불필요한 것으로 증명될 수 있다는 결과에 이른다. 그 밖에 이러한 진동이 일어나는 한, 가치(생산가격) 자체는 변화된 생산조건의 영향하에서 변화된다. 사회적으로 필요하고 균형잡힌 것으로 생각될 수 있는 생산량 역시 변한다. 결국 가격과 실제 생산량은 그에 상응하는 사회적 필요량을 중심으로 한 그들의 진동 속에서 보통 사회적 필요량과 일치하지 않으며, 동요가 점차 사라지는 경우에도 역시 그렇다.

결국 이러한 동요가 자본주의적 생산에 참여한 자들에게 불안정한 상황을 가져다준다는 것을 알아야만 한다. 상품의 가격이 오르면 이러한 상품의 새로운 생산이 계획되는 데 반해, 가격이 하락하면 생산자들의 일정한 수가 해당 부문에서 배제된다. 중소자본가들에게 그것은 흔히 파멸을 의미하며, 임노동자에게는 산업예비군으로의 이행을 의미한다.

부르주아 정치경제학에서 오늘날까지도 그 견해가 지배적인 마샬은 '수요가격'의 크기를 상품의 유용성과 희귀성으로, 그리고 '공급가격'의 크기를 비용가격으로 설명한다. 그 경우에 비용가격은 다시 가치로 설명되는 것이 아니라 공급과 수요간의 관계의 영향하에서 형성된 생산요인들로 설명된다. 마샬에 의하면 '균형가격'은 '수요가격'과 '공급가격'의 운동의 결과물이다.

'수요가격'은 결국 무엇에 의해 결정되는가? 수요곡선의 기울기와 그것의 가격축에서의 높이의 변화에 영향을 미치는 요인들은, 예컨대 무엇 때문에 면직물에 대한 수요탄력성이 곡물에 대한 수요탄력성보다 큰지, 무엇 때문에 어떤 경우에는 이 상품에 대한 가격이 8 : 1로, 그리고 다른 경우에는 12 : 1로 비례하는지를 설명할 수 있다. 그러나 무엇 때문에 보통 1m의 면직물 가격이 1kg킬로그램의 곡물의 가격보다 무려 10배나 더 높은가? 무엇에 의해서 도대체 다양한 상품들의 평균가격간의 관계가 결정되는가? 이러한 물음들에 대한 대답은 가격변동을 결정하는 요인들에 의해서가 아니라 오히려 노동가치론에 의해 주어진다.

'공급가격'에서도 사정은 같다. 비용가격을 통한 가격의 설명, 그리고 가격을 통한 비용의 설명에서, 마샬은 또한 많은 부르주아적 리카도의 후예들로부터 나온 그의 선행자와 마찬가지로 악순환에 빠진다. 가격은 가격을 통하여 설명될 수 없으며, 그것과 구별되는 어떤 것으로 설명해야만 한다. 과학적 정치경제학에 의해 증명된 바와 같이 자본주의적 생산가격은 노동지출을 근거로 한다. '공급가격'은 결국 노동지출에 의존하고, 공급가격의 차이는 개별 노동지출의 차이에 의존한다. 그러므로 '균형가격'은 결국 수요곡선과 공급곡선의 기울기에 의존하는 것이 아니라 사회적으로 필요한 노동지출의 수준, 즉 가치에 의존하며, 만일 자본주의에서의 가치 변화를 고려한다면 그것은 생산가격에 달려 있다.

부르주아 정치경제학에 의한 가격 형성과정의 왜곡의 객관적인 원인 중의 하나는, 이러한 과정이 전형적인 상품생산을 통해서 진행되고 자본주의적 경쟁을 매개로 수행된다는 데 있다. 경쟁은 자본주의적 생산관계의 가장 구체적인 현상형태 중의 하나로서 이러한 관계의 본질을 왜곡시킨다. 경쟁은 자본주의적 생산의 발전의 자극이며, 그 때문에 경쟁은 이러한 생산의 참여자들에게 발전의 원천으로 나타난다. 이러한 투쟁의 참가자들이 다양한 소득의 형태로 생산된 가치의 얼마만큼의 몫을 차지하는가는 직접적으로 경쟁에 달려 있다. 그러므로 경쟁은 그들에게는 모든 소득의 원천으로서 나타난다. 이와 유사한 과정이 가격형성에서도 역시 이루어진다. 경쟁은 직접적으로 가격을 결정하며, 경쟁에 참여한 자들에게 경쟁은 가격의 원천으로서, 그리고 유일한 근거로서 나타난다. 자본주의적 현실의 모든 현상들은 경쟁 속에서 왜곡된 형태로 나타난다. 그러므로 만일 자본주의적 생산관계의 담당자의 관점에서 이러한 현상들을 고찰한다면, 즉 그것들을 단지 개별적인 판매행위 및 구매행위의 기초 위에서 탐구하고 전체적인 체계를 분석하지 않는다면, 자본주의적 생산의 발전과 그 참여자들의 소득, 그리고 생산된 상품가격의 실제적인 원천이 설명될 수 없다. 그러한 상황에서 연구자는 여전히 경쟁의 표면에 머물러 있을 뿐이다. 맑스는 다음과 같이 서술한다. "경쟁에 대한 과학적인 분석은 자본의 내적인 본성이 파악될 때만 가능한데, 그것은 천체의 가시적 운동과 같이, 그것의 실재하지만 감각적으로 지각할 수 없는 운동을 지각하는 사람에게만 이해 가능할 뿐이다."[23)]

시장가격의 변동의 산물로서의 '가격균형'은 다만 경쟁의 표면에만 나타날 뿐이다. 본질상 그것은, 시장가격이 그것을 중심으로 변동하는 상품의 가치 또는 — 자본주의에서는 — 생산가격과 같다. 본질에서 현상으로 탐구를 진행할 때, 가치는 출발점이며 가격은 종결점이다.

주

1) Lenin, *Werke*, Bd.20, Dietz Verlag Berlin 1961, S.196.
2) Marx/Engels, *Werke*, Bd.23, Dietz Verlag, Berlin 1962, S.117.
3) Marx/Engels, *Werke*, Bd.25, Dietz Verlag, Berlin 1964, S.171 참조.
4) *Ebenda*, S.648.
5) 예외가 있는데, 그에 대해서는 나중에 다루게 될 것이다.
6) Marx/Engels, *Werke*, Bd.25, Dietz Verlag, Berlin 1964, S.198.
7) 우리는 가격에 의존하는 수요의 탄력성함수와 탄력성계수를 구별한다. 추상적-이론적 모델에 적용된 탄력성계수는 수요곡선의 어느 지점에서의 수요변동과 가격변동 사이의 관계를 나타내는데, 그것은 조사들 크기의 변동이 미분값을 나타낸다는 가정하에서 그렇다. 탄력성계수는 다음과 같이 나타난다.

$$\frac{d_q^D}{d_p} \times \frac{d_q^D}{q^D} = f(p)\,\frac{d_q^D}{q^D}$$

그것의 수치가 응용된 연구에서도 이용될 수 있는 탄력성함수는, 수요곡선의 어느 구간에서 수요변동과 가격변동 사이의 관계를 반영한다. 그것은 다음과 같이 나타난다.

$$\frac{q_2^D - q_q^D}{q_1 + q_2\ /2} : \frac{p_2 - p_1}{p_1 + p_2\ /2} = \frac{q_2^D - q_1^D}{p_1 + p_2} \times \frac{p_1 + p_2}{q_2^D - q_1^D}$$

여기서 지수 1과 2는 변동 전과 변동 후의 가격과 수요의 가치를 나타낸다.
8) 맑스는 육체적 삶의 욕구와, 인간이 처해 있고 그 속에서 성장하는 사회적

관계에서 기인하는 욕구를 구별한다(Marx/Engels, *Werke*, Bd.16, Dietz Verlag Berlin 1962, S.148 참조).

9) 다름 아닌 구매자들의 유효수요가 제한되므로, 상이한 사용가치를 생산하는 자본가들은 서로 경쟁할 수밖에 없다. 부문간 경쟁은 상이한 부문에 종사하고 있는 자본가들 사이에서 사회의 유효수요의 분배를 둘러싼 경쟁이다.

10) Marx/Engels, *Werke*, Bd.23, Dietz Verlag, Berlin 1962, S.620.

11) 게다가 사치품의 더욱 높은 가격이 착취자계급으로 구성된 허영심 많은 구매자들에게 그것의 매력을 증가시키는 경우와, 동시에 그러한 더욱 높은 가격이 이러한 상품들에 대한 수요를 증가시키는 데 기여하는 경우가 관찰될 수 있다. 그것은 가격 및 수요 변동 사이에 대항적 의존이 존재한다는 법칙성으로부터의 한 예외이다.

12) 이미 19세기에 독일의 통계학자 엥겔(Engel)은, 이후의 관찰을 통하여 여러 번 증명된 하나의 법칙을 발견했다. 즉 주민의 수입이 증가함에 따라 공업 제품에 대한 소비율은 증가하고, 생활필수품의 소비율은 그에 상응하여 줄어든다.

13) Marx/Engels, *Werke*, Bd.24, Dietz Verlag, Berlin 1963, S.340.

14) 경제학 문헌에서는 그리핀(Griffin)의 역설이라는 이름으로 알려져 있다.

15) 여기에도 예외들이 있다. 그들이 생산한 주요 생산물의 가격이 떨어진다 하더라도 그러한 상품에 대한 공급을 감소시키지 않을 뿐더러, 반대로 가격의 하락에 의해 발생한 손해를 상쇄하기 위해서 공급을 증가시키려고 노력하는 소생산자들의 경우를 관찰할 수 있다.

16) 반대의 경우에 자본가는 독점을 형성할 수 있고, 그것을 통하여 이 장에 서술된 가격형성 메커니즘의 작용은 방해받는다.

17) $q_2(p_1)$와 $q_1(p_1)$이라는 표시는 공급의 크기 q_2와 수요의 크기 q_1이 동일한 가격 p_1의 함수라는 것을 지시한다.

18) 자본주의의 가격형성에 대하여 설명할 때 수학적 방법이 사용되는 경제학 문헌에서 이러한 그림은 거미집 모델이라는 이름으로 알려져 있다.

19) Marx/Engels, *Werke*, Bd.25, Dietz Verlag, Berlin 1964, S.199.

20) Marx/Engels, *Werke*, Bd.16, Dietz Verlag, Berlin 1962, S.128.

21) Marx,, *Grundirsse der Kritik der politischen Ökonomie*, Dietz Verlag, Berlin 1953, S.316.

22) *Ebenda*, S. 843.

23) Marx/Engels, *Werke*, Bd.23, Dietz Yerlag, Berlin 1962, S.335.

제11분편 국민소득

이상에서 국민소득은 한 해 동안에 새롭게 창출되는 가치(잉여가치를 포함하여)로서 서술되었다. 그러나 그때 잉여가치가 자신의 운동 속에서 취하는 형태들은 고려하지 않았다. 이제부터는 다양하게 변화하는 형태들, 즉 이윤, 이자, 기업가이득 그리고 지대 등을 고려하면서 국민소득을 고찰해보자. 또한 한 해 동안에 새로이 창출되는 사회적 생산물의 가치의 분배와 재분배를 규정하는 요인들을 고찰해보자. 새롭게 창출된 가치와 그것의 다양한 구성요소들의 운동에 대한 분석은 생산, 분배, 국민소득의 재분배에서의 계급적 연관을 폭로한다.

제34장 자본주의에서의 국민소득의 생산과 분배

1. 국민소득의 개념

우리에게 이미 알려진 바와 같이 국민소득은 오직 한 해 동안에 새로이 창출된 사회적 생산물의 가치부분이다. 이러한 부분은 v+m 요소를 포함한다. 국민소득은 그것의 소재적 구성면에서 살펴볼 때, 확대재생산에서 사회의 불변자본의 확대를 위해 생산된 생산수단 부분과 개인소비를 위해 해당 연도에 사회에 의해 생산된 전체 대상들을 포괄한다.

맑스 이전의 국민소득이론의 발전

경제학자들은 원래 한 국가의 전체 거주자의 소득 총액을 국민소득으로 이해하였다 17세기말 페티와 킹(G. King) 두 명의 영국 경제학자들에 의해 최초로 국민소득의 대차대조표가 설명되었다. 이러한 대차대조표의 수입면에는 영국에 거주하는 사람들의 소득 총계가 명시되었으며, 지출면에는 모든 지출화폐의 총액수가 명시되었다. 페티와 킹의 견해에 따르면, 수입과 지출간의 차이가 축적을 형성하였다. 그러나 중농주의자들은 18세기 후반에 국민소득 문제에 대한 이렇듯 단순한 설명에 의심을 품었다.

중농주의자들의 견해에 따르면, 한 국가의 전체 거주자가 국민소득의 창출에 참여하지는 않는다. 그들은 농업에 종사하는 모든 사람, 즉 임노동자, 독립소농 그리고 자본가들을 합한 **농업계급**만이 실질적 국민생산 및 국민소득을 창출한다고 주장하였다.

그들의 중대한 오류에도 불구하고 중농주의자들은 국민소득이론에 중요한 기여를 하였다. 첫째, 그들은 국민소득과 산출된 사회적 생산물의 크기 간의 연관을 발견하였다. 즉 그들은 전자를 후자의 구성요소로 간주했다. 둘째, 그들은 어느 부문이 사회적 생산물의 창조에 참여하며, 또 어느 부문이 그렇지 않은가에 대한 문제를 처음 제기했다. 따라서 그들은 생산적 노동과 비생산적 노동, 제1차 소득과 파생적 소득이론에 대한 초석을 세웠다.

스미스는 중농주의자들의 견해와는 반대로, 잉여가치를 창조하는 노동만이 생산적이라는 주장을 정식화했다. 이에 따라서 국민소득은 농업에서뿐만 아니라 잉여가치를 창출하는 모든 영역, 즉 공업, 건설업, 교통제도 등에서 만들어진다. 스미스와 그의 추종자들은 생산적 노동 개념의 내용을 확장시켰으며, 사회적 생산물과 국민소득에 대한 생각을 근본적으로 전환시켰다. 스미스에 따르면, 단지 농업의 생산물뿐만 아니라 물질적 생산의 다른 모든 영역의 생산물 역시 사회적 생산물이다. 국민소득은 농업의 순생산물과 동일한 것이 아니라 한 국가의 소비기금과 축적기금을 형성하는 것이다. 스미스의 중대한 실수는 사회적 총생산물의 가치가 완전히 소득으로 용해된다는 잘 알려진 주장에 있다.

국민소득의 본질을 명확하게 하기 위해서는 그것의 창출, 분배 그리고 최종적 사용의 과정이 고찰되어야만 한다.

2. 국민소득의 생산. 생산적 노동과 비생산적 노동

국민소득에 대한 분석에서 생산적 노동과 비생산적 노동의 구별이라는 문제가 발생한다.

물질적 생산물을 산출하는 그와 같은 노동은, 그 사회적 형태와 무관하게 모든 사회에 존재한다. 맑스는 다음과 같이 썼다. "만일 전과정을 그것의 결과인 생산물의 관점에서 고찰한다면, 노동수단과 노동대상 양자, 즉 생산수단으로서 노동 그 자체는 생산적 노동으로서 나타난다."[1]

그러나 모든 경제적 사회구성체에서 생산적 노동은 사회적으로 규정되며, 그것은 독특한 특수성을 나타낸다.

자본주의에서의 생산적 노동

생산적 노동이 잉여가치를 만든다는 것은 자본주의에서의 생산적 노동에 특징적인 것이다. 물질적 생산의 영역에서 활동하는 노동도, 그것이 잉여가치를 생산하지 않는다면 자본주의적 관점에서 볼 때는 생산적이지 않다. 공업, 농업, 건축, 운송업 및 우편·통신제도 등은 자본주의사회의 국민소득을 창출하는 영역들에 속한다. 왜냐하면 그것들은 생산에 기여하기 때문이다. 국민소득은 상업기업에서도 창출된다. 하지만 생산과정이 유통영역으로 연장되는 경우에 한해서 그러하다.

물질적 생산의 영역들에는 또한 비생산적 노동활동도 있다. 거기에는 무엇보다도, 특히 상품의 구매나 판매행위를 수행하는 생산기업에 속한 사람들의 노동이 고려될 수 있다.

물질적 생산과는 달리 비생산적 영역에서의 노동은 어떠한 국민소득도 창출해내지 않는다. 그러나 인간의 정신적 잠재력의 발전과 건강 유지 등을 지향하는 노동은 물질적 생산에 종사하는 사람들의 노동생산성과 국민소득의 성장을 가져온다.

정신적 생산과 창조의 영역에서의 노동은 대상 속에 물질화될 수 있다(조각품, 회화 등). 그러나 조각가 또는 화가의 노동은 물질적 생산의 영역에 넣을 수 없다. 조각이나 그림은 예술작품으로서 재생산될 수 없다. 그것들은 수요에 의해 규정되는 가격을 갖는다. 하지만 그 가격은 한 상품의 생산을 위한 필요노동량에 의해 규정되는 가치로 환원될 수 없다.

그러나 인쇄기술의 방법으로 제작된 복제나 그림의 재생산에서는 사정이 다르다. 그것들은 임의의 양을 생산할 수 있으며, 그것들은 더 이상 예술가의 노동의 결실이 아니라 그저 인쇄노동자의 산출물일 뿐이다. 그것들은 물질적 생산물이며, 그것의 가치는 재생산에 필요한 노동지출에 의해 규정된다.

물질적 생산에서 활동하는 노동은 무제한적으로 재생산이 가능한 물질적 생산물의 창출에 참여하고 있다. 분업의 결과로 생산물은 하나의 개별 근로자에 의해서가 아니라 전체 노동자에 의해 창조된다. 즉 생산물의 제조를 목적으로 상이한 기능들을 실행하는 사람들의 전체 집단을 통해서 창조된다. 생산적 노동자이기 위해선 전체 노동자의 일부분인 것만으로 충분하다. 생산물의 제조에서는, 직접 작업기계를 다루는 노동자뿐만 아니라 생산과정의 통제에 종사하는 엔지니어도 관계하고 있다.

자본주의에서 생산적인 활동을 하는 사람은 무조건 임노동자이다. 그러나 모든 임노동자가 생산적 노동자인 것은 아니다. 맑스는 다음과 같이 썼다. "자본으로 직접 전화되는 노동만이 생산적이며, 가변자본을 가변자본으로서 설정하는 노동만이 그러하다."[2] 수입과 교환되는 노동은 생산적이지 않다. 기업가로서가 아니라 소비자로서의 자본가에게 봉사하는 하인과 재단사의 활동은 생산적 노동이 아니다.

생산적 노동의 사회적 형태의 물신화

흥행사를 위해 활동하는 아티스트는 임노동자이지만, 생산적 노동자는 아니다. 그는 물질적 재화의 생산에 자기 노동으로 참여하지 않으며, 따라서 가치 또는 잉여가치를 창출하지 않는다. 아티스트의 임금은 흥행사의 이윤과 마찬가지로 대중의 소득에서 공제한 것이다. "그들(피고용인)이 대중에게 판매한 것은 그(흥행사)에게 봉급과 이윤으로 보상된다."[3] 기업가의 시각에서 보면 이러한 아티스트들은 생산적 노동자이다. 왜냐하면 그는 기업가에게 이윤을 획득할 수 있게 했기 때문이다. 그것은 상업과 은행업의 봉급생활자들이 상인이나 은행가의 관점에서 볼 때, 그들의 노동이 그에게 이윤을 전유할 수 있는 가능성을 주기 때문에, 생산적인 것과 마찬가지이다. 자본가들의 이러한 주관적 관점은 이러한 노동의 사회적 형태의 물신화를 설명한다. 이러한 현상의 외적 베일은 그것의 본질로 간주된다. 그러한 상황은 잉여가치를 창출하는 노동과 자본가들에게 이윤을 가져다주는 노동이 동일하지 않다는 사실을 통해 제약된다.

상술한 논증은 자본주의적으로 생산된 국민소득에 대한 것이었다. 그러나 실제로 자본주의 나라들에서 국민소득의 창출에는 소상품생산자 역시 참여한다. 이로부터 자본주의 나라의 국민소득과 자본주의적으로 생산된 국민소득은 구별되어야 한다.

3. 국민소득의 분배

국민소득은 우선적으로 부르주아 사회의 기본계급들 사이에서, 즉 한편으로는 자본가와 대지주, 그리고 다른 한편으로는 노동자에게 분배된다. 자본가계급에 의해 전유된 잉여가치는 산업자본가와 여타의 모든 기능자본가의 기업가이윤 그리고 대부자본가에 의해 수취되는 이자로 분배된다. 잉여가치의 일부분을 대지주는 지대의 형태로 전유한다. 노동자계급은 임금을 받는다. 이에 따라 자본주의에서 국민소득은 본원적으로 임금, 이윤, 이자 및 지대로 분배된다. 부르주아 통계학은 부르주아 사회의 개별 계급들 사이에서 국민소득의 분배에 관한 결코 신뢰할 수 없는 통계를 제공할 뿐만 아니라 실제로 분배시에 현재의 상태를 가능한 한 은폐하려고 애쓴다.

본원적 소득과 파생적 소득, 제1차 소득과 제2차 소득

맑스주의 경제학에서 전체 소득을 **본원적 소득**과 **파생적 소득**으로 구분하는 것은 통례적인 것이다. 전자에는 자본주의적 생산의 주요 대표자들의 소득, 즉 노동자, 자본가 그리고 토지소유자의 소득이 속하며, 후자에는 본원적 소득의 공제로 나타나는 그밖의 모든 소득(교사, 의사, 공무원 등 비생산적 영역에 종사하는 사람들의 소득)이 속한다.

본원적·파생적 소득과 함께 **제1차 소득**과 **제2차 소득**이 구별되어야 한다. 상품가격의 구성요소인 총소득은 그것이 본원적 소득인가 또는 파생적 소득인가와는 무관하게 전자로 고려된다. 국민소득의 재분배를 통해 발생하는 총파생소득이 후자에 속한다.

실제로 본원적인 분배의 결과인 몇몇 소득은 그들의 특성에 따라 본원적 소득이 아닌 파생적 소득에 속한다. 예를 들어 자본의 유통과정의 행정에 종사하는 한 기업의 각 사무원의 봉급 같은 것이 그것이다. 왜냐하면 그들은 어떠한 가치도 생산하지 않으며, 그들의 소득이 생산적 노동자들에 의해 생산된 가치로부터 나오기 때문이다. 판매사원의 소득 역시 이러한 범주에 포함된다. 더욱이 국가에 의해 걷힌 직·간접세도 파생적 소득에 속한다. 간접세는 상품가격과 서비스에 대한 부가세의 형태로 징수된다. 간접세는 외형상 상품판매자들과 서비스판매자들에 의해 지불되지만, 실제의 지불자는 구매자들이다. 간접세(소비세)는 다른 모든 세금과 마찬가지로 국민소득의 재분배도구이다. 그러나 이와는 반대로 직접세는 소득의 공제, 즉 그것은 국민소득의 제2차 분배를 통해 발생한다.

모든 계급과 사회적 집단의 최종 소득은, 그들의 생산적 또는 비생산적 영역에서의 활동여부와는 관계없이, **국민소득 재분배의 결과이다.** 본원적으로 자본주의사회의 국민소득으로 나뉘어지는 제1차 소득과는 구별하여 우리는 국민소득의 분배로부터 발생된 소득을 **최종 소득**으로 간주한다.

국민소득의 **제1차 분배**의 단계에서 취득되는 근로자들의 소득은 생산영역에 종사하는 노동자와 피고용인을 비롯한 농민 및 소수공업자의 수입이다. 그러나 하급 공무원, 의사, 교사, 그리고 그밖의 근로 인텔리겐차의 소득은 최종 분배로부터 생겨나며, 위에서 언급한 주민층의 취득을 제외한 근로자의 소득이 여기에 속한다. 달리 말하면, 국민소득 분배의 최종 단계에서 타인의 노동을 착취하지 않는 그러한 모든 사람들의 수입은 근로자의 소득에 속하는 것이다.

분배의 최종 단계에서 생산영역의 자본가의 수입뿐만 아니라, 비생산영역에서 일하는 모든 착취자들(부르주아 인텔리겐차의 상층과 고위 공무원을 포함)의 수입 및 부르주아 국가의 수입이 착취자의 소득으로 간주되어야 한다. **최종 소득의 총계는 제1차 소득의 총계와 같다.**

국민소득의 재분배 방법인 서비스에 대한 대가

국민소득의 본원적 분배에 관한 자료들은 국민소득에서 노동자와 피고용인 그리고 농민의 실제적인 몫에 대한 정확한 자료를 아직까지 제시하지 않고 있다. 어떻게 국민소득이 재분배되며, 어느 것이 착취자 및 노동자의 최종 소득인가를 아는 것은 중요하다. 국민소득의 이러한 재분배는 자본주의에서는 다양한 방식을 통해 이루어진다.

국민소득의 재분배는 무엇보다도 물질적 생산의 영역 이외의 서비스에 대한 대가를 통해 이루어진다. 서비스에 대한 대가는 본원적 소득에 대한 공제액이며, 그와 동시에 서비스 영역에서 일하는 사람들의 소득의 원천으로 쓰인다(여기에 투자된 자본에 대한 이윤 및 노동자의 임금과 피고용인의 급료). 미국에서는 현재 주민의 모든 소비성향적 지출의 약 40%가 서비스에 대한 대가로 쓰이고 있다.

조세를 통한 국민소득의 재분배

자본주의의 발전은 국가재정을 통해 재분배되는 국민소득의 각 부분을 상승시킨다.

국가재정의 상승하는 지출은 더 높은 국가수입을 요구한다. 생산수단은 사유재산이므로, 오로지 조세만이 부르주아 국가의 주요한 소득원천일 수 있다. 발전된 자본주의 나라들의 국가재정 중에서 조세는 수입의 85~95%를 차지한다.

자본주의 나라들에서는 직접세와 간접세가 있다.

직접세에는 토지세, 영업세, 개인소득에 대한 소득세(이하에서는 근로소득세), 법인세, 재산세, 상속세, 증여세, 인두세 등이 속한다.

간접세에는 소비세, 매상세, 관세 그리고 국가전매권에 대한 전매세 등이 속한다.

발전된 자본주의 나라에서의 오늘날 조세체계의 현저한 특수성은 누진세의 강화, 직접세와 세율의 의미가 커지는 것이다. 이러한 외적 현상의 배후에는 착취계급에 의한 탈세의 증가, 그리고 이 나라들에서 근로주민층에 대한 점점 더 심해지는 조세부담의 전가가 은폐되어 있다.

직접세제도의 발전은 국가재정을 위해 노동수입의 일부분을 직접 걷어감으로써 이루어진다. 근로주민층의 평균소득 이하로 현저하게 하락되는 면세소득 크기의 저하는 그것과 결부되어 있다. 개개인에 대한 직접소득세의 주요한 부분이 이러한 집단의 몫으로 직접 떨어진다.

미국에서는 1965년에 연방정부의 모든 세수입 중 40%가 연소득 1만 달러 이하의 납세자들의 개인소득세에 대한 과제로 징수된 것이었다. 동시에 연소득 1만 달러 이상의 납세자들은 개인소득에 대한 과세로 직접 징수된 연방세금 총액수의 7%만을 납부했을 뿐이다

<표 16> 국가재정을 통해 재분배된 국민소득의 부분*(%)

나 라	연		도		
	1913	1938	1950	1962	1969
미 국	6.8	19.2	21.1	27.0	30.3
영 국	10.8	25.8	—	33.9	40.7
서 독	8.8	23.7	27.3	32.9	31.3
프랑스	14.0	17.2	22.7	24.4	30.3

*국민소득은 중복계산을 제거하지 못한다.

자본주의 나라의 세입법을 통해 실행된 모든 조세의 분배방법들은 그 구성요소에서 실제적으로 가장 큰 소득에 대한 세율을 인하시키는 결과를 낳게 했다. 불로소득의 액수는 이러한 소득의 수취인 그 자신에 의해 납세기관에 신고된다. 이에 반해서 근로소득세는 임금지불표 선에서 평가된다. 그 때문에 임금수령자는 소득의 일부분을 속일 수 있는 어떠한 가능성도 가질 수 없다.

국가는 불로소득의 수취인에게 대폭 조세감면을 해주며, 게다가 여러 경우에 과세를 면하게 한다. 조세감면은 양도소득에서와 같이 주식과 채권소유로부터 발생하는 소득에도 적용된다. 게다가 여러 종류의 국채와 자선기금에서의 소득에 대하여는 어떤 소득세도 지불될 수 없다. 투자된 소득은 과세에서 광범위하게 세금할인이 된다. 합자회사는 의제회사와 자회사를 통하여 그리고 다양한 자선기금의 형성과 예측되지 않는 손실에 대한 기금을 통하여 비생산적 지출을 구실로 삼은 이익의 지출기장을 통하여 세금을 탈세한다.

조세감면을 충분히 활용함으로써 미국에서 가장 큰 석유회사의 실제적 이익세율은 여러 경우에 2%까지도 하락하였다.

회사의 부르주아층들이 포괄적으로 그들의 소득에 대한 과세의 인하를 충분히 활용한 반면, 노동자의 조세부담은 높아지고 납세자 수는 더욱 늘어난다.

예를 들어 1939년 미국에서는 국민의 5%만이 소득세제도에 대해 알고 있었으며 개인소득의 26.7%가 그들의 몫이 되었다. 60년대 중반에는 국민의

76.6%가 소득세를 납부했으며 모든 개인소득의 86.5%가 그들의 몫이 되었다. 세금의 증가는 평균적인 노동자 가족의 세금이 미국에서는 전체 소득의 27%, 영국에서는 36%, 프랑스에서는 28%, 독일, 덴마크, 벨기에에서는 31%에 달하게끔 했다.

근로주민층에 부과되는 세금부담의 증가는 간접세의 절대적 증가로 환원된다. 생활필수품에 속하는 주요 상품들은 간접세로 부과된다. 이런 상품들의 구매자는 대개 간접세의 주요 부담을 짊어져야 하는 노동자들이다.

소련 경제학자들의 계산에 의하면, 노동자와 피고용인의 임금의 직·간접적 과세는 (합자회사의 고위 직원과 고급 군인의 소득을 공제할 때), 미국의 사회보장기금에 대한 기부처럼 거의 국가수입의 절반에 달한다.

실질적인 근로인민의 조세부담은, 합자회사의 직접소득세가 상품가격에 편입되어 부분적으로 최종 소비자에게 전가됨으로써 상승된다.

국민소득의 재분배에 대한 가격의 영향

자본주의 나라에서 가격은 국민소득의 재분배에서 중요한 도구이다. 오늘날의 자본주의 나라에서 수많은 독점연합체들이 그들에 의해 판매되는 상품에 대해 높은 독점가격을 매길 수 있는, 반면에, 그들이 구매하는 생산물에 대해 낮은 독점가격을 지불한다는 사실은 일반적으로 잘 알려져 있다. 또한 가격기준과 개별 소득의 실제 크기가 변하는 인플레이션에서, 가격은 국민소득의 적지 않은 총액을 재분배하기 위한 수단이다.

만약 가격을 통한 국민소득의 재분배를 고려한다면, 생산된 순생산가치와 실현된 순생산가치 사이의 차이를 부단히 형성시켜야 한다.

자본주의 국가에서 국민소득 재분배의 결과는 미국의 국민소득의 부문구조에 대한 보고에서 어느 정도 알아볼 수 있다.

<표 17>에서 미국의 국민소득에서 농업, 건설업, 교통제도의 특이하게 낮은 비율과 다른 한편 상업의 특이하게 높은 비율이 주목된다. 이것은 국가와 상업을 위하여 가격을 통해 국민소득을 재분배하는 데서 설명된다(간접세).

<표 17> 경제부문에 따른 미국의 국민소득(%)

	1929	1955	1960	1968
농업·임업·수산업	11.9	8.6	5.2	5.0
공업	37.2	45.2	46.0	46.3
건축업	5.0	5.8	6.2	6.3
교통제도	8.8	5.5	5.4	5.1
우편 및 통신	1.5	1.7	2.2	2.2
외국으로부터의 순소득	1.1	0.6	0.7	1.0
여타의 물질적 생산의 영역	15.6	13.9	14.6	14.7
상업	18.9	18.7	19.7	19.4

국민소득의 분배와 재분배는 자본주의사회의 치열한 계급대립 속에서 실현된다. 이러한 대립은 한편으로는 생산수단의 소유자와 근로인민간에, 다른 한편으로는 생산수단 소유자 계급 내부에서 진행된다.

국민소득에서 증가하는 노동자의 몫에 관한 부르주아 통계학의 공식적 자료들은 실제와는 매우 다르다.

그때 세금은(한번은 생산영역의 근로인민의 소득으로서, 그 다음에는 비생산적 영역의 근로인민의 소득으로서 이중적으로 명시된다) 노동자의 수입에 가산된다. 게다가 합자회사의 피고용인과 고위 국가공무원 그리고 부르주아 지식인 상층의 높은 수입과 궁극적으로 자본주의적 농민과 도시에서의 소소유자의 소득 역시 이러한 범주에 편입된다.

재분배과정을 고려할 때 미국의 국민소득의 분배에 대한 하나의 분석은, 부르주아 경제학자들이 믿고 있는 바와 같이 근로인민의 몫이 70~80%에 달하는 것이 아니라, 거의 국민소득의 절반 정도라는 것을 보여준다.

4. 국민소득의 사용. 소비와 축적

국민소득은 분배되고 재분배된 뒤에 사용된다. 동시에 그것은 다음과 같이 구별된다.

(1) 생산적 영역의 종사자들의 개인적 소비. 자본축적의 일반적 법칙의 작용에 근거하여 국민소득에 대한 이러한 총계의 비율은 시간이 지

나면 줄어들기 마련이다.

(2) 비생산적 영역 종사자들의 개인적 소비와 전체 기업의 보존 그리고 이러한 영역의 설립. 국민소득의 이러한 부분은 현재 성장하고 있으며, 예를 들면 미국에서는 생산적 영역 종사자들의 몫을 능가한다.

(3) 더욱 더 낭비적 성격을 갖는 착취자의 개인적 소비.

(4) 순수 유통비용의 보전.

(5) 군사지출의 보전.

(6) 생산적 영역에서의 확대재생산과 비생산적 영역에서의 기본기금의 증대.

국민소득의 분배에서 다양한 단계들은 시공간적으로 서로 분리될 수 없다. 자본주의사회의 한 계급이나 집단의 소득의 실현은 그 사회의 다른 계급이나 집단의 상품가치의 실현이다. 해당 연도에 생산된 모든 상품이 시장에서 실현되고 이에 상응하는 상품들의 구매에 소득이 모두 지출된 이후에, 국민소득은 자본주의사회의 모든 계급들 사이에서 가치의 측면에서뿐 아니라 현물형태로도 분배된다. 그런 후에 국민소득의 일부는 자본주의사회의 계급에 의해 소비되며, 다른 일부는 자본주의적 생산의 확대에 기여한다. 즉 추가적 자본으로서 사용된다.

국민소득의 운동은 일부분의 소비 그리고 남은 부분의 축적으로 끝난다. 따라서 소비와 축적의 총계는 물질적 생산부문의 상이한 영역에서 창출되는 총국민소득(v+m)에 상응한다.

국민소득이 자신의 운동 속에서 제1차 소득과 최종 소득의 형태를 취한다는 사실을 고려하면, 국민소득의 창출, 분배, 사용의 총과정은 수학적으로 다음과 같다.

$$\sum_{i=1}^{n} yi = \sum_{j=1}^{m} xj = \sum_{k=1}^{c} zk = K + A$$

(y 경제부문의 순생산가치; x 제1차 소득; z 최종 소득; K 소비; A 축적; i=1, 2, 3······, n; j=1, 2, 3······, m; k=1, 2, 3······, c)

위의 등식은 수학적 형태로 국민소득의 생산, 분배, 사용의 대차대조표의 내용을 표현한다.

자본주의적 생산의 주기적 운동은 소비와 축적의 원천인 국민소득의 사용의 성격에 현저한 영향을 미친다.

미국의 국민소득에서 축적의 비율은 1929~68년 동안에 2.3%에서 18% 사이를 변동하였다. 1968년에 그것은 18%였다. 대공황과 이에 연속되는 불황(1931~34) 동안에 사회적 부의 소비물이 확인되었다. 즉 소비는 국민소득의 규모를 넘어섰다. 비록 대전 동안에 미국의 총생산량이 매우 증가하였다 해도, 그와 유사한 광경이 역시 제2차 세계대전의 몇 년 동안(1943~45)에도 관찰될 수 있었다. 전후 축적의 비율은 16~20%에 달했다. 축적의 비율이 12% 수준에 이른 연도는 위기적 현상으로써 하나의 예외를 형성했다. 소비의 비율은 통상 80%를 넘었다.

부르주아 경제학자들의 파악에 따르면, 부르주아 국가의 모든 구성원들은 이런저런 형태로 국민소득의 생산에 참여한다. 한 부류가 공장에서 일하는 반면에, 다른 한 부류는 부르주아 사회에 유익한 서비스를 행함으로써(국가공무원, 경찰관계자) 국민소득을 창조한다. 따라서 모든 참가자들은 국민소득에 대한 자신의 몫을 갖고 있다. 이러한 국민소득에 대한 고찰방식은, 국민소득을 한 나라의 총거주자의 소득 총계로 정의하는 것과 본질적으로 완전히 일치한다. 국민소득에 대한 그러한 정의는 부르주아지에게 유익하다. 그 이유는 그 정의가 부르주아 사회에서 실제적인 분배를 감추고 착취를 은폐하기 때문이다.

위에서 살펴본 바와 같이 국민소득은 실제로 생산적 노동에 종사하는 사람들에 의해 창조된 것이다. 오직 이러한 근로인민들만이 그들의 노동을 통하여 매년 사회적 총생산물의 새로운 가치를 창출한다.

주

1) Marx/Engels, *Werke*, Bd.23, Dietz Verlag, Berlin 1962, S.475.

2) Marx/Engels, *Werke*, Bd.26, 1, Dietz Verlag, Berlin 1965, S.369.

3) *Ebenda*, S.136.

제12분편 경제위기=공황

이미 서술한 바와 같이 자본주의적 확대재생산과정은 때때로 생산후퇴로 중단된다. 거기서는 어떤 예외적인 상황(전쟁, 흉작, 자연재해)에 의해 야기되는 우연적 현상이 문제가 아니라, 150여 년 이래로 주기적으로 반복되어온, 확대재생산의 시기와 생산량의 갑작스런 수축의 시기의 교체가 문제가 된다. 다른 말로 표현하면, 자본주의에서의 확대재생산은 영구적·계속적 과정이 아니라, 주기적으로 중단된다는 것이다. 심하게 후퇴된 발전의 시기를 호황기간이 뒤따른다. 이러한 제반 현상이 주기적 경제공황으로 특징지어진다.

第35장 주기적 과잉생산공황

주기적 과잉생산공황은 생산, 유통, 분배 및 소비 등 자본주의 경제의 모든 영역에서 발생한다.

최초의 공황은 1825년에 발생했다(영국에 국한되어). 두번째 공황은 1836년에(영국 이외에 미국도 포함되어) 시작되었다. 1857년에 세번째 공황이 발발했다(이 공황에는 영국, 미국, 프랑스, 독일 등이 포함되었다). 1857년 공황은 이미 세계의 중요한 모든 나라를 포괄하는 세계경제공황이었다. 그후로 1865년의 공황이 뒤따랐다. 그 이외의 공황들이 1873, 1882, 1890년에 발생했다. 20세기에는 1900, 1907, 1920/21, 1929~33, 1937/38 1948/49, 1953/54 그리고 1957/58년이 공황의 해였다. 1964년에는 이탈리아에서 시작되었으며 1965년에는 일본, 그리고 그 다음 영국, 서독, 오스트레일리아, 스위스 등이 공황에 휩싸였다. 미국에서는 1967년에 공황이 시작되었다가 중단되었다. 그러나 생산후퇴가 1969년에 다시 발생하였으며 1970년까지 계속되었다.

공황기에는 일반적으로 이자율이 현격하게 뛰어오른다. 상업신용이 수축되고 대부자본의 공급이 급격하게 줄어드는 반면, 대부자본과 화폐에 대한 수요는 증가한다. 바로 직전에 상승하는 경향을 나타내던 가격이 하락하기 시작한다. 이러한 제반 현상은 이따금 **상업공황**이라고 불린다. 공업생산의 양은 급격히 줄어들기 시작한다. 기업은 차례로 조업을 중단하며 그와 동시에 수천 명의 노동자들이 거리로 쫓겨난다.

수많은 공업기업, 상업기업, 은행기업이 그들의 지불의무를 이행할 수 없게 되어 곧 파산한다. 거대기업은 파산한 기업을 최하의 가격으로 구매하고 이러한 방식으로 그들의 자본을 증가시킨다. 한줌도 안되는 자본가집단의 수중으로의 자본의 집중과정은 강화된다.

생산량의 감소와 가격폭락은 경제 속에서 작용하는 가치의 양을 역시 감소시키는 방향으로 작용한다. 사회적 생산물과 국민소득은 저하한다.

1929년부터 33년까지 공황의 정점에서 미국의 선철생산은 42년 전(1890)의 수준으로까지 떨어졌다. 영국의 선철생산은 약 76년 정도(1856년 수준으로), 독일은 45년(1887년 수준으로) 후퇴했으며, 석탄생산에 관해서는 미국은 31년(1901년 수준으로), 영국은 29년(1903년 수준으로), 독일은 34년(1898년 수준으로) 정도 후퇴했다.

이러한 공황기에 철강의 연간 용량이 400만 톤인 미국의 마르틴외펜이 조업을 중단했다. 모두 100만 톤의 배수량을 갖고 있는 124척의 배가 해체되었다. 실업자군의 증가와 임금의 하락은 노동자계급의 생활수준을 갑작스럽게 저하시켰다. 예를 들어 미국에서는 1958년 공황에 전경제분야(농업은 예외)에 종사하는 노동자와 봉급생활자의 총수는 연평균 약 170만 명이 감소되었다. 영국에서는 1958년 총 25만 3,000명이 그들의 일자리를 상실했다. 단축노동자의 총수는 8만 명에서 17만 2,000명으로 상승했다. 1958년에는 월평균 실업자의 총수가 미국에서 62%, 영국에서 47%, 캐나다에서 56%, 그리고 프랑스에서는 19%가 전년도보다 늘었다. 미국에서 노동자와 봉급생활자의 임금기금이 1958년에 2.9% 감소했으며, 그 가운데 제조업에서는 5.2% 정도가 감소하였다.

자본주의적 확대재생산과정을 주기적으로 중단시키는 원인은 무엇인가? 그리고 무엇이 생산증대를 생산수축으로 대체시키는가? 어떠한 요인이 공황을 발생시키는가?

1. 공황의 가능성

제7장에서는 W－G－W의 정식을 통해 표현된 단순상품유통에 이미 공황의 형식적·추상적 가능성이 존재함을 확인하였다. 직접적인 상품교환(W－W)에서는 구매와 판매는 하나의 통일적인 행위로 융합된다. 그러나 화

폐의 등장으로 이러한 행위는 두 가지의 구성요소, 즉 구매(G－W)와 판매(W－G)로 분리된다. 이러한 행위들이 시공간적으로 일치할 필요는 없다. 따라서 실현과정에서 중단의 가능성이 출현한다. 만일 상품소유자가 상품판매 이후에 다른 상품을 구입하지 않는다면, 다른 소유자의 상품은 수요자 없이 존재하는 것이다. 상품생산자들간에는 상호 유착이 존재하므로, 구매 및 판매의 공간적·시간적 불일치에 관하여, 단지 하나의 상품만이 아니라 전체 상품그룹이 언급될 수 있다. 그러한 현상은 사람들이 미지의 시장을 위해 상품을 생산하는 사회에서 전적으로 가능한 것이다.

맑스는 "공황의 최초의 형태는 상품의 형태변화 자체이며, 구매와 판매의 분리이다"[1]라고 썼다.

주지하다시피 공황의 다른, 보다 포괄적인 가능성은 지불수단으로서의 화폐의 기능으로부터 주어진다. 어떠한 상품소유자도, 채무 만기시점에 지불능력이 없는 그러한 경우에 대해 안심할 수 없다.

하나의 경우에 지불이 이루어지지 않으면, 신용관계에 의해 서로 결합된 상품소유자 집단 전체는 지불의무를 수행할 수 없게 된다. 지불중단은 연달아 발생한다. 지불의 중단은 유통과정의 심각한 동요를 결과할 수 있으며, 이에 따라 생산과정도 그만큼 동요하게 된다. 이미 단순상품유통에서 공황의 잠재적인 가능성이 존재한다. 그러나 상품유통이 5,000년에서 7,000년까지 존속해온 반면, 주기적 공황은 최근 150년 동안에 관찰되는 것이다. 따라서 단순상품생산의 제반 조건은 공황의 발생가능성을 불가피성으로 되게 하는 제반 전제를 창출할 수 없었다.

2. 공황의 불가피성

공황의 주요 원인

공황이 불가피한 원인은 자본주의의 기본모순, 즉 생산의 사회적 성격과 전유의 사적 자본주의적 형태 사이의 모순에 근거한다. 전유의 사적 형태와 생산의 사회적 성격이 일치하지 않는다는 것은 자본주의적 생산관계가 마침내 생산력의 성격에 더 이상 조응하지 않음을 의미한다.

단순상품생산에서 노동과정은 개별적 특성을 나타낸다. 생산은 개별 노동과 개별 상품생산자의 생산수단으로 수행된다. 이로부터 상품관계의 제한성이 결과된다. 즉 생산량과 상품공급은 미미한 규모이고, 상품생산의 지역적 틀은 좁으며, 시장은 지방적인 성격을 나타낸다.

주지하다시피, 자본주의에서 노동과정의 성격의 급격한 변화가 생겨난다. 생산물은 자본주의 기업에서 개별 노동을 통해서가 아니라 많은 노동자의 공동활동을 통해 생산된다. 기계제 대생산은 엄청난 양의 상품을 생산할 수 있는데, 때로는 지방적 시장뿐만 아니라 전국적 시장까지도 그것에 대해서는 작게 된다. 자본주의의 기계제 생산은 매우 발전된 사회적 분업을 발생시킨다. 사회적 분업이 발전될수록 개별 기업과 경제분야들 사이의 상호 연관은 더욱 밀접해진다.

그러나 수천의 개별 요소로 분산된 사회적 생산은 개별 기업가 또는 자본가집단의 수중에 존재한다. 사회적 생산의 생산물은, 최대이윤의 획득이 그 본질인 그들의 사적 이해에 상응하여 재생산을 행하는 사적 소유자들에 의해 전유된다. 사회적 총생산의 상태는 무정부성과 무계획성을 특징으로 한다.

자본주의의 기본모순에는 또한 공황의 주요 원인이 존재한다. 어떠한 방식으로 기본모순이 공황으로 진전되는가를 명확하게 설명하기 위해서는 어떠한 구체적 형태로 이러한 모순이 표출되는지를 살펴보는 것이 필요하다. 이러한 형태는 공황을 준비하는 메커니즘의 직접적인 부분으로서 나타난다.

생산과 소비 사이의 모순 그리고 공황

주지하다시피, 생산과 소비의 모순은 자본주의의 가장 중요한 모순에 속한다. 자본주의에서 생산의 제반 조건은 실현의 제반 조건과 일치하지 않는다. 이윤창출이 자본주의적 생산의 목표와 동기를 형성하기 때문에, 자본주의에는 생산의 무제한적 확대 경향이 특징적이다. 그러나 자본주의에서는 생산의 확대가 이에 상응하는 소비의 증가를 수반하지 않는다. 왜냐하면 자본주의에서 대중의 소비는 노동력의 가치(v)에 의해 제한되며, 이것을 넘어설 수 없기 때문이다.

프롤레타리아트의 상태의 악화는 유효수요를 상대적으로 감소시킨다. 잉여가치율의 계속적인 상승과 국민소득에서의 가변자본 부분의 감소는 노동자계급의 구매력의 상대적인 저하와 동일한 의미를 갖는다. 『자본론』 제3권에서는 그것에 관해 다음과 같이 언급된다. “그러나 생산력이 발전하면 할수록, 그것은 소비관계가 근거하는 협애한 토대와 더욱 모순에 빠져들게 된다.”[2)]

생산과 소비의 모순은 자본주의의 기본모순의 가장 중요한 현상형태이다. 그것은 공황을 발생시키는 메커니즘에서 가장 중요한 요소 중의 하나이다. 생산과 소비의 모순 자체가 자본주의에서의 공황의 불가피성을 설명할 수는 없는데, 그것은 공황의 형태 그 자체, 즉 생산된 상품이 판매되지 않을 가능성이 언뜻 보기에 그러한 해명의 정확성을 뒷받침하는 것처럼 보일지라도 그러하다.

시스몽디는 자본주의에 내재하는, 생산의 무제한적 확대에 대한 열망과 주민의 소비의 한계 사이의 모순을 강조했다. 이로부터 그는 자본주의적 확대재생산이 ‘제3의 인물’을 상정하지 않는 한 불가능하다고 결론지었다. 시스몽디와 유사하게 로자 룩셈부르크 역시 생산과 소비의 모순이 자본주의적 축적과 확대재생산에서 넘을 수 없는 장벽이 되고 있다고 추정하였다. 카우츠키도 자신의 논문에서 그와 같은 견해를 피력했다. 그는 노동자계급의 과소소비가 공황의 직접적 원인이라고 주장했다.

과소소비(제20장을 참조하라)가 공황의 자발적 원인이라는 정리(定理)로부터 공황이 만성적인 그리고 지속적인 특성을 띨 수밖에 없다는 결론이 무조건적으로 나타난다. 그러나 공황은 실제로는 특정한 상황에서만 발생하기 때문에, 마치 새로운 풍부한 지하자원의 발견을 특별한 기술적 혁명으로부터 설명하는 것처럼, 사람들은 이러한 상태를 우연적 요인들의 영향으로부터 설명하려고 한다.

과소소비는 과잉생산공황의 주기성을 해명할 수 없다. 공황에 앞서 있는 호황(붐)의 시기에 노동자계급의 구매력과 소비수준이 그 어떤 다른 시기보다 훨씬 높다는 것은 일반적으로 잘 알려져 있는 사실이다. 게다가 주민대중의 낮은 소비수준이라는 것은 자본주의의 등장 이전(예를 들면 봉건제와 노예제 사회)에도 존재했던 현상이라는 점 또한 잘 알려져 있다. 그러나 과잉생산공황은 자본주의에 유일한 것이다. 더구나 이미 매뉴팩처 단계에서 생산과 소비의 모순이 나타났지만, 그 시기에는 어떠한 주기적 과잉생산공황도 감지할 수 없었다.

생산과 소비의 모순은 자본주의와 불가분의 관련을 맺고 있다. 자본주의적 생산관계의 적대적 성격은 다양한 현상형태를 갖는 이러한 모순 속에서 집중적으로 입증된다. 이윤율의 경향적 저하 법칙으로 다루어지는 형태도 여기에 속한다. 그러나 공황은 생산과 소비 사이의 모순으로 환원될 수 없으며, 여기에서는 공황을 야기하는 기본모순을 볼 수 없다. 생산과 소비 사이의 모순 그 자체는 생산의 사회적 성격과 사적 자본주의적 전유 사이의 모순에 대한 단지 하나의 표현형태일 뿐이다. 여기서 우리는 경제공황의 불가피성에 대한 일차적 원인을 살펴볼 것이다.

불균형성과 공황

모든 상품생산에서 우리는 사회적 생산 발전의 불균형성을 관찰할 수 있다. 이러한 불균형성은 자본주의에서 질적으로 새로운 경향을 갖는다. 그것은 자본주의의 기본모순의 발전에 근거한다. **자본주의에 고유한 모순은 전체 사회에서의 생산의 무정부성과 개별 기업에서의 조직성 사이에 형성되며 이러한 기초 위에서 발전한다.**

불균형성은 사회적 생산의 무정부적 성격이 갖는 불가피한 동반현상이며, 개별 기업의 경제적 자립화의 결과이다. 소상품경제에서 생산과정의 개별적 성격의 결과인 무정부성은 단지 공황의 가능성만을 결과한다. 그러나 자본주의적 관계하에서 생산과정의 사회적 성격의 결과인 무정부성은 단지 한 나라의 영역 내에서뿐만 아니라 전지구적 생산을 장악한다. 생산의 무정부적 성격은 전체 경제의 균형뿐만 아니라 생산과 소비의 균형과도 관계가 있다.

자본주의 경제의 무정부적 성격은 모든 사회적 생산영역에서의 불균형성과 생산과 소비의 불일치를 결과한다. 자본주의의 기본모순으로부터 생겨난 그러한 종류의 불균형성은 공황의 가능성이 공황의 불가피성으로 전화하는 직접적 원인이 된다. 자본주의적 확대재생산에서 사회적 생산물의 실현을 위해 요구되는 수많은 가치적·소재적 균형은 생산의 무정부성으로 말미암아 수많은 불균형의 원천이 된다.

이러한 불균형 정도는 신용체계가 늘어나는 만큼 더욱 커지게 된다. 이러한 제도의 무정부적 확장은 사회적 생산을 사회적 수요의 성격과 규모에 신속하게 일치시키기 위한 수단임과 동시에 새로운 불균형 형성의 원인이기도 하다.

그러나 자본주의 경제의 개별 부문의 불균등 발전에서 표현되는 생산의 불균형성이 그 자체로 경제공황의 주요 원인으로 간주될 수는 없다. 단지 불균형성은 자본주의적 단순상품생산과 매뉴팩처단계의 특징일 뿐이다. 그러나 이러한 역사적 시기에서는 주지하다시피 주기적 경제공황이 존재하지 않았다.

공황의 가능성이 공황의 현실성으로 되는 방식 그리고 생산과 소비 사이의 모순이 설명되는 방식과 마찬가지로, 불균형성 또한 생산의 사회적 성격과 전유의 사적 자본주의적 형태 사이의 모순과 관련 없이 그 자체로서는 설명될 수 없다.

공황의 준비와 전개

확대재생산 과정의 전제는 일차적으로 제I부문의 생산의 확대이다. 레닌이 확증했듯이 확대재생산을 할 수 있기 위해서는 일차적으로 제I부문의 생산, 즉 생산수단의 생산을 증대시켜야 한다. 그러한 자본주의적 생산은 자연발생적으로 발전한다. 확대재생산의 시작은 생산수단에 대한 수요를 증대시키며 동시에 필수적 생산수단의 부족에 의해 방해받게 된다. 이것은 생산수단에 대한 가격상승을 초래한다. 가치(또는 생산가격)로부터의 가격의 괴리는 수요와 공급을 통해 서로를 일치시키는 독특한 메커니즘이다.

호황기에 특징적인 가격 상승은 확대재생산 과정의 요구와 소재적 균형이 일치하지 않는다는 것의 증거이다. 가격은 가치(내지는 생산가격) 이상으로 높아지는데, 그것은 불일치에 대한 명백한 표시이다. 하지만 그러한 표시는 전적으로 몇몇 경제부문에서만 직접적으로 상응하는 반작용을 야기한다. 사회적 생산의 증대되는 전문화로 인해 서로 착종된 경제부문의 수는 꾸준히 성장한다. 이 때문에 증대된 수요는 그것의 출발점으로부터 아주 멀리 떨어진 외곽지역에까지 물결처럼 펼쳐진다. 생산이 불규칙적으로 성장하게 되며, 그것은 실제의 최종 수요의 규모와 일치하지 않게 된다.

사회적 생산의 뚜렷한 전문화, 사적 소유관계로 인한 개별 경제부문의 자립화, 그리고 제I부문의 대부분의 영역이 소비재에 대한 최종수요와의 접촉이 드물다는 것 등은, 무정부적 경제과정으로 인하여 소비보다 생산이 더 빨리 성장하도록 확대재생산과정의 제반 조건들을 형성하는 요인들이다. 그것은 수요에 비례하여 과잉생산이 발생할 정도로 나타난다.

자연발생적으로 기능하는 시장 메커니즘이 한 영역에서 다른 영역으로 상품을 운동시키는 재생산과정의 다단계적 체계는, 불가피하게 사회적 생산량 및 전문화의 수준에 의해 그 정도가 규정되는 불균형의 형성을 결과할 수밖에 없다. 특정한 경제부문에서 수요의 증가는 다른 부문의 수요의 증가를 발생시키며, 생산의 증대에서 수요의 일방적 증가는 증대된 생산이 수요를 계속적으로 충족시키기 시작할 때까지는 불가피한 것이다.

확대재생산되는 모든 부문은, 노동자에게 임금으로 전환되는 추가적 가변자본을 필요로 하며, 소비재에 대한 수요의 증가를 야기한다. 확대재생산을 통해 야기된 자극은 수많은 전달체를 통하여 퍼져나간다. 그리하여 소비자의 최종수요와 특정의 경제부문이 어긋날수록, 발생한 불균형의 규모는 더욱 커진다.

증대되는 생산은 자본의 증식에 기여하며, 생산의 증대는 필연적으로 여러 가지 이유로 이윤획득과 모순되는 불황으로 나아간다. 생산은 사용가치와 근로인민의 욕구의 만족을 목적으로 하는 것이 아니라 가치의 실현을 목적으로 하기 때문에 공급이 수요를 넘어서고, 그 결과로 가격이 하락하면 그때마다 생산의 제한이 이루어진다.

특히 오랜 제작기간을 통해 생산수단을 만들어내는 산업부문인 제I부문의 비중 증대는, 거의 동시에 사회적 생산의 많은 영역에서 공급의 과잉을 현저하게 한다. 생산의 확장이 수행하는 쇠사슬식 연결은 이제부터 생산수축의 방향으로 작용하기 시작한다. 생산의 확장이 오랜 기간을 요구하는 반면, 생산수축의 연쇄 반응은 단숨에 진행된다.

집중적인 수요의 시기에 자유로운 화폐자본 및 주민의 저축금을 모은 은행은 공업과 상업에 막대한 규모로 재정지원을 한다. 동시에 은행은 상품과 서비스에 대한 수요를 증대시킨다. 따라서 신용은 생산과 소비 사이의 모순을 일시적으로 지양한다. 의제수요가 발생하고 신용은 실제의 유효수요를 넘어서 생산의 확장으로 경제를 자극한다. 의제수요는 사회적 생산의 메커니즘을 더욱 촉진시키며, 이미 나타난 과잉생산을 완전히 은폐한다. 이것은 생산과 유통의 개별 영역뿐만 아니라 재생산과정 전체를 포함한다. 이리하여 공황이 시작된다.

공황은 우선 유통영역에서 느낄 수 있다. 그러나 그것의 뿌리는 생산 영역, 특히 공업에 존재한다.

산업공황은 보통 화폐 및 신용공황과 함께 일어난다. 신용보증의 양은 줄어들고 주식은 엄청나게 폭락한다. 은행과 보험회사의 파산은 화폐 및 신용제도를 최종적으로 해체시킨다. 중소자산소유자는 은행자본의 집적이 진행되는 동안에 그들의 재산을 계속적으로 상실한다. 예를 들면 미국에서는 1929~33년의 공황기에 은행의 지불정지업체 1만여 개보다 많은 13만여 개의 산업 및 상업회사가 파산을 신고하였다.

산업공황의 결과적 현상인 화폐 및 신용공황은 다시 산업공황을 강화시키고 첨예화시킨다. 신용의 갑작스런 제한은 기업가에게 계속적인 실업의 증가와 유효수요의 수축을 결과하는 생산감소를 강요한다. 호황기에 은행의 신용업무가 생산의 확대를 유효수요 이상으로 자극한다면, 공황기에 그것은 산업, 상업 그리고 화폐유통의 영역을 지배하는 혼란과 침체를 악화시킨다.

3. 자본주의적 재생산의 주기적 진행

주기의 여러 국면

자본주의 재생산과정은 주기적으로 진행된다. 생산은 공황국면의 소멸

이후에 활황국면으로 이행하는 불황(침체)단계를 거친다. 이것은 다시 호황을 결과한다. 이러한 네 국면이 산업주기를 이룬다. 주기의 주요 국면은 공황이다. 왜냐하면 그것은 순환을 발생시키기 때문이다. 나머지 모든 국면은 공황으로부터 이끌어진다. 공황 없이는 어떠한 주기도 있을 수 없다. 주기의 한 국면으로부터 다른 국면으로의 이행을 통해 나타나는 변화들과, 생산과 판매의 조건과 규모에 영향을 미치는 일시적이며 상대적으로 빨리 진행되는 경기변동은 구별되어야만 한다.

공황

공황은 생산의 저하와 가격의 하락을 결과하며, 이를 통하여 수요에 대한 공급의 크기를 강제적으로 일치시킨다. 새로운 상품과 서비스는 소규모로 공급되는 반면, 팔리지 않은 채 남아 있는 사회적 생산물의 일부분은 물리적으로 파괴된다. 생산자들의 대규모 몰락도 마찬가지로 생산의 감소를 결과한다. 개별 기업들은 공황 동안에 상이한 방식으로 수요의 감소와 가격의 하락에 반응한다. 보통 대기업인 현대화된 기술로 장비된 기업들은 공황의 영향을 쉽게 참아낼 수 있다. 현대화된 기술을 토대로 하고 있으며 상대적으로 높은 노동생산성을 갖고 있는 기업들은, 불충분한 기술적 장비를 갖춘 기업들이 손해를 감수해야만 하는 경우에도 여전히 이윤을 확보한다.

대자본과 많은 재정적 준비금을 확보하고 있는 기업들은 변화된 조건에 더 쉽게 적응한다. 생산비용의 절감을 통하여 그들은 어쨌든 이윤을 획득할 수 있다. 비용 절감을 위한 준비금은 임금의 하락과 여러 종류의 현대화 조치에 의해 만들어진다. 공황 동안에 노동력 가치 이하로 나타나는 임금의 하락은 자본가들에게 노동력을 값싸게 한다. 이러한 요소는 공황기간 중에 불가피한 이윤율의 저하에 제동을 건다. 만약 설비된 기술적 수단의 종류가 변화하지 않는다면, 허약한 기업의 파산은 노동생산성의 전체 수준을 높인다. 일반적으로 사회적 평균수준 이하의 노동생산성을 가진 기업들은 파산한다. 파산한 기업들은 더 이상 노동생산성의 평균수준에 포함되지 않으므로 사회적 노동생산성 수준은 상승한다. 이를 통해 상품 가치는 하락한다. 가격 폭락은 불변자본 요소의 가치를 감소시키며, 이로 인해 고정자본 부분의 가치 역시 감소하게 된다. 상품가격의 하락으로 말미암은 이윤율의 저하는 그로 인해 약화된다.

불황

공황에 뒤이어 불황이 나타난다. 불황에서는 낮은 생산수준이 특징적이다. 그러나 생산은 더 이상 감소하지 않으며, 일반적으로 공황시에 도달했던 상태에 머무른다. 실업의 규모는 공황의 최종 단계에서와 같은 크기이다. 물론 불황에서, 다른 지표들은 공황에서와는 본질적으로 다른 발전을 나타낸다. 공황에서는 가격이 하락하고 대부자본의 이자율과 실업이 증가하며 상품재고 또한 늘어난다. 반면에 불황기에서는 이와 같은 현상들이 관찰되지 않는다. 가격은 다소 정지해 있고, 상품재고는 더 이상 증가하지 않으며 이자율은 낮은 수준에 머문다.

활황

활황국면에서는 생산의 증대, 실업의 일정한 감소, 가격의 점진적 상승, 신용공여의 증가 등이 특징적이다. 사회적 생산의 구조는 변화한다. 즉 기업들은 새로운 장비에 대한 주문을 시작한다. 공황 동안에 감소된 생산량으로 인해 상업의 상품재고는 줄어든다. 그리하여 공급과 수요 사이의 불일치는 작아질 수 있다. 신용제도에서도 상황이 개선된다. 공황기에는 대부자본에 대한 어머어마한 수요가 있었지만 공급은 불충분했다. 불황국면에서는 이와 반대로 공급이 다시 증가한다. 이 때문에 이자율은 낮아지며 이것은 활황을 촉진하는 요인이 된다. 왜냐하면 주어진 이윤율에서 이자율의 하락은 기업가이득의 상승에 과용하기 때문이다. 공황에서 급격히 하락한 주식시세가 안정된다.

고정자본 요소에 대한 수요가 증대하기 시작한다. 수요는 개별 경제부문의 영역을 벗어나 사슬식 연결에 의해, 사치적 생산의 모든 부문에 미치기 시작한다. 단순재생산의 침체단계는 확대재생산의 나선을 통해 교체된다.

이러한 나선은 자연발생적으로 발전된다. 그 때문에 이미 활황기에서 장래의 불균형의 근거가 만들어진다.

호황

활황국면 뒤에, 일반적으로 소모적 성격을 갖는 호황이 연결된다. 선행하는 주기에서 도달된 생산정도는 추월당하게 되고, 활황과 호황을 구분짓는 결정적인 특징이 그 속에서 나타난다. 그 이외의 특징으로는 가격팽창, 실업의 감소 그리고 신용의 확대 등이다. 가격의 상승은 호황기 동안에 전부문에서 특징적이다. 특히 고정자본 요소를 생산하는 영역에서 그러하다. 이 국면에서는 고정자본 요소에 대한 수요가 공급을 훨씬 초과한다.

사회적 자본의 기술적 구성의 증대는 소비재 생산의 증대보다 더 빨리 진행되어야 하는 생산수단 생산의 증대를 요구하고 자극한다. 축적률의 증대 역시 일차적으로 불변자본 — 그것의 소재적 요소가 제I부문을 만들어낸다 — 의 확대를 의미하는 동일한 방향으로 작용한다. 결국 생산수단 가격의 수준은 호황의 경과 속에서 이러한 경향을 촉진한다. 확대재생산은 생산이 수요보다 더욱 빨리 증가할 것을 요구한다. 그럼에도 생산이 수요를 충족시키지 못하고 있을 경우에 제I부문의 생산물에 대한 수요가 팽창한다. 생산수단의 생산은 확대재생산의 표준적 균형이 요구하는 것보다 훨씬 더 소비재 생산에 앞선다. 이러한 방식으로 다양한 불균형의 발전을 위한 조건들이 발생한다.

자연발생적인 국면 이행

주기의 여러 국면은 유기적으로 서로 결합되어 있으며 서로에게로 옮아간다. 특정한 기간 동안에 한 나라의 구체적 관계들에 따라 개별 국면은 상이하게 지속될 수 있다. 그럼에도 불구하고 주기의 발전에는 공통의 특징이 존재한다. 시간의 경과 속에서 활황과 호황의 국면이 짧아지는 반면에, 공황과 불황의 시기는 평균해서 상대적으로 길어진다. 특히 그것은 현대자본주의에서 특징적이다. 독점자본가 연합체의 활동은, 공황에 의해 자극된 고정자본의 대량적 갱신의 과정이 광범위한 규모에까지 이를 수 없게 되어 불황이 길어지게 되는 결과를 낳는다. 그 이후의 활황은 상대적으로 허약한 성격을 드러내며 그 다음의 공황은 호황이 감지되기도 전에 나타날 수 있다.

공황 그리고 주기의 다른 국면들

주기에 대한 설명에서 어느 경우에도 공황국면의 특별한 위상, 주기 안에서의 공황의 특수한 위치가 간과되어서는 안된다. 첫째, 공황은 단순재생산 또는 확대재생산을 행하는 주기의 다른 국면과는 달리 생산의 저하를 나타낸다. 둘째, 공황에서 불황으로, 불황에서 활황으로, 활황에서 호황으로의 이행은 유동적 성격을 갖는다. 즉 공황으로의 이행은 갑작스럽게 나타나며, 폭발의 형태를 띤다. 때때로 공황이 생산수축으로 나타나는 반면, 확대재생산은 자본주의에 고유한 것이기 때문에, 공황은 자본주의적 확대재생산 법칙의 외부에서 다루어져야 한다는 논의가 진행된다. 그러나 이러한 견해는 과학적 근거가 없는 것이다.

공황은 확대재생산 법칙을 외적 힘으로 설정하지 않으며, 오히려 그것이 관철되는 특수한 자본주의적 모순형태이다. 자본주의적 재생산의 모순은 주기의 모든 국면에 존재하며 오로지 공황만이 그 모순을 드러낸다. 이전에 은폐된 형태로 존재하던 것이 공황에서 명백해진다.

자본주의의 기본모순은 공황기에 부르주아지와 프롤레타리아트의 대립으로 나타난다. 이러한 모순은, 생산수단의 많은 부분이 가동되지 않을 때 나타나는 실업의 증대, 팔리지 못한 상품의 범람, 이러한 '범람'에 직면한 노동자계급의 빈곤이라는 극적인 방식으로 표출된다. 여기에서 생산과 소비의 모순은 명백하게 드러난다.

자본주의적 생산의 무정부적 성격은 특히 공황에서 명백히 드러난다. 주기의 진행에서 발생한 불균형은 공황을 통해 강제적·일시적으로 제거된다. 이러한 과정에서 기업들은 몰락하며, 자본의 집중이 이루어지고, 사회적 생산의 구조가 변화하며, 프롤레타리아트의 많은 부분이 기아와 빈곤을 떠맡아야 하는 반면, 노동자계급의 활동을 통하여 창조된 사용가치는 파괴된다.

잠재적 형태로 주기의 다른 국면들에 존재하는 이러한 모든 모순은 공황국면에서 공개적으로 드러나며, 무정부적 운동 속에서 서로 분산되는 자본주의적 재생산의 개별 요소들을 상호간에 일치시키는 파괴적인 힘으로 작용한다.

공황은 집중적 형태로 그리고 가차없는 방식으로 자본주의의 기본모순을 드러내며, 그러한 모순과 관련되어 깊게 작용하는 그밖의 모순들 또한 적나라하게 드러낸다. 동시에 공황은 자본주의적 재생산의 모순을 일시적으로 해소할 수 있는 유일한 계기이다. 그러나 이러한 해소는 다시 새롭게 보다 첨예한 형태로 모순을 재생산하기 위한 전제를 창출한다.

따라서 주기의 여러 국면은 서로 구별되어야 하지만, 공황과 자본주의적 확대재생산과정 사이에는 어떠한 경계선도 그어서는 안된다. 왜냐하면 공황은 자본주의적 재생산의 모순을 폭로하고 해소하는 필연적 형식이기 때문이다. 재생산이론 및 사회적 총자본의 유통이론을 통해 증명된 자본주의적 확대재생산의 가능성은 자본주의적 재생산의 주기적 형태에 의하여 실현된다.

자본주의적 확대재생산의 주기적 형태에 대한 고찰은 부르주아 사회의 경제법칙에 대한 구체적 인식 속에서 단지 하나의 새로운 단계일 뿐이다. 이로부터 『자본론』 제2권과 제3권 사이의 모순을 조장하는 것은 완전히 불합리한 것이다. 이러한 주장의 논거를 들기 위해, 맑스가 『자본론』 제2권에서 자본주의적 확대재생산의 가능성을 입증하고,이와 반대로 제3권에 서는 과잉생산공황의 불가피성을 증명한 것이 비난된다. 공황은 자본주의적 확대재생산을 결코 불가능하게 하는 것이 아니다. 그것은 오히려 확대재생산 실현의 불가피한 형식이다. 맑스는 『자본론』 제2권에서 자본주의적 확대재생산의 가능성을 증명하였다. 반면에 그는 제3권에서 어떤 실제적인 형태로 이러한 가능성이 현실화되는지를 설명하였다. 공황이론과, 그것의 구성요소인 산업주기이론은 자본주의적 확대재생산의 구체적 메커니즘에 관한 학설을 구성한다.

공황의 주기성

공황은 주기의 유일한 국면이 아니다. 따라서 공황은 만성적 성격을 가질 수 없다. 그러나 그것은 우연적인 성격을 갖는 것이 아니라 오히려 합법칙적으로 반복되는 현상이다. 공황은 다소간 뚜렷한 시간 간격으로 반복되며 따라서 주기적 성격을 갖는다.

공황의 주기성은 고정자본의 재생산양식과 결합되어 있으며, 이러한 자본운동은 결정적으로 자본주의적 주기의 진행에 영향을 미친다. 심지어 물리적으로 여전히 온전한 고정자본조차도 공황시에는 도덕적으로 마모된다. 이것은 기업 수익성의 회복을 위한 생산비용의 현저한 절감 — 이것은 오로지 임금의 하락과 고정자본의 갱신을 통해서만 가능하다 — 의 필요성에서 기인한다. 공황은 또한 대량의 고정자본의 갱신을 위한 하나의 자극을 만든다. 이러한 상황은 기술의 진보가, 자본주의적 생산의 목표가 아니라 오로지 이윤추구의 수단일 뿐이라는 점을 새롭게 증명한다. 즉 기술진보는 이윤율의 증대를 위한 여타의 가능성을 창조하는 한에서만 적용될 뿐이다.

고정자본의 갱신은 공황의 극복을 위한 요인일 뿐만 아니라 확대재생산의 새로운 과정을 위한 '출발 조치'이기도 하다. 고정자본의 갱신은 대량적인 성격을 띤다. 왜냐하면 공황이 그것을 강제하기 때문이다. 고정자본의 갱신을 통해 자극된 확대재생산과정에서 그것은, 어떤 특정한 순간에 폭발하여 필연적으로 새로운 공황을 발생시키는 불균형으로 나아간다. 역사적 발전에 따라 공황간의 간격은 변할 수 있다. 그러나 고정자본의 재생산은 모든 경우에 공황의 주기성의 물질적 기초로 존재한다.

4. 농업공황

농업도 역시 자본주의적 상품관계를 통해 포괄된다. 따라서 농업 역시 자본주의적 재생산법칙의 작용영역에 속한다. 주기적 과잉생산은 농업에 직접적인 영향을 미친다.

주기적 공황의 계기인 농업공황

공업, 상업, 화폐유통의 영역에서 시작된 공황은 빈번히 농업에도 영향을 미친다. 이때 농업공황은 포괄적인 과잉생산공황의 일부이다. 1929~33년의 과잉생산공황은 자본주의 나라들의 전경제부문에 걸쳐 타격을 주었으며 농업에도 역시 마찬가지였다. 농업산출은 후퇴했고 채소와 육류 생산물의 가격은 급격히 하락했다. 지가는 떨어지고 수많은 소농 및 중농이 몰락했다.

농업공황은 다시 산업주기에 영향을 미친다. 농업공황 동안에 농기계, 무기비료 그리고 다른 공업생산물에 대한 수요는 감소한다. 농민은 은행에 대한 채무를 이행할 수 없다. 이 모든 현상은 공황을 더욱 더 첨예화시키고 공황에 만성적인 성격을 부여한다. 농업 자체는 다른 경제부문과 분리된 채 고찰된다면, 주기적 발전의 합법칙성 아래 있지 않다. 그러나 이것은 다른 모든 임의의 생산영역에 대해서도 마찬가지라고 할 수 있는 것이다. 자본주의적 생산은 전체적으로 보아 기계제적 발전단계에서 비로소 불가피하게 공황으로 귀결되는 모든 모순을 야기한다.

자본주의 나라들의 농업에서는 자본주의 경제의 모든 부문에서 나타나는 자본주의의 기본모순과 더불어, 토지에 대한 사적 소유의 독점 및 토지경영의 독점의 모순이 존재한다. 경제적으로는 차액지대 및 절대지대로 실현되는 이러한 독점이, 농업에서 상대적으로 낮은 자본의 유기적 구성으로 나타나는, 공업에 대한 농업의 후진성의 가장 중요한 원인이다. 농업에서의 소상품생산의 비율 역시 대부분의 나라에서 공업에서보다 높다.

농업에서 생산규모의 변화는 계절적이고 생물학적인 한계를 갖는다. 따라서 농업에서 경기에 따른 조건들에 대한 적응은 공업에서보다 덜 탄력적으로 이루어진다.

농업에서의 소상품생산부문의 존재로 인해, 생산수준에서의 변화는 종종 가격운동에 따르지 않고, 오히려 때때로 불합리하게 진행된다. 프랑스의 1931~33년의 주기적 공황기에, 1931년에 100kg당 35.12골드프랑이던 밀가격이 1933년에는 22.41프랑으로 하락한 반면, 같은 기간에 밀 수확량은 719만 톤에서 986만 톤으로 상승한 것이 그 예이다.

하락한 가격에도 소상품생산자는 때때로 생산을 줄이려 하지 않고, 오히려 다소 충분한 소득을 얻기 위해 가능한 한 생산을 확장하려 한다. 이러한 모든 요인들이 농업에서 공황이 나타나는 형태들을 매우 복잡하게 하며,

동시에 공황으로부터의 탈출을 어렵게 하고 공황의 다른 국면들에 하나의 특수한 특질을 부여한다.

농업경제부문에서의 생산이 어떤 특수성들을 나타낼지라도, 자본주의 나라들에서의 농업 발전은, 자본주의적 재생산에 특징적이며 공황에서 재생산을 출발하는 모든 주기적 변동의 영향에 내맡겨져 있다.

특수한 농업공황

그밖에도 자본주의 농업에서 특수한 농업공황을 관찰할 수 있다. 그것의 특수성은, 그것이 결코 명백한 주기적 성격을 띠지 않으며 자본주의 농업의 특수한 모순에 의해 야기된다는 점에 있다.

특수한 농업공황을 자본주의의 전체 발전 외부에서 고찰해서는 안된다. 자본주의적 생산을 그것의 전체성 속에서 바라보지 않는 한, 농업에 대한 주기적 공황의 영향도, 특수한 농업공황도 추론할 수 없다.

최초의 농업공황은 1870년대 전반에 발생했으며, 1890년대 후반까지 지속되었다. 이후에 잇달은 공황은 1920년부터 제2차 세계대전까지 진행되었다. 더구나 이러한 농업공황 동안에 농업 생산과 농업에서의 경제적 관계 전반에 추가적으로 영향을 미치는 통상의 주기적 공황이 나타났다. 그러나 이러한 모든 농업공황은 농업 자체에서 발견되는 그들의 고유한 원인을 갖고 있었다.

19세기말의 농업공황 및 양대 전쟁 사이의 공황은 농업생산물에 대한 생산조건에서의 현격한 변화로 소급된다. 이러한 시기에 자본주의의 일반적 모순들과 아울러 그때그때의 자본주의적 농업의 역사적 발전계제의 특수한 모순들이 공황 속에서 표출되었다.

19세기 후반에 농업에서의 자본주의가 급격히 발전하기 시작한 미국, 러시아, 인도 및 그밖의 나라의 곡물생산물이 막대한 규모로 세계 곡물시장에 공급되었다. 이러한 나라들에서 수입된 곡물은 낮은 가치를 갖는다. 그것은 유럽 시장에서 중요한 역할을 했고, 그리하여 그곳의 가격은 현저하게 하락하였다. 그러나 서유럽의 농업은 떨어진 곡물가격에 곧바로 적응할 수 없었다. 곡물시장에서 아직도 높은 가격이 유지되고 있었을 때, 자본주의적 농민과 토지소유자는 임대차계약에서 일정한 지대액을 확정했다. 이러한 지대액은 시장가격의 하락으로 인해 실제로 실현된 초과이윤보다 현저히 높았다. 따라서 농업자본가는 평균이윤을 실현할 수 없었다.

제1·2차 세계대전 사이의 농업공황 시기에도 상황은 비슷했다. 제1차 세계대전의 몇 해 동안 캐나다, 오스트레일리아, 아르헨티나에서 농업생산물의 산출은 현저히 증가되었다. 미국에서의 기계 사용은 규제되는 곡물가격의 하락 경향을 강화시켰다.

농업공황은 주기적 과잉생산공황과 동일한 방식으로 극복된다. 즉 경제적으로 부실한 기업들은 파산하고 자본 및 토지소유의 집적이 증가하며, 규제되는 생산가격의 수준이 변화한다. 그러나 가격과 생산비용의 새로운 수준에 상응하여 지대의 크기 역시 변한다. 농업에서의 생산관계의 특성은 이미 위에서 논의된 바와 같이 농업공황을 매우 오랫동안 지속되게 한다. 주지하다시피 공황에 대해 독특하게 반응하는 소상품생산의 역할 역시 이러한 영역에서 특별히 크다. 이로 인해 공황의 극복은 현저히 장구한 시간을 요구하게 된다. 이러한 시기 동안에 농업의 생산관계 전체에 매우 본질적인 변화가 발생한다. 따라서 농업과 더불어 모든 영역에서 모순들의 자본주의적 해결은, 끊임없이 새롭고 보다 첨예화된 모순을 성숙시키는 조건들을 만들어낸다.

농업공황이 일반적인 과잉생산공황과 같은 주기성을 반복하지 않는다 하더라도 우연적으로 규정된 현상일 수는 없다. 그 현상은 자본주의적 농업—자본주의의 일반적인 모순을 제외하고, 그에 고유한 특수한 모순에 빠진—에서 모순의 특정한 복합체가 성숙한 합법칙적 결과이다. 이러한 모순들은 자본주의적 생산양식이 존재하는 한 점점 더 첨예화된다. 농업공황은 농업에서의 사회적 재생산의 자본주의적 모순들의 특수한 현상형태이다. 농업공황의 특수한 원인은 물질적 생산의 특수한 영역인 농업의 기술적 특수성에서가 아니라 오히려 사회적 생산관계의 체계에서 찾아질 수 있다. 그 때문에 농업공황은 농업이 아니라 자본주의와 결부되어 있다. 자본주의의 청산은 일반적인 과잉생산공황의 종말일 뿐만 아니라 동시에 농업공황의 종말을 의미한다.

5. 자본주의의 역사적 한계의 증상으로서 주기적 공황

18세기말에 이미 과잉생산공황이 나타났다. 19세기 이후로 공황은 주기적인 성격을 나타냈다. 과잉생산공황은 어떤 나라들보다 일찍 자본주의적 발전의 길에 첫발을 내딛은 영국에서 발생하였으며, 이후 경제적으로 영국과 밀접한 관련을 맺고 있던 다른 나라들을 엄습했다. 점차 주기적 발전은 기계제 대공업을 이룩한 모든 나라들의 속성이 되었다. 공황은 자본주의적 생산양식에 내재하는 합법칙성이 되었다.

세계 주요 나라들의 자본주의 발전과 더불어 자본주의 세계시장의 형성은 세계경제공황을 초래했다. 그것은 확대재생산의 전세계적인 주기적 형태를 발생시켰다. 자본주의 나라들 사이의 밀접한 결합은 자본주의 세계경제의 주기적 발전형태를 위한 물질적 기초이다. 물론 개별 자본주의 나라에서는 공황의 현상형태가 어떤 특수성에 의해 특징지어질 수 있다. 즉 공황의 출현 및 심화의 시기와 관련하여 일정한 구별이 가능하다. 그러나 모든 자본주의 나라들에서 공황의 한결같은 출현, 경기순환의 통일성, 가중되는 공황의 심화는 공통적이다.

생산은 또한 세계적 규모에서도 더욱 더 사회적 성격을 띤다. 사회적 생산의 제I부문의 발전과 국제적 영역에서의 그것의 전문화, 고정자본의 증가 및 그 요소의 다양성은 생산의 사회적 성격과 전유의 자본주의적 형태 사이의 모순을 더욱 첨예화시키는 요인들이다. 제I부문의 증가하는 몫으로 인해 공황의 영향은 일차적으로 이 부문의, 호황단계에서 가장 강한 팽창을 하는 기계제작, 야금 등의 영역에서 나타난다. 공황 시작 이전에 생산수준이 높으면 높을수록 공황 동안에 몰락은 더욱 더 뚜렷이 감지된다.

자본주의적 재생산과정의 곡선은 공황이 일국적 과정에서 전세계적 과정으로 발전하여 세계적 규모의 경제적 주기를 발생시키기 때문에, 수억수천의 인간들에게 결정적인 것이 된다.

공황 동안에 우리는 가장 중요한 생산력의 직접적 낭비를 확인할 수 있다. 첫째로, 노동자의 건강이 상하는 것이다. 예를 들면 1929~33년의 공황 동안에 대략 3,000~4,000만 명의 실업자가 배고픔에 시달려야 했다. 둘째로, 수백만의 노동력이, 생산수단을 설비하고 새로운 물질적 재화를 창조할 수 있는 생산에 종사하지 못하게 되었다. 셋째로, 노동자는 자신의 능력을 상실한다. 동시에 다른 근로자층의 소득이 급격히 하락한다. 소생산자들은 도시에서도, 농촌에서도 그들의 생계를 잃어버린다. 공황은 노동자계급과 전체 근로주민을 극단적인 빈곤상태로 이끈다.

근로자들은 공황을 통해 자본주의의 불치의 결함과 허약함을 목격하게 된다. 자본주의는 약탈적인 방식으로 물질적·인격적 생산요소들을 낭비한다. 공황 동안에 많은 사람이 생산과정으로부터 분리되며 그로 인해 실업자가 된다. 즉 수십만 대의 기계가 가동 중지된다. 수백만 명의 사람이 헛되이 일자리와 빵을 찾아 헤매는 동안에 계속적인 조업을 위해 생산된 원재료가 사용되지 않으며 상품재고는 썩는다. 주민들은 자본주의의 현저한 모순을 더욱 더 고통스럽게 느낀다.

공황은 전세계 앞에 자본주의의 역사적으로 한계지어진 성격을 폭로한다. 공황은 더욱 파괴적인 성격을 갖는 자본주의의 모순의 성장을 실증한다. 생산력의 진보는 생산력 자체의 한 부분들의 파괴라는 대가를 치르고 얻어진다. 자신들의 이윤을 위하여 사회의 경제생활에 영향을 미치고 있는 독점자본가연합의 지배는 공황의 파괴적인 작용을 더욱 강화시킨다. 독점이 공황중에 가격을 인위적으로 높게 책정하기 때문에, 과잉상품의 처리가 방해를 받게 된다. 독점자본가들은 인간노동의 결실인 재화의 물리적 파괴를 통하여 높은 가격을 유지하려 한다.

자본의 집적과 그 경제적 힘이 막대할수록 노동자계급을 희생시켜 공황을 극복하려는 자본의 노력은 강해진다. 그 이외에 실업의 증대는 임금의 하락을 위한 효과적 수단으로서 이용된다. 공황 기간에 노동자계급의 소득은 임금 하락을 통해서뿐만 아니라 노동자 수의 감소를 통해서도 줄어든다. 자본주의의 발전상태가 높을수록 추가 노동력을 생산과정에 합류시킬 수 있는 자본의 능력은 낮아진다. 자본가의 이윤증대가 그 목적인 자본주의적 자동화는 어떠한 고용자 수의 증대 없이도 생산의 확장이 가능하다는 결과를 낳는다.

맑스주의 공황이론의 지대한 의미는 공황의 원인을 폭로하고 명백히 했다는 점, 이러한 공황이 자본주의에 본질적으로 고유한 것이라는 점, 그리고 그 속에서 부르주아적 생산양식의 본질을 분명하게 밝혔다는 점 등에서 나타난다. 맑스주의 공황이론은 자본주의가 발전의 형태일 뿐만 아니라 방해의 형태, 즉 생산성의 파괴이기도 하다는 사실을 명확하게 드러낸다.

자신의 역사적 과정에서 공황은 자본주의 생산양식의 역사적 한계성을 보다 분명하게 보여주었고, 자본주의가 현대의 생산력을 자본주의에 내재하는 가능성들에 상응하여 발전시킬 수 없다는 점을 더욱 더 현저하게 했다.

공황은 노동과 자본 사이의 모순을 첨예화한다. 왜냐하면 자본은 노동자계급에게 부담을 지우는 임금의 하락, 노동강도의 강화 및 노동자의 일정 부분에 대한 해고를 통해 공황으로부터의 활로를 찾으려고 노력하기 때문이다. 공황 현상의 결과에 따른 노동자계급과 부르주아지 사이의 투쟁이 단지 국민소득에 대한 그들의 몫을 두고 첨예화되는 것은 아니다. 공황은 오로지 자본주의의 몰락만이 공황과 그로부터 증가된 인민대중의 고통을 제거할 수 있다는 사실을 근로대중에게 가르치고 있다.

자본주의에서의 공황의 필연성에 대한 실증은 자신으로부터 생겨난 생산력을 이용하는 것이 불가능한 사회질서, 사회적 생산의 생산물을 파괴하는 사회질서에는 사형선고와 같은 의미를 갖는다.

맑스주의 재생산이론은 자본주의에서의 공황의 불가피성을 이해하려는 노동자계급을 돕는다. 그것은 노동자계급으로 하여금 그들의 역사적 사명 — 이것의 실현만이 비로소 파괴적인 과잉생산공황으로부터 인류를 해방시킬 수 있다 — 을 인식하게끔 돕는다.

6. 부르주아 공황이론

공황이 자본주의적 생산양식의 모든 단점을 보여주기 때문에, 부르주아 정치경제학은 공황이 강제적인 것이 아니며, 자본주의 경제의 조절을 위한 특정한 조처에 의해 그것이 극복될 수 있다는 것을 증명하고자 한다. 일반적으로 유통부문에 자리잡고 있는 요인들이 공황의 원인들로 일컬어진다.

자본주의적 주기의 진행에서는 신용이 매우 중요한 역할을 수행한다. 주지하다시피 공황에서는 지불수단으로서의 특성을 갖는 화폐의 극심한 부족이 특징적이다. 화폐공황은 거의 언제나 주기적 과잉생산공황의 징조이거나 수반물이다. 직접적이지는 않지만, 산업주기와 관련된 여러 요인의 영향하에서 발생하는 화폐공황을 도외시하고, 화폐공황의 모든 형태가 생산영역에서의 공황을 예고하거나 그것과 나란히 발생했다고 보기 때문에 화폐 부족이 공황이 원인이라는 인상이 생겨난다. 수많은 부르주아 경제학자가 화폐영역과 신용영역에서의 여러 현상을 공황의 원인으로 간주한다. 따라서 신용 및 통화정책의 영역에 소위 공황 극복에 적당하다는 다양한 조치가 취해졌다. 공황의 원인이 신용제도와 화폐유통의 영역에 있다면 공황은 피할 수 있을 것이다. 즉 그것을 위해서는 단지 올바른 신용 및 통화정책만이 필요할 것이다.

맑스는 이와 같은 이론을 비웃으며, 이러한 이론의 창시자는 원인과 결과를 혼동하였으며 마치 지구 주위를 도는 외관적인 태양의 운동을 현실로서 간주하는 그러한 '이론가'들과 같다고 말했다. 실제로 공황에서는 화폐 및 신용 부족이 주목되지만, 그러나 이러한 부족은 아직 분형한 외면적 표현형태를 갖지 못한, 재생산과정에서의 일정한 진행의 결과물인 것이다.

투간-바라노프스키는 자유로운 대부자본의 준비금이 호황기에 점차 소진됨에 따라 공황이 유발된다는 식의 견해를 내세웠다. 투간-바라노프스키에 따르면, 자유로운 화폐자본이 지속적으로 존재할 때 호황은 영원히 계속될 수 있을 것이다. 공황이 신용 및 통화제도의 요인들로 소급되는 이러한 이론은, 자본주의적 생산이 생산과 소비의 모순에서 표현되는 적대적 관계와는 무관하게 확장될 수 있다는 주장에 기초한다.

역시 동시대의 부르주아 경제학에서도 공황이 신용영역의 특정한 상태로 환원된다는 이론이 급속도로 퍼져나갔다. 1920년대의 독일 경제학자인 한(L. A. Hahn)은 공황의 원인이 은행의 잘못된 정책, 즉 경제적 침체기에 신용공여를 충분한 정도로 확장하지 못한 점에 있다고 주장하였다. 그는 은행이 무한히 신용확대를 할 수 있다면, 공황을 피할 수 있을 것이라고 생각했다.

의심의 여지 없이 신용행위는 자본주의적 재생산과정에서 중요한 역할을 수행한다. 신용은 이러한 과정의 가속화를 요구하며 자본주의적 생산의 범위를 확장시킨다. 신용은 하나의 경제부문으로부터 다른 경제부문으로의 자본의 전환을 쉽게 하며 가속화시킨다. 신용부문 및 화폐유통에서 특정한 상황들은 잘못된 신용정책의 결과인 인위적인 신용부족이 공황의 출현을 촉진시키고 이를 첨예화시킬 수 있는 것처럼, 공황의 전개에 영향을 미칠 수 있다. 탄력적 신용정책은 개별 공황현상들을 약화시키는 데 적합하다. 그러나 대부자본 그 자체의 운동은 생산영역의 여러 요인, 자본주의적 생산의 근본적인 모순으로 환원되는 산업주기의 진행을 결코 규정할 수 없다. 이러한 근본적인 모순은 신용정책을 통해 해결되거나 제거될 수 없다.

케인즈 역시 신용정책적 조치를 통해 공황을 피할 수 있다고 주장하였다. 그에 따르면, 공황의 원인은 사람들의 저축성향, 즉 비소비적 소득부분의 증대에 존재한다. 저축성향은 수요를 제한하며 그 때문에 이윤율이 저하된다. 동시에 기업가들에게는 자본의 생산적인 투자에 대한 동기가 더욱 줄어들 것이다. 이러한 상황으로부터의 탈출구는, 케인즈의 견해에 따르면 신용을 최대한도로 값싸게 하고 이자율을 하락시키는 데 있다. 이러한 방식으로 기능자본가들의 이윤은 증대된다.

케인즈의 이론은 그 이론의 적용부분에서와 마찬가지로 이론부분에서도 논거가 박약하다. 자본주의에 현존하는 생산과 소비의 모순들에도 불구하고 자연발생적으로 작용하는 자본주의적 확대재생산 메커니즘은 공황으로부터의 탈출구를 이끌어낸다. 신용의 저렴화와 팽창에 대한 케인즈의 제안에 관해서는, 신용이 그렇게 커다란 의미를 가질지라도 그것이 결코 자본주의적 생산에 내재하는 모순을 지양할 수 없다는 점이 고려되어야 한다. 따라서 공황은 불가피한 것이며, 만약 오늘날 부르주아 경제학자들이 케인즈 이론을 외면한다 하더라도 그것은 결코 우연이 아니다.

프랑스 부르주아 경제학자인 아프탈리옹(Aftalion)은 공황을 고정자본 재생산과정의 특수성으로부터 설명하려 하였다. 이러한 특수성을 증거로 내세워 그는 공황이 사회주의에서도 불가피한 것이라고 주장했다. 왜냐하면 고정자본이 여기서도 자본주의에서처럼 중요한 역할을 수행하고 있기 때문이라는 것이다. 아프탈리옹은 공황의 원인이 사회적 자본의 개별 요소의 재생산의 특수성 속에 있는 것이 아니라, 오히려 생산의 사회적 성격과 전유의 사적 자본주의적 형태 사이의 적대적 모순을 포함하는 자본주의적 재생산의 성격 속에 직접적으로 놓여 있다는 것을 이해하지 못했다.

자본주의에 대한 이데올로기적 방어를 위해 존재하는 부르주아 정치경제학은 이러한 결론 앞에서 당황한다. 이 때문에 부르주아 정치경제학은 공황의 실제 원인을 은폐하기 위해 모든 진부한 수단을 동원하여 진력한다. 부르주아적 공황이론이 명백히 잘못된 것으로 증명되자마자 곧 새로운 이론이 그 자리에 등장한다. 따라서 과잉생산공황은 피할 수 있는 것이라는 주장을 옹호하기 위한 새로운 논거를 발전시키려는 시도, 새로운 외피를 걸치고 자본주의를 변호하려는 끊임없는 시도가 있게 된다.

재생산이론에 대한 그들의 이론적 연구의 시작으로 부르주아 경제학은 일반적 과잉생산공황의 존재를 부인하였다. 즉 그들은 단지 부분공황의 가능성만을 인정하였다 그럼에도 불구하고 공황이 포괄적인 성격을 띠었을 때, 부르주아 경제학은 그것을 자본주의적 생산양식의 내적 본성과 직접 관련되지 않는 현상이라고 설명하였다.

7. 공황과 현대 자본주의

기계제 대생산의 승리와 함께 그 역사가 시작된 자본주의적 과잉생산공황은 지금까지도 계속되고 있다. 그러나 공황의 구체적 형태뿐만 아니라 산업주기의 구체적 형태조차도 역사적 변화 및 무수히 많은 요인의 영향하에 놓여 있다. 이러한 요인들 아래에서 현시대에는 공황의 첨예화를 약화시키기 위해 부르주아 국가에 의해 취해지는, 공황의 발생에 대응하는 특수한 조치들과 경제에 대한 국가적 규제가 매우 특별한 의미를 갖게 된다. 증대되는 계급투쟁으로 인하여 부르주아지에게 이러한 조치는 매우 중요한 것이 된다.

경험이 보여주는 바와 같이 이러한 조치는, 결코 자본주의적 재생산이 포괄적으로 관철되는 방식이자 산업주기의 구체적 모습과 공황의 과정이 변화하는 방식인 자본주의적 재생산 그 자체의 위기적이고 주기적인 형태를 결코 제거할 수 없다. 자본주의적 소유관계가 존재하는 한 공황은 극복될 수 없다. 최신의 자본주의의 발전조건하에서 공황과 주기의 현상형태의 변화에 작용하는 몇몇 본질적인 규제조치와 주요 요인들은 이 책의 제41장과 제46장에서 언급할 것이다.

공황은 소유관계와 생산의 성격을 일치시킬 시대가 도래했음을 알리는 분명한 신호이다. 자본주의적 소유의 제거, 그리고 현대의 사회적 생산의 성격에 상응하는 사회주의적 소유를 통한 그것의 대체는 비로소 공황을 지양하게 하고 끊임없는 확대재생산을 가능케 한다.

주

1) Marx/Engels, *Werke*, Bd.26.2, Dietz Verlag, Berlin 1967, S.511.

2) Marx/Engels, *Werke*, Bd.25, Dietz Verlag, Berlin 1964, S.255

제13분편 국제분업과 세계시장

민족국가의 존재는 자본주의적 생산관계를 그것의 총체성과 모든 현상형태에서 해명하는 데 중요한 의미를 갖는다. 부르주아 민족국가의 건설은 역사적으로 자본주의의 진보적인 사명이었다. 그것은 국내시장을 확장시키는 데 기여하였으며, 생성된 부르주아 국가들에서 자유로운 상품, 자본 및 노동력의 이동을 촉진시켰다.

'자국의' 부르주아지의 이해의 대변자로서 국가는 다른 나라의 부르주아지와의 경쟁에서, 특히 국내시장에서의 그러한 경쟁에서 자국의 부르주아지에게 더 나은 조건을 보장해주기 위해 노력해왔다. 국가는 다른 나라들과의 경제관계의 조정을 자신의 수중으로 집중시켰다. 이러한 목적을 위해 국가는 관세제도를 만들었으며, 다양한 형식으로 외국환거래에 개입했고, 한 나라에서 다른 나라로의 이민에 관한 법규정을 공포했다.

따라서 부르주아 국가의 존재를 통해, 국가간 경제관계론처의 생산관계라는 특수한 작용영역이 발생하였다.

제36장 자본주의에서의 국제경제관계

1. 부르주아 국가의 대외경제관계

자본주의에서의 해외시장의 필연성

해외무역은 자본주의 나라에서 다음 이유에서 필연적인 것이 된다.

첫째, 자본주의는 사회적 분업과 상품유통이 국경을 넘어 뻗어나갈 정도로 포괄적으로 발전하는 결과를 가져온다.

둘째, 생산자들을 서로 분리시키는 자본주의적 사적 소유의 지배와 격심한 경쟁, 그리고 자본주의적 생산의 무정부성은, 어떤 부문은 현격히 급속도로 발전하고 어떤 부문은 뒤처지는 경제의 불균등 발전을 가져온다. 앞서가는 부문들은 일반적으로 그들의 잉여생산분을 유리하게 실현할 수 있는 추가적인 시장을 필요로 한다.

셋째 요인에 대해 레닌은 다음과 같이 언급하였다. "낡은 생산양식하에서 경제단위는 수세기 동안 그들의 성격이나 규모를 변화시키지 않은 채, 봉건적 세습지나 시골마을, 또는 농촌 수공업자나 소산업가(소위 쿠스타리)를 위한 소규모의 지방시장의 경계를 넘어서지 않은 채 존재할 수 있었다. 자본주의적 기업은 이와는 반대로 불가피하게 촌락공동체나 지방시장, 지역, 마침내는 국가의 경계를 뛰어넘었다."[1)]

자본주의 나라에서 해외시장은 쁘띠부르주아 경제학자들이 주장하는 바와 같이 잉여가치를 체현하고 있는 상품량이 국내시장에서 팔릴 수 없기 때문이 아니라, 오히려 해외시장에서의 판매가 초과이윤을 보장하기 때문에 요구되는 것이다. 해외무역을 통해 자본가들은 불변자본과 가변자본의 요소를 저렴화시키는 더 값싼 원료와 식료품을 얻을 수 있다. 따라서 이미 앞에서 살펴본 바와 같이 해외무역은 이윤율의 경향적 저하에 반작용하는 요인이다.

기계제 대공업이 발전됨에 따라 다른 나라와의 상품교환은 더욱 필요하게 된다. 다양한 종류의 연료와 원료, 중간재 등에 대한 수요는 비약적으로 증가한다. 그러나 대부분의 원료 획득의 가능성은 해당 나라의 자연적인 조건에 의해 제한된다. 거대한 규모로 상품을 생산하는 자본가들은 당연히 원료가 산출되는 모든 나라로부터 그것을 획득하기 위해 노력한다. 공업의 발전은 몇몇 나라에서는 자연적 조건 때문에 전혀 생산할 수 없는 많은 새로운 원료와 중간재에 대한 수요를 유발시킨다.

대량생산의 발전과 더불어 시장의 수용능력에 대한 문제가 발생한다. 점점 복잡해지는 생산은 생산물의 다양성을 증가시킨다. 한 나라에서 어떤 종류의 기계와 장비들은 상대적으로 적은 양만을 필요로 하게 된다. 그렇지만 기계나 장비의 제조는 대량 제작으로 조직화되어야만 경제성이 입증될 수 있다. 그러므로 자본주의적 기업들은 그들의 생산품을 국내시장뿐만 아니라 해외시장에도 판매하려는 계획을 세운다. 이것은 국내시장에서의 수요가 다소간 제한되어 있는 생산품에만 관련된 것이 아니라 국내시장에서도 충분히 수용 가능한 생산품의 종류에도 관련되어 있다. 자본가들은 더욱 높은 이윤에 광분하여 모든 수단을 동원하여 생산을 확장하며, 다른 나라에 생산품의 일부를 판매하고자 노력한다.

해외시장을 둘러싼 투쟁은 국가들간의 상품교환을 강화시킨다. 선진 자본주의 나라들간의 상호 교역의 확대는 제2차 세계대전 이후 과학기술혁명의 영향에 의해 특히 강화되었다.

몇몇 부르주아 경제학자들, 그중 특히 독일의 경제학자인 좀바르트는 자본주의 나라에서 해외무역의 중요성이 감소된다는 '이론'을 제기하였다. 그러나 실제로 자본주의에서는 해외무역의 역할이 증대되는 경향이 있다. 이러한 결론에 도달한 사람은 맑스였다. 그는 다음과 같이 언급했다. "외국무역의 확대는, 그것이 비록 자본주의적 생산양식의 유년기에는 그 생산양식의 토대였지만, 그 생산양식이 발전함에 따라 이 생산양식의 내적 필연성—끊임없이 확장되는 시장에 대한 요구—에 의해 그 생산양식 자체의 산물이 되었다."[2)]

무역수지와 국제수지

해외무역의 발전은 각각의 나라의 해외무역에서 수입과 지출을 항상 조화시킬 것을 필요로 한다. 일정 기간(월, 분기, 년) 동안의 수입상품의 가치와 수출상품의 가치 사이의 관계가 그 나라의 무역수지를 나타낸다. 나라들 사이의 경제관계의 다른 형태들은 그들 사이의 금융적 계상(計上)을 복잡하게 한다. 이러한 계상에 영향을 미치는 것은 특히 나라들간의 자본이동, 즉 수출·수입된 자본에 대한 과실송금, 국제적 신용의 발전, 다양한 서비스에 대한 지불(예를 들어 선박운송료), 그리고 다른 나라에서의 개개인의 지불(예를 들어 관광사업의 발달과 결합된) 등이다. 나라들간의 그러한 계상은 또한 타국 영토에서의 외교사절이나 주둔군을 유지하는 것과도 연관되어 발생하기도 한다.

이러한 일정 기간 동안 여러 나라로부터 한 나라로 들어온 화폐 총액과 이 나라의 화폐지불 총액 사이의 관계가 국제수지를 나타낸다. 현재 자본주의 나라들의 국제수지는 (1)경상수지(상품이나 서비스에 대한 지불), (2)자본이동수지, (3)금이동수지라는 세 가지 주요 측면을 내포한다.

경상수지의 주요 구성요소는 무역수지이다. 대개의 나라들에서 상품수출을 통한 수입액은 국제수지상 총수입액의 80% 이상을 차지한다. 마찬가지로 상품의 수입에 대한 지출액이 모든 지불의 80% 이상을 차지한다.

경상수지에는 '서비스' — 특히 운송·통신 — 에 대한 수입 및 지출 잔고가 포함되는데, 그것은 해상운송업, 해외무역 상품의 보험, 국제적 정보제도수단 이용에 대한 지불 등과 관련된 것이다. 그 이외의 항목은 관광이나 또는 부르주아지의 비상업적 화폐 양도로부터 발생한 지불잔고이다. 예를 들어 관광 항목에 대해서는 이탈리아, 스페인 프랑스가 흑자를 나타낸 반면, 미국과 영국은 현저한 적자를 나타낸다. 제국주의 국가들의 경상수지에서 외국에서의 국가적인 또는 군사적인 지출은 커다란 중요성을 갖는다. 특히 외국에서의 군사적인 목적에 따른 높은 액수가 미국과 영국으로부터 지출된다. 마지막으로 다른 나라에 대한 자본투자에서 오는 수입액과, 그 나라에 투자된 외국자본이득의 반출과 관련된 지출액 사이의 잔고가 경상수지의 한 항목을 구성한다.

국제수지의 자본이동 부분은 그 나라의 자본의 수출과 수입을 나타낸다. 사적인 자본이동 이외에도, 외국에서의 국가적 자본투자에 관련된 거래들, 즉 외국으로부터의 차관 및 신용과 그 상환 등도 국제수지의 자본이동 부분에 영향을 미친다. 이 부분의 가장 유동적인 항목은 단기자본의 잔고이다. 외국에 의해 행해지는 단기채권(특히 국가적 채무)의 구입 및 매각이 이 항목에 명시된다.

금이동은 전체 국제수지의 결산항목을 나타낸다. 만약 그 나라가 경상수지와 자본이동에서 적자를 나타낸다면 그 나라는 세계화폐인 금으로 그 적자를 갚아야 한다. 이와 반대로 이 항목에 대한 흑자는 다른 나라로부터의 금유입을 그 결과로서 얻게 된다. 따라서 금유출은 국제수지상의 적자의 지표이며, 국제수지표에서 +기호가 붙게 되고, 반면 금유입은 흑자의 지표로서 −기호가 부여된다.

오늘날의 조건하에서 금 이외의 다른 수단들도 국제수지의 결제에 사용된다. 무엇보다도 잔액을 금으로 태환할 수 있는 외국통화로 바꾸는 것이 이러한 수단에 속한다. 국제수지의 조정을 위해 종종 금이나 외국통화의 지출을 대체할 수 있는, 국제적 기구로부터의 국가적 외국차관을 이용하기도 한다.

국제수지의 현황은 한 나라의 대외경제적 상태에 대한 중요한 지표이며 국가의 대외경제정책에 직접적인 영향을 미친다.

국가의 대외경제정책

국가의 대외경제정책의 방향으로는 본원적으로 자유무역체제와 보호무역주의가 생겨났다. 보호무역주의는 외국 상품의 수입에 대한 관세율의 조정 또는 수입량의 할당(제한)을 통해 국내시장에서 외국의 경쟁자로부터 자국의 공업과 농업을 보호하는 것을 그 목표로 하는 정책이다.

그와는 반대로 자유무역체제(자유무역정책)는 외국상품에 대한 다양한 제한의 철페를 요구한다. 자유무역체제에서는 낮은 관세 혹은 그것의 완전한 철폐, 다양한 수입제한의 완전한 철폐 등이 특징적이다.

보호무역주의와 자유무역체제는 한 나라의 상이한 발전단계에서 상이한 부르주아 세력과 동일한 부르주아 세력의 이해를 반영한다. 레닌은 다음과 같이 언급하였다. "보호무역주의와 자유무역의 문제는 기업가들 사이의 관계에 대한 문제이다(때로는 상이한 나라의 기업가들간의, 때로는 한 나라 내의 기업가들의 상이한 분파들간의). 그것은 실제적인 문제이며 주어진 역사적 순간의 문제이다. 즉 어느 기업가 분파가 일반적인 자본주의적 발전의 이익을 더욱 강하게 표현하는가라는 문제인 것이다."[3)]

레닌의 이러한 언급은 오늘날까지도 현실성이 있다. 특히 국제수지의 상태 속에서 그 하락이 나타나는, 한 나라의 대외경제적 상황의 악화는 모든 임의의 순간에 보호무역주의의 강화로 귀결될 수 있다. 이것은 1971년에 취해진 특별한 경제적 조치와 관련된 사건들, 즉 국제수지 적자와 달러 상태 악화로 인해 수입을 억제할 목적으로 채택된 미국의 보호조치를 보더라도 충분히 입증된다.

2. 자본주의 세계시장

국제분업의 형성

국제관계의 확대와, 자본주의적 산업을 위한 해외시장의 역할의 증대는 19세기 중반에 나라들간의 경쟁의 첨예화로 나타났다. 경쟁은 일반적 성격을 띠게 되었다. 몇몇 나라는 우선 특정 생산품들의 제조를 전문화하기 시작했으며, 이러한 기초 위에서 또한 상품생산에서의 나라들간의 실제적인 협력이 발전했다.

자본주의에서의 전문화와 협업과정의 규제자는 세계적 규모에서도, 개별 나라의 경제에서도 역시 가치법칙이다. 따라서 자본주의적 국제분업은, 자연발생적 성격을 가지며 형성된 세계시장에서의 경쟁에 의해 발전하기 시작한다.

국제분업은 몇몇 나라에서 생산물의 생산이 국제적 교환을 목적으로 집적되는 것을 그 내용으로 한다. 그것은 사회적 분업의 새로운 심화된 계제이며 기계제 공업의 발전과정 속에서 도달되는 생산력의 발전단계를 나타낸다. 동시에 국제분업의 발전은 생산력의 확대발전과 더 높은 노동생산성을 이끌어낸다. 하지만 이러한 과정의 결과는 발전된 나라의 자본가들이 전유한다.

국제분업의 주요 발전방향은 개개 나라의 생산조건의 차이에 의해 영향받는다. 비록 자연적 조건들이 역시 일정한 역할을 수행한다 할지라도 가장 중대한 의미는 자연적인 조건이 아닌 사회적·경제적 조건에 귀속되어 있는 것이다. 국민적 생산의 기술적인 수준과 그것의 조직, 그 나라 노동력의 자질, 그리고 과학적인 연구수준 등은 국민적 노동생산성의 수준을 결정하는 주요 요인이며, 결과적으로 상품의 비용가격과 세계시장에서의 경쟁능력 그리고 그로부터 그 나라의 세계적 규모에서의 전문화 가능성도 규정하는 주요 요인이다.

국제분업의 발생과 더불어 개별 생산부문들간의 가장 중요한 국민경제적 균형들은 단일의 국민경제 내부에서뿐만 아니라 세계적 규모에서도 형성된다. 각각의 나라들의 경제에서는 가장 낮은 비용으로 생산되고, 그 때문에 다른 나라의 기업가들에 비해 경쟁력이 있는 것으로 입증된 그러한 부문의 발전이 우선적으로 장려된다. 그럼에도 불구하고 각국의 몇몇 경제부문은 실패할 수 있다. 맑스와 엥겔스는 다음자 같이 언급하였다. "대공업은 각 문명국과 그 나라의 사람들로 하여금 각자의 욕구를 위해서 전세계에 의존하게 함으로써, 각 국가가 종래에 가졌던 자연발생적 배타성을 파괴했으며, 이런 의미에서 처음으로 세계사라는 것을 만들어냈다."[4] 그러나 경제적으로 발전하였지만 상대적으로 작은 나라들은 국제적 교역에 거의 좌우되지 않는 커다란 나라들보다도 더욱 강하게 국제분업에 편입되었다.

경제적 발전이 허약한 나라의 상태는 대공업의 발전으로 인해 근본적으로 변화된다. 그들의 시장은 공업제품의 홍수를 이룬다. 토착적인 수공업적 생산은 기계적으로 생산된 제품들의 낮은 가격과 경쟁할 수 없다. 그렇지만 원료와 식료품에 관해서는 경제적으로 저발전된 나라들이 세계시장에서 다소간 경쟁능력을 갖고 있다.

맑스는 다음과 같이 언급하였다. "기계경영의 주요 소재지에 대응하는 새로운 국제분업이 창출되며, 그것은 공업을 주로 하는 생산영역인 다른 부분을 위하여, 지구의 일부분을 농업을 주로 하는 생산영역으로 변화시킨다."[5)]

상품과 서비스의 세계시장

자본주의 나라들 사이의 교역의 확대를 통해 국제분업이 발전한다. 발전된 교역의 영역, 즉 자본주의 세계시장은 국제분업의 발전된 형태에 조응한다. 자본주의 세계시장은 자본주의 나라들간 상품교역의 영역을 의미한다.

각 나라의 국민시장들과 자본주의 세계시장은 구별되어야 한다받지 않으며 단지 경제적인 요인에 의해 규정된다면, 세계시장은 자본주의 국가들의 존재와 그들의 대외경제정책에 의하여 본질적으로 영향을 받게 된다. 이러한 상황은 국민경제들 사이의 상품이동을 제한하는 요인을 나타낸다. 개별 나라에서 생산된 몇몇 상품은 세계시장에서 전혀 유통되지 못하며, 세계에서 가장 큰 어떤 상품의 생산자가 무조건적으로 세계시장에서 가장 커다란 공급자이어야 하는 것은 아니다.

자본주의 세계시장의 특징적인 징표는 하나의 특수한 가격체계, 즉 개별 나라에서의 가격과 구별되는 세계시장가격의 존재이다. 세계시장에서 상품의 흐름의 범위와 방향은 국민경제 사이에서 형성되었던 분업을 반영한다. 교역이 주로 한편에서 공업국들과, 다른 한편에서 농업국 및 자원국들 사이에서 전개되었을 때는 농업국에서 수출된 원료나 식료품 그리고 공업국에서 수출된 소비재 중심의 완제품들이 교역에서 커다란 비중을 차지한다. 그러나 이후에는 설비 교역의 비중이 증가한다.

자본주의 세계시장에서의 경쟁에는 다양한 나라들의 자본가들뿐만 아니라 세계시장에서의 그들 상품의 판매에 더 좋은 조건을 창출하고 국민적 경쟁능력을 높이려 노력하는 국민국가들도 참여한다. 이러한 목적으로 수출업자에게는 커다란 특전과 직접적인 금융지원이 부여되며 외국 구매자들에게는 유리한 신용조건이 주어진다. 그러나 국민적 경쟁능력에 대한 결정적인 영향은 국가정책에 있는 것이 아니라 그 나라의 노동생산성의 수준과 그 역동성에 있다.

자본주의 세계경제에서는 물질화된 형태를 취하는 상품의 세계시장뿐만 아니라 서비스의 세계시장도 형성된다. 특히 학문적 연구의 영역에서 분업의 발달은 특허와 라이센스의 세계적 거래를 증가시켰다.

자본주의에서는 물질적인 가치뿐만 아니라 학문적이고 기술적인 사고도 사적 소유의 대상이다. 모든 자본주의 나라에서는 특허제가 발생했으며, 그에 따라 국가는 발명자(대개의 경우에 개인이 아니라 발명이 이루어진 연구소를 소유한 회사)에게 발명에 대한 배타적인 사용권을 보장하는 특허권을 교부한다. 특허소유자는 그 특허를 팔 수 있다. 즉 그의 발명 사용에 대한 권리를 다른 사람(기업)에게 완전히 양도하거나 또는 완전히가 아니라 어느 한계 안에서만 그 발명을 이용할 수 있는 권리, 즉 라이센스를 판매한다. 특허권의 판매는 실제로 흔치 않으며, 특히 자본주의 세계시장에서는 대체로 라이센스만이 판매된다.

라이센스란 특허권에 의해 보장된 발명의 이용 또는 노우하우나 상표 등에 관한 기술적 지식, 기술적 경험의 이용을 다른 사람(기업)에게 허가한 것이다. 라이센스의 판매는 특허소유자에게 상당한 이익이 된다. 왜냐하면 어떠한 추가적 자본 투자를 하지 않고도 그에게는 수익이 보장되기 때문이다. 대기업들은 많은 경우에 라이센스의 도움으로 점진적으로 외국기업을 통제하고자 노력한다. 그러면서 그들은 라이센스에 대한 보상으로서 주식의 양도를 바라는 것이다.

라이센스거래는 또한 라이센스 취득자에게 거대한 경제적 이익을 가져다준다. 왜냐하면 라이센스의 구입이 해당 생산품이나 기술적인 방식의 발전에 드는 비용보다도 더 저렴하다는 것이 흔히 입증되기 때문이다. 따라서 라이센스의 구입은 현재의 과학기술혁명의 조건하에서의 경쟁에 중요한 의미를 갖는 시간을 절약케 한다. 자본주의 세계시장에서 라이센스와 특허의 가장 큰 판매자들은 강력한 과학적인 잠재력을 가지고 있고 과학적 연구에 막대한 자금을 투자할 수 있는 나라들이다. 그들 가운데 주도적인 역할을 수행하는 것은 특허와 라이센스 수출의 약 40%를 차지하는 미국이다. 동시에 다른 나라의 특허와 라이센스의 구입에 대한 미국의 지출도 증가하고 있는데, 이것은 자본주의 나라들의 과학적 영역에서 분업이 심화되고 있음을 증명한다. 1950~68년 사이에 이러한 목적에 따른 미국의 비용은 18배까지 증가했다. 미국에 의해 수입된 특허나 라이센스의 60% 이상이 서유럽으로부터 온 것이다.

화물운송에 대한 **세계시장**, 즉 해운서비스에 대한 시장 역시 그 기능을 담당한다. 영국과 미국(미국 회사에 속하는 일부 선박들은 파나마나 리베리아의 기를 달고 운항한다), 노르웨이, 일본, 그리스의 항운회사들은 괄목할만한 해운수입을 거두었다.

국제적 가치와 세계시장가격

세계시장에 대한 가격법칙의 작용은 국민경제에서와 마찬가지로 다양한 개별적 지출이 사회적 지출로 조정되는 것을 전제로 한다. 국제적인 상품교역에서는 상품의 국민적 가치가 아니라 그 상품의 국제적 가치가 근거를 이루고 있다. 한 상품의 **국제적 가치**는 그것의 생산을 위해 세계평균의 사회적으로 표준적인 생산조건하에서 요구되는 필요노동시간에 의해 규정된다.

한 단위상품의 생산에 대한 사회적 필요노동시간은 세계평균적인 강도와 생산성을 가진 노동을 통해 측정된다. 사회적 필요노동시간으로 나타나는, 한 상품의 제조에 필요한 세계평균적 노동시간을 이러한 상품의 생산을 위한 노동시간의 국민적 지출의 산술적 평균으로 간주해서는 안된다. 국제적 규모에서 사회적 필요노동 지출은 세계시장의 주요 공급자로 등장한 나라의 상품 생산조건의 현저한 영향하에서 형성된다. 그와 동시에, 어떤 상품의 가장 큰 생산자가 실제로 가장 큰 공급자이기도 한 국민경제와는 달리, 세계생산에서 차지하는 몫이 상대적으로 작은 나라가 때때로 세계시장에서 보다 많은 상품부분을 실현시킨다.

이미 지적된 바와 같이 세계시장에서의 수요와 공급간의 관계는 일정한 영향력을 행사한다. 세계시장에서의 자본과 노동력의 이동 가능성은 상대적으로 제한되어 있기 때문에, 수요가 공급을 능가하거나 또는 공급이 수요를 능가하는 기간은 국민경제에서보다 세계시장에서 더욱 길 수 있다. 한 상품에 대한 매우 안정적인 수요가 존재한다면, 더 높은 국민적 노동생산성을 획득한 나라는 세계시장에서 이러한 상품을 이미 발생된 국제적 가치와 일치하게 판매할 것이다. 따라서 한 나라에서 증대된 노동생산성은, 세계시장에서 그 상품을 판매할 때 단위노동시간당 창출된 가치를 사실상 더욱 크게 한다. 즉 높은 노동생산성은 노동의 강도가 증가하는 결과와 같은 것이다. "그러나 가치법칙은 그것의 국제적인 적용에서 다음과 같은 것에 의해 수정된다. 즉 세계시장에서는 보다 생산적인 국민이 자신의 상품의 판매가격을 경쟁을 통하여 그 가치로까지 떨어뜨리도록 강요당하지 않는 한, 보다 생산적인 국민적 노동은 보다 강도가 높은 국민적 노동으로 계산된다는 사실이다."[6)]

주지하다시피 한 국민경제의 발전된 상품생산에서는 가치가 아닌 생산가격이 가격의 기초를 이룬다. 자유경쟁시대에는 세계시장에서도 마찬가지로 국제적 가치를 국제적 생산가격으로 전화시키려는 경향이 보였다. 그러나 세계시장에서의 상품가격의 형성은 국민경제에서의 그 과정들과는 본질적으로 구별된다.

세계평균이윤율 형성과 국제적 생산가격의 형성을 저지하는 몇몇 요인들이 세계시장에서 작용하는 것이 문제이다. 나라들 사이에서 자본과 노동력의 이동이 있긴 하지만, 그것은 객관적인 특성상의 장애뿐만 아니라 여러 다양한 제한을 실시하는 국민국가의 무역과 연관된 장애에 부딪치게 된다. 자국 통화의 외환으로의 교환, 자본의 수출입, 국내외 이주 등에 대한 제한이 이에 속한다. 그래서 국제적 가치의 국제적 생산가격으로의 전화가 심각한 어려움에 빠진다.

동시에 국제적 생산가격의 형성을 조성하는 요인들이 작용한다.

첫째, 일정한 장애에도 불구하고 나라들 사이에서 자본의 이동과 노동력의 이동이 발생한다.

둘째, 국민적 평균이윤율이 서로 다르다 할지라도(특히 공산품의 주요 공급자인 고도로 발전된 자본주의 나라들 사이에서), 그 차이가 그리 큰 것은 아니다. 그와 동시에 이윤율의 국민적 수준은 국제적인 생산조건에 의해 본질적으로 영향을 받는다. 이러한 영향은 한 나라가 국제적 경제관계에 점점 강하게 편입될수록 더욱 커진다.

개별 나라의 국내시장과 세계시장 사이에서의 상호 영향은 자본이나 노동력의 이동을 통해서뿐만 아니라 상품유통에 의해서도 발생된다. 이러한 작용의 메커니즘은 다음과 같다.

만약 한 나라의 어떤 생산부문이 세계시장에 대해 현저한 영향력을 행사하고 그러한 생산부문들이 점점 늘어나며 평균이윤율보다 더 높은 이윤율을 갖는다면, 국민적 자본은 다른 분야로부터 이러한 분야로 몰리게 된다. 다른 나라에서도 유사한 과정이 수행되기 때문에 곧 이러한 상품의 세계시장에서의 과포화 현상이 나타나며 그 가격은 하락한다. 그 때문에 국민적 자본들 사이의 경쟁은 국제적 생산가격의 형성에 작용한다. 만약 세계시장에서 상품이 생산가격이 아닌 가치에 합당한 가격으로 거래된다면, 자본의 유기적 구성이 낮은 부문의 생산자는 특별한 특전이 주어지게 된다(그의 이윤율은 현저하게 국민적 평균율 이상이 될 것이다). 반대로 자본의 유기적 구성이 높은 분야의 생산자는 자신의 상품을 세계시장에서 판매하는 경우에 극도로 낮은 이윤율을 가질 수밖에 없으며, 세계시장에서의 상품의 판매를 그만두거나(이는 세계시장가격의 급속한 상승을 가져올 것이다) 그의 자본을 다른 분야에 투자할 수밖에 없을 것이다. 그러나 사실은 자본의 유기적 구성이 높은 부문의 생산품(기계제작, 화학 등)이 국제적 상품교역에서 더욱 큰 몫을 차지한다. 이것은 세계시장가격이 국제적 생산가격의 기초 위에서 형성되는 경향이 존재할 때만 가능하다.

셋째, 상품의 주요 공급자인 나라에서 그 상품에 대한 세계시장가격은 직접적으로 그 상품의 국민적 가격의 영향을 받는다. 물론 국민적 상품가격은 생산가격의 기초 위에서 형성된다. 국제경제관계가 심화됨으로써 국제적 생산가격은 점점 더 강하게 확장된다. 소생산과 상인자본이 지배하던 시대를 성숙된 자본주의와 비교하면서 엥겔스는 "생산가격이 대규모 국제무역에서 형성되는 오늘날의 세계와는 완전히 정반대이다"[7]라고 썼다. 하나의 국민경제에서 상품생산의 높은 발전수준에 상응한 것처럼, 국제적 생산가격 역시 국제적 경제교류의 발전된 형태에 상응한다.

자본주의에서의 세계시장가격은 세계시장에서의 경기변동에 따른 가격의 폭락과 상승이라는 불완전성으로 특징지어진다. 오늘날의 세계시장가격의 발전에서는 완제품의 가격은 상승하고 수많은 원료와 식료품류의 가격은 하락하는 것이 특징적이다. 1952~70년 동안에 완제품의 세계시장가격은 약 25%가 증가했다. 반면 전체 원료상품의 가격은 약 3% 하락하였다.

농업(비식료)원료의 가격은 가장 심하게 무려 20%나 하락하였다. 이러한 경향은 저발전된 나라들의 수출가격지수와 수입가격지수의 관계를 악화시킨다. 왜냐하면 그 나라들은 세계시장에 원료와 식료품을 공급하고 거기에서 완제품을 구입하기 때문이다.

세계시장에서의 부등가교환

자본주의 세계시장에서 거래가 국제적 가치(또는 국제적 생산가격)에 기초한 세계시장가격으로 이루어질 때, 각 나라들은 노동생산성과 노동강도의 상이한 국민적 수준으로 인해 서로 불균등한 상태에 놓여 있다. 그러나 국제적 가치(또한 국제적 생산가격)로의 교환을 부등가로 간주할 수는 없다. 왜냐하면 상품생산의 법칙은 상품이 개별적 노동지출이 아니라 사회적 필요노동지출과 일치하여 교환된다는 사실을 전제하기 때문이다.

교환이 등가가 아닌 경우는 경제적으로 발전된 나라가 저발전된 나라의 상품을 국제적 가치(또는 국제적 생산가격) 이하의 가격으로 구매하고, 그 나라에 국제적 가치(국제적 생산가격) 이상의 가격으로 판매하는 경우뿐이다. 가격의 국제적 가치(또는 국제적 생산가격)로부터의 현저한 괴리에 대한 전제는 이미 자본주의의 자유경쟁의 시대에 형성되었다.[8] 국제적 가치(생산가격)로부터 가격이 괴리되는 경향, 발전된 나라와 경제적으로 저발전된 나라들 사이의 교역이 그러한 괴리로 전개되는 것은, 발생한 식민지체제와 국제독점체의 영향 아래에서 제국주의 시대에 강화되었다.

부르주아 비교생산비이론에 대한 비판

부르주아 정치경제학의 옹호자들은 세계무역의 발전이 모든 나라에서 똑같이 유리하다는 점을 증명하기 위해 많은 노력을 하였다. 이후에 그들은 나라들이 공업국과 농업국으로 분할되는 필연성을 정초하려 하였다.

이미 부르주아 정치경제학의 고전가들이 세계무역은 모든 나라에게 유리하다는 것을 입증하려는 시도에 착수하였다. 예를 들면 스미스는 다음과 같이 썼다. "우리가 상품 자체를 만들 수 있는 것보다 다른 나라가 더욱 저렴하게 상품을 우리에게 공급할 수 있다면, 우리는 다른 나라보다 뛰어난 고유한 공업활동의 생산물의 일부를 주고 그들에게서 그 상품을 구입하는 것이 더욱 좋을 것이다."[9)]

리카도는 이러한 이론에 대해 더욱 발전된 지표를 제공했다. 그는 스미스의 이론을 상대적 비용우위론을 통해서 보완하였다. 리카도는 각 나라가 가장 월등한 비용우위를 나타내는 생산물의 생산을 세계적 차원에서 특화하는 것의 합목적성에 관해 썼다. 리카도의 이론은 '비교생산비설'이라는 이름으로 유포되었다. 비교생산비설의 이론적 주요 명제는 의심할 바 없이 합리적 핵심을 함축한다. 실제로 다른 상품보다 국민적 비용이 상대적으로 낮은 상품을 팔고, 자기 나라에서 생산비용이 상대적으로 높은 상품을 사들이는 것이 그 나라에게 유리하다.

이러한 비교생산비 이론의 커다란 결함은 다음과 같다.

첫째, 그 이론이 국제분업과 외국무역의 발전이 사회경제적 생산조건들로부터 독립되어 있다고 간주한다는 점에 있다. 즉 그 이론은 자본주의에서의 외국무역의 발전이 사회에 이익을 가져오는 것이 아니라, 오히려 자본가의 이윤을 증대시키는 수단으로서만 쓰인다는 사실을 은폐한다.

둘째, 이러한 이론은 자본주의에서의 국제분업이 개별 자본가들 그리고 더 나아가 나라들 사이에서도 첨예한 경쟁 속에서 발전된다는 사실을 무시한다. 그러한 첨예한 경쟁 때문에 국제분업의 발전은 수백만의 생산자들을 파탄으로 몰고갔으며, 이를 통하여 세계의 수많은 나라에서의 근로대중의 상태는 극도로 악화되었다. 특히 경제적으로 저발전된 나라들의 인민은 국제분업의 '우위' 때문에 커다란 불이익을 당했다. 기계로 제조된 값싼 생산물과의 경쟁은 막대한 수공업자들을 파멸로 이끌었다. 영국 면화공업의 경쟁을 당해낼 수 없어서 수백만의 직공이 몰락해버린 인도의 예는 비참한 명성을 얻었다. 경제적으로 저발전한 나라들에서는 세계시장에서의 치열한 경쟁 때문에 노동도구를 생산하는 부문이 발전할 수 없었다.

셋째, 비교생산비설은 다양한 나라들에서 실제로 존재하는 특정한 상품들의 생산비용의 차이로부터 출발하지만, 이러한 차이를 야기한 원인은 고찰하지 않는다. 리카도는 단지 자연적 조건을 언급했을 뿐이다. 물론 이러한 것은 몇몇의 생산부문, 즉 채굴업과 농업에서는 다소 중요한 의미를 지닌다. 그러나 생산비용의 수준을 규정하는 주요 요인은 기술적 생산수준이다.

리카도의 주장이 국제분업과 외국무역에 대한 오늘날의 부르주아 이론가들에 의해 이용되는 것은 우연이 아니다. 오늘날의 부르주아 변호론자들은 이러한 이론을, 세계의 나라들이 공업국과 농업국으로 분할되는 것을 증명하고 구식민지 나라의 경제의 파행적인 발전을 정당화하기 위해서 이용한다. 이러한 파행적인 발전은 자본주의의 객관적 경제법칙의 작용에 의해, 그리고 특히 자본주의적 국제분업의 착취적 성격에 의해 야기된 것이다.

리카도 학설의 신봉자들은 외국무역의 발전이 노동 절약의 원리와 연관되어 있다고 생각한다. 그러나 현실적으로 그들은 외국무역의 우위성에 대한 규정에서 상품생산을 위한 실제적 노동지출은 비교하지 않으며 단지 상품의 비용가격만을 비교한다. 비록 리카도 스스로가 노동지출의 비교에 대해 말했음에도 불구하고(그가 비용가격을 노동지출로 이해했음에도 불구하고), 현재의 그 학설의 대변자들은 오로지 비용가격에 대해서만 언급할 뿐이다.

만일 우리가 경쟁중에 있는 저발전된 나라들에게 세계시장에 원료와 식료품을 공급하는 역할을 할당했다면, 이러한 것은 비교생산비이론에 상응한다. 그렇지만 이러한 것은 세계적 규모에서 노동의 절감으로 나아가지 못할 뿐만 아니라, 오히려 역으로 저발전된 나라들에서 기술적 진보와 경제적 발전을 방해한다.

오늘날 국제분업과 국제무역에 응용되는 '생산요소론'은 비교생산비설의 수정이다. 미국과 영국의 경제학자들인 해롯(Harrod), 미드(Meade), 킨들버거(Kindleberger), 엘스워드(Ellsworth) 등이 속하는 이러한 이론의 신봉자들의 견해에 따르면, 개별 나라들은 토지, 자본 그리고 노동이라는 생산요소들을 상이한 정도로 소유하고 있다. 한 나라에 과다하게 존재하는 생산요소는 상대적으로 다른 요인들보다 저렴하다.

비교생산비설에 대한 이러한 수정은 현존하는 자본주의적 국제분업을 정당화하기 위해 활발히 이용된다. 경제적으로 저발전된 나라들은 토지와 노동력을 과잉으로 소유하고 있다. 그 때문에 그 나라들은, 위의 경제학자들의 견해에 따르면, 농업과 노동집약적 부문인 채굴업에 특화하여야 한다. 그렇게 추천하는 것은 하나의 반동적 성격을 지니는데, 왜냐하면 그것은 발전도상국의 농업·원료국의 경향과 경제의 기술적 후진성을 유지시킬 것을 목적으로 하고 있기 때문이다.

3. 노동력 세계시장

자본주의 발전의 불가피한 귀결은 노동력의 국제적 이동이다. 자본축적 과정의 불균등성이 그 토대를 형성한다. 자본주의적 축적의 특수성이, 몇몇 나라에서는 상대적 과잉인구가 형성되고, 이를 통하여 근로대중의 실질소득과 생활수준이 하락하는 결과로 나타나는 반면에, 다른 나라들에서의 축적의 규모와 속도는 상대적인 노동력 결핍과 높은 국민적 임금수준으로 나타난다. 국민적 임금수준은 이미 설명한 바와 같이 개별 나라들에서 본질적 차이를 나타내며, 그것은 종종 노동력이동의 직접적 동기가 된다.

상대적으로 과잉의 노동인구가 형성된 나라들이 세계시장에서 노동력의 주요 공급자가 된다. 역사적으로 그러한 나라들은 무엇보다도, 산업혁명과 자본의 유기적 구성의 고도화를 통해 수십만, 더 나아가 수백만 생산노동자들을 '자유롭게' 한, 자본주의적 발전이 일찍 이루어진 나라들이었다. 프롤레타리아 예비군은 여기서도 자본주의 발전의 과정에서 몰락한 농민들과 수공업자들로 채워졌다.

노동력 '흡수'의 주요 중심은 자본주의 발전이 주로 늦게 나타난 나라들이었다. 여기에서 축적의 상대적으로 높은 속도 때문에 노동력 부족이 생겨났으며 국민적 임금수준은 서유럽 나라들보다 높은 상태였다. 그러자 유럽으로부터 이주민의 대부분이 거기로 밀려들었다.

특히 19세기말과 20세기초에 이주는 현격히 증가하였다. 예를 들어 미국에서는 1881~1909년 동안에는 1,560만 명의 사람들이 미국으로 이주했다. 반면 지난 60년 동안에는 대략 900만 명 정도가 이주했을 뿐이다.

경제적 발전의 속도가 늦어지고 노동실업이 증가하며 그리고 주기적 과잉생산공황이 심화됨에 따라 미국과 다른 제국주의 나라들은 국내 이주를 제한하기 시작했으며 심지어 금지하기까지 했다. 그리하여 1962년에 영국은 '유색' 노동자의 입국을 거의 완전히 금지하는 법령을 발포하기에 이르렀다.

그럼에도 불구하고 노동력 세계시장은 계속 기능하였다. 오늘날 특히 남유럽 나라들로부터의 노동력이주는 특징적이다. 이러한 나라들로부터의 이주의 원인은 그 나라의 봉건 잔재 유지 또는 산업의 불충분한 발전에 의해 발생하는 노동력의 상대적 '과잉'에 있다.

'공동시장'내에서 노동력 이동의 제한을 완화한 것은 이탈리아로부터 프랑스나 서독으로의 이주를 현격하게 촉진시켰다. 그러나 이제 이탈리아 이주민의 대부분이 '공동시장' 나라들뿐만 아니라, 다른 서유럽 나라들, 특히 스위스에도 정착하였으며 혹은 해외로, 특히 미국으로 이주하기도 하였다.

동시에 '공동시장'의 회원국이 아닌 다른 나라들 — 스페인, 포르투갈, 그리스, 사이프러스, 오스트리아, 터키, 북아프리카의 여러 나라들 — 로부터 이러한 기구의 나라들로의 이주도 이루어졌다. 6개의 유럽경제공동체 나라들도 이주한 상이한 국적의 총노동자 수는 그 나라들의 노동력 총수의 약 4%인 250만 명을 상회하였다.

외국 노동력을 투입함으로써 자본가들은 자국의 노동시장에 압박을 가한다. 그래서 노동자들은, 열악한 노동조건과 보다 낮은 임금하에서 노동할 것을 거듭 강요당하는 외국인에 의해 밀려날 위험이 처해 있다. 이주해 들어온 노동력을 이용하는 것은 자본가들에게 추가의 노동원천으로 쓰일 뿐만 아니라 근로대중의 착취의 강화를 위한 중요한 수단으로서도 봉사한다.

노동력 세계시장의 존재는 결과적으로 노동력 투입과 임금수준의 국민적 조건의 평균화 경향이 효과적일 수 있도록 한다. 그러한 국민적 노동력시장과 국제적 노동력시장은 일정한 차이를 나타낸다. 노동자의 이주에 방해가 되는 중대한 장애(예를 들어 언어 장벽)가 존재한다. 그 때문에 국제적 노동력 이주는 개별 나라들에서의 '과잉인구'의 수준과 그 나라의 임금수준의 본질적 차이를 제거할 수 없다.

동시에 국경을 넘어선 노동력 이주는 몇몇 나라에서의 자본축적을 위한 더 나은 조건들을 창출하는 데 기여하며, 그것에 의하여 노동력 이주는 공업생산과 농업생산의 발전을 세계적 규모로 촉진시킨다.

주

1) Lenin, *Werke*, Bd.3, Dietz Verlag, Berlin 1956, S.55.
2) Marx/Engels, *Werke*, Bd.25, Dietz Verlag, Berlin 1964, S.247.
3) Lenin, *Werke*, Bd.2, Dietz Verlag, Berlin 1963, S.193.
4) Marx/Engels, *Werke*, Bd.3, Dietz Verlag, Berlin 1958, S.67.
5) Marx/Engels, *Werke*, Bd.23, Dietz Verlag, Berlin 1962, S.475.
6) *Ebenda*, S.584.
7) Marx/Engels, *Werke*, Bd.25, Dietz Verlag, Berlin 1964, S.913.
8) 국제적 가치가 만들어지기 이전인 자본의 본원적 축적 시기의 부등가교환은 국제무역에서 거대한 규모에 달했다.
9) A. Smith, *Eine Untersuchung uber Natur und Wesen des Volkswohlstandes*, Zweiter Band, Verlag von Gustav Filcher, Jena 1923, S.237.

중원문화 아카데미 新書

1 **한국근대 사회와 사상**
• 일본 교토대학교 연구소 엮음

2 **걸어다니는 철학**
• 황세연 저

3 **반듀링론**
• F.엥겔스/김민석 역

4 **헤겔 법철학 입문**
• 꼬우즈미 따다시 지음

5 **이성과 혁명**
• H.마르쿠제/김현일 외 역

6 **정치경제학 교과서 I-1**
• 짜골로프 외/윤소영 엮음

7 **정치경제학 교과서 I-2**
• 짜골로프 외/윤소영 엮음

8 **정치경제학 교과서 I-3**
• 짜골로프 외/윤소영 엮음

9 **이탈리아 맑스주의**
• K.프리스터/윤수종 옮김

10 **걸어다니는 경제사**
• 황세연 편저

11 **자본론에 관한 서한집**
• K.마르크스와 F.엥겔스 저

12 **지배와 사보타지**
• 안토니오 네그리/윤수종 옮김

13 **과학기술사**
• 석동호 편저

14 **저개발과 의약품**
• M. 뷜러/우연재 옮김

15 **맑스주의의 세 갈래길**
• W. 레온하르트/하기락 옮김

16 **역사적 맑스주의**
• R.알뛰세르/서관모 옮김

17 **경제학의 선구자들**
• 일본경제신문사/김종호 옮김

18 **근현대 사회사상가 101**
• 이마무라 히도시/안효상 옮김

19 **맑스를 넘어선 맑스**
• 안토니오 네그리/윤수종 옮김

20 **교육과 의식화**
• P.프레이리/채광석 역

21 **정치경제학 교과서 II-1**
• 짜골로프 외/윤소영 엮음

22 **정치경제학 교과서 II-2**
• 짜골로프 외/윤소영 엮음

23 **청년 마르크스의 휴머니즘**
• H.포피츠/황태연 역

24 **사회를 어떻게 볼 것인가?**
• 황세연 편저

25 **헤겔연구②**
• 임석진 외저 (절판)

26 **칸트 철학입문**
• W.O.되에링/김용정 역

27 **노동조합 입문**
• 양원직 편저

28 **마르크스에서 쏘비에트 이데올로기로**
• I.페처/황태연 역

29 **소유의 위기**
• E.K.헌트/최완규 역

30 **변증법의 현대적 전개①**
• W.뢰트/임재진 역

31 **변증법의 현대적 전개②**
• W.뢰르/임재진 역

32 **모순의 변증법**
• G.슈틸러/김재용 역

33 **헤겔연구③**
• 임석진 외저 (절판)

34 **국제무역론**
• 久保新一/김선기 역

35 **칸 트**
• 코플스톤/임재진 역

36 **자연과학과 철학**
• H.라이헨바하/김회빈 옮김

37 **철학 입문**
• 황세연 편역

38 **맑스주의의 역사 ①**
• P. 브르니츠기/이성백 옮김

39 **맑스주의의 역사 ②**
• P. 브르니츠기/이성백 옮김

40 **한국사회와 자본론**
• 황태연 저

41 **정치경제학 비판을 위하여**
• K.마르크스/김호균 역

42 **과학기술 혁명시대의 자본주의와 사회주의**
• 황태연 저/허상수 엮음

43 **혁명운동의 문제들**
• S. P.노보셀로프/이창휘 옮김

44 **마키아벨리의 고독**
• 루이 알뛰세르/김민석 역

45 **들뢰즈와 가타리**
• 로널드 보그/이정우 옮김

46 **과학적 사회주의**
• G.그로서/송주명 옮김

47 **맑스-레닌주의 철학의 본질**
• F. V. 콘스탄티노프/김창선 역

48 **철학의 기초(1)**
• A. 라키토프/김신현 옮김

중원문화 아카데미 新書